PETER KLASEN

ŒUVRES 1959-2009

A Claudine.
P. K.

ISBN 978-2-7427-8735-7

www.actes-sud.fr

Ce livre a reçu le soutien de la galerie Laurent Strouk.

GALERIE
LAURENT STROUK
8 bis, rue Jacques Callot
75006 PARIS-FRANCE
tél: 00 33 (0)1 40 46 89 06
fax: 00 33 (0)1 40 46 89 04
galerie@laurentstrouk.com
www.popgalerie.com

PETER KLASEN

ŒUVRES 1959-2009

Pascale Le Thorel

sommaire

Catalogue

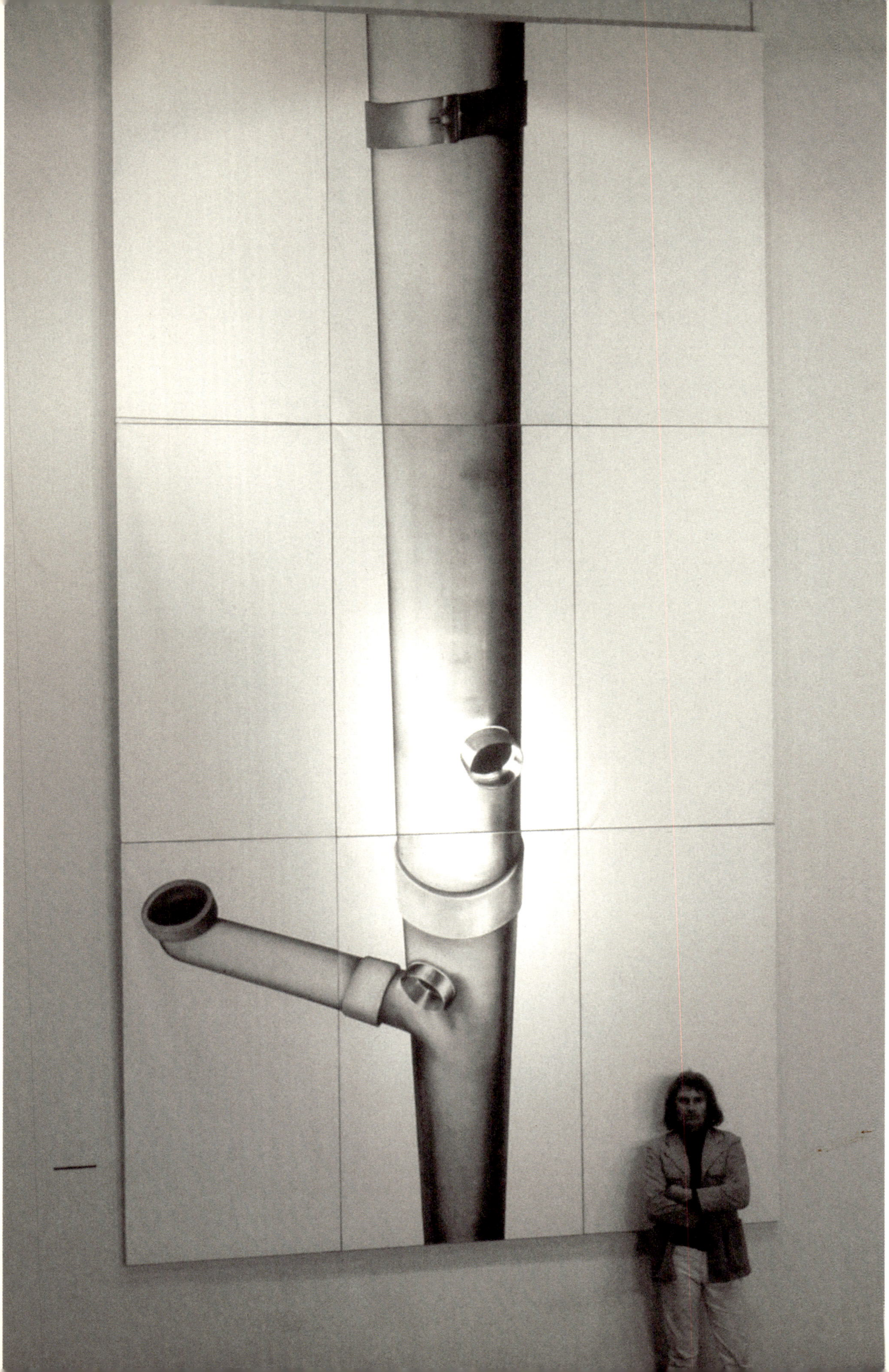

Editorial

En cette fin 2009, au moment où nous allons commémorer les vingt ans de la chute du mur de Berlin, Peter Klasen apparaît plus que jamais comme un artiste essentiel, rare. Le Mur, Peter Klasen l'avait évoqué à travers une série de visions où il évoque "la difficulté de vivre ensemble". Ces visions figurent dans cette rétrospective unique que composent les cent cinquante œuvres accueillies au Tri Postal. De ce parcours inédit émergent l'Histoire et ses tourments, et les grands bouleversements de nos sociétés industrielles ; bouleversements questionnés, décodés, vilipendés parfois.

Depuis 1959, Peter Klasen n'a eu de cesse qu'il ne nous propose un regard aiguisé sur notre société, nos errements, permettant de maintenir en éveil notre intelligence et notre rapport critique à la réalité. De lui-même, il aime à dire qu'il est "l'ethnologue d'une société en mouvement". Il est le témoin de l'âpreté du monde industriel, du triomphe de l'objet, des souffrances faites aux corps, du culte parfois dérisoire du *progrès*. Peter Klasen, né en 1935 et dont les premiers souvenirs sont ceux du bruit des bombes, est bel et bien un "enfant du siècle".

L'accueillir à Lille, c'est marquer le lien très fort qui unit notre région à l'artiste. Dès les années 1970, Jacqueline Storme et les galeries lilloises l'accueillent. L'artiste, ouvertement fasciné par l'univers industriel, trouve en cette région du Nord un territoire naturel d'influence. L'œuvre que Peter Klasen a réalisée pour l'Hôtel de Ville de Lille – "Evocation du monde industriel de la région lilloise" – marquait cet attachement réciproque avec la ville et la région. C'est à Lille qu'il a fait la rencontre de Claudine, son épouse.

Aussi, très naturellement, les œuvres de Peter Klasen résonnent parfaitement avec le Tri Postal, ce bâtiment industriel que nous avons transformé en un lieu d'excellence de l'art contemporain. Qu'elles soient celles du début, lorsque Peter Klasen crée avec quelques autres (Erró, Jacques Monory, Bernard Rancillac...) le mouvement de la Figuration narrative, ou plus récentes – comme cette *Colonie pénitentiaire*, imaginée *in situ* –, toutes ces œuvres trouvent au Tri Postal un écho parfait. Pour la Ville de Lille, cette exposition est une preuve supplémentaire de la place de choix qu'occupe l'art d'aujourd'hui dans notre politique culturelle et, au travers des ateliers qui l'accompagnent, de l'ouvrir au plus grand nombre.

Je veux chaleureusement remercier l'ensemble des acteurs et des partenaires de cet ambitieux projet, au premier rang desquels Peter Klasen pour son implication et son enthousiasme, et Pascale Le Thorel, qui en assure le commissariat.

Ensembles et accessoires, 1971,
musée d'Art moderne de la ville de Paris

En regard de cet événement, les expositions *Peter Klasen, la mémoire du regard, l'œuvre photographique*, présentée par le LAAC de Dunkerque, et *Œuvres graphiques 1969-2009*, par la ville de Roncq, permettent de prolonger la connaissance d'une œuvre protéiforme.

Ainsi, au moment d'un anniversaire fondamental – cinquante années de travail en France –, il est essentiel de découvrir ou redécouvrir un artiste majeur pour notre temps.

Martine Aubry
Maire de Lille
Présidente de la Communauté urbaine de Lille Métropole

Avant-propos

Depuis les années 1960 hâtivement mythifiées dans un récit nostalgique univoque, Peter Klasen est inclus (en bonne place) dans la cohorte renommée des figuratifs déconstructeurs d'un monde irréductible à l'aisance matérielle et à l'envolée des courbes de croissance.

Figuratif narratif comme d'autres grands noms de l'art contemporain européen (Monory, Erró, Rancillac, Télémaque...), il s'emploie, sans relâche, à nous raconter un monde essentiellement urbain générateur de "solitude et d'angoisse", de manière immanente.

Démythifier ce monde, c'est en dénoncer les faux-semblants ; ainsi, le corps féminin sublimé par une mise en scène factice (le papier glacé des magazines, les "produits de beauté") est exposé au voyeurisme ou menacé par un dispositif sanitaire (des seringues, des comprimés) qui contribuent à sa chosification, à sa réification, dit-on, en terme plus philosophique.

Que reste-t-il d'une humanité d'apprentis sorciers dépossédés, dépassés par leur création, aliénés ? Cela donne Hiroshima dans sa version apocalyptique ou une silhouette fragile ployée sous le choc d'une électrocution, réduite à une signalétique graphique.

Klasen dénonce encore sans esprit militant, par la seule vigueur de son parti pris esthétique, l'enfermement ou la relégation quand la technique l'emporte sur la considération de la dignité humaine.

De la métropole lilloise à notre ville de Sens sous les voûtes de son Palais synodal, un large panorama de sa création nous est proposé par un grand artiste toujours attentif à rencontrer de nouveaux publics.

Pour cette œuvre forte qu'il faut découvrir dans l'urgence de la précarité de notre existence, pour cette disponibilité généreuse, que Peter Klasen agrée notre sincère reconnaissance.

Bernard Pernuit
Maire adjoint chargé de la culture, du patrimoine et de l'innovation, Sens

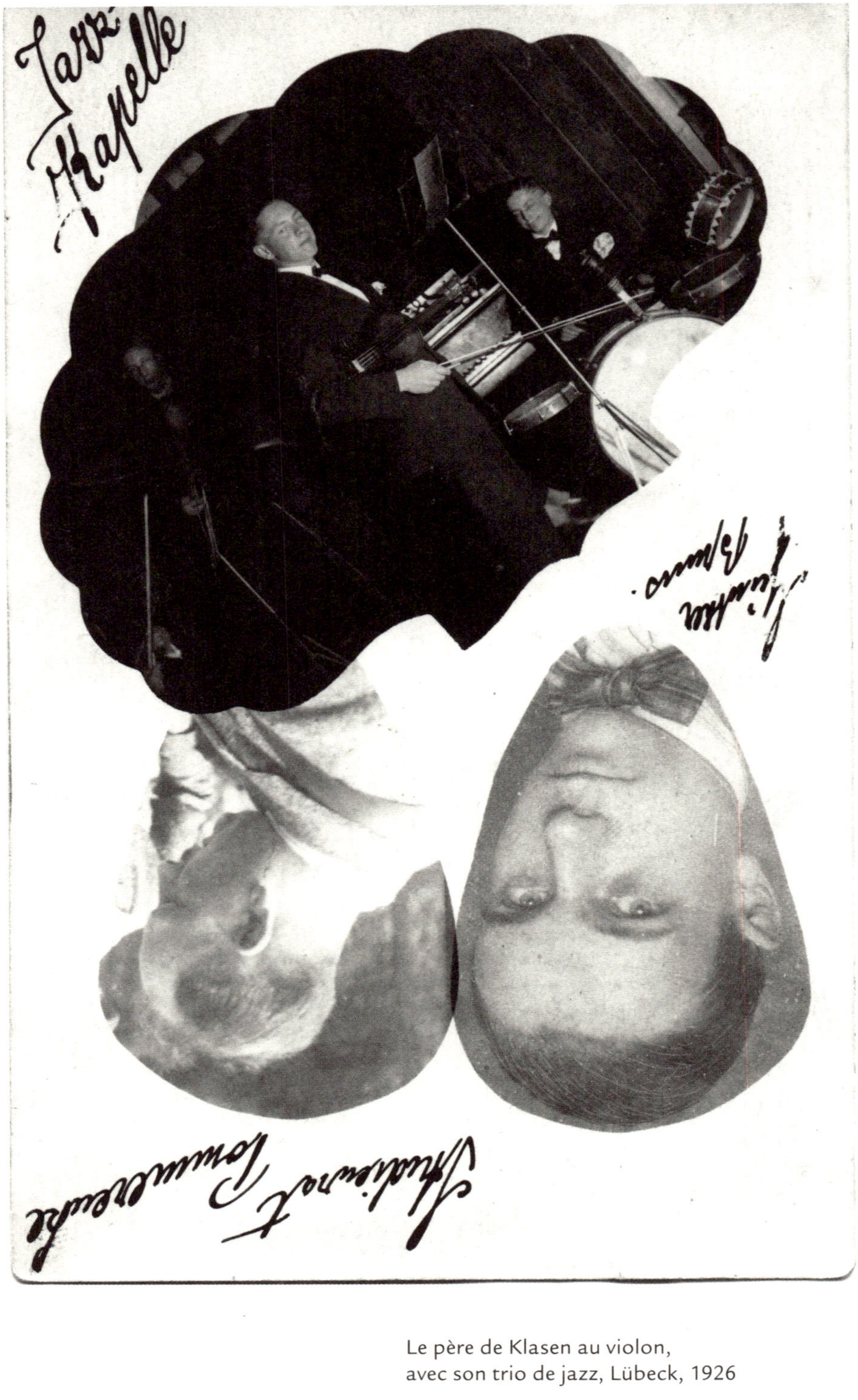

Le père de Klasen au violon,
avec son trio de jazz, Lübeck, 1926

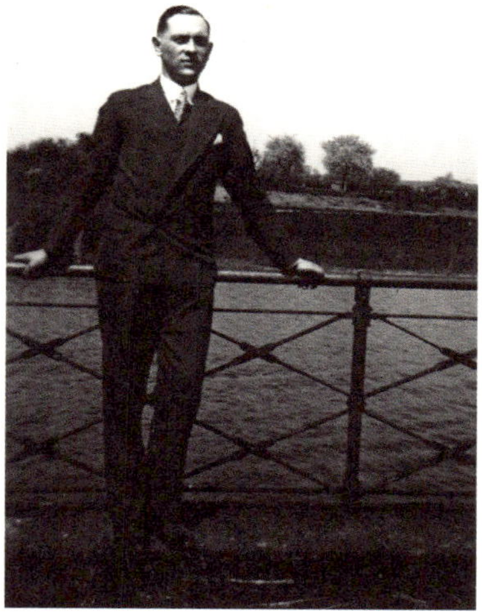
Le père de Peter Klasen, Lübeck, 1932

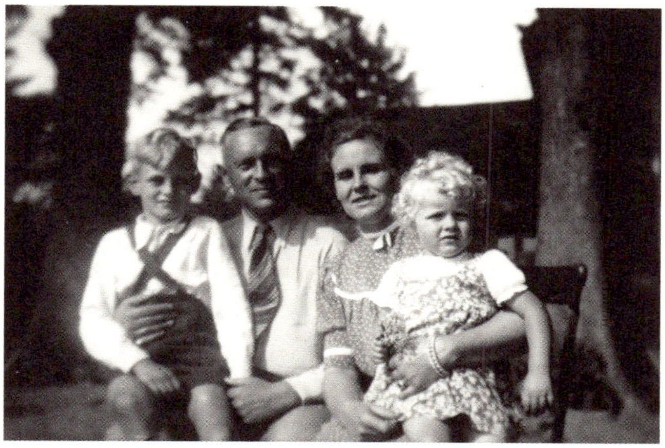
Peter Klasen avec ses parents et sa sœur Gritta, Lübeck, 1943

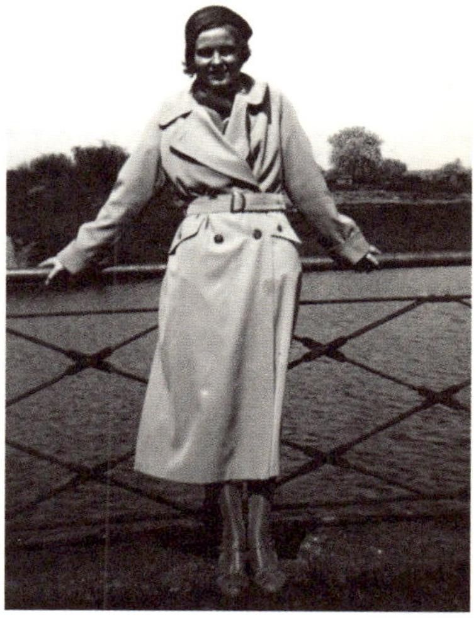
La mère de Peter Klasen, Lübeck, 1932

Peter Klasen, Faits divers, Traces et Service de nuit…

Peter Klasen est né le 18 août 1935 à Lübeck, capitale de la Ligue hanséatique, au bord de la Baltique, tout au Nord de l'Allemagne, près du Danemark. S'il quitte sa ville, qui est aussi celle de Thomas Mann, après sa scolarité, pour n'y revenir qu'en de très rares occasions, il restera profondément marqué par ses racines : "Je suis dans cette tradition hanséatique de l'ouverture. Ma famille a de lointaines origines slaves ; je suis, notamment, très attaché à la littérature russe."

Son père, Wilhelm Arnold Klasen, "était violoniste. Il a créé un orchestre – un trio de jazz – dans les années 1920. Mais il était aussi haut fonctionnaire, inspecteur administratif de la ville de Lübeck." Sa mère Katarina, dite Käte, "venait d'un milieu de commerçants".

Il aura une jeune sœur, Gritta. Le frère de son père, Karl Christian Klasen, a été l'élève d'Otto Dix. Il peint à l'huile ou à l'aquarelle des paysages nordiques : "Il a un musée, sur l'île de Poel, sur la mer Baltique, où sont rassemblées quatre cent cinquante de ses œuvres. Il y habitait, je n'y suis jamais allé."

Son enfance, dans une famille aisée, très cultivée, très ouverte, qui parle français, est totalement bouleversée par la Seconde Guerre mondiale, qui marque profondément sa sensibilité et déterminera son engagement et son œuvre d'artiste.

Quand Lübeck est bombardée par les Anglais en 1942, la maison de son grand-père paternel est détruite : "Lors du bombardement de Lübeck, j'ai vu des lueurs dans la nuit. Quand le jour s'est levé, il y avait tant de fumée, tant de poussière que c'était presque la nuit. Nous étions loin à l'extérieur de la ville, mais, même de loin, c'était effroyable. J'avais la conscience d'une perte[1]…" La perte se double d'un drame, les deux frères Klasen sont partis pour le front russe en 1943. Son père, Wilhelm Arnold, sera porté disparu et son corps ne sera jamais retrouvé. Son oncle, Karl Christian, est déchiqueté par une grenade et meurt à Könisberg, lors du retrait des troupes du Reich, le 21 février 1945.

Peter Klasen perçoit avec étonnement l'arrivée des Alliés en Allemagne : "On a échappé à la

Dans ce texte, les citations de Peter Klasen qui ne sont pas accompagnées d'une note sont extraites d'entretiens entre l'artiste et Pascale Le Thorel (2009).

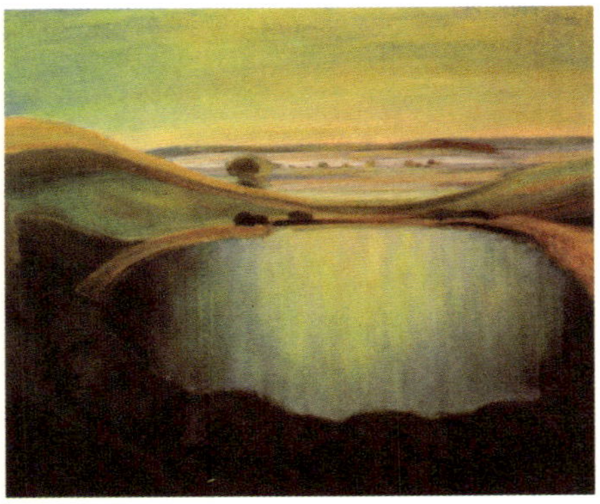

Karl Christian Klasen, huile sur toile, 1932

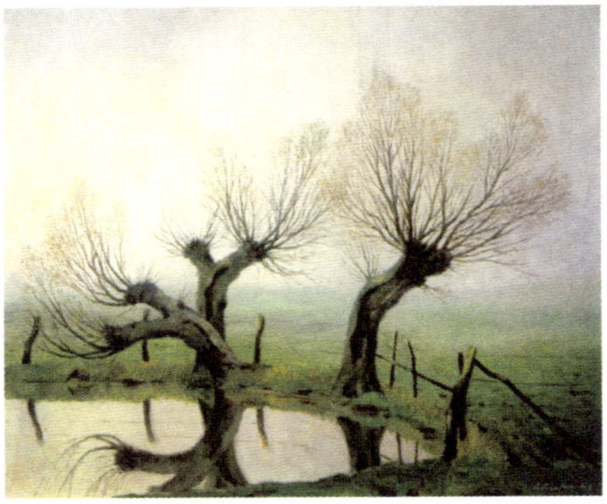

Karl Christian Klasen, huile sur toile, 1931

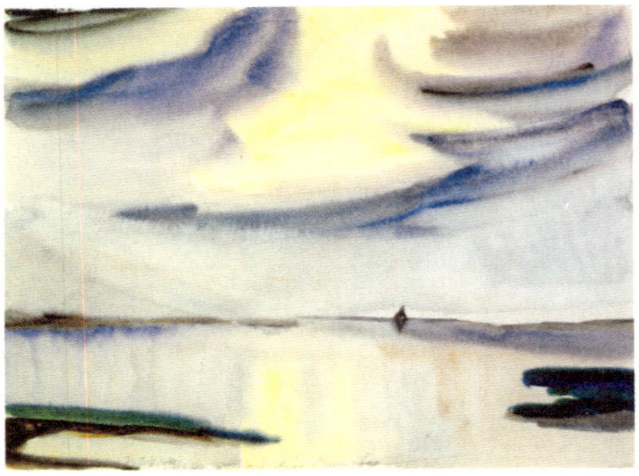

Karl Christian Klasen, aquarelle, 1932

dernière seconde à l'occupation de l'Est en 1945. C'était peut-être le 6 mai, j'entends une musique que je n'avais jamais entendue auparavant. Arrive un groupe ordonné de personnages en kilt, avec des cornemuses. Ils étaient beaux, extraordinaires, ces déguisements. Ces Ecossais se sont occupés de nous, ils nous ont donné à manger. Il n'y a pas eu d'autres actes de guerre au sol. Lübeck a été uniquement bombardée. Et j'ai dit : C'est ça nos ennemis, c'est ça contre qui on a fait la guerre ?!"

Comparant, bien plus tard, son sort à celui de l'écrivain Günter Grass, il relève qu'il a eu cette chance, toute relative, de ne pas naître trop tôt (il n'a que dix ans à la fin de la guerre), de ne pas avoir eu à porter, même à l'école, l'uniforme des Jeunesses hitlériennes, de ne pas s'être retrouvé, avec sa famille, de l'autre côté du Mur.

Cependant, la blessure, l'angoisse, le manque, le deuil impossible, mais aussi le refus d'une société violente, incompréhensible, marquent à tout jamais le jeune Peter Klasen. "Traumatisé par la Seconde Guerre mondiale, j'ai éprouvé des difficultés à me réadapter à une vie plus équilibrée."

Il fait ses études au lycée Katharineum à Lübeck (1945-1955) : "J'ai été élevé dans un esprit respectueux de la démocratie. On était, dans ce grand lycée, éduqués par d'anciens professeurs qui avaient enseigné avant la guerre, ils avaient été forgés par les soubresauts de la république de Weimar." Son grand-père Wilhelm Klasen (né en 1875), antiquaire, marchand de tableaux ("en appartement : des post-impressionnistes, de Corinth, Lieberman, Slevogt, et aussi d'artistes plus régionaux de l'Allemagne du Nord"), mécène, collectionneur (sa collection de tableaux est détruite en 1942 lors des bombardements), devient la figure tutélaire. "Mon grand-père était opposé au régime nazi, il était franc-maçon ; après la guerre, les amis peintres, poètes, écrivains ont retrouvé sa maison à Lübeck. J'allais y déjeuner tous les dimanches. Il y avait des discussions extraordinaires autour de la politique, de l'art, de l'Allemagne fautive, défaillante, de la volonté de reconstruire. C'est ce qui m'a forgé, et qui m'a convaincu, d'une conviction absolue, que les démocraties, fussent-elles incomplètes ou vulnérables, sont les meilleures options pour rendre la vie à peu près acceptable." Wilhelm Klasen veille à l'éducation artistique de son petit-fils : "J'ai rencontré plein d'artistes chez lui, j'ai eu mes premiers cours avec eux. Je faisais de l'aquarelle dans la campagne. On me parlait de Munch, notamment, qui avait fait des séjours chez le docteur Linde, un ophtalmologiste, grand collectionneur."

Il lui permet, avec sa mère, qui travaille comme expert-comptable pour subvenir aux besoins de sa famille, de partir à Berlin pour suivre les cours de

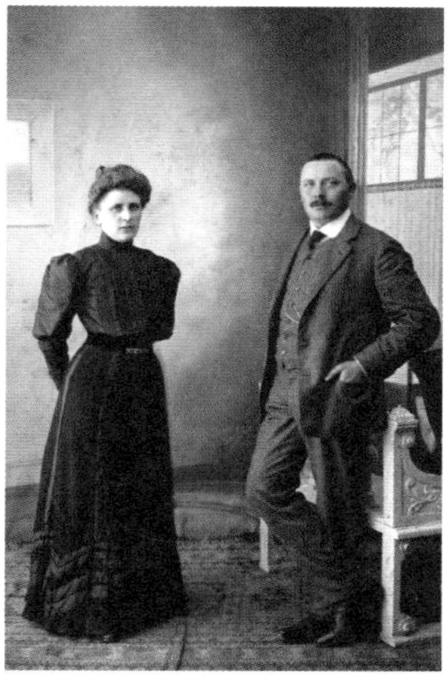

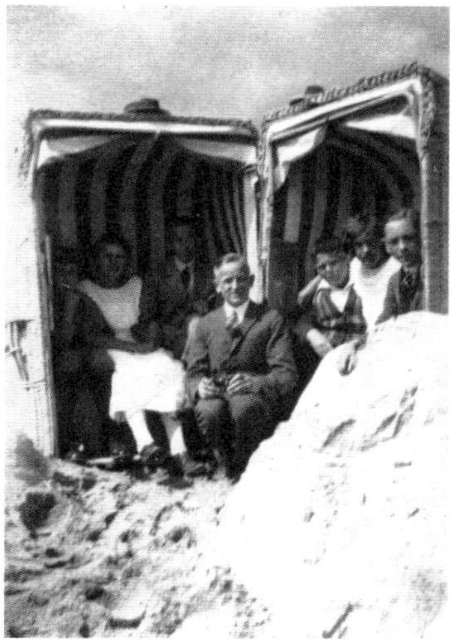

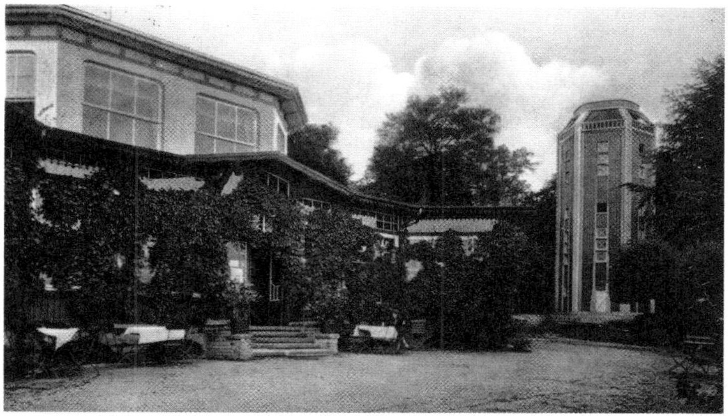

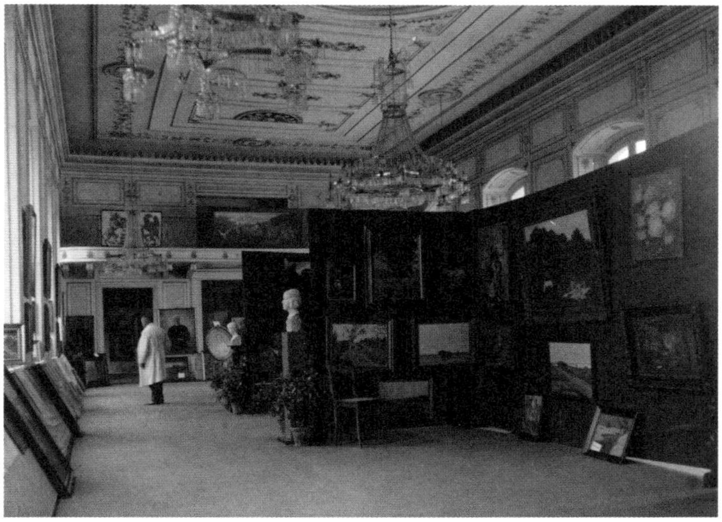

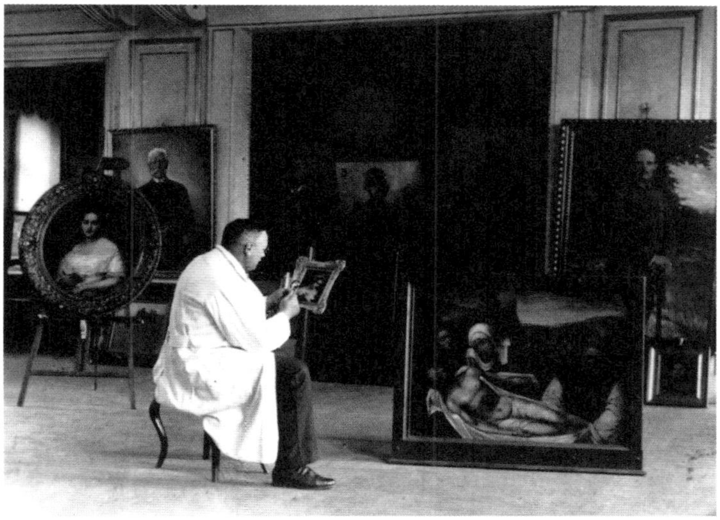

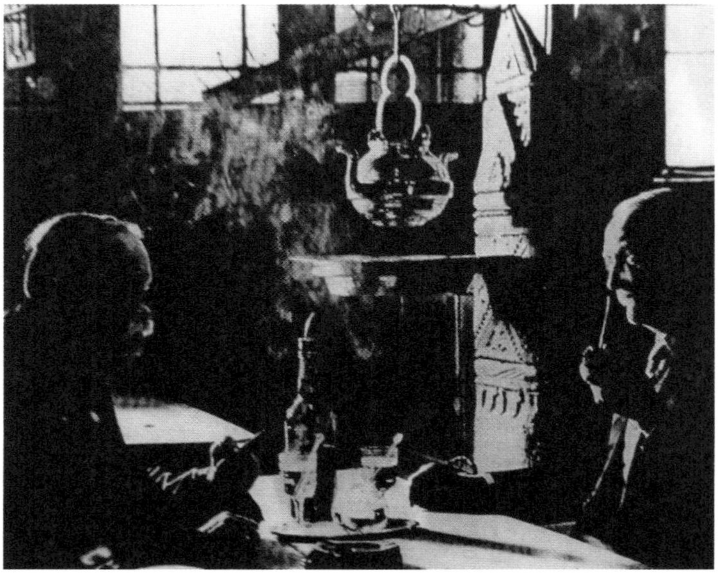

Grands-parents paternels de Peter Klasen,
vers 1900

Famille Klasen à Travemünde,
au bord de la Baltique, 1924

Propriété de la famille Klasen au Mecklembourg,
vers 1923

La collection de Wilhelm Klasen, 1920

Wilhelm Klasen, collection, vers 1920

Non identifié et Wilhelm Klasen
dans la Schiffergeschaft, Lübeck, vers 1950

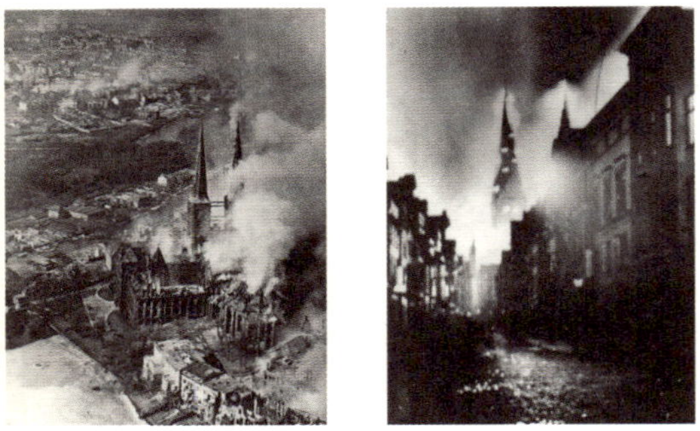

Bombardements sur Lübeck, mars 1942. DR

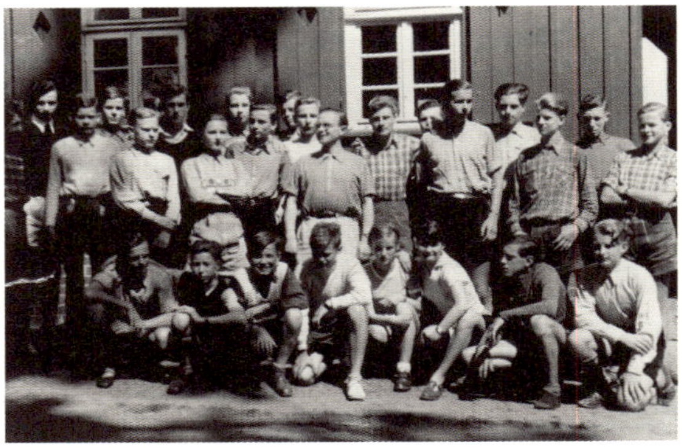

Klasen (au centre, à droite du professeur de français), au Katharineum, Lübeck, 1953

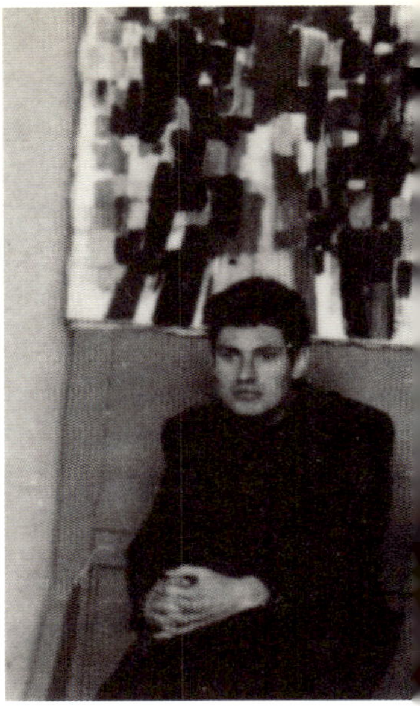

Beaux-Arts de Berlin (P. Klasen,

l'Ecole supérieure des beaux-arts et de s'installer dans un petit atelier.

Aux Beaux-Arts de Berlin, c'est l'époque, comme ailleurs, du triomphe de l'abstraction. Son chef d'atelier est Hann Trier, un peintre informel : "Il était dans cette tradition de l'expressionnisme allemand, dans la suite de Die Brücke (un destructeur d'image, au contraire de l'autre branche issue du Blaue Reiter, qui était des constructeurs d'image)." "Il menait un travail sur la couleur – vecteur d'éclatement des formes, qui prime sur leur construction. Il apportait à cette tradition l'actualité de l'informel et de l'abstraction lyrique ; il allait vers une recherche de soi-même à travers l'écriture automatique."

Si Klasen, comme ses condisciples, fait ses premiers pas dans le registre de l'abstraction, il s'intéresse vivement à Klee, à l'histoire du Bauhaus et surtout à Dada : "Pour moi, la grande leçon, ce fut la découverte de Dada. A la fin de la Première Guerre mondiale, il y avait une révolte intellectuelle, la recherche d'une réponse, l'expression d'une colère en regard de la société impériale d'antan, et certainement une immense culpabilité." En 1958, un séminaire de Hans Richter (1888-1976), un des artistes historiques du dadaïsme et du mouvement De Stijl, met son "travail sur rail : il y avait une exposition de ses œuvres picturales et de ses recherches photographiques et de cinéma. (Il avait travaillé avec un cinéaste expérimental suédois issu du Bauhaus.) Sa réflexion sur la technologie, l'industrialisation, les grandes villes a été déterminante pour moi." Les peintures-collages de Richter, où il mêle "des formes géométriques (représentant l'appareil guerrier nazi) à l'arrondi de formes organiques (figurant les nations alliées)" et à des coupures de journaux traitant du conflit, seront sûrement une des sources du futur vocabulaire klasénien, tout comme son intérêt pour le cinéma que Richter conçoit "comme une partie intégrante de l'art moderne, comme l'expression d'une expérience globale". Hans Richter est d'autant plus exemplaire qu'il a fui le nazisme en 1940, au contraire des professeurs des Beaux-Arts de Berlin : "Ces gens-là, blessés dans leur âme, ne pouvaient plus affronter l'Holocauste, l'Allemagne détruite, un très grand traumatisme. J'ai pris conscience à l'âge de 20-22 ans qu'il y avait une espèce de carence de responsabilisation de la jeune génération par ces professeurs. Malgré leur cosmopolitisme – ils avaient voyagé –, il y avait un refus total d'un discours politico-social. C'était banni (ils avaient à peu près 40-45 ans), tous avaient fait la guerre, ils étaient impliqués eux-mêmes. Ils avaient tout intérêt à ne pas répondre, on n'en

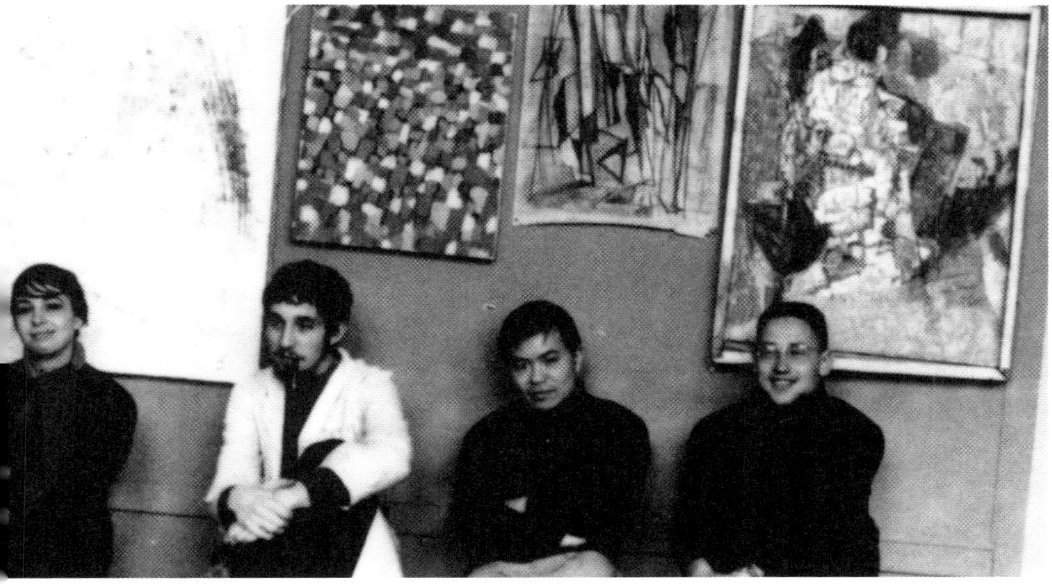

Françoise Brosset (Ceska), Georg Baselitz, Yang, Nic Albrecht, 1957

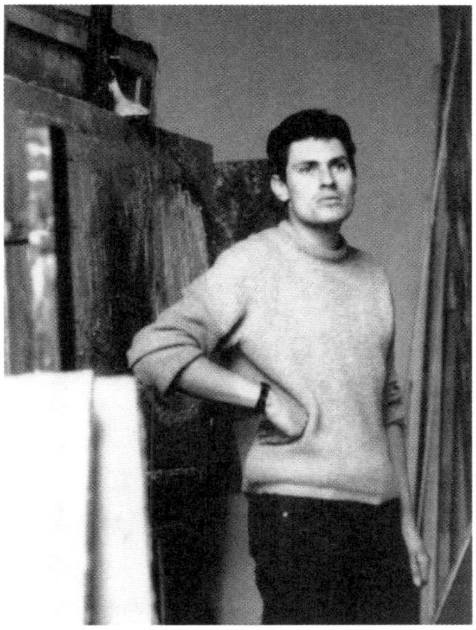

Peter Klasen aux Beaux-Arts de Berlin, 1958

parlait pas. On les acceptait comme des autorités absolues."

Dans l'atelier de Hann Trier, il a pour condisciple Hans-Georg Kern, le futur Georg Baselitz, qui d'une autre manière que Klasen montrera le monde à l'envers, tel qu'il le voit : "On était très copains. Les tensions, on les a évitées, lui était sur le chemin de l'expressionnisme, moi du Bauhaus. Lui a fui la réalité urbaine que j'ai traitée. Il était dans le registre de l'introspection permanente." Klasen est également proche de Klaus Geissler, le neveu de Heckel, de Die Brücke, et de Benjamin Katz : "Il était un peu plus jeune que moi, dans une autre classe. C'était le fils de juifs berlinois. Sa mère était roumaine, son père avait été pris dans une rafle. Sa mère s'est cachée avec lui à Bruxelles pendant l'occupation allemande. Il a commencé à faire des photos en 1958-1959 et il est devenu l'un des photographes importants de la scène artistique internationale. C'est le photographe attitré de Baselitz. Il ne parlait pas l'allemand, c'est moi qui le lui ai appris et il s'est attaché à parfaire mon français. Nous sommes toujours amis."

En 1959, Peter Klasen visite la deuxième Documenta de Kassel, il voit notamment les premiers tableaux de Rauschenberg, ce qui le confirme dans l'idée qu'il doit se détacher de "ce carcan d'un relatif enfermement de Berlin". Hann Trier, comme son grand-père, l'encourage dans son désir de "tenter une échappatoire qui s'appelle Paris". Il obtient, sur concours, après passage devant un jury et présentation d'une dizaine d'œuvres, le prix du Mécénat de l'industrie allemande, le Kulturkreis. "Cette bourse d'un an était liée à l'industrie renaissante de l'Allemagne (Krupp, Siemens, l'industrie du charbon de la Ruhr...). Ils l'offraient aux jeunes talents, peintres, musiciens, poètes, etc. Il s'agissait de reconquérir un terrain culturel européen à travers une bourse richement dotée ; Baselitz l'a eue quelques années plus tard. On pouvait aller dans l'endroit de notre choix. J'ai choisi Paris, qui était incontestablement encore le centre du monde de la création artistique." Les œuvres qui lui valent le prix sont exposées dans le cadre d'*Ars viva* à Ratisbonne, Nuremberg et Leverkusen.

Paris

Quand Klasen arrive à Paris, il a 24 ans. Il ne s'inscrit ni aux Beaux-Arts, ni dans un atelier : "Quelle horreur, les Beaux-Arts en 1959 : ils avaient à peine découvert l'impressionnisme ! Les Beaux-Arts de Paris sont restés réactionnaires jusqu'au début des années 1980." Il devient pourtant voisin de

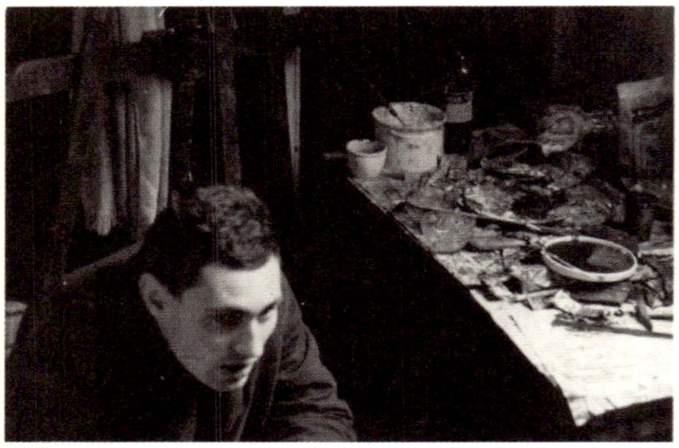

29, rue Bonaparte, Paris, octobre 1959

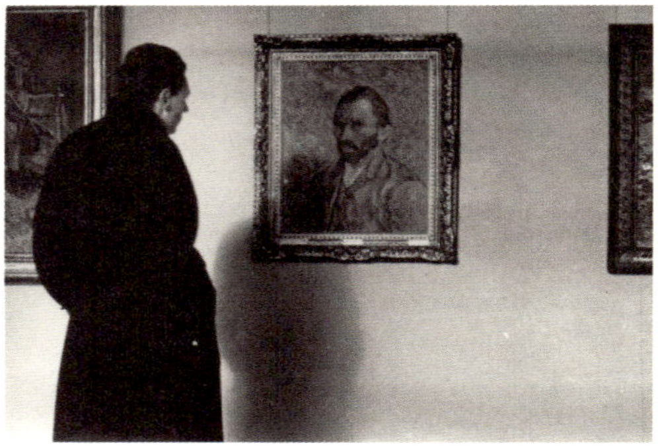

Musée du Jeu-de-Paume, arrivée à Paris, 1959

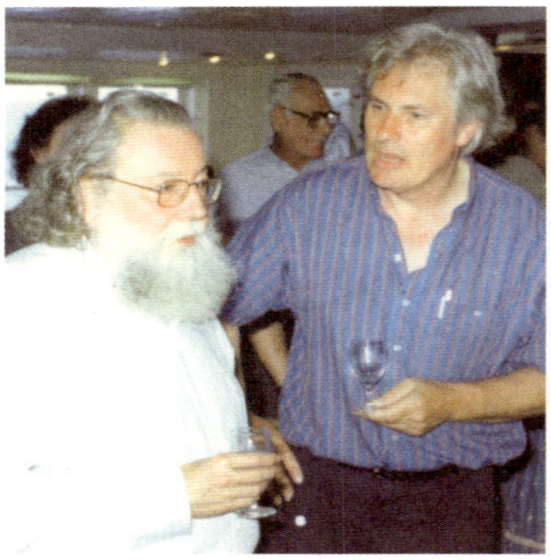

Pierre Restany, Peter Klasen,
La Croisière des arts, Athènes, 1989

l'Académie car, grâce à la femme française de son ami Klaus Geissler, il bénéficie de deux chambres de bonne, 29, rue Bonaparte, à la hauteur de la librairie du Divan, tout près de l'appartement de la mère de Sartre, au cœur de Saint-Germain-des-Prés : "Le quartier était pétri d'existentialisme."

Les débuts à Paris sont difficiles, Klasen est soutenu moralement par Klaus Geissler, mais se sent "isolé, incapable de travailler". Il passe ses journées à la Cinémathèque : "Il y avait des rencontres avec les cinéastes, des projections de leurs films."

Il visite également les musées, les expositions avec Klaus Geissler ("Il était chez Stadler, puis chez Iris Clert, il participera à *Mythologies quotidiennes*") et Jan Voss dont il fait la connaissance. Il va à la Biennale de Paris et s'intéresse aux *combine paintings* de Rauschenberg et au travail des nouveaux réalistes : Hains, Villeglé, Dufrêne, Klein, Spoerri, Tinguely. Il rencontre le critique Pierre Restany : "Restany, j'étais dans la même trajectoire, mais je ne voulais pas abandonner la pratique de la peinture. J'avais envie de passer par l'image, l'assemblage ne me suffisait pas. Je voulais emprunter une trajectoire liée à la peinture, mais avec des moyens différents."

En 1959, il réalise les *Situations* : "C'était une série sur différentes approches ; je prenais des matériaux sur les déchetteries et les camouflais partiellement par de la toile peinte en gris. J'avais l'idée de m'approprier les signes mêmes de la consommation et de réintervenir en tant que peintre ; ce que je faisais au pistolet, dans une déclinaison du blanc vers l'anthracite. De temps en temps, j'ajoutais une lueur de contre-couleur. C'était déjà une sorte d'exercice du camaïeu photographique, qui traduisait aussi l'idée de la presse : beaucoup d'images de presse étaient en noir et blanc." Une *Situation* sera présentée à l'American Modern Dance Center (Centre culturel américain) à Paris en 1962, dans le cadre d'une série de performances. Pour *Geste pour un objet*, Katherine Henry-d'Epinoy, "une danseuse expressionniste américaine", danse sur une musique choisie par l'artiste autour de son "énorme bas-relief d'objets tendus en partie avec de la toile gris clair". C'est sa toute première manifestation picturale en France.

A la suite des *Situations*, il fait "une sorte d'autoanalyse : je m'intéressais toujours à Dada, mais aussi à la philosophie, à la sociologie, à l'idée de créer un langage spécifique. Je cherchais comment commenter la société, les supermarchés, les comportements qui changent avec la publicité, le déferlement d'images, la télévision, la manipulation de l'image. Et j'ai opéré un apport d'obsessions personnelles, gérées par ces images." Les premiers éléments du vocabulaire klasénien se mettent en place ("la récupération d'un vocabulaire produit

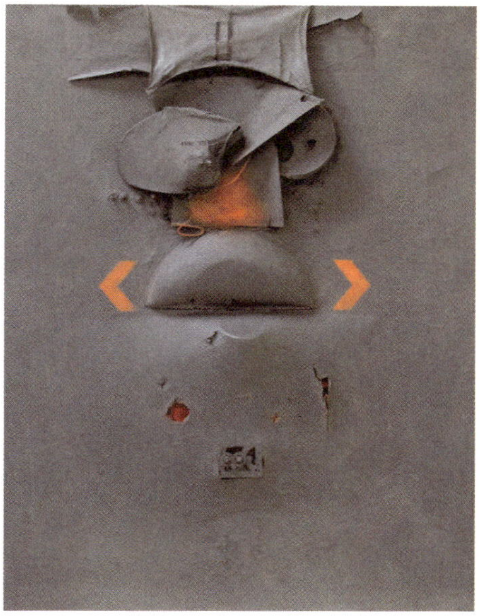

Situation II, assemblage sur toile, 90 x 110 cm, 1959

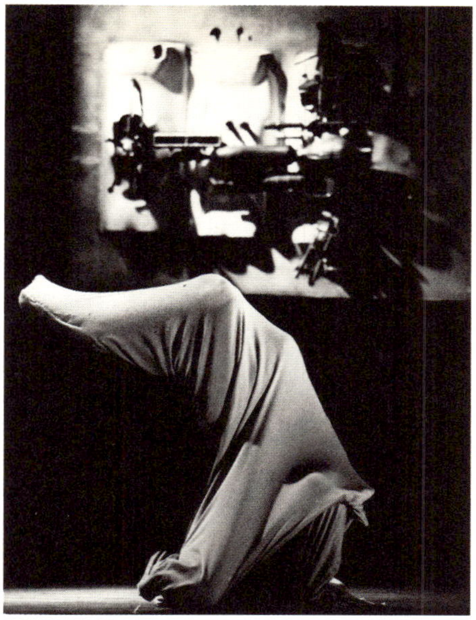

Geste pour un objet, performance de Katherine Henry-d'Epinoy au Centre culturel américain, Paris, 1962

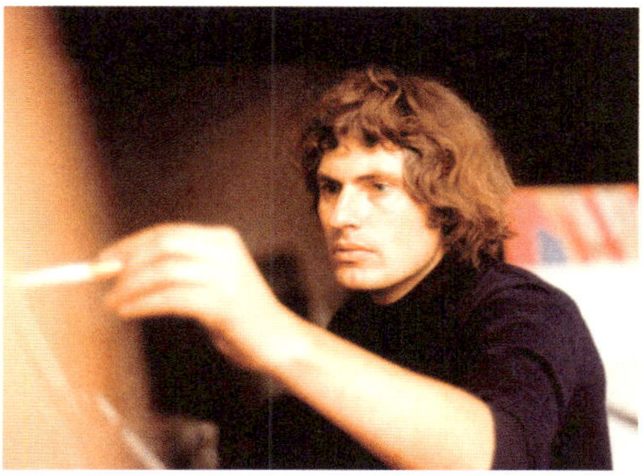

A l'atelier, 143, rue de Clignancourt, 1967

par la société est un miroir"). Et tout s'enchaîne très vite. Il trouve un atelier, 143, rue de Clignancourt, dans le 17e : "J'avais 45-50 mètres carrés au-dessus d'une menuiserie. Il y avait Beynon un ami suisse, et le sculpteur Delfino."

Corneille, du groupe Cobra, lui présente Mathias Fels et Rosa Faure : "En 1962, j'ai rencontré Télémaque, nous allons dans deux ou trois vernissages. Télémaque connaissait Corneille qui exposait chez Mathias Fels. Corneille est venu à l'atelier, il a vu mon travail et il a amené Rosa Faure. Elle était chanteuse d'opérette à Radio Monte-Carlo, où Mathias Fels l'avait rencontrée. Son père, Florent Fels, était critique d'art, et directeur artistique de rmc. Il avait fréquenté les Montparnos et avait fait un livre sur eux. Mathias Fels avait été élevé sur les genoux de Derain, de Vlaminck (il est d'ailleurs né à Berlin, à l'occasion d'un des voyages de son père en Allemagne avec ces artistes). Rosa Faure, qui était associée avec lui dans la galerie, avait épousé un riche industriel, amateur des impressionnistes, des fauves, notamment de Vlaminck. Rosa Faure et Mathias Fels ont très vite décidé de montrer le travail de Jan Voss, Bertholo, Télémaque, Reuterswärd et le mien. Et, deux ans plus tard, celui de Rancillac."

Ce sera, en 1963, *Image à cinq branches*. La galerie Mathias Fels montre trois œuvres de Klasen dont *Fast Serve* et *Fait divers*, et édite un catalogue avec un texte de José Pierre : *L'Image au singulier et au pluriel*. Il y relève que "Klasen se sent plutôt concerné, jusqu'aux confins de l'ambiguïté, par les possibilités suggestives de l'image" et le situe au "voisinage de l'affiche de cinéma ou de la couverture de magazine". Il ose même un rapprochement étonnant : "L'Odalisque d'Ingres, si langoureusement belle, avait sans doute des durillons. Peter Klasen, Allemand, s'en alarme et tente, rétrospectivement, de combattre une infirmité préjudiciable à la bonne marche de l'art. Aussi le voyons-nous, s'efforçant de limiter les déplorables conséquences de suppositions irrévérencieuses, déployer de grands voiles bleus ou rouges." La réception de l'exposition est très bonne : "Mme Sonnabend est venue, il y a eu des papiers dans la presse. Je n'ai pas revu mes tableaux."

La presse est effectivement au rendez-vous. Le critique Jean-Jacques Lévêque écrit : "Télémaque et Klasen situent les formes réalistes dans un espace où se joue une action directrice[2]." Le journaliste des *Lettres françaises* distingue particulièrement Klasen pour ses "portraits pop art, brisés, cassés, dramatiques, mêlés d'objets réels, d'une sincère vigueur plastique. Il est significatif de constater que de jeunes artistes recherchent une liaison réaliste au travers d'un phénomène obsédant et mystificateur : la

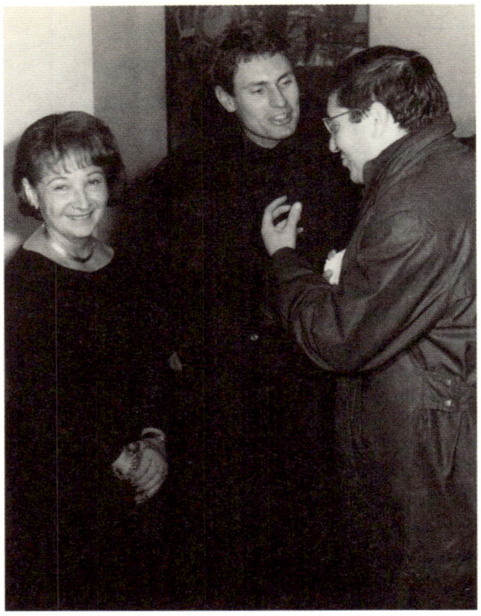

Galerie Mathias Fels, Madame Rosa Faure, Peter Klasen, José Pierre, 1962

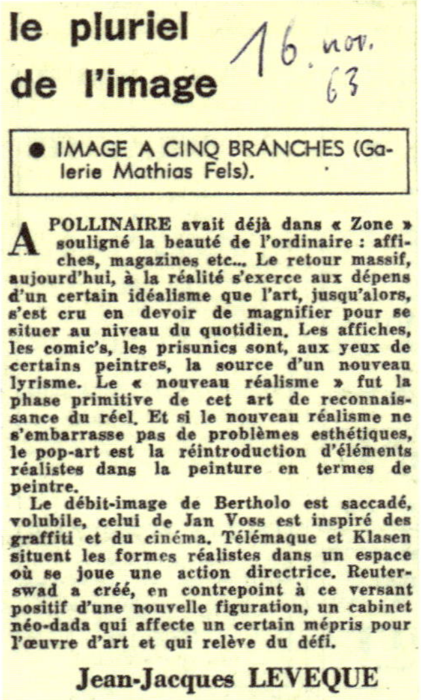

le pluriel de l'image 16. nov. 63

● IMAGE A CINQ BRANCHES (Galerie Mathias Fels).

APOLLINAIRE avait déjà dans « Zone » souligné la beauté de l'ordinaire : affiches, magazines etc... Le retour massif, aujourd'hui, à la réalité s'exerce aux dépens d'un certain idéalisme que l'art, jusqu'alors, s'est cru en devoir de magnifier pour se situer au niveau du quotidien. Les affiches, les comic's, les prisunics sont, aux yeux de certains peintres, la source d'un nouveau lyrisme. Le « nouveau réalisme » fut la phase primitive de cet art de reconnaissance du réel. Et si le nouveau réalisme ne s'embarrasse pas de problèmes esthétiques, le pop-art est la réintroduction d'éléments réalistes dans la peinture en termes de peintre.

Le débit-image de Bertholo est saccadé, volubile, celui de Jan Voss est inspiré des graffiti et du cinéma. Télémaque et Klasen situent les formes réalistes dans un espace où se joue une action directrice. Reuterswad a créé, en contrepoint à ce versant positif d'une nouvelle figuration, un cabinet néo-dada qui affecte un certain mépris pour l'œuvre d'art et qui relève du défi.

Jean-Jacques LEVEQUE

Arts, 16 novembre 1963

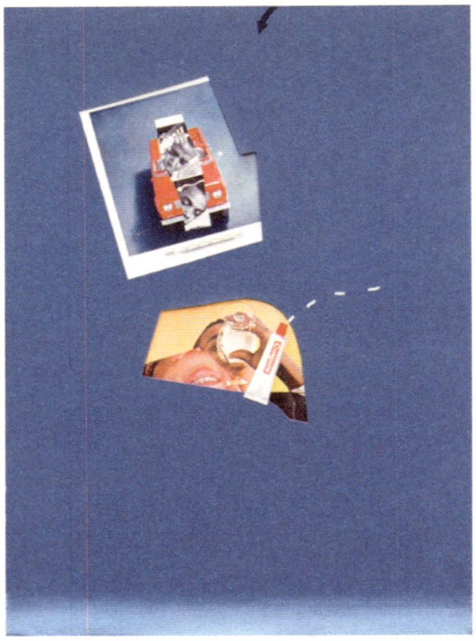

Colgate, collage, objets et acrylique sur toile, 92x73 cm, 1960, collection particulière, New York

publicité, dont il est certes possible de retrouver la correspondance classique et poétique : mais le choix lui-même de cette liaison n'est certainement pas le fait du hasard... et mériterait qu'on y prête attention[3]." Il y a même un article dans le *New York Herald Tribune* du 23 novembre qui parle de "ses études de nus disséqués, relevant de l'art publicitaire, qui sont à la fois brillantes et cauchemardesques".

Les tableaux exposés chez Mathias Fels résultent de trois années de recherche où Klasen "confronte la photo et sa réalité picturale face à face". Il montre les sources de son inspiration de deux manières différentes sur un même tableau, "un télescopage volontaire sans commentaire sur des fonds préparés". Pour Alain Jouffroy, il est le premier, avec *Réveil*, en 1960, à travailler de cette manière, avec, dans un autre genre, Peter Stämpfli, arrivé de Suisse à Paris, dont il fera plus tard la connaissance et qui développe sa propre forme d'art pop. Tous deux sont interpellés par les grandes affiches publicitaires du métro parisien. Pour Klasen, "les affiches, c'était le début de l'intox, de la manipulation du fameux consommateur, notamment dans le domaine féminin. A Berlin, on était tout au début d'une reconquête d'une consommation modeste."

Découpage, collage ("la déchirure simulée"), projection, cadrage, gros plans, télescopages, juxtapositions d'images, aplats de couleur, usage de l'acrylique, surface lisse, ajout d'objets réels, tout est utilisé, assemblé, comme monté pour un film et pour exprimer "la schizophrénie du monde actuel".

De *Colgate* (1960), où il mêle collage d'objets, dont un vrai tube de dentifrice, documents et acrylique sur toile, à *Faits divers* (1963) ou au *Déjeuner sur l'herbe* (1964), "le découpage d'un morceau de bacon, et sa traduction picturale avec les moyens de l'aérographe", il opère un pas décisif, dans le cadre de sa relecture de Dada, et notamment de Schwitters, vers une "transition de la tridimensionnalité objectale qui va vers une concrétisation du récit".

Dans ses premiers tableaux-collages apparaissent très vite le corps et l'objet agressif, le corps morcelé de la femme, que l'on retrouvera dans toute son œuvre, empreints d'un caractère autobiographique. "Je suis dans une situation très précaire de santé. Un peu sous-alimenté, angoissé. Je vivais complètement seul et développais une obsession du corps, de la maladie et de la mort. Les œuvres ont eu un effet libératoire." *L'Anatomie* (1960), avec une radio de ses poumons, *Service de nuit* (1964), avec son stéthoscope, le reflètent bien.

La plupart de ses sources comme les titres de ses tableaux sont issus de la presse à grand tirage.

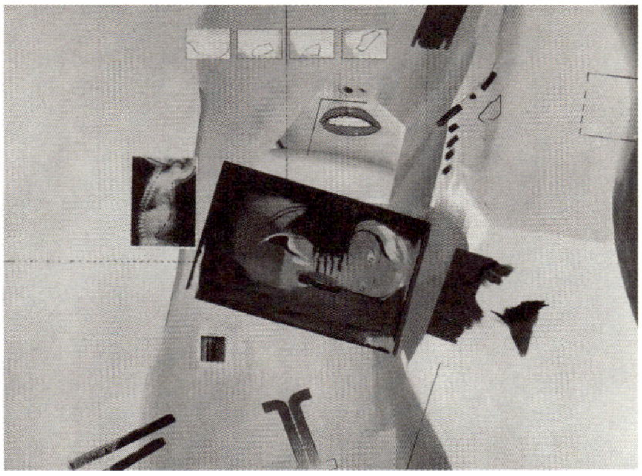

L'Anatomie, acrylique, collage et objets sur toile, 114 x 146 cm, 1960

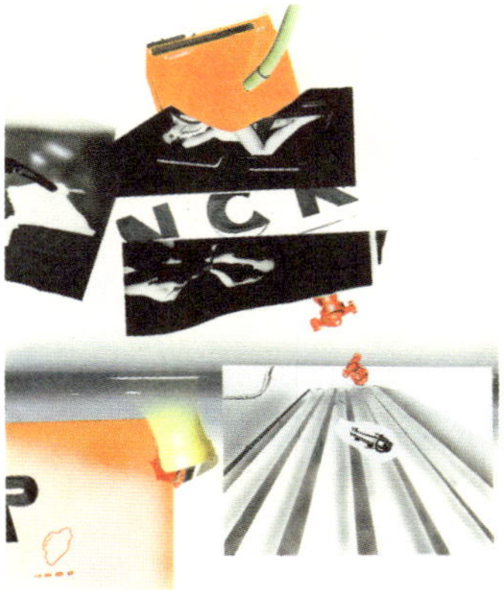

Bain de mer, acrylique sur toile, 18 x 12 cm, 1965, collection Philippe Ageon

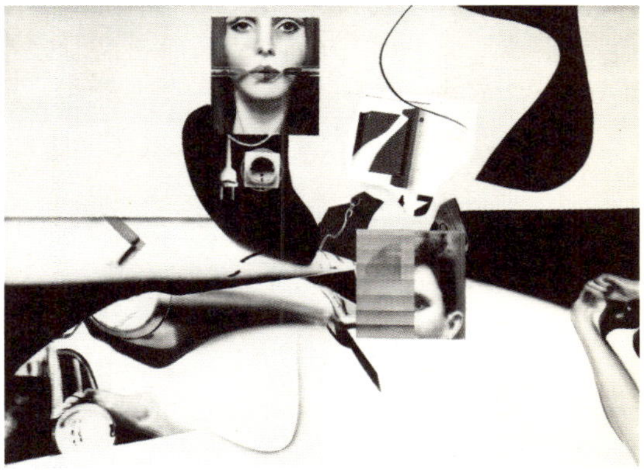

Court-circuit, huile sur toile, 81 x 100 cm, 1965, collection Ströher, Darmstadt

"La reproduction photographique noir et blanc ou couleur, comme source d'une réalité envahissante d'images qui accompagnent notre vie quotidienne, constitue le déclencheur de tout mon travail pictural." Il lit *Life*, *Vogue*, *Stern*, le *Spiegel*, *Elle*, *Paris-Match*, *France-Soir* : "Ces histoires et faits divers ont influencé un certain nombre de mes tableaux." Il est déjà dans une figuration qui sera bientôt qualifiée de narrative par le critique Gérald Gassiot-Talabot : "*Le Bon magique*, *Pour votre santé*, *La victime est passée par là*, c'étaient des titres de romans, je peignais des mini-romans qui nécessitaient une explication, un prolongement à travers le titre."

D'ailleurs, de *Nausée* (1961) à *L'Intérêt commun* (1964), Klasen fait référence à Jean-Paul Sartre. Son époque, qui est celle du nouveau roman, du cinéma de la Nouvelle Vague, est en effet marquée par Sartre, Camus, et eux-mêmes par Kafka (autre grand auteur klasénien) et Flaubert. Dans une scène du *Mur*, de Sartre, sont présents des éléments que l'on retrouve dans ses tableaux ou, plus tard, ses installations : "... je ne le lâchai qu'après avoir tourné le *commutateur*. La chambre était vide. Sur le *lavabo* ils avaient mis un carré de savon vert, pour la passe. Je souris : avec moi ni les *bidets* ni les petits carrés de savon n'ont fort à faire. La femme soufflait toujours, derrière moi, et ça m'excitait. Je me retournai ; elle me tendit *ses lèvres*." Histoire de voyeurs, d'érotisme froid, comme peuvent l'être celles de Robbe-Grillet, avec qui la critique établira un rapprochement. Comme celle de *L'Intérêt commun* où l'on voit "un faux Sartre, un homme d'affaires", de dos, regarder par une fenêtre "deux nanas qui sortent de la mer à poil, trouvées dans une revue de nus", avec, comme suspendu au-dessus de sa tête, un écouteur téléphonique ("l'appareil qui donne et reçoit à la fois"). Des objets du quotidien semblent également sortir de *La Nausée* de Sartre : "Les objets, cela ne devrait pas *toucher*, puisque cela ne vit pas. On s'en sert, on les remet en place, on vit au milieu d'eux, ils sont utiles, rien de plus. Et moi, ils me touchent, c'est insupportable. J'ai peur d'entrer en contact avec eux comme s'ils étaient des bêtes vivantes."

Francis Parent écrira : "Un tableau comme *Nausée* de 1961 est exemplaire : s'y opposent en effet déjà, dans un dialogue socio-temporel succulent (et trois ans avant *Figuration narrative*), collages d'images médiatisées et images réellement peintes ; vrais tubes de rouge à lèvres encastrés dans la toile, mais pouvant jaillir tels des phallus turgescents, et image de lèvres faussement offertes ; fausse image de photogramme peint (bien avant l'hyperréalisme) d'Anna Karina, tiré d'*Une femme est une femme*, de Godard, et collage de radiographies médicales[4]."

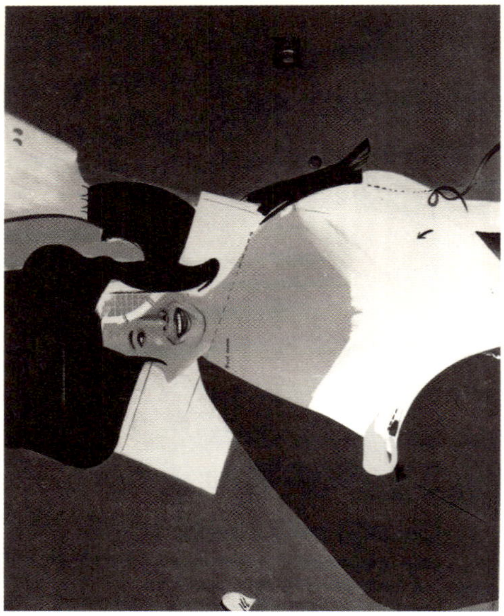

Fast Serve, acrylique, huile et objet sur toile, 146 x 114 cm, 1963, collection Delahaye, Dixmude, Belgique

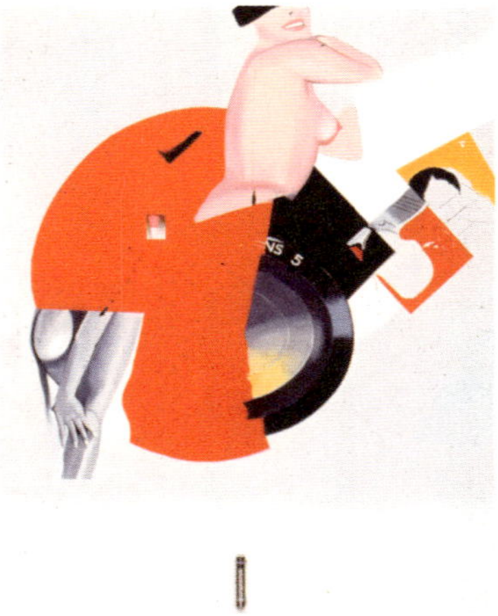

VS 5, acrylique, huile et objets sur toile, 162 x 130 cm, 1963

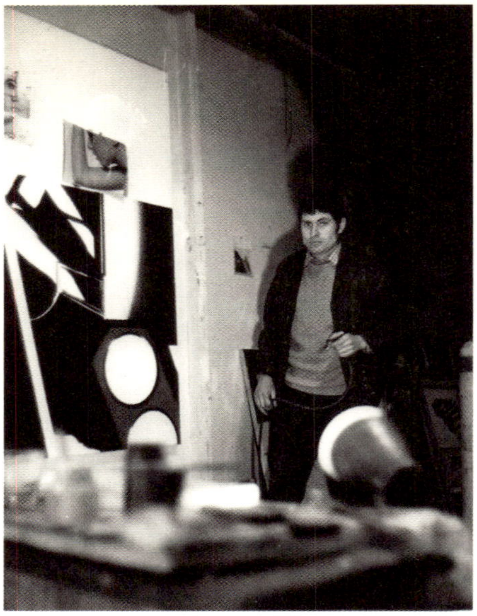

Dans l'atelier, 143, rue de Clignancourt, Paris, 1965

Les objets klaséniens, s'ils évoquent en effet des attributs mâles et/ou femelles : tubes phalliques, boutons clitoridiens ou assemblages des deux, sont aussi souvent menaçants, électriques, médicaux, hygiéniques, symboles d'enfermement (commutateurs, prises, stéthoscopes, thermomètres, seringues, lames de rasoir, douches, cuvettes de WC, bidets, ceintures, fermetures éclair, cordes...). Gérald Gassiot-Talabot établit une correspondance à partir de l'alphabet klasénien : "ampoule = brûlure, ventilateur = machine à broyer, stéthoscope = investigation interne, etc."

Ces objets, juxtaposés dans les peintures-collages du début des années 1960 aux visages, bouches, jambes de jeunes femmes, de stars de cinéma ou de pin-up des magazines, donnent, avant Baudrillard et les autres philosophes de sa génération, une vision critique du *Système des objets* et de *La Société de consommation*. Ils appelleront ensuite les commentaires de Paul Virilio ou de Daniel Sibony. Cette version critique est aussi celle que met en avant Ludovic Leonelli, citant Baudrillard : "La fonction aujourd'hui de l'art est au-delà ou infra-esthétique[5]" et ajoutant : "Un monde transesthétisé, c'est aussi un monde qui esthétise la politique, l'information et le quotidien. C'est un monde qui a arraché cette valeur pour la distiller dans l'ensemble du corps social[6]."

Dès 1960, Klasen utilise l'aérographe : "J'ai appris l'aérographe, et aussi les techniques de la lithographie, dans une agence de création publicitaire en Allemagne. J'ai fait des stages avant et après les Beaux-Arts de Berlin, pendant les vacances. Ils travaillaient sur les empaquetages. J'ai suivi la même trajectoire que Warhol." Il précise : "L'aérographe, instrument indispensable à la traduction des choix opérés du matériel photographique, permet la reproduction fidèle des sujets choisis, et (selon l'intention ou la finalité thématique) l'agrandissement (focalisation) ou le simple maintien dans la dimension initiale du document, tout en préservant l'aspect photographique original du sujet sélectionné. La traduction minutieuse du document est l'expression de la tension dialectique entre la photo (objet trouvé) et son interprétation picturale sur la surface de la toile ; ce qui en fait l'argument de base de mon travail." (Peter Klasen, *Mon vocabulaire*.)

Il est l'un des tout premiers à l'utiliser, et son usage suscitera de nombreux commentaires et analyses. Pierre Tilman, dans la monographie qu'il lui consacre, établit un parallèle entre l'outil et l'œuvre :

"L'aérographe qu'emploie le peintre peut certainement être assimilé à une arme braquée sur

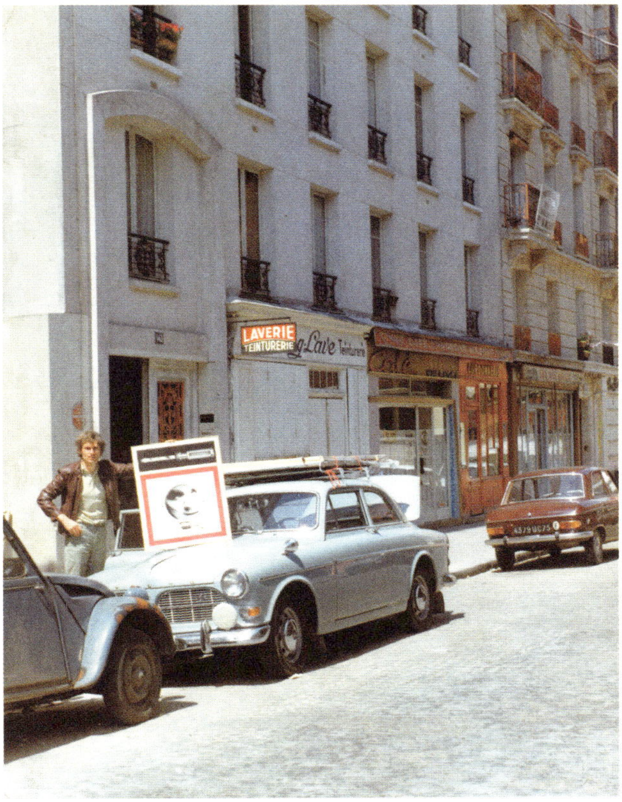

Devant l'atelier, 143, rue de Clignancourt, Paris, 1965

la surface blanche. Phallus mécanique qui éjacule des nappes de couleur, pourquoi pas ? C'est un instrument agressif, incisif. Avec ses bouteilles d'air comprimé et le tuyau de caoutchouc qui les relie au pinceau à air, l'appareil donne à l'atelier une atmosphère d'usine, ou plutôt de salle d'opération. (...) L'aérographe peut atteindre la précision aiguë d'un scalpel. Le geste du peintre rejoint celui du chirurgien. Dissection. La peinture acrylique, dénuée de l'odeur lourde, végétale, traditionnelle, presque mythologique de l'huile, renforce cette impression clinique, aseptisée. La couleur pulvérisée par le pistolet présente un fini impeccable. C'est une trame de points plus ou moins imperceptibles qui donne à la surface peinte le rendu mécanique de l'imprimerie. Question de dosage, d'éloignement et de rapprochement du pinceau à air, de répartition de la pulvérisation. Suppression des coups de brosse manuels, du geste affectif à la Van Gogh ou à la Soutine, de l'épaisseur de la pâte. Le système des caches est inséparable de l'aérographe. Il dessine les formes. Il régit la répartition de la couleur. C'est l'ancienne technique du pochoir qui consiste à masquer certaines parties pour tamponner la peinture sur d'autres. Une telle démarche suppose la décomposition de chaque élément, son traçage rigoureux et son découpage dans du papier calque. Préméditation, plan de travail préétabli. Stratégie. Peu de place laissée au hasard. On révèle en cachant. On met à nu en masquant. On remplit la surface avec des vides et des réserves. Le cache et le caché[7]."

Paul Virilio, dans l'importante étude qu'il consacre à son œuvre en 1998, analyse l'effet produit : "Après l'eau de la fresque latine, l'huile des Hollandais et leurs transparents vernis, pourquoi l'air et sa pression atmosphérique ? Pourquoi le recours à «l'aérosol», à la vaporisation des substances, sinon par souci d'atteindre *une nouvelle dimension*, non plus celle accessible par le toucher, le tact de la brosse, mais par le souffle, la ventilation haute des pigments colorés ; la compression de l'air provoquant le lissage de **surfaces** devenant tout à coup autant d'**interfaces** *sans épaisseur*, à l'exception toutefois, de leur insistante présence à l'œil nu[8]."

Il établit ensuite une analogie entre la pratique de la photographie et le travail à l'aérographe : "La texture soyeuse du tableau klasénien reprend les nuances, le grisé très particulier d'un cliché noir et blanc issu de ce **négatif**, dont la sourde lumière ne se manifeste que dans le courant du bain révélateur, alors que le contraste des figures du peintre surgit de la ventilation, de ce *courant d'air* des pigments qui imprègnent la toile. Au filtre chimique de l'émulsion photographique succède alors celui de l'*aérosol* qui laisse déposer les lueurs d'une nuée lumineuse, donnant aux figures klaséniennes une vraisemblance moins picturale que littérale, à l'exemple de la reproduction photographique[9]."

Jean-Luc Chalumeau, quant à lui, se demande s'il n'y a pas "une contradiction entre [son] désir d'appropriation presque physique des objets et la distance [qu'il s']impose dans la mise en œuvre de [sa] peinture. Pourquoi finalement ce refus du contact avec la matière picturale, avec la touche

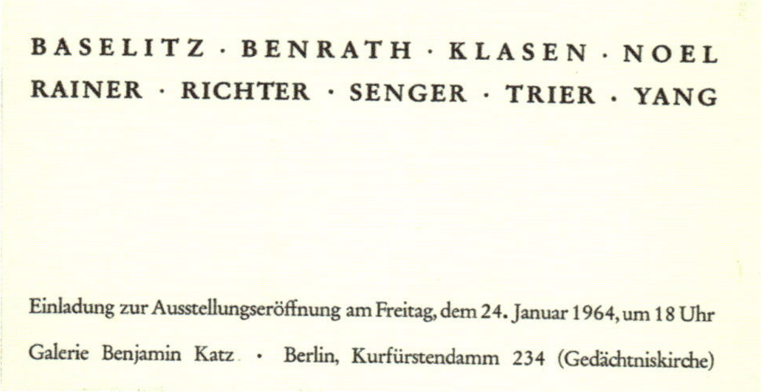

BASELITZ · BENRATH · KLASEN · NOEL
RAINER · RICHTER · SENGER · TRIER · YANG

Einladung zur Ausstellungseröffnung am Freitag, dem 24. Januar 1964, um 18 Uhr
Galerie Benjamin Katz · Berlin, Kurfürstendamm 234 (Gedächtniskirche)

Carton d'invitation de l'exposition à la galerie Benjamin Katz, Berlin, 1964

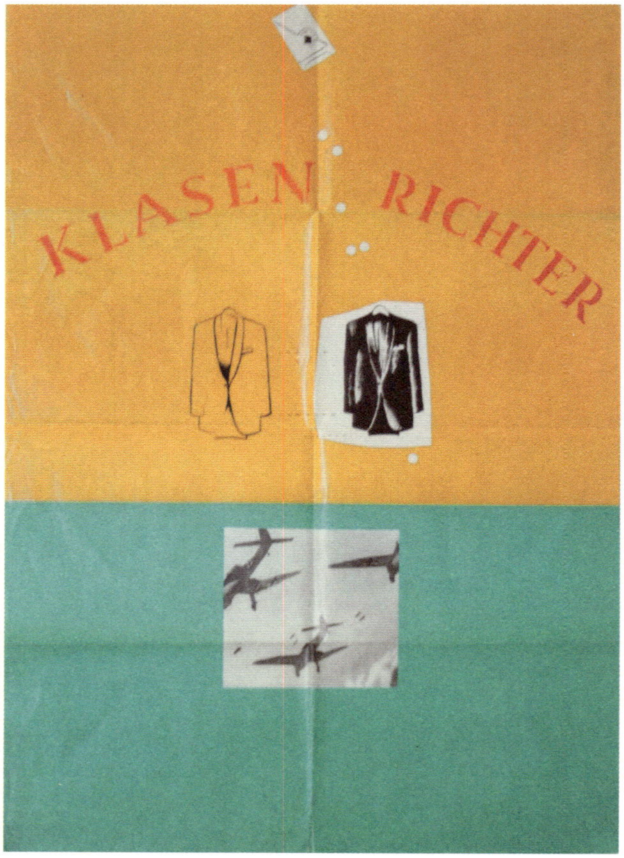

Affiche de l'exposition Klasen-Richter, galerie Friedrich & Dahlem, Munich, 1964

– toute la chimie de la peinture – au profit de cet implacable recours au médium photographique et à l'aérographe ?" Ce à quoi Klasen répond : "Les photos que je trouve ou que je prends moi-même constituent la première étape d'une approche de la réalité. Il s'agit d'une véritable investigation du réel à travers l'objectif. L'image peinte, une fois isolée de son contexte, produit une rupture totale avec le réel, créant un nouveau lien avec le monde. En objectivant l'image, en objectivant la façon de peindre, je donne davantage de chances au spectateur de la charger lui-même de ses fantasmes[10]."

Images à 5 branches est la première d'une série d'expositions qui donnent le véritable départ de la carrière de l'artiste. En janvier 1964, il expose à la galerie Benjamin Katz à Berlin avec Baselitz, Benrath, Noël, Rainer, Richter, Senger, Trier et Yang. Puis, du 10 juin au 10 juillet, avec Richter à la galerie Friedrich et Dahlem, à Munich. Il présente onze œuvres et réalise l'affiche de l'exposition : "C'était une gigantesque galerie de Munich, sur Maximilianstrasse. Richter, je ne le connaissais pas. Il venait de l'Allemagne de l'Est, et il avait fait ses études aux Beaux-Arts de Düsseldorf. Il avait eu, comme moi, un professeur issu de l'abstraction. En 1963, toute sa panoplie était en place, notamment les *Bombardiers*. Chez moi, il y avait le morcellement du corps, chez lui l'image entière. C'était une jeune galerie, je n'ai plus travaillé avec eux, mais Heiner Friedrich est devenu plus tard directeur de la Dia Foundation."

Alors qu'il est à Munich, on le contacte pour lui proposer de participer à une exposition au musée d'Art moderne de la ville de Paris. Du 7 juillet à octobre, Gérald Gassiot-Talabot réunit, avec le concours de Marie-Claude Dane, François Mathey, François Wehrlin, Foldès, Rancillac et Télémaque, trente-quatre jeunes artistes[11] dans l'exposition *Mythologies quotidiennes*. Il regroupe leurs œuvres, révélant "un nouveau climat de sensibilité créatrice", autour d'une définition : "Est narrative toute œuvre plastique qui se réfère à une présentation figurée dans la durée par son écriture et sa composition sans qu'il y ait toujours à proprement parler récit." Tout comme Klasen, certains peignent à l'acrylique.

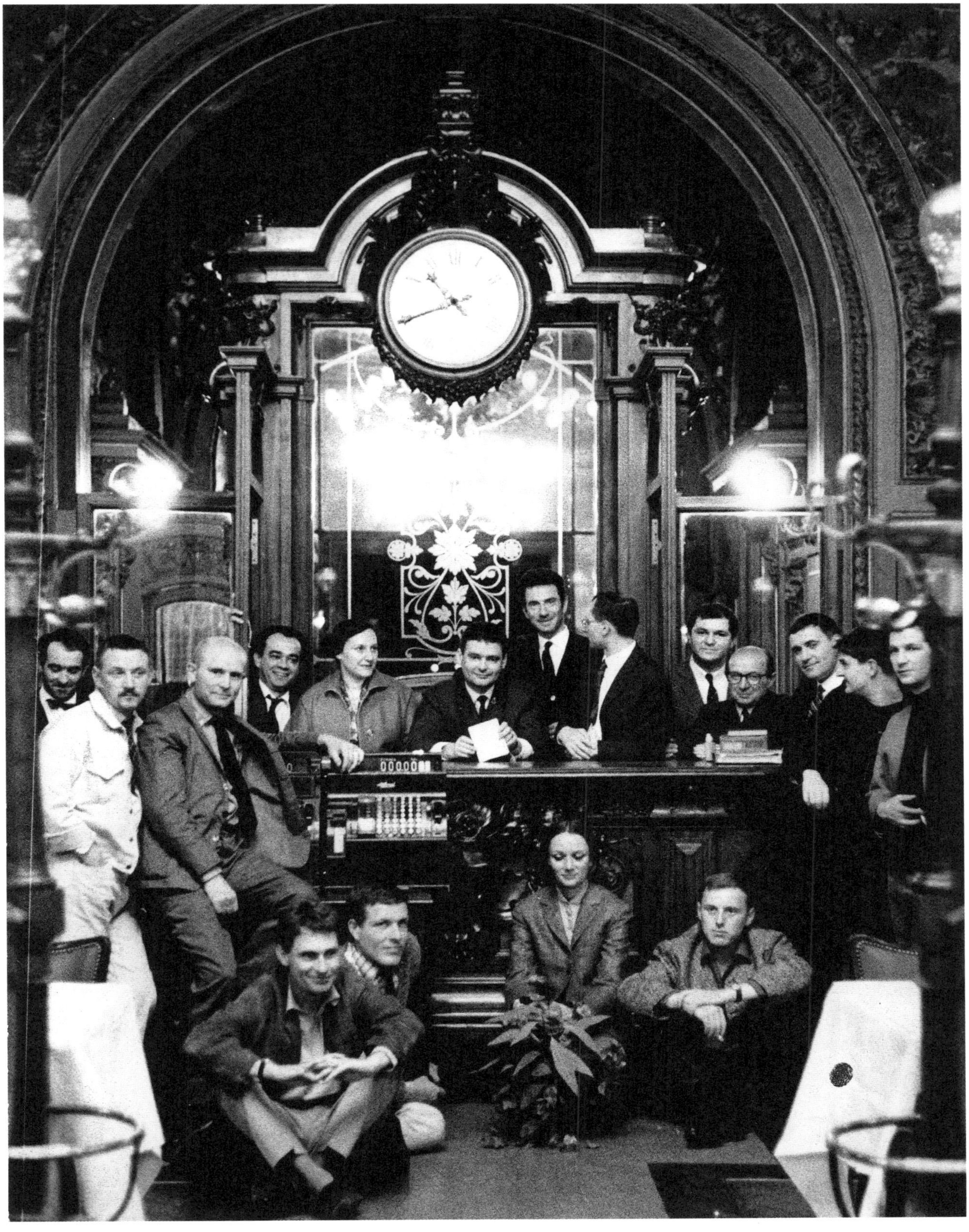

De gauche à droite, de haut en bas :

Samuel Buri, Jean Tinguely, Jacques Monory, Hervé Télémaque, Marie-Claude Dane, Gérald Gassiot-Talabot, Peter Foldès, Bernard Rancillac, Erni, Atila, Cheval-Bertrand, Edmund Alleyn, non identifiée, Peter Klasen, Klaus Geissler, Niki de Saint Phalle, Jan Voss. *Le Train bleu*, Paris, 1964. Photo André Morain

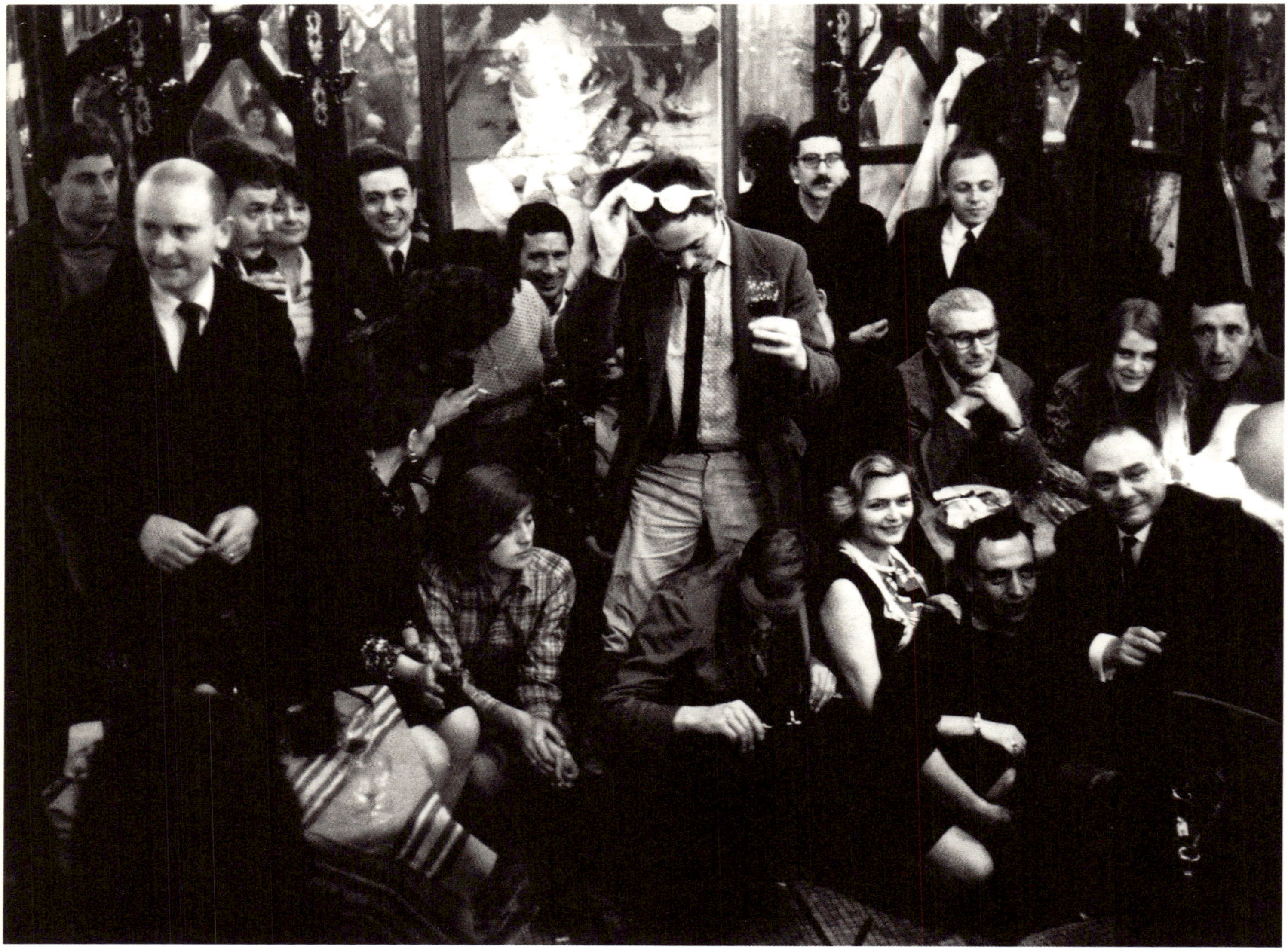

La Fête à la Joconde, Chez Vagenende, Paris, 1965. Photo André Morain

De gauche à droite et de haut en bas :

Peter Klasen, Jacques Monory, Erik Dietman, non identifiée, Guido Biasi, Hernandez, Mark Brusse (au fond fumant), Lucio Del Pezzo, non identifiée, non identifiée, Annelor (en chemise à carreaux), Jan Voss (au centre, relevant ses lunettes), Ruth Henry, Maurice Henry, George Filliou,
non identifiée, non identifiée, Pol Bury

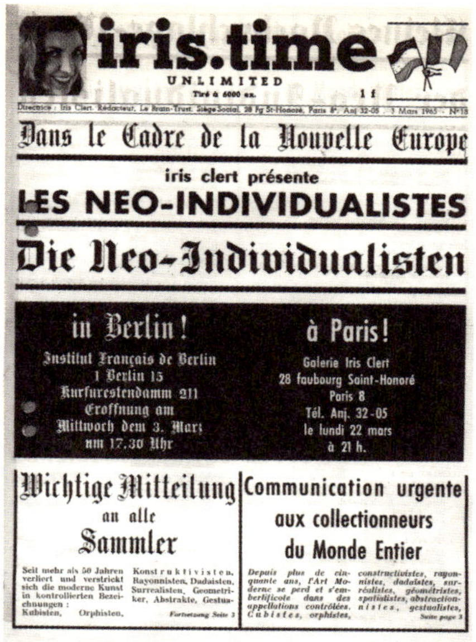

iris.time

UNLIMITED

Tiré à 6000 ex.

1 f

Directrice : Iris Clert. Rédacteur, Le Brain-Trust. Siège Social, 28 Fg St-Honoré, Paris 8e. Anj 32-05 . 3 Mars 1965 . N°18

Dans le Cadre de la Nouvelle Europe

iris clert présente

LES NEO-INDIVIDUALISTES

Die Neo-Individualisten

in Berlin!

Institut Français de Berlin
1 Berlin 15
Kurfurestendamm 211
Eroffnung am
Mittwoch dem 3. Marz
um 17.30 Uhr

à Paris!

Galerie Iris Clert
28 faubourg Saint-Honoré
Paris 8
Tél. Anj. 32-05
le lundi 22 mars
à 21 h.

Wichtige Mitteilung an alle Sammler

Seit mehr als 50 Jahren verliert und verstrickt sich die moderne Kunst in kontrollierten Bezeichnungen : Kubisten, Orphisten, Konstruktivisten, Rayonnisten, Dadaisten, Surrealisten, Geometriker, Abstrakte, Gestua-

Fortsetzung Seite 3

Communication urgente aux collectionneurs du Monde Entier

Depuis plus de cinquante ans, l'Art Moderne se perd et s'emberlificote dans des appellations contrôlées. Cubistes, orphistes, constructivistes, rayonnistes, dadaïstes, surréalistes, géométristes, spatialistes, abstractionnistes, gestualistes,

Suite page 3

Iris Time, journal de l'exposition, "Les néo-individualistes", galerie Iris Clert, 1965

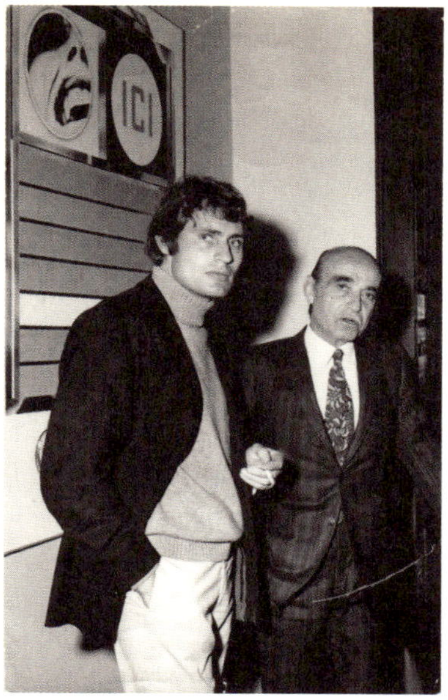

Peter Klasen et Lucio Fontana, vernissage Peter Klasen au Studio Bellini, Milan, 1967

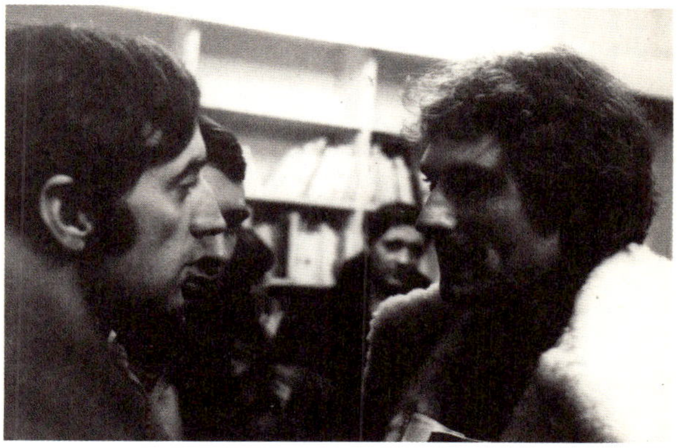

Franck Venaille, Pierre Tilman, Peter Klasen, Paris, 1968

Ils traitent de manière critique des sujets de la réalité quotidienne : "les jeux de la cité, les objets sacrés d'une civilisation vouée au culte des objets de consommation, les gestes brutaux d'un ordre fondé sur la force et la ruse, le choc des signaux, des mouvements et des sommations qui traumatisent journellement l'homme moderne[12]". Klasen montre *Service de nuit*, *Le Déjeuner sur l'herbe*, *Main basse*, *No Title* – collages, objets, huile et acrylique sur toile.

C'est l'exposition première de ce qui deviendra, de manière plus resserrée, autour de Gassiot-Talabot, le groupe de la Figuration narrative, dont Klasen est l'un des fondateurs. Il exposera par la suite régulièrement sous cette dénomination avec Arroyo, Monory, Rancillac, Recalcati, Télémaque, auxquels se joindront, formant le noyau dur, Adami, Aillaud, Erró, Stämpfli et Voss. Jacques Monory dira : "Ce qui s'est développé en France s'est écarté du pop art américain. Nous avons très vite pris le parti d'une narration critique de la société alors que les Américains ont presque toujours été, à mon sens, élogieux à l'égard de leur système. C'est une différence fondamentale[13]."

Klasen se souvient que "l'exposition a été combattue par tout le monde. Marie-Claude Dane a été renvoyée du musée à la suite. Mais il y a eu une consécration malgré tout muséale. Cela a créé tout de même une ouverture, on a tous eu ensuite nos *one man shows* (notamment Télémaque, Rancillac et moi). Autour de Mathias Fels s'est construit un réseau international de collectionneurs (belges, hollandais, italiens, suédois...)."

Ainsi, après *Mythologies quotidiennes*, les manifestations se succèdent, personnelles ou collectives. Gassiot-Talabot organise à la galerie Creuze l'exposition de groupe *La Figuration narrative dans l'art contemporain*.

L'année suivante, c'est *Indicateur 65* à la galerie Mathias Fels qui réunit huit artistes (février-mars). Jean-Jacques Lévêque chronique dans *Arts* que "Klasen fixe en gros plan les instants de rêve et crée des images que l'on dirait sorties d'un cinéma soudain pétrifié et rendu muet." *Le Monde* parle de "l'équipe remuante de la Nouvelle Figuration". Iris Clert présente ceux qu'elle appelle "les néo-individualistes" à l'Institut français de Berlin et dans sa galerie à Paris. "Il y avait vingt et un artistes. Iris Clert était un esprit tout à fait curieux. Elle-même grande individualiste, toujours prête à prendre le contre-pied d'un marché ou d'une situation donnée. Elle n'avait aucun principe, elle n'était pas sectaire. Elle a conçu une exposition très intéressante de confrontation, très pointue. C'était aussi en tant qu'Allemand qu'elle voulait que j'y participe. Pour elle, c'était un foisonnement

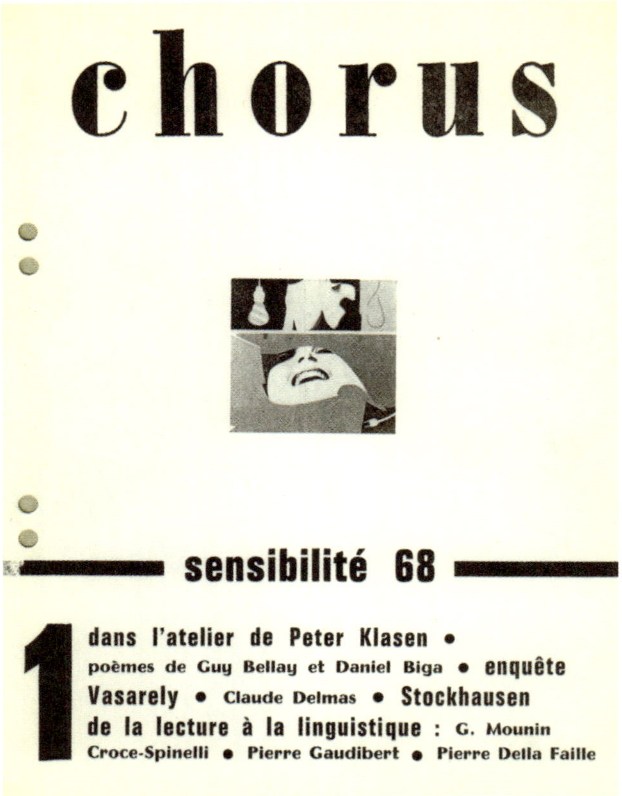

chorus

sensibilité 68

1 dans l'atelier de Peter Klasen • poèmes de Guy Bellay et Daniel Biga • enquête Vasarely • Claude Delmas • Stockhausen de la lecture à la linguistique : G. Mounin Croce-Spinelli • Pierre Gaudibert • Pierre Della Faille

Chorus, "Sensibilité 68", Paris, 1968

permanent de propositions ; elle a réuni des personnalités singulières : Atzak avec ses empreintes ; Deschamps, ses sous-vêtements ; Rolande Fièvre, qui montrait des osselets dans des boîtes en plexiglas ; Geissler, des scaphandres où, à travers les hublots, des personnages semblent des marionnettes ; Kalinowski, des caissons recouverts de cuir ; moi, qui avais choisi l'aérographe ; Takis et ses aimants ; Fontana qui casse, coupe, déchire ; Klein avec ses monochromes ; Chaissac, singulier, isolé."

Il participe encore, chez Mathias Fels, à *Accrochage 66*. Dans *Le Monde*, on lit : "Entre la pin up, l'automobile et des instruments scientifiques, entre l'irrationnel et le rationnel, Klasen, en des toiles où émergent les images comme des souvenirs et des désirs, déifiés en quelque sorte, situe les «modèles» du moment."

Mais, avant tout, en avril-mai a lieu chez Mathias Fels, boulevard Haussmann, sa première exposition personnelle à Paris. Gérald Gassiot-Talabot écrit un texte, "Les cruautés de Peter Klasen". Le mot fera date et sera repris au sens premier par la critique. Pour Klasen, "ce terme de cruauté est un malentendu. Gassiot-Talabot y voyait une cruauté non pas dans la thématique, mais dans l'application picturale. C'est vrai que je viole en quelque sorte le beau langage du petit pinceau qui caresse la surface de la toile, je voulais objectiver." Paul Virilio précisera : "Peter Klasen n'est donc nullement cruel comme on le prétend trop souvent, il est seulement *menaçant parce que menacé*. (...) Aujourd'hui où l'optique est devenue délation pure, *faire voir fait peur*. L'inquiétude vient alors de la vue et non de ce qui se cache ici ou là[14]."

Le Monde note "un échantillonnage de mythes aussi dérisoires qu'envahissants", la relation à la photo et au cinéma, et "Klasen a le sens du spectacle et de la mise en page, mais avec la froideur d'une planche anatomique". Jean-Jacques Lévêque s'interroge : *L'érotisme, peur ou dépassement ?* Il l'envisage au XXe siècle, de Bellmer à Balthus, de Bacon à Robbe-Grillet, et traite à propos de Klasen de ses "visions syncopées, glacées (...) [où] la femme est perçue, égarée, dans un monde de frigidaires, de machines à laver, de voitures aux formes parfaites, inquiétantes".

A Anvers, Klasen se voit consacrer une autre exposition personnelle à la galerie Ad libitum (octobre-novembre) : "C'était la galerie la plus importante en Belgique à l'époque. A partir de là, on a développé un réseau absolument fabuleux, les choses se sont enchaînées." Il participe encore à *Schèmes 66* au musée d'Art moderne de la ville de Paris et à *Realismus der Symptome* au Städtisches Museum de Leverkusen. En décembre 1966, la galerie Mathias Fels présente ses artistes au Studio Marconi à Milan. Pierre Restany signe le texte du catalogue : "Les artistes actuels de la galerie Fels sont des reporters du quotidien. Ils se situent et nous situent au cœur de notre époque. On ne peut refuser les problèmes que nous posent Bertholo, Camacho, Klasen, Télémaque, ou encore Brusse, Dietman ou Kudo. On ne peut refuser le regard neuf, réaliste, impitoyablement objectivé, qu'ils nous invitent à jeter sur le monde, notre monde".

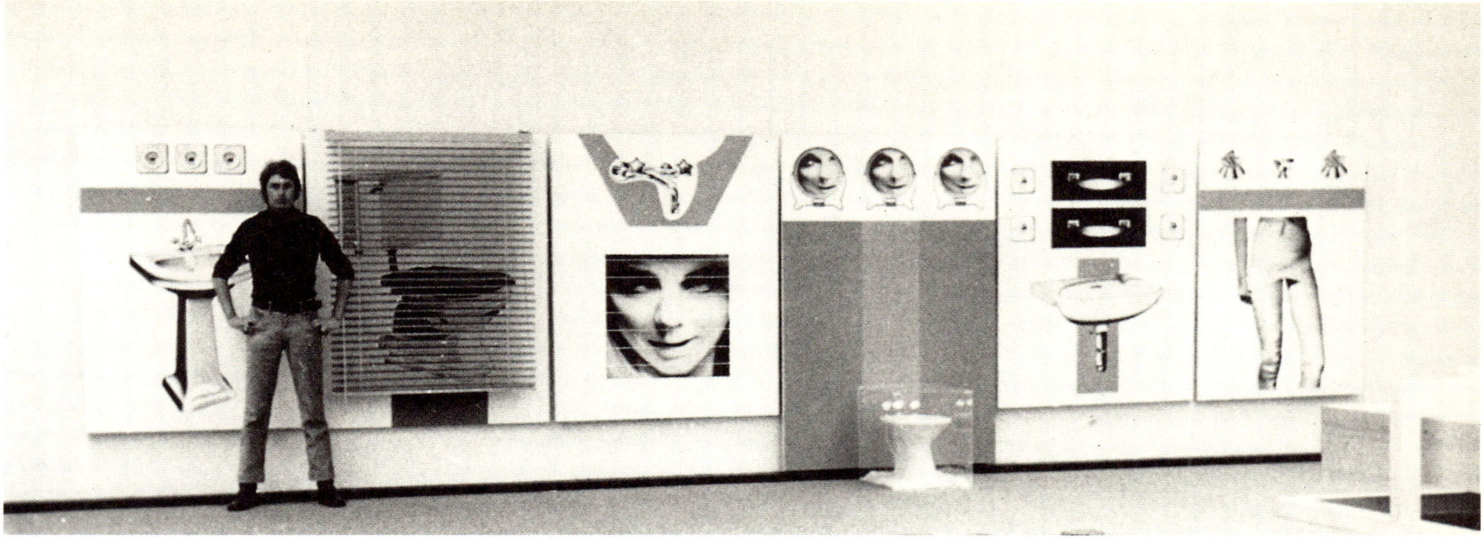

Prospekt 68, Kunsthalle de Düsseldorf, 1968. Photo Angelika Platen

Cette même année, Peter Klasen rencontre Franck Venaille (né en 1936), un poète, auteur de récits et de romans, producteur à France-Culture, qui dit préférer la compagnie des artistes à celle des écrivains et qui va l'accompagner durablement. Franck Venaille, avec Pierre Tilman, va fonder la revue *Chorus* : "Un anti-*Tel Quel* à l'époque ; ils jouaient sur une forme de récit réaliste. Venaille était marqué par la guerre d'Algérie qu'il avait du faire. J'ai été le premier à répondre avec un dossier et une sérigraphie originale. La revue a duré cinq ou six ans, une revue ambitieuse, sans grands moyens. Plus tard, j'ai eu le plaisir de les avoir chacun comme auteur d'une monographie."

En 1967, Gérald Gassiot-Talabot présente l'exposition *Bande dessinée et figuration narrative* au musée des Arts décoratifs, à Paris, à laquelle Klasen participe. Pierre Restany, qui guerroie pour défendre les nouveaux réalistes, poursuit un combat pamphlétaire et pourfend "l'art par la bande" dans la revue *Beaux-Arts*. Dans un long article, dans lequel il chronique l'exposition, il ne cite le nom d'aucun artiste français, mais relève que "l'avance américaine est considérable, (...) domine aisément l'ensemble". Son papier est un assassinat calculé contre les artistes qui ne sont pas de sa bande, "tous ces «narratifs» ne seraient alors que des scribes de la pellicule, des imagiers". Ils n'en continuent pas moins à affirmer leur présence en Europe et Gassiot-Talabot fonde la revue *Opus international* pour défendre ses idées et ses amis artistes. Klasen expose *Eclairage intime* (1967) et *Supplice n° 7* (1964), à *Collages 67* à Munich et reçoit à cette occasion le prix Franz-Roh ; R.-C. Kennedy lui consacre un dossier dans *Art international* où il le situe à "la pointe de l'avant-garde".

En mai 1968, Klasen ne participe pas aux événements, ne fait pas d'affiches, comme nombre des autres artistes de la Figuration narrative pour l'Atelier populaire. Il a donné son point de vue à Jean-Jacques Lévêque, à savoir que son "engagement, c'est de dénoncer l'inanité de l'engagement[15]".

Plus tard, il précisera sa position d'homme "impliqué" dans un entretien avec Christiane Girard et Henry Le Chénier : "Je ne suis pas le leader d'un parti, je ne suis pas quelqu'un qui formule des slogans à usage politique, quelqu'un qui formule par le moyen de la peinture un programme politique, parce qu'il y a d'autres médias qui peuvent mieux rendre compte d'une action politique, d'une grève, d'une manifestation, d'une revendication[16]." Propos qu'il a développé dans *Artitudes*, répondant au débat sur "Rôle et situation sociale de l'artiste" : "Les tentatives visant à faire de l'art un véhicule politique sont illusoires... Vouloir concurrencer les mass media sur leur propre domaine me paraît insensé : la

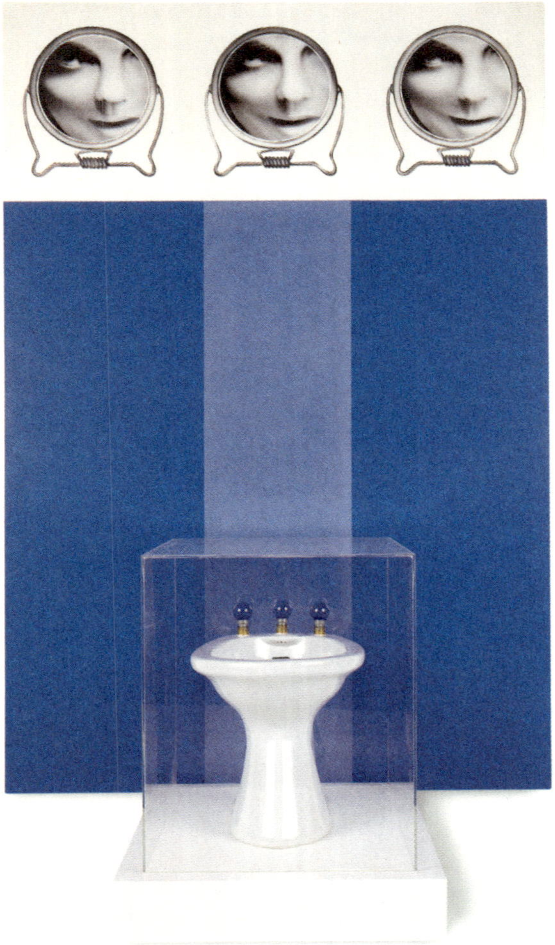

Bidet / hommage à Duchamp, acrylique et objets sur toile, 195 x 130 x 70 cm, 1968, L'Institut-FRAC Rhône-Alpes, Villeurbanne

conscience de l'homme qui vit aujourd'hui dans une société de gaspillage est marquée d'informations, de textes, d'images auxquels il est confronté chaque jour... La photo et, dans une plus forte mesure, la télévision et le cinéma ont une valeur réelle pour les individus. Ces médias remplacent la réalité à laquelle ils n'appartiennent presque pas... De plus en plus, on croit à l'objectivité des médias de l'image. C'est pourquoi la photo me paraît le point de départ idéal pour s'attaquer de cette manière à l'environnement. (...) La sélection d'une photo en vue de son efficacité est déterminante... Plus le document est facile, plus grande est la dimension de la réflexion. Les tendances répressives de notre société sont plus précises, plus saisissables dans ses produits finis que dans la représentation d'événements actuels et limités dans la durée."

L'histoire de l'Allemagne et des artistes allemands a évidemment nourri sa réflexion : "Otto Dix, Heartfield et Grosz, pour prendre ces exemples, ont réagi aux horreurs de la Première Guerre mondiale, mais ont eu, hélas, très peu d'impact sur la marche de la société et de l'histoire. Cette attitude de l'artiste face à ses responsabilités est une attitude très berlinoise, Berlin a toujours été un centre de la contestation. Les artistes proposent d'autres informations, du domaine de l'intellect, de la sensibilité, du discours poétique, de la transposition de la réalité vers un imaginaire, qui mobilisent d'autres instances de l'individu, comme une nourriture spirituelle. J'ai très vite compris que la peinture comme outil d'un parti ou au service d'une propagande était inopérante."

Tableaux binaires

1968 est, en revanche, l'année où il met en place une nouvelle série qui sera connue sous le nom de *Tableaux binaires*. Le critique François Pluchart, qui deviendra l'un de ses défenseurs, chronique sa seconde exposition personnelle chez Mathias Fels : "L'œuvre actuelle de Klasen se réduit volontairement à quelques éléments obsessionnels aisément assimilables : une partie d'un corps, un outil, la poignée d'une porte, par exemple, c'est-à-dire, plus qu'à un symbole, à une densification tendue, survoltée, d'un état, d'un acte. Ainsi, avec une force extraordinaire, le particulier atteint au général, au sentiment universel, et cela pour une époque qui parcourt le monde entier en quelques heures et se nourrit d'images qui s'entrechoquent et parfois se contredisent à un rythme hallucinant[17]."

A la galerie, il montre pour la première fois *Bidet*, un hommage à Marcel Duchamp, une pièce en trois dimensions : un bidet sur socle avec néon, avec en arrière-plan une toile où l'on voit se répéter un portrait de femme : "Le visage de *Bidet*, c'est une

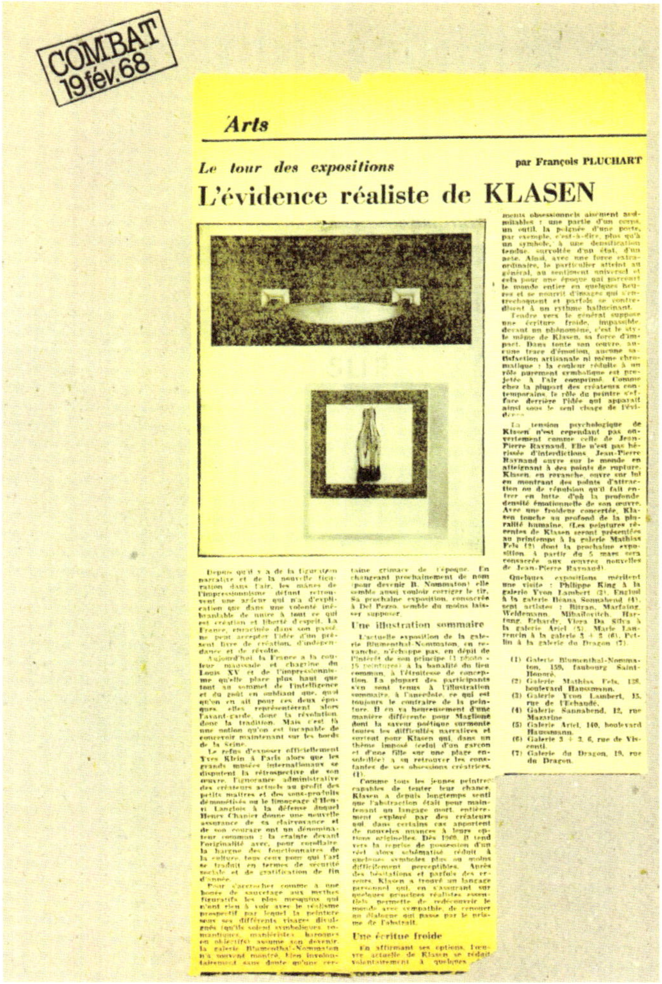

COMBAT 19 fév. 68

Arts

Le tour des expositions — par François PLUCHART

L'évidence réaliste de KLASEN

Article de François Pluchart dans *Combat*, 1968

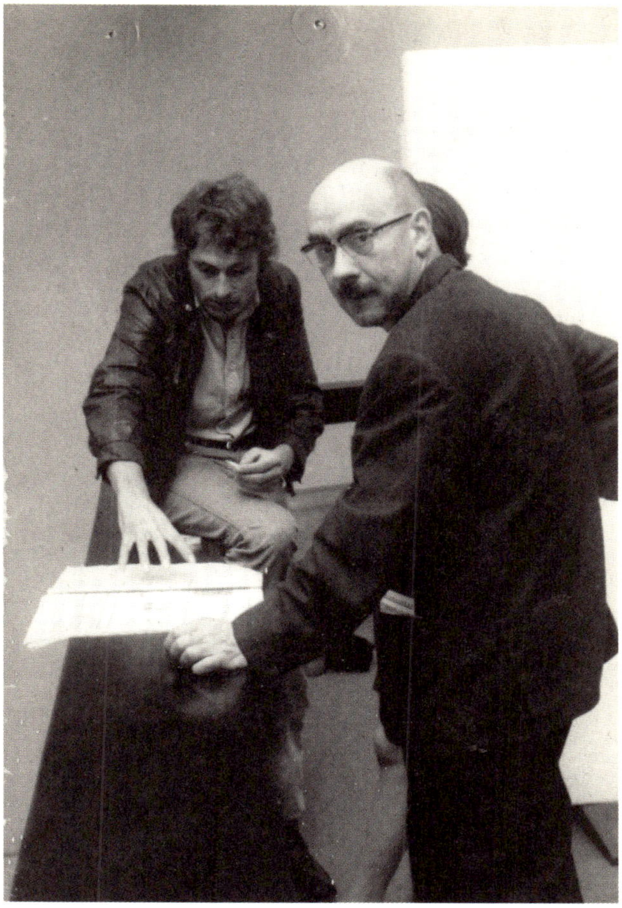

Peter Klasen et Mathias Fels, *Prospekt 68*, Kunsthalle, Düsseldorf

histoire personnelle. A l'origine, c'est une photo publicitaire. Ce regard me fascinait. Je l'ai utilisé assez souvent. Les photographies apparaissent dans des glaces à rasoir, il y a un aspect sexuel, phallique, une obsession à faire réapparaître la même image. On entre dans la phase binaire, un ou deux objets prédominent, il y a un télescopage assez brutal entre corps et objet, souvent avec une connotation érotisante. C'est moins narratif. Il y a élaboration d'un vocabulaire. On élimine le corps et on arrive à la surface de l'objet représenté."

Catherine Millet se rend à l'atelier et fait un compte rendu original : "Il est facile et drôle d'entrouvrir le store dont il a couvert l'une de ses toiles, mais c'est pour s'accommoder de la présence des WC nets et sans contexte que l'on découvre alors, on serait bien tenté d'y faire apparaître la Roberte de Klossowski, par exemple, flanquée du nain et du géant, ses deux agresseurs. A défaut, évidemment, d'une telle disposition intellectuelle, encore faut-il ressentir plus d'attirance pour les créatures glacées de *Vogue* que pour les femelles faciles de *Playboy*. Loin d'idéaliser la femme, Klasen l'évoque telle qu'elle se dissimule sous les images envahissantes d'une séduction artificielle. Sur la toile, visage et ustensiles d'hygiène demeurent isolés et ne suggèrent plus que des rencontres possibles, mais troublantes et fragiles. Il en résulte comme un courant de tension dans l'espace compartimenté par de larges bandes de couleurs contrastantes. A mesure que l'objet paraît évident et accessible grâce à un faux semblant photographique en noir et blanc, la présence féminine se rétracte ; elle n'est plus que dans un miroir le reflet d'un regard trouble, d'un sourire énigmatique. L'objet réel (un bidet lumineux sous coffret ouaté de plexiglas) en prolongeant le tableau, déplace ce phénomène au niveau de la conscience du spectateur. C'est dans cette fuite plus ou moins provoquée de la réalité que joue l'érotisme de Klasen[18]."

Ce nouvel ensemble suscite de nombreux commentaires. "On peut noter qu'après une courte tentation d'objets bruts, plus ou moins sacralisés dans un cadre, Peter Klasen a serré le problème sur le plan visuel, le plan strict, éliminant, comme Monet, toute référence aux apports multisensoriels (valeurs tactiles, auditives, ostéomusculaires), sacrifiant les agréments gestuels, qui contaminent la donnée optique pure. Ses surfaces peintes restituent avec une violence insoutenable une fraction infime de la vision courante des objets proches : l'instant où les schèmes mémorisés, issus des mass media et du décor quotidien, s'assemblent selon des structures fondamentales. (...) On relève dans les tableaux à figure de Klasen un dédoublement du cadre, un dégradé de tons, l'utilisation de miroirs qui tablent sur les mêmes pouvoirs. L'exécution des toiles tend vers une impression de lisse qui n'est pas ici la qualité inverse du rugueux mais l'absence même de toute valeur tactile, l'impossibilité du tact renforçant d'autant la fascination d'une image qui en devient proprement intouchable[19]." Ce à quoi Pierre Tilman ajoute : "Les fragments de corps dénudé et les objets se heurtent, confrontés. Choc. Quand ils se complètent, c'est pour l'agression. Supplice ordinaire. Partie célibataire, partie divorcée. Le couple ne se mêle jamais. Chacun a sa place, chacun dans sa case. *Torse + 2 interrupteurs*, *Poignée de porte + oreille*, *Visage + seringue*. Situations. Les éléments du tableau se juxtaposent sans jamais se rejoindre, espacés par un blanc, un vide entre les surfaces figurées. Il s'agit en fait d'une addition purement arithmétique où le signe + ne fait que renforcer l'isolement. Le rapport s'établit, mental. Il appartient à l'œil du regardeur de rapprocher les deux parties." Et Gassiot-Talabot : "Peter Klasen règle inlassablement de toile en toile un vieux compte avec la femme (et d'abord avec la mère). (...) Pour Klasen, cette symbolique tourne explicitement autour d'un matériel érotico-sadique, mis en contrepoint de l'image par un processus volontaire et dominé."

Une sélection de ce nouvel ensemble (*Bidet*, *Lavabo + interrupteurs*, *Robinet + visage*, *Botte cuissarde*) est choisie par Mathias Fels pour figurer à *Prospekt 68*, une exposition importante à la Kunsthalle de Düsseldorf (septembre 1968). "Participent également Jean-Pierre Raynaud, qui montre une très grande installation de pots, Mark Brusse et Buren, qui installe pour la première fois en Allemagne des tapisseries de bandes vertes et blanches. Pour moi, cette exposition préfigure *Ensembles et accessoires* à l'Arc en 1971."

Ensembles et accessoires

Du 1er avril au 2 mai 1971, Pierre Gaudibert et Suzanne Pagé consacrent une exposition personnelle à Peter Klasen à l'Arc, au musée d'Art moderne de la ville de Paris. Douze ans après son arrivée à Paris, c'est une véritable reconnaissance de la singularité de son travail et également un vrai challenge : "C'était à l'époque un espace absolument terrifiant parce qu'il était extrêmement haut. J'ai fait deux œuvres de 6 et 8 mètres de haut. Sept tableaux superposés : des couvercles de WC peints. J'ai fait une installation qui allait vraiment dans les trois dimensions et que je voulais d'une très grande radicalité. Avec des néons, la violence des néons (il y en avait déjà en 1968 avec *Bidet*). Un dépouillement total des surfaces. Un objet peint (un tensiomètre), des baignoires qui débouchent sur une salle de bains. Avec une selle de bicyclette (une allusion à Duchamp et à Picasso). Trois œuvres qui ne comportent sur fond jaune que des stores vénitiens argentés. Des objets simples (une grande oreille, avec de petites poignées en inox), des cisailles

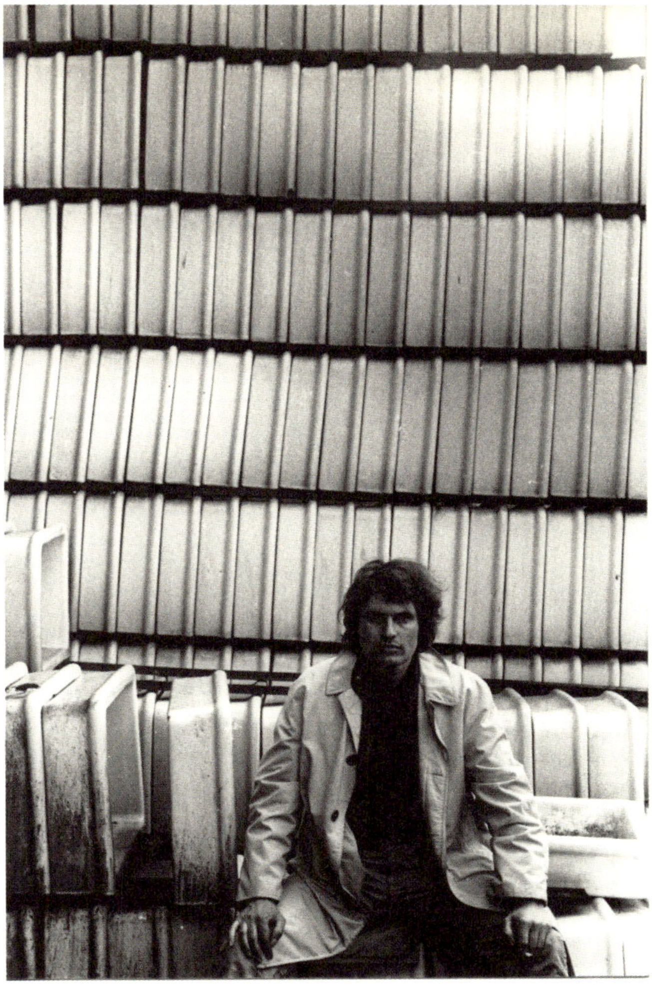

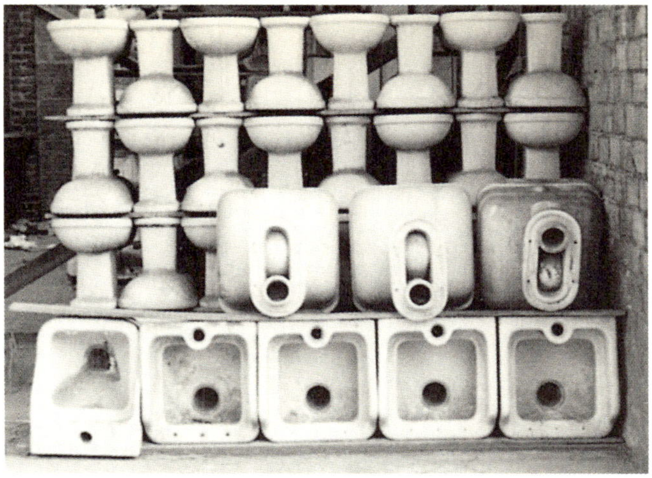

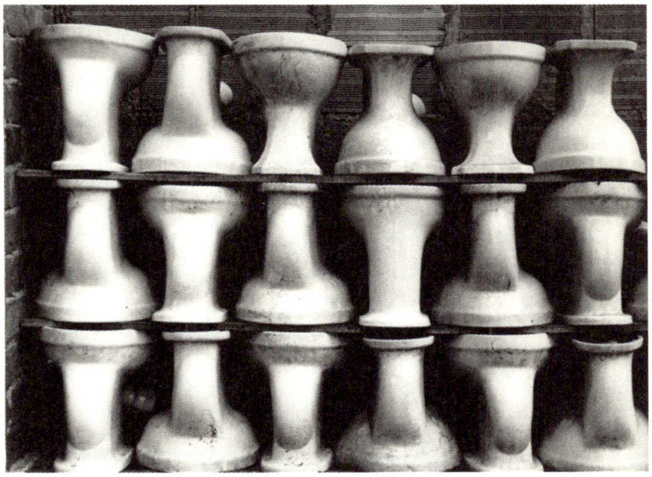

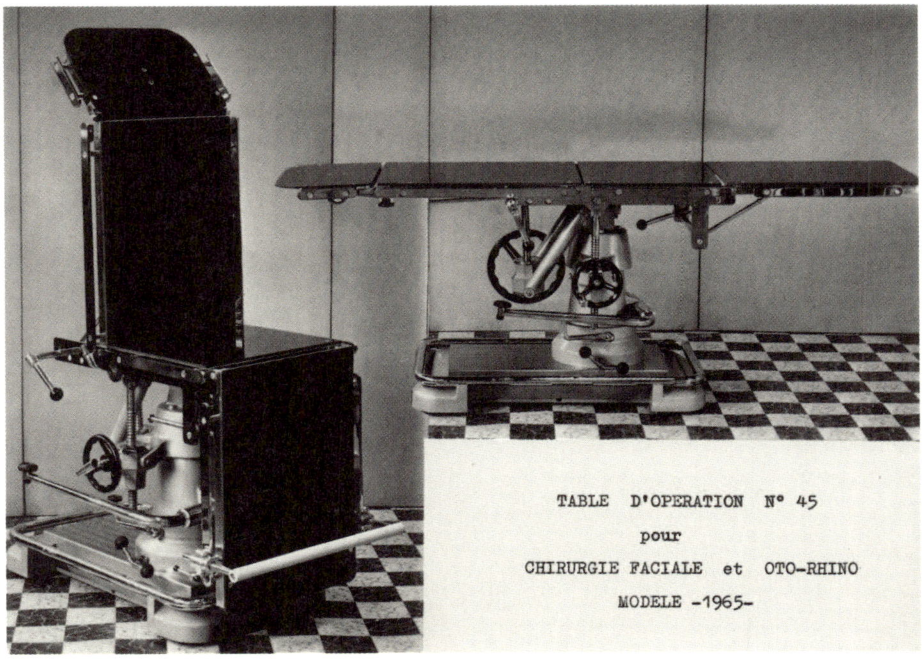

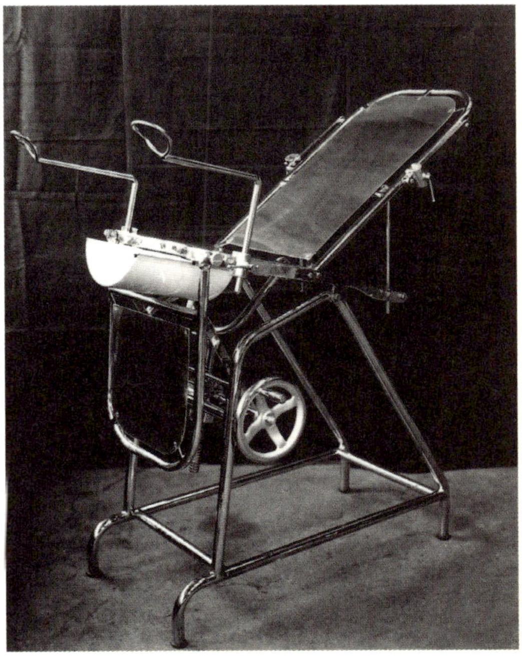

Sani-Central, Bastille, Paris, 1969, photographies 1, 2 et 3

Intensivstation/Chirurgie faciale, photographie, 1965

Intensivstation/Fauteuil d'accouchement, photographie, 1965

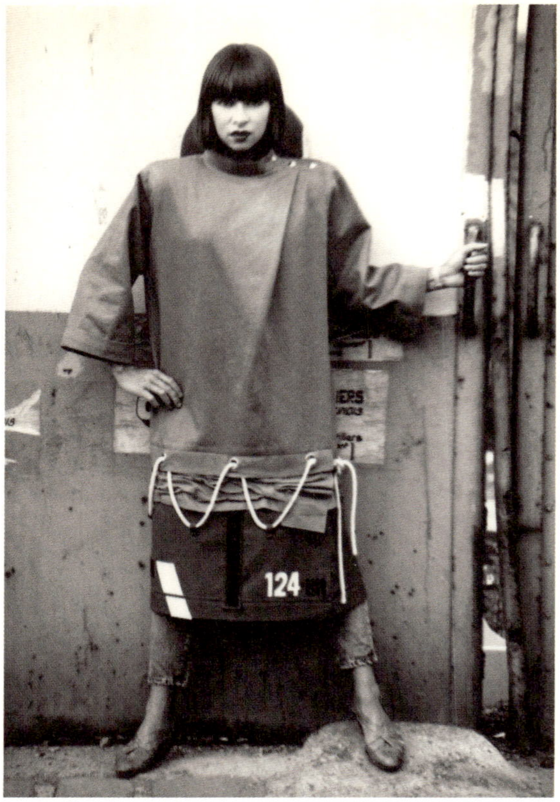

La Robe Klasen de Claudine d'Hellemmes

énormes, des jumelles. Un parcours. Le voyeurisme, la castration, il y avait là toute la panoplie de l'angoisse, de la perversion, de la dérive érotique. Une frontalité de l'image. Une absence de toute sorte d'émotion par la peinture même, complètement refroidie, anti-picturale, une façon photographique que je voulais sans concession."

Sur le carton d'invitation est précisé : "L'implantation des appareils est fonction de la conformité des lieux..."

Klasen joue avec la métaphore sexuelle. Le montrent bien les photographies sources qu'il a prises de Sani-Central, au bord du canal, près du port de la Bastille : "Des couvercles de WC, des éléments sanitaires dont je me suis servi, un inventaire mis en scène pour *Ensembles et accessoires*. Des vagins avec l'orifice et le clitoris, des tuyaux de descente ; à partir de là, j'ai développé mon univers."

Ces *Ensembles et accessoires* sont accompagnés d'une "presque" rétrospective de ses représentations de la femme dans les médias, maltraitée, blessée (*La victime est passée par là*, 1965), coupée, morcelée (*Le Bon magique*, 1965), bandée (*Femme bandée*, 1968), entourée de cordes, telle la poupée de Bellmer (série des *Punitions*, 1962). Il met en évidence, hors de toute anecdote, un catalogue des perversions, dont il ne cesse d'établir le constat : partialisme, fétichisme, masochisme, sadisme, voyeurisme. Un constat qu'établira plus tard Elisabeth Roudinesco dans un texte qui semble décrire un de ses tableaux : "On peut dire que c'est par l'identification à l'idéal d'une fétichisation mondialisée du corps et du sexe des humains et des non-humains, et à travers la prévalence généralisée d'un effacement de toutes les frontières – l'humain et le non-humain, le corps et la psyché, la nature et la culture, la norme et la transgression de la norme, etc. –, que la société mercantile d'aujourd'hui est en train de devenir une société perverse. Autant d'ailleurs par la diffusion d'images que par l'instauration d'une pornographie virtuelle, policée, propre, hygiéniste, sans danger apparent. Cette société est plus perverse en quelque sorte que les pervers qu'elle ne sait plus définir mais dont elle exploite la volonté de jouissance pour mieux ensuite la réprimer."

François Pluchart, dans le catalogue, le qualifie à la fois d'expressionniste, de moraliste et de témoin passionné de son temps.

Suzanne Pagé écrit pour sa part que "c'est plutôt dans les courants figuratifs allemands du second après-guerre qu'il faudrait le situer, celui de la Nouvelle Objectivité, du Réalisme magique, dont il partage le goût pour les mécaniques froides et lisses, fortement sexualisées et jamais innocentes sous leur apparente rigueur clinique. Parti de l'image éclatée en multiples segments, syncopes poétiques, son propos se resserre désormais autour d'un objet unique répété et de deux ou trois objets-signes clairement ordonnés dans une structure géométrique impeccable et nue : en contrepoint, un sourire, un visage, une jambe, un œil, un buste de femme, femme-objet. (...) A son jeu de la fascination – refus participe toute une machinerie érotico-sadique très «cool» (instruments d'hygiène, aérateurs, poignée de porte, baignoires, lavabos, miroirs, poubelles, seringues, interrupteurs, ampoules...), mais l'isolement et le rapport plus direct et toujours moins évident de l'image et de l'objet accentuent l'importance nouvelle du troisième terme, essentiel

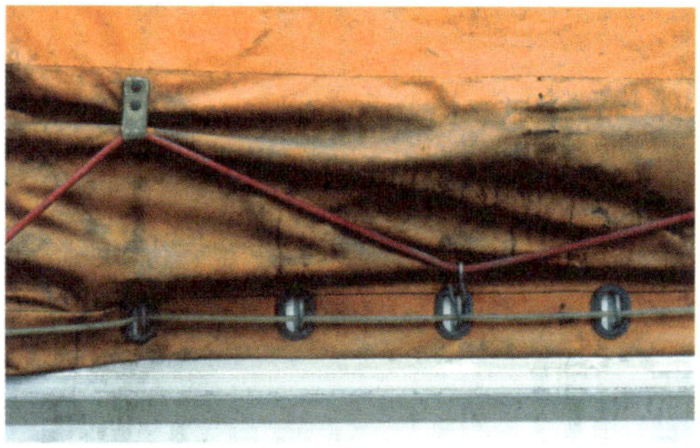

Camion métal gris/vert-bâche orange, photographie, 1978

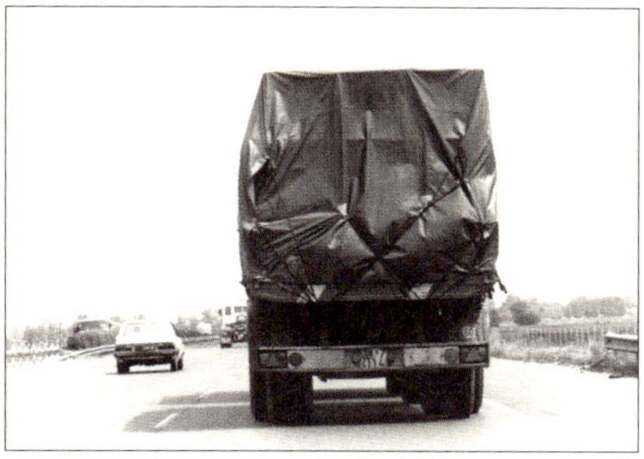

Camion, photographie, Italie, 1974

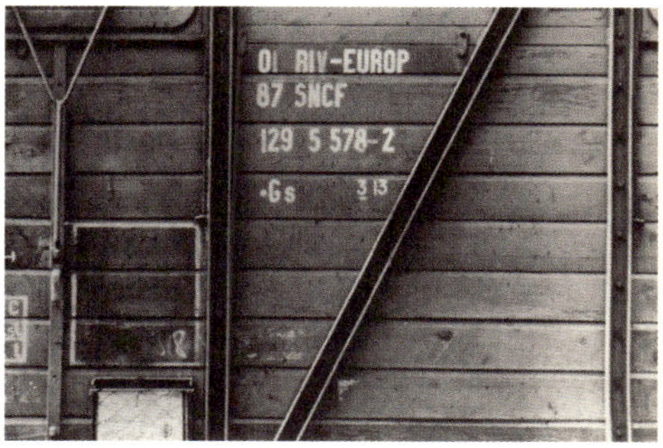

Document photographique, 1969

désormais, qu'est le fond, la toile elle-même dont la prégnance neutralisante est celle du vide suractivé et inquiétant."

La même année, François Pluchart commente à nouveau ces œuvres : "L'érotisme de Klasen est triomphant, éloigné de toute pudibonderie. Il est agressif et obsédant, mais solaire. Klasen ne laisse aucun détail dans l'ombre. Il aime la lumière. L'électricité, qui appelle la satisfaction des yeux, est au demeurant toujours présente, le plus souvent sous la forme de boutons électriques, de prises de courant et d'ampoules électriques, soit peintes, soit réelles et reliées au secteur. La salle de bains, dont il est vain de souligner la fonction purificatrice, n'est pas moins présente et, d'un tableau à l'autre, c'est tout l'itinéraire d'une rencontre entre deux êtres que Klasen met en scène, de l'exaltation au quotidien. Il n'y a ni moment ni sentiment privilégié dans son œuvre. Et il semble bien que les émotions, les instincts et les actions, de la même manière que les objets, se mesurent en termes égaux. D'abord érotique, la peinture de Klasen n'est pas liée au sexe. Non seulement elle proscrit la pornographie mais elle s'occupe avant tout de l'allusivité, de la charge dialectique d'un objet utilitaire et certains tableaux, qui ne sont pas parmi les moins importants, peuvent se réduire volontairement à reproduire un tensiomètre ou des poubelles, ce qui implique que la tâche la plus urgente de Klasen est de donner à voir le tragique de la réalité, sa signification, qui était jusque-là occultée par l'habitude et l'inconscience du geste quotidien."

L'exposition est déterminante : "Il y a eu énormément de visiteurs. Les choses s'enchaînent très vite après." Le palais des Beaux-Arts à Bruxelles la reprend l'année suivante. Son conservateur, Jean Dypreau, écrit : "Rappelons que Klasen fut parmi les premiers à redécouvrir la réalité par le truchement à la fois de la photographie et d'une image publicitaire très particulière qui met de préférence en scène la femme et l'objet. Il «sexualise» l'objet et le fait apparaître, tel le rouge à lèvres, comme un complément fonctionnel. L'image devient-elle narcissique ? Peut-être, en tant qu'elle est magnifiée par certaines célébrations intimes : les explorations anatomiques, les rituels ablutionnaires que sont en quelque sorte le maquillage ou l'usage de gaines et de parures. Le spectateur en tout cas devient un voyeur et son appétit optique partage l'ambiguïté de ce que le peintre veut «donner à voir», car l'ambiguïté n'est pas dissipée par le déchiffrement du langage pictural : celui-ci peut réveiller chez lui des associations libertines, mais d'autres aussi qui le mettent devant certaines évidences de sa condition, de son conditionnement."

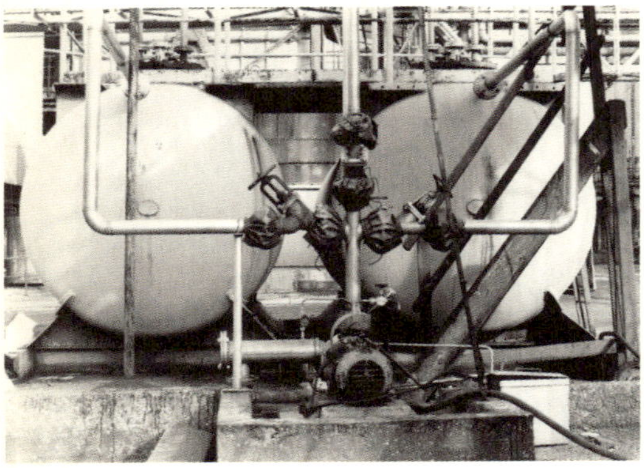

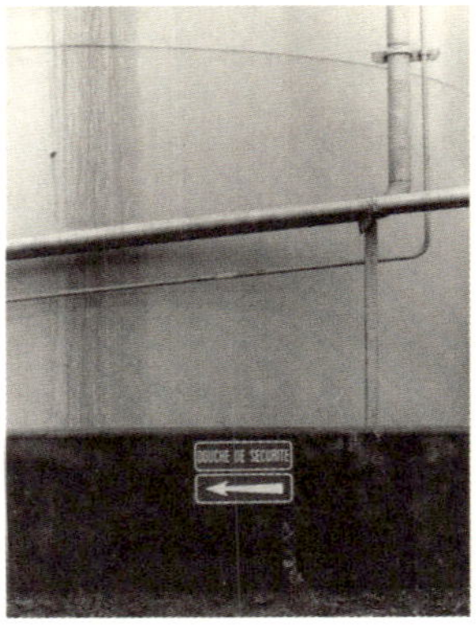

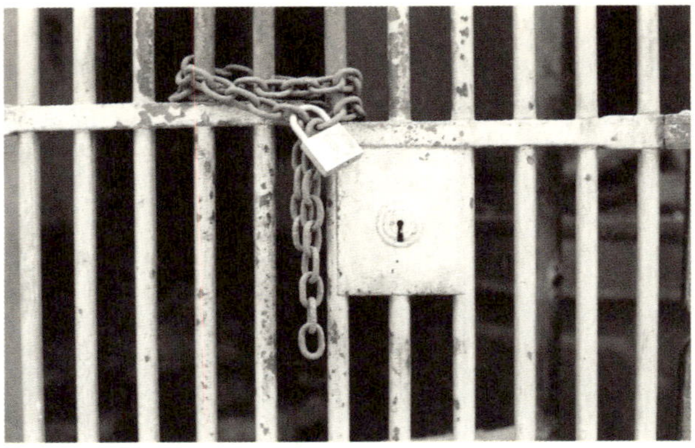

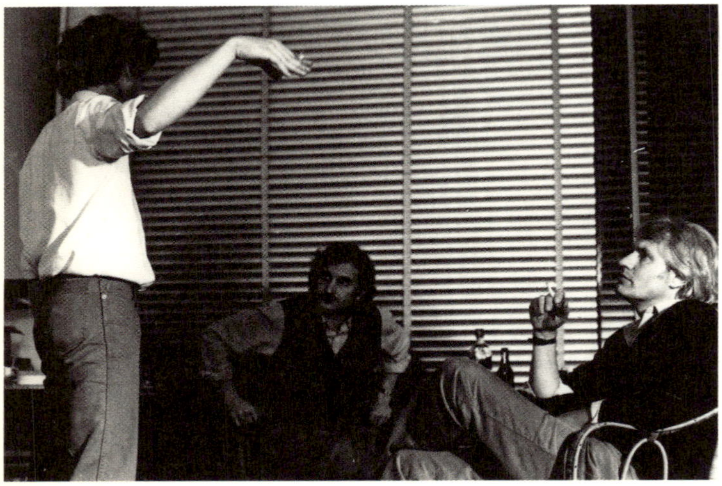

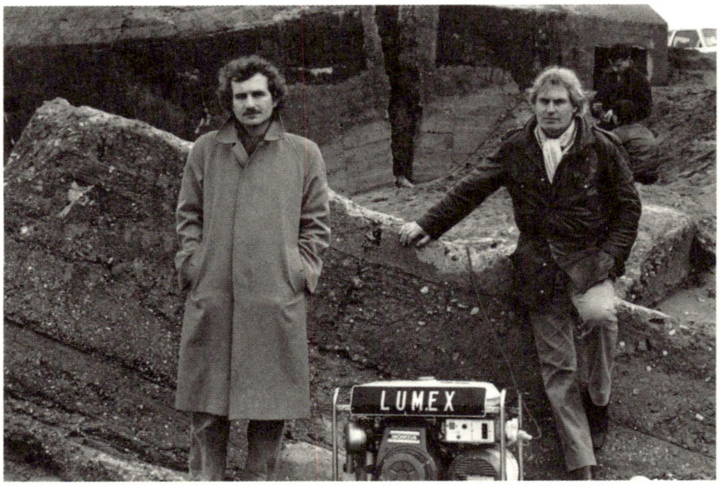

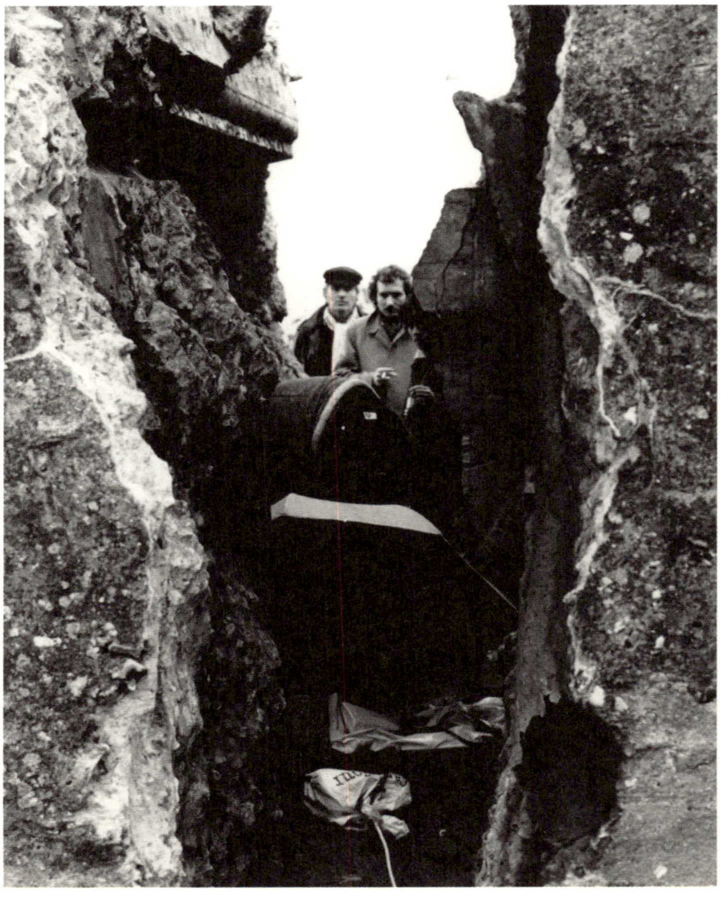

Citernes, usines du Nord-Pas-de-Calais, photographie, 1979

Document de travail pour **Douche de sécurité**, région de Lille

Grille, photographie, 1973

Thibaut Camdessus, Olivier Kaeppelin, Peter Klasen, atelier de la Procession, tournage de *I Was Here, Definitely*, 1983

Olivier Kaeppelin et Peter Klasen, tournage de *I Was Here, Definitely*, 1983, réalisation Thibaut Camdessus

Peter Klasen et Olivier Kaeppelin, mur de l'Atlantique, tournage de *I Was Here, Definitely*, 1983

Enfermements

Au tout début des années 1970, les personnages commencent à se faire rares et à laisser place à une *Porte entrouverte*, un *Chariot* médical, un *Fauteuil dentaire*. Les tableaux viennent d'une série de photographies prises en 1965. Mais, à partir de 1974 (la préparation de sa rétrospective au Wilhelm Lehmbruck-Museum de Duisbourg ranime peut-être des questionnements toujours présents), Klasen entreprend "un travail sur la mémoire. La conscience de l'Holocauste. Une métaphore sur le thème de la non-communication." Il est l'un des tout premiers, et alors qu'il n'est pas de culture juive, à entreprendre, à sa manière toujours distanciée mais d'autant plus forte, un travail sur la Shoah. En 1974, à la galerie Karl Flinker à Paris, il montre "la bâche derrière laquelle se passe un spectacle inavouable. Les wagons SNCF. La codification, aussi, est liée à l'Holocauste." Il mitraille littéralement avec son appareil ce que nous avons tous les jours sous nos yeux, ces drapés qui évoquent les gisants, les morts, ces wagons et camions numérotés, prend des images du film *Duel* de Steven Spielberg (1973). Une des premières photographies, faite à la gare de triage de Bercy à Paris en 1973, sera transposée en un tableau, *Wagon SNCF*, exposé chez Flinker. C'est le début d'une longue série, qui des wagons aux conteneurs ("les conteneurs : on est déjà dans les wagons"), des arrières de camion aux grilles, aux chaînes, aux extincteurs, à la présence récurrente de la codification (lettres et chiffres), raconte "l'histoire des fermetures, des cloisonnements, de l'isolement, du silence, de l'inavouable, de ce qui est à cacher, qui étouffe tout cri, toute respiration".

Claude Lanzmann, le réalisateur de *Shoah*, s'est arrêté lui aussi sur cette symbolique des transports : "J'avais lu un certain nombre de gros ouvrages à la gloire des Chemins de fer du Reich, qui avaient en effet de quoi être fiers de leurs accomplissements : malgré bombardements, destruction des voies, des gares et des installations, la Reichsbahn achemina sans faiblir troupes et matériel sur tous les fronts, réparant, remettant en état avec discipline et abnégation. Non seulement les troupes, mais aussi les civils. Parmi les motifs d'orgueil, les livres sont muets sur les transports de juifs. C'est une injustice, car ceux-ci eurent souvent, même dans les périodes militairement les plus difficiles, priorité sur les autres tâches auxquelles la Reichsbahn devait faire face. Il faut dire que, dans le cas des juifs, celle-ci faisait des bénéfices puisqu'ils étaient transportés comme des vacanciers ordinaires, selon un «tarif de groupe», et qu'ils payaient eux-mêmes leur dernier voyage[20]."

Et encore : "TREBLINKA. Autant j'étais resté insensible devant la douce pente enneigée du camp, ses stèles et son blockhaus central qui prétendait marquer l'emplacement des chambres à gaz, autant ce simple panneau d'ordinaire signalisation routière me mit en émoi. Treblinka existait ! Un village nommé Treblinka existait. Osait exister. Cela me semblait impossible, cela ne se pouvait. J'avais beau avoir voulu tout savoir, tout apprendre de ce qui s'était passé ici, n'avoir jamais douté de l'existence de Treblinka, la malédiction pour moi attachée à ce nom portait en même temps sur lui un interdit absolu, d'ordre quasi ontologique, et je m'apercevais que je l'avais relégué sur le versant du mythe ou de la légende. La confrontation entre la persévérance dans l'être de ce village maudit, têtue comme les millénaires, entre sa plate réalité d'aujourd'hui et sa signification effrayante dans la mémoire des hommes, ne pouvait qu'être explosive. L'explosion se produisit quelques instants plus tard lorsque, toujours au volant de la voiture, je tombai, sans m'y attendre, sur un très long convoi immobile de marchandises accrochées les unes aux autres au bord d'un quai de terre battue sur lequel je m'engageai avant de stopper net. J'étais à la gare. A la gare de Treblinka. Je descendis, commençai à marcher, traversai les voies, parvins sur le quai principal où se trouvait le bâtiment de la station avec son panonceau en grandes lettres orgueilleuses, TREBLINKA. Au-dessous, une banderole où on pouvait lire en polonais «Plus jamais ça», seul rappel de ce qui avait eu lieu. Et au bout du quai, à la perpendiculaire des rails, assujettie à deux pieux fichés dans le ciment, une large pancarte affichait recto verso le même nom, Treblinka, afin qu'il pût également être lu par les voyageurs en provenance de l'amont ou de l'aval. Treblinka n'est pas à l'écart du trafic : tandis que, pétrifié sur le quai, je tentais de prendre la mesure vertigineuse de ce dont j'étais le témoin, des trains passaient, certains sans s'arrêter, d'autres au contraire chargeant et déchargeant leurs passagers. Quant aux wagons de marchandises, ils n'étaient pas là dans je ne sais quel dessein commémoratif, mais se trouvaient sur une voie de garage, attendant leur tour de reprendre du service[21]."

Version Klasen : "Voilà, par exemple, une photo que j'ai découpée dans une revue et qui représente le terminus devant un camp de la mort, image bouleversante, affreuse, abominable. Je vais traduire cette photo et peindre un tableau à partir de ce document et je l'appellerai *Endstation*. Je te parle de ce tracé de chemin de fer qui se perd dans la nature, dans l'infini, et on peut tout imaginer, pour moi c'est une image très absolue, un parcours que l'homme fait quelque part, à travers un paysage, qui l'amène ailleurs. C'est tout simplement dans ce sens-là que je veux que l'image soit vue, mais ceux qui ont vécu cet enfer ou ceux qui en ont vu des images vont reconnaître, sans que je leur indique le lieu, leur propre drame et ce qui a été vécu à un moment donné de l'histoire."

En 1983, Thibaut Camdessus consacrera son premier film, *I Was Here, Definitely*, à Peter Klasen. Allant de la Défense aux plages normandes du Débarquement, l'artiste parle avec Olivier Kaeppelin de son enfance en Allemagne, de la disparition de son père, des bombardements et de l'interaction de ces événements avec son œuvre. Le film montre des camions sur l'autoroute. Des gros plans fixent les pictogrammes que Klasen isole dans ses tableaux des années 1970 et 1980. Olivier Kaeppelin, dans "Les écrous du regard", analyse cette mise en abyme de la disparition : "Peter Klasen dit que la lutte fait rage, que l'homme, s'il se débat une fois de plus contre les atteintes de la mort, est aujourd'hui pris dans la plus terrible des entreprises de destruction. Démuni violemment ou doucement de ses jours, son physique, sa liberté, le voilà lacéré, isolé, individu en perdition au milieu des montagnes de fer. (...) Si nous regardons *Wagon réfrigérant – détail I*, nous voyons que la recrudescence actuelle de lettres et de chiffres dans les tableaux de Peter Klasen, bien loin de mettre en scène une écriture humaine, signe d'identité, ne fait au contraire que marquer plus violemment la perte des mots par ceux qui les énoncent. Les lettres et les nombres peints ne sont là que pour désigner des modes d'exploitation et de fonctionnement. Certains sont indéchiffrables, comme si, leurs sens confisqués, ils n'étaient plus que les hiéroglyphes de la mort ; d'autres ne peuvent être perçus dans leur entier. (...) Dans une société qui dit qu'au fond tout ne va pas si mal, Peter Klasen (à côté d'une réflexion individuelle sur les formes de la mort) désigne au contraire le point où nous sommes arrivés."

En 1978, les "enfermements" font l'objet d'une grande exposition au musée de Grenoble, mise en œuvre par "Pierre Gaudibert, Marie-Claude Baud, Thierry Raspail et Christine Breton. Une exposition de confrontation, de prise de position très très forte". Il y montre notamment *Grande grille*, qui fait aujourd'hui partie des collections du musée, un tableau de 2,60 mètres de haut sur 4,30 mètres de large, une grille métallique sur fond noir, fermée par une serrure qui porte le numéro 47. De ce qu'il nommera les *Figures de l'enfermement*, il ne dit pas plus, mais elles reviendront, sous d'autres formes, dans d'autres installations ou séries. Elles seront présentes dans sa première rétrospective en Allemagne, qui ira à Lübeck, à Utrecht, à Aix-la-Chapelle et enfin à Berlin. A Aix-la-Chapelle, le commissaire est Wolfgang Becker, qu'il a rencontré en 1962 au Goethe Institut à Paris alors qu'"il était encore étudiant, à Paris. Il a été plongé immédiatement dans cette aventure d'une nouvelle figuration. Dès sa prise de fonction, il m'a fait, ainsi qu'à Jacques Monory, une exposition monographique. Il a toujours eu un regard persistant sur notre travail, une très belle fidélité qui ne s'est jamais démentie." Les "enfermements" sont repris dans un livre, publié par Alain Avila, avec un texte de Pierre Tilman,

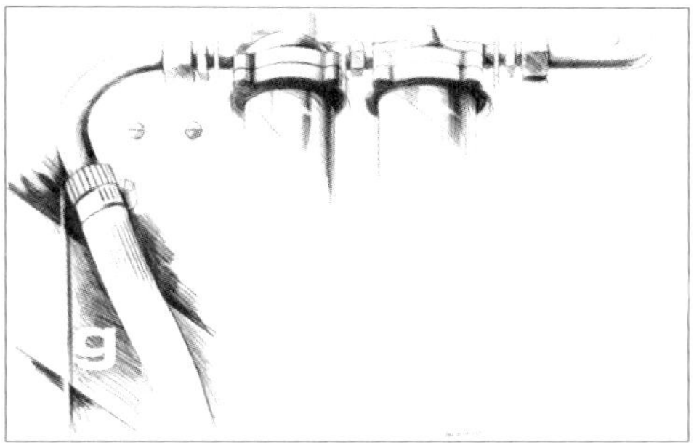

Dessin préparatoire, **Système hydraulique**, 1977

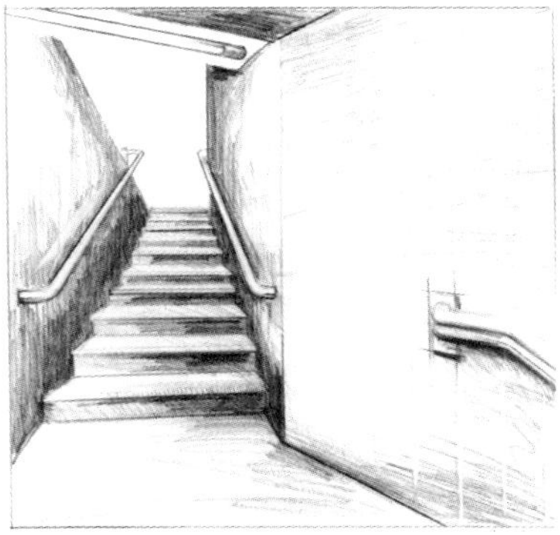

Dessin préparatoire, **Espaces clos**, 1981

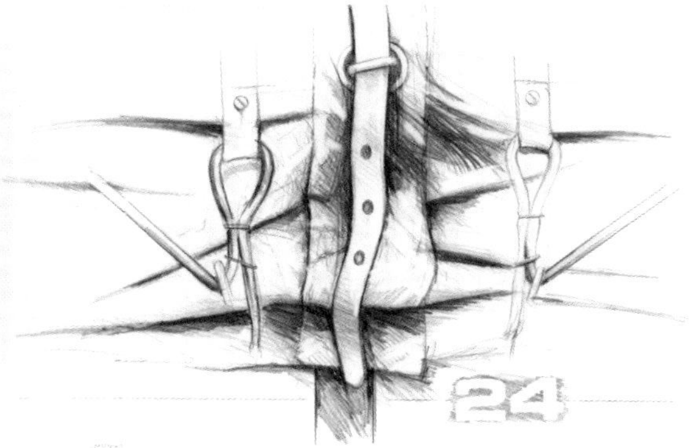

Dessin préparatoire, **Camion bâché**, 1983

Il n'y a pas eu d'été : "Des photos de grillages et de portes blindées qui au fur et à mesure des pages s'effacent totalement."

Traces

En 1980, Peter entame une relation avec une nouvelle galerie, celle que crée Adrien Maeght, 32, rue du Bac à Paris : "J'ai fait la première exposition de cet espace. Je l'avais rencontré en 1977 pour un ouvrage sur les Travaux publics, qu'il éditait chez Arte. On s'est tout de suite entendus." En 1980, avec *Espaces clos*, il montre "*Eau non potable*, *No Admittance*, *Propriété privée*, etc. Toujours cette idée de l'enfermement, de l'isolement, de l'aliénation, de la menace, de la solitude." "Cette galerie a très bien fonctionné car nous avions tous (Télémaque, Poli, Voss, Kirili, Gasiorowski) retrouvé une sorte de terre, de point de rencontre."

En 1981, il réalise avec trente amis et artistes un grand tableau collectif au nom significatif, *Porte blindée*, dans l'atelier qu'il occupe depuis 1972 rue de la Procession, dans le 15ᵉ arrondissement. "Ce tableau, qui appartient aujourd'hui à la Fondation Maeght, est lié à mon histoire personnelle. J'avais besoin de me rassurer dans mon monde et avec mes proches." Outre ses amis de la Figuration narrative, participent : "Jean-Marie Gibbal (il a créé la revue *Exit* avec Delbourg et Kaeppelin). Wouter Kotte, poète, conservateur du musée d'Utrecht. Velickovic : je l'avais rencontré très tôt, en 1966, arrivant à Paris. Rabascal, un des premiers artistes que j'ai connus dans les années 1960. Le Groupe objectal, qui avait exposé chez Mathias Fels. Marc Fonquernie, psychanalyste. Edouard Valdman, poète, écrivain, philosophe. Claude Parent, architecte spécialiste de l'«oblique». Dominique Labarrière, poète. Sarkis. Bertrand Lavier, Bernard Noël. César a trempé et collé un pinceau, Villeglé est venu avec son affiche. Peter Stämpfli a fait une trace de pneu. Monory, Télémaque, Rancillac et d'autres intervenants se sont succédé..."

1981 est l'année de son premier voyage aux Etats-Unis, à New York, avec Claudine d'Hellemmes, qu'il épousera en 1986 ; ils auront deux filles, Sydney, en 1988, et Joy, en 1992. Il prépare *Traces*, sa deuxième exposition à la galerie Adrien Maeght (1982), qui sera suivie de *Gestes et effacements* à la FIAC en 1983 : "Le voyage à New York en 1981, c'était pour prendre des photos de traces. Toute société laisse des traces terribles si on veut bien les lire, qui renvoient à un état spécifique d'un instant que tu captes en

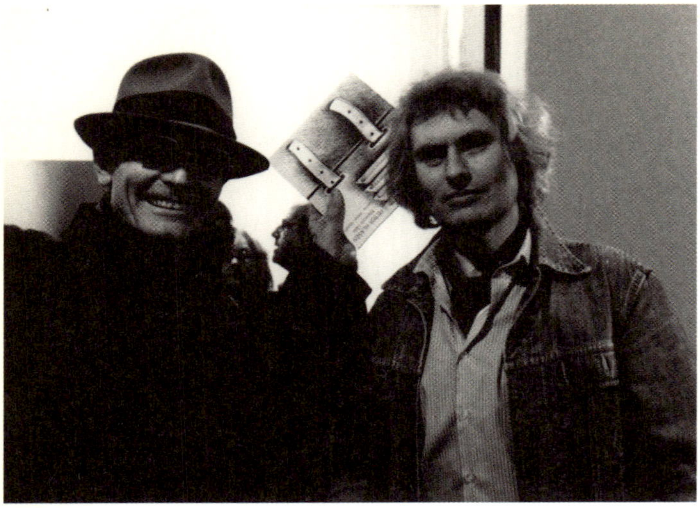

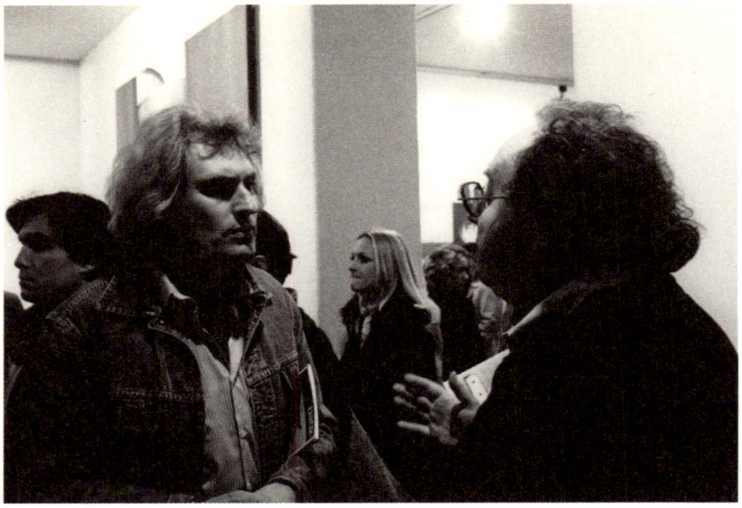

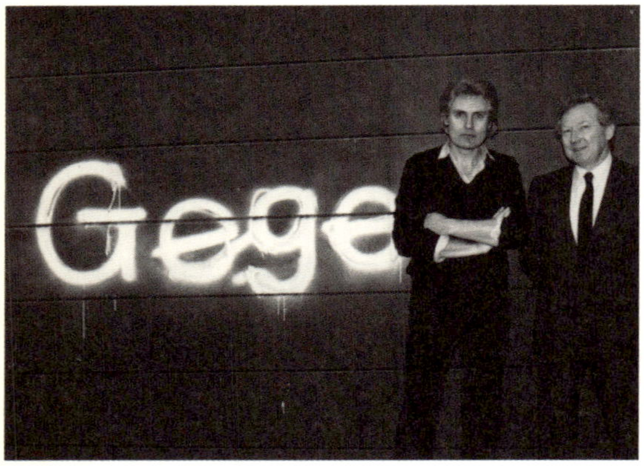

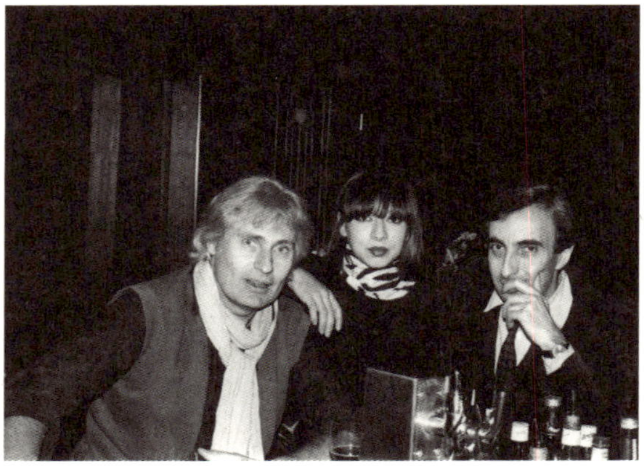

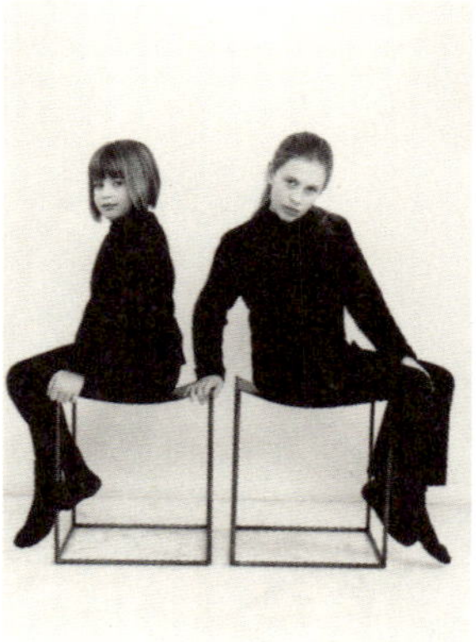

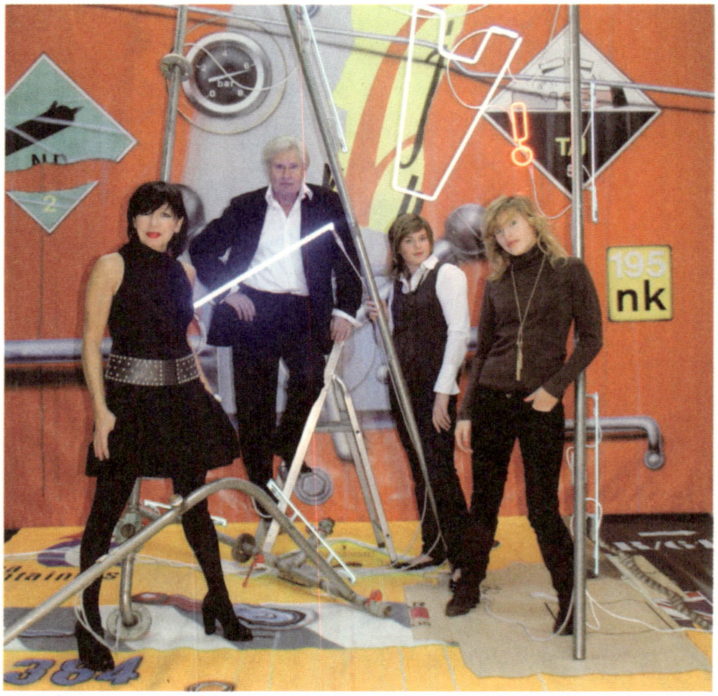

Jacques Monory et Peter Klasen, exposition *Espaces clos*, galerie Adrien Maeght, Paris, 1980

Peter Klasen, Gilbert Lascault, exposition *Espaces clos*, galerie Adrien Maeght, 1980

Peter Klasen et Adrien Maeght, **Traces**, galerie Adrien Maeght, 1982

Peter et Claudine Klasen, Benjamin Katz à Cologne, 1983

Joy et Sydney Klasen

Claudine, Peter, Joy et Sydney Klasen, 2007

– Double page suivante
Trente amis et artistes participent à la réalisation de **Porte blindée**, 1981-1982, œuvre collective

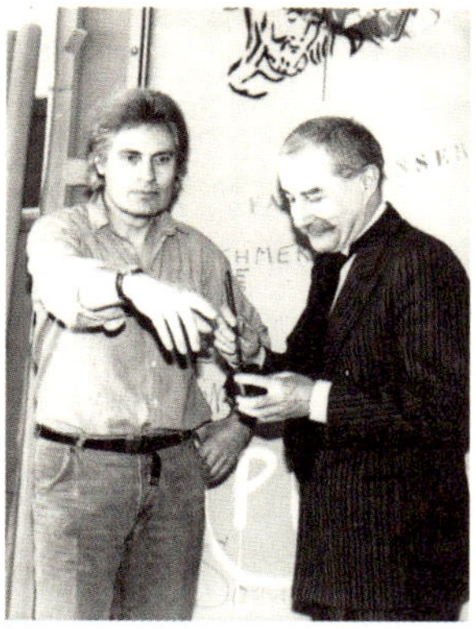

Peter Klasen et Claude Parent, signature de **Porte blindée**, œuvre collective, 1981-1982

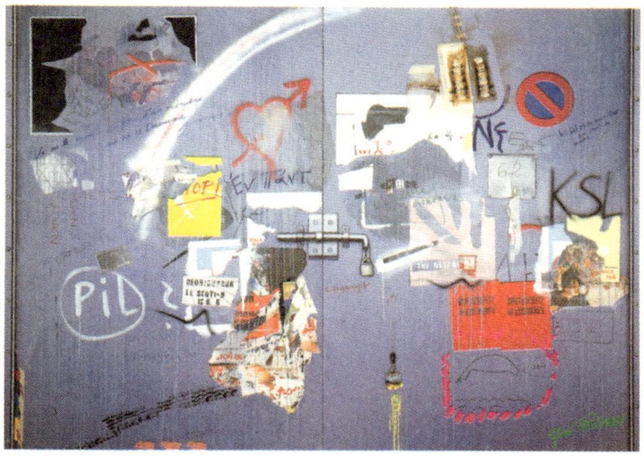

Porte blindée, réalisation collective, 1981

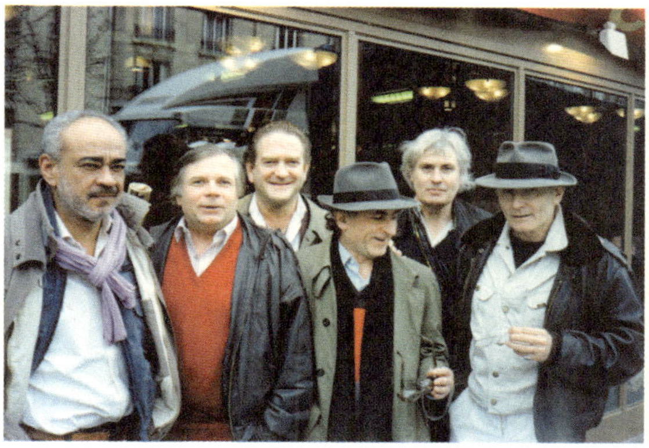

Télémaque, Stämpfli, Erró, Rancillac, Klasen, Monory, devant la Coupole à Montparnasse, Paris, 1993

tant qu'observateur." Il dira à Pierre Tilman : "Je suis un documentaliste de la réalité urbaine. Une réalité inéluctablement liée à l'objet industrialisé de notre civilisation occidentale, ramenée parfois à mes préoccupations comme dans *Traces* – tableau exposé en 1982 à la galerie Maeght – où sont repris les thèmes des pliures, salissures, déchirures, désignant l'objet déchu. Là intervient une notion de temporalité qui s'oppose à mes images «cliniques», exécutées précédemment. L'homme s'y insinue par ombres interposées, traces et graffitis. L'enjeu de mon écriture relève avant tout d'une réflexion sur les interdits qui balisent notre existence journalière. C'est la non-rencontre d'hommes qui partagent la violence latente d'un même lieu, l'absence de communication[22]."

Les traces, ce sont les graffitis photographiés dans les rues de New York, mais aussi un tableau, avec la seule mention du mot *Gegen* (1981), tableau qui préfigure la série qu'il consacrera plus tard au mur de Berlin : "On aurait pu faire une phrase, *Gegen die Gewalt* : Contre la force brutale." "*Gegen* : j'ai refait le geste de quelqu'un qui est venu un jour, une nuit avec son seau, une grande brosse, écrire maladroitement le mot *Gegen* sur un mur noir. Alors, j'ai fait un très grand tableau de 4 mètres de long, avec ce seul mot, *Gegen*, qui signifie le refus, le «ras-le-bol», le «j'en ai marre», c'est-à-dire s'opposer à tout, être contre, ne plus marcher, ne plus vouloir fonctionner comme on te le demande, fonctionner dans la société, fonctionner à la Sécurité sociale, à l'école, aux impôts, au boulot, à la famille, «être contre», même ne plus fonctionner du tout, ne plus vouloir marcher dans le système, c'est un fabuleux cri, quelque part, dans la nuit, un type a laissé ça sur le mur[23]."

Il peint aussi d'autres traces de la guerre, *Chalked Message on the Wall, Hiroshima, Enola Gay,* (1981) ; *Flash atomique, début septembre 1945, Nagasaki* (1982), et, enfin, *Avis de recherche, Hiroshima* (1984), une grande fresque murale et éphémère pour le cloître Saint-Louis, en Avignon, à l'occasion de l'exposition de Pierre Tilman, *Le Vivant et l'Artificiel.* "Je n'étais pas encore allé au Japon mais je me suis souvenu d'une série de photos publiées par *Paris-Match* en 1966 sur les traces picturales d'Hiroshima et j'ai repris les avis de recherche inscrits à la craie par les survivants dans une école publique sur les murs noircis par les incendies pour retrouver les membres de leur famille. J'ai opposé la catastrophe absolue de la bombe atomique au mot d'un anonyme, ESPOIR, graffité avec une large brosse de peintre en bâtiment, sur les murs de hangars à Aubervilliers, dans un paysage industriel abandonné. L'espoir d'un FUTUR possible."

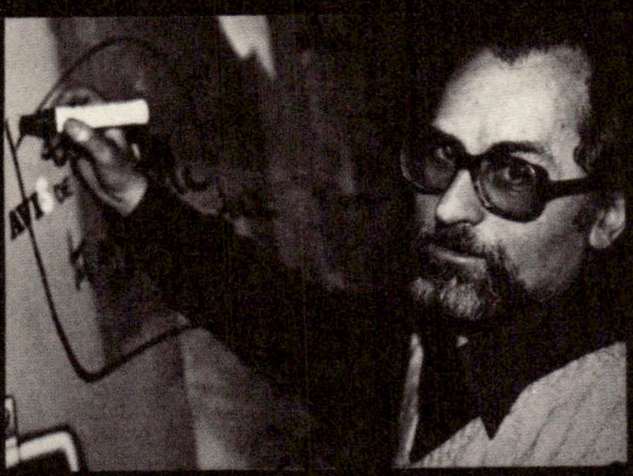

Bernard RANCILLAC

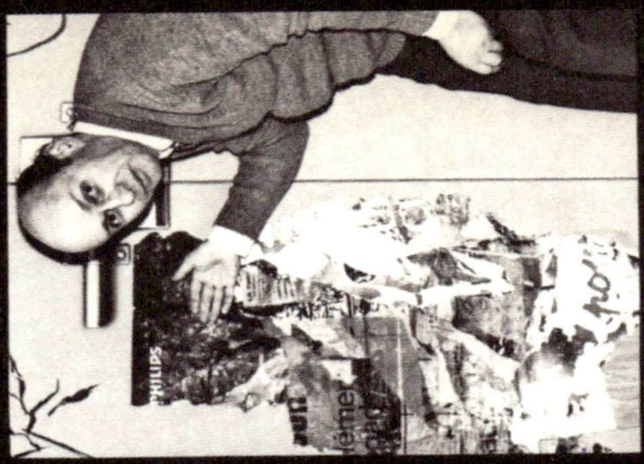

J. de la VILLEGLE

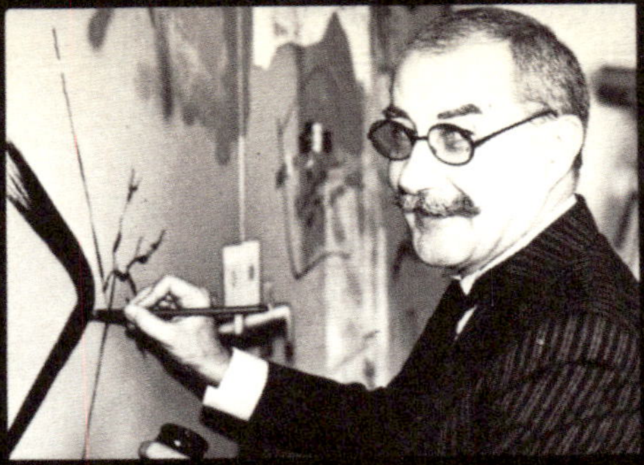

Claude PARENT

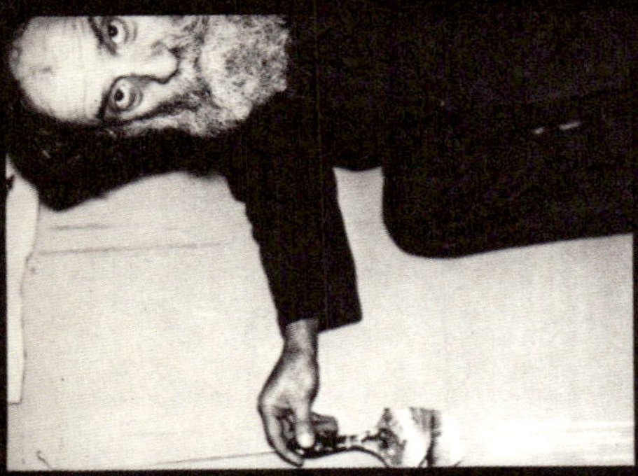

CESAR

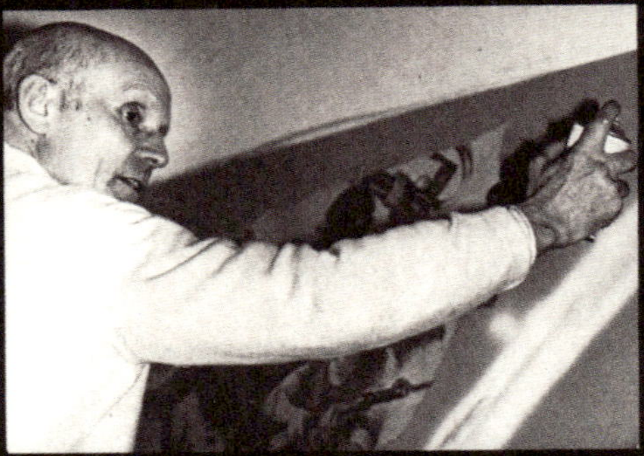

Jacques MONORY

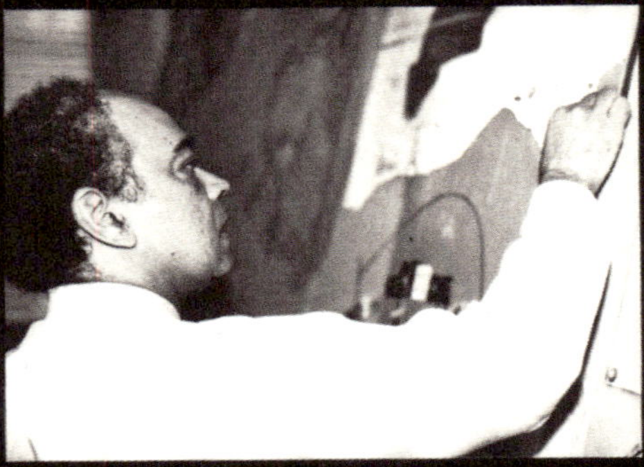

Hervé TELEMAQUE

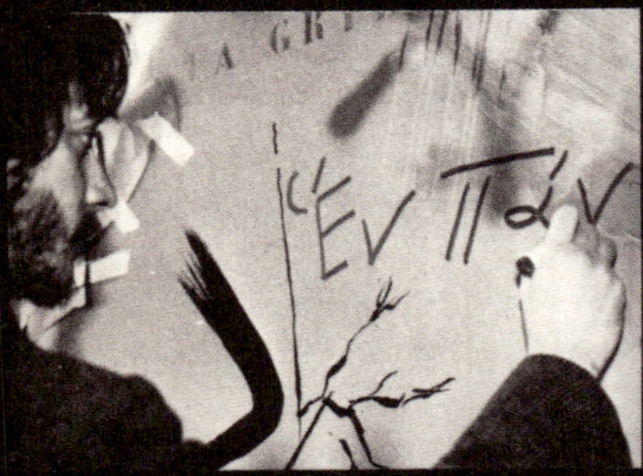

Dominique LABARRIERE

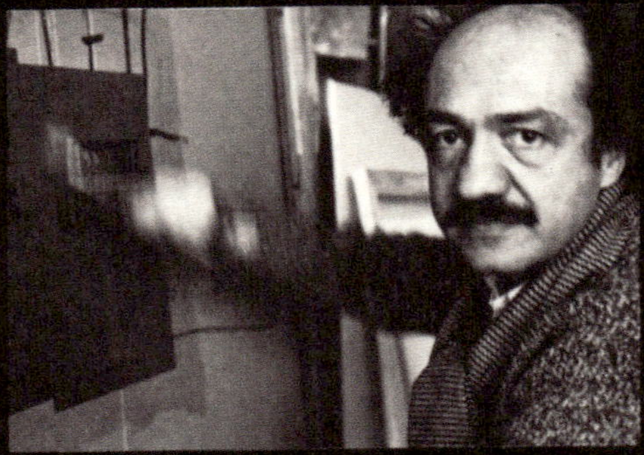

SARKIS

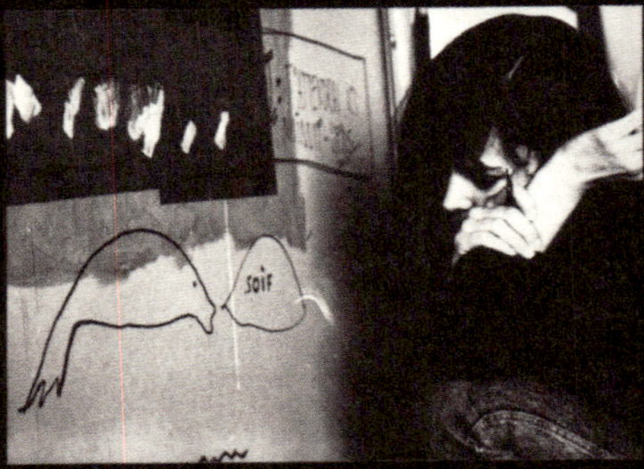

Jacqueline DAURIAC

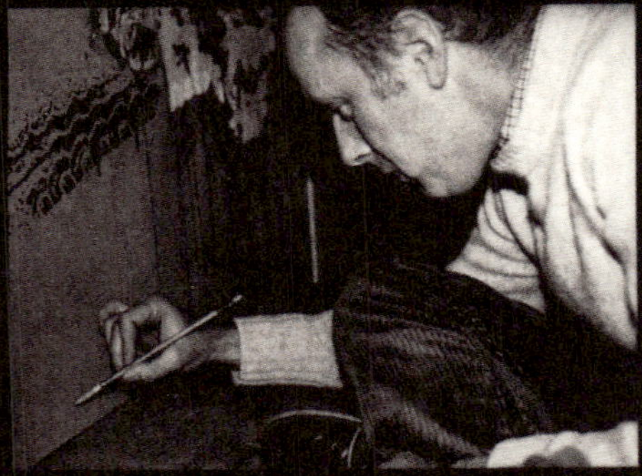

Jan VOSS

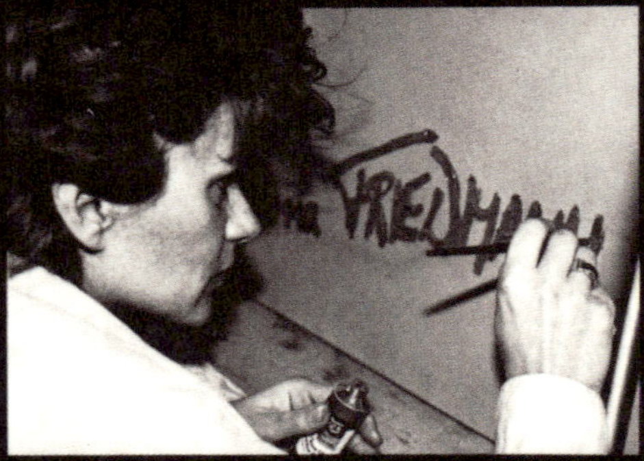

Gloria FRIEDMANN

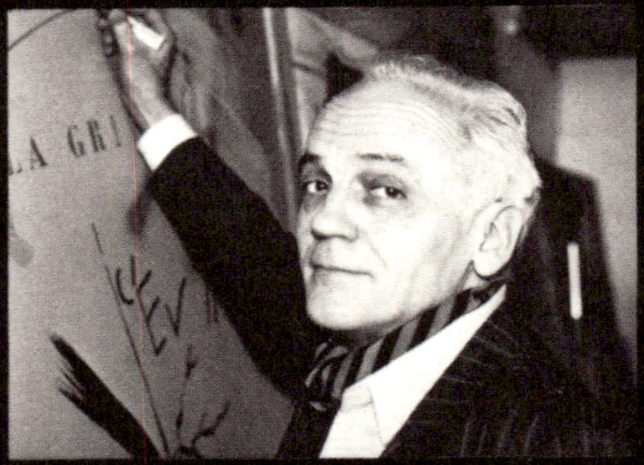

Alain JOUFFROY

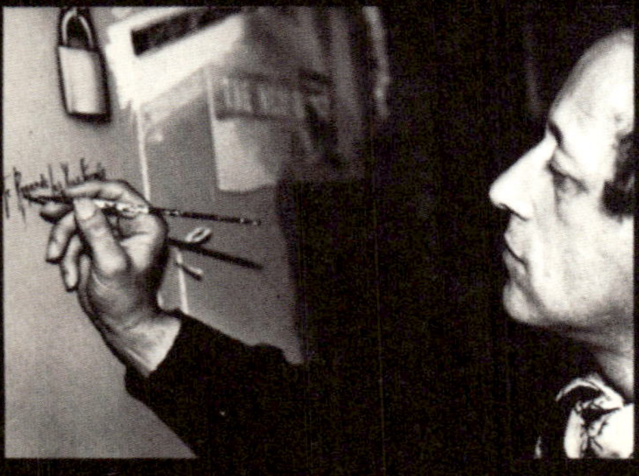

Bertrand NOEL

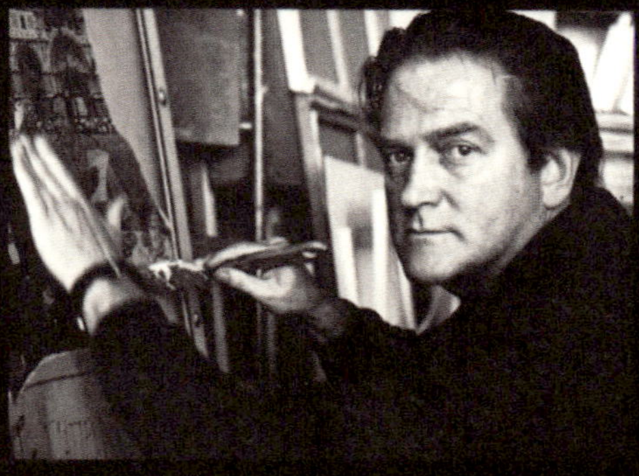

ERRO

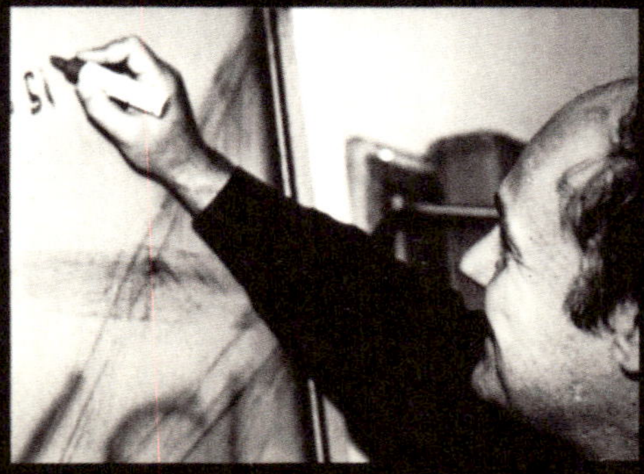

Jean-Marie GIBBAL

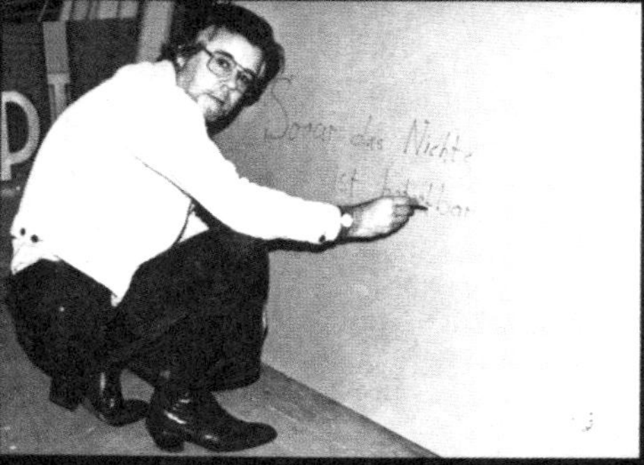

Wouter KOTTE

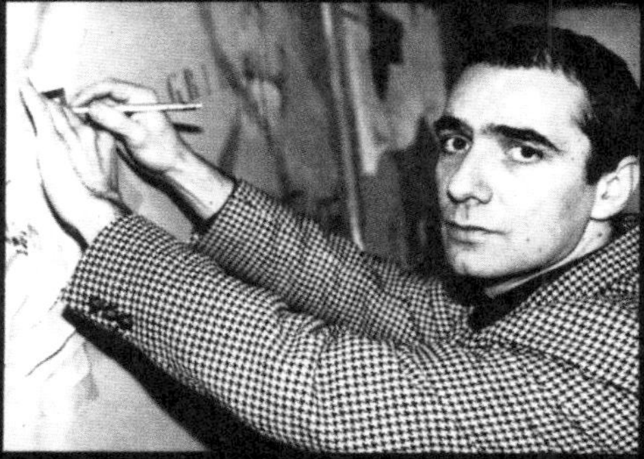

Pierre TILMAN

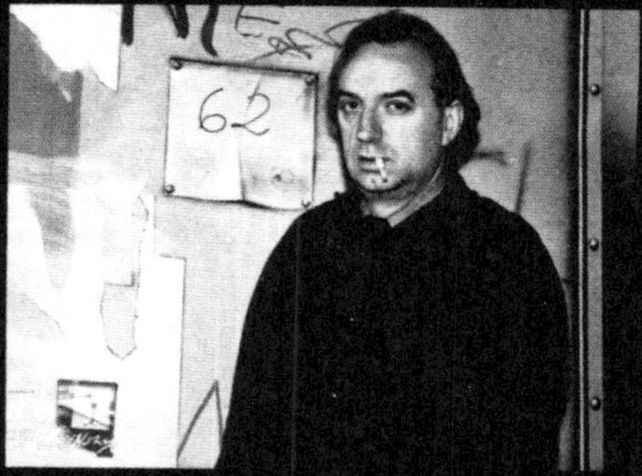

Franck VENAILLE

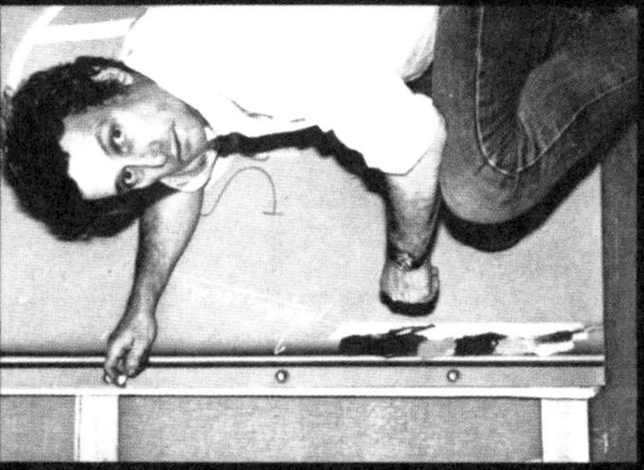

Vladimir VELICKOVIC

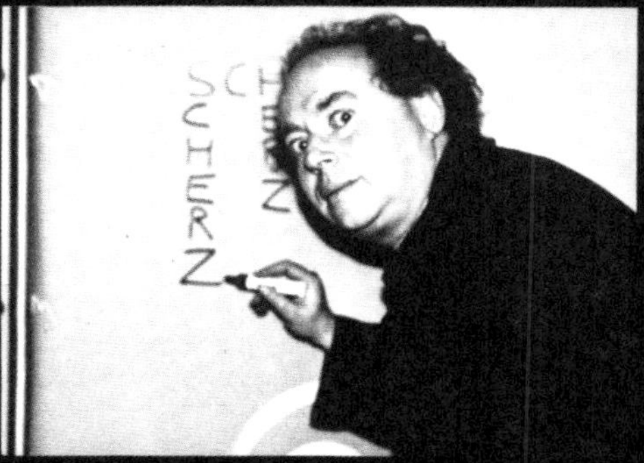

Gilbert LASCAULT

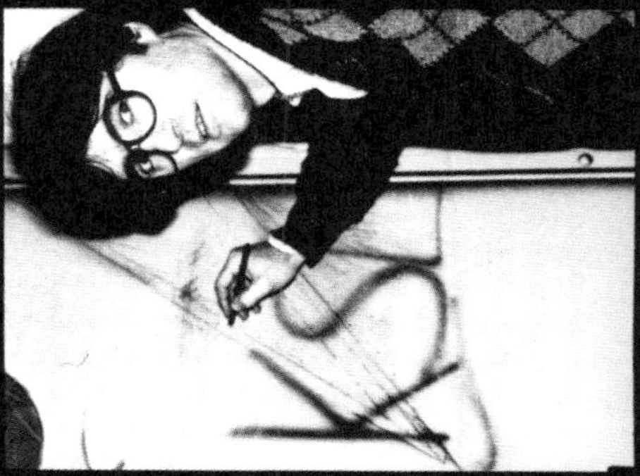

Jacques POLI

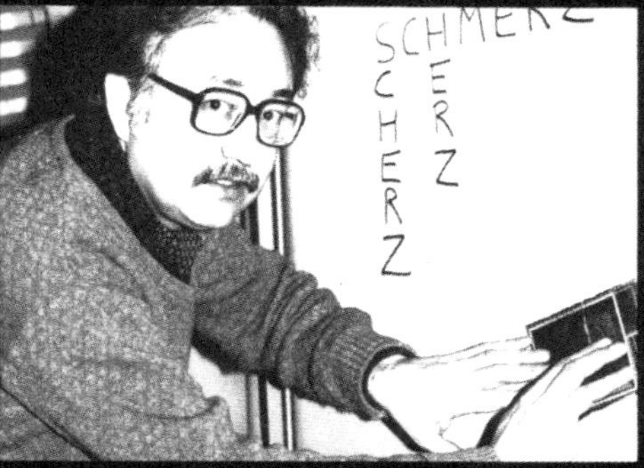

RABASCAL

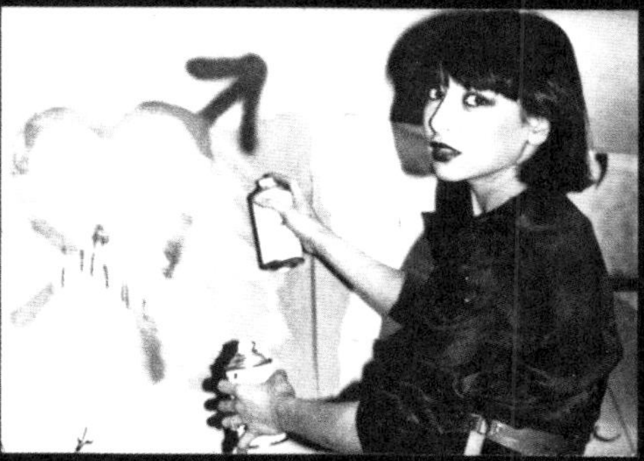

Claudine D'HELLEMMES

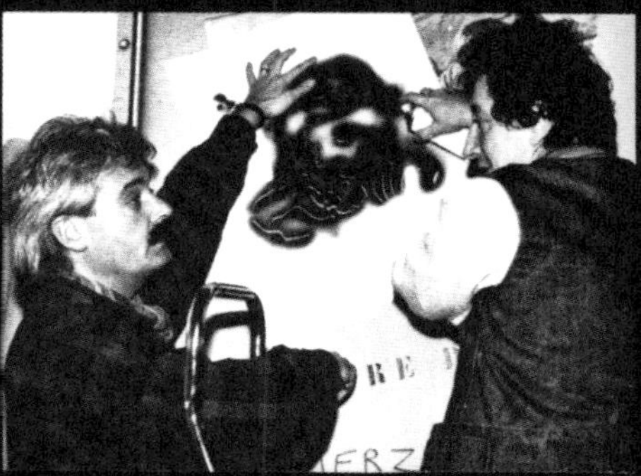

GROUPE OBJECTAL

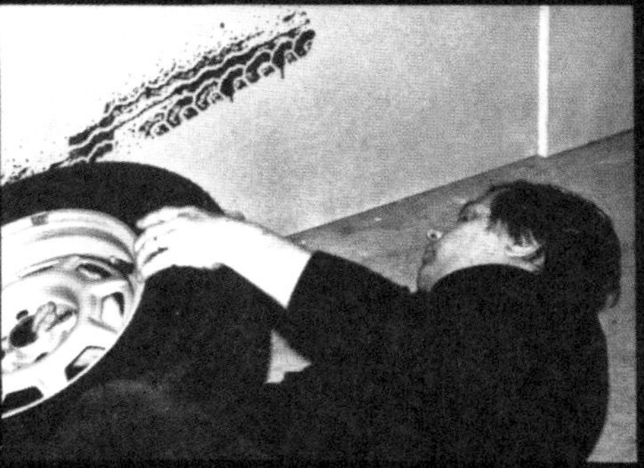

Peter STÄMPFLI

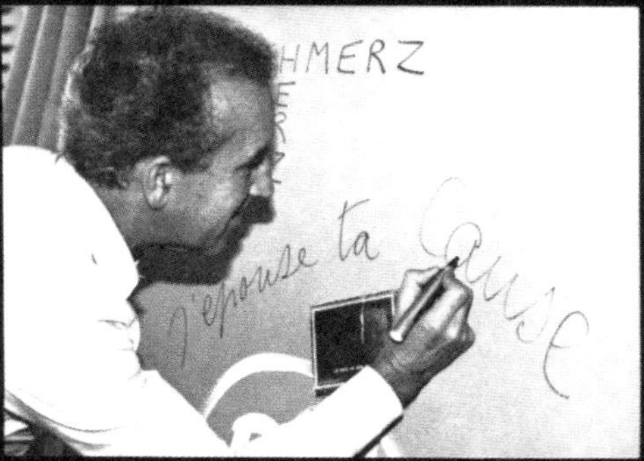

Marc FONQUERNIE

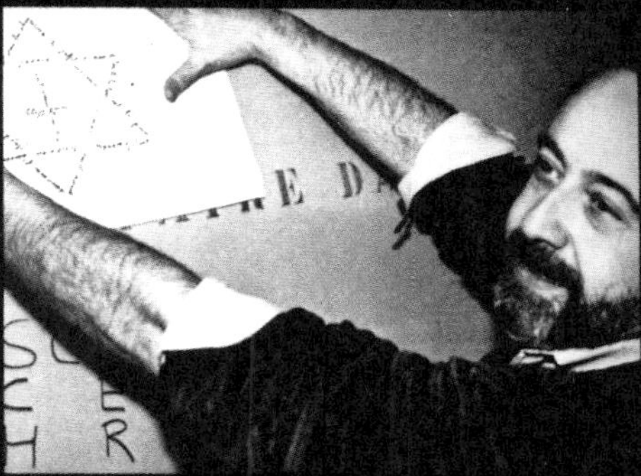

Edouard VALDMAN

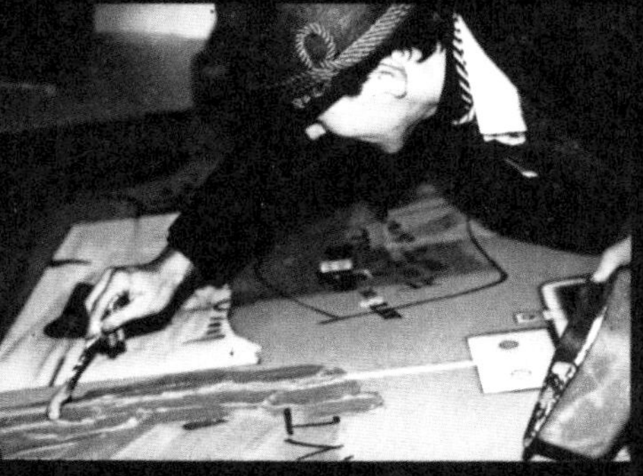

Bernard LAVIER

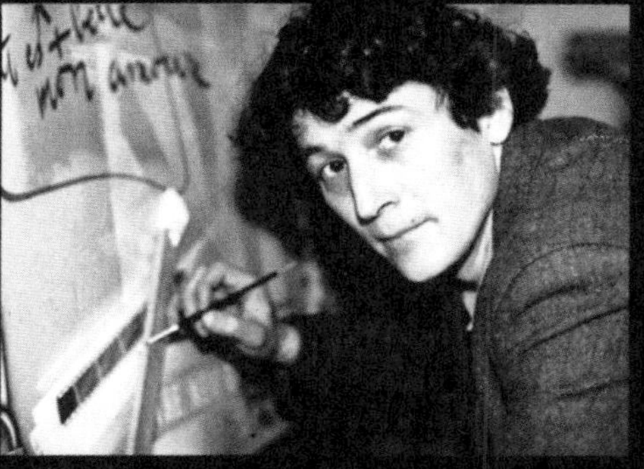

Christian BOUILLE

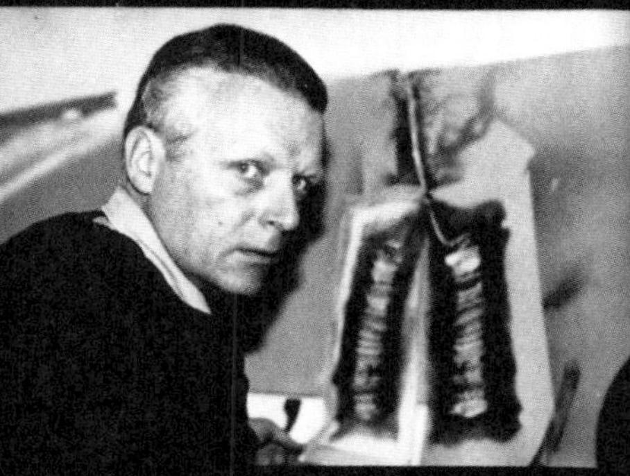

Christian JACCARD

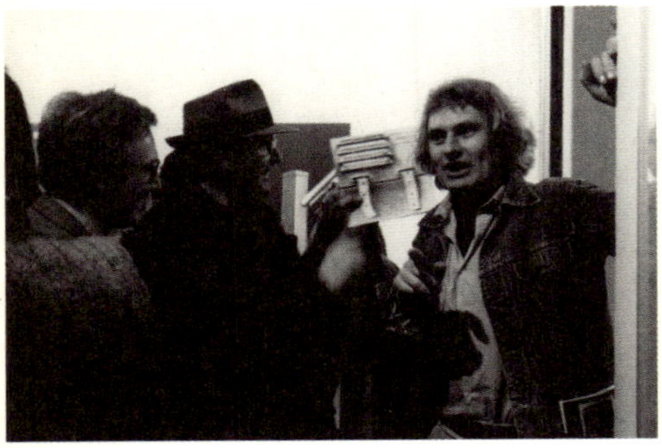

Adrien Maeght, Jacques Monory, Peter Klasen, vernissage Peter Klasen, galerie Adrien Maeght, Paris, 1980

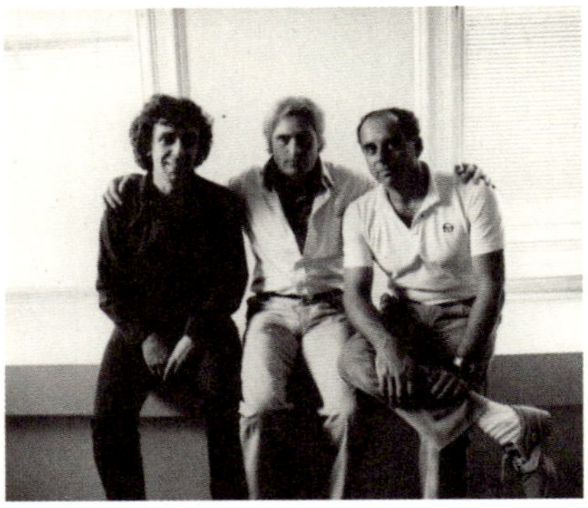

John Flattau, Peter Klasen, Ralph Gibson, atelier de Gibson, New York, 1981

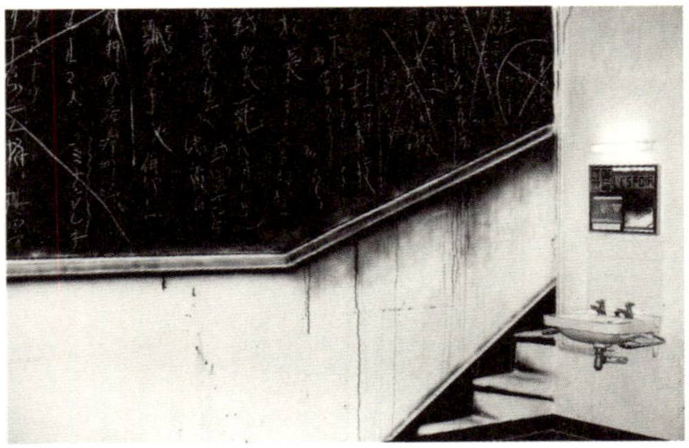

ESPOIR, fresque murale, *Le Vivant et l'Artificiel*, cloître Saint-Louis, Avignon, 1984

Le mur de Berlin

La question posée par le mur de Berlin va donner à Klasen l'occasion de renouer avec cette idée d'un futur possible. "J'ai vécu depuis l'âge de 9 ans, c'est-à-dire depuis la fin de la guerre, la séparation de l'Allemagne. A Lübeck, où je suis né, passe le fameux rideau de fer. Les Russes, que je n'ai jamais vus, s'étaient arrêtés à 10 kilomètres de la ville. (...) C'est bien sûr à l'Ouest que j'ai fait mes études, et très souvent je passais de l'autre côté. J'y allais pour acheter mes couleurs, des livres et des disques, pour aller au fameux théâtre de Brecht, le Schiffbauerdamm Theater. Brecht venait juste de mourir, mais sa veuve, Helene Weigel, était toujours là et, pour longtemps encore, veillait sur l'héritage du génial B.B. (...) Berlin était un mythe pour moi. Cette ville me fascinait par son passé, par la précarité de sa situation, son immensité et sa fragilité. Les personnalités les plus fortes y étaient retournées, artistes, cinéastes, écrivains, parmi ceux que la guerre et la terreur avait épargnés. (...) C'est dans le Midi, le 13 août 1961, que j'apprends comme tout le monde cette incroyable nouvelle : on construit un mur à Berlin, on sépare physiquement la ville avec des moyens improvisés. Une frontière fragile apparaît, faite d'abord de fils de fer barbelés, de quelques briques et blocs de béton, que certains renversent pour essayer de passer, que d'autres poussent avec des camions. (...) Ce mur construit à la hâte, peu à peu solidifié et de mieux en mieux entretenu, est juste entrecoupé de quelques passages : les fameux *checkpoints*[24]."

En 1986, à l'occasion de sa rétrospective organisée par Peter Hopf au Kunstamt Wedding de Berlin, Klasen montre "un travail de photos agrandies avec des objets et des collages (des panneaux d'interdiction, des déchets trouvés au pied du Mur, etc.)". Il s'imprègne du Mur, fait des photographies qui vont donner naissance à des tableaux. "Il y avait les inscriptions, le dialogue, qui ont dû contribuer à sa fragilisation, à sa dé-matérialisation. J'ai dit cela quand le Mur n'était pas encore tombé. Je sentais que quelque chose allait se passer. Le Mur a été protégé pendant très longtemps par les deux côtés. Par cette confrontation des démocraties occidentales et du bloc soviétique et de ses satellites, il y avait une matérialisation très concrète de la guerre froide. Dans les années 1970-1980, il y avait un relâchement progressif de l'armée de l'Est. Le Mur a commencé à être vulnérable à partir du premier graffiti qui est resté, qui a fait mal au régime de la RDA. C'était une plaie ouverte extraordinaire, une faille, dans laquelle s'engouffrait la force de la parole. J'ai ressenti une très grande émotion. J'avais

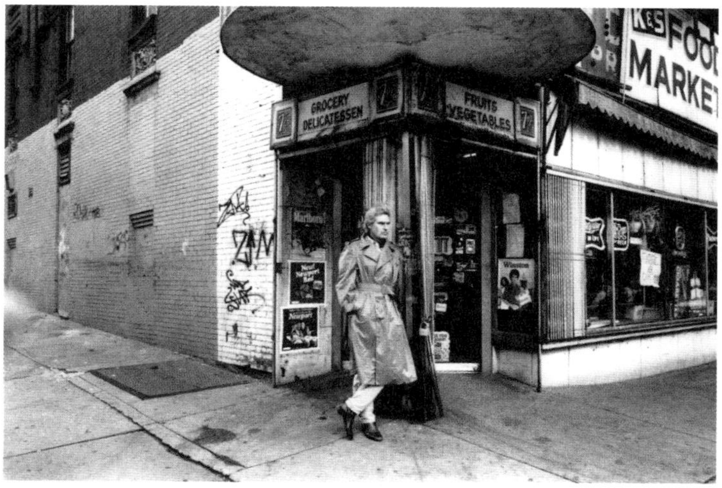

First Avenue, New York, 1981

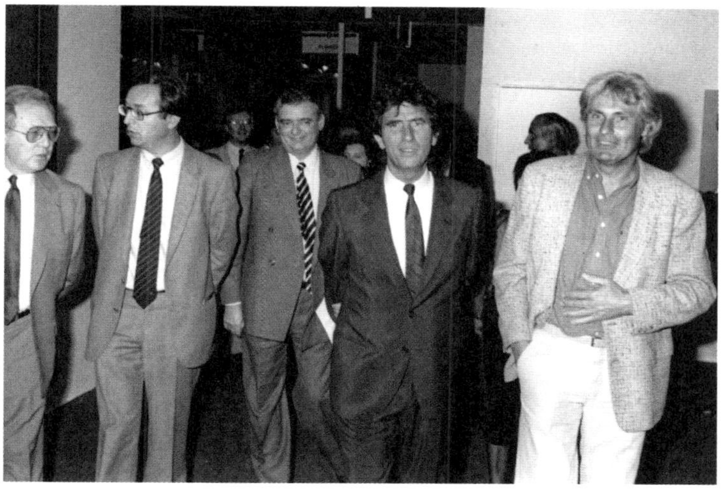

Adrien Maeght, Claude Mollard, Gérald Gassiot-Talabot, Jack Lang, Peter Klasen, FIAC, 1983

envie de témoigner, de capter les réactions et les réponses face à cette structure violente érigée à la hâte. Ce mur qui était fait pour séparer les gens a, au contraire, entamé un dialogue (anonyme ou signé). Il posait toutes sortes de questions, il était comme un journal de doléances, un cadavre exquis."

Alin Avila réalise un ouvrage et des entretiens avec Klasen autour de cette série de peintures sur les traces, les graffiti du mur de Berlin : "Lui n'a rien écrit sur ce mur : «Je ne vois pas ce que j'aurais pu dire là, devant ce mur. Je savais que j'allais le dire ailleurs.» Toujours dans la distance, Klasen. Dans la distanciation. Il y a entre lui et lui-même un fossé ou une épaisseur, quelque chose qui tient du traumatisme, une forme d'interdit autour de laquelle son œuvre développe sa symbolique. Et le mur de Berlin est un des multiples révélateurs qui lui permettent de quitter un registre formel pour se découvrir en un autre[25]..."

Klasen reprend donc les mots mêmes : "*Gedanken und Gefühle gehen durch Beton* (Idées et sentiments traversent le béton). C'est une des plus belles inscriptions, elle nie le Mur. Il n'arrête rien. Ce n'est pas une barrière, il est comme transparent. Cette phrase devient possible parce que les hommes voulaient que le Mur soit une séparation, et il devient en fait son contraire : un ferment et un lieu qui matérialise une ligne d'échange et de partage. Ce mur conçu pour empêcher le dialogue devient un lieu privilégié de la communication.

Autre mot fort, *Macht*. Ce seul mot, peint à la brosse en immenses lettres, se trouvait étrangement isolé sur le Mur, comme si son impact et l'idée qui se dégage de sa lecture suffisaient à créer la distance et à repousser tout intervenant. *Macht*, avec sa double signification (pouvoir, puissance/faites ! agissez !), s'imposait assez pour écarter tout profanateur et inviter à la réflexion.

Ailleurs encore *Pink Floyd*, qui renvoie au film *The Wall*, le mot *Parole*, incitation à la prendre, ou encore cette très belle phrase, *Der Tod ist ein Meister* (La mort est un maître), tout simplement écrite à la bombe ; et le mot *Ungehorsam* (désobéissance), appel à la révolte, à la rébellion. (...) En fait, le travail sur le mur de Berlin relève du même concept que mes œuvres antérieures : repérer les lieux significatifs, en extraire l'essence, les réorganiser sur la toile et les ramener à ma propre écriture. Dans ce travail particulier, qui constitue la réflexion sur le Mur, la tâche était plus délicate : il fallait pénétrer l'esprit du signe, analyser ce qui constitue sa force, en comprendre le sens, reconstruire mon image en rassemblant ses différents constituants, tout en gardant une extrême spontanéité[26]."

Les tableaux sur le mur de Berlin feront le tour du monde, jusqu'aux Etats-Unis, en 1990 : "J'ai

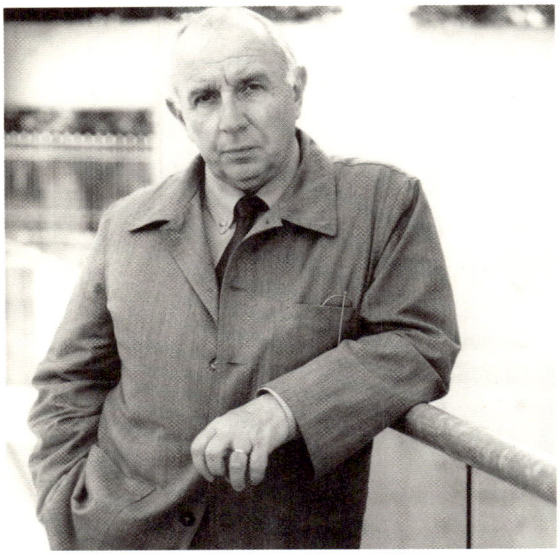

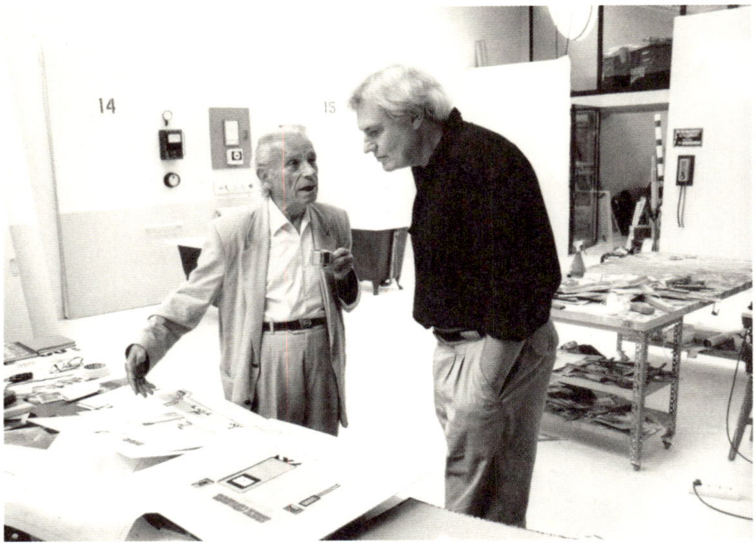

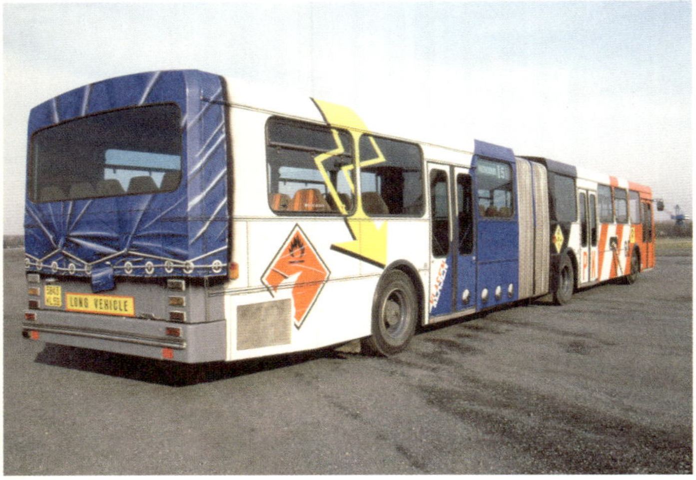

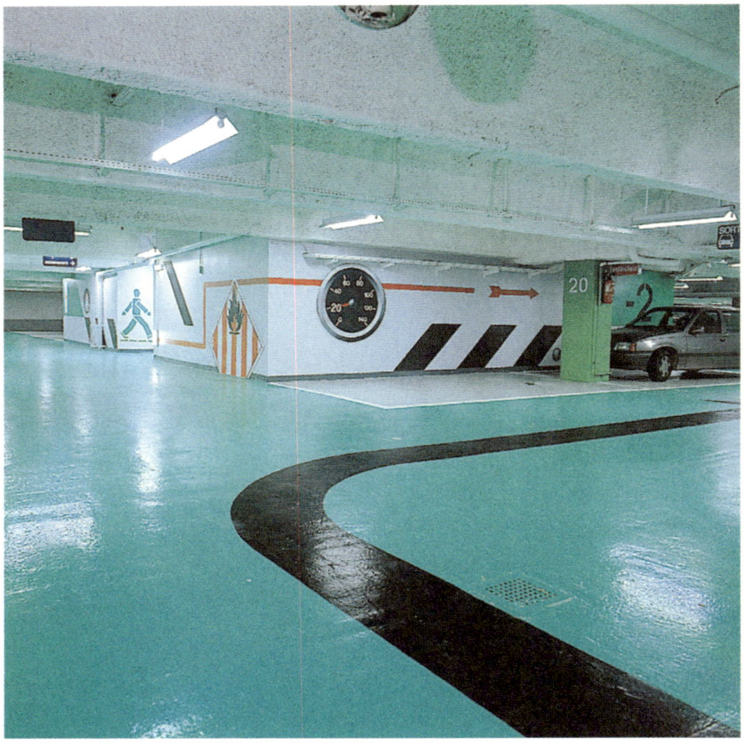

Paul Virilio, 1998. DR

Samuel Fuller, Peter Klasen, atelier de Vincennes, 1991

Autobus de Valenciennes

Parc Centre, 1994

exposé à Los Angeles, à la galerie Mayer-Schwartz. Les Américains, grâce à *Ich bin ein Berliner* de Kennedy, se sont énormément intéressés à l'histoire de Berlin après la guerre."

A la fin des années 1980 et au début des années 1990, Peter Klasen voit son travail largement reconnu et répond à des commandes publiques et privées. Il réalise, comme Erró et Télémaque, un autobus pour la Semurval de Valenciennes (1985). "C'était une commande du ministère de la Culture et de la région Nord-Pas-de-Calais. Le maire de Valenciennes était Jean-Louis Borloo. Les bus anonymes devenaient porteurs d'images contemporaines. C'était une belle idée de rapprocher les artistes vivants d'une population. Il a été ramené sur le parvis de Beaubourg à la demande du Centre Pompidou en 1984."

Il réalise, "sur une initiative de Gérald Gassiot-Talabot, de la Délégation aux arts plastiques à l'époque", une fresque pour la gare SNCF du musée d'Orsay à Paris. Cet ensemble de peintures sur toile, toujours en place, est malheureusement graffité et devrait être restauré. En 1988, Klasen conçoit d'autres fresques pour le pavillon des Arts à Paris et la mairie de Lille : "Je connaissais bien la région. C'est une commande de Pierre Mauroy. J'ai sillonné le Nord à la recherche du patrimoine industriel (les grandes brasseries, les complexes pétrochimiques, les friches industrielles, les filatures, etc.)."

Passionné de voitures de course, il "peint" également sa première Porsche, la 962 C, pilotée par Philippe Alliot pour l'écurie Kremer de Cologne aux 24 Heures du Mans, en 1990. Une autre Porsche, la GT 2 Evolution, pilotée par François Lafon et Jean-Pierre Jarier, remportera le championnat de France GT en 1998.

En 1992, pour le bicentenaire de la République, il conçoit une projection sur la colonnade de l'Assemblée nationale : "Une projection mobile constituée à partir de collages de mes œuvres, qui «détruisait», faisait bouger la colonnade, c'était assez étrange, toute la déclinaison de mes pictogrammes." Et, en 1994, il inaugure *Parc Centre*, les 35 000 mètres carrés d'un parking à la Défense. "Une énorme aventure, trois équipes se sont succédé. Ma femme, Claudine, a surveillé le chantier pendant deux mois. Ils avaient envie de rassurer les usagers. Dans mon travail, il y avait tous les pictogrammes de la circulation automobile, la signalétique et les manomètres, les cadrans et fléchages."

Shock Corridor/dead end

En 1989, Klasen rencontre Patrick Bongers, directeur de la galerie Louis Carré avec lequel il va travailler pendant quelques années. Il y présente *Histoire de lieux ordinaires* (il appelle "lieux ordinaires" les souterrains, caves, parkings...), en parallèle avec une autre exposition à la galerie Fanny Guillon-Lafaille, expositions qui seront reprises à l'Art Point Gallery de Tokyo en 1991.

Pour le stand de la galerie Louis Carré à la FIAC 1991, il conçoit une grande installation inspirée par le film *Shock Corridor*, du réalisateur américain Samuel Fuller.

Depuis toujours, Peter Klasen s'est passionné pour le cinéma. A son arrivée à Paris, il est allé très régulièrement à la Cinémathèque de la rue d'Ulm. Des expressionnistes allemands, Murnau, Fritz Lang, Otto Wiene, aux réalisateurs de la Nouvelle Vague, Chabrol, Godard, Truffaut ou Cassavetes, des films d'Eisenstein, Chaplin ou Buster Keaton, rien ne lui échappe. Il dira au critique Jean-Luc Chalumeau : "Une véritable boulimie s'est emparée de moi pendant les premiers mois à Paris, je n'avais pas envie de faire de la peinture, j'étais comme drogué. Ma passion pour le cinéma ne s'est jamais démentie, elle était déterminante – j'allais le comprendre peu de temps après – pour l'orientation qu'allait prendre ma peinture. Je crois bien que je serais devenu cinéaste, si je n'avais pas été essentiellement un solitaire, incapable de travailler en équipe. Il me faut de l'isolement pour fonctionner en tant que créateur. Dans le cinéma aussi, on a affaire à une transposition de la réalité. C'est un monde clos, aussi partiel que celui de mes tableaux. L'écran, c'est la surface limitée de la toile,

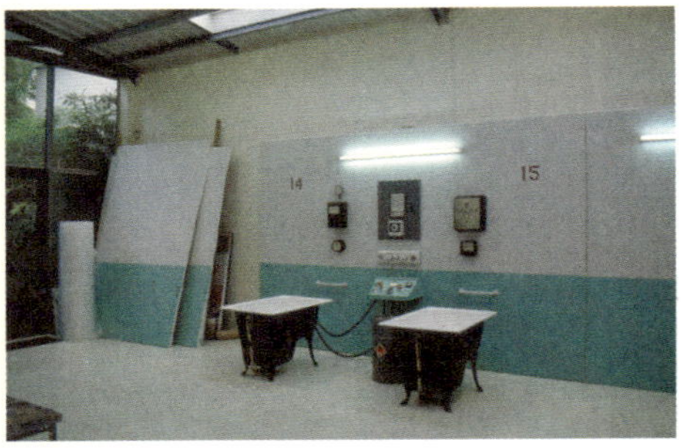

Shock Corridor/dead end, préparation de l'installation, atelier de Vincennes, 1991

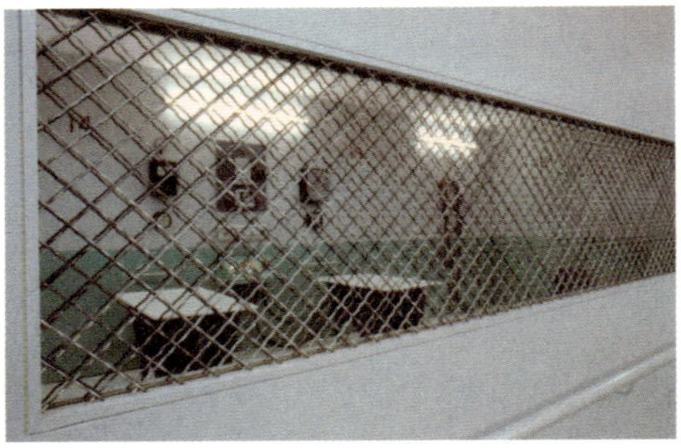

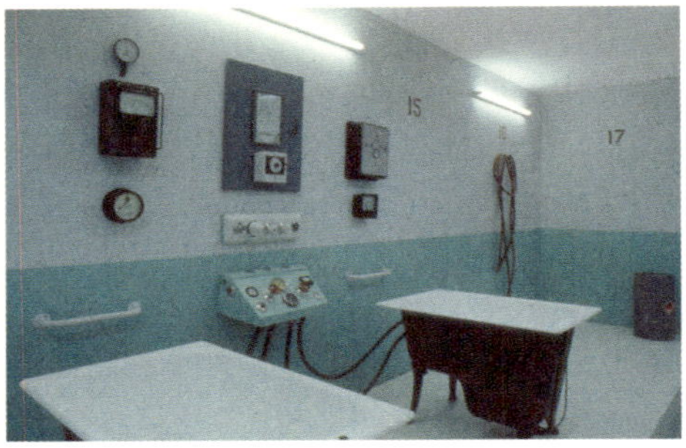

Shock Corridor/dead end, 2 détails, FIAC, 1991

et c'est très souvent que j'aperçois au cinéma des images perçues dans la réalité qui me touchent, parce que j'y retrouve certains thèmes ou prises de vues proches de mon propre travail[27]."

Shock Corridor, c'est pour lui le moyen de réunir, sous une forme non picturale, l'ensemble des questionnements qui le hantent. La folie (le film se déroule dans un hôpital psychiatrique), l'enfermement (le héros, journaliste qui veut réaliser un reportage, réussit à se faire passer pour fou et à se faire interner), les limites (le héros devient réellement fou et reste interné), la torture sous une quelconque forme (*via* les gardiens de l'hôpital ou les électrochocs), etc.

Son installation ne fait que se référer, de manière citationnelle, au film de Fuller, mais il invite ce dernier à le rencontrer et lui découvre, les 25 et 26 septembre 1991, son projet dans l'atelier qu'il occupe à Vincennes depuis 1985. "Il est venu et nous avons passé des moments extraordinaires. Samuel Fuller, marqué par la Seconde Guerre mondiale, a réalisé plusieurs films sur ce thème. Il était saisi par la présence «sur-réaliste» de *Shock Corridor/dead end*." L'installation, qui fait entrer le visiteur dans un univers clos, étouffant, hygiéniste et glacé, où sont disposés baignoires, lavabos, néons, tuyaux, panneaux d'interdiction et grilles, si elle évoque tout implacable enfermement, ramène une fois de plus, de manière métaphorique, à l'*Endlösung der Judenfrage* (la Solution finale de la question juive) ou au programme T-4 ("Euthanasie"), mis en place par les nazis pour exterminer les handicapés ou les malades mentaux. Elle évoque également les goulags du système communiste soviétique et les exactions et dérives de tous ces systèmes. Comme dans les autres environnements de Klasen, ces dispositifs sont élaborés sans la moindre évocation de la présence humaine (pas de photos, pas de mannequins ou de silhouettes). Les victimes n'ont pas plus de réalité que leurs tortionnaires : "Car tout ce que nous voyons ou sentons est un rêve à l'intérieur d'un rêve" (*For all that we see or seem is a dream within a dream*, Edgar Allan Poe). Ou, pour reprendre Virilio : "Impossible, en effet, d'envisager l'art, la culture du siècle, sans estimer la menace dont ils sont la figure, une menace sourde mais visible, aveuglante même. En ce siècle où l'état d'alerte est permanent, l'esthétique n'est plus tant celle de la séduction que celle de la répulsion, du retrait et de l'effroi. A la menace ordinaire de la mort a succédé celle de la désintégration, de la dissolution du réel[28]."

Claude Lanzmann fait appel au même procédé que Klasen pour *Shoah* : "Mon film devrait relever le défi ultime : remplacer les images inexistantes

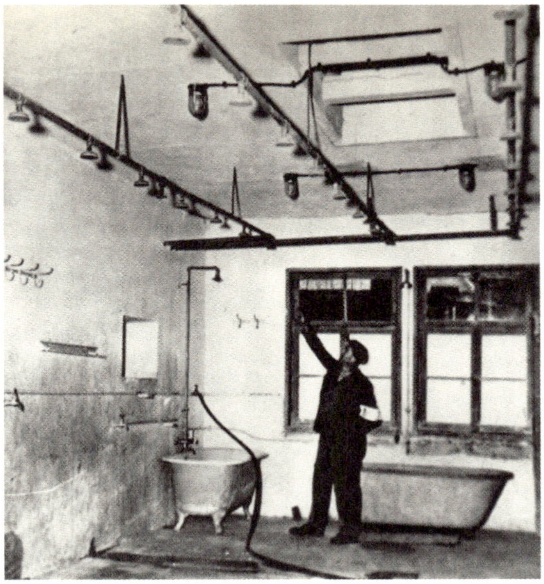
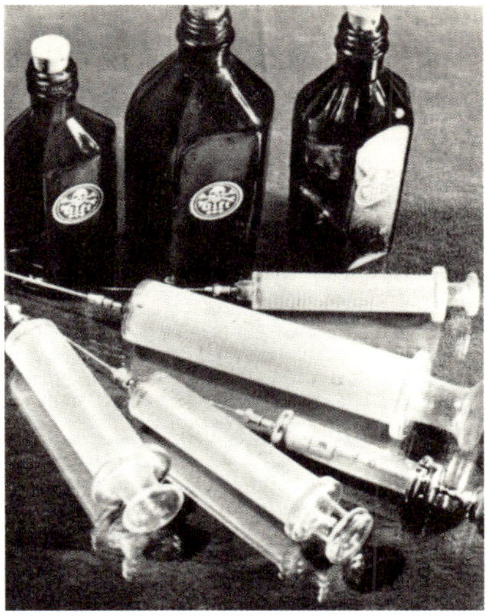
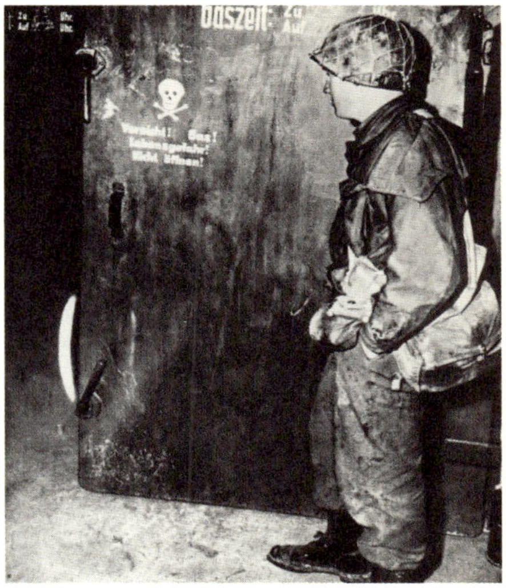

Photographies d'archives, *La Déportation*, éditions Le Patriote résistant, Paris, 1967. DR

de la mort dans les chambres à gaz. Tout était à construire : il n'y a pas une photographie du camp d'extermination de Bełżec où 800000 juifs périrent asphyxiés, pas une de Sobibór (250000 morts), pas une de Chełmno (400 000 victimes des camions à gaz). De Treblinka (600 000), on possède seulement l'image lointaine d'un bulldozer. Le cas d'Auschwitz, l'immense usine, camp à la fois de concentration et d'extermination, n'est pas fondamentalement différent : il y a de nombreuses photographies d'avant la mort, prises sur la rampe par les SS, essentiellement des convois de juifs de Hongrie attendant la sélection, mais aucune des luttes atroces pour gagner un peu d'air et respirer quelques secondes de plus, qui se déroulaient dans les grandes chambres à gaz de Birkenau où 3 000 personnes, hommes, femmes et enfants, étaient étouffés ensemble[29]."

Jonathan Littell, dans *Les Bienveillantes*, fait dire au narrateur : "Ici, les malades sélectionnés dans le cadre d'un dispositif légal étaient accueillis dans un bâtiment par des infirmières professionnelles qui les enregistraient et les déshabillaient ; des médecins les examinaient et les conduisaient à une chambre close ; un ouvrier administrait le gaz ; d'autres nettoyaient ; un policier établissait le certificat de décès. Interrogée après la guerre, chacune de ces personnes dit : «Moi, coupable ?» L'infirmière n'a tué personne, elle n'a fait que déshabiller et calmer des malades, gestes ordinaires de sa profession. Le médecin non plus n'a pas tué, il a simplement confirmé un diagnostic selon des critères établis par d'autres instances. Le manœuvre qui ouvre le robinet du gaz, celui donc qui est le plus proche du meurtre dans le temps et l'espace, effectue une fonction technique sous le contrôle de ses supérieurs et des médecins. Les ouvriers qui vident la chambre fournissent un travail nécessaire d'assainissement, fort répugnant qui plus est. Le policier suit sa procédure, qui est de constater un décès et de noter qu'il a eu lieu sans violation des lois en vigueur. Qui donc est coupable ? Tous ou personne ? Pourquoi l'ouvrier affecté au gaz serait-il plus coupable que l'ouvrier affecté aux chaudières, au jardin, aux véhicules ? Il en va de même pour toutes les facettes de cette immense entreprise. L'aiguilleur des voies ferrées, par exemple, est-il coupable de la mort des juifs aiguillés par lui vers un camp ? Cet ouvrier est un fonctionnaire, il fait le même travail depuis vingt ans, il aiguille des trains selon un plan, il n'a pas à savoir ce qu'il y a dedans[30]."

Si l'on peut effectivement suivre le cheminement du narrateur, officier allemand qui a agi au cœur des structures nazies lors de la guerre, lorsqu'il conclut : "J'ai passé *les sombres bords*, et tout ce mal est entré dans ma propre vie, et rien de tout cela ne pourra être réparé, jamais. Les mots non plus ne servent

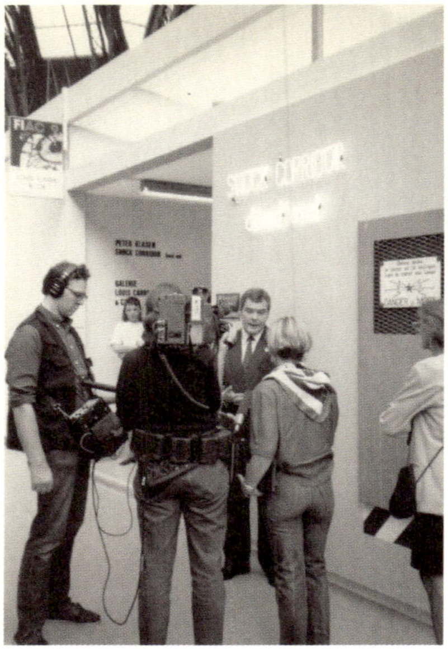

Patrick Bongers, directeur de la galerie Louis Carré devant **Shock Corridor/ dead end**, vernissage de la FIAC, 1991

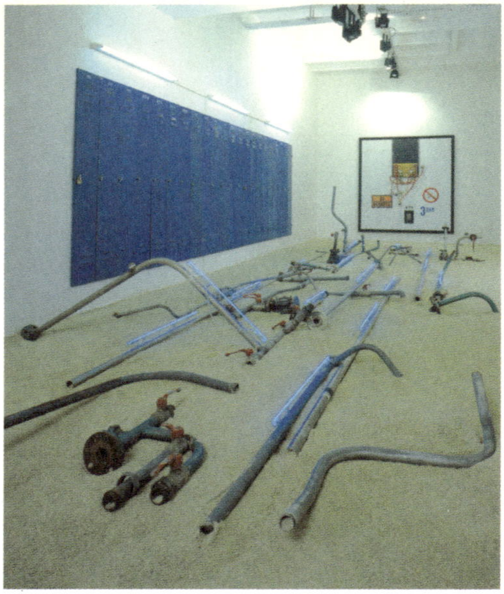

Travaux publics, installation, friche industrielle Anis Gras, Arcueil, 1997

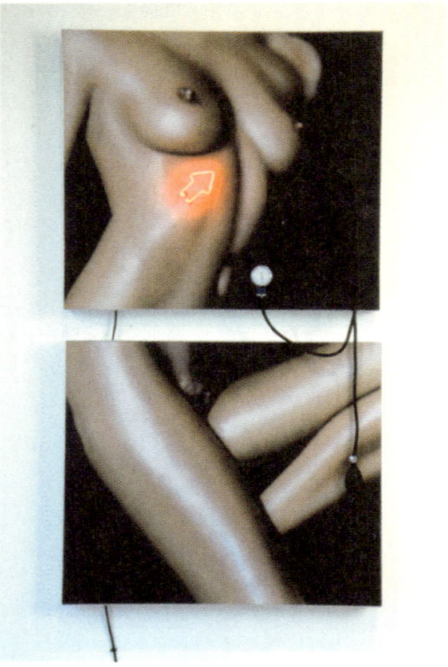

Night Nurse, acrylique, néons et objet sur plexiglas, 160x90 cm, 1997, collection Hervé Raspaldo, Cannes

à rien, et ce sable emplit ma bouche. Je vis, je fais ce qui est possible, il en est ainsi de tout le monde, je suis un homme comme les autres, je suis un homme comme vous[31]", Klasen réagit à sa manière d'artiste, en faisant appel, de manière retenue, à la mémoire, à la conscience, montrant son époque sous ses aspects les plus sombres, cruels, inavouables : "C'est par des séquences, des bribes que l'on déchiffre le drame, les catastrophes." *Shock Corridor/dead end* est d'une très grande force angoissante, que rappelle le philosophe Bernard Vasseur : "Dans ce film qui dénonce les impasses d'une certaine psychiatrie américaine, Klasen ressent l'intensité brûlante d'une histoire, comme une résurgence des crimes nazis, des expérimentations menées au nom d'un prétendu savoir médical sur les prisonniers des camps de la mort, et dresse un réquisitoire qu'il élargit en dénonciation de toutes les pratiques (psychiatriques ou autres) qui visent à l'élimination d'adversaires politiques ou de minorités ethniques ou religieuses."

Shock Corridor/dead end, par sa forme et sa radicalité, préfigure le travail de nombre d'artistes qui, depuis la fin des années 1990, explorent pour partie ces territoires. Il fait appel aux néons : "J'ai utilisé les néons très tôt. Dans les années 1950, il y avait les plafonds de Fontana. Des ellipses calligraphiques extraordinaires que j'avais découvertes dans les années 1960. Auparavant, il y a eu dans les années 1920 et 1930 des expositions avec des néons. Toutes les grandes démarches à un moment donné se réfèrent au miroir et la lumière." Et, comme plus tard Carsten Höller, Kader Attia ou Claude Lévêque, il met en place des expériences sensorielles, inconfortables, émotionnelles et poétiques. Carsten Höller, en parlant de son travail, dit "procéder à des expérimentations dotées d'une «méchanceté fonctionnelle» qui s'instaurent autour de la question du doute et de l'illusion dans le but de «faire réagir les gens»". Ses *Sliding Doors* (2003), portes coulissantes en miroirs qui amènent le visiteur à se voir successivement et à l'infini, et à parcourir le *Corridor* (2003-2004), un long couloir qui s'obscurcit progressivement jusqu'au noir complet, ses *Psycho Tank* (1999), caissons d'isolement sensoriel dans lesquels on peut se baigner, ne sont pas très éloignés des "laboratoires" klaséniens. De même que les installations de néons, de grilles et de barrières de Claude Lévêque, les armes ou sculptures tranchantes de Philippe Perrin ou de Kader Attia.

Shock Corridor/dead end, comme les *Ensembles et accessoires*, est un passage à la troisième dimension qui, comme souvent chez Klasen, sans véritablement marquer un point d'arrêt, permet la venue d'un autre cycle. "Je suis dans une vérité possible

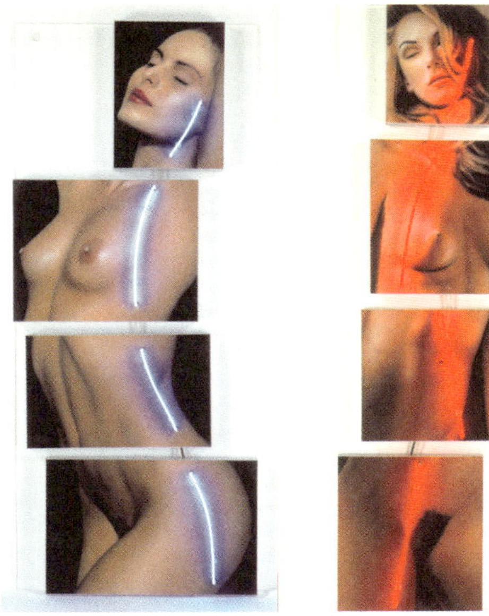

Beauty n° 4 et **Beauty n° 6**, photos et néons sur métal et plexiglas, 200x80 cm, collection particulière, 2003

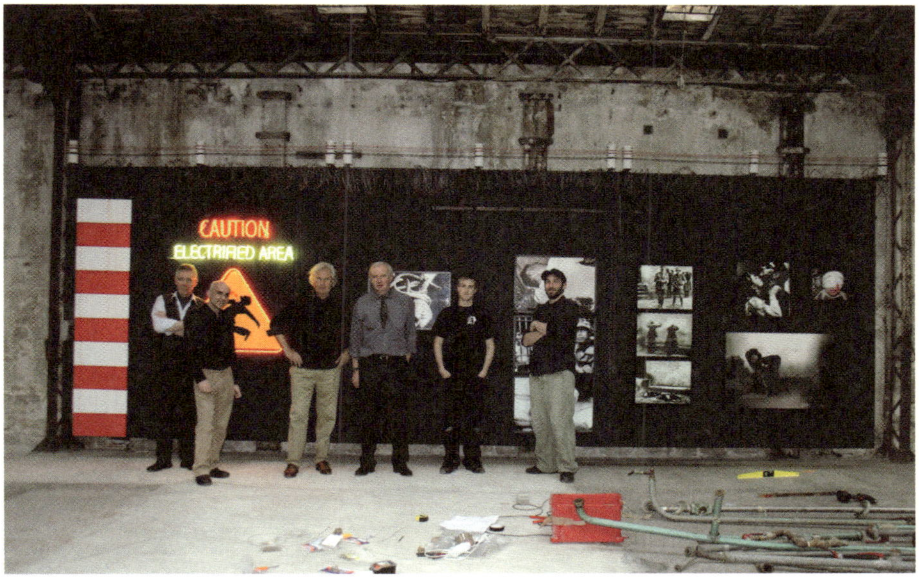

Le Temps des otages, 300x800 cm, Horst Haack, Adon, Peter Klasen, Philippe Ageon et deux assistants, 2006

de transgression, je passe par des phases assez bien définies, cinq ou six, à travers des décennies, sur une thématique que j'explore jusqu'au bout. Une thématique obsessionnelle liée à la fois à la modification de notre société et à mon propre parcours personnel. C'est le concept selon lequel je travaille."

Les nouveaux tableaux seront *Extérieurs*, montrés lors d'une exposition personnelle chez Guy Pieters (qui deviendra l'un de ses galeristes attitrés), à Knokke-le-Zoute en 1992. "Des tableaux de grand format, de 5-6 mètres, inspirés du monde industriel, autour de la route, des camions, etc. Ils sont liés à cet univers de la mobilité de la société, avec des reflets de néons, des objets intégrés, des portes blindées, etc." Suivent les séries *Le Temps et la Ville* (La Seyne-sur-Mer, 1995), *Travaux publics* (Arcueil et Marseille, 1997) et *Fragments*.

Life is beautiful

En 1997, Peter Klasen s'approprie les nouvelles techniques d'impression que permet le numérique. "Je suis dans la récupération d'un nouveau médium, qui devient primordial. Une partie de ma création se déplace à travers les moyens numériques dans un atelier de reproduction. Je peux transposer, avec la peinture acrylique compatible, des éléments sur lesquels j'ai pu pratiquer une intervention pour amplifier, clarifier, modifier. J'imprime mes concepts à partir d'une iconographie photographique qui me donne un espace de liberté fabuleux." "Tout est légitime, à l'instar des techniques utilisées depuis Warhol, du pochoir, de l'aérographe... C'est une ouverture inimaginable, vertigineuse. J'ai été jeté dans un vaste espace de liberté, suffocant, jamais connu auparavant." Il réalise de très grands formats où il intervient avec apposition de néons, de collages, d'objets : "C'est une très heureuse combinaison de «progrès technique» et d'approche de mon vocabulaire personnel."

C'est aussi le moment où la femme réapparaît dans son œuvre : *Iron Ladies*, *Beauties*... "C'était une période un peu euphorique, une certaine euphorie liée à la vie personnelle de l'artiste, toujours basée sur l'idée du désir et du fantasme. Je ne vais pas faire un parallèle avec Picasso ou De Kooning, ou encore Corneille, mais c'est un prolongement de cette éternelle jeunesse dont on rêve et qui fait vivre ; la libido est constitutive à la création. Ça tourne toujours autour des mêmes essais, je reprends le côté séquentiel du cinéma. J'ai réalisé à nouveau une série d'encensements du corps qui saisit par gros plan les différentes parties du corps, encensé, amplifié par le néon."

Si le sexe est présent depuis toujours chez Klasen, il n'est, comme le sang ou la blessure, jamais ou presque montré de manière explicite. Très tôt, des comparaisons ont été établies avec Alain Robbe-Grillet, notamment par Alain Jouffroy, qui note cependant la différence entre leurs deux écritures.

"Une expérience peut être tentée sur deux tableaux de 1970 : *La Fermeture à glissière* et *Chemise + seringue*. Il s'agit, dans un premier moment, de redoubler l'image du vêtement ouvert, par un texte de Robbe-Grillet *(Projet pour une révolution à New York)*. Il est très probable qu'image et texte ont été produits dans l'ignorance l'un de l'autre. Pourtant le texte semble constituer la description d'une condensation des deux tableaux : «L'anneau à glissière qui commande l'ouverture du blouson est descendu, au cours de ce moment subtil, d'encore vingt centimètre au moins, si bien que la fente atteint à présent le nombril, dont le creux en forme de fleur minuscule se devine, entre les deux bords garnis de petites dents métalliques, à l'extrême pointe d'un mince V de peau nue.» L'expérience consiste donc à découper dans un roman (lui-même habité par les images publicitaires qui fascinent aussi Klasen) une séquence descriptive ; puis, accolé (additionné), ce fragment sous une toile déjà occupée par deux éléments. Cette opération permet de montrer le caractère trompeur du redoublement image-texte, qui l'a motivée. La description de Robbe-Grillet se continue en scène, en représentation théâtrale : bouffonne sans doute, contredite par d'autres scènes qui font douter de sa réalité, mais néanmoins scènes actives, suite de gestes, de transformations. Un autrui intervient face à cette figure découpée de la féminité et la manipule : «Il laisse choir le mégot à terre et passe la main désormais libre dans l'entrebâillement du blouson...» La scène s'achève par une gifle et la remontée de la fermeture éclair. Dans l'univers de Klasen, la scène (celle-là, mais également une infinité d'autres) est toujours possible, mais toujours actuellement interdite. Le tableau n'est plus le moment d'une représentation. Il est hors théâtre, anti-scène. Pas d'actes chez Klasen : pas de caresse, pas de transformation des corps, pas d'acte sexuel. Contrairement à l'adolescence de Robbe-Grillet, celle des œuvres de Klasen n'a pas de main pour gifler, pas de pubis situé plus bas que le nombril. Elle ne rencontre pas d'homme ; elle ne rencontre rien, et tout peut lui arriver. Les objets qui s'ajoutent sur la toile se placent en un autre espace."

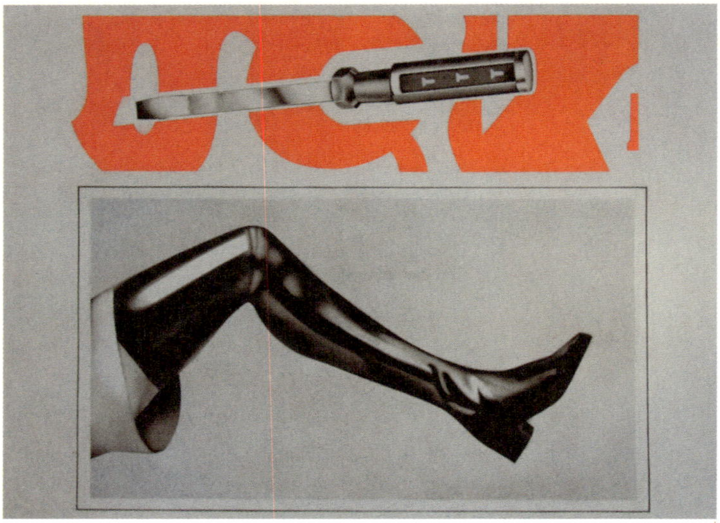

Botte cuissarde, acrylique sur toile, 97 x 130 cm, 1968

Plutôt que Sade, que Robbe-Grillet, Klasen "choisit" Kafka : "C'est intellectuel, encore plus terrifiant. Il va dans la froideur, dans l'apparente distance, il va au fond de l'effroi parce qu'il n'encombre pas le récit de l'agression, de la mutilation, du sexuel et de l'excitation."

Encore une fois, chez Klasen, tout est artifice, tout est collage, structuré et ouvert par la liberté de la couleur du numérique. Il joue un peu avec le kitsch, "un très grand thème de l'histoire de l'art. C'est ce que je capte dans la réalité. Quand tu regardes les vitrines, les revues. Il y a une tendance contemporaine, Jef Koons par exemple. Mais chez moi il y a toujours une dimension de l'angoisse." Les *Beauties* ou autres *Ladies* sont des combinaisons "d'éléments de corps de différentes femmes, de publicités, de photographies. On est toujours dans la fabrication d'une autre réalité." Elles apparaissent tronçonnées, derrière un grillage, puis, dans les *Lost Landscapes, Elements of Disaster, Electric Bodies* ou dans *People in the City*, se mêlent à tout l'univers de l'artiste, signes, voitures, camions, monde industriel et technologique, photos de catastrophes, de guerre, de violence... Il dira plus tard : "A travers les

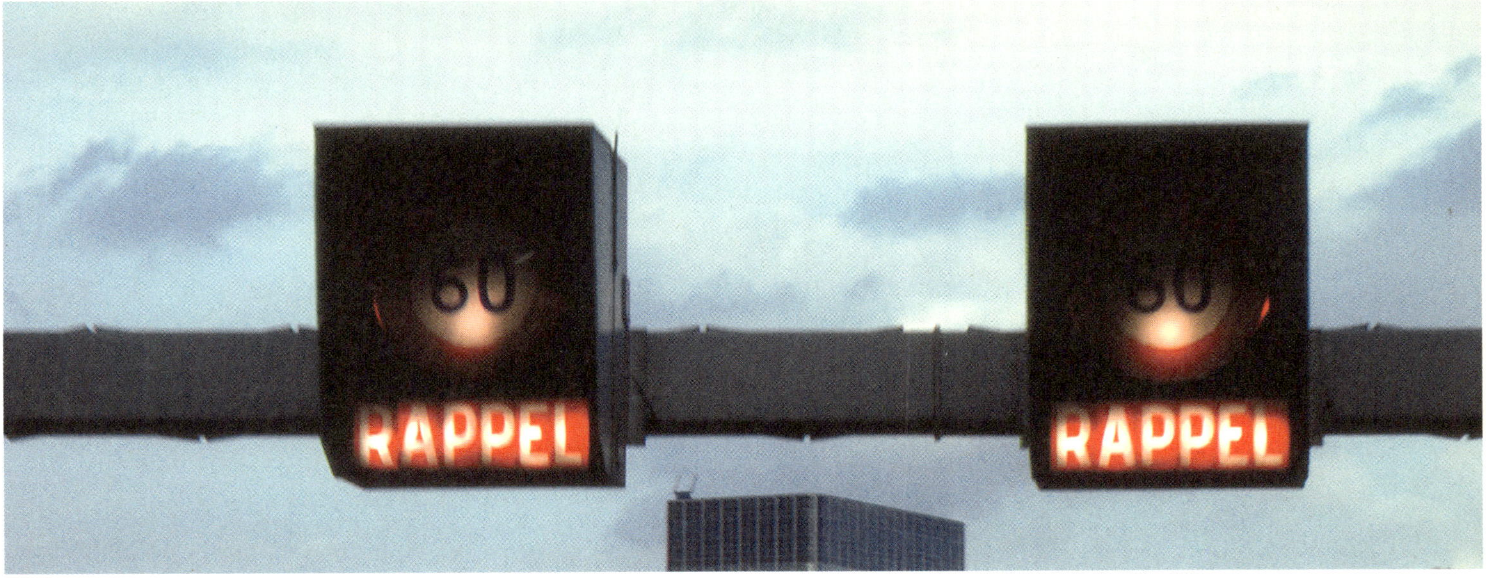

Rappel 60, photographie, la Défense, 1979

documents sur l'Holocauste, on est dans une forme de distanciation absolue, très clinique, de cette longue trajectoire à travers ma vie, de l'imaginaire sans que le sang soit vu, sans que l'on voie le corps blessé. J'ai fait un tableau avec un corps de femme dans un contexte mi-industriel, mi-déchet (dans la série *Life Is Beautiful*). Cette capacité de créer l'horrible à travers toutes les civilisations. Ces histoires de meurtre font partie des dérives de l'humain et de la banalité du quotidien."

Ce que relève Bernard Vasseur dans le catalogue de l'exposition que Laurent Strouk, qui expose Klasen dans sa galerie parisienne depuis 1998, lui consacre en 2009 : "Dans son travail plus récent (série *People in the City*), il pousse à son paroxysme l'antagonisme du travail et du désir, le premier supposant la peine, la fatigue et le temps propre à l'ordre productif d'une réalité nouvelle, quand le second s'épuise dans la quête d'une jouissance totale et immédiate (on le sait depuis le philosophe Hegel, «le travail est désir réfréné, disparition retardée»). L'imaginaire du sexe, le fantasme de la possession, nourris de corps féminins aux nudités magnifiées et d'images de cinéma, viennent s'y heurter violemment au monde de l'usine, avec la rudesse de son outillage, avec son gigantisme technologique conquérant, mais aussi son horizon de souffrance (c'est le premier sens du mot «travail» !), de discipline et de contrainte. Et voilà des chaînes lourdement cadenassées ou de simples pictogrammes – ces graffitis de la norme semblant tout droit sortis du remugle de la nuit – qui sonnent l'alerte : «*No admittance*», «Inhalation hasard», «Risque d'explosion (pas d'allumettes !)», et jusqu'au revolver directement pointé sur le spectateur[32]." Il ajoute : "Dans *Lost Landscape* – allusion transparente au *Lost Paradise* du poète John Milton –, on retrouve les corps sublimes de *Beauty*, les gratte-ciel de la grande ville, les voitures de rêve, les parkings, les couloirs sombres, les pictogrammes annonçant le danger, les mains liées du prisonnier, les films noirs américains, déjà rencontrés dans d'autres compositions, mais prenant ici une dimension nouvelle." Ou encore : "Comme Brecht, il pense que «le ventre est encore fécond d'où a surgi la chose immonde». Rien ne le montre mieux que sa récente et vaste composition, *Le Temps des otages*, dans laquelle il rassemble les redoutables bégaiements de notre histoire. Nazisme, Shoah, camps de concentration, barbarie des dictatures sud-américaines à l'heure de la mort impunie de Pinochet, terrorisme sauvage et prises d'otages à répétition, cette plaie de notre temps dont il n'a garde d'oublier qu'elle commença en Allemagne, en 1972, aux Jeux olympiques de Munich – «c'est l'horreur humaine, trop humaine», comme disait Nietzsche, qu'il convoque sous ses barbelés et crocs

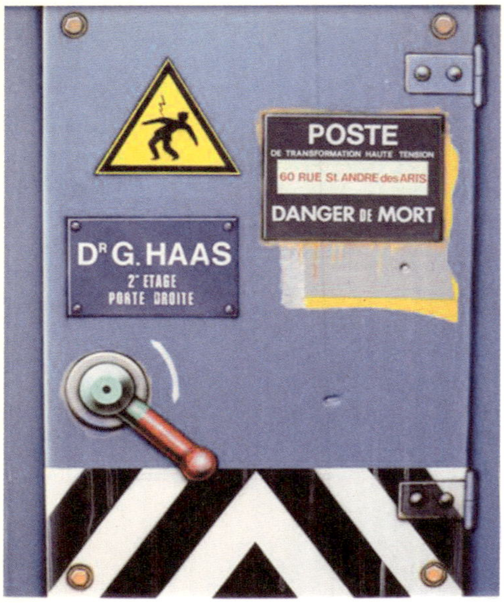

Le Cabinet du Dr Haas, acrylique sur toile, 74x62 cm, 1991

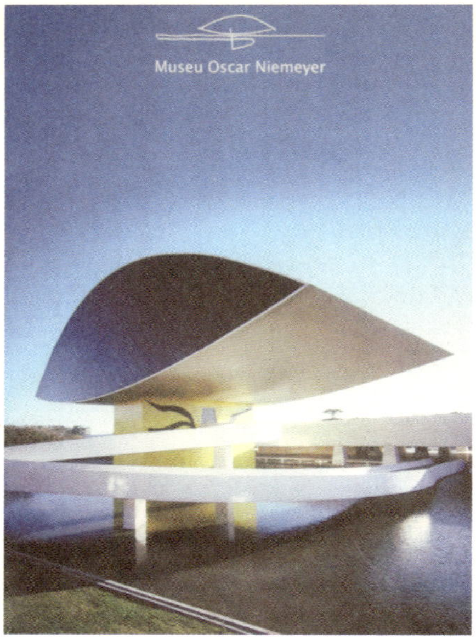

Nowhere/Anywhere, exposition de Peter Klasen, Fondation France-Brésil, Rio de Janeiro ; musée Oscar-Niemeyer, Curitiba, Brésil, 2007

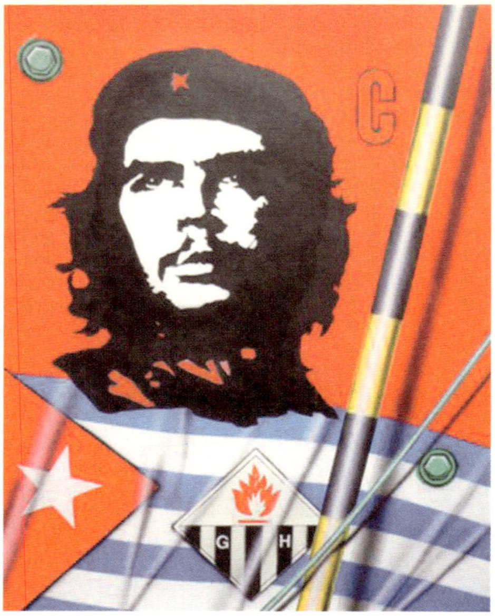
Exposition rétrospective Peter Klasen au Museo nacional de Bellas Artes, La Havane, Cuba, 2007

de boucher, et dont il cloue le témoignage précaire et fiévreux sur les planches uniformément grises d'un chantier monstrueux[33]."

Milton, bien sûr, mais aussi Caspar David Friedrich (1774-1840), que Klasen a très tôt regardé. Ainsi Alain Jouffroy : "C'est cet arrière-fond qu'il faut d'abord se rappeler : la netteté de cette lumière, au Nord de l'Allemagne. Elle explique en partie l'exactitude du regard des peintres allemands, de Dürer et Holbein à la *Neue Sachlichkeit* (Nouvelle Objectivité) d'Otto Dix, par exemple. De toute évidence, Klasen s'est inscrit dès son adolescence dans la tradition de ce regard direct, acide, qui donne à toute représentation une transparence, une angulosité abrupte, une précision technique particulière. Il a compris très tôt que la clarté était son élément.

Seul devant la mer Baltique, Klasen a commencé sa vie de peintre comme le moine de Friedrich qui tourne le dos au spectateur. Il a contemplé la lumière métallisée qui éclaire d'immenses espaces horizontaux comme au temps du «voyageur» romantique qui contemple, dans un célèbre tableau de Friedrich, une mer de nuages. Le regard se sculpte dans l'espace de l'enfance et de l'adolescence : le même espace pour Friedrich et pour Klasen, la même lumière argentée ou bleue. Les atmosphères froides, désertes, rendent présents les dangers, les inimitiés. On s'y concentre sur soi pour penser le monde : l'origine de l'idéalisme subjectif du romantisme allemand est là."

Ce qui rejoint l'analyse d' Alain Mérot : " Comme la nature «sublime» du XVIIIe siècle provoquait l'effroi du spectateur en soulignant une disproportion insupportable, le paysage d'autoroute, d'usine, de banlieue est lourd de menaces. Mais il peut atteindre aussi à une nouvelle beauté formelle qui tient, comme dans l'ancien modèle, au dessin des lignes, au relief des masses, aux contrastes et aux reflets et autres jeux de lumière, à la gamme des valeurs et des teintes. Chez un cinéaste comme Antonioni, qui passe de *La Notte* au *Désert rouge*, la couleur a ainsi pu égaler les prestiges du noir et blanc, cher au néoréalisme italien (comme dans *Rocco et ses frères* de Visconti, ce grand peintre, la scène de l'assassinat de Nadia sur la berge désolée d'un fleuve, que souligne la fuite des lampadaires trouant le brouillard). C'est ce paysage du cinéma, susceptible d'admirables variations formelles, qui nous retient fortement aujourd'hui[34]."

Le cinéma, Klasen s'y essaie le temps d'un court métrage, *MEP Underground*, réalisé en 2005 à l'occasion de la rétrospective de son œuvre photographique, organisée par Jean-Luc Monterosso à la Maison européenne de la photographie à Paris. *MEP Underground* montre les lieux ordinaires, le "paysage" des sous-sols de la MEP. "C'est une histoire un tout petit peu hitchcockienne." Sur fond de *La Mort de Siegfried* de Wagner, on y voit, dans des collages de séquences, une femme (le personnage est interprété par sa femme, Claudine) descendre des escaliers, courir, poursuivie par on ne sait quoi, on ne sait qui. Une cage, des circuits électriques bleus et rouges, aorte et veines, des objets klaséniens apparaissent. *MEP Underground* préfigure *La Colonie pénitentiaire*, installation réalisée en 2009.

A la MEP, Klasen montre pour la première fois un ensemble de ses photographies, non des documents sources de ses tableaux, mais de celles qu'il a choisies, cadrées, et considère comme œuvres à part entière. La rétrospective sera reprise au Brésil, en 2006, à la Fondation France-Brésil de Rio de Janeiro puis au musée Oscar-Niemeyer de Curitiba.

L'Amérique latine devient d'ailleurs l'une de ses sources d'inspiration. Il y expose à nouveau, à La Havane, en 2007, au Museo de Bellas Artes. Une rétrospective de son œuvre peint liée à un travail photographique réalisé sur place. "A l'initiative du docteur Gilbert Haas, mon ami, le Museo de Bellas Artes de Cuba a mis en place des expositions et des échanges culturels entre Cuba et la France. Il a invité des artistes de la Figuration narrative, comme Erró. Après un premier voyage de reconnaissance en 2006, j'ai fait 1300 photos, liées à mes obsessions de la machine, des trains, des lieux industriels. Je suis allé pour comprendre ce peuple, avoir une idée de la vie contemporaine mais aussi de la révolution. Ce pays est complètement imprégné de culture hispanique, il y a un désir de rencontrer les artistes contemporains qui réfléchissent sur les questions politiques, de société. Je n'avais pas été à Cuba à l'époque du *Mural* de La Havane[35], je ne faisais pas partie du Salon de mai. Mon voyage était motivé par la révolution cubaine, ce qu'elle est devenue... C'est un peuple attachant, extraordinaire, j'ai pu accéder à des lieux des débuts de l'industrialisation, voir les vestiges des raffineries de sucre, les derniers camions soviétiques (ils avaient l'exclusivité mondiale de la production du sucre de Cuba), le musée du Chemin de fer, des stations d'épuration du début du siècle. Quand j'ai exposé ces photos, les Havanais ne connaissaient pas la plupart des lieux, ne voyageant pas, cela a été une immense surprise et un accueil formidable." Il présente ces photographies comme une histoire, ponctuée par la mise en place d'un personnage, une jeune danseuse de l'Ecole nationale classique de danse, Jessica, "qui fait le lien entre les différents lieux dans une mise en scène liée à son futur métier et le lieu où j'habitais, un ancien palais de style andalou, l'hôtel Sevilla, dans le gestuel de la danse. Cela lui a permis de financer ses études, elle a pu passer le concours national de danse de La Havane et a été reçue première."

La Colonie pénitentiaire

Klasen décide en 2009 de donner forme, au moyen de l'installation, et à l'occasion de sa rétrospective au Tri Postal à Lille, à une histoire qui le hante depuis toujours et qui rejoint ses obsessions, celle de la nouvelle de Kafka, *La Colonie pénitentiaire*. "Adolescent, j'ai lu avec passion toute l'œuvre de Dostoïevski. J'ai compris pour la première fois qu'au bout de la souffrance et de l'humiliation, l'homme pouvait encore espérer. Ensuite Kafka : *Le Procès* et *Le Château*, mais aussi les nouvelles, comme *La Colonie pénitentiaire*. Ce sont des visions d'une inquiétante coercition dans laquelle un sort individuel, un problème personnel est objectivé de telle sorte qu'il acquiert valeur d'exemple et d'universalité. Un peu plus tard, j'ai eu la révélation de Beckett, de ses romans, mais plus encore de son théâtre, description du point zéro de l'existence de l'homme. Ces écrivains me paraissaient les plus proches de ma propre vie et de mon propre comportement[36]."

La Colonie pénitentiaire, écrite entre le 15 et le 18 octobre 1914, a été publiée en mai 1919, aux éditions Kurt Wolff. Kafka en a donné lecture le 10 novembre 1916 à Munich, dans le cadre d'une soirée de littérature moderne, à la galerie Goltz. Le 21 juillet 1913, il avait noté dans son journal : "Cette poulie qui est en moi. Une petite dent avance,

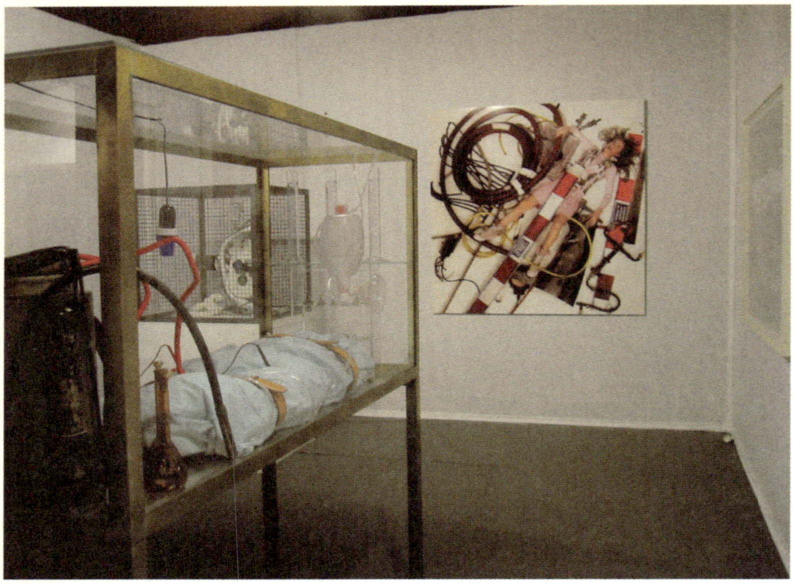

Intensivstation, galerie Raphaël, Francfort-sur-le-Main, 2006

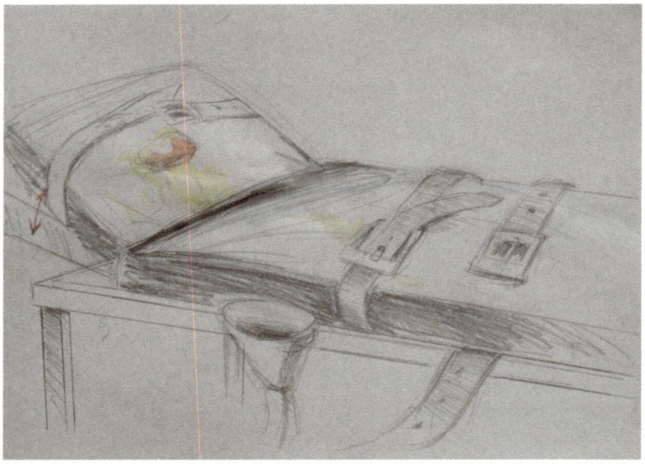

Dessin préparatoire, **La Colonie pénitentiaire**, 2009

quelque part dans un endroit caché, on le sait à peine au premier moment et déjà tout l'appareil est en branle. Soumis à une puissance inconcevable, tout comme la montre qui paraît soumise au temps, il fait entendre des craquements çà et là ; et, l'une après l'autre, toutes les chaînes descendent avec un bruit de ferraille le bout du chemin qui leur est prescrit." La nouvelle met en histoire cette vision de cauchemar. Elle raconte, de manière totalement prémonitoire, l'histoire d'une exécution, au moyen d'une machine à tuer proprement infernale, qui marque les corps au moyen d'aiguilles, comme seront plus tard marqués les juifs dans les camps. Pour Klasen, Kafka utilise "un langage bureaucratique qui sera celui des SS, c'est exactement là que cela se reflète comme une sorte de prémonition insupportable. Là, on est dans l'effroi de ce que nous connaissons des camps." S'il reprend pour partie le dispositif de la machine de Kafka, il y ajoute "une part d'interprétation autonome, la transgression d'un quelconque naturalisme, l'impossibilité de montrer le corps, qui crée l'absence". Kafka lui correspond car il "évite complètement le libidineux de la description, il est dans la radicalité. Tout devient une sorte de mauvais rêve. La clarté de la description, l'innommé, qui est en même temps irréel." La machine de Klasen, qui met en action ses seringues, ses chaînes, ses ceintures, sur fond d'une musique de Pascal Dusapin, serait un peu celle de Henry Miller, autre auteur klasénien : "Comme la machine, symbole de notre existence, le sexe fonctionne dans un vide absolu : il est stérile, désolé. Il est le signe suprême de notre impuissance. Créateur de souffrances, parce qu'il entraîne nos émotions, et que nous ne sommes que des infirmes dans le domaine affectif. Imaginez la machine tout à coup prise de sentiment, et vomissant une clé anglaise dans les rouages."

Elle pose la question que pose toujours Klasen dans ses dernières séries et notamment dans un tableau-autoportrait, *L'Internement du Dr K.* "J'ai extrapolé une angoisse très profonde, de la dérive et de la non-maîtrise de soi (*Nightmare*, etc.). Une sorte d'objectivation, une concrétisation de situations imaginées et craintes, à la limite de ce qui est acceptable par la société. Une sorte de dérive non conformiste à la limite de la folie, du dérapage mental. Je n'ai pas fait d'analyse : mon œuvre contient des éléments de l'obsession, de la phobie. La folie exerce sur moi une fascination, incontestablement. Je vivrais toute la folie plutôt à travers d'autres. Je crois que des gens qui, apparemment, vivent très normalement vivent une folie qui peut être infiniment plus dense, plus insensée : quelqu'un

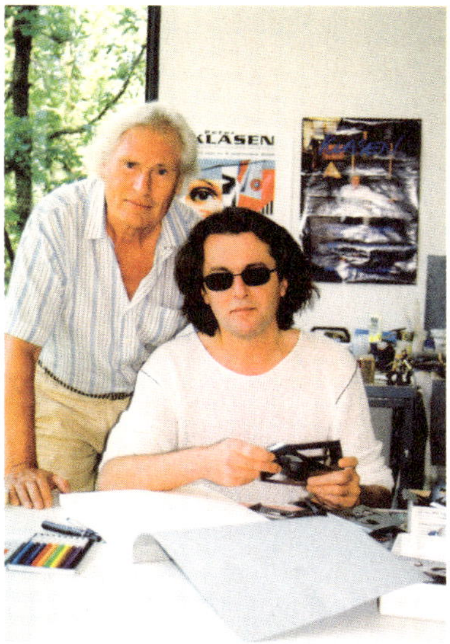

Peter Klasen et Pascal Dusapin, atelier, Châteauneuf-de-Grasse, été 2004

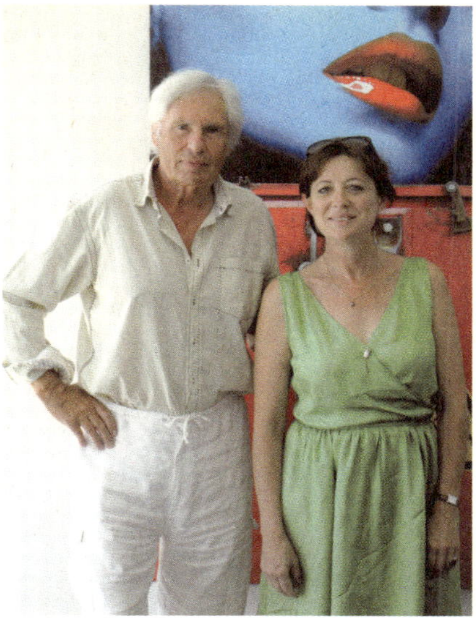

Peter Klasen et Pascale Le Thorel, Châteauneuf-de-Grasse, été 2009 (ci-dessus et en haut à droite)

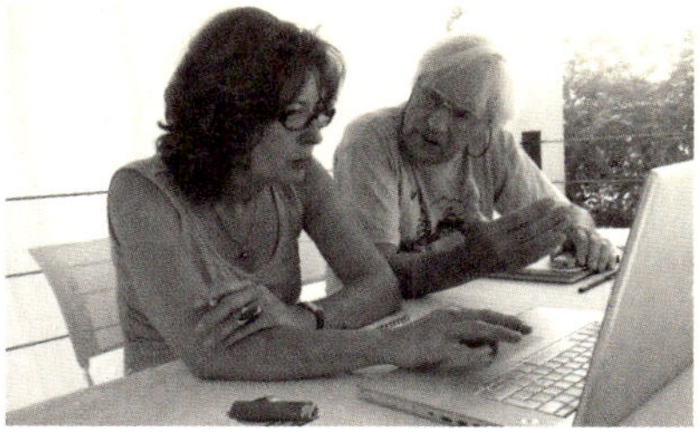

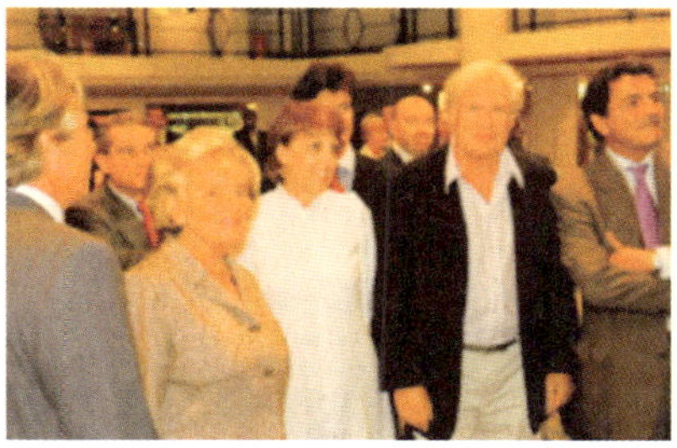

Me Georges Delettrez, Mme Bernadette Ch rac, Claudine Boni et Peter Klasen, Drouot Montaigne, septembre 2007

qui, comme Magritte, paraît tout à fait médiocre, avec son petit chapeau, son complet-veston, son petit chien, et pourtant quel délire ! Je ne sais pas si la folie doit se percevoir au premier degré. Elle est déjà peut-être en moi. Vivre la médiocrité et en revendiquer l'authenticité, c'est peut-être une forme de folie. Alors je suis très prudent." Et en guise de conclusion, pour suivre Clément Rosset et son "Rien de plus fragile que la faculté humaine d'admettre la réalité, d'accepter sans réserve l'impérieuse prérogative du réel", il ajoute : "Je suis seul dans ma folie de vouloir instituer un langage qui m'est propre."

Pascale Le Thorel

1. Entretien avec Alin Avila, *Peter Klasen, le mur de Berlin.*
2. Jean-Jacques Lévêque, "Le pluriel de l'image", *Arts*, 16 novembre 1963.
3. *Les Lettres françaises*, 22 novembre 1963.
4. Francis Parent, *Klasen, une œuvre à la charnière du sens*, galerie Lucien Schweitzer, Luxembourg, 1998.
5. Ludovic Leonelli, *La Séduction Baudrillard*, ENSBA, Paris, 2007.
6. *Ibid.*
7. Pierre Tilman, *Peter Klasen*, éditions Galilée, Paris, 1979.
8. Paul Virilio, *Klasen/Virilio, études d'impact*, Expressions contemporaines, Angers, 1998.
9. *Ibid.*
10. *Peter Klasen, conversation avec Jean-Luc Chalumeau*, Arte industria, Pollenza, 1982.
11. Participent : Alleyn, Arnal, Arroyo, Atila, Berni, Bertholo, Bertini, Bettencourt, Beynon, Brusse, Buri, Cremonini, Dado, Fahlstrom, Foldès, Gaitis, Geissler, Gironella, Golub, Gracia, Kalinowski, Klasen, Kramer, Monory, Pistoletto, Rancillac, Raynaud, Raysse, Recalcati, Requichot, Saint Phalle, Saul, Télémaque, Voss.
12. Gérald Gassiot-Talabot, *Mythologies quotidiennes*, musée d'Art moderne de la ville de Paris, Paris, 1964.
13. P. Le Thorel, *Jacques Monory*, Paris-Musées, Paris, 2006.
14. Paul Virilio, *Klasen/Virilio, études d'impact, op. cit.*
15. Jean-Jacques Lévêque, "Klasen : le critère du labyrinthe", *Chorus*, n° 3, octobre 1967.
16. Christiane Girard et Henry Le Chénier, *Rencontre d'atelier, Klasen*, Présence contemporaine, Aix-en-Provence, 1982.
17. François Pluchart, "L'évidence réaliste de Klasen", *Combat*, 19 février 1968.
18. Catherine Millet, *Les Lettres françaises*, 3 décembre 1968.
19. Julien Montboron, *Chorus*, 1969.
20. Claude Lanzmann, *Le Lièvre de Patagonie, Mémoires*, Gallimard, Paris, 2009.
21. *Ibid.*
22. Entretien avec Pierre Tilman, *Eighty*, Paris, 1983.
23. Entretien avec Alain Jouffroy, *Traces*, Maeght éditeur, Paris, 1982.
24. Alin Avila, *Le Mur de Berlin*, Pfizer, Paris, 1991.
25. *Ibid.*
26. *Ibid.*
27. Peter Klasen, *Monographie, conversation avec Jean-Luc Chalumeau*, Arte industria, Pollenza, 1982.
28. Paul Virilio, *Klasen/Virilio, études d'impact, op. cit.*
29. Claude Lanzmann, *Le Lièvre de Patagonie, Mémoires, op. cit.*
30. Jonathan Littell, *Les Bienveillantes*, Gallimard, Paris, 2006.
31. *Ibid.*
32. Bernard Vasseur, *People in the City*, galerie Laurent Strouk, Paris, 2009.
33. *Ibid.*
34. Alain Mérot, *Du paysage en peinture dans l'Occident moderne*, Gallimard, Paris, 2009.
35. En 1967, le Salon de mai ouvre le 30 juillet à La Havane. De nombreux jeunes artistes font le voyage, mais participent également à l'exposition des figures historiques comme Picasso, Man Ray, Calder ou Miró. Le comité directeur du Salon, présidé par Gaston Diehl, réunit Jacqueline Selz et Yvon Taillandier. Monory, Rancillac, Erró, Recalcati, Arroyo, César, Adami, notamment, sont invités pour trois-quatre mois. C'est le moment où culmine l'image de Fidel Castro et du Che chez les intellectuels. Les artistes réalisent sous l'impulsion de Wilfredo Lam et de Carlos Franqui, avec des peintres cubains, une œuvre collective connue sous le nom de *Mural de Cuba*.
36. Peter Klasen, *Conversation avec Jean-Luc Chalumeau, op. cit.*

MANIFESTE, 1970

JOUER SUR LA DIALECTIQUE D'UNE REPRODUCTION PHOTOGRAPHIQUE
ET SA TRANSPOSITION PICTURALE.

JOUER SUR LE POUVOIR MAGIQUE ET POÉTIQUE D'UN OBJET DÉPLACÉ.

2 – RÉPONDRE A L'AGRESSION DE LA SOCIÉTÉ PAR UNE AUTRE AGRESSION.

3 – MONTRER QUE LA BEAUTÉ EST PARTOUT, DANS UNE SALLE DE BAINS
PAR EXEMPLE.

DÉMONTRER QU'UN BIDET, UN LAVABO, UN INTERRUPTEUR PEUVENT EXERCER
LA MÊME FASCINATION SUR LE SPECTATEUR QUE LA BOUCHE, LE CORPS D'UNE
FEMME OU UNE VOITURE DE COURSE.

RENVOYER CES IMAGES ET CES OBJETS AU SPECTATEUR-CONSOMMATEUR,
LE LAISSER RÉAGIR DEVANT CES TABLEAUX-OBJETS ET Y PROJETER SES PROPRES
FANTASMES.

RÉAGIR SUR SA CONSCIENCE EN LUI FOURNISSANT DES INFORMATIONS
ESTHÉTIQUES ET IDÉOLOGIQUES SUR LUI-MÊME ET LE MONDE QUI L'ENTOURE.

PETER KLASEN

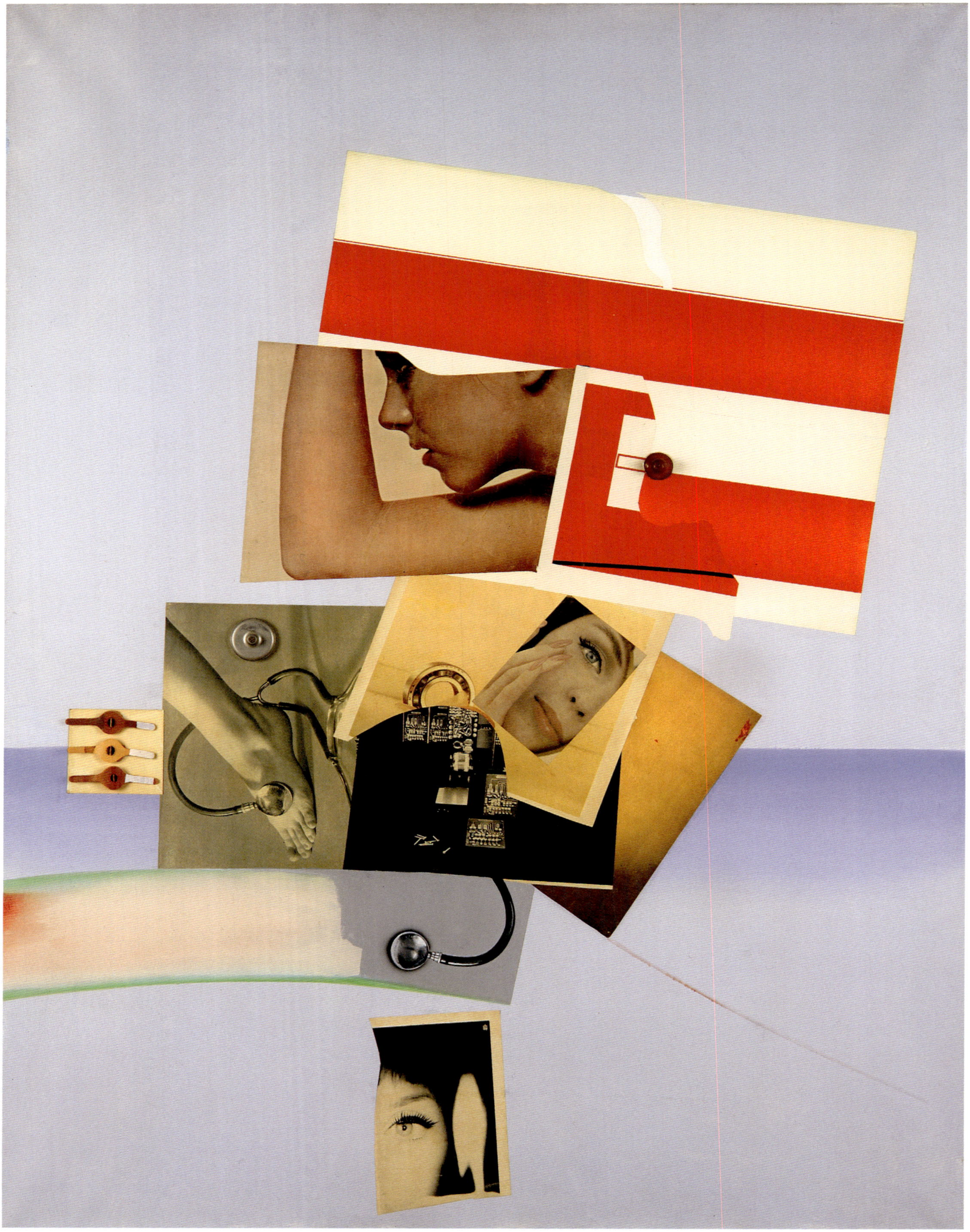

NOUVELLE FIGURATION ET FIGURATION NARRATIVE

Service de nuit, acrylique, collage et objets sur toile, 116x89 cm, 1964, collection Wiener, Paris

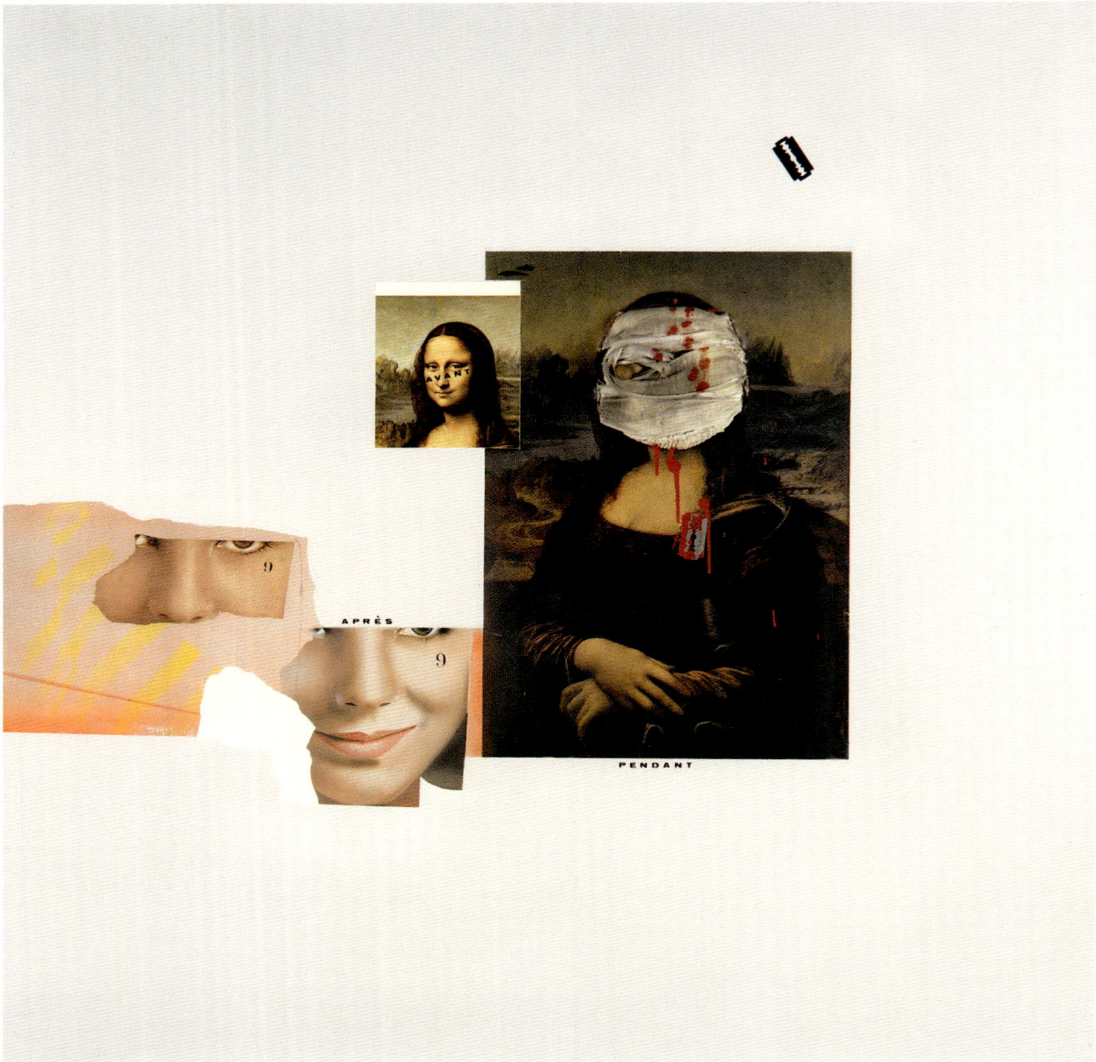

Visage 9, acrylique, collage et objets sur toile,
100 x 100 cm, 1965, collection particulière, Paris

Les cruautés de Peter Klasen

"Il faut reconnaître que tout est ambiguïté chez Klasen et cela ne se pardonne pas aisément. L'habileté technique lui servait naguère à poser en contrepoint des images empruntées au réel et leurs doubles exacts, reproduits au pinceau pour suggérer une insidieuse annulation du motif. Aujourd'hui, plus sûr de ses moyens et contrôlant mieux ses intentions, Klasen cherche encore à effectuer un décalage entre une image qui provient très évidemment d'un document (illustrations de magazine, affiche publicitaire, etc.) et sa signification picturale, qui échappe à sa destination première. Très exactement, il nous apprend à voir un monde qui porte ses contradictions, ses poisons, ses séductions sans que nous soyons en mesure d'en apprendre une conscience claire à la simple perception des signes qu'il nous adresse. Klasen nomme donc certains objets qui ont pour lui valeur significative, mais cette panoplie, malgré le potentiel d'évocations et de sensations qu'elle comporte, tient son pouvoir de communication d'un jeu subtil d'analogies et de contrastes. Une électricité passe entre les pôles chaud et froid ; entre la souffrance et le plaisir, entre l'aversion et l'attirance, sans que le peintre cède pourtant à un parti sentimental ou émotionnel et encore moins à un expressionnisme de facture.

Tout au contraire, sa technique, en progressant avec l'aérographe et le procédé du pochoir, lui a permis de se distancier progressivement de la chose peinte en obtenant, en noir et blanc, une équivoque visuelle totale entre la photographie et sa représentation. S'il répugne, sans les condamner, à l'utilisation des procédés de rendu automatique, c'est pour maintenir cette ambiguïté entre un monde objectif et glacé, qui nous attire et nous trouble par sa menace même, et les zones sensibles de la vie, où l'artifice de la création plastique constitue une projection de l'être.

Cette création, chez lui, reste avant tout mentale, c'est-à-dire que la libre disposition de l'écran pictural, soumis par tant d'éléments à la réalité quotidienne de l'affiche ou de l'illustration, se manifeste par un rythme, un découpage, une mise en page et, nous l'avons dit, par la permanence de certains choix et de certains rapports. Klasen désigne tout un jeu d'objets autonomes : instruments chirurgicaux, ustensiles froids aux inflexions cruelles (crochets, pinces, mousquetons, fragments de tôlerie) ou aux résonances phalliques (robinets, thermomètres, prises de courant, bâtons de rouge à lèvres), à quoi il ajoute ces symboles de la brûlure que sont les ampoules, les appareils électriques et les allumettes.

On notera que tous ces instruments à effet offensif, possédant un certain pouvoir énergétique ou décuplant la force de celui qui les utilise, sont proposés dans leur représentation objective, en quelque sorte détachés de leurs effets et sans recourir à une dramatisation spectaculaire et facile par la blessure, la flamme, la calcination ou le choc. Pourtant, l'essentiel du magnétisme de ces objets réside dans les relations qu'ils établissent entre leur volume net et froid et la présence physique de la femme, en quelque sorte «distribuée» dans l'espace de la toile : les impressions que peuvent produire les rapports qui surgissent entre ces corps muets, disponibles, anonymes et les chromes d'une automobile, la surface lisse d'un phare, l'éclat dur d'un instrument métallique, se passent de développement. Klasen n'y cherche aucun effet convenu, mais l'approfondissement de relations secrètes, la détection de courants puissants ; l'érotisme y atteint les régions de perfection froide et de subtile cruauté où l'imagination gouverne les sens.

Le butinage du réel auquel se livre Klasen échappe heureusement aux stériles médiocrités d'un réalisme satisfait de l'opacité ordinaire du monde. Il est étranger également au délire, à la sublimation et au rêve : il explore tout au plus les marges d'une investigation mentale servie par un état contemplatif où la fixité de certaines formes, la précision de certaines situations prennent une densité obsessionnelle. Klasen se situe dans un monde dont il accepte les angoisses et les lumières, et dont il ne refuse pas les perspectives. Cette «hygiène de la vision» qu'il nous propose, si elle possède parfois la rigueur d'une opération chirurgicale, si elle dénonce quelques-uns des paradoxes dont nous nous accommodons, et nous rappelle la perpétuelle ambiguïté où nous vivons entre chair et esprit, n'est pas une adéquation simplificatrice entre le monde et le pouvoir créateur. L'artiste demeure l'organisateur des lambeaux du réel qu'il a dépecé, le voyant doublé d'un voyeur, le témoin étonné qui nous montre les voies d'une difficile lucidité."

Gérald Gassiot-Talabot, *Les Cruautés de Peter Klasen*,
catalogue de l'exposition à la galerie Mathias Fels, avril-mai 1966

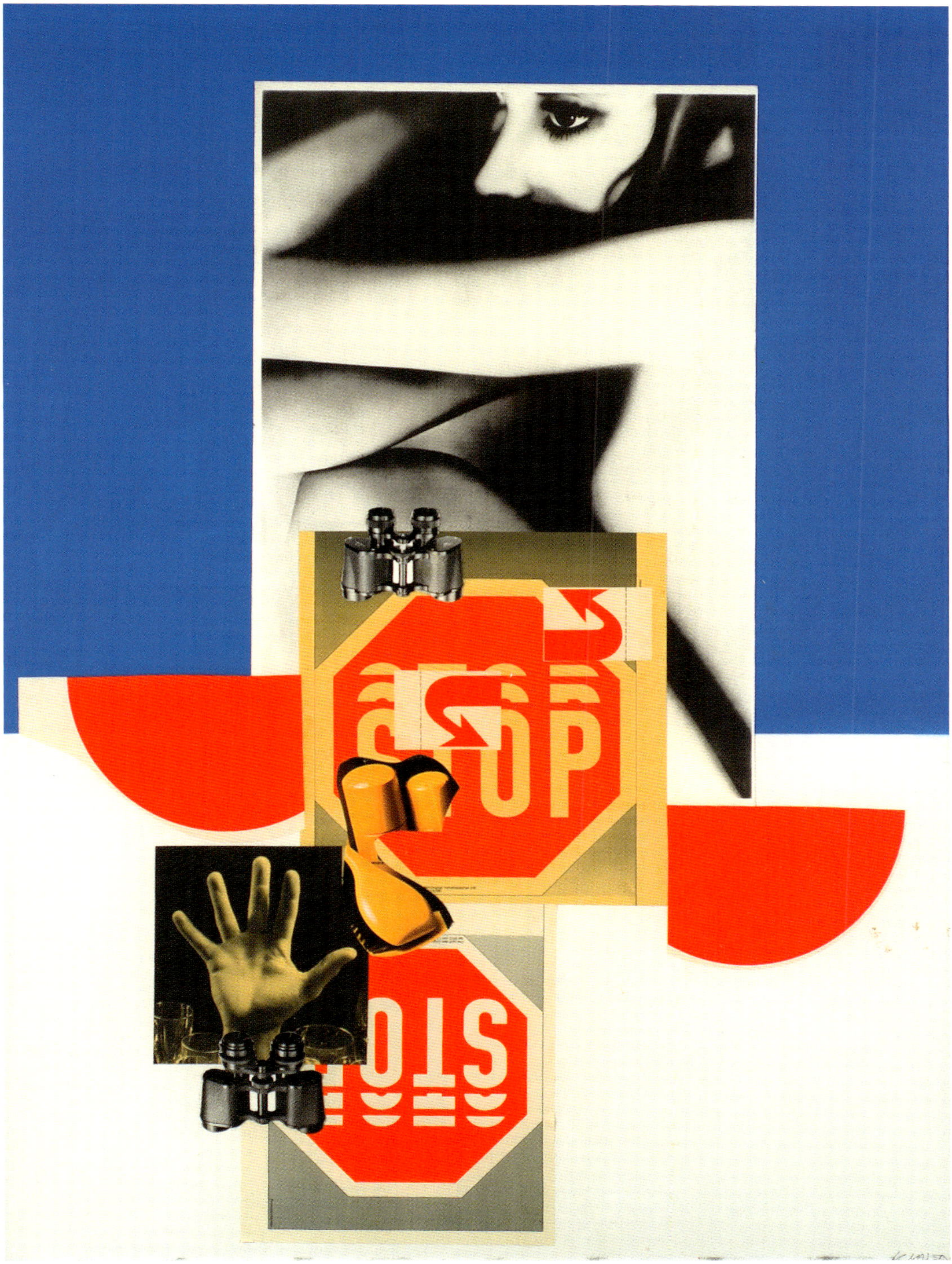

Stop, acrylique et collage sur carton,
79x60 cm, 1966, collection M. et Mme Roger Szerzantowicz, Paris

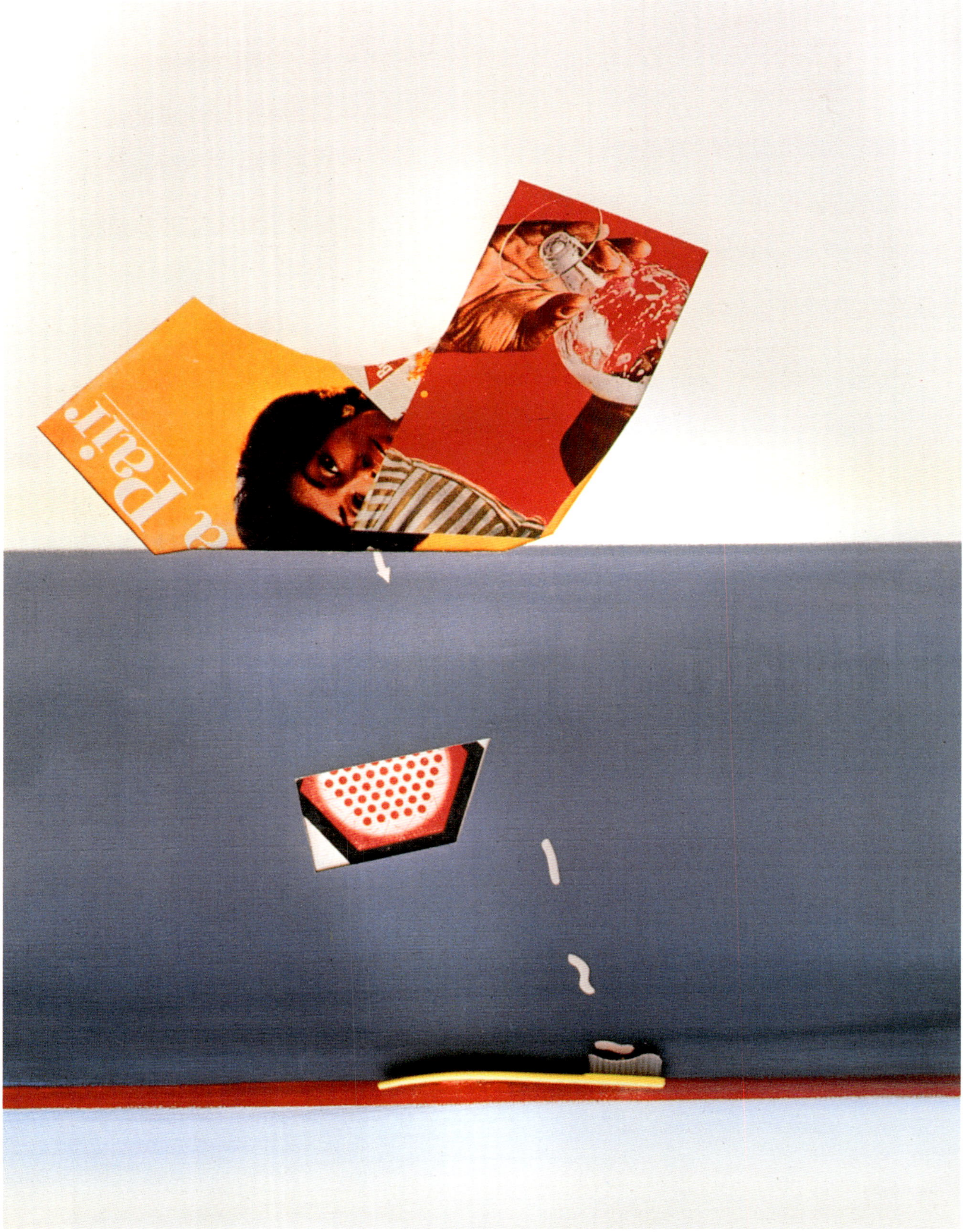
a Pair

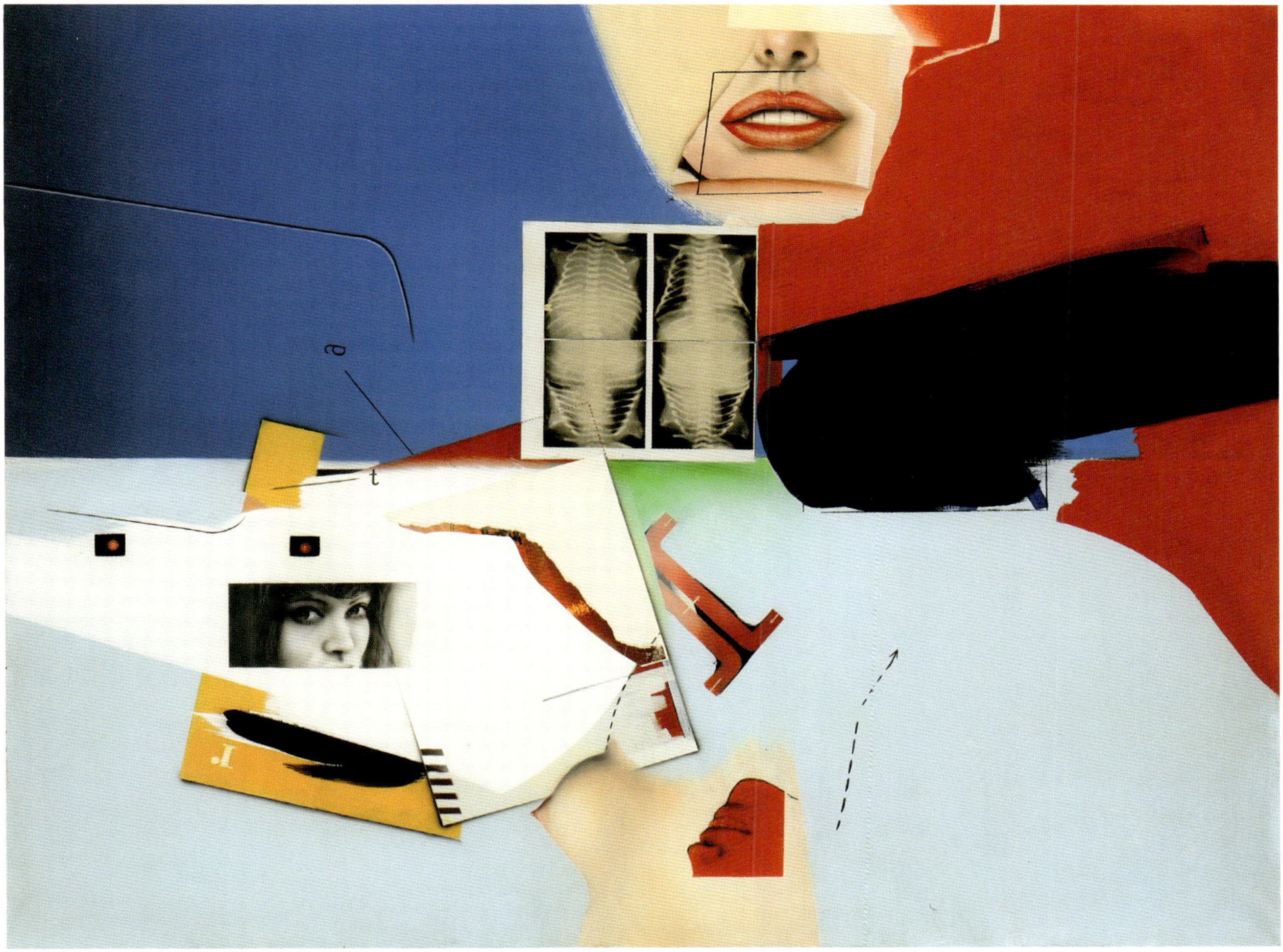

Nausée, acrylique, objets et collage sur toile, 89 x 116 cm, 1961, collection particulière, Paris

Réveil, collage et acrylique sur toile, 81 x 65 cm, 1960

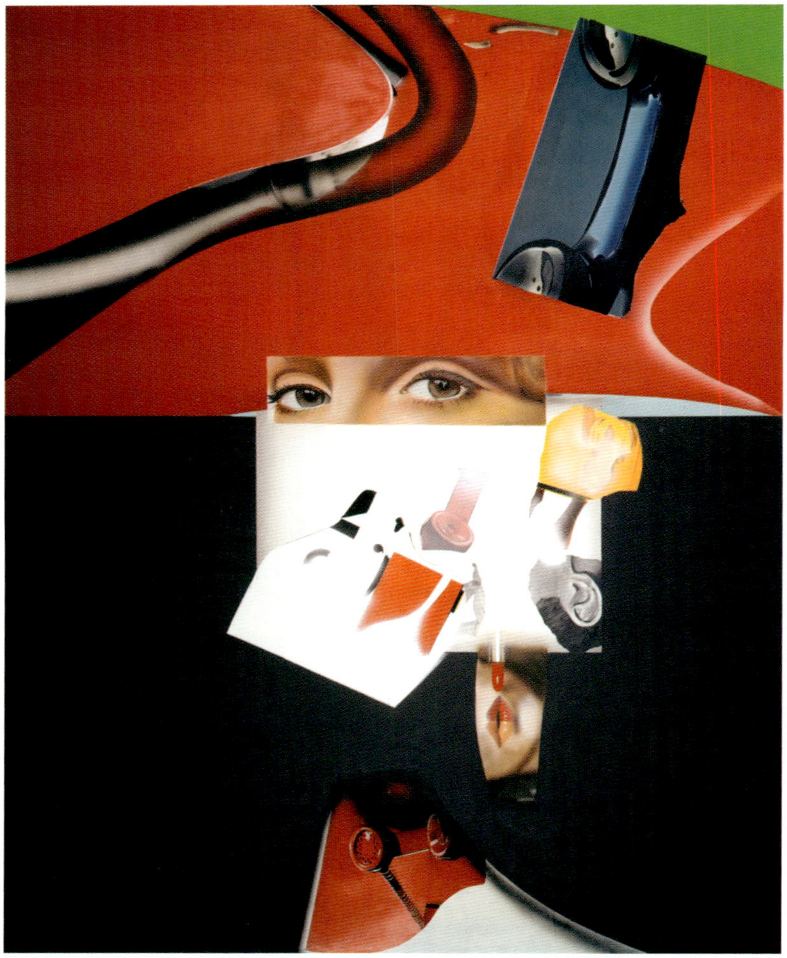

Téléphone, huile sur toile,
92 x 73 cm, 1964, collection particulière

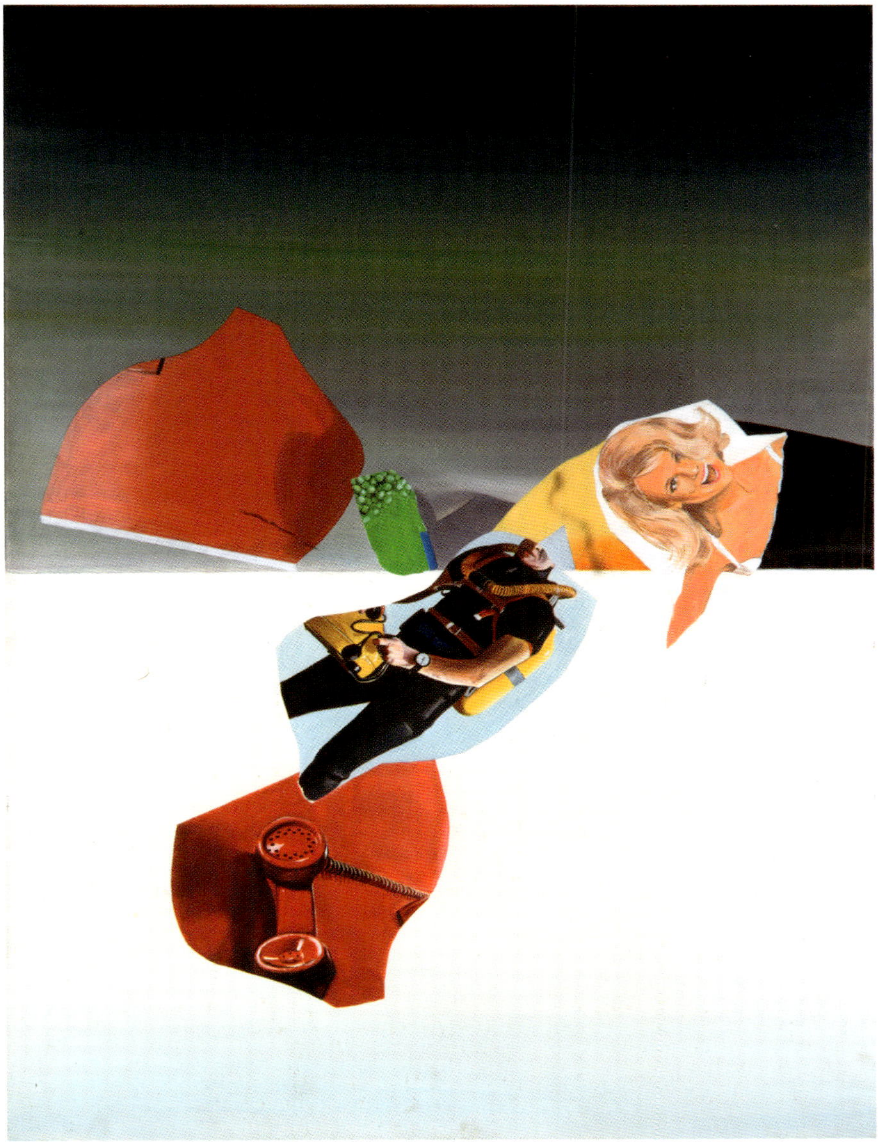

Situation mixte, huile sur toile,
73x60 cm, 1964, collection privée, Munich

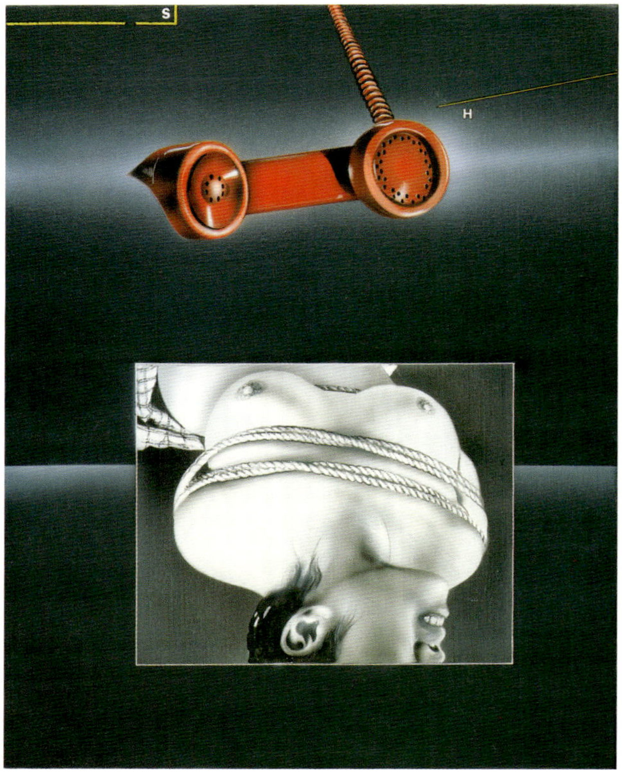

Punition, acrylique sur toile,
35x27 cm, 1962, collection Taillé, La Chapelle-d'Armentières

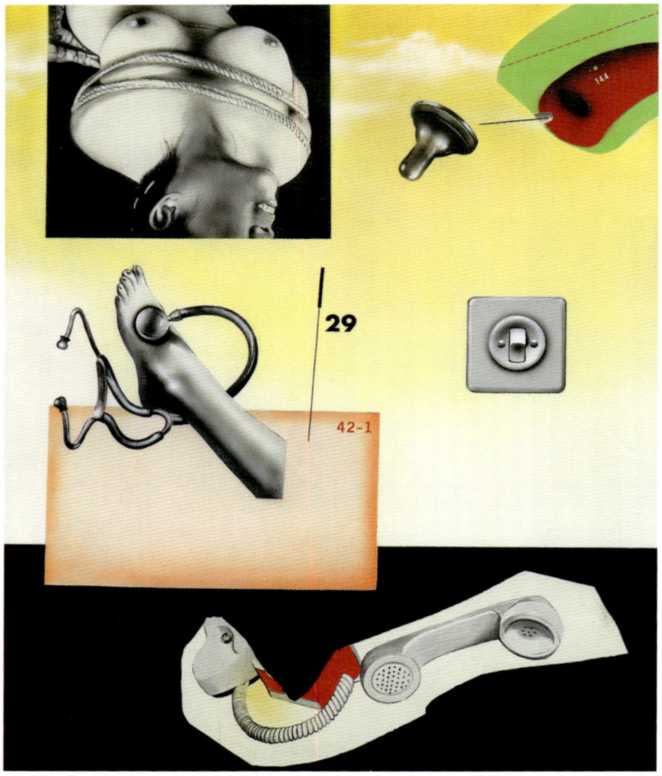

Pour votre santé, acrylique sur toile,
46x38 cm, 1964, collection particulière

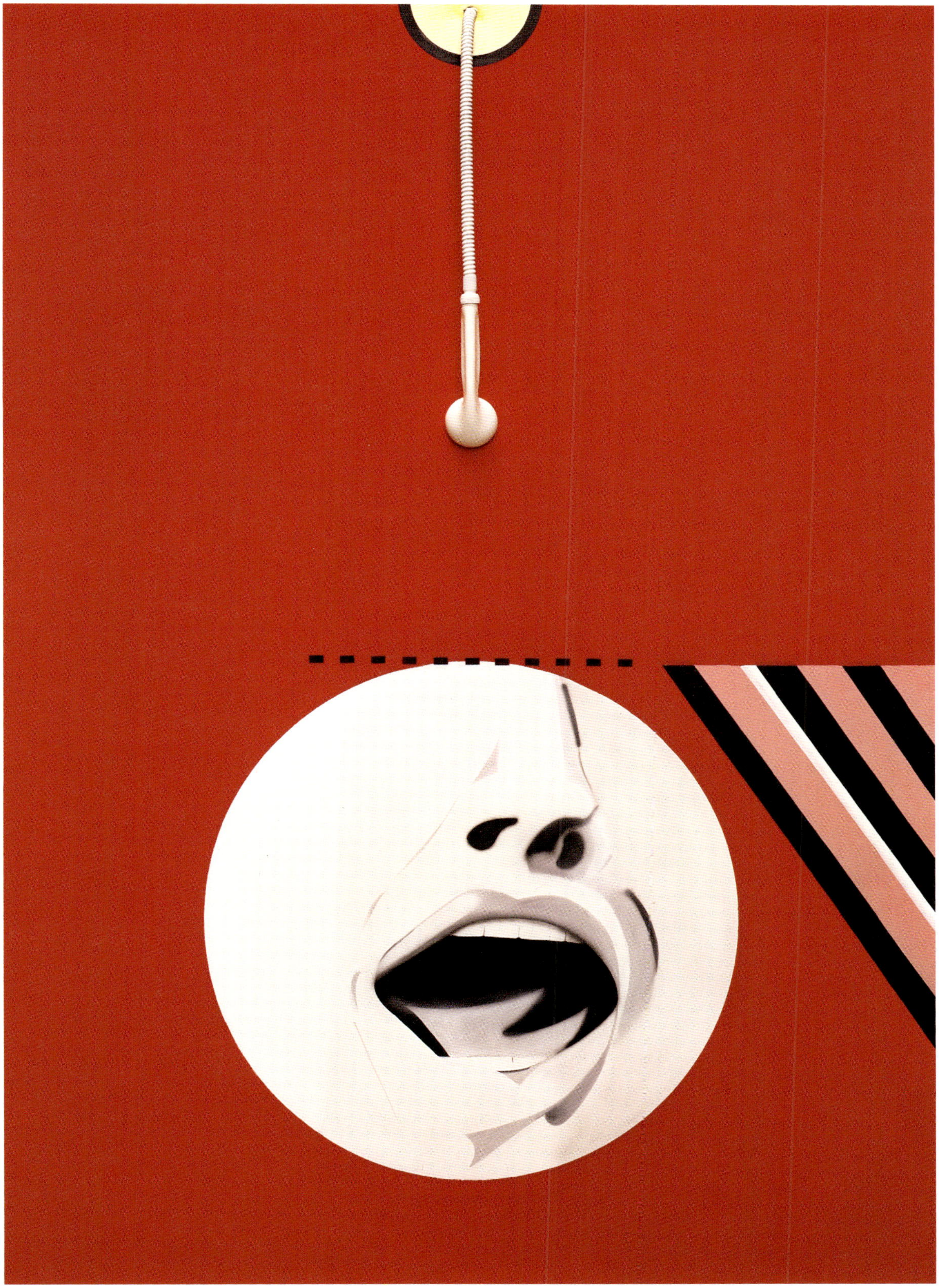

Douche, huile, acrylique et objet sur toile,
81 x 65 cm, 1962, collection particulière, Nice

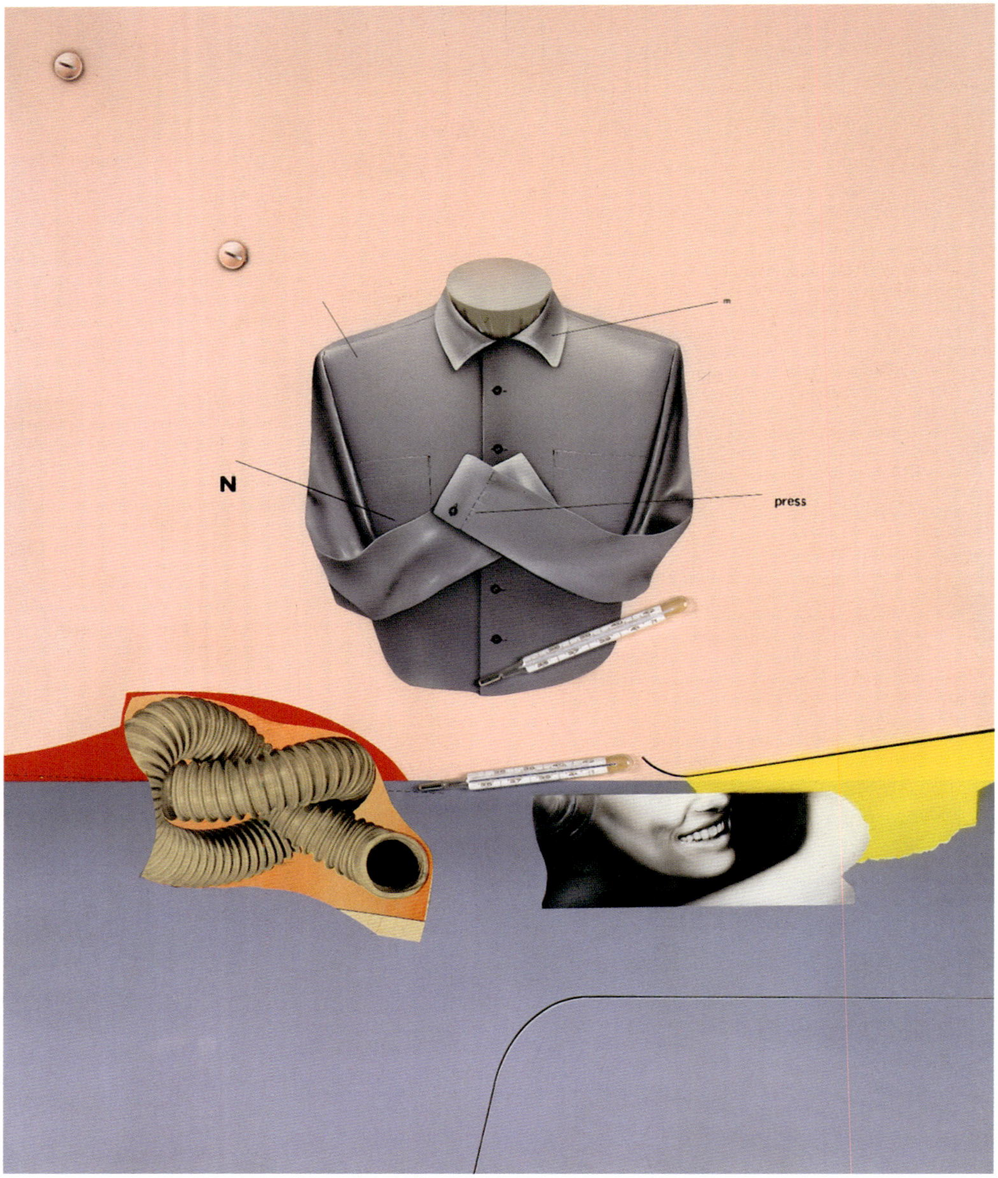

Press, acrylique, collage et objets sur toile,
73x60 cm, 1963, collection particulière, Paris

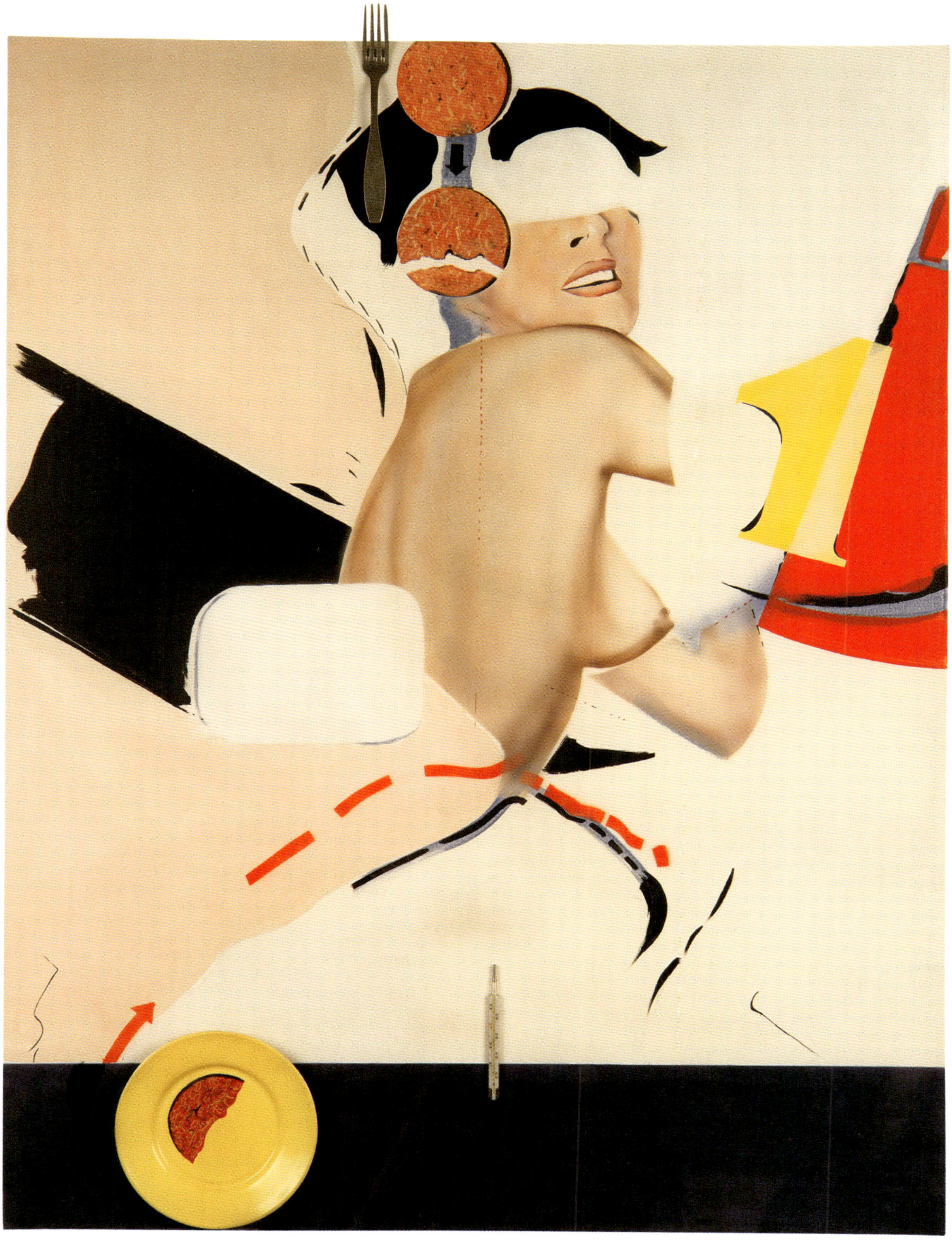

Faits divers, acrylique et objets sur toile,
116x89 cm, 1963, collection Lanfranchi, Milan

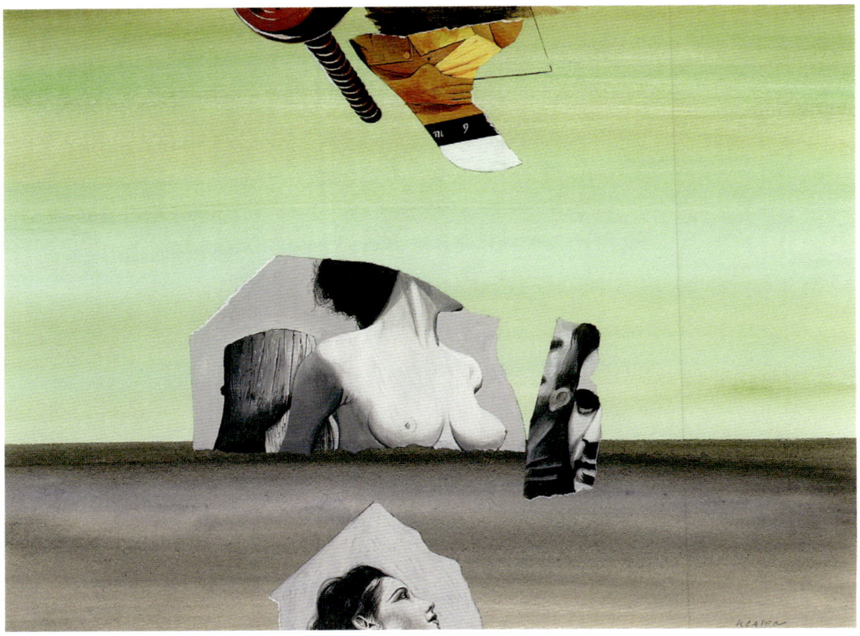

Peeping Tom, acrylique sur papier,
22 x 28 cm, 1964, collection Marty, Paris

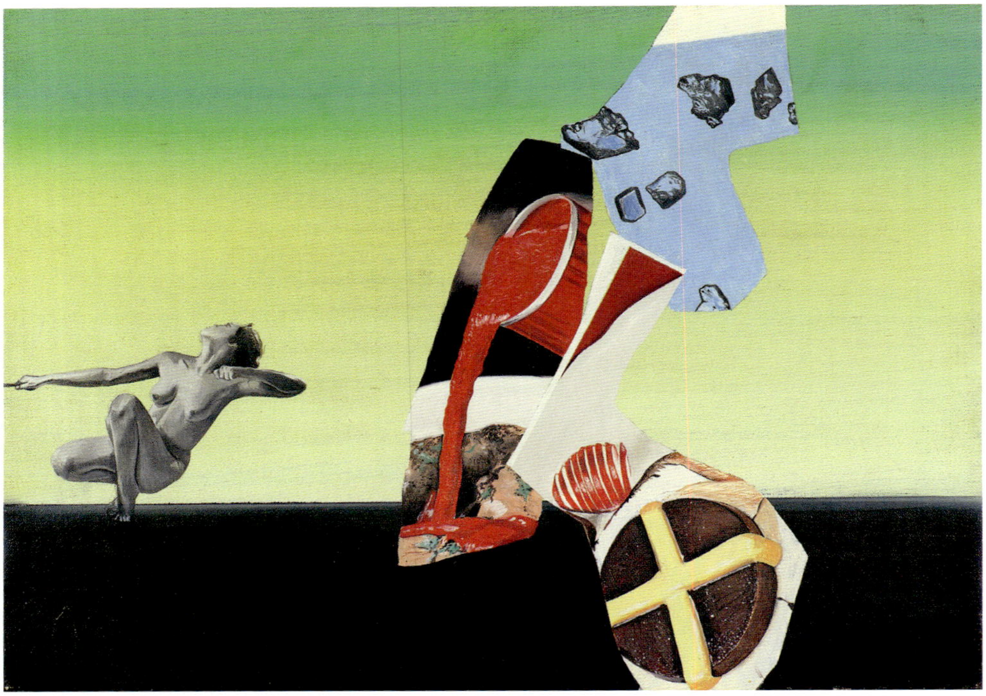

Repas complet, huile sur toile,
33 x 46 cm, 1964, collection Jean-Paul Kahn, Paris

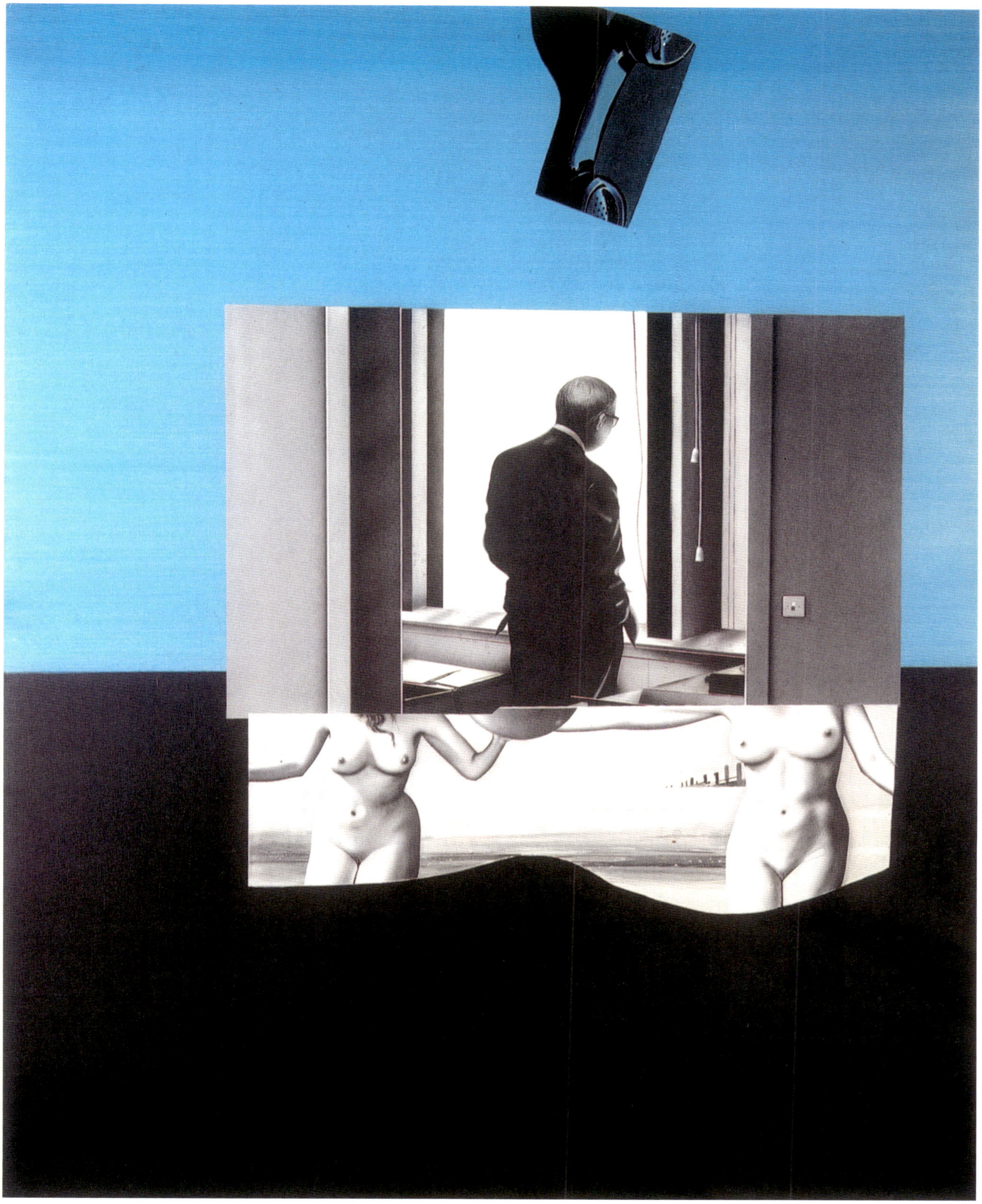

L'Intérêt commun, acrylique et huile sur toile, 162 x 130 cm, 1964, collection Dujardin, Mouvaux

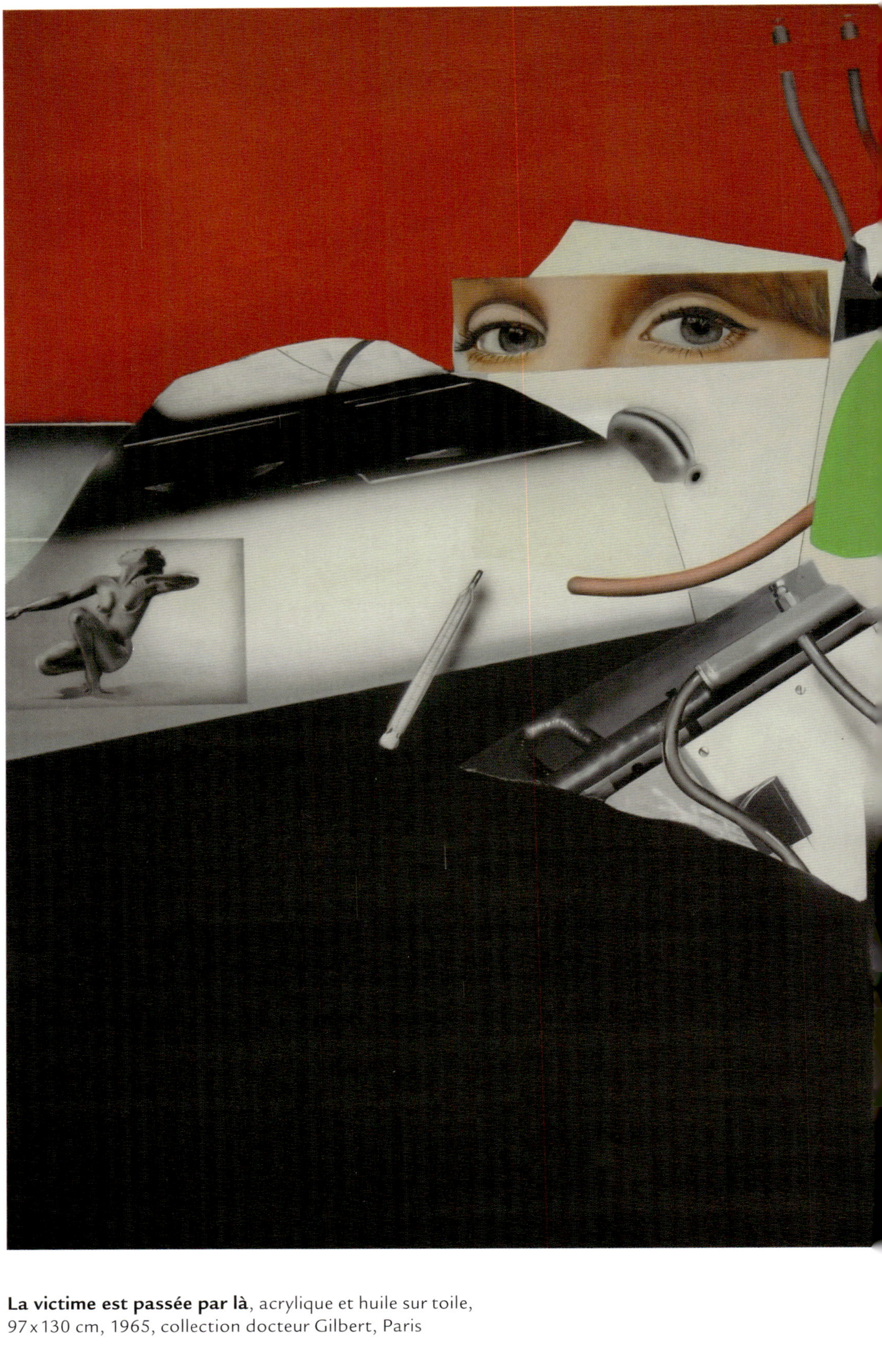

La victime est passée par là, acrylique et huile sur toile, 97 x 130 cm, 1965, collection docteur Gilbert, Paris

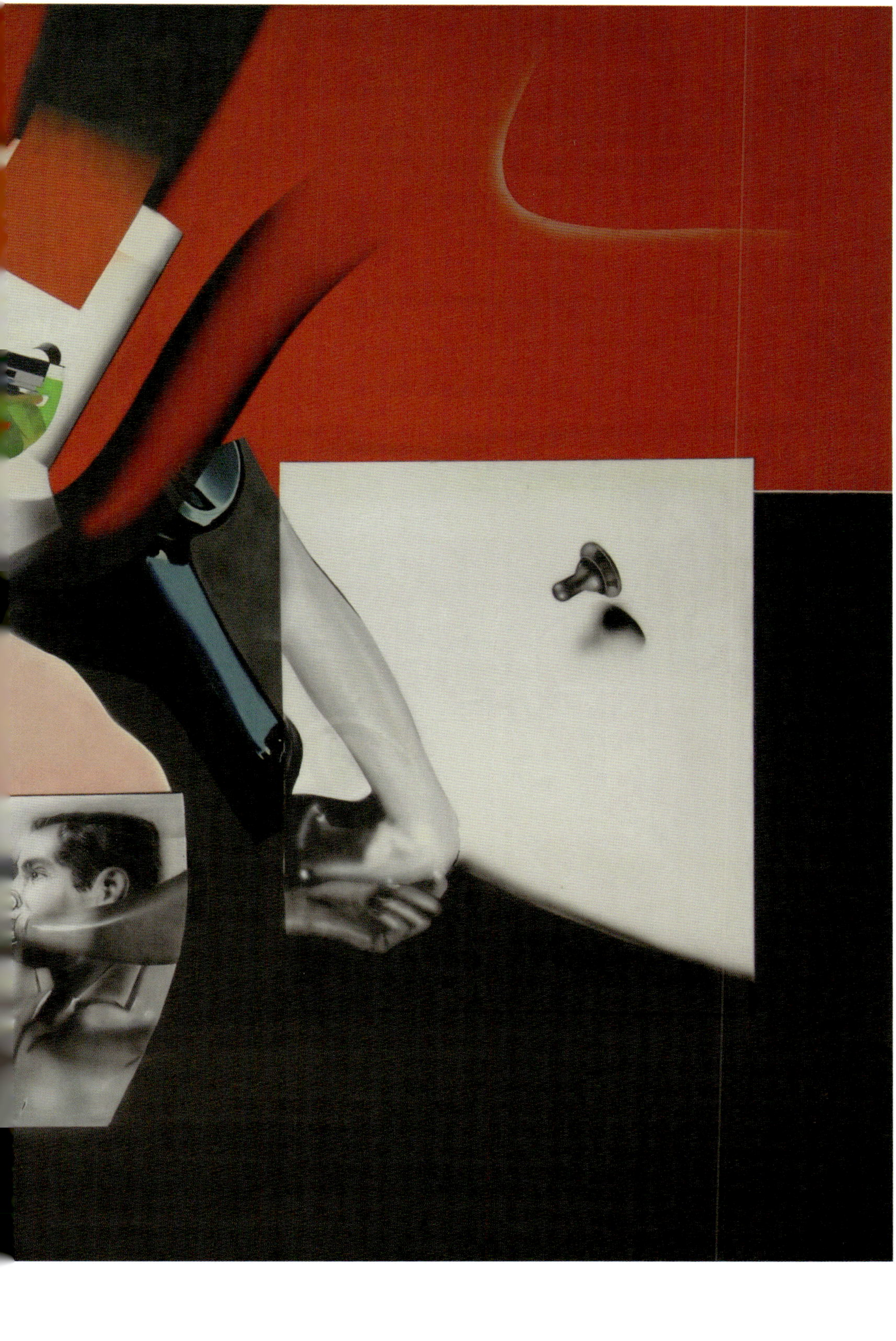

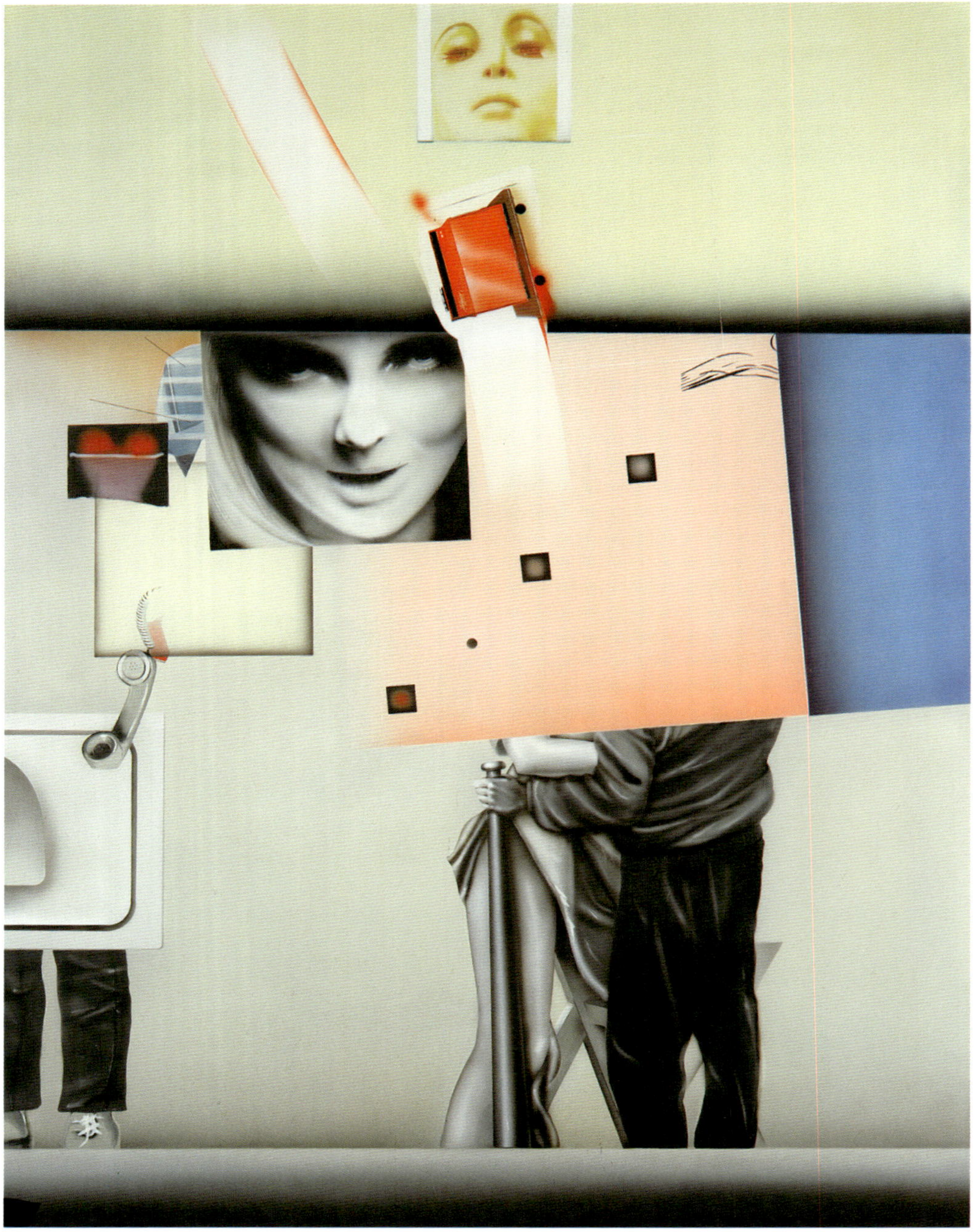

La Stripteaseuse, acrylique et huile sur toile,
116x89 cm, 1965, collection particulière, Paris

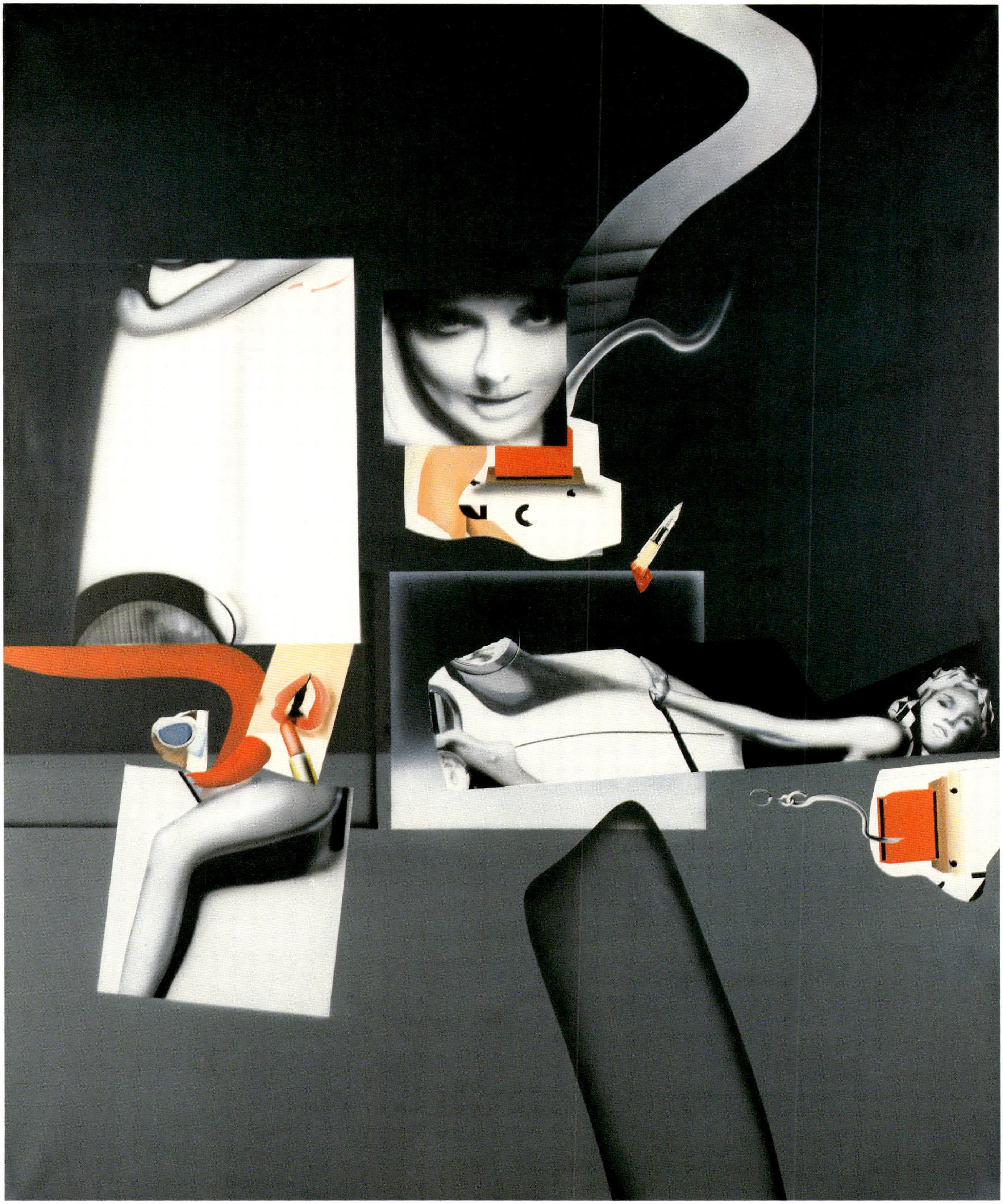

Le Bon magique, acrylique sur toile,
162 x 130 cm, 1965, collection Nebot, Paris

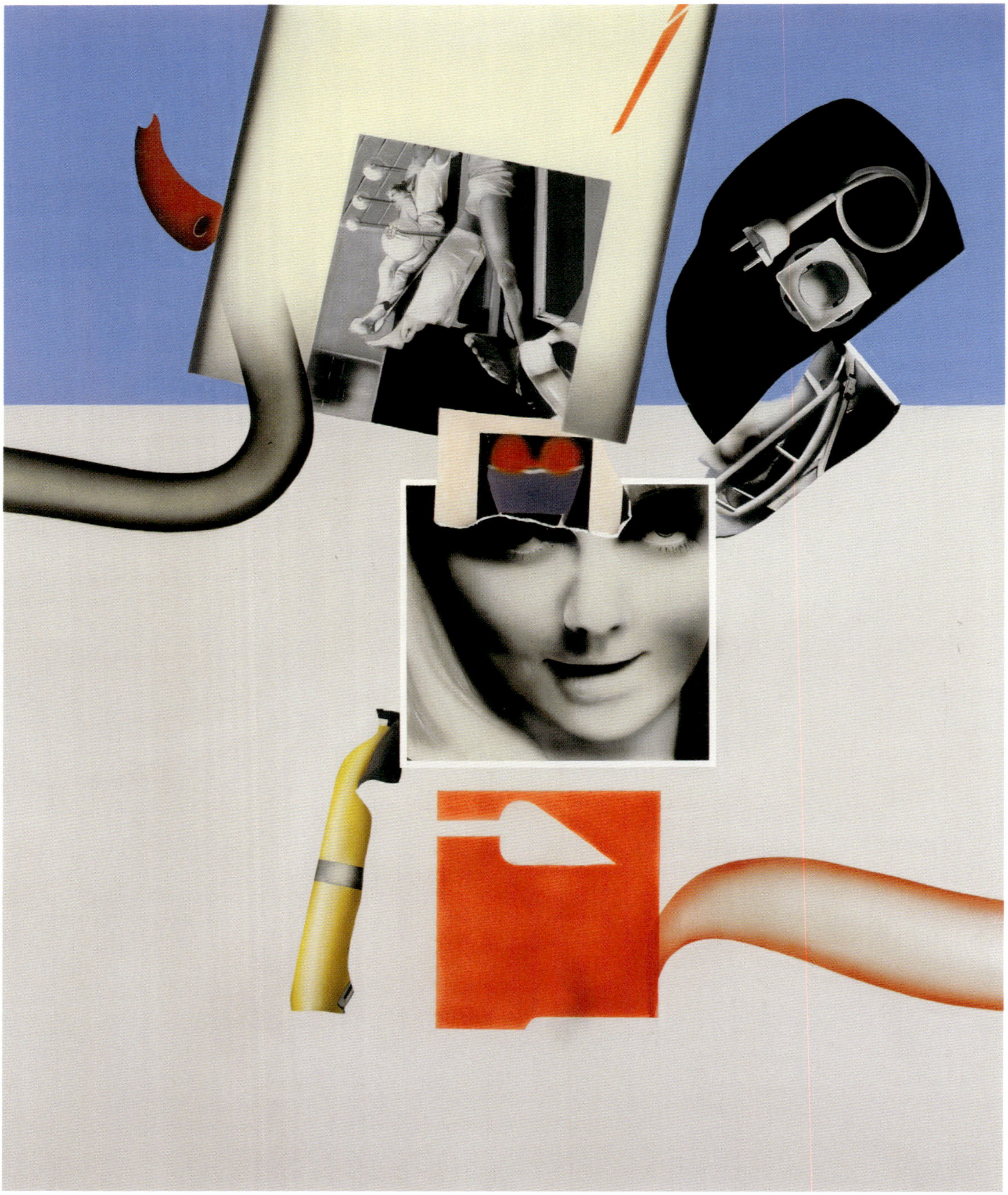

La Conscience du corps, acrylique et huile sur toile, 100x81 cm, 1964, collection particulière, Paris

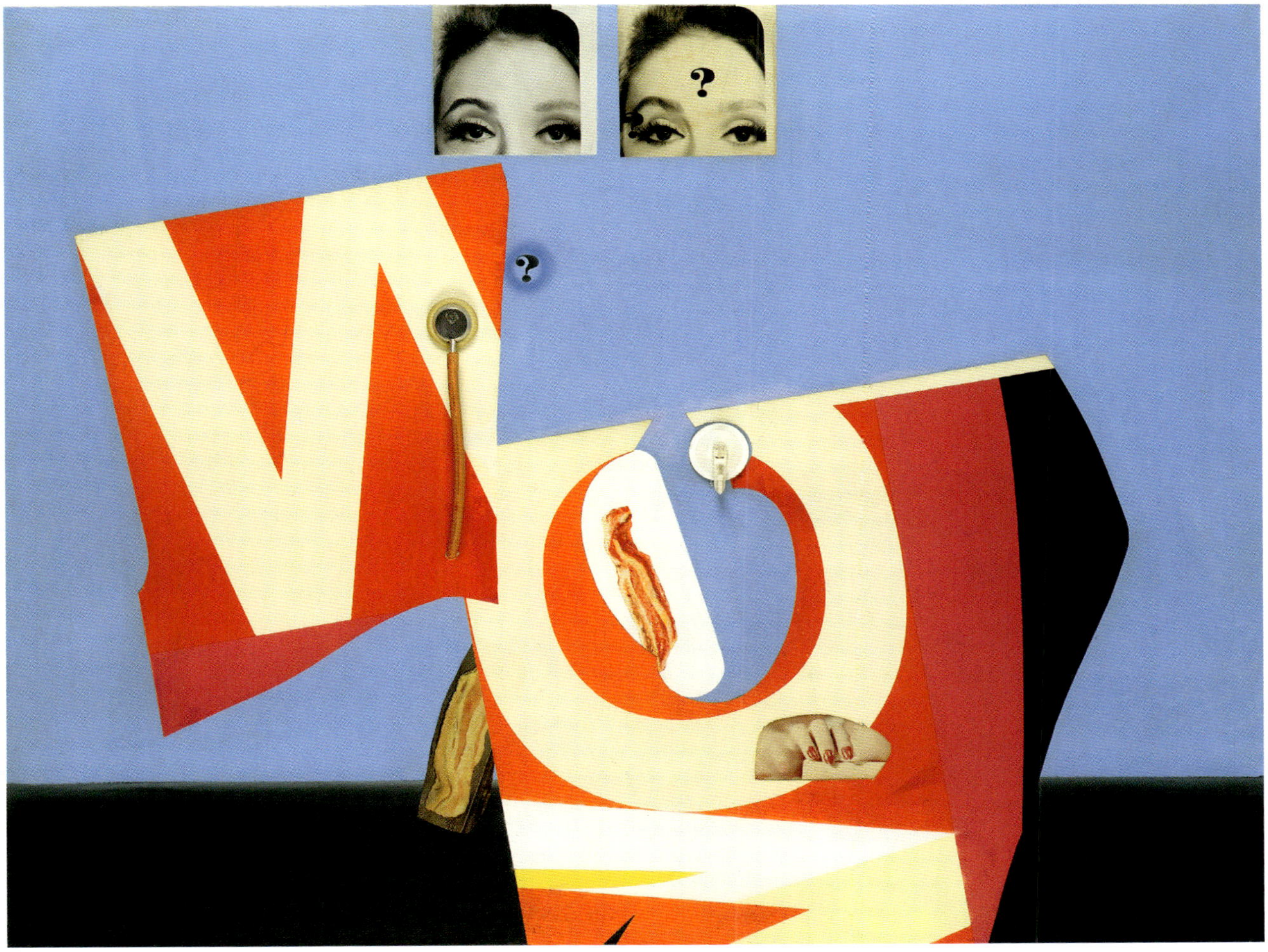

Le Déjeuner sur l'herbe, huile, acrylique, collage et objets sur toile, 89 x 116 cm, 1964, collection Payan, Paris

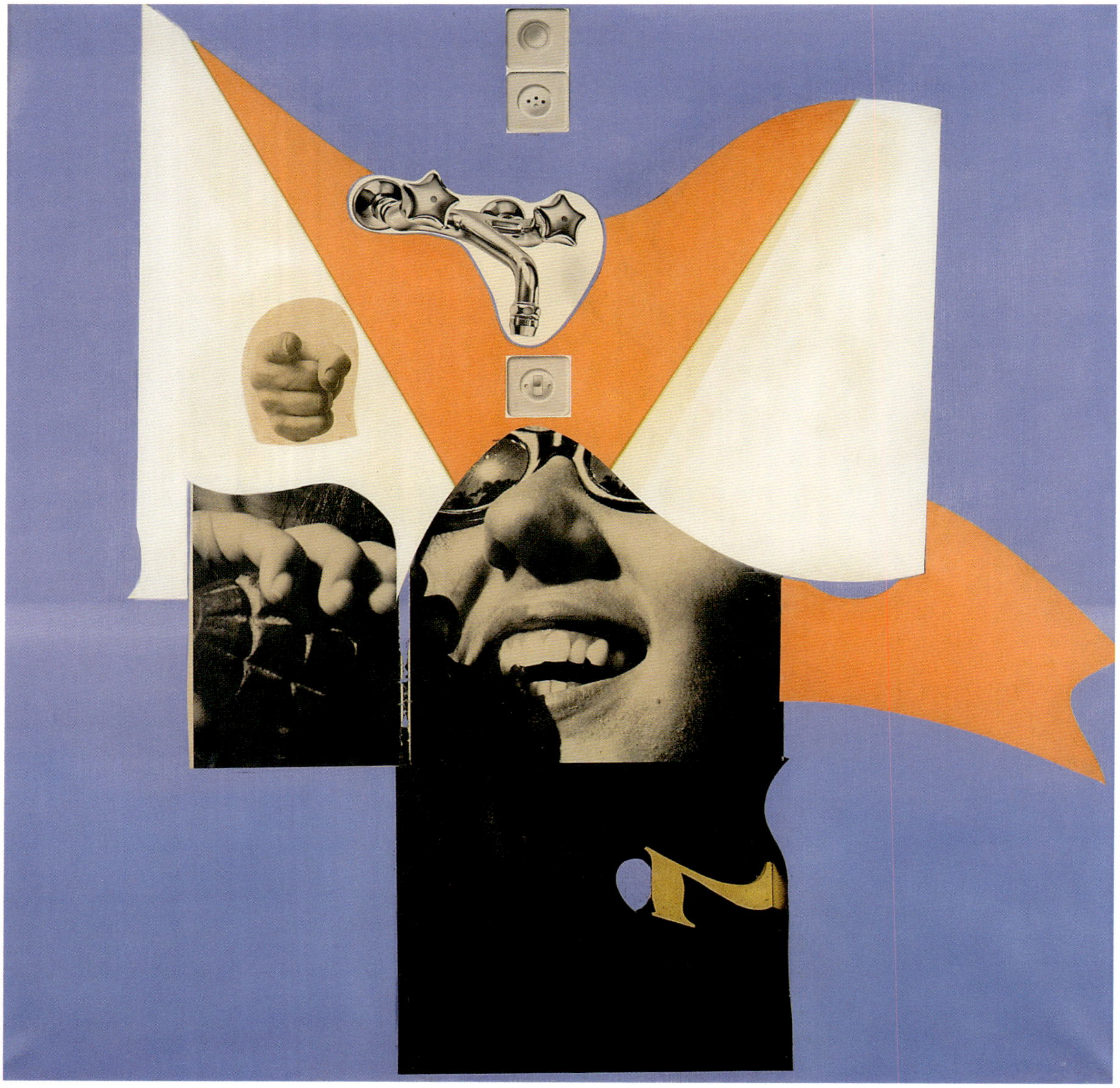

Supplice n° 7, collage et acrylique sur toile,
80x80 cm, 1964, collection Meinioux, Paris

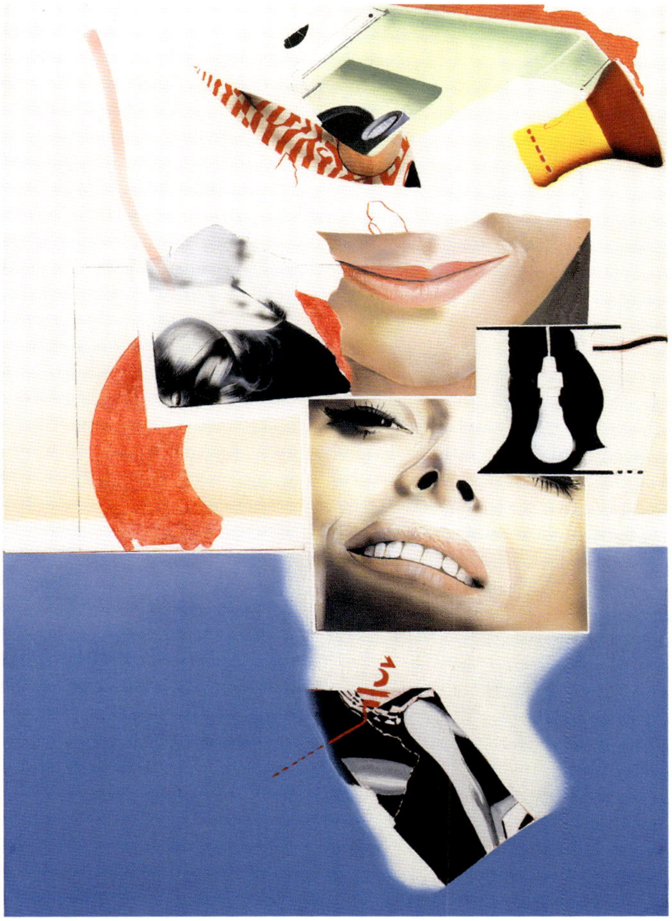

Traitement de choc, acrylique sur toile,
55x38 cm, 1964, collection Jean Coulon, Paris

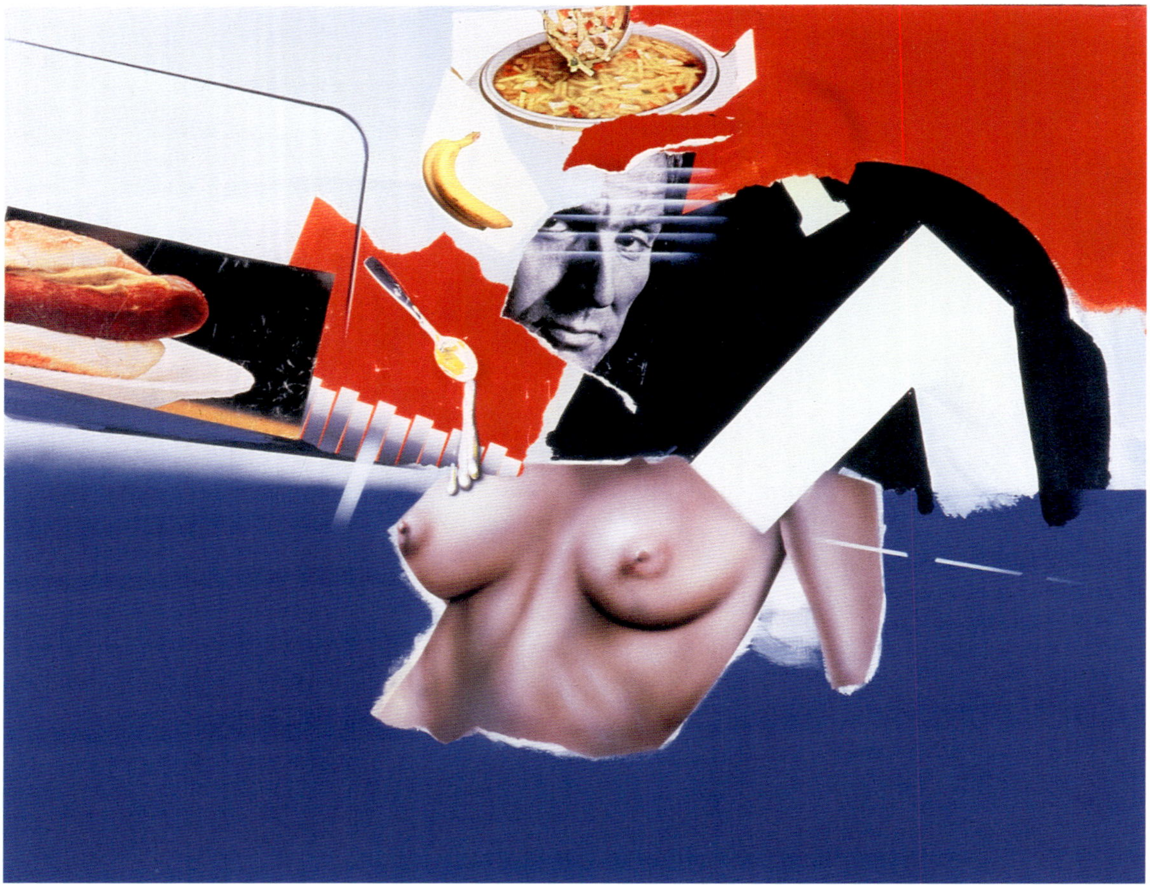

Le Morceau du boucher, acrylique, collage et objets sur toile, 73 x 92 cm, 1965, collection Itoham, Japon

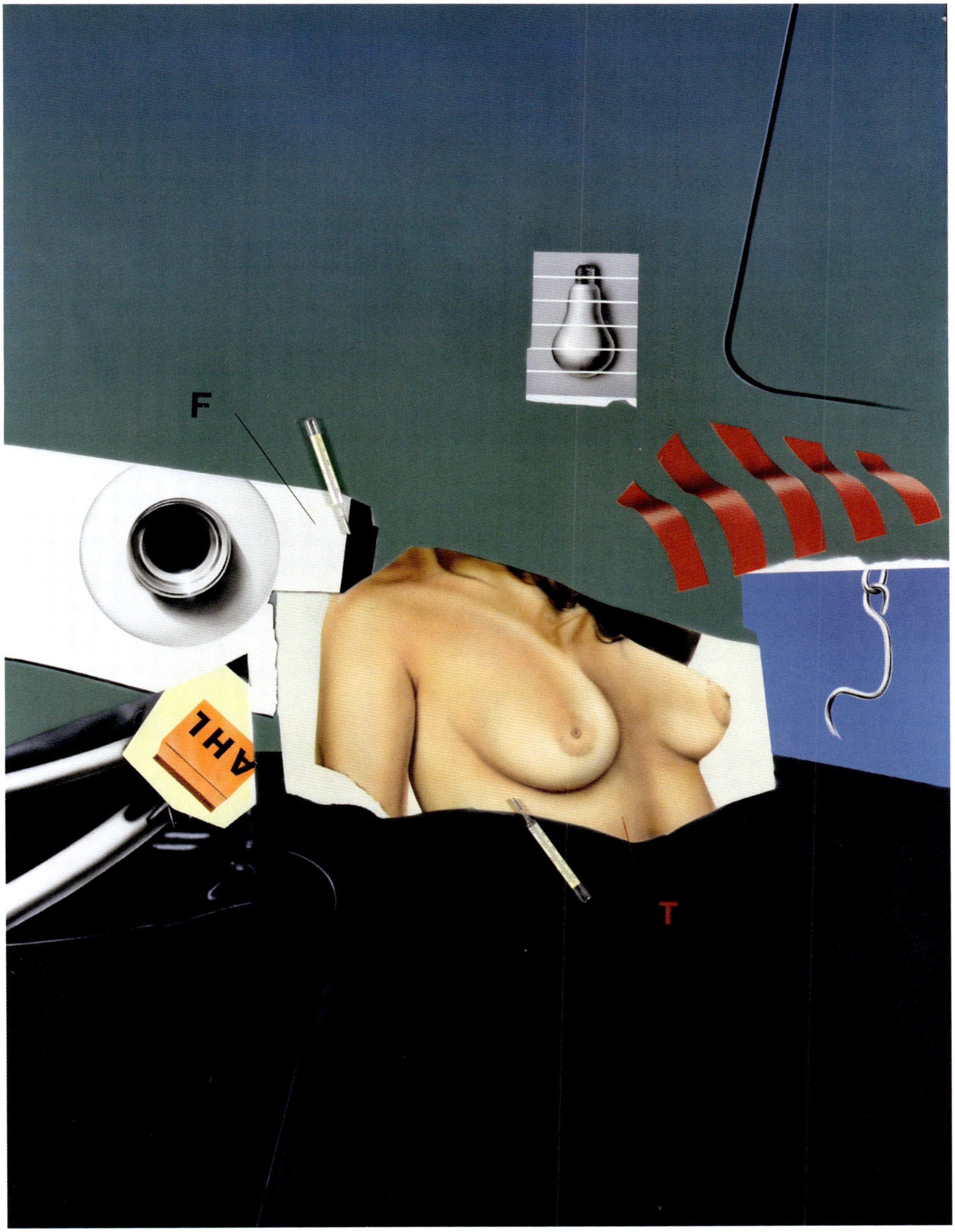

Souvenirs secrets, acrylique et objets sur toile,
130 x 97 cm, 1965, collection particulière, Paris

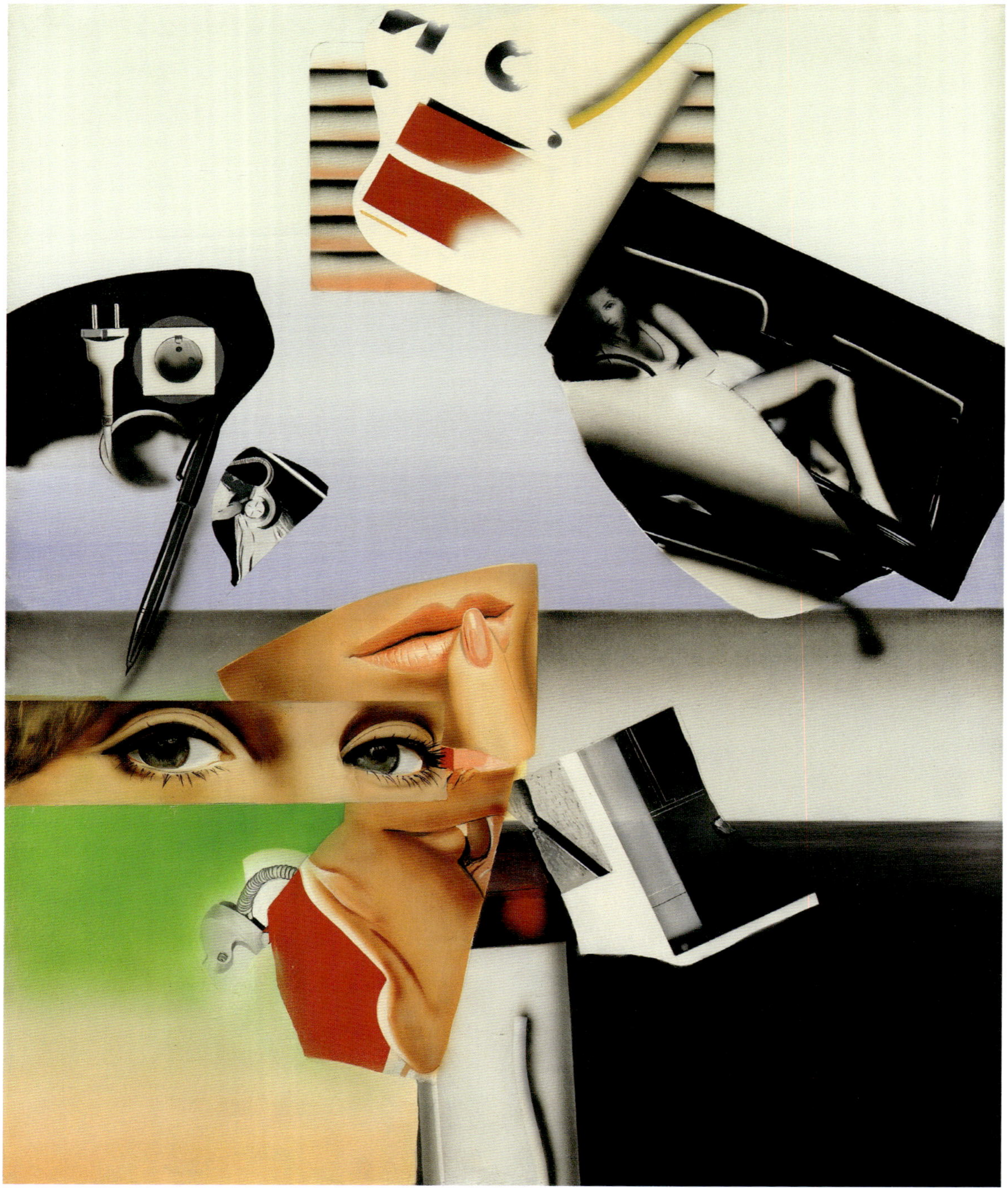

Anatomie du plaisir, acrylique et huile sur toile, 81 x 65 cm, 1964-1965, collection particulière, Paris

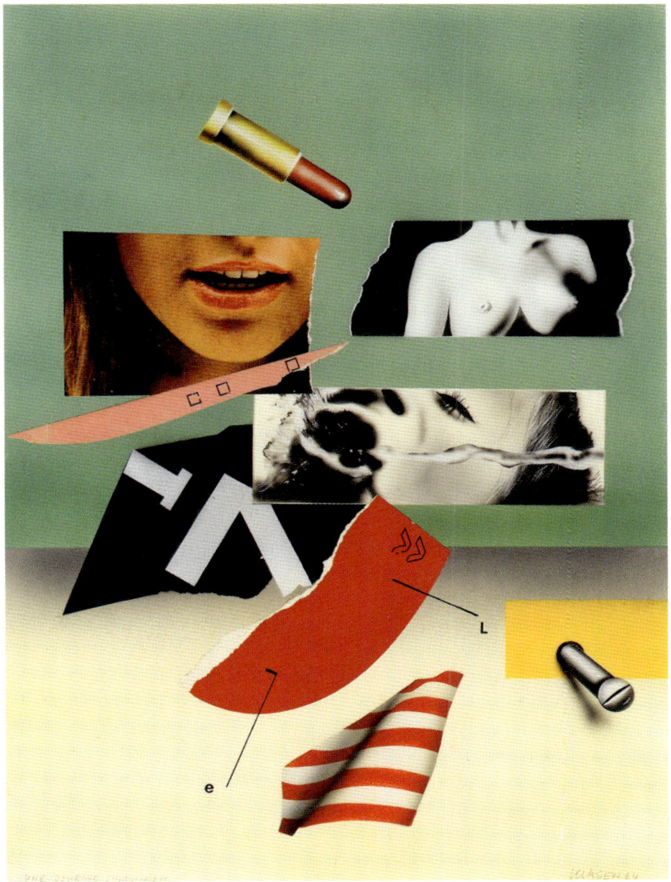

Une journée singulière, acrylique et collage sur carton,
50 x 36 cm, 1964, collection particulière, Paris

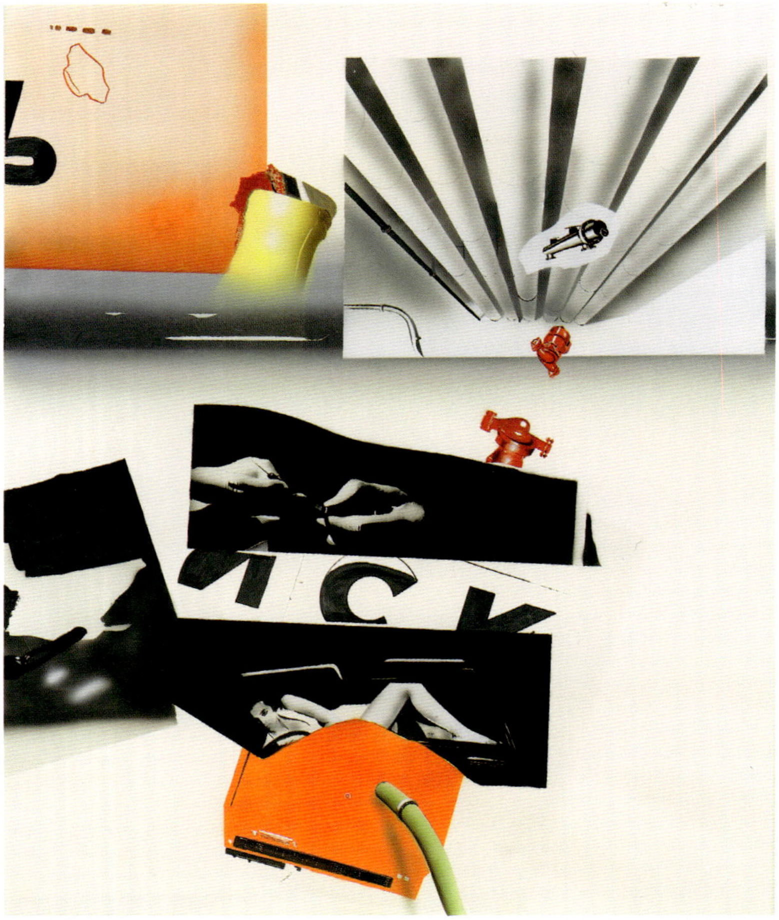

Sans titre, acrylique sur carton,
39 x 32 cm, 1965, collection particulière, Paris

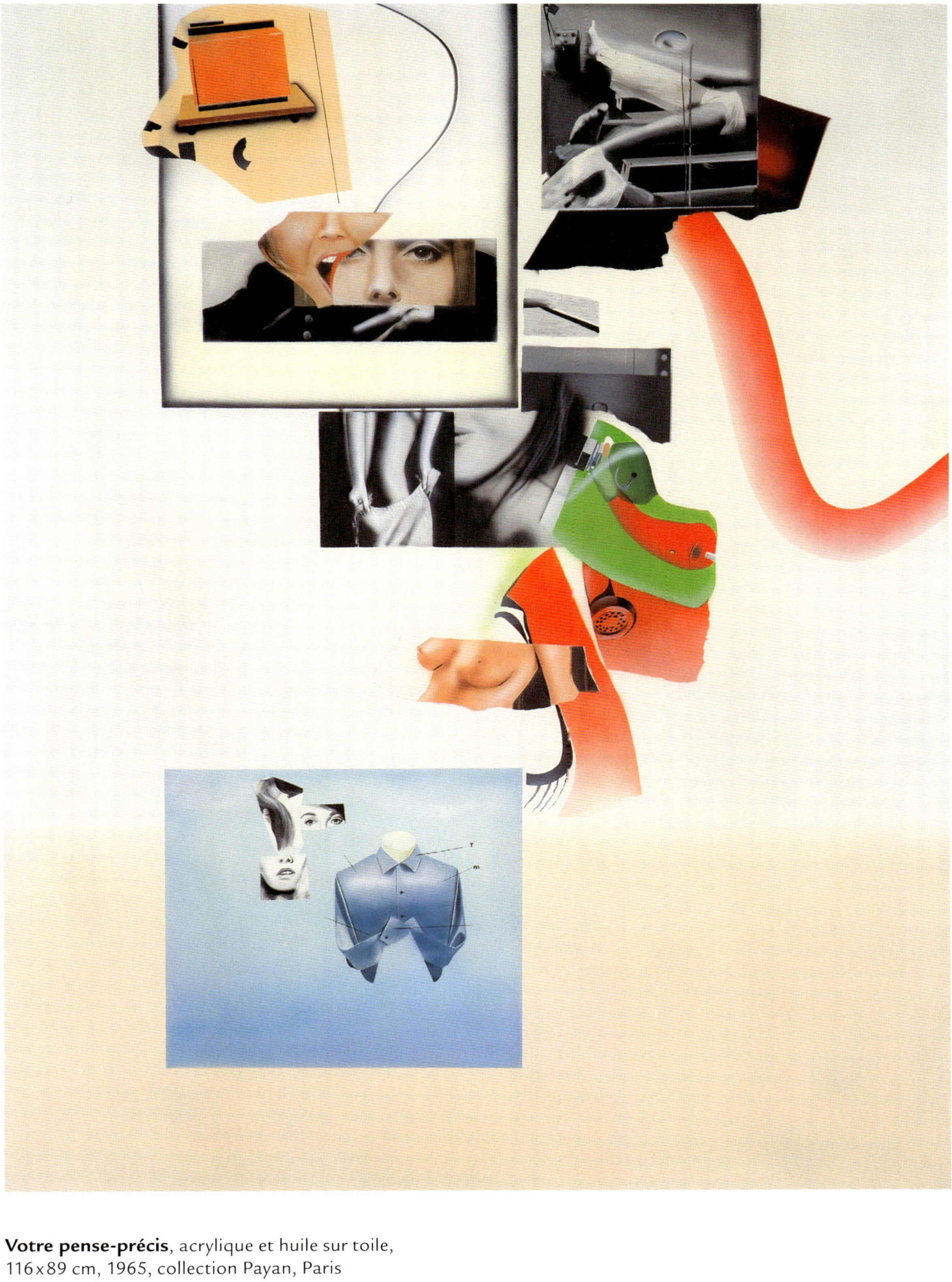

Votre pense-précis, acrylique et huile sur toile,
116x89 cm, 1965, collection Payan, Paris

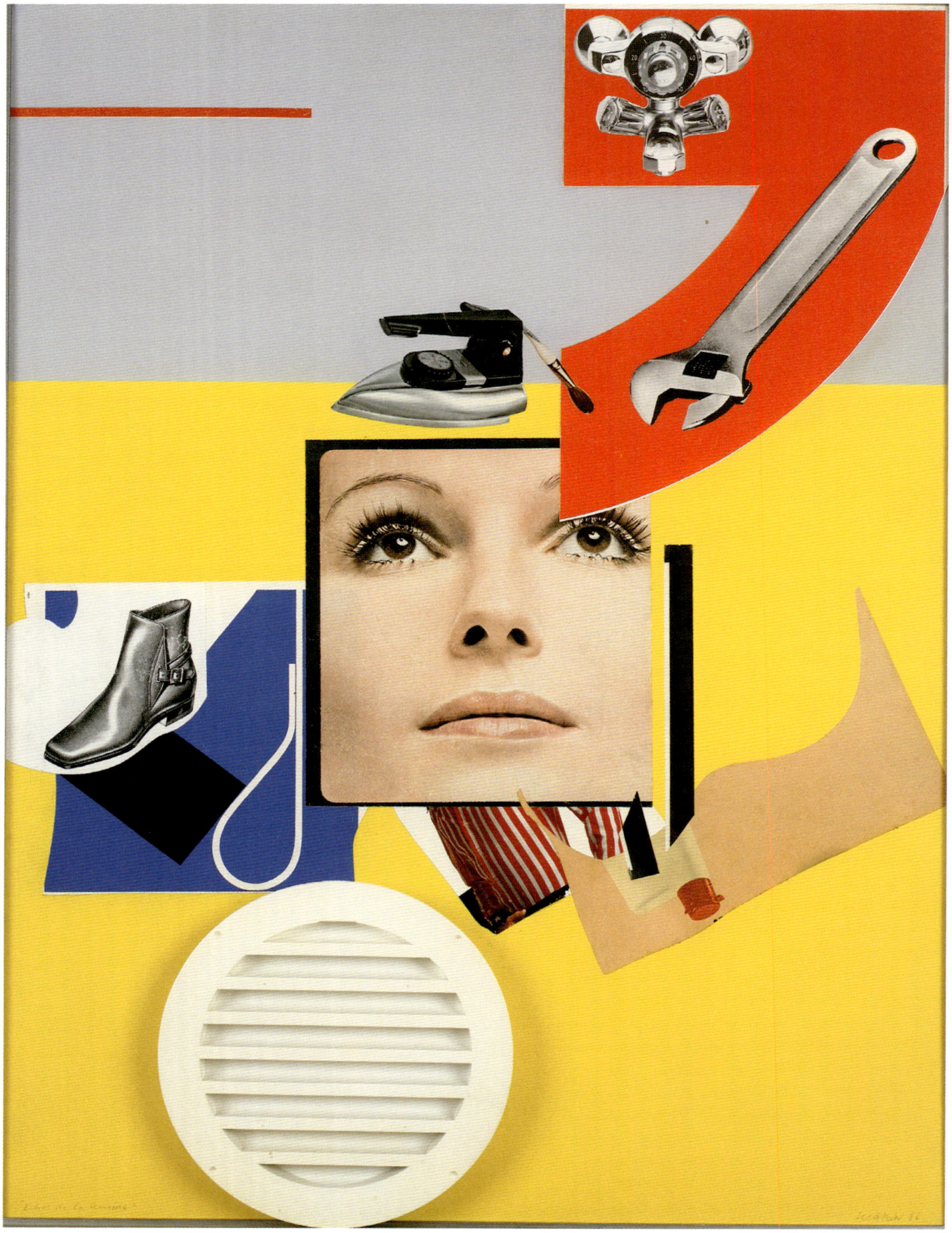

Echos de la semaine, collage et objet sur carton, 80x60 cm, 1966, collection particulière

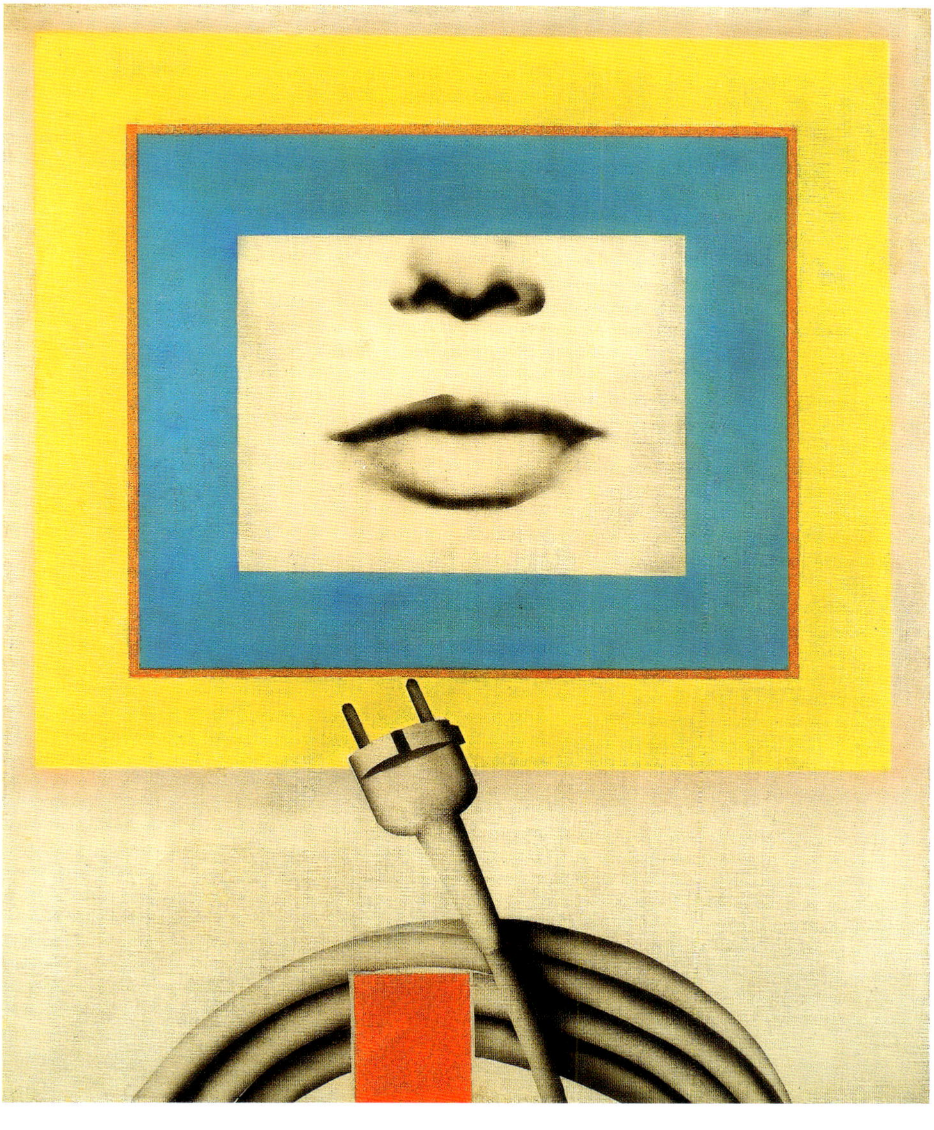

Rencontre, acrylique sur toile,
47 x 41 cm, 1967, collection M. et Mme Roger Szerzantowicz, Paris

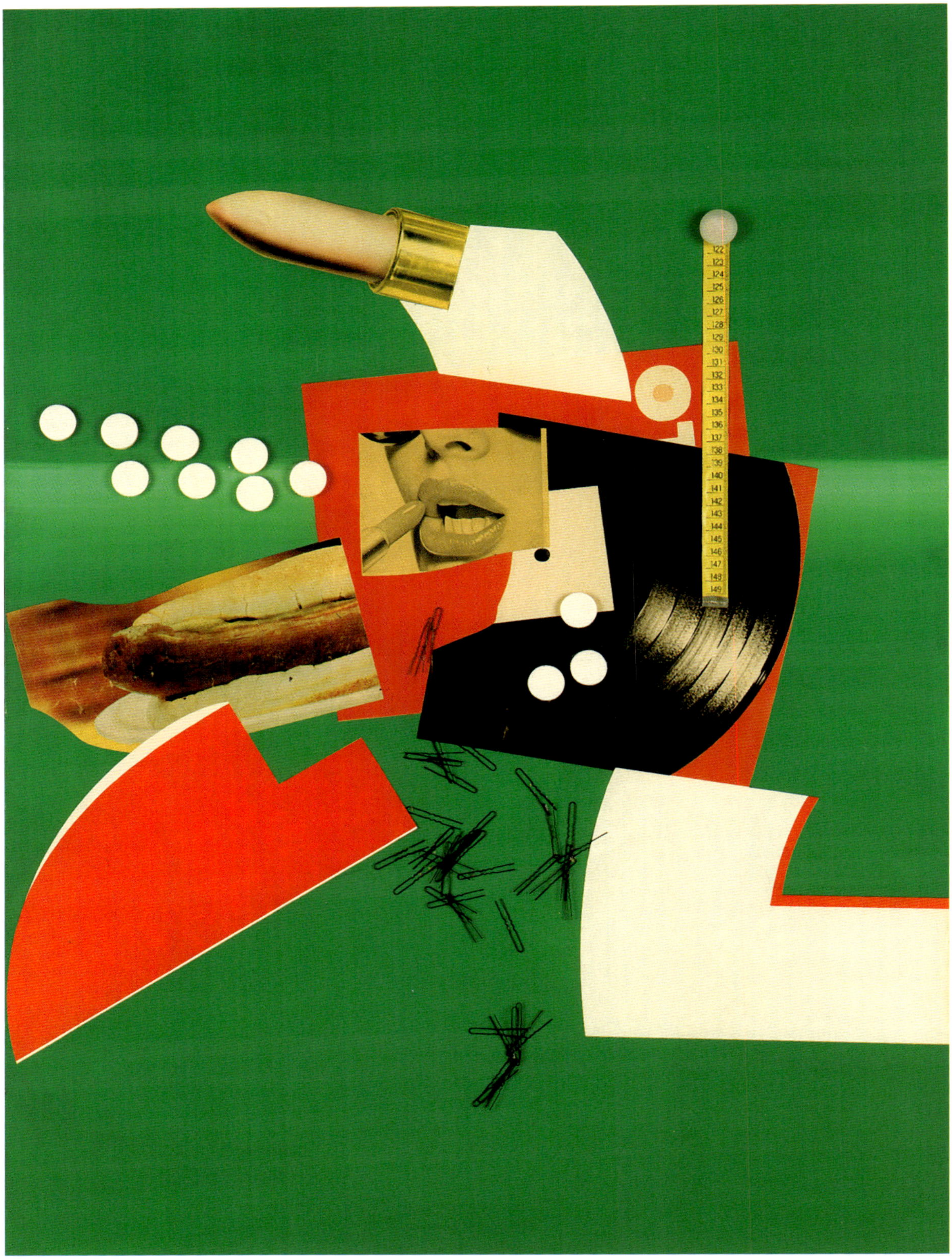

Disque, acrylique, collage et objets sur toile,
100x73 cm, 1964, collection Marty, Paris

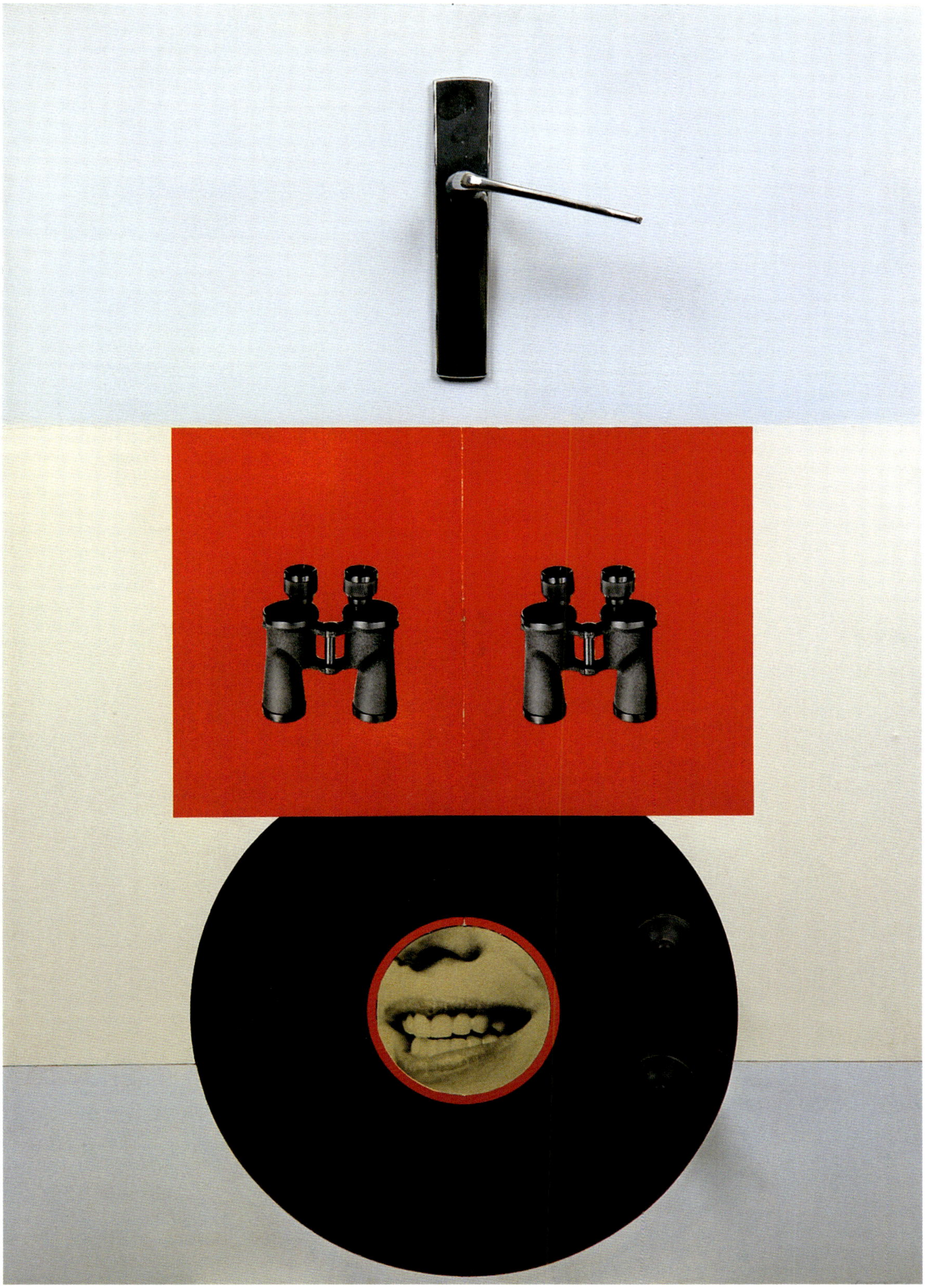

Disque + poignée de porte, collage et objet sur toile,
80x60 cm, 1966, collection particulière, Paris

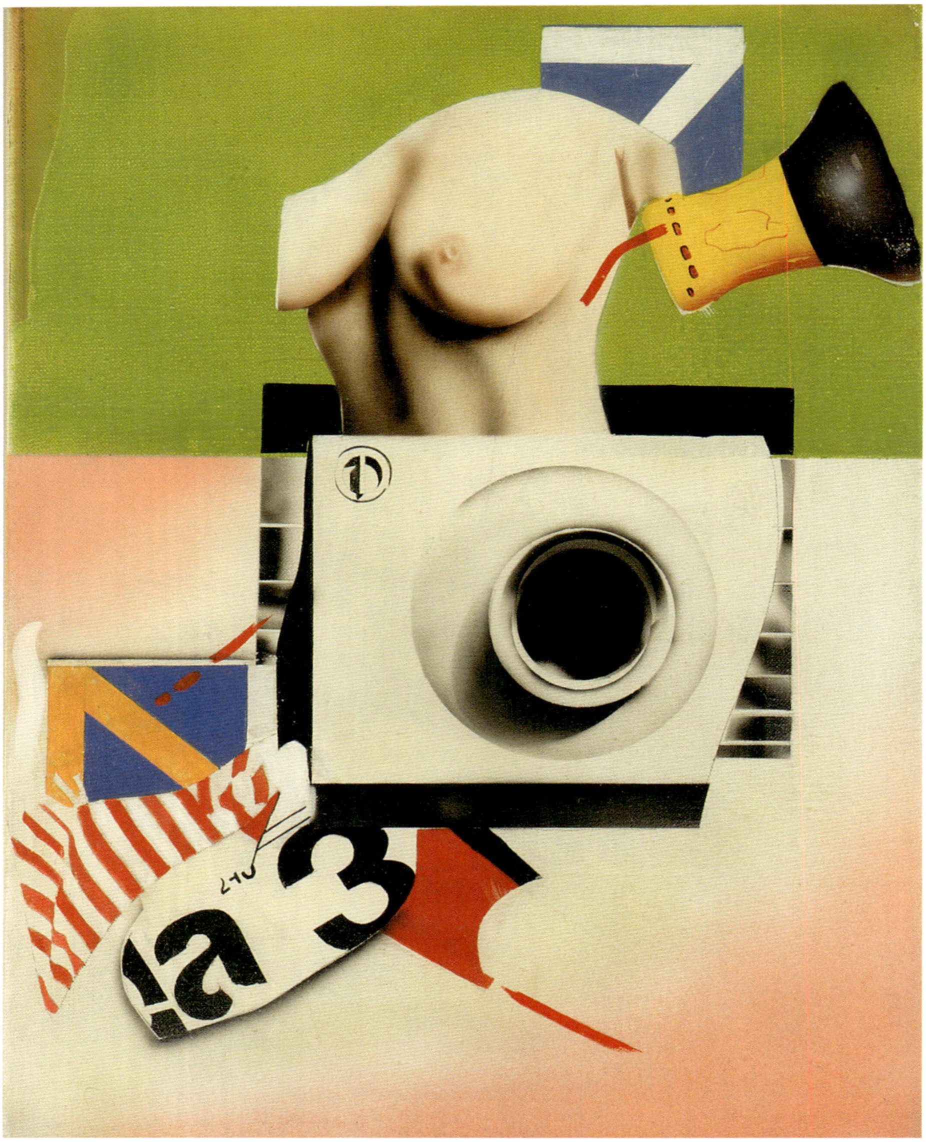

Femme-test, acrylique sur toile,
34x27 cm, 1966, collection Marty, Paris

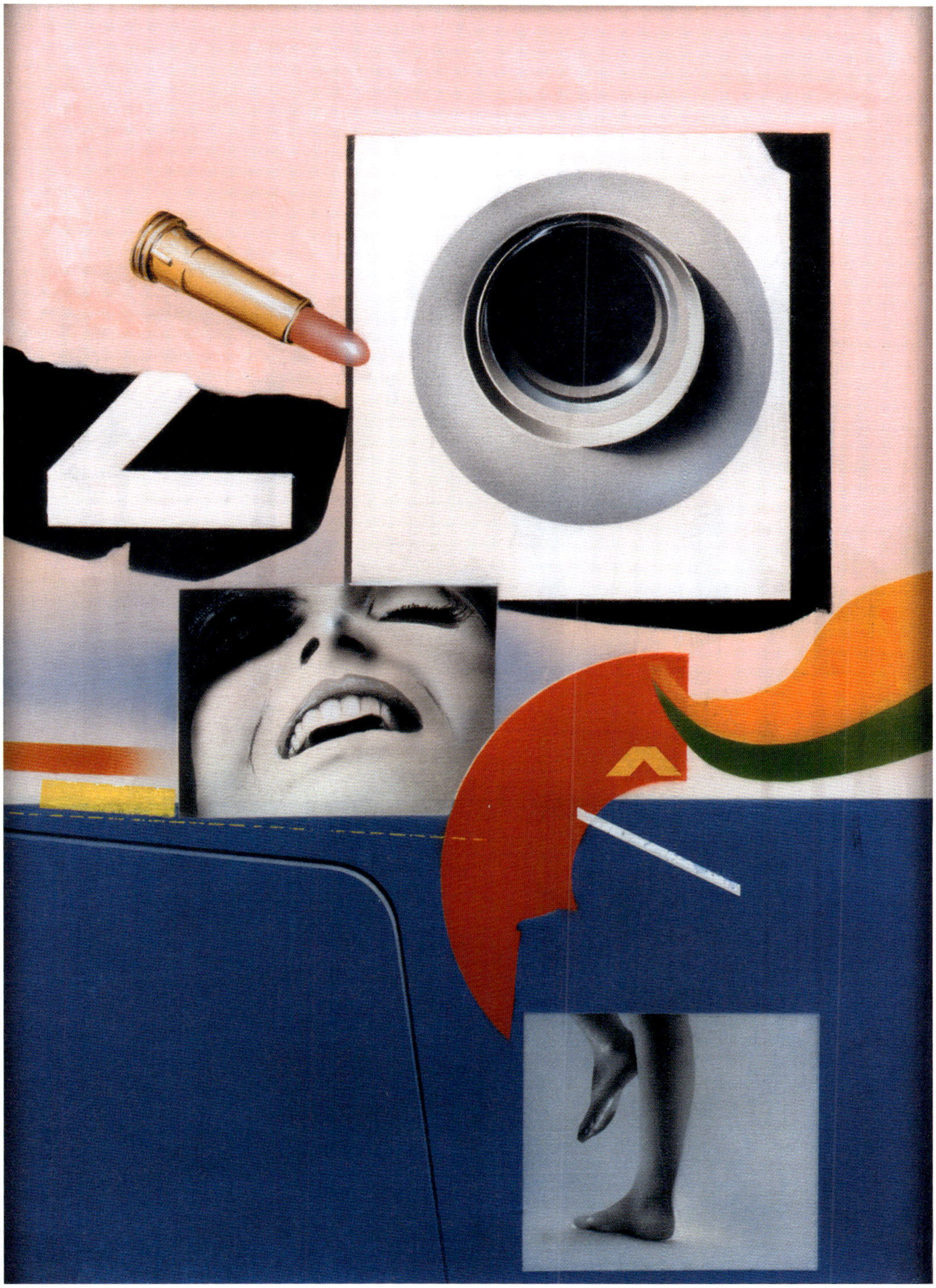

Ma vie privée, acrylique sur toile,
92x73 cm, 1966, collection particulière

Cobaye, acrylique sur toile,
162 x 130 cm, 1965, collection particulière, Paris

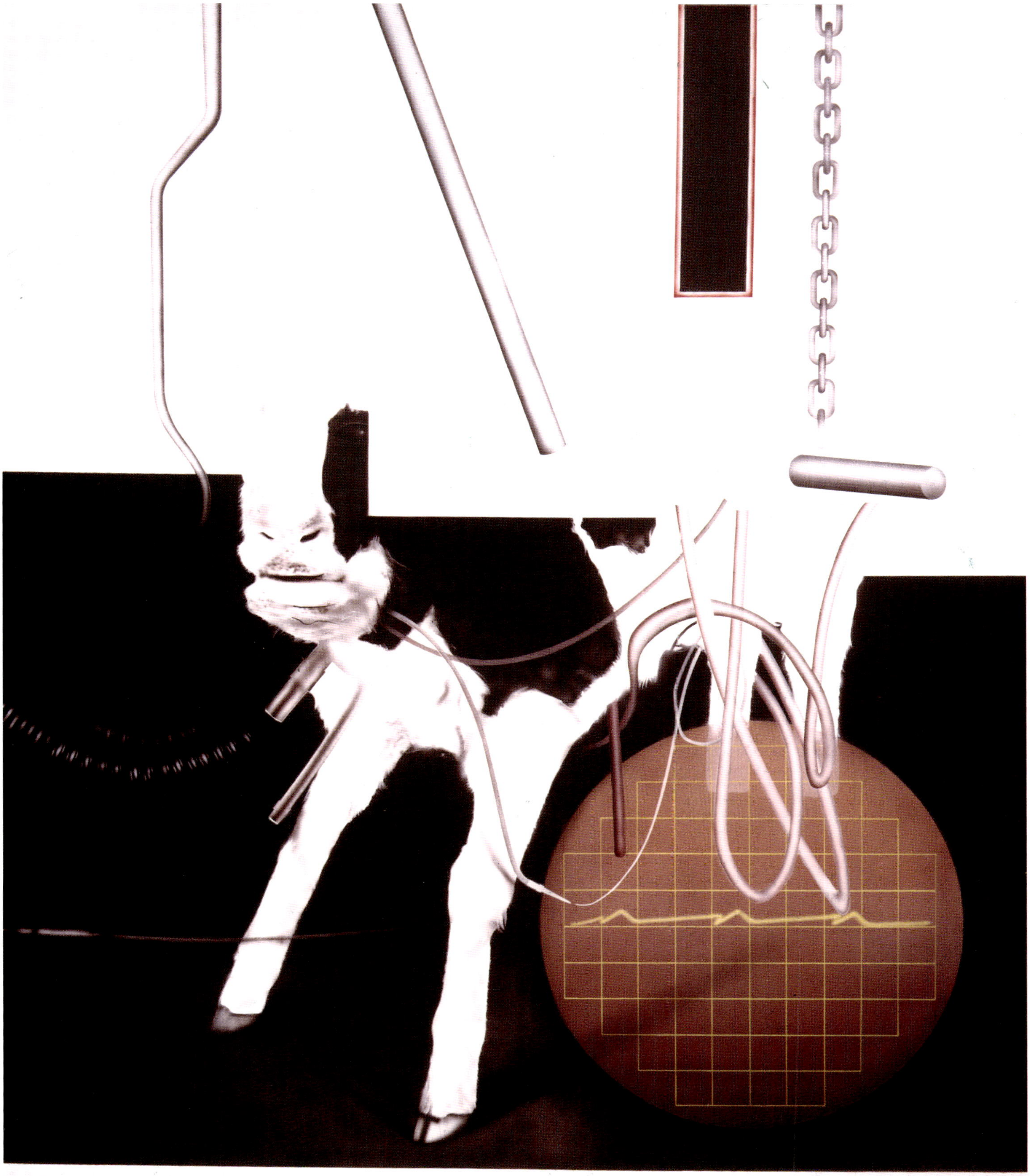

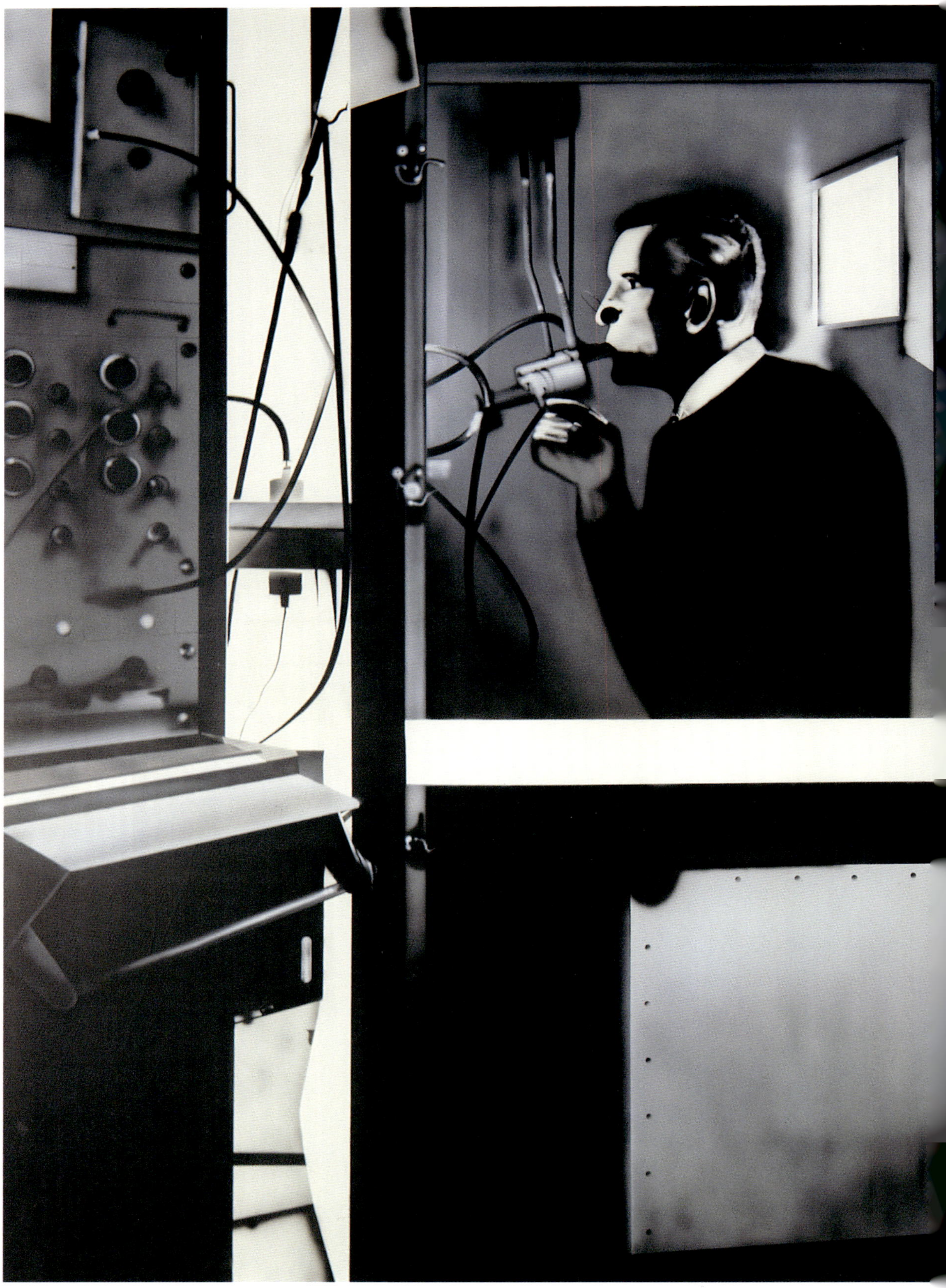

Le Cobaye ou le Futur conditionnel, acrylique et huile sur toile,
195 x 295 cm, 1965, Berardo Collection of Contemporary Art, Sintra, Portugal

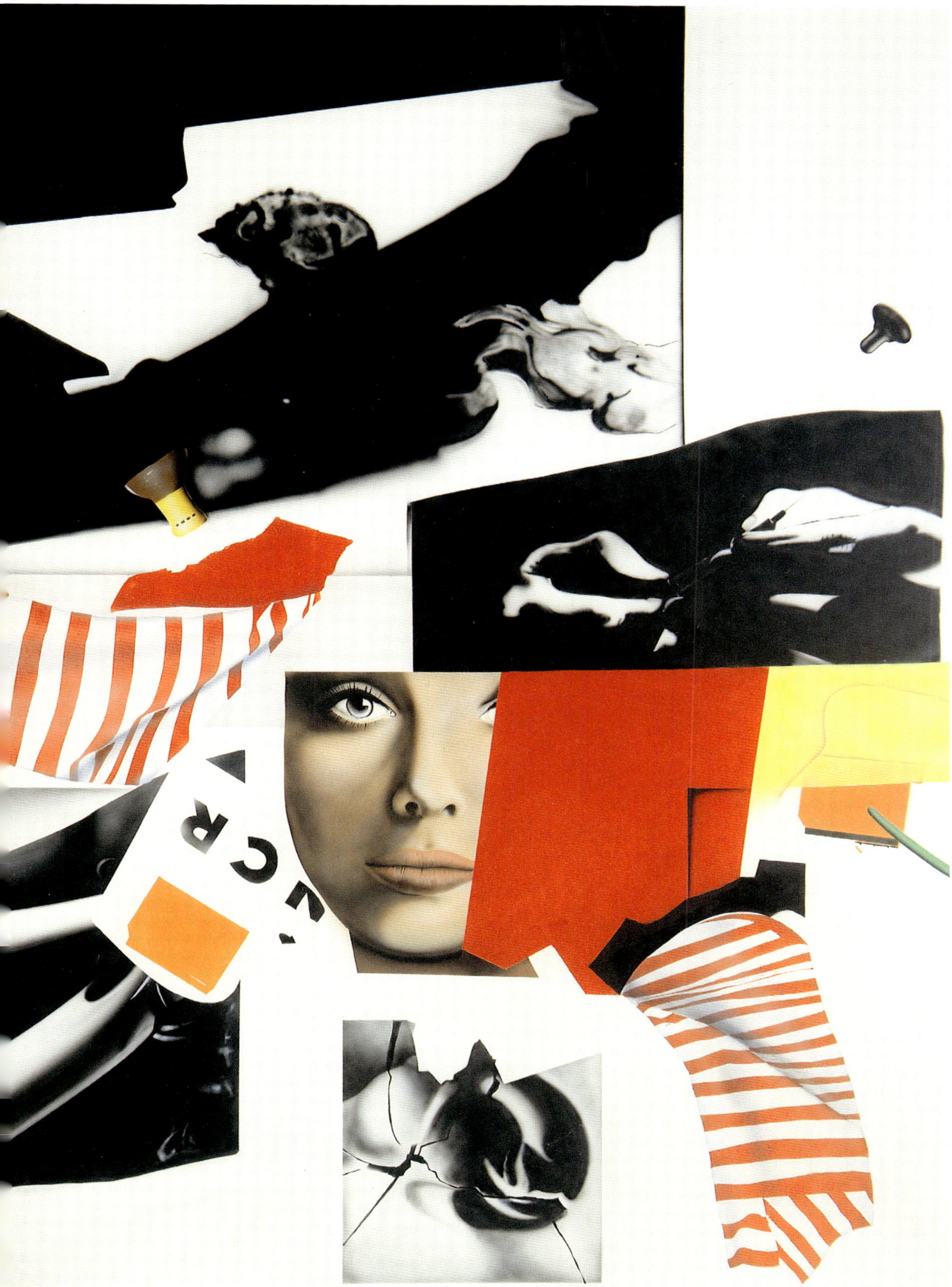

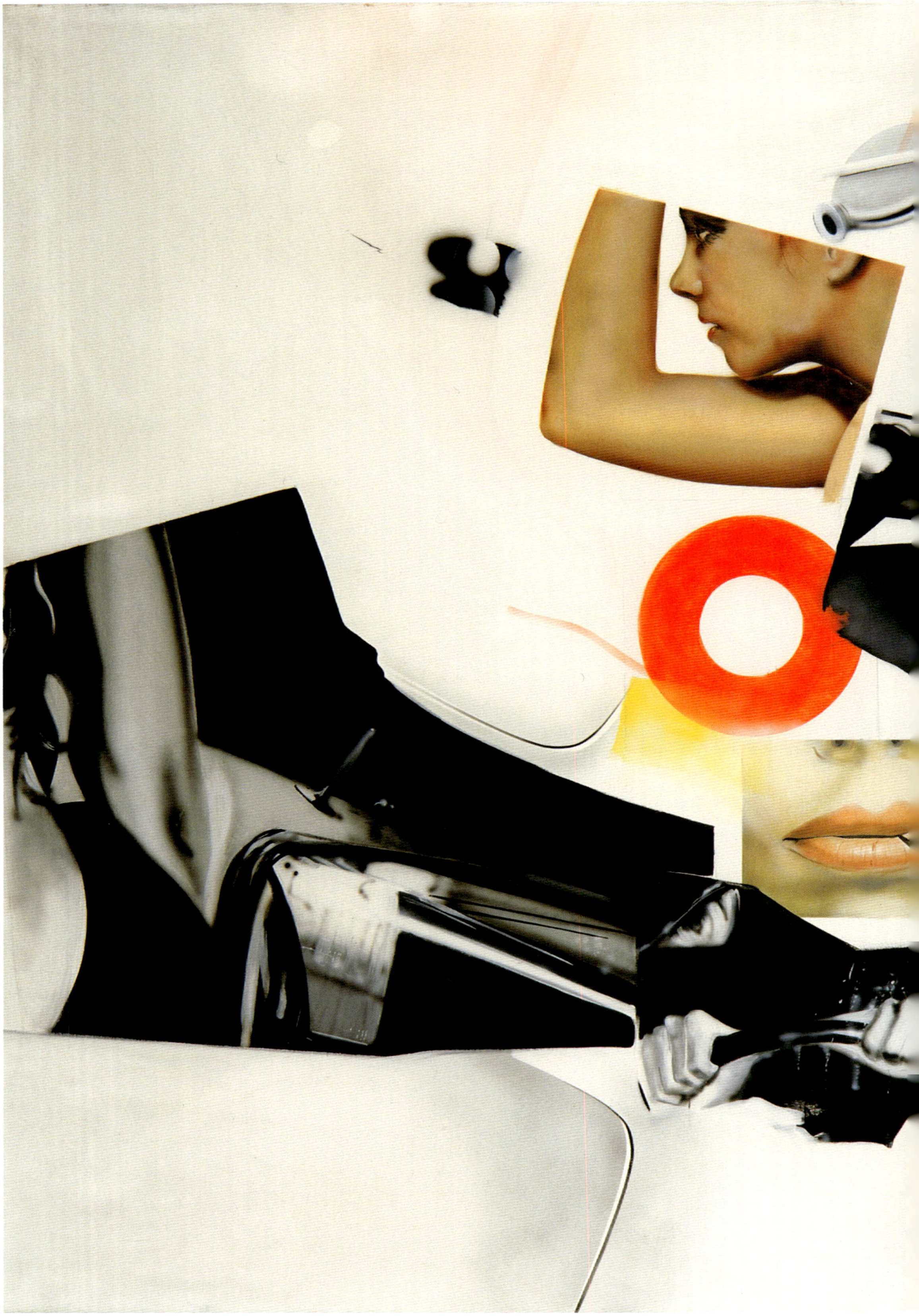

Bouche d'incendie, acrylique et huile sur toile,
114x162 cm, 1965, collection Meinioux, Paris

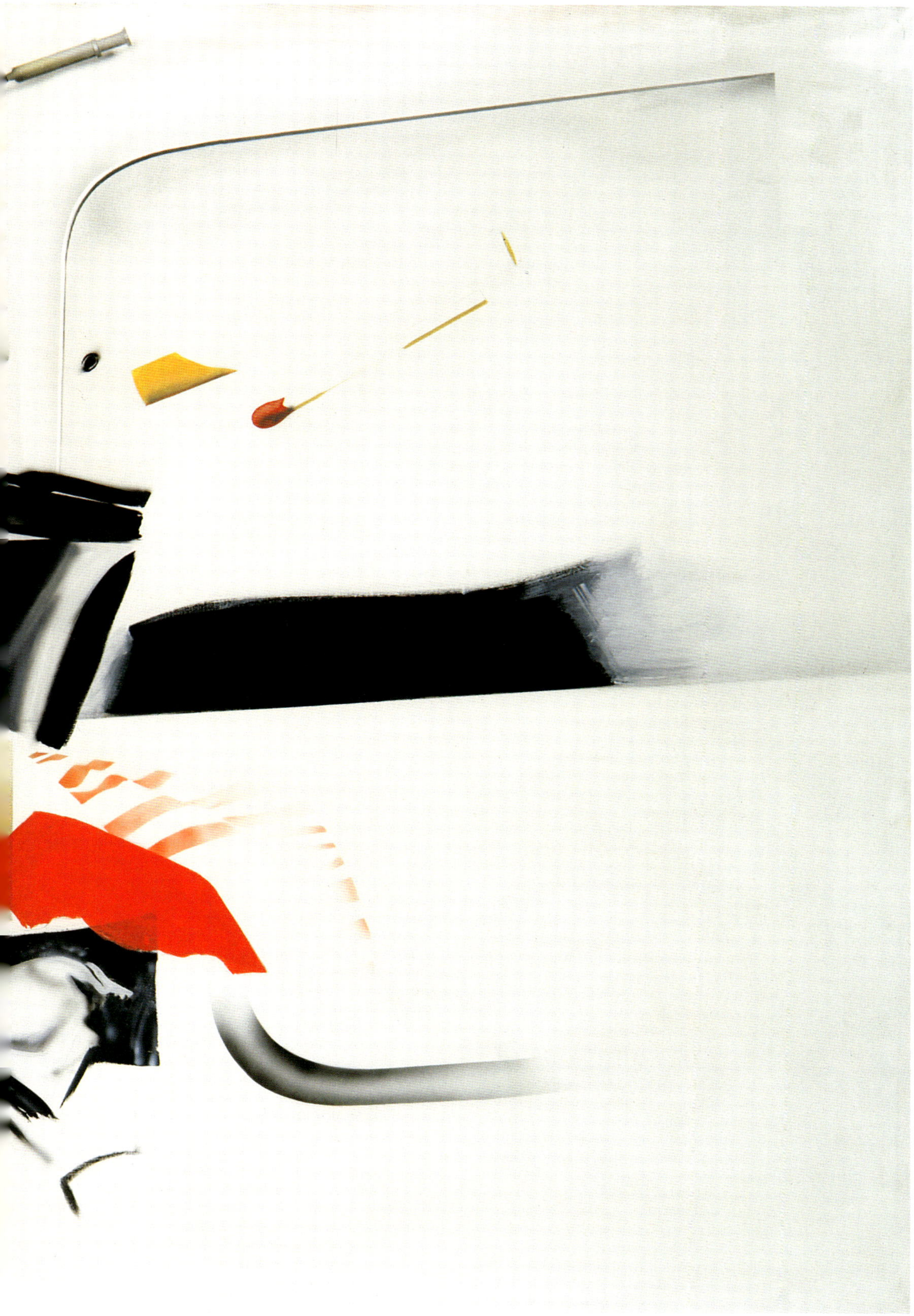

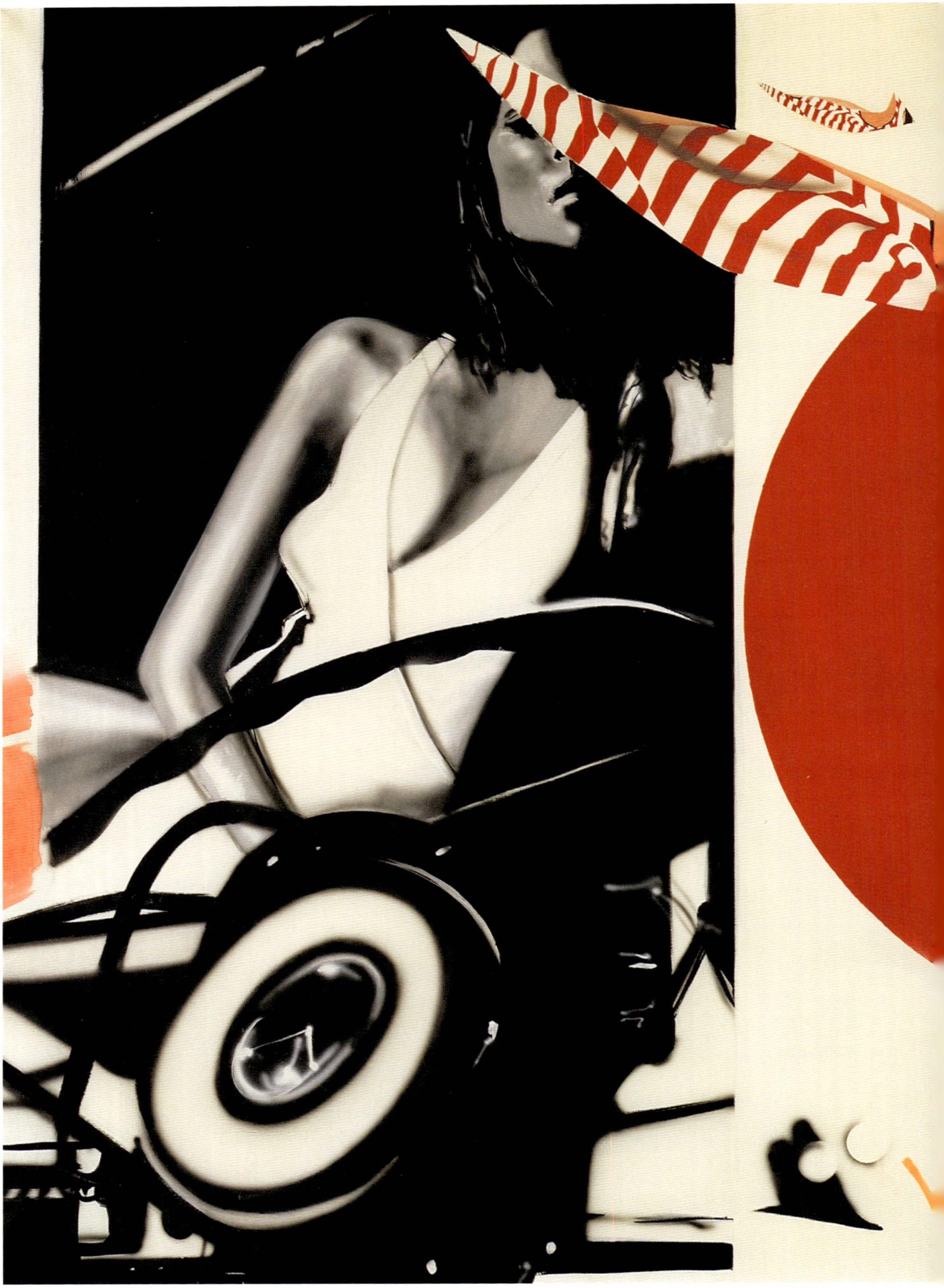

Femme au volant, acrylique et huile sur toile,
170x240 cm, 1965, collection particulière, Paris

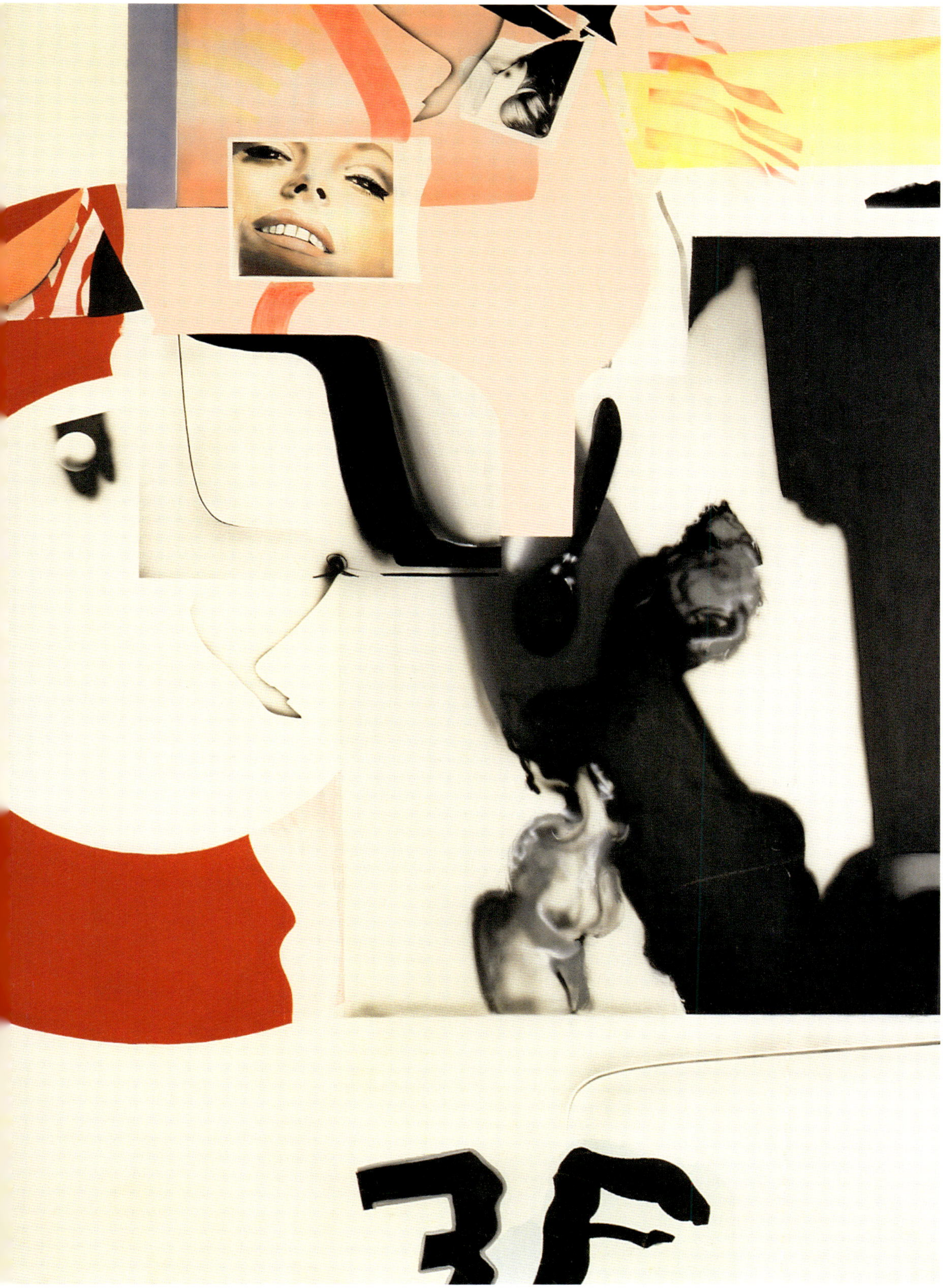
3F

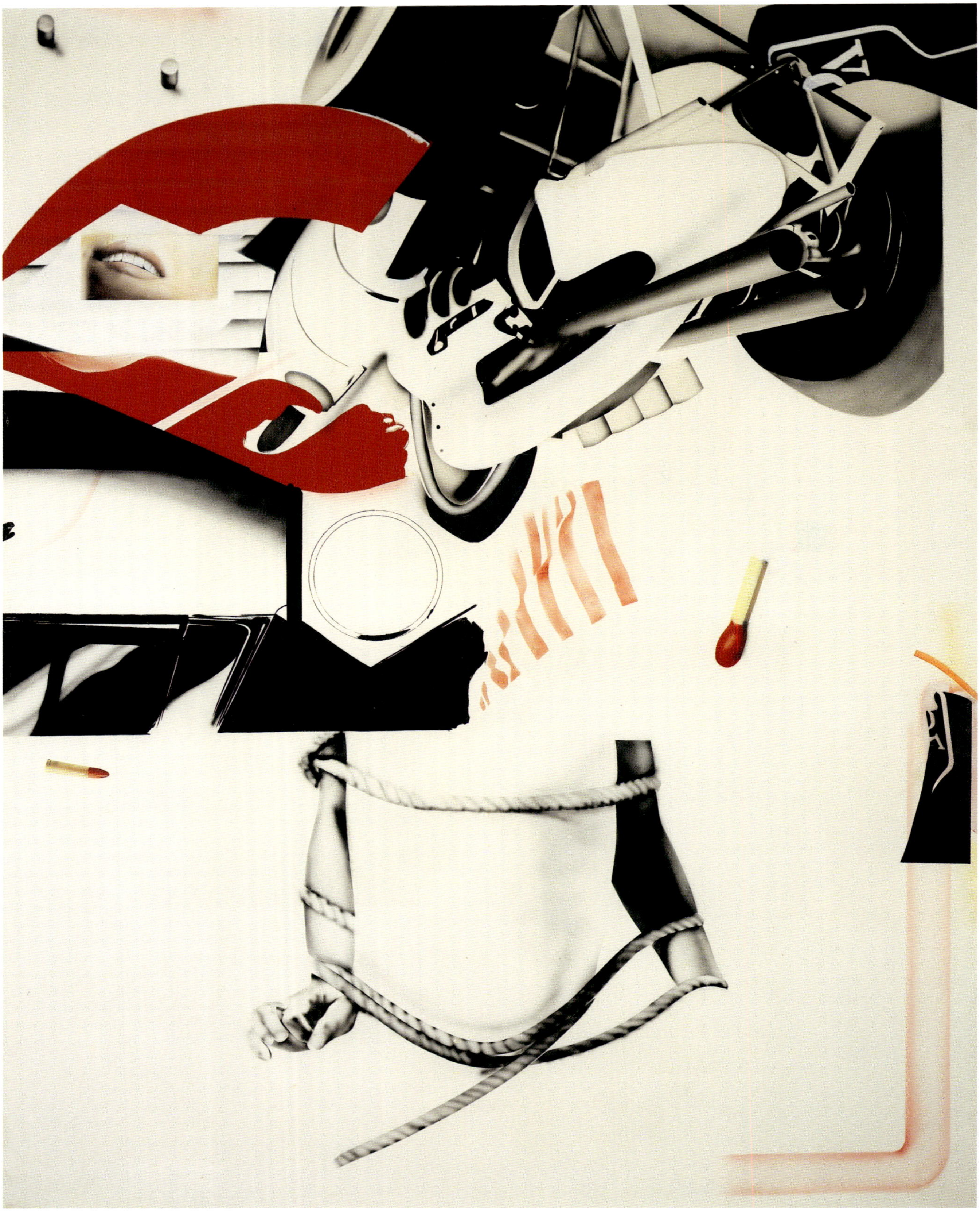

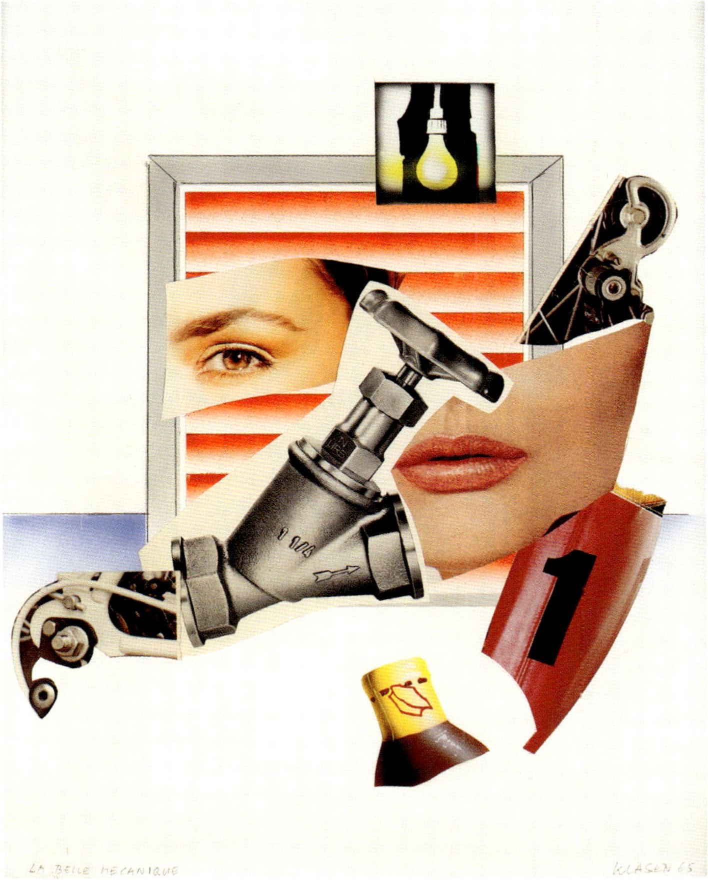

La Belle Mécanique, acrylique et collage sur carton,
44x34 cm, 1965, collection particulière, Paris

L'Enfant, acrylique sur toile,
146x114 cm, 1965, collection Schell, Bruxelles

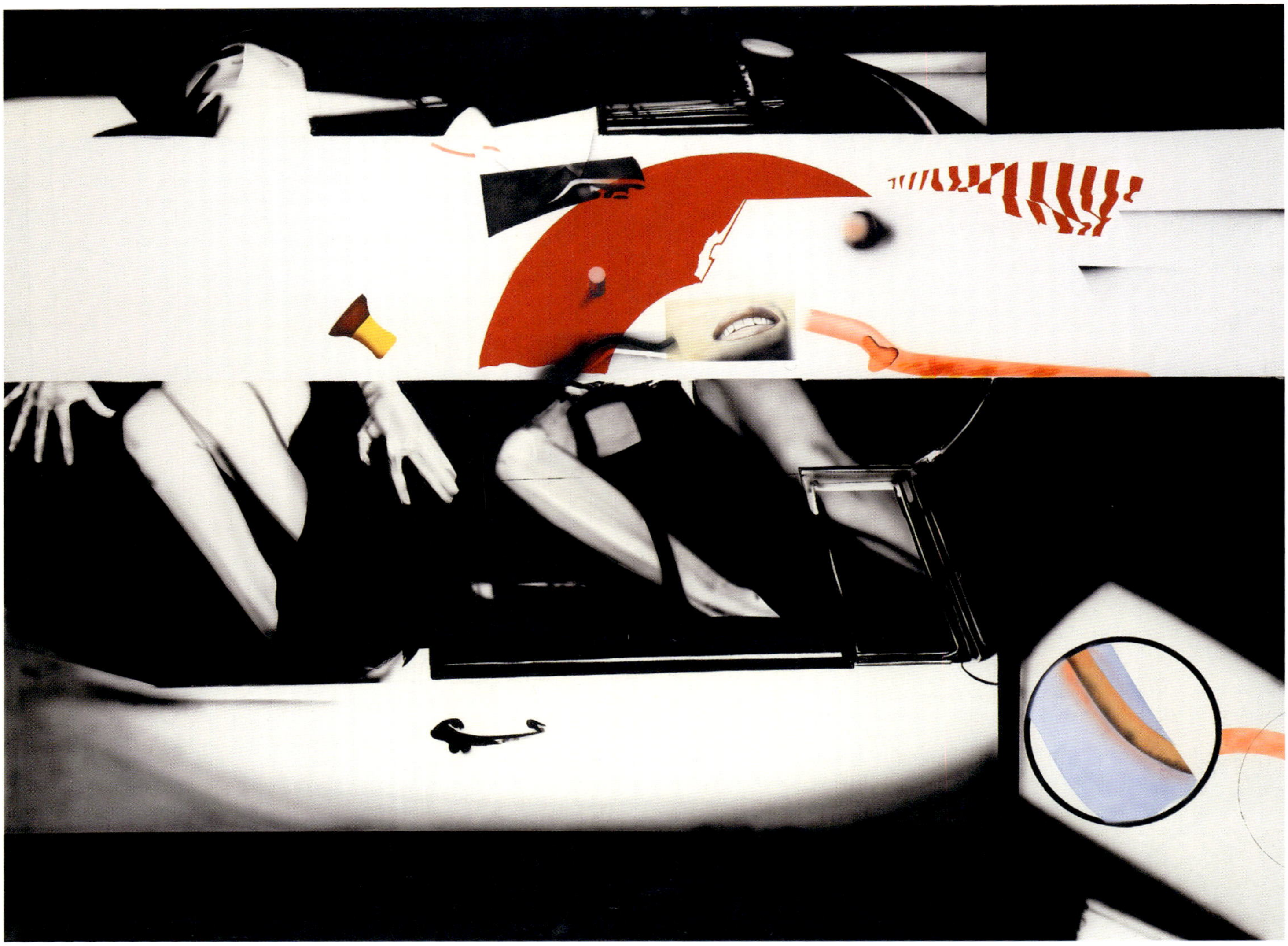

Une rencontre a bien eu lieu, acrylique sur toile,
130 x 162 cm, 1965, collection Payan, Paris

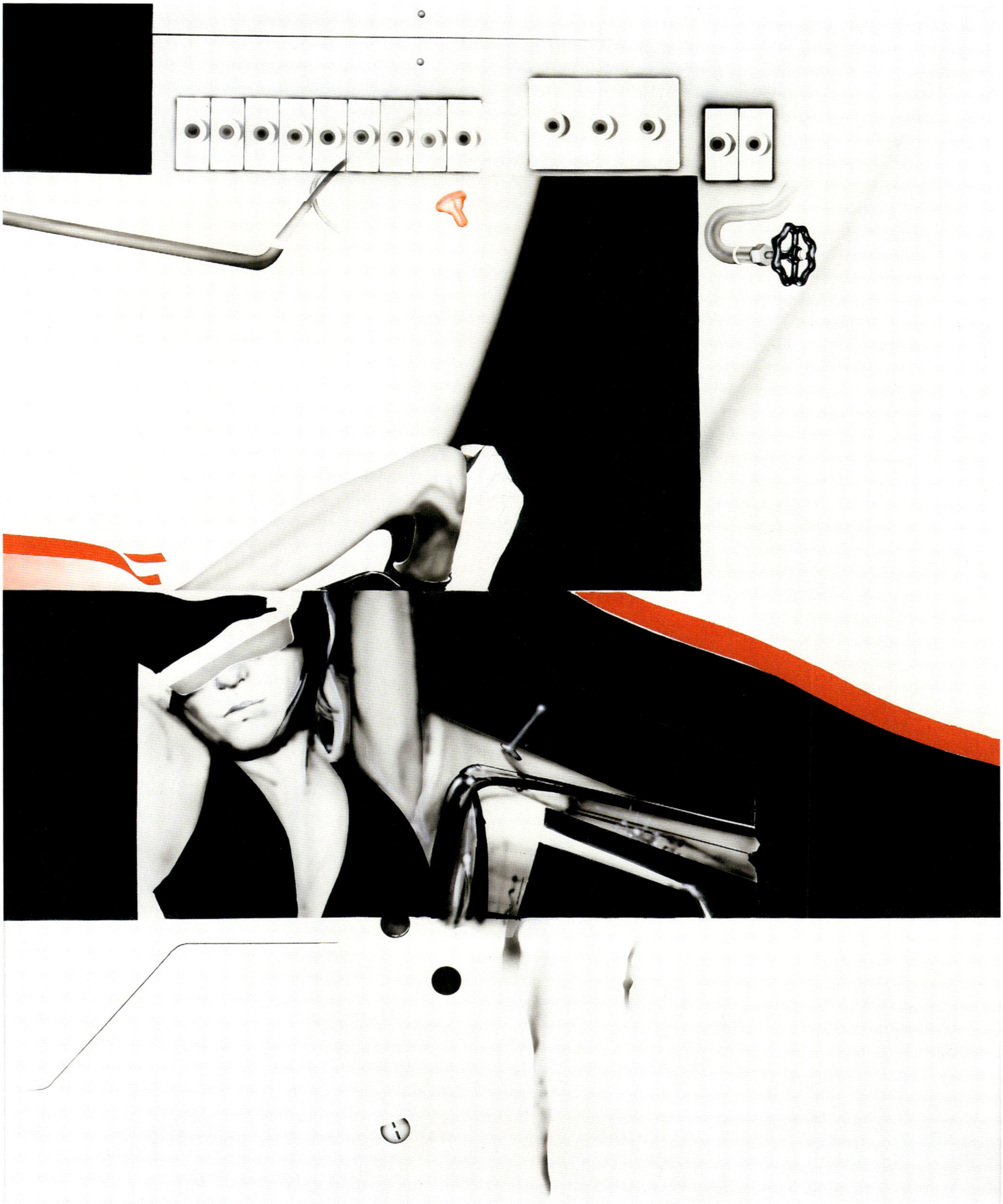

Ce que femme veut, acrylique sur toile,
162 x 130 cm, 1966, collection particulière, Italie

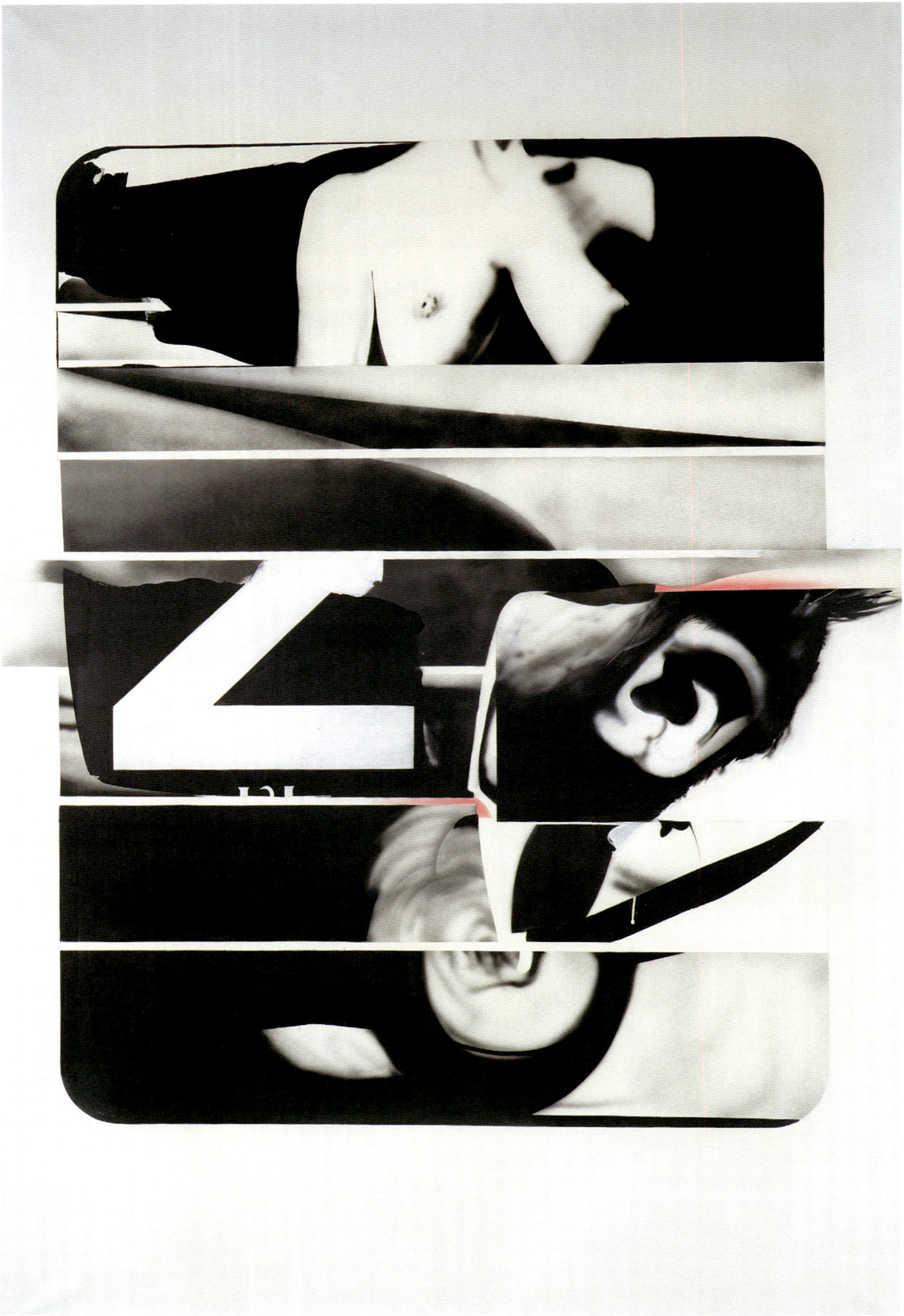

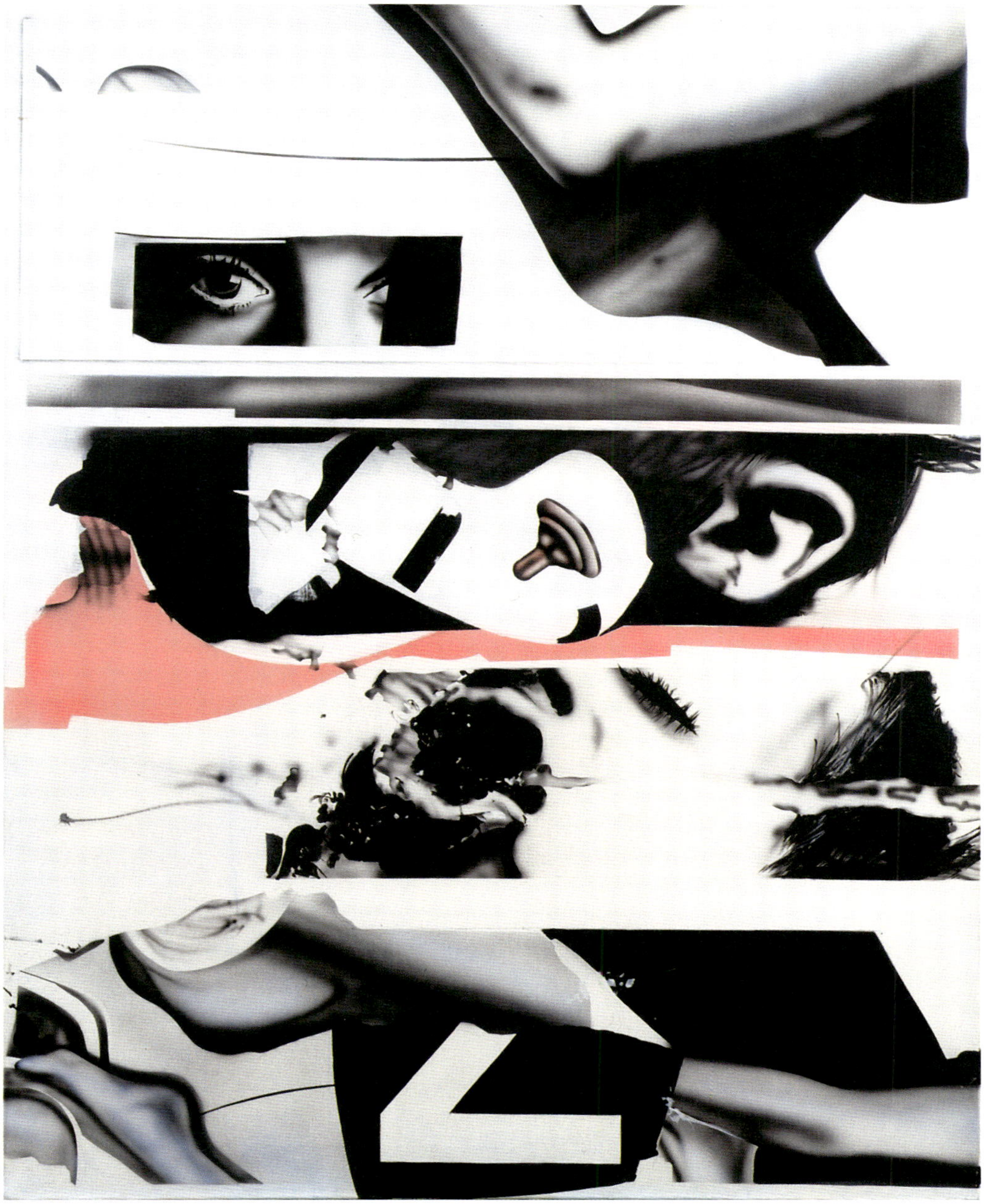

Les Bruits de la ville, acrylique sur toile, 92x73 cm, 1966, collection particulière, Paris

Haute tension, acrylique sur toile, 195x130 cm, 1966, collection Payan, Paris

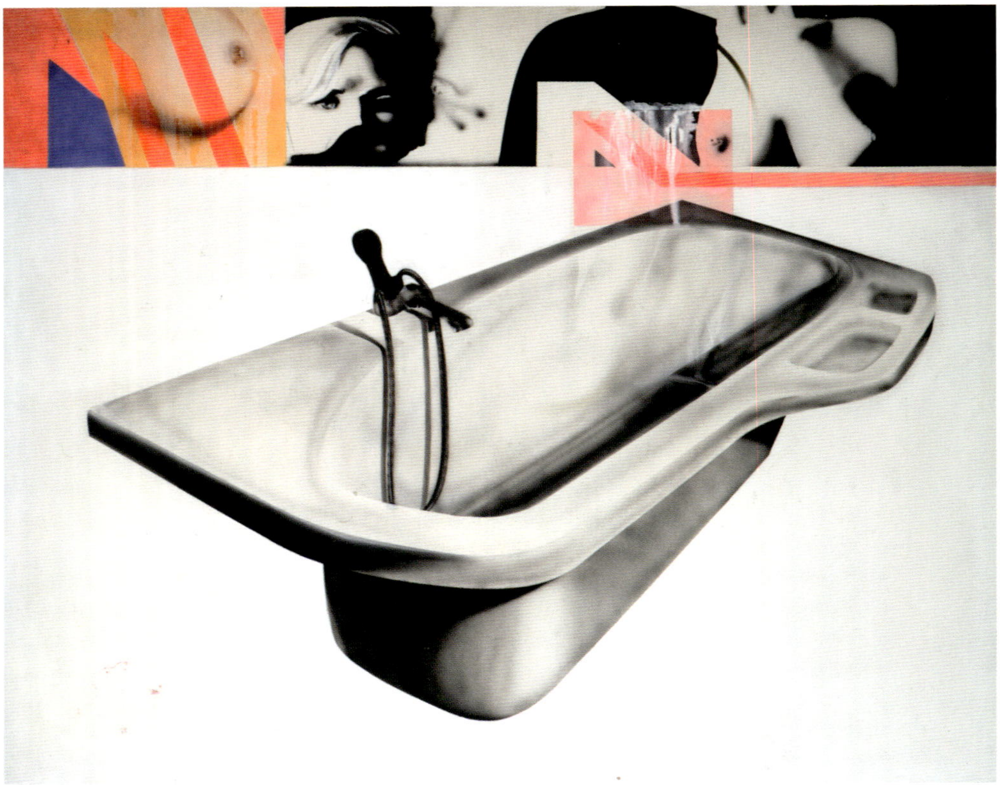

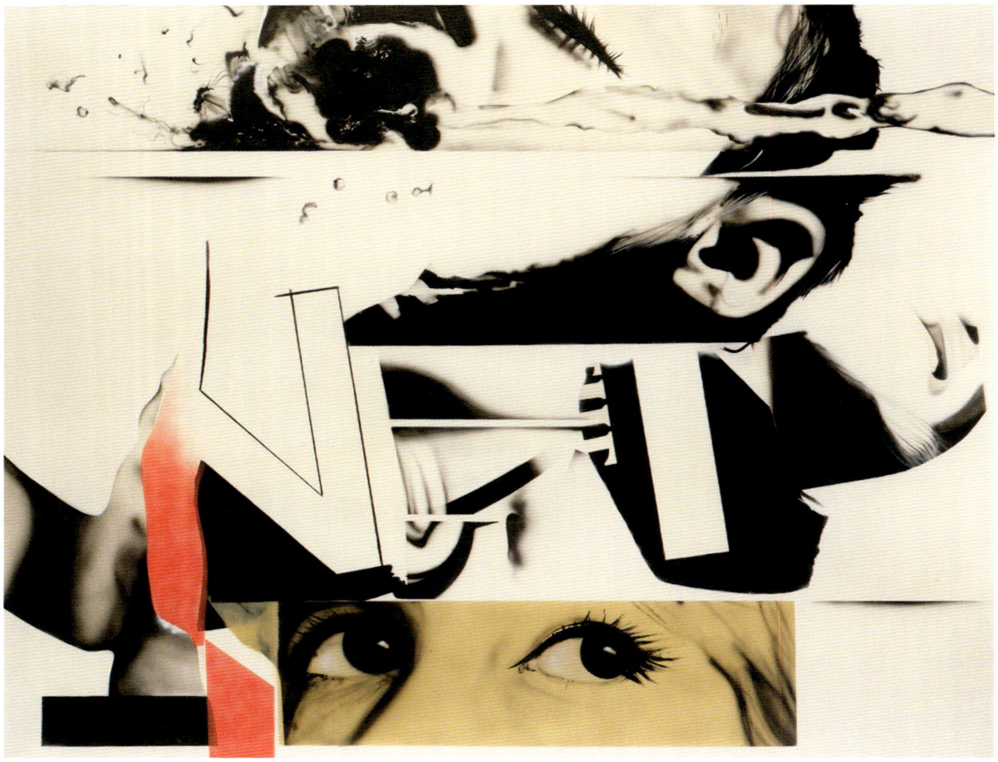

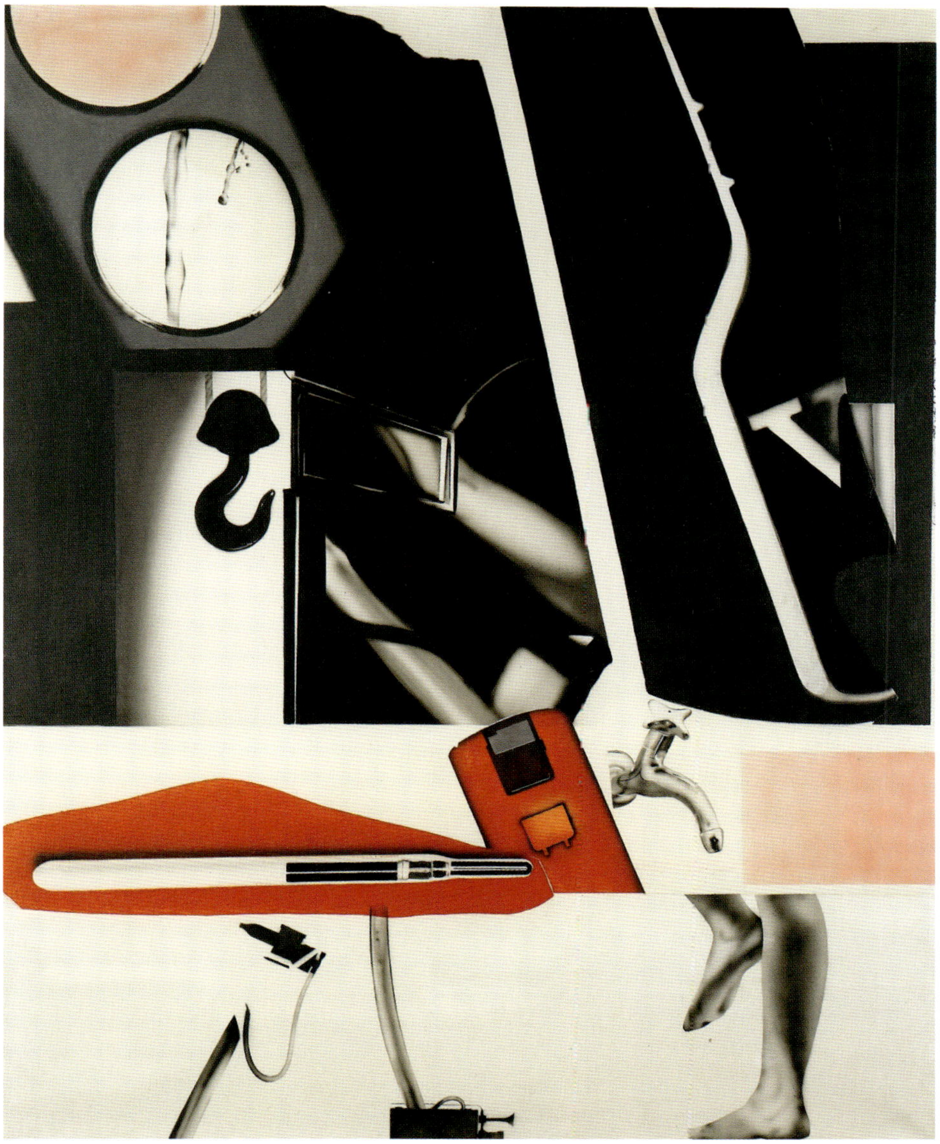

Le Robinet, acrylique sur toile,
162 x 130 cm, 1966, Centre d'art contemporain, Saint-Priest

La Petite Lessive, acrylique sur toile,
130 x 162 cm, 1966, collection Payan, Paris

Le Baigneur, acrylique sur toile,
130 x 162 cm, 1966, collection particulière, Paris

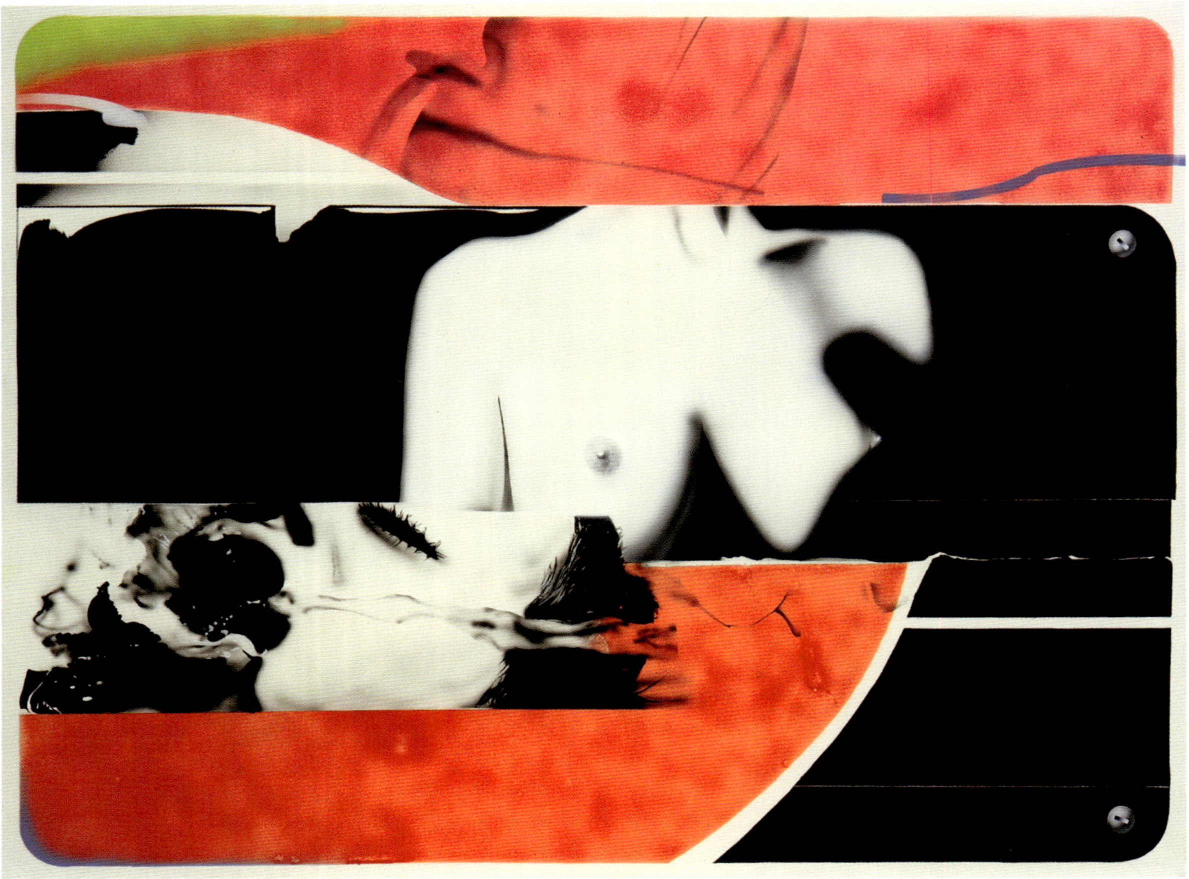

Les Demoiselles inaltérables, acrylique sur toile, 89 x 116 cm, 1966, musée LAAC, Dunkerque

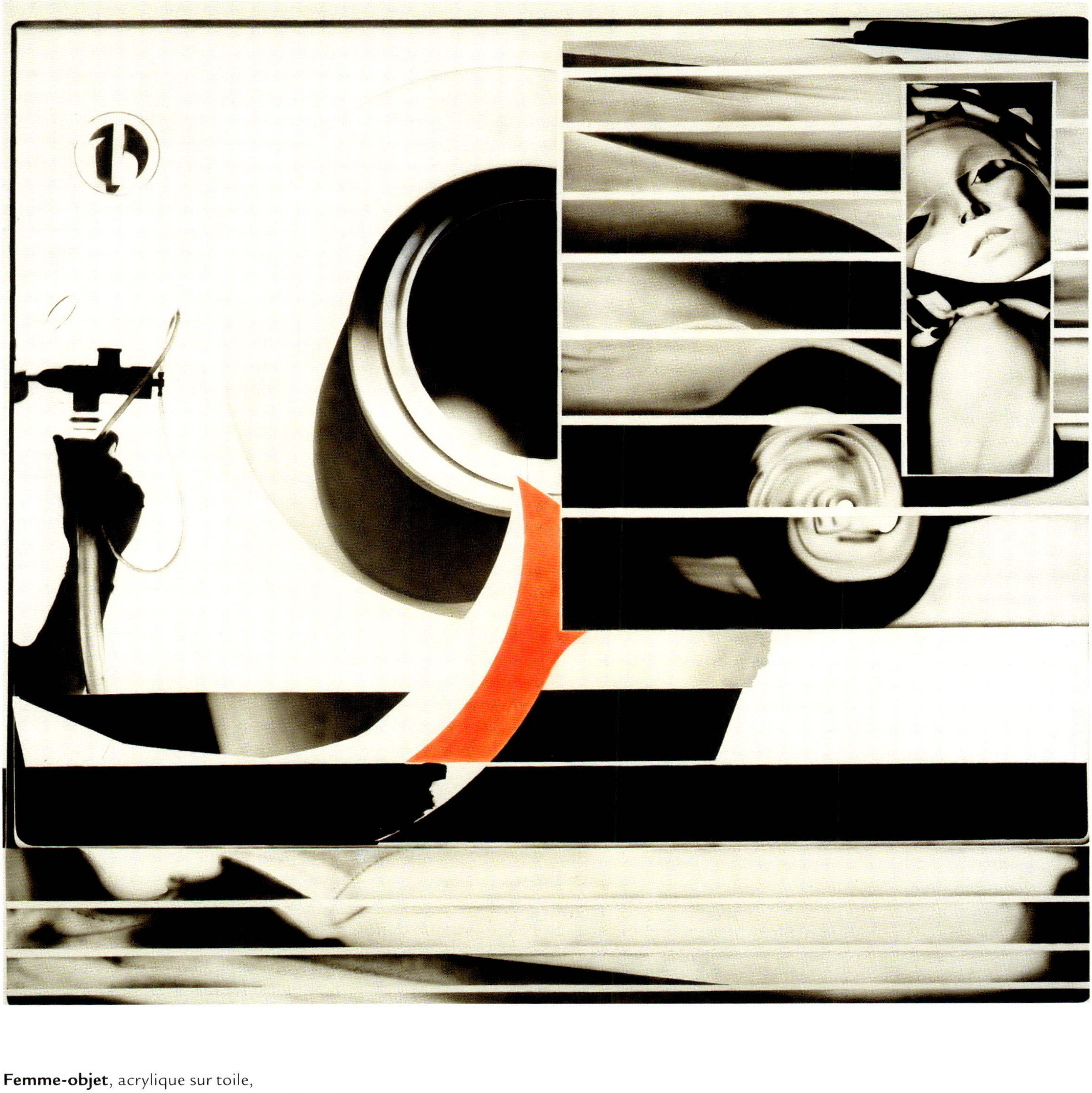

Femme-objet, acrylique sur toile,
150 x 160 cm, 1967, MNAM-Centre Pompidou, Paris

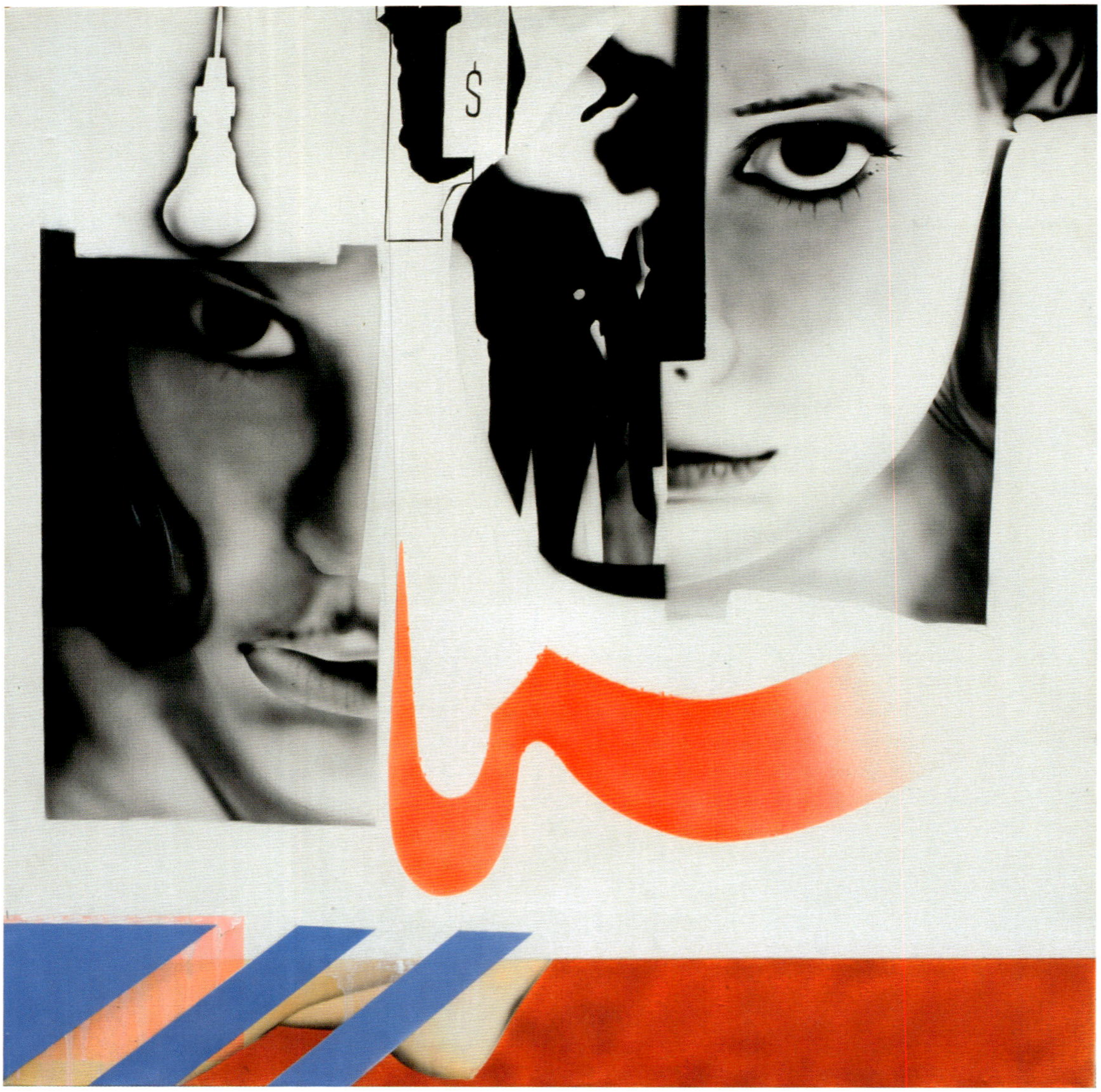

Bain de minuit, acrylique sur toile,
80x80 cm, 1967, collection particulière

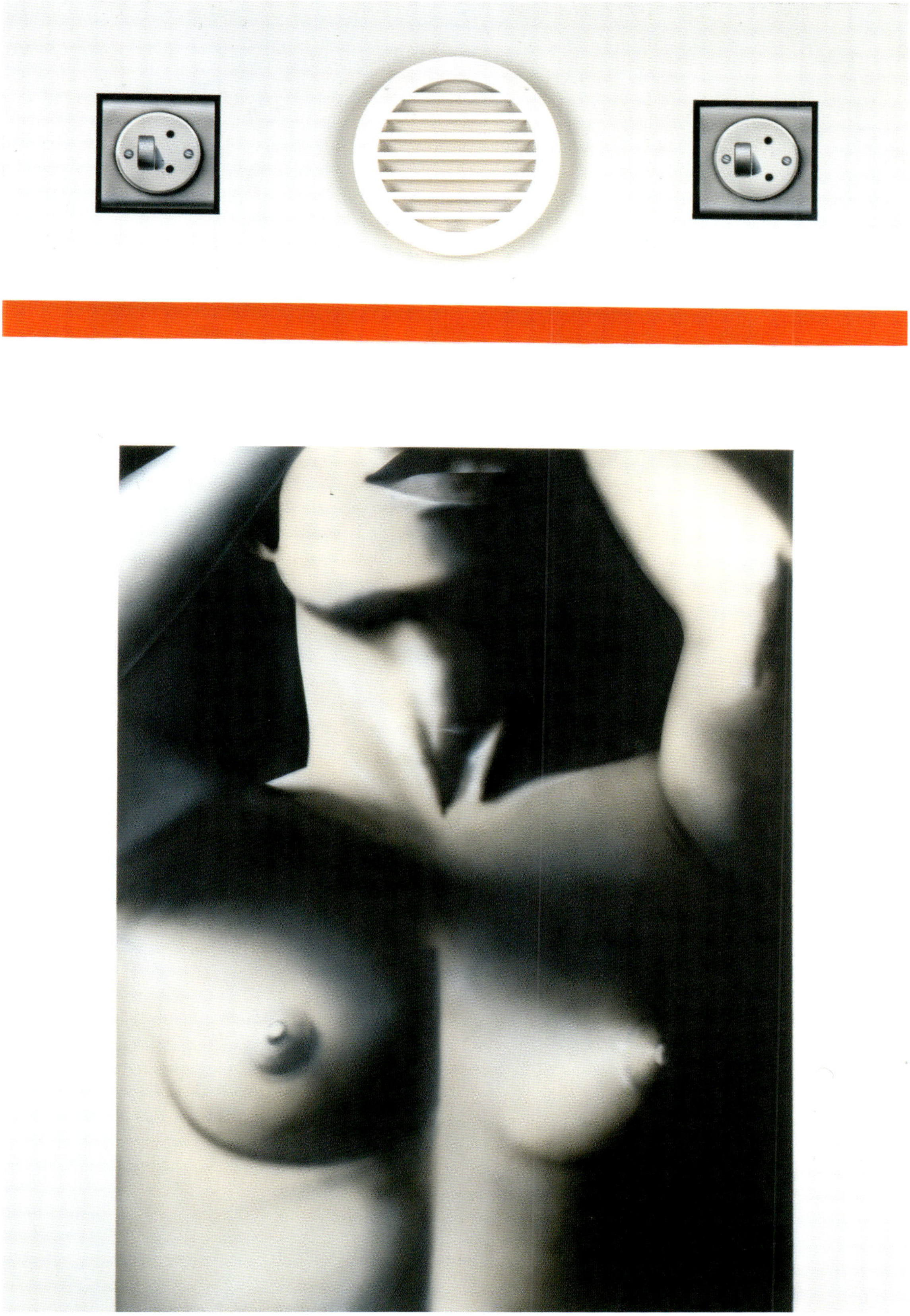

Grand nu de face, 2 interrupteurs, aérateur, acrylique sur toile,
146x89 cm, 1970, collection particulière, Paris

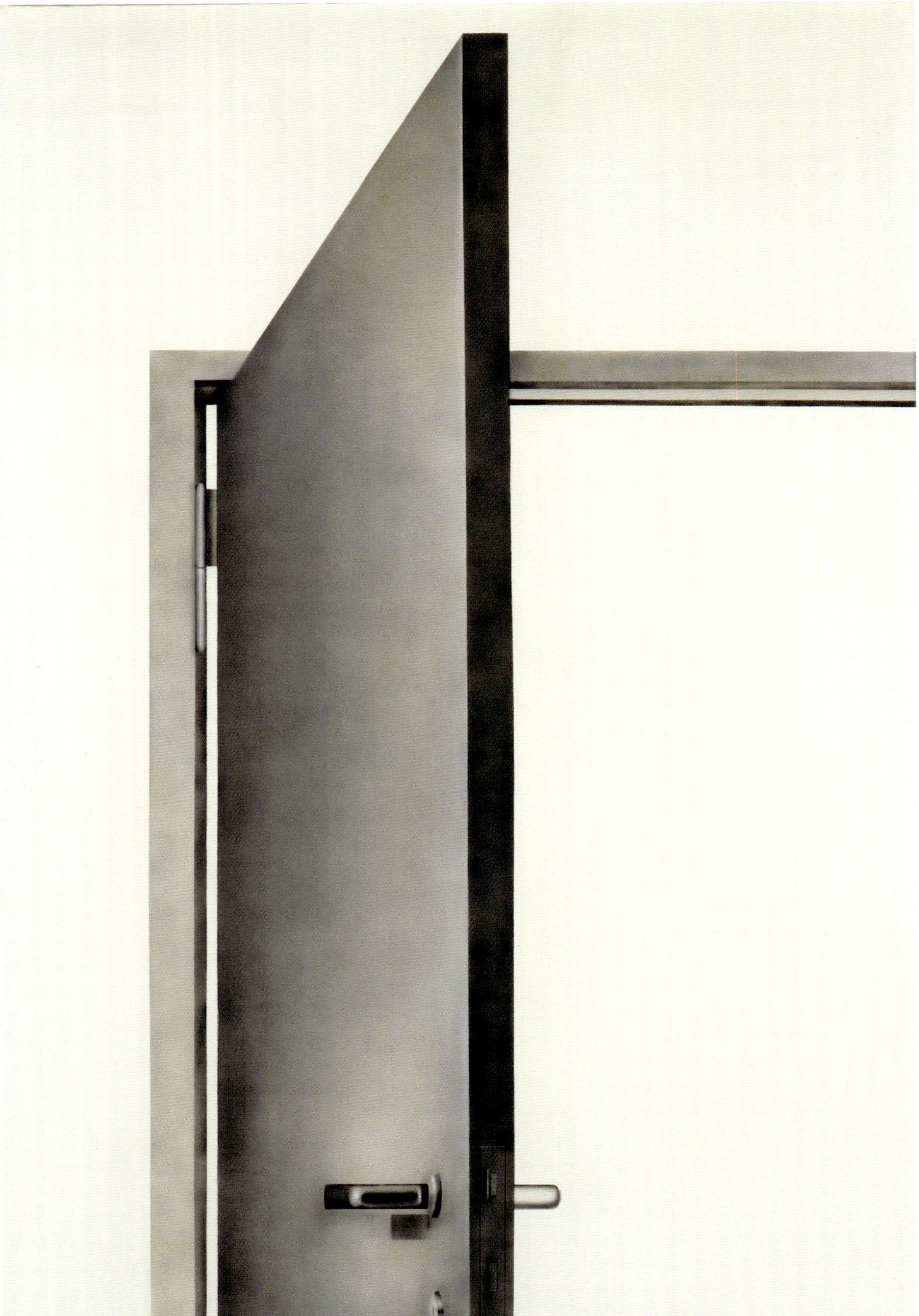

Porte entr'ouverte, acrylique sur toile,
195 x 130 cm, 1966, collection particulière, Paris

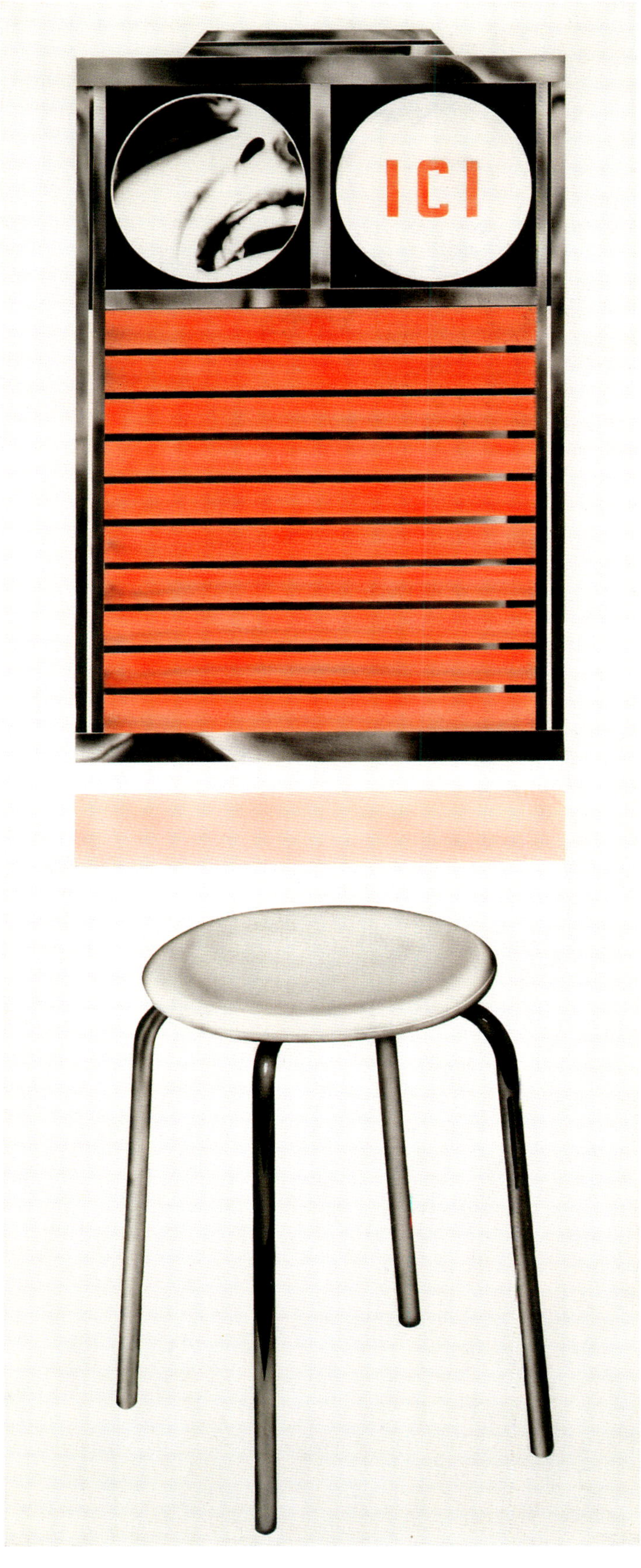

Ici, acrylique sur toile,
150x60 cm, 1967, collection Payan, Paris

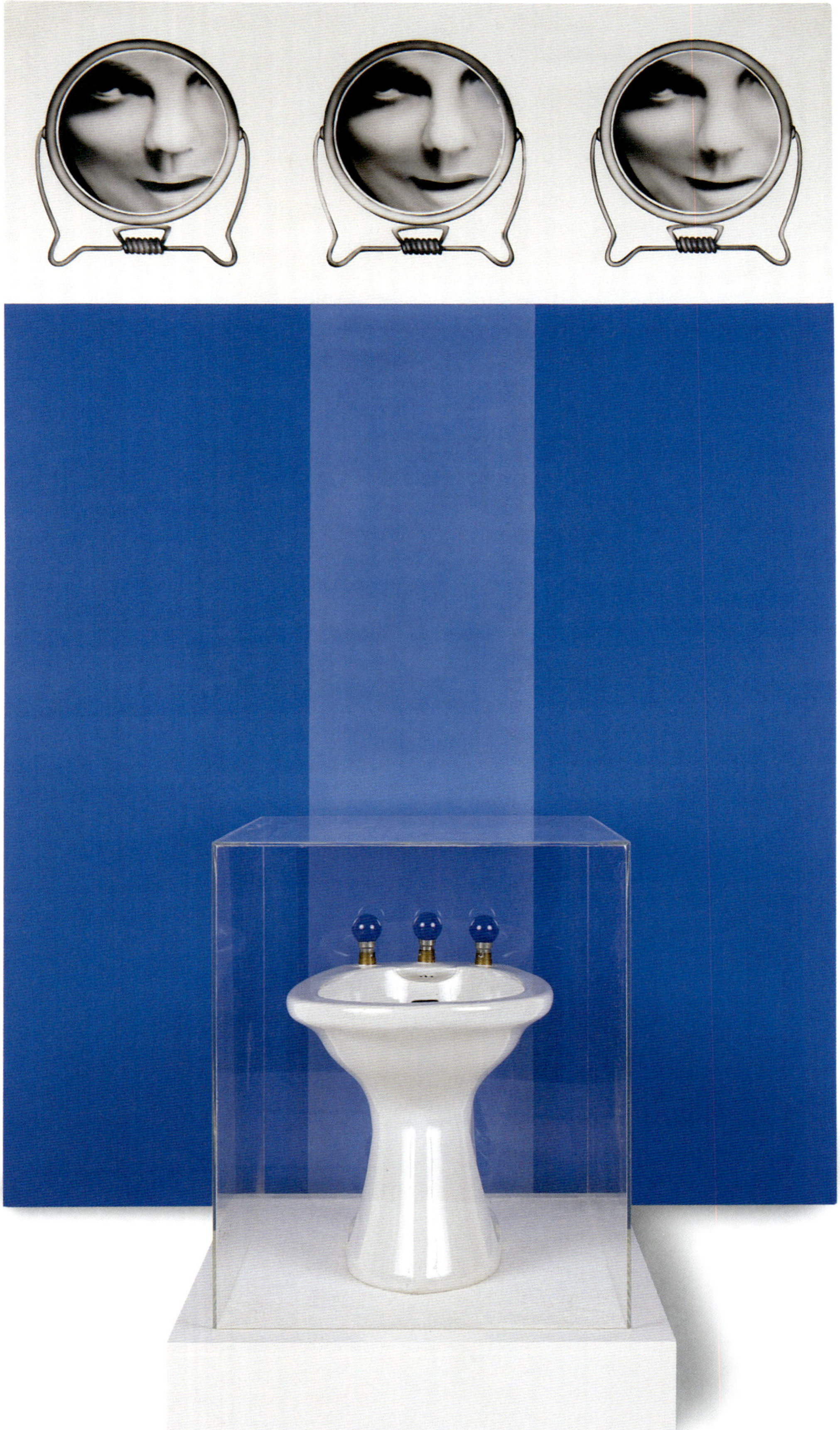

TABLEAUX BINAIRES

Bidet / hommage à Duchamp, acrylique et objets sur toile, 195 x 130 x 70 cm, 1968, L'Institut-FRAC Rhône-Alpes, Villeurbanne

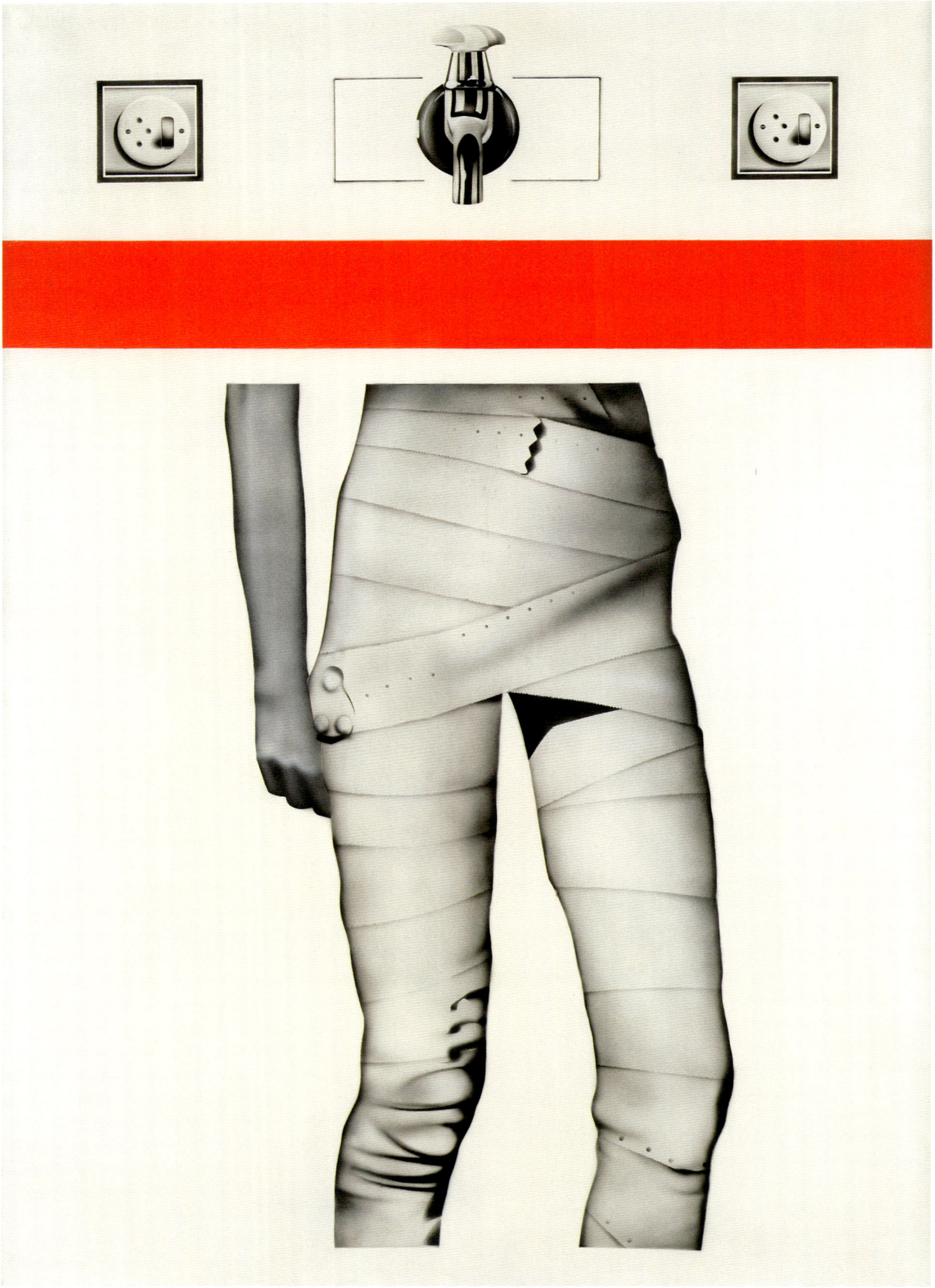

Femme bandée, 2 interrupteurs et robinet, acrylique sur toile,
162 x 130 cm, 1968, collection particulière, Paris

Tableaux binaires

"L'alphabet est celui d'un type d'objets industriels à usage précis : chirurgical, ménager, sanitaire, instruments dont la fonction est explicitement évoquée (scalpel, pinces, tensiomètres, seringues) ou déviée selon des équations dont les termes peuvent d'ailleurs évoluer, mais qui recouvrent certaines constantes (ampoule = brûlure, ventilateur = machine à broyer, stéthoscope = investigation interne, etc.).

Le caractère sadique de ce matériel se trouve encore accentué par les rapports que le peintre établit avec le corps humain – et particulièrement féminin –, bien que ces rapports ne soient jamais explicitement définis. Les plages neutres qui séparent l'instrument et le corps, l'usage fréquent du cloisonnement, l'absence apparente de connexion entre les données, loin de provoquer un phénomène de juxtaposition fondé sur l'option du constat, créent une sorte de courant narratif, un système énigmatique et inquiétant où tous les éléments d'un hypothétique récit sont en place sans que le déroulement de celui-ci soit indiqué."

Gérald Gassiot-Talabot, *L'Art vivant*, Paris, avril 1971

L'anti-scène

"L'anti-scène.

Le neutre trouve donc son lieu privilégié dans ce qui sépare les «surfaces - à - figures» : distance sans images et sans fonction déterminée. Mais il vient aussi hanter les figures qui rompent sa vacuité et la soulignent. Une expérience peut être tentée sur deux tableaux de 1970 : *La Fermeture à glissière* et *Chemise + seringue*.

Il s'agit, dans un premier moment, de redoubler l'image du vêtement ouvert, par un texte de Robbe-Grillet *(Projet pour une révolution à New York)*. Il est très probable qu'image et texte ont été produits dans l'ignorance l'un de l'autre. Pourtant le texte semble constituer la description d'une condensation des deux tableaux : «L'anneau à glissière qui commande l'ouverture du blouson est descendu, au cours de ce moment subtil, d'encore vingt centimètres au moins, si bien que la fente atteint à présent le nombril, dont le creux en forme de fleur minuscule se devine, entre les deux bords garnis de petites dents métalliques, à l'extrême pointe d'un mince V de peau nue.» L'expérience consiste donc à découper dans un roman (lui-même habité par les images publicitaires qui fascinent aussi Klasen) une séquence descriptive ; puis, accolé (additionné), ce fragment sous une toile déjà occupée par deux éléments. Cette opération permet de montrer le caractère trompeur du redoublement image-texte, qui l'a motivée. La description de Robbe-Grillet se continue en scène, en représentation théâtrale : bouffonne sans doute, contredite par d'autres scènes qui font douter de sa réalité, mais néanmoins scènes actives, suite de gestes, de transformations. Un autrui intervient face à cette figure découpée de la féminité et la manipule : «Il laisse choir le mégot à terre et passe la main désormais libre dans l'entrebâillement du blouson...» La scène s'achève par une gifle et la remontée de la fermeture éclair. Dans l'univers de Klasen, la scène (celle-là, mais également une infinité d'autres) est toujours possible, mais toujours actuellement interdite. Le tableau n'est plus le moment d'une représentation. Il est hors théâtre, anti-scène. Pas d'actes chez Klasen : pas de caresse, pas de transformation des corps, pas d'acte sexuel. Contrairement à l'adolescence de Robbe-Grillet, celle des œuvres de Klasen n'a pas de main pour gifler, pas de pubis situé plus bas que le nombril. Elle ne rencontre pas d'homme ; elle ne rencontre rien, et tout peut lui arriver. Les objets qui s'ajoutent sur la toile se placent en un autre espace."

Gilbert Lascaut, *Klasen*, "Autrement l'ART", éd. Autrement, Paris, 1983

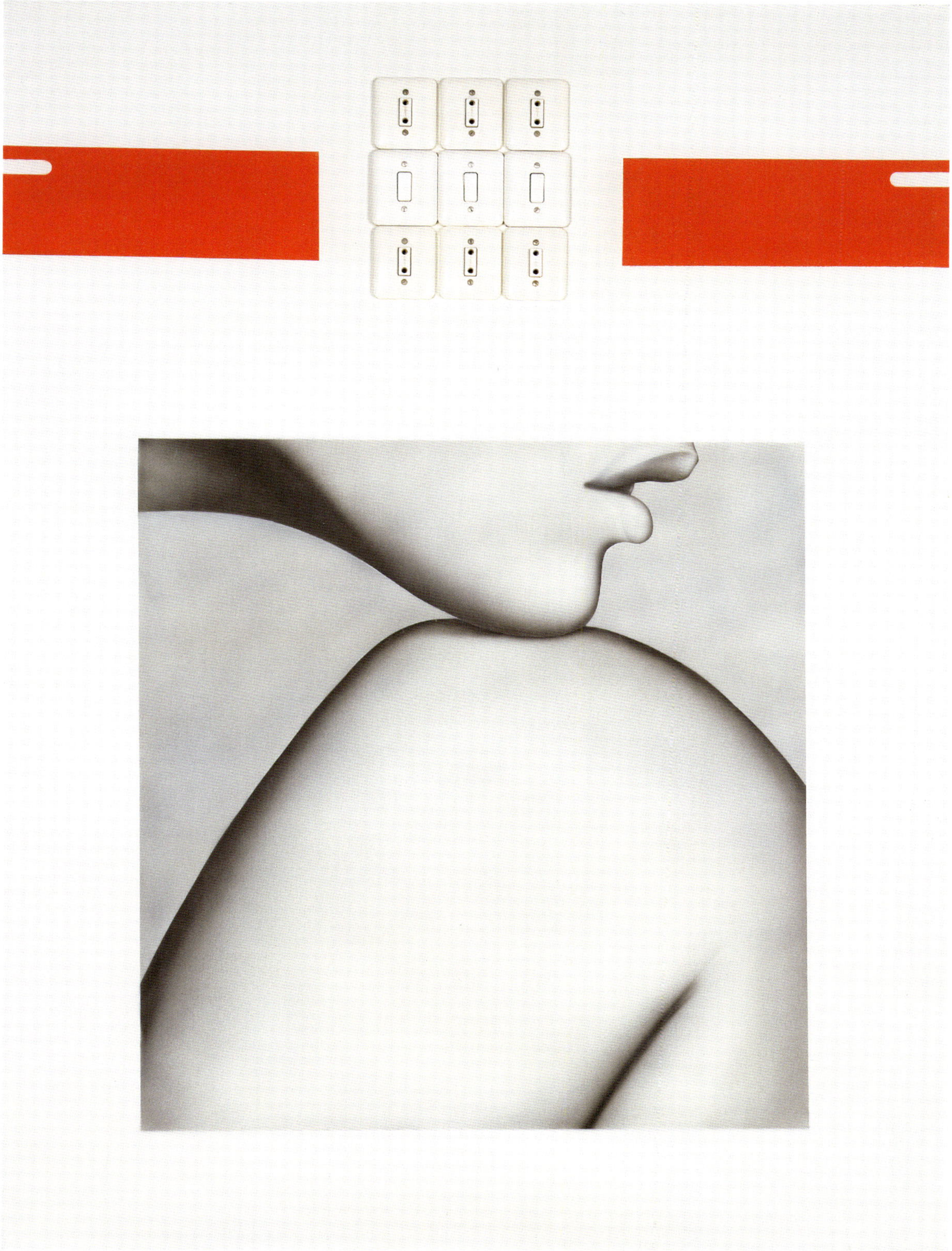

Profil + 3 interrupteurs + 6 prises femelles, acrylique et objets sur toile, 120x90 cm, 1969, collection Moos, Paris

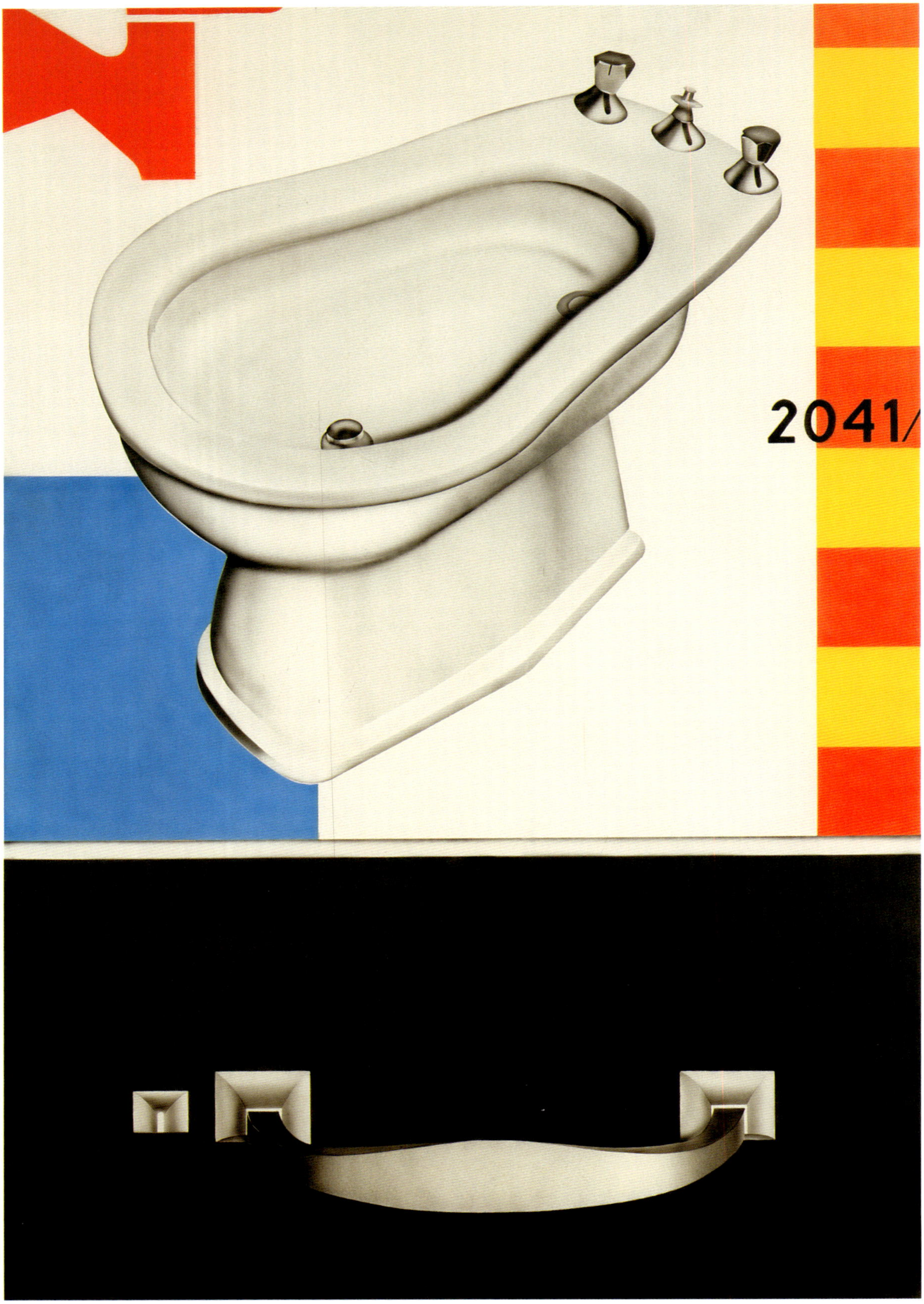

Paracollage n° 8, acrylique sur toile,
162 x 130 cm, 1968, collection Jean Coulon, Paris

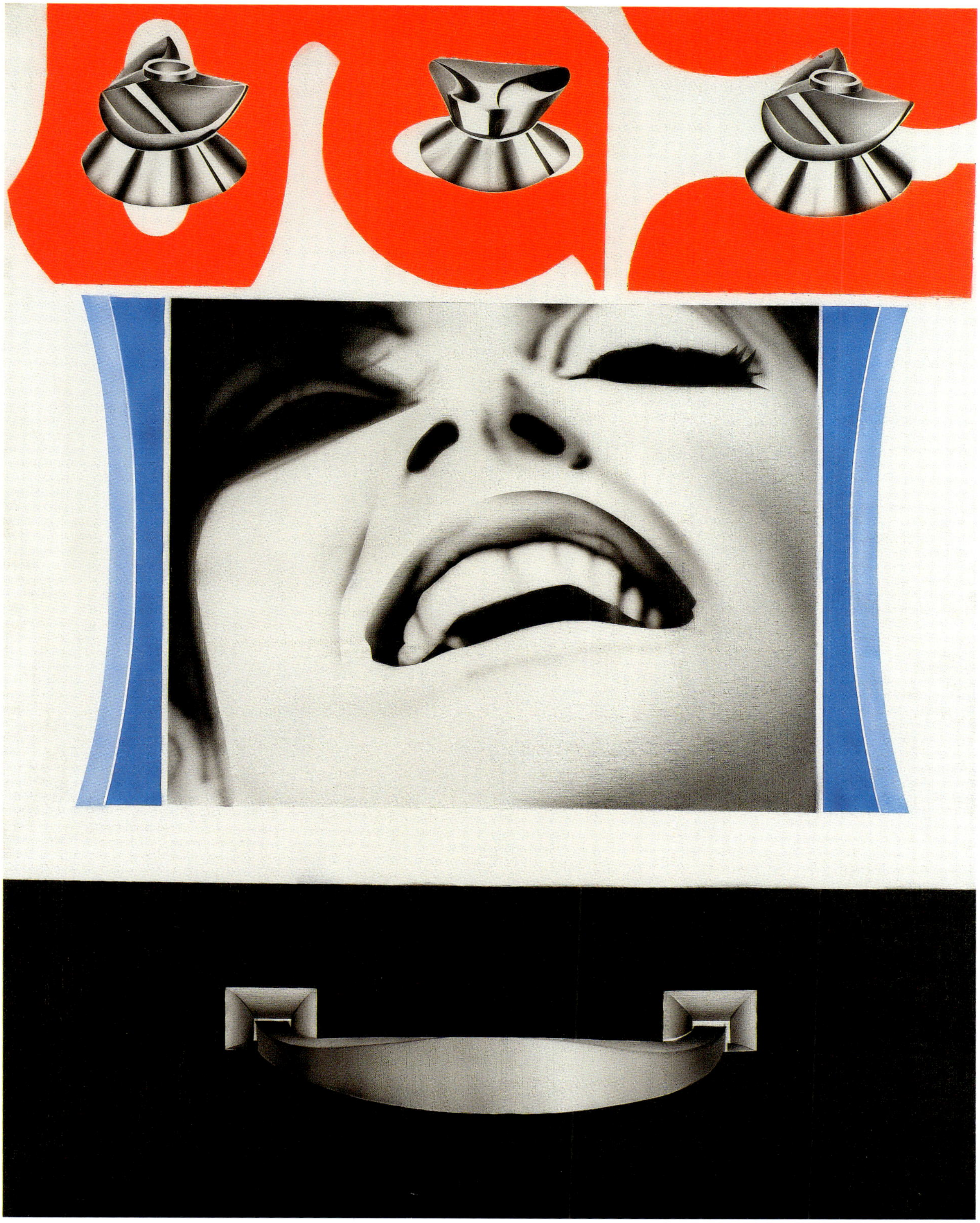

Tiroir II, acrylique sur toile,
92x73 cm, 1968, collection M. et Mme Roger Szerzantowicz, Paris

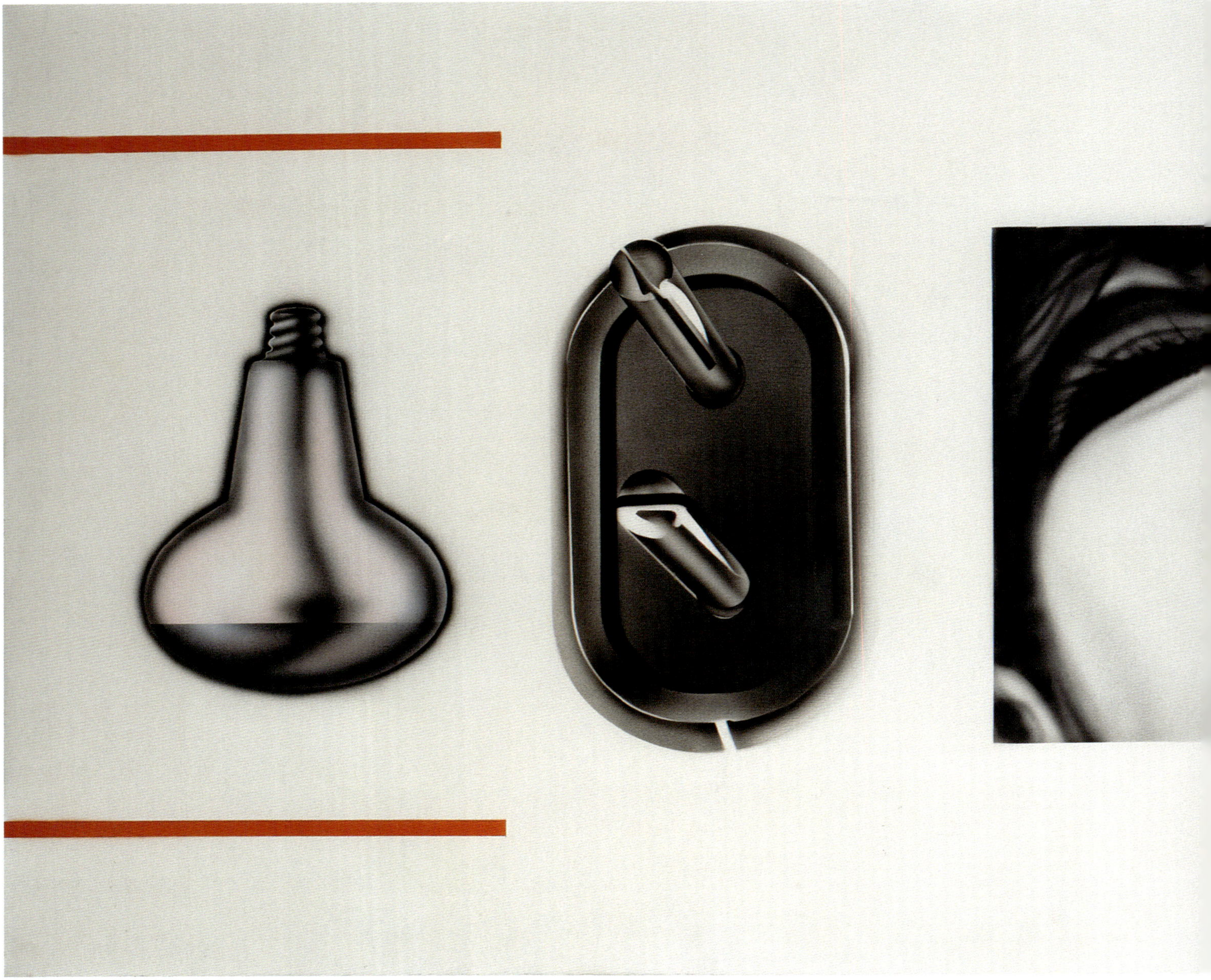

Sourire, ampoule, prise mâle, stéthoscope et objets sur toile, acrylique et objets sur toile, 100 x 162 cm, 1969, collection particulière, Paris

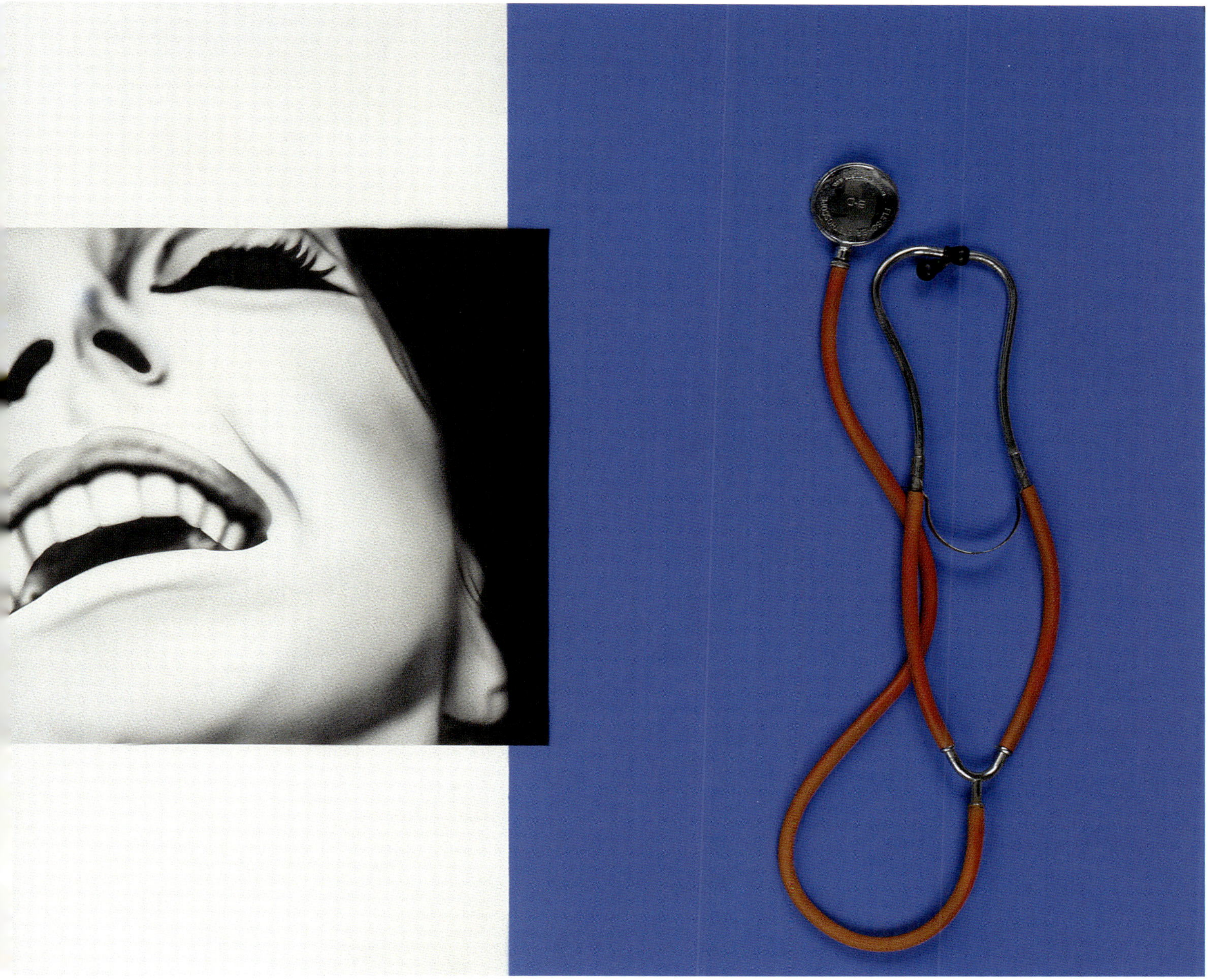

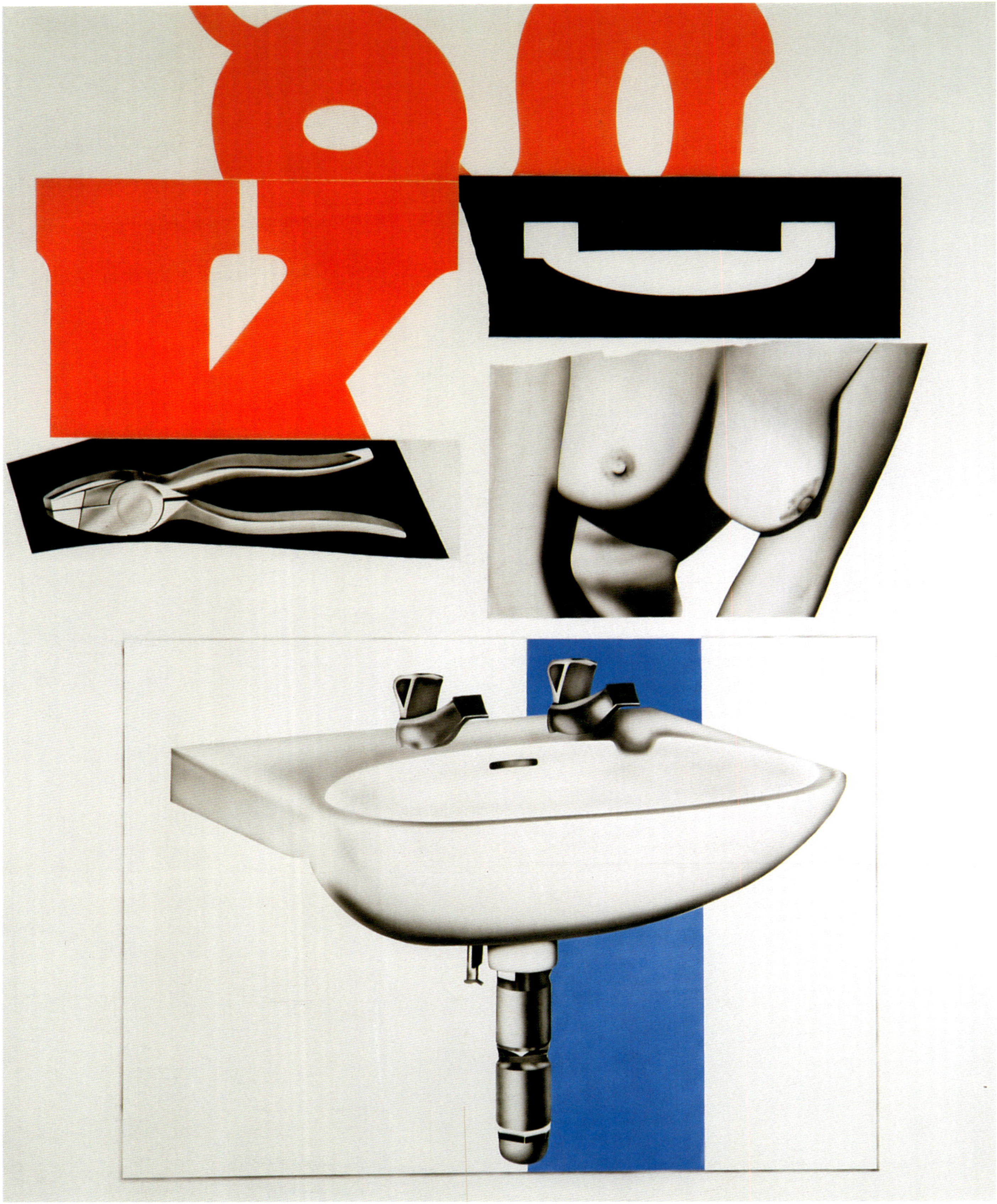

Paracollage n° 9, acrylique sur toile,
162 x 130 cm, 1968, collection Jean Coulon, Paris

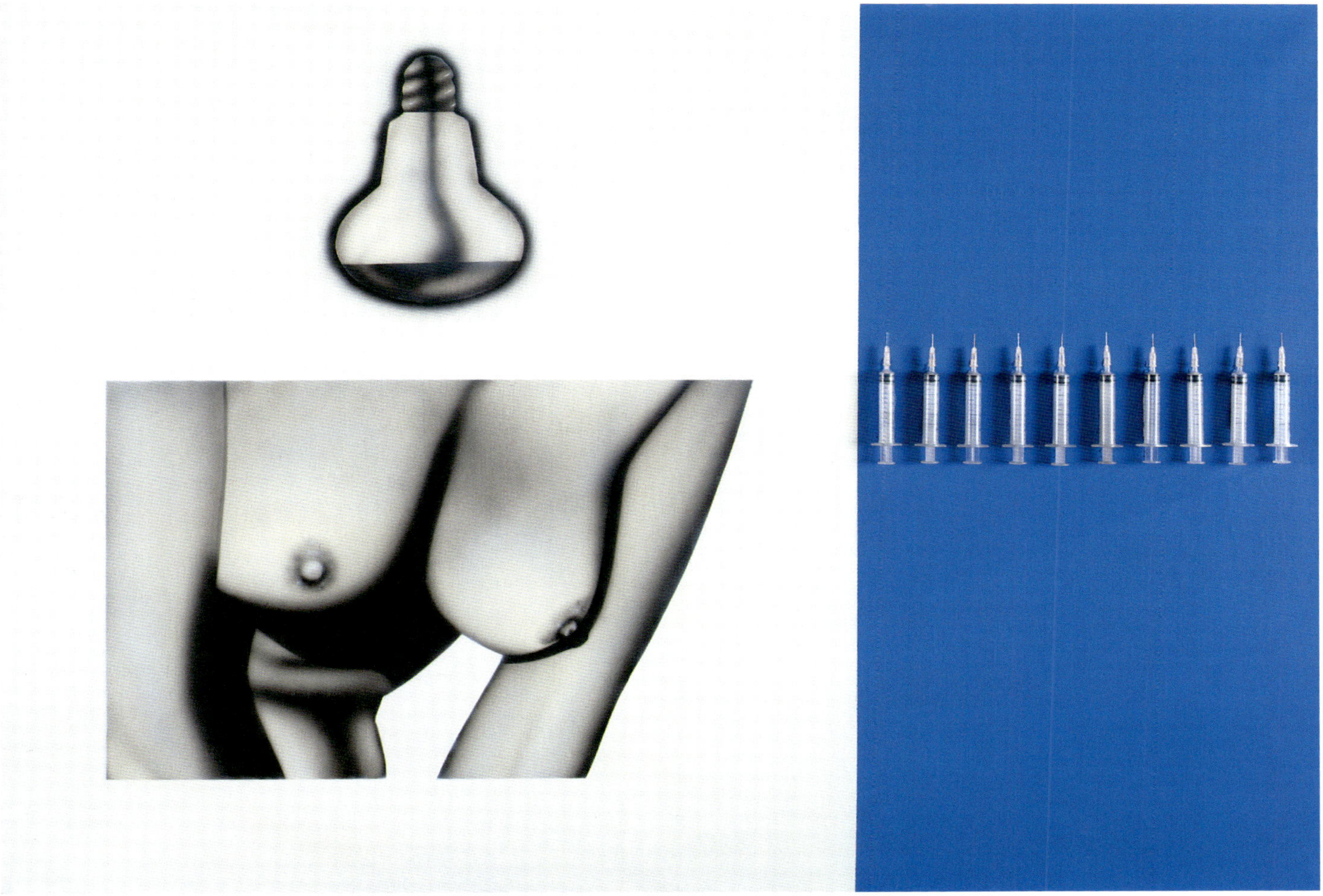

Torse + ampoule + 10 seringues, acrylique et objets sur toile,
89 x 116 cm, 1969, collection Pfeffer, Paris

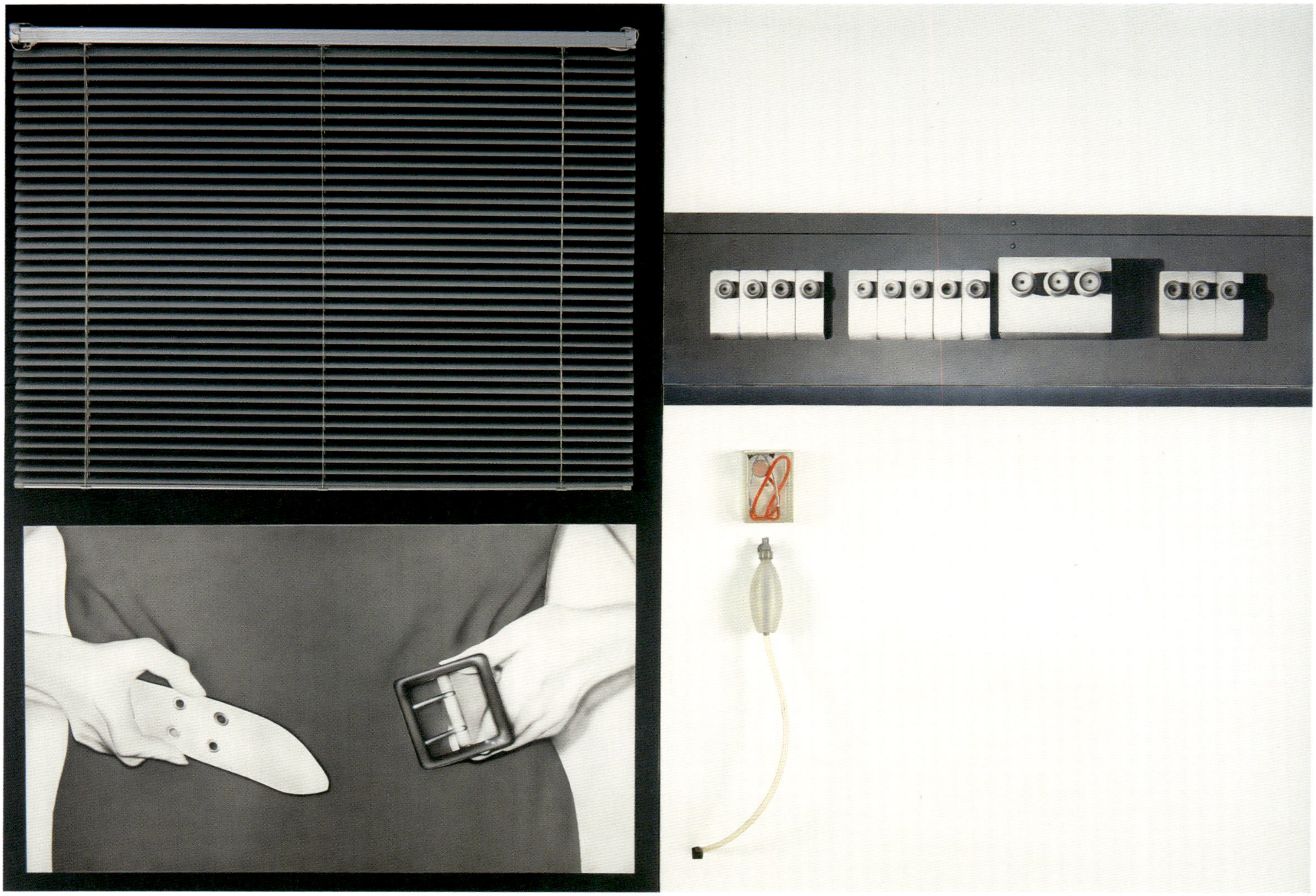

Fusibles, acrylique et objets sur toile,
227 x 325 cm, 1971, collection particulière, Paris

Ceinture n° 2, acrylique et objets sur toile,
195 x 130 cm, 1970, collection Marty, Paris

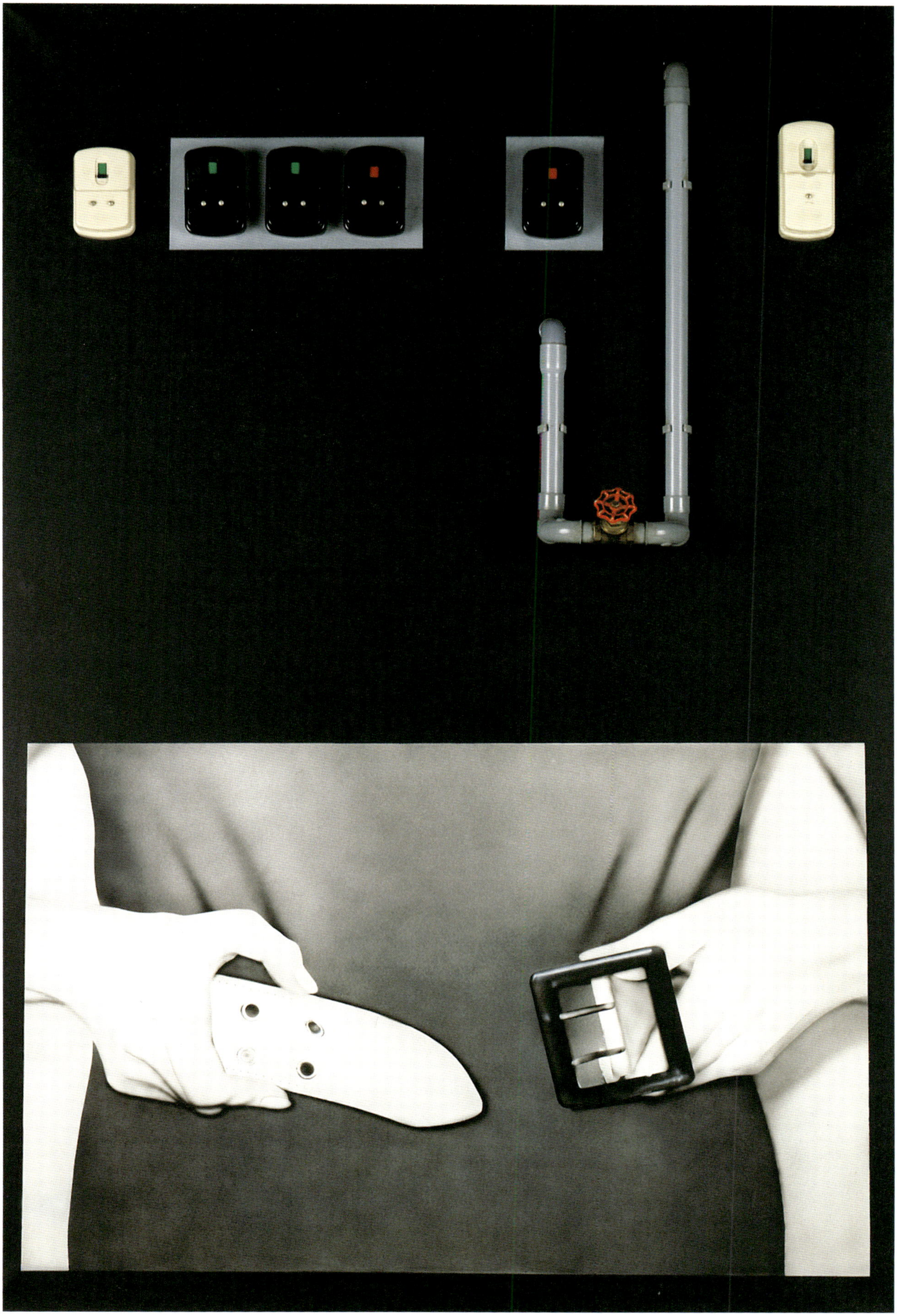

wc + store, acrylique et objet sur toile,
162 x 130 cm, 1968, collection particulière, Paris

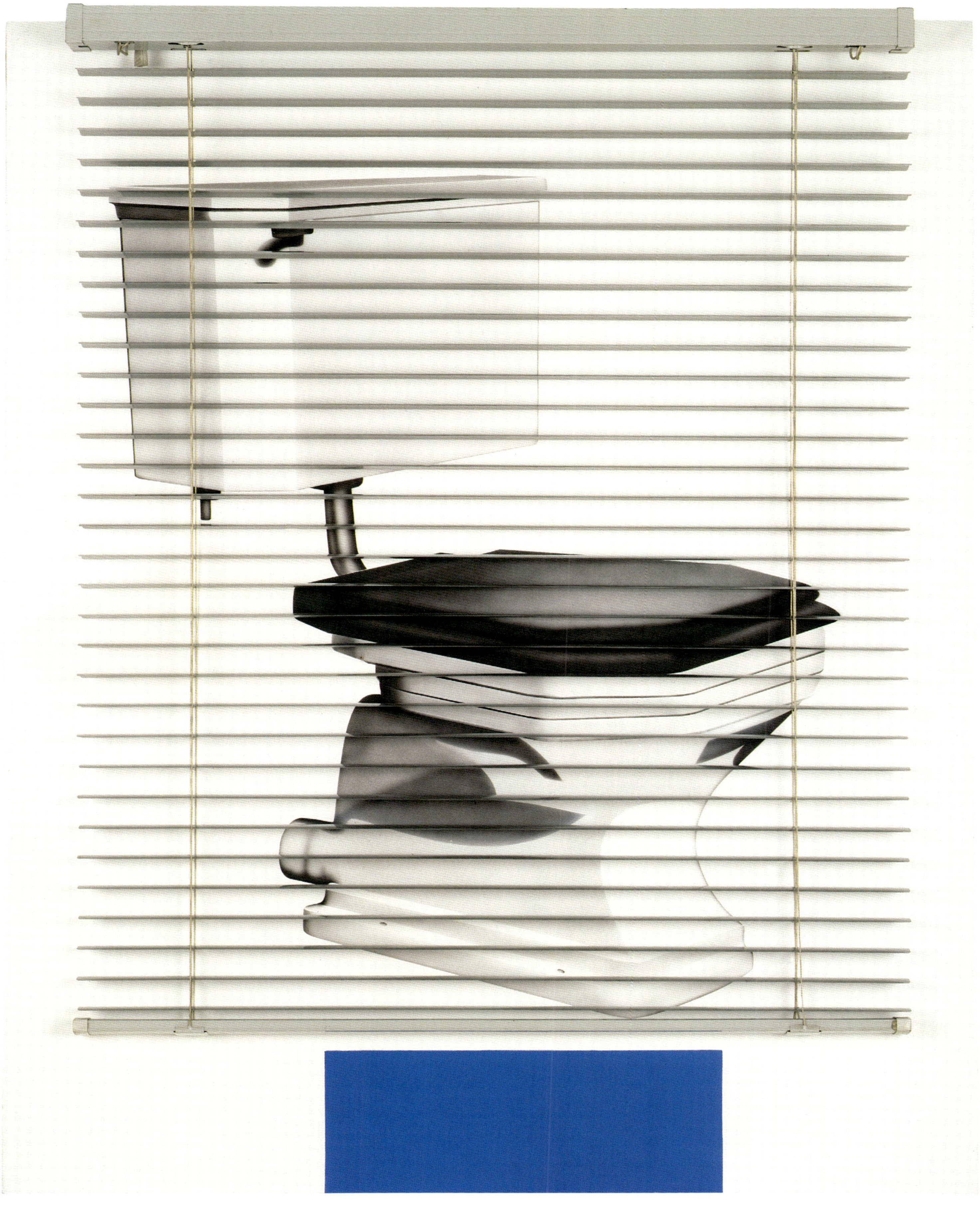

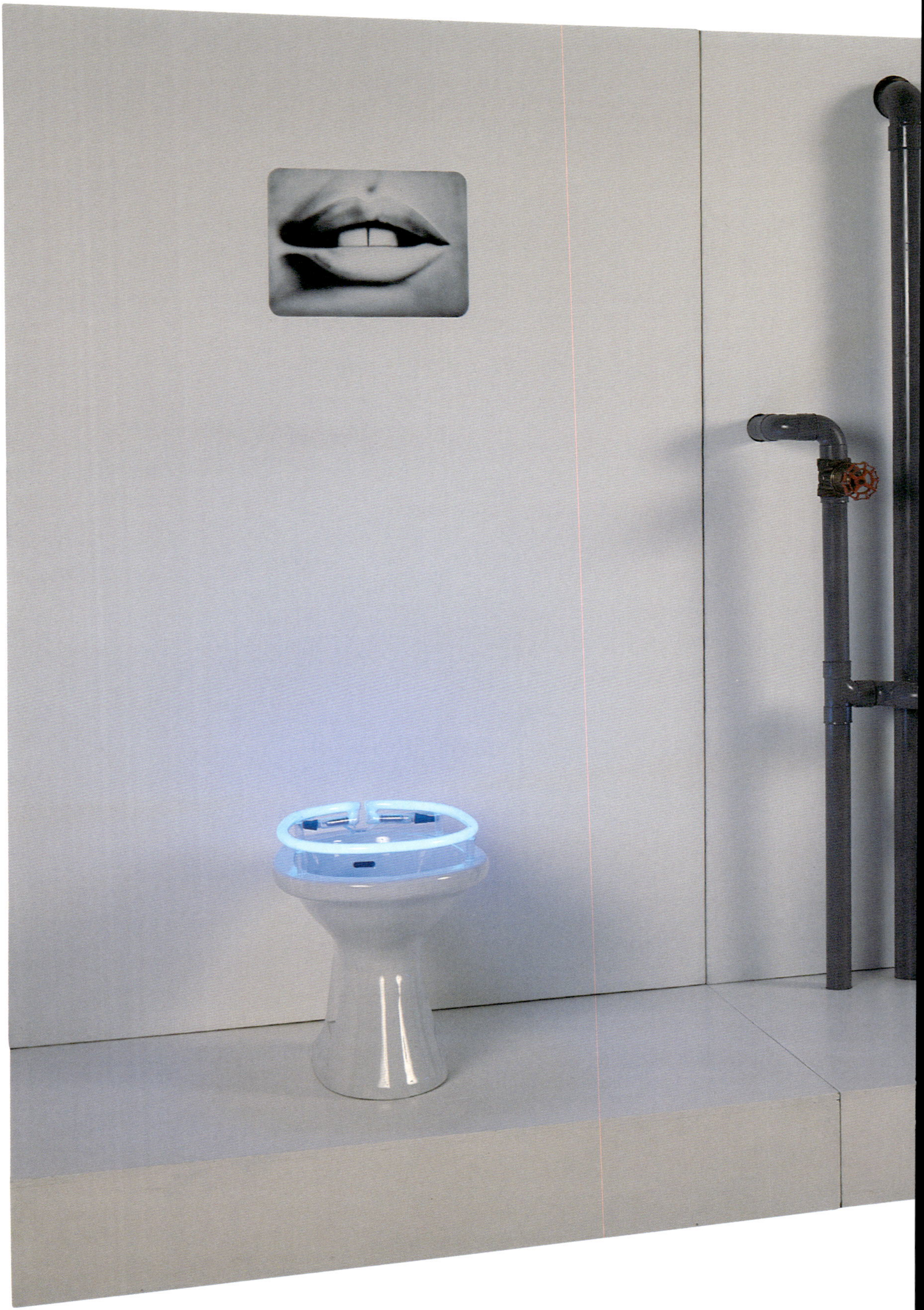

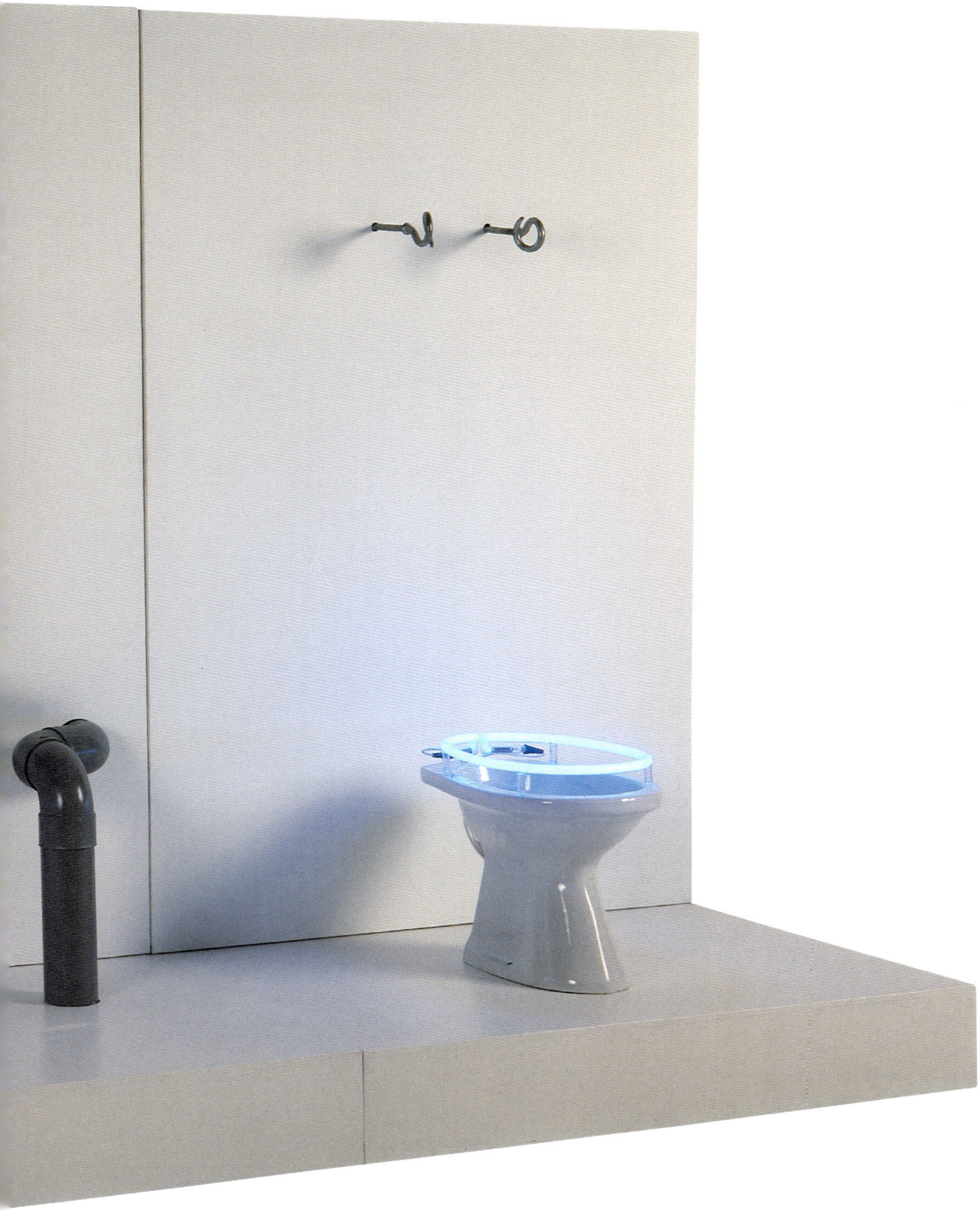

Ensembles et accessoires, tuyaux de descente/2 bidets (détail),
installation, acrylique, objets et néons sur toile,
195 x 360 x 80 cm, ARC, musée d'Art moderne de la ville de Paris, 1971

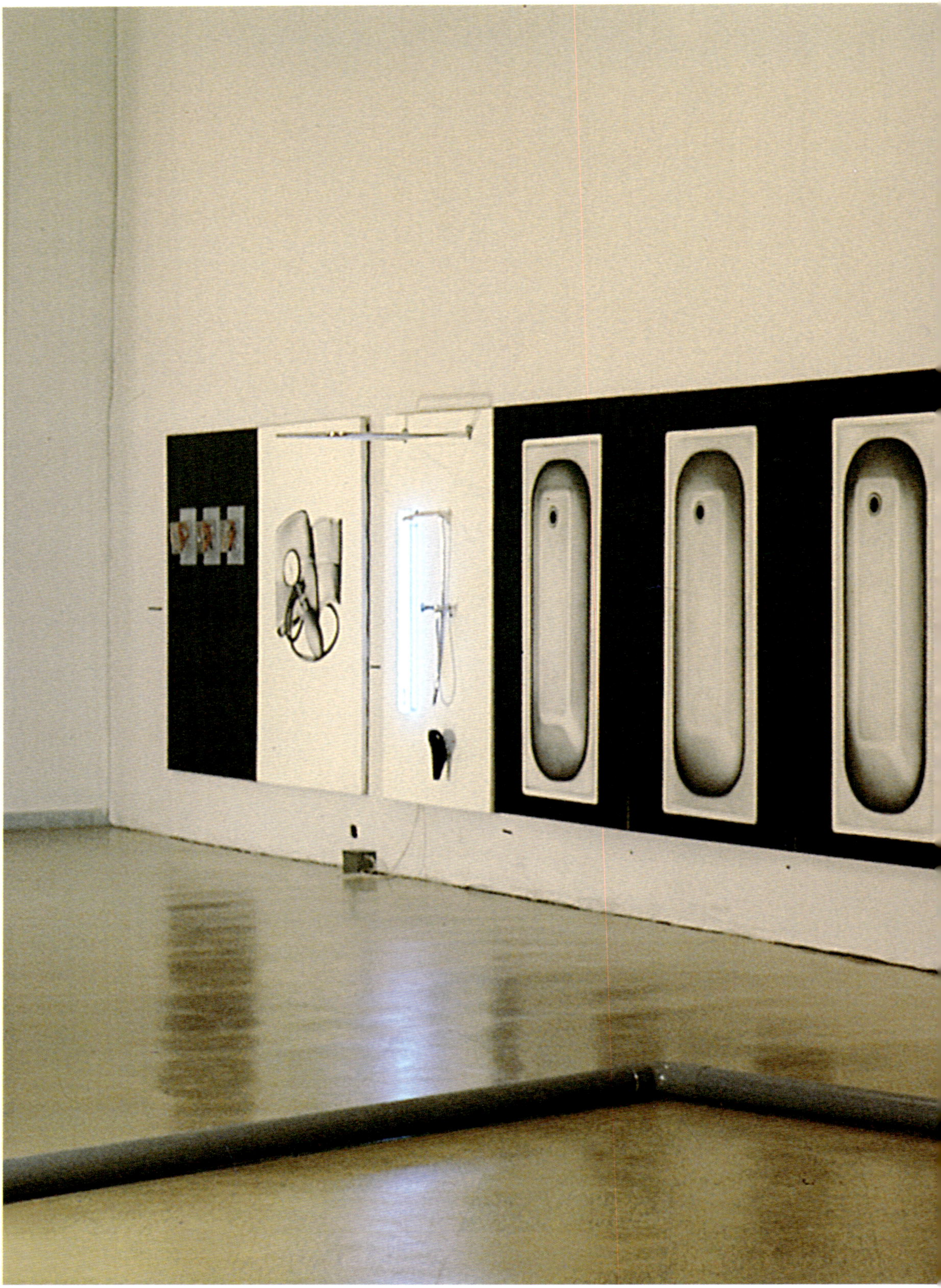

Ensembles et accessoires-baignoires (détail), installation, acrylique, objets et néons sur toile, 1971, collection particulière, Paris

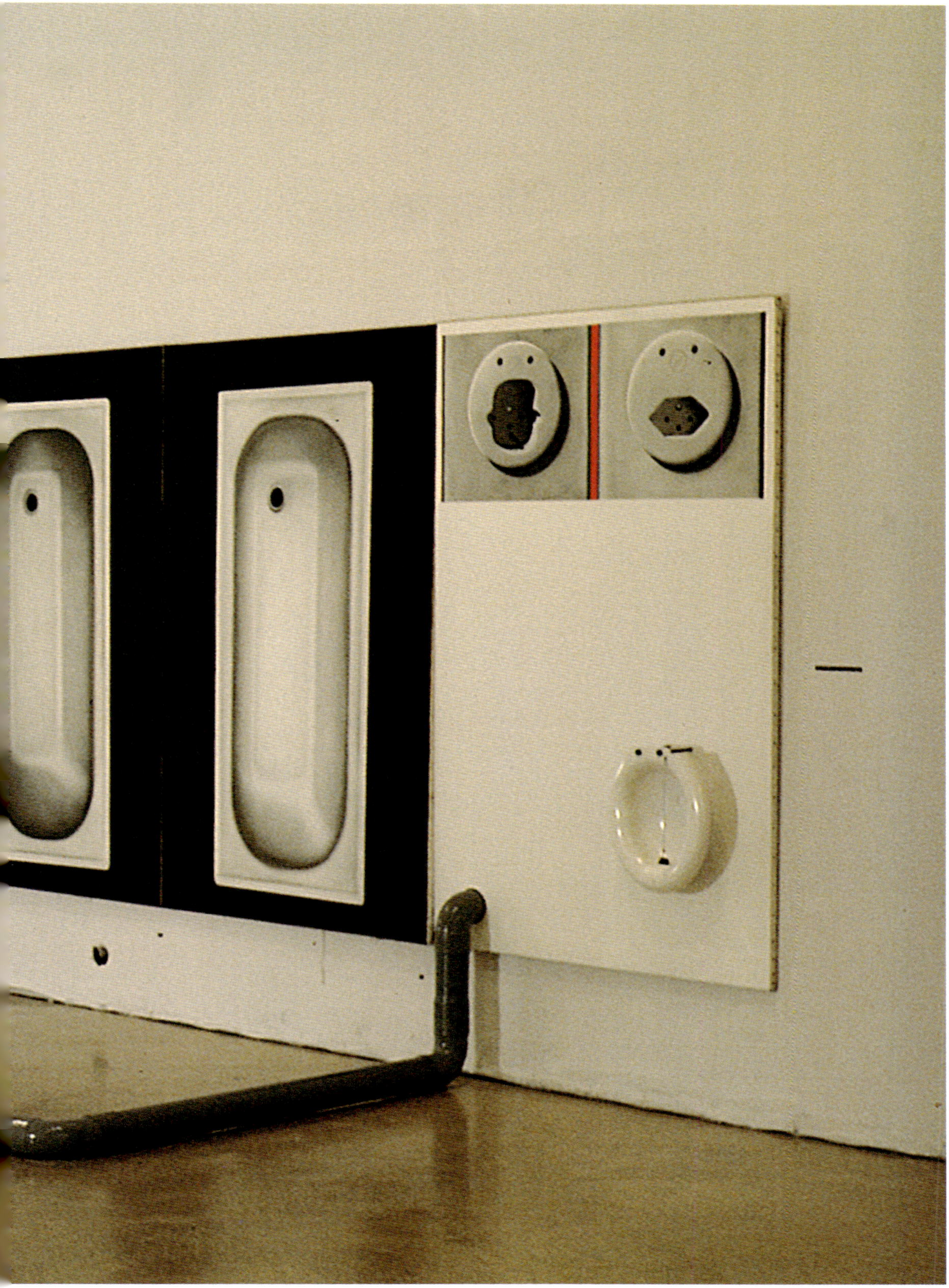

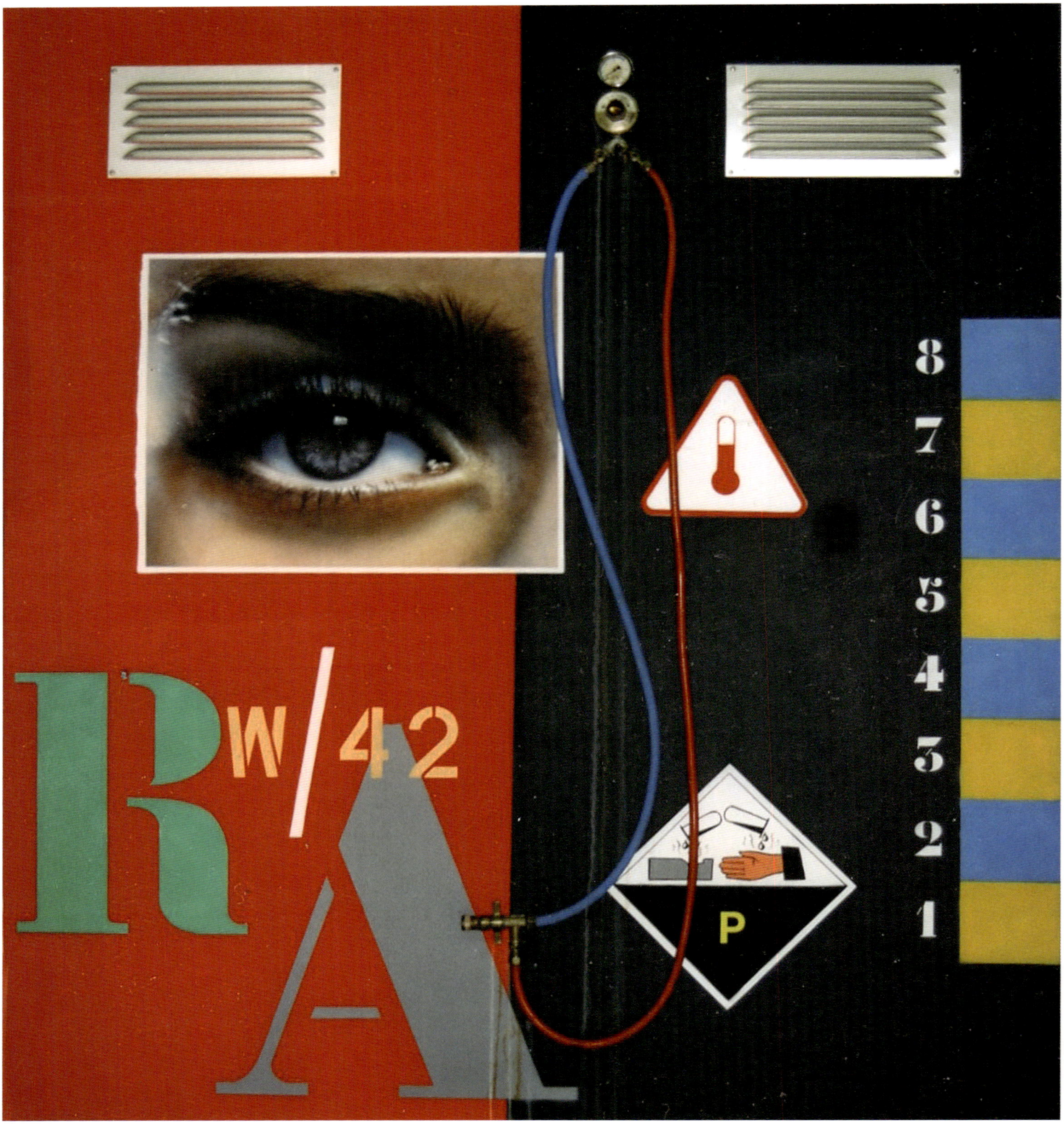
R
W/42
A
8
7
6
5
4
3
2
1
P

ENFERMEMENTS

Fragments RA **w/42**, acrylique et objets sur toile,
200 x 180 cm, 1997, galerie Guy Pieters, Knokke-le-Zoute, Belgique

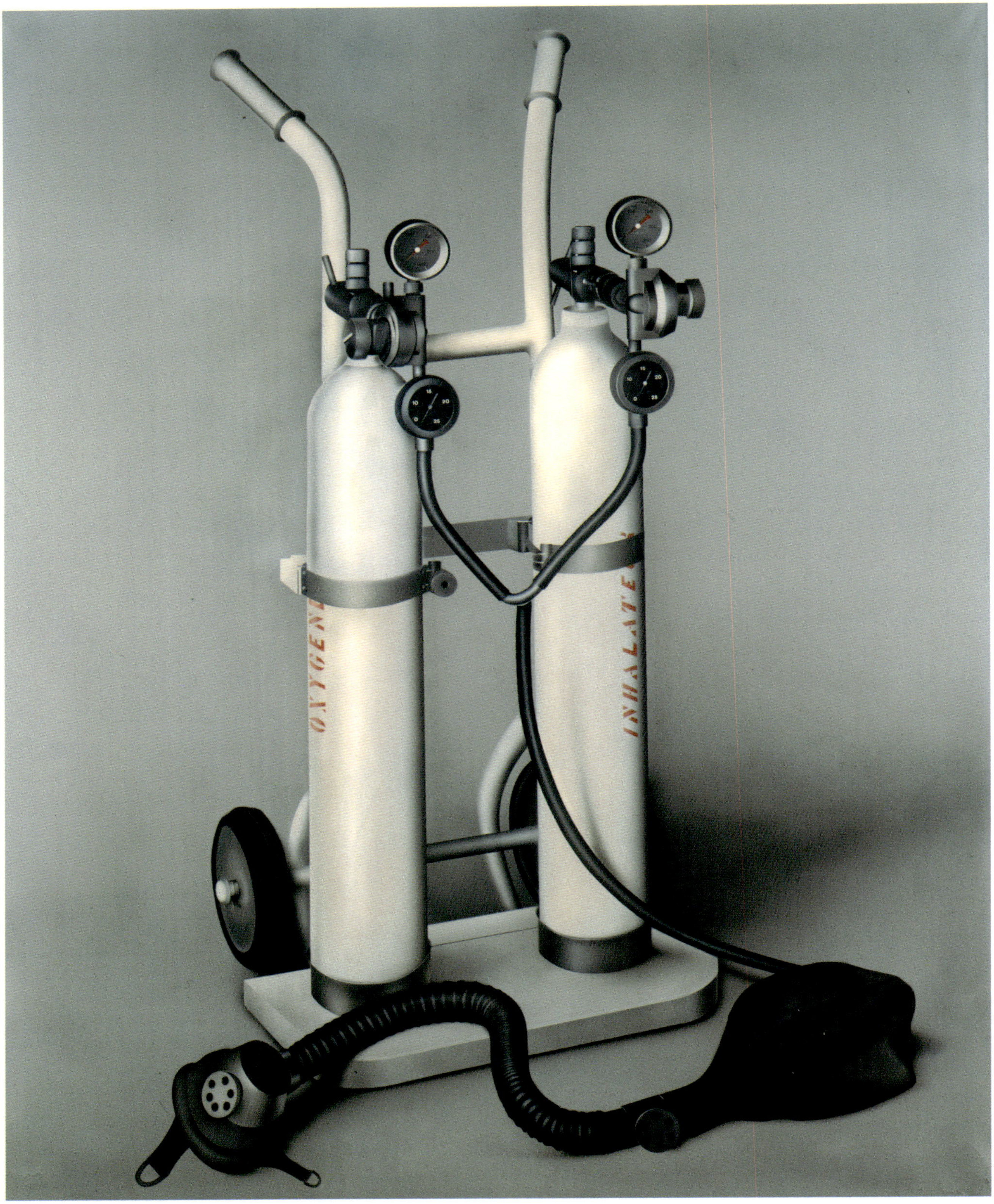

Oxygénateur, acrylique sur toile,
162 x 130 cm, 1974, collection particulière, Paris

Les écrous du regard

“Voilà près de trois ans que le corps humain ne figure plus sur les toiles de Peter Klasen et pourtant nombreux sont ceux qui l’évoquent comme si, bien qu’ayant quitté la scène, il était toujours présent. Il est vrai qu’on ne peut plus se regarder, s’objectiver. C’en est fini des carcasses de femmes ou des fragments de peau. Mais c’est peut-être parce qu’on ne peut plus se voir qu’on est d’autant mis en jeu. Cette permanence dévoile une autre situation. Désormais nous ne sommes plus les témoins d’une opposition entre la chair et les éléments tranchants ou durs, nous sommes «nous spectateurs» directement soumis au choc, au déferlement des masses glacées, des surfaces saturées. On ne peut plus, derrière le regard, se tenir à l’écart. Nous voyons. Et ce qui est vu oblige les membres à se tenir, là-devant, comme s’il y avait une réponse à apporter, face à une réalité qui, masquée à tout moment, ici prendrait forme.

Flashs arrêtés, éternels et silencieux, ou cercles, précipitations d’acier qui signent notre temps, le corps est immergé dans un océan de souffrance et de cruauté. Qu’a-t-il devant les yeux ? Que peut-on prononcer qui nommerait ces lieux muets ? Faut-il essayer de se référer à la réalité et dire : lumière d’émail, fonte, fer, rivets, poignées, flèches, ou à ce qui se lit – lettres, chiffres, signes : colonnes sèches, EUR (T) E, ETR, CCX4, 885, 79, traces de craie sur les surfaces sombres, empreintes d’effacement ? Faut-il suspendre ces éléments de reconnaissance pour ne retenir que ce qui les enserre : découpes, fragments, ordre géométrique, angle – *Hommage à Mondrian* – ou superposer des mots qui engloberaient, qualifieraient tout en animant un autre champ de sens : verrouillage, chaîne, recouvrement, clôture ? Enoncer cela, c’est énumérer les éléments d’un parcours sur la toile, mais c’est aussi, par ces divisions et ces questions, dire que quelque chose échappe à la nomination, que ce qui est au centre du tableau, plus qu’une image, est une prise de figure. Car, si nous reconnaissons tels ou tels éléments, nous savons que les renvoyer à leur seule désignation représentative (portes de wagon ou arrières de camion) ne peut provoquer qu’une réduction de leur sens.

En rester à ces points de départ serait ne retenir que l’idée d’un catalogue d’objets signifiants et d’une certaine manière oublier le travail et la peinture.

L’arrivée dans les dernières toiles d’une lumière incisive et coupante accentuant la férocité des surfaces métalliques, ainsi que la présence instante d’ombres portées éclairant la toile d’une lueur d’énigme, sont là pour nous détromper. Il ne s’agit donc pas d’une image où la représentation entièrement subjuguée à la réalité impose une relation passive au sujet réduit à l’état de réceptacle, de sens venant de l’extérieur (peintre et spectateur occupant alors la même place), mais bien d’une figure, c’est-à-dire d’une prise de forme où ce qui est vu (ou donné à voir), s’il se trouve découpé dans la réalité, est investi pour le sujet (à travers un déplacement : de la bâche à la toile, par exemple) de telle façon que le «motif» produit bien autre chose qu’une simple fascination de sa représentation. L’important est alors le lien entre le sujet et la figure. Le peintre investit de sens celle-ci et lui fait signifier sa relation au monde.

La figure devient ce lieu de concrétion constitutif à l'individu comme si, en cette surface qu'il choisit ou peint, en quelques signes tout se disait. *Fenêtre noire*, 200 x 150 cm, 1977 devient ce foyer où ce qui encercle : l'essence ou la pratique de vie, se dévoile, toute apparence congédiée. Prendre un morceau du réel et le faire parler : *Bouche d'incendie*. Ce questionnement et cette transformation de la réalité à travers fragments, figures, découpes, désignent l'espace où nous nous situons, celui du mental. Il n'y a pas de jouissance du regard ou de constat, il y a la mise en matière de la réalité que nous vivons à travers elle, la volonté de connaissance. Donc pas de faux-semblants, ni de fuite, il s'agit de fixer ce qui se passe sans détourner les yeux vers les tentations trompeuses de l'apaisement.

Peter Klasen dit que la lutte fait rage, que l'homme, s'il se débat une fois de plus contre les atteintes de la mort, est aujourd'hui pris dans la plus terrible des entreprises de destruction. Démuni violemment ou doucement de ses jours, son physique, sa liberté, le voilà lacéré, isolé, individu en perdition au milieu des montagnes de fer. Il se débat, encerclé, sans même pouvoir, dans le champ de conscience qui est le sien, trouver place pour son corps, tant la fréquence des atteintes l'a émietté. Dépossédé de sa propre image, il est investi par les machineries, à tel point que son langage n'a plus d'autre recours que d'exprimer à travers les clôtures et les fermetures qui l'envahissent. La langue accaparée par le pouvoir et ses utilités devient elle-même objet fantomatique, élément étranger au sujet.

Si nous regardons *Wagon réfrigérant – Détail I*, nous voyons que la recrudescence actuelle de lettres et de chiffres dans les tableaux de Peter Klasen, bien loin de mettre en scène une écriture humaine, signe d'identité, ne fait au contraire que marquer plus violemment la perte des mots par ceux qui les énoncent. Les lettres et les nombres peints ne sont là que pour désigner des modes d'exploitation et de fonctionnement. Certains sont indéchiffrables, comme si, leur sens confisqués, ils n'étaient plus que les hiéroglyphes de la mort : d'autres ne peuvent être perçus dans leur entier. Qu'est-ce qu'un L amputé de moitié ? En certaines zones, des traces laissent supposer le passage d'un geste mais, si elles se différencient, elles ne produisent rien qui ne sorte de l'enclos : *24 nt*. Ce qu'il reste d'un corps : la matière d'un mouvement ; mécanisme d'une qualité différente, mais rien de plus : *24 nt*.

Il arrive que Peter Klasen place la langue dans un dispositif encore plus clair, quant à sa situation. On trouve, perdu dans la masse de fonte d'une surface métallique, un rectangle dont l'espace est grillagé. Derrière ce grillage : une feuille de papier qui, semble-t-il, a été décollée – recollée, arrachée – déchirée et où, à peine lisibles, se trouvent mêlés à la colle quelques signes griffonnés. Que dire de plus ? S'il est encore possible de se manifester, nous sommes réduits, dans notre plus grand nombre, à l'état d'êtres ou de masses solitaires ébauchant quelques gestes derrière le quadrillage des barreaux. Des traces comme le souvenir d'une vraie parole.

Oppression, aliénation, violence, des mots qu'on n'ose plus dire car tant de fois employés et pourtant un vocabulaire qui, à chaque mouvement dans la ville, surgit dans notre vie.

Cette époque se reconnaît dans l'envahissement des faits les plus intimes par les mécanismes de pouvoir. Elle se qualifie par la reproduction de cette gestuelle, à tous les niveaux. «Tu es à la télévision, mec, tu es à la télévision, Bugs Bunny» (Christopher, Bob Wilson).

En corollaire à cette situation, le sommeil s'étend où les écrasements se multiplient contre les parois. Traces de sang sur les remparts de carreaux. Peter Klasen est le peintre de ces faits et de ce temps. Un peintre qui dit : Regardez : rideaux de fer, danger, incendie, issue de secours. Un homme qui affirme qu'il ne peut détourner son regard, que l'horreur policée est trop forte, qu'il faut rester là et montrer, afin que la défense de ce qui reste d'identité ne se perde pas en un oubli meurtrier pour ceux qui résistent, mais passe par le refus, la lutte quelles que soient leurs chances, face aux grilles mentales et sociales qui occupent le terrain. Dans une société qui dit qu'au fond tout ne va pas si mal, Peter Klasen (à côté d'une réflexion individuelle sur les formes de la mort) désigne au contraire le point où nous sommes arrivés. Un cirque où une à une les trouées se sont closes, un cirque où résonnent les bruits de fermeture, un cercle de cadenas où ne demeure aucune porte à pousser. L'individu obligé de revenir à soi se découvre dévoré. L'histoire d'un lieu où tout est à refaire.

Il ne suffit pas de se retourner vers les goulags ou de «penser ailleurs». Il faut voir ce qu'il se passe ici, les territoires qui sont les nôtres, comprendre, dénoncer ce qui est à l'œuvre dans ce qui nous enserre et nous traverse. Faire prendre forme, donner sens à ces faits pour déchirer les voiles d'illusion ou de diversion, tel est le travail de Peter Klasen, actuellement peintre en Europe occidentale.

Comment ne pas penser, en regardant ses toiles, à ces mouvement électriques américains qui, pour dire l'enfer et l'ennui de Detroit, inventèrent une musique du nom de *heavy metal*, ou à cette phrase de John Cale : *Fear, fear is the man's best friend*. «La peur, la peur est la meilleure amie de l'homme.» Peur qui naît aujourd'hui d'actes inacceptables, peur qui tient la conscience en éveil, qui récuse les immenses et dérisoires simulacres des mass media (que dire des dernières mises en scène à grand spectacle de l'actualité !), peur compagne de tous les gestes, qui au creux de la dépossession souffle encore qu'il y a quelqu'un.

Au milieu des poids, conduits, leviers, écrans et cadrans, avez-vous remarqué que les salissures viennent ? Baves du temps, elles suintent de l'intérieur des appareils. Quelque chose, très loin, mais déjà, se décompose.

Vannes sur fond bleu-gris, 120 x 105 cm, 1977.

Ouvrir."

Olivier Kaeppelin, "Les écrous du regard", revue *Exit*, Paris, 1977

Jack-to-Jack

"Blanches trop blanches ou d'un bleu métallique qui donne le frisson toutes les pièces du Fort sont rectangulaires. Ici aucun mot n'est prononcé. D'ailleurs il n'y a jamais personne sauf cet être assez grand, la quarantaine peut-être, qui passe, marche, hésite, qui semble à la fois chez lui et hors du temps. Haut plafond. Murs de brique. Il est là. Il attend. Autrefois, il y a quatre ou cinq ans ou bien hier, on apercevait pourtant un homme et la silhouette d'une femme aux yeux blancs. Belle. Jeune. A la blonde chevelure. On se souvient ici et là de l'éclat de sa bouche kra kra et kra les mouettes, entre elles, parlent encore de la femme étrange. Parfois. Dans le rectangle parfait des pièces. Je me souviens. Derrière la fenêtre elle était là triste et distante. Son corps se heurtait aux objets, semblait les affronter les animer. Dur contre doux. Tiède contre froid. Vivant contre mort contre l'instinct de mort, plutôt. Haut plafond. Murs de brique. Continuité de la pensée avant le large, le grand large, ce qui, pour tous, se présenta comme l'éloge du vide. Tout ceci peut se passer à la périphérie d'une capitale, sur un boulevard de ceinture, près, tout près des camions, des convois, de ces lourds véhicules gris et rouge ou d'un bleu métallique qui nous faisait peur. Celui qui a peut-être quarante ans est là immobile à regarder passer les camions à revoir encore une fois encore le film qu'il se projette chaque fois que l'angoisse ! Parfums du monde. Odeur de la terre retournée. En ce temps-là il marchait d'un pas égal sur le talus oui juste le long de la voie de chemin de fer serrant dans sa main droite son blanc mouchoir. C'est avec cela qu'il les avait essuyés. C'est avec ce carré de soie qu'il s'entourait le doigt pour les caresser et, au plus profond, pénétrer en eux. On apercevait leurs silhouettes. J'ai tout dit de la femme mais l'homme à ses côtés ! Donc : pension – commissariat – hôtel – clinique – nous sommes dans un lieu-clé à un moment crucial de l'existence de ces 3 êtres par exemple quelques instants avant la fin – nous l'exigerons sublime – du monde à moins qu'il ne se passe rien de plus que ce que l'on voit chaque jour : des camions qui roulent – des péniches qui passent – des trains qui se. Croisent. Une fois il aperçut une sorte de momie vieux doigts recroquevillés bouche tordue et cassée par les tubes sur sa chaise roulante poussée par un infirmier il en est sûr cela est certain qu'on l'a foutue à. L'eau. Ici voici des grilles. Pour encercler ? pour emprisonner ? pour protéger aussi ? On ne sait plus. D'une pièce à l'autre sous le haut plafond il passe et marche regarde les chiffres les bâches et les verrous. Il s'assied sous un store gris-bleu. Jack-to-Jack. A toi maintenant de dresser le procès verbal du monde / --

ainsi – fenêtres grillagées pour empêcher les trop funestes velléités d'exorcisme – nous sommes peut-être au dernier jour du monde et de la femme étrange qui, je l'ai dit, intensément fixe les rails – écharpe noire – contre la vitre – comme collée – il semble qu'ainsi elle nous fasse signe oui qu'elle nous parle mais qu'aucun son ne parvient jusqu'à nous qui pourtant l'aimons – hier encore cul bien offert elle s'est foutue pour eux à quatre pattes ensemble ils firent ces actes du corps aujourd'hui la voici les paumes sur la fenêtre et, appelant – paroles sourdes – cris et appels d'une berge à l'autre le long de l'Hudson river où, enfant, j'avançais tremblant."

Franck Venaille, *Jack-to-Jack*, *Peter Klasen*, monographie, Arte industria, Pollenza, 1982

Peter Klasen a tranché

"Peter Klasen a tranché. Ses toiles ne sont pas des miroirs, où la fixité aurait gelé des images. Elles ne sont pas dressées dans leur verticalité pour qu'on y voie le reflet narcissique et sentimental d'une relation saisissable à travers ses références, ou exprimable par contagion. Elles sont debout pour nous aveugler. Quel autre peintre a voulu pareillement nous crever les yeux ? Mais avec une patience, une attention, qui masque la violence de sa volonté. Vous voyez un chariot, une charnière, un verrou, un interrupteur, une grille, une paroi de wagon ou de maison, et qu'est-ce qui vous retient ? Les choses de notre monde n'ont pas encore trouvé le mythe capable de les exprimer, et qui s'inscrirait peut-être dans la continuité du regard de la Méduse : quand on les voit, on ne voit plus rien ; on entre dans leur sommeil froid. Peter Klasen ne prélève sur les choses que l'exactitude de leur apparence. Il sait que la fascination est liée à ce comme-ci. Et il le joue à l'extrême : cependant que l'exactitude paraît bloquer la représentation sur elle-même, il l'utilise comme un leurre, un leurre pervers dont le fonctionnement est contradictoire. Contradictoire parce que la chose peinte ne nous aveugle d'elle-même que pour figurer son excès. Le peintre figuratif fait sauter le pont des références pour en finir avec le chemin qui conduit à une réalité explicative et suffisante. Autrement, il n'y aurait plus rien à peindre que l'interminable répétition du déjà-vu. L'exactitude est une provocation : elle est le coup d'arrêt qui met le regard en face de soi, et qui le renvoie dans la tête. Et le regard, alors, imagine et se voit. Il cesse de signaler pour devenir créateur."

Bernard Noël, *Klasen*, "Autrement l'ART", éd. Autrement, Paris, 1983

Etudes d'impact

"S'imposant ou plus exactement se surimposant aux silhouettes agrestes, aux profils des domaines minéraux ou végétaux, le développement des panneaux indicateurs n'a d'égal que celui des écrans qui succèdent aux affiches, aux tableaux muraux des affiches de jadis.

Comme un nouveau type de camouflage, civil celui-là, l'empire des signaux catastrophiques s'empare non seulement des pignons, mais des façades des villes où les cristaux liquides et la vidéo renouvellent l'ornementation des acrotères et des balcons. *Murs-rideaux*, filtres d'une information panique, les deux dimensions de l'architecture planaire des immeubles sont désormais moins perforées par les fenêtres, les grandes baies de l'illumination solaire que par les messages prescriptifs plus qu'indicatifs, d'une voie à suivre impérativement, d'un ordre auquel obéir sans attendre et où domine souvent l'anglais : *Last exit to Brooklyn*.

L'ordre public n'est donc plus seulement dans la géométrie de l'espace urbain du centre et de sa périphérie, mais dans le fléchage intempestif, le signe d'un commandement qui ne parle plus qu'aux yeux, dans un silence assourdissant.

Esthétique de la disparition soudaine du libre arbitre, où la dissuasion d'un quelconque choix est patente.

Rien à expliquer longuement, rien à décrire, ici on intime un ordre strict, en intimidant tout libre mouvement, toute promenade, toute flânerie.

C'est dans cette hantise de la perte et du manque de repères qu'il faut chercher, je crois, l'origine de l'œuvre de Peter Klasen."

"Ainsi, la sourde menace, dissimulée jadis dans l'avenir ou le passé, fait-elle maintenant irruption dans le présent, l'actualisation médiatisée. Désormais le danger dit : «Je suis partout», d'où l'esthétique signalétique où le risque majeur s'affiche à chaque coin de rue, à chaque carrefour, transformant nos paysages en autant de «tableaux de bord » pour une conduite à risque, où l'indicateur de pression et le compteur de vitesse s'associent aux autres voyants lumineux pour nous contraindre à anticiper constamment l'accident, la catastrophe.

L'œuvre de Peter Klasen s'attache depuis toujours à cet *état d'urgence* des apparences, à ces stigmates qui n'ont cessé d'envahir, au cours de ce siècle, l'horizon du visible. Surexposer l'interface entre voyeur et clairvoyant, plutôt que d'exposer des surfaces peintes ou modelées. Dénoncer plus que démontrer, c'est là la tâche indiscrète de Peter Klasen."

"A la manière d'une frise, les œuvres du peintre déroulent les multiples signaux d'alerte, le film immobile de l'angoisse du siècle. Moins qu'un mur, son art est la «planche de bord» d'un voyage sans retour, d'une circulation sur place, à la fois pressée et empressée, où les risques s'annoncent et se dénoncent réciproquement : depuis la haute tension et l'électrocution, jusqu'à la menace d'explosion, en passant par la corrosion, les radiations secrètes ou le poison.

Tableaux de la clôture et de l'interdiction de séjour, porte blindée soudée par ses multiples verrous, opacité des grilles ou des grillages, les pièces de Klasen sont autant de vitrines dépourvues de glace, où seule la *répulsion instinctive* protège de ce qui est donné à voir."

Paul Virilio, *Klasen/Virilio, études d'impact*, Expressions contemporaines, Angers, 1998, p. 13, 16, 23

K.L.A.S.E.N., opéra en trois actes et quinze scènes

"Les portes verrouillées, les grilles envahissent l'espace ; l'oxygène même fait défaut dans cet univers incapable de suggérer le moindre mouvement, le moindre déplacement. Interdit de circuler, interdit de respirer. Plus rien ne bouge, plus personne ne parle ; y a-t-il même quelque chose à entendre ? Peinture entièrement statique et muette, répondant à l'oppression carcérale et à l'administration de la peur. Si les portes blindées couvertes de lettres et de chiffres énigmatiques ne manquent pas de faire penser aux déportations vers les camps de la mort, au système concentrationnaire, à l'ultime chambre à gaz, c'est bien davantage l'enfermement de maintenant et d'ici que peint Klasen avec ses couleurs et formes aseptisées où toute texture matérielle, tout grain réel a disparu. Ici l'imperfection humaine n'a plus cours, le sang et les pleurs ont été annihilés au même titre que les discours, paroles de communication ou d'injonction : seulement des signes codés, des signaux opérationnels, bits d'information, 714 H 19. Barbarie propre, enfer isothermique et insonorisé, sans cris, sans plaie : derrière les verrous vous ne trouverez pas de déchets anéantis par la faim, le froid et les virus, vous trouverez des cobayes anesthésiés par traitements chimiques et alimentés par sondes. Même le bruit des bottes a disparu. Ici ou là, pourtant, quelques inscriptions à la craie, de main humaine, apparaissent, à peine lisibles, à peine visibles. Quelques traces imperceptibles, voilà tout ce qui reste des initiatives et spontanéités singulières. Les murs de l'enfermement eux aussi seront propres, débarrassés de ces archaïques résistances qu'étaient les lettres de sang, les ultimes appels à la liberté et à la vengeance. Drogués, -dé-spatialisés-, dé-temporalisés- les citoyens modernes n'auront même plus la force d'écrire leur haine et espoirs sur les cloisons de leurs geôles...

... Très inquiétant progrès de la terreur : après l'administration systématique de la mort, c'est la vie elle-même qui est investie, prise en charge, entretenue. En peignant plein cadre des objets de salle de bains (lavabos, robinets...) ou des instruments médicaux (fauteuil dentaire, chariot chirurgical), en accentuant leur luisance, en renforçant les jeux d'ombre et de lumière, les objets les plus vitaux deviennent les protagonistes actifs d'un cauchemar hygiéniste et chirurgical où toute latitude et toute insouciance sont définitivement chassées au profit de l'obsession quotidienne de l'état de santé et de la prolongation de la vie. Victoire des virus, et ce, grâce à la science ; promotion d'une *déréliction* sans aucun précédent, et ce au comble de l'encadrement et de l'attention médicale.

Dans la pléthore des soins, la solitude extrême, c'est ce paradoxe qui rend compte du vide des toiles de Klasen...

... Vous pensiez que la terreur résidait dans l'usage monstrueux des instruments ? Erreur, elle est déjà dans la forme, le médium lui-même, quel que soit son usage ou utilisation. Dans l'hyperfonctionnalité des objets, dans l'unidimensionnalité de la fonction, dans le primat des teintes métallisées, un univers opérationnel, inéluctable, prend corps, sorte de spectre hyperréel, vidé de toute gratuité, de tout excès, au degré zéro de la vie, de ses formes multipolaires et de ses jeux chromatiques. Terreur désignée…

… L'issue, c'est *L'Issue de secours*, titre de la toile où l'horizon, visible derrière une vitre de train ou de métro, apparaît comme une nouvelle clôture : mur, tunnel, hall insonore. L'étau s'est refermé ; cernés, quadrillés, administrés, nos lignes de fuite sont elles-mêmes tracées par le système. Où fuir ? Le plaisir, le désir, l'imaginaire, tout cela est déjà aménagé en issues de secours. Regardez ce que vous avez fait de nos plages. Klasen ne donne pas de solution, ne laisse pas entrevoir une lutte ou réconciliation finale ; il observe, peint, découpe ses «caches», anticipe le mouvement, d'un fil. En peignant l'enfermement, la clôture, il arrive que des yeux s'ouvrent : sur l'autoroute du soleil, vous doublerez des Klasen. Vous étiez victime, vous voilà également *témoin*, le dos au mur."

Gilles Lipovetsky, in *K.L.A.S.E.N., opéra en trois actes et quinze scènes*, Marval, Paris, 1989

La grille

"La grille, c'est la clôture du code. L'inscription tatouée de gré ou de force, sur la prétendue incohérence du réel, d'une cohérence systématique qui se donne comme parfaite. Tellement parfaite que grille et réalité finissent par ne faire qu'un. La trame de l'imprimerie pour les sujets de la galerie Gutenberg. La grille structurelle de l'écriture, l'assourdissant tic-tac cadencé des machines à écrire et des téléscripteurs qui vomissent les rubans dégoulinants des dépêches d'agence. (Manzoni a tracé le plus long coup de pinceau sur des kilomètres de bande de papier enroulée ensuite dans une boîte.)

On pourrait parler d'une colossale grille de mots croisés, entrecroisés, dont les cases noires ménageraient les coupes sombres de l'invisible et les cases blanches, distinctes, s'offriraient à la représentation des images. Damier de notre savoir-faire, clair-obscur. Jeu d'échecs, la stratégie des dominos.

Les grilles de Klasen s'inscrivent jusqu'au bord du châssis. Dans le cadre du tableau, la grille instaure le règne de sa monotonie. Uniformité des séries géométriques qui scandent l'espace pénitentiaire. Carapace à intervalles carrés ou rectangulaires. Etouffoir, carcan où l'air fait semblant de circuler entre les barreaux.

L'ordonnance mécanique de la grille : l'unité dans le morcellement. Morcellement de l'espace dépecé en segments, en fragments de liberté. Unité cadenassée de barres perpendiculaires de métal aux reflets identiques.

La grille découpe, dure, géométrique, monotone. Elle uniformise. Papier millimétré. Petits carreaux. Parcelles. Cadastre. Repérage (repérage des lieux de tournage, terme de cinéma). Monde localisé, mis à plat, normalisé. Echafaudage de poutrelles mentales. Grille de l'ordinateur, programme, fiches perforées. La grille fonctionne comme une machine à produire de l'indifférencié, de l'homogène, de l'anonyme."

Pierre Tilman, *Peter Klasen*, éditions Galilée, Paris, 1979

K.L.A.S.E.N., opéra en trois actes et quinze scènes

"C'est là (dans les toiles des années 1980), que la peinture de Peter Klasen atteint au plus haut niveau de conscience des enjeux de ce siècle finissant. La notion de société est pensée sociologiquement en termes de *Gesellschaft* (système constitué par des interactions matérielles, techniques, fonctionnelles : celles-là mêmes dont portent témoignage les images technologiques inventées par Klasen). Mais la société est aussi communauté d'hommes au cœur de la chair, animée par des sentiments et des passions *(Gemeinschaft)*, notamment les mythes qui les soudent entre eux.

Contre ces mythes communautaires, la société est conçue par la techno-éconocratie moderne en tant que *Gesellschaft* : système architecturé obéissant à des lois mécaniques. Pourtant l'autre société existe, celle qui eut un sursaut vers 1968, celle qu'analysent les courants de pensée sensibles au changement, celle que perçoit l'artiste réagissant aux flux, aux mouvements et aux révoltes, celle enfin dont portent témoignage les perturbations libératrices apportées par Klasen/*demens* dans les organisations plastiques de Klasen/*sapiens*.

Le génie de Peter Klasen, c'est de produire un système imagé qui paraît reproduire le principe de la pensée moderne : dissociatif/disjonctif, réducteur-unidimensionnel, mais qui introduit dans le même temps, comme partie intégrante du système, ce qui est inséparable et complémentaire : le désordre par rapport à l'ordre, la liberté par rapport au déterminisme, l'innocence par rapport à la répétition. Non pas une dénonciation (la techno-éconocratie a déjà trouvé, depuis Marcuse, ses contempteurs), mais une invention de ce qui manque à la pensée moderne mutilée, enfermée dans une vision aveugle aux ruptures. Invention développée dans le champ spécifique d'une peinture qui a fait considérer Klasen comme le chef de file du courant réaliste européen, alternatif du pop art. Il est temps de dire que, au moins depuis 1982, l'art de Klasen dépasse de très loin cette médiocre querelle d'écoles – témoins (passifs) du système des objets. Pleinement européen, cet Allemand travaillant en France depuis plus de vingt ans a su percevoir l'effrayante atrophie de notre culture. (Je m'aperçois que, pour essayer d'approcher avec précision sa peinture, c'est à des concepts forgés par la langue allemande qu'il m'a fallu recourir. Sa culture préparait sans doute Klasen à réagir avec plus de force à la situation actuelle.) Réagir était urgent : une pensée mutilée est elle-même mutilante."

Jean-Luc Chalumeau, *K.L.A.S.E.N., opéra en trois actes et quinze scènes*, Marval, Paris, 1989

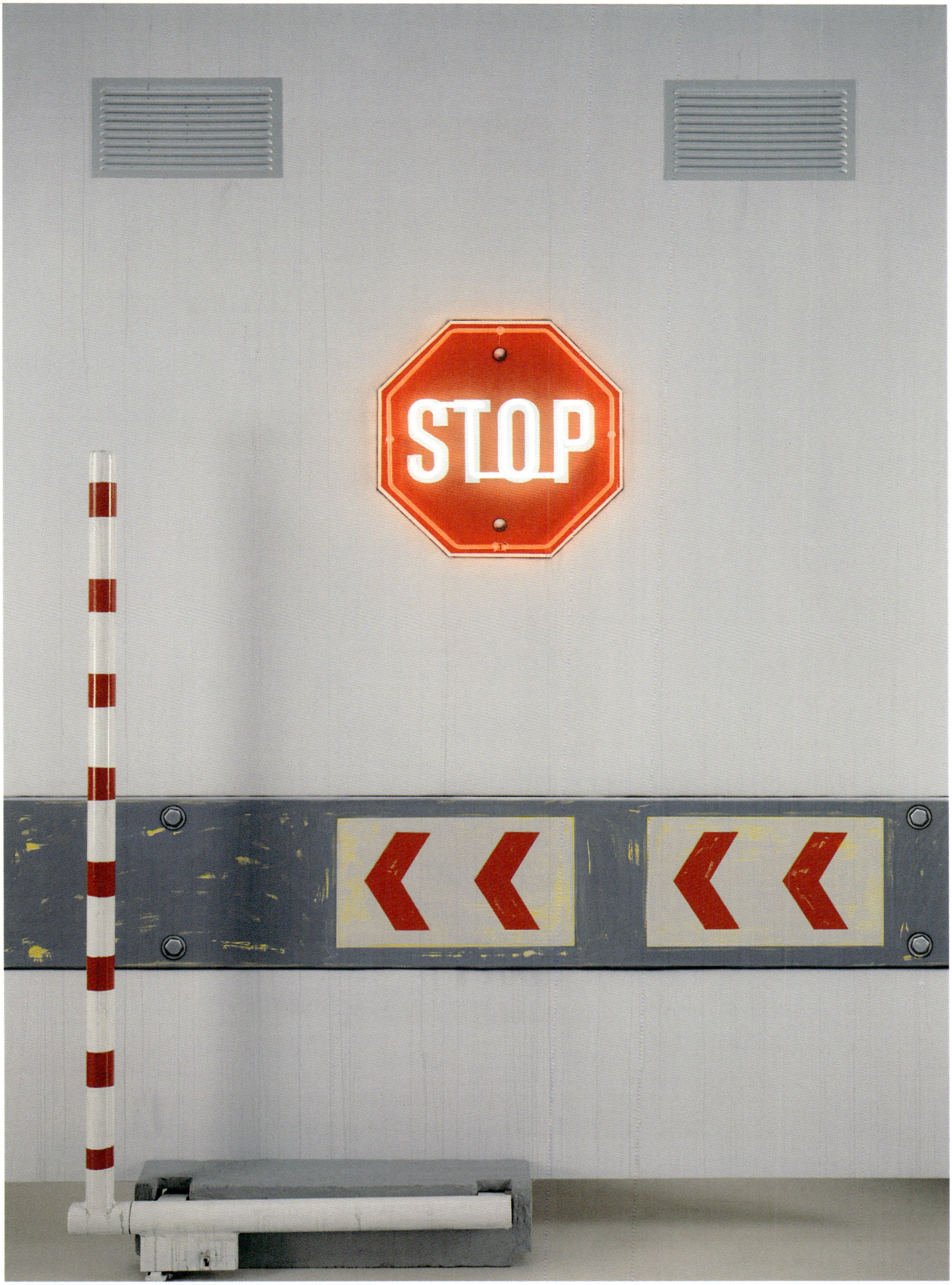

Stop, acrylique, néon et objets sur toile,
260x220 cm, 1989, collection Payan, Paris

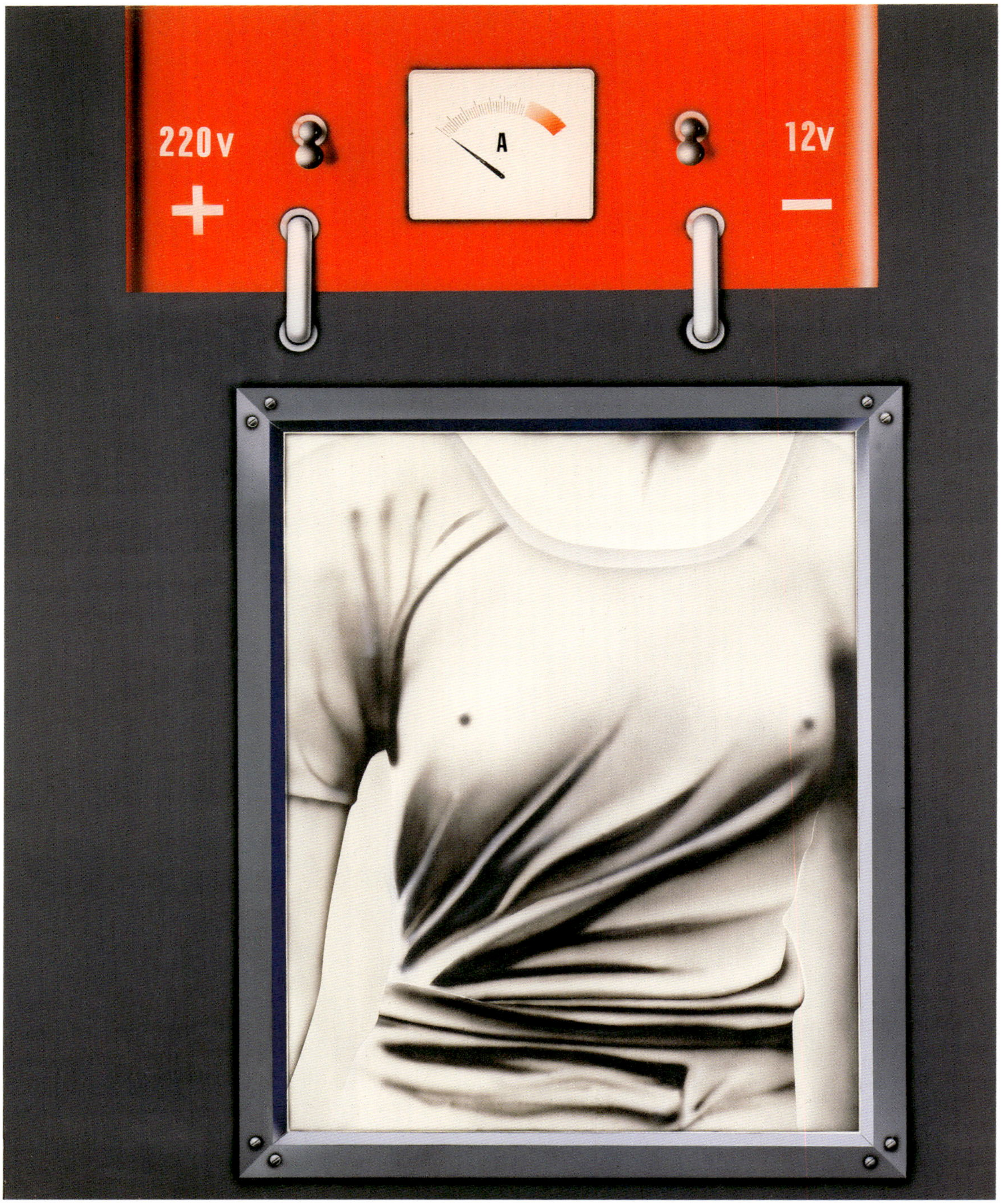

Disjoncteur/Robe n° 5, acrylique sur toile,
100x81 cm, 1973, collection particulière, Paris

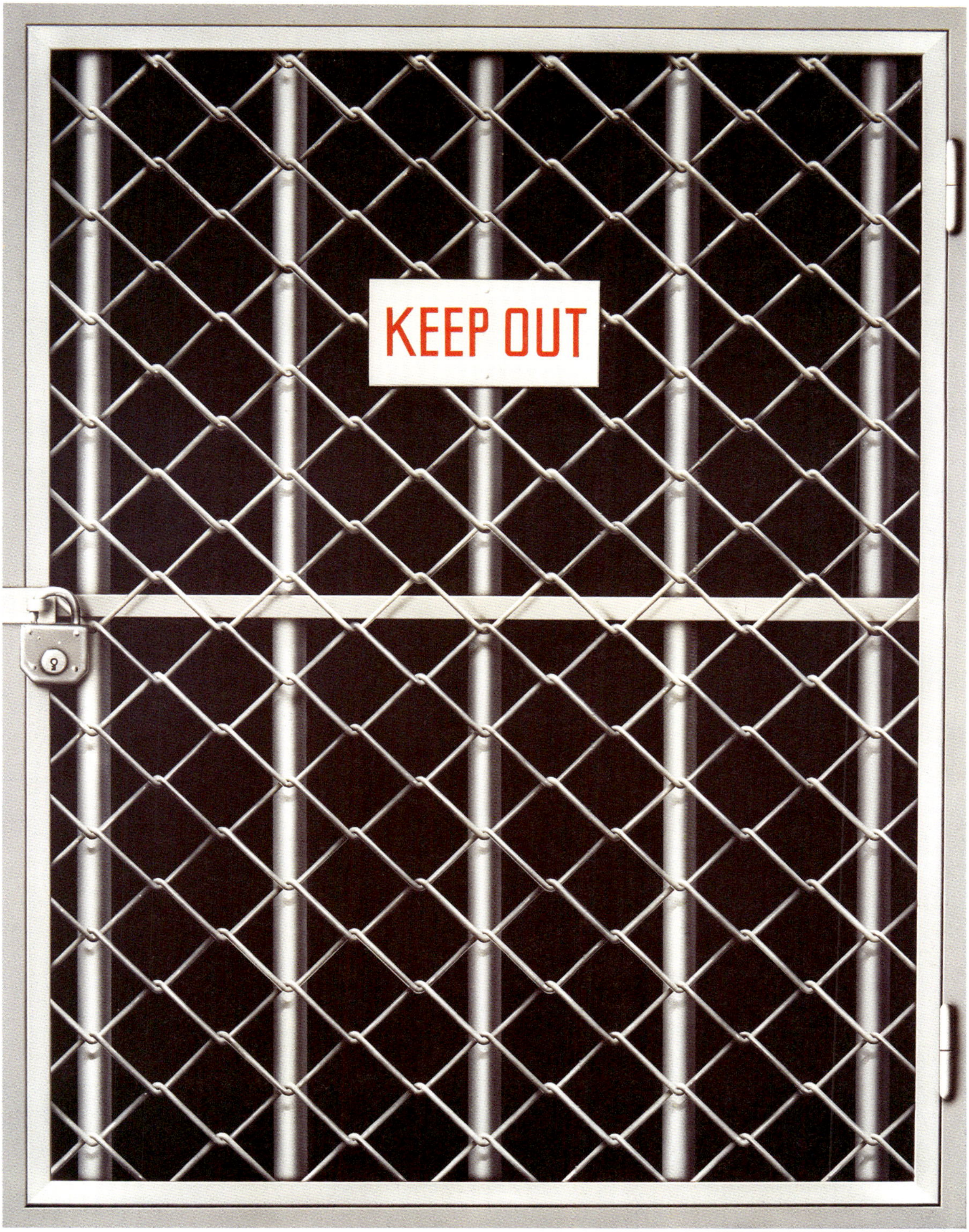

Keep Out, acrylique sur toile,
116x89 cm, 1973, collection particulière, Amiens

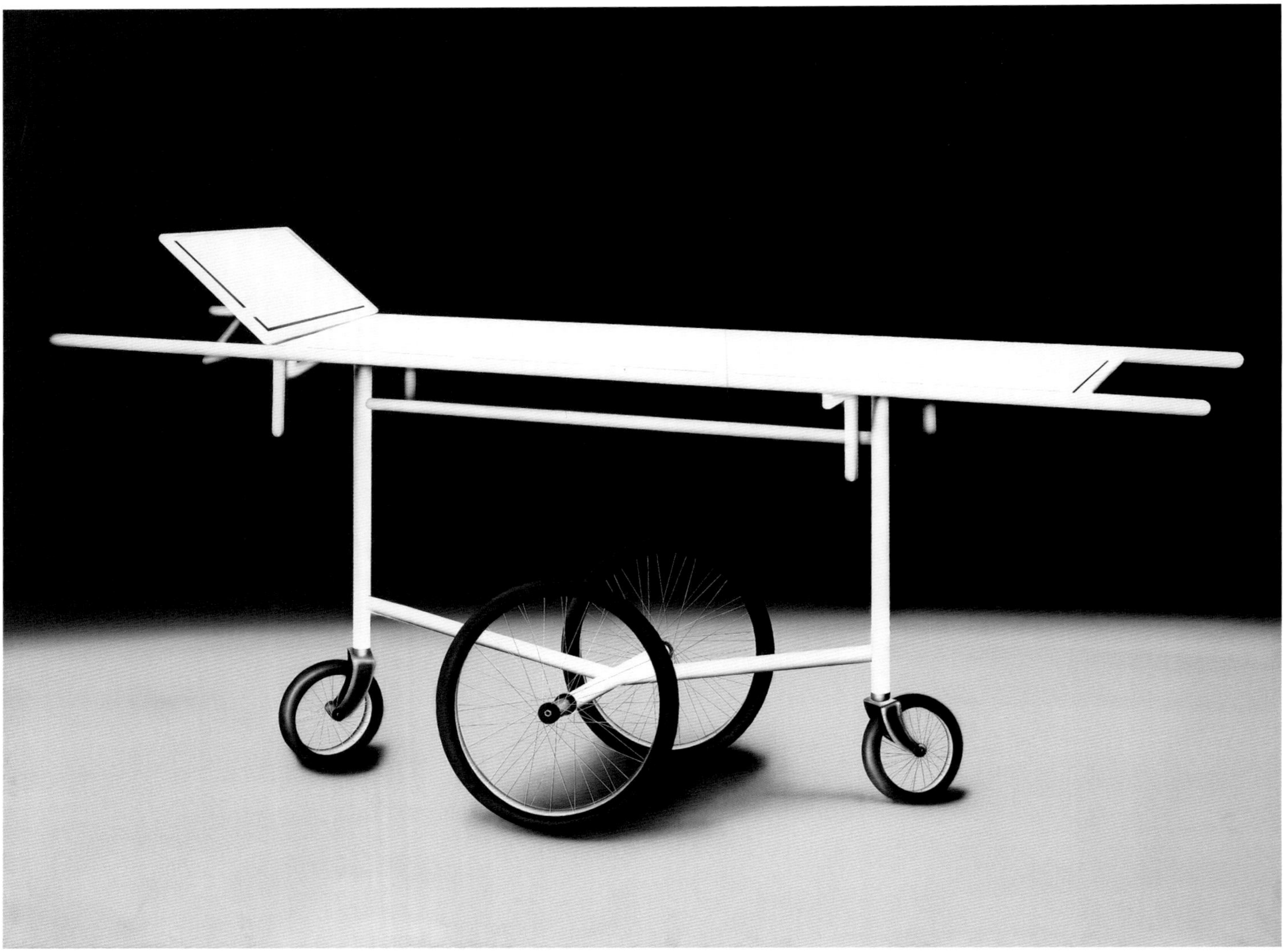

Chariot, acrylique sur toile,
190 x 195 cm, 1972, musée d'Art moderne de la ville de Paris

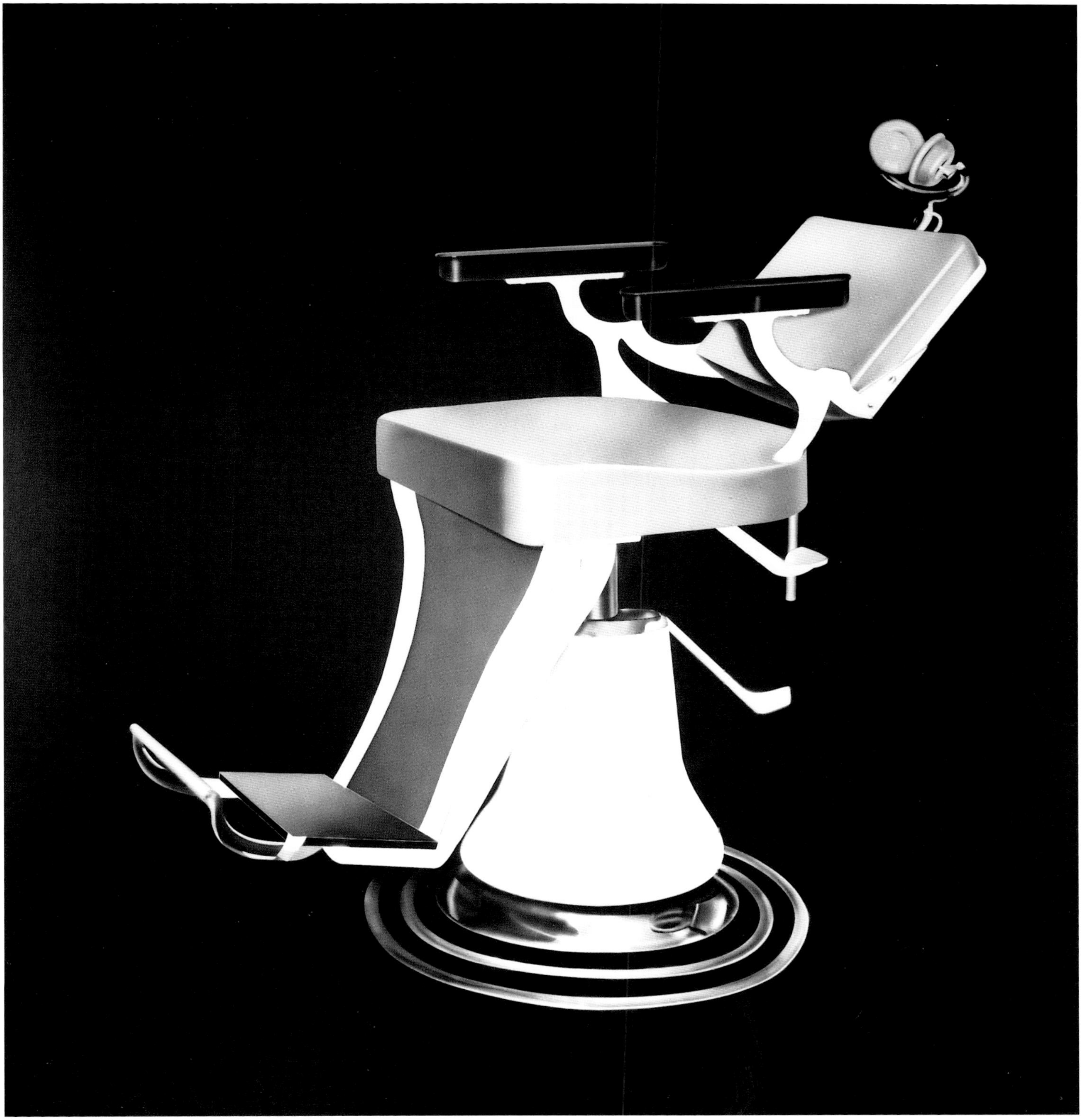

Fauteuil dentaire A, acrylique sur toile,
200 x 190 cm, 1972, collection Payan, Paris

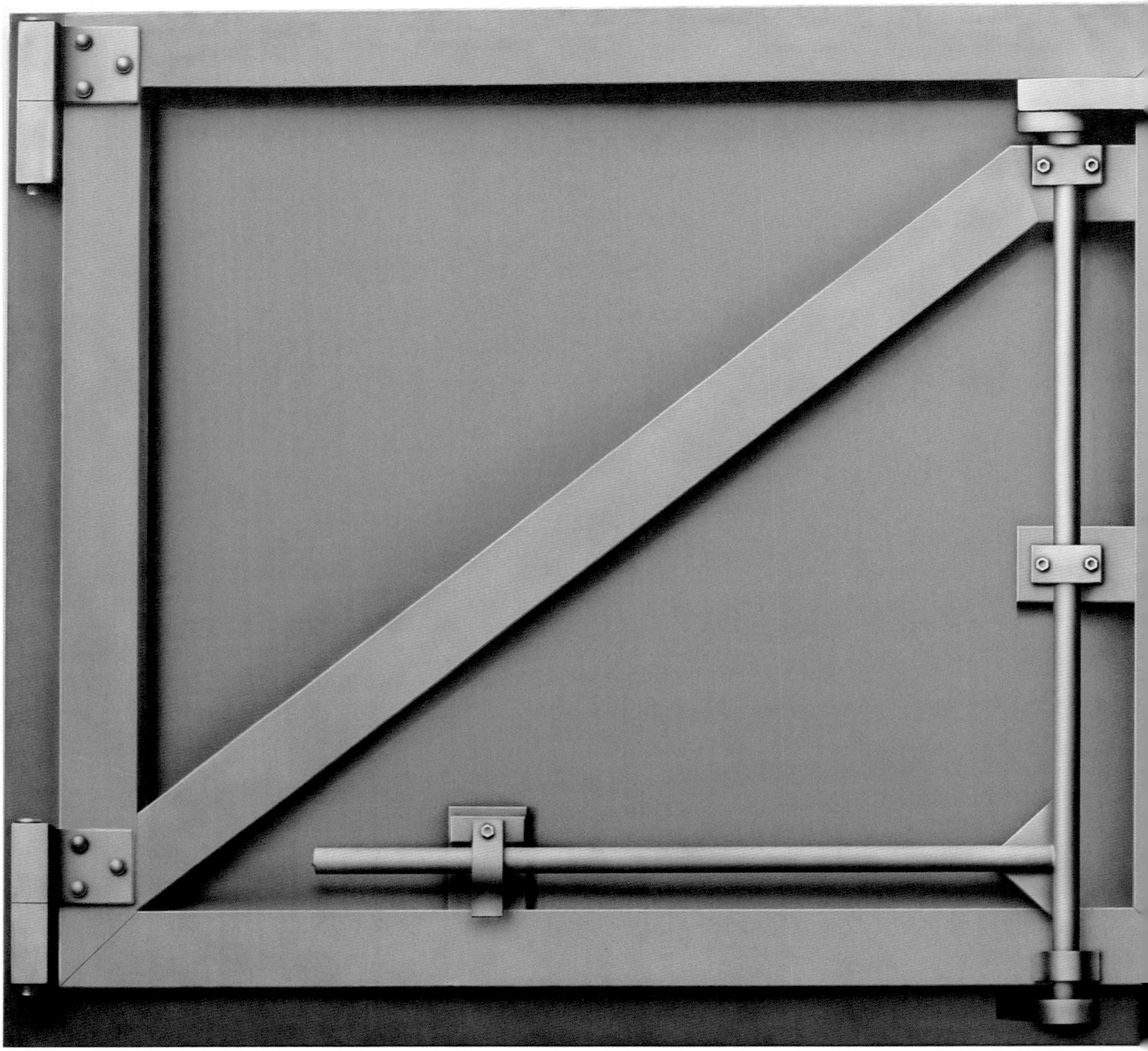

Camion-Benne gris, acrylique sur toile,
150x340 cm, 1974, musée des Beaux-Arts, Grenoble

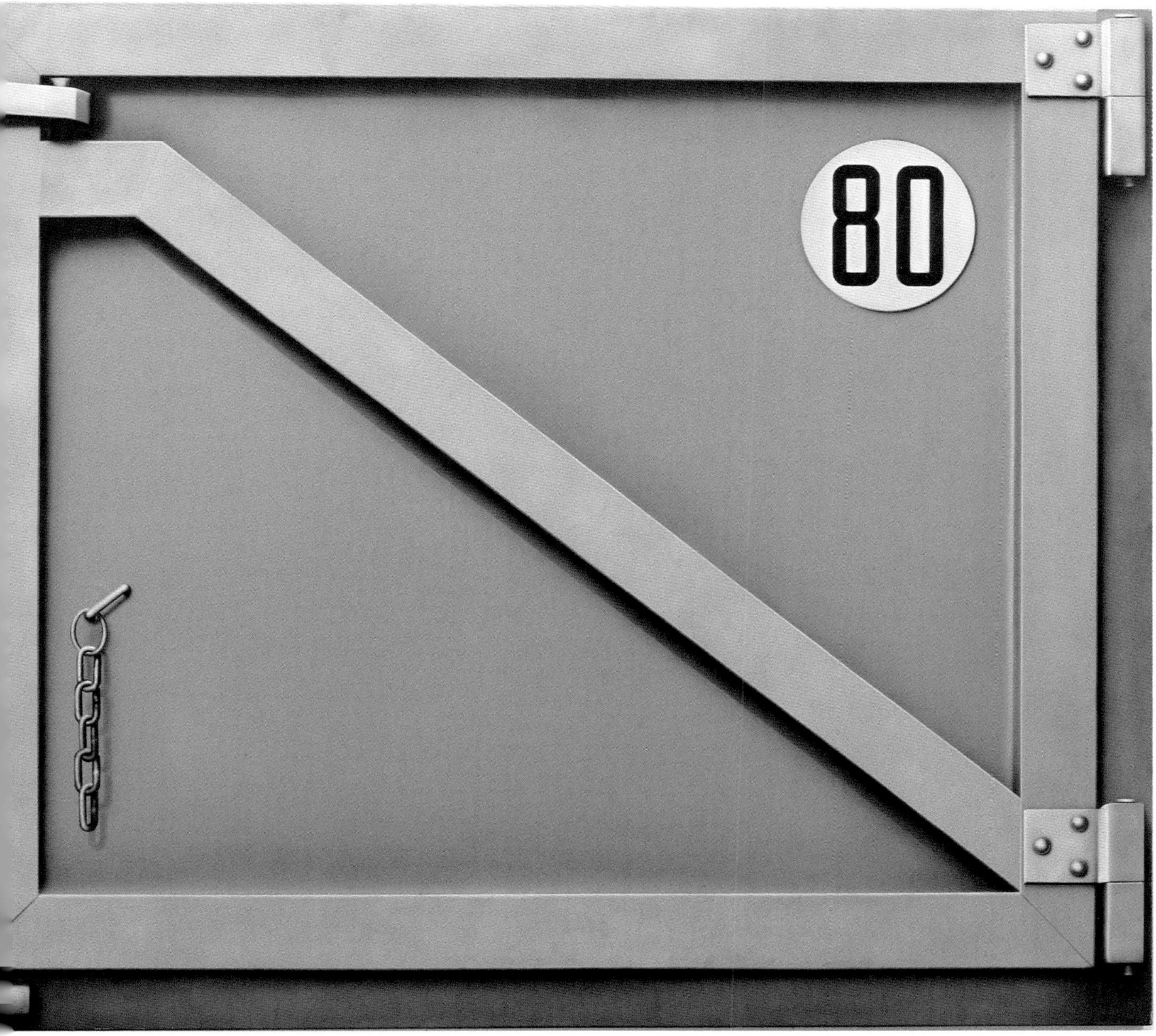
80

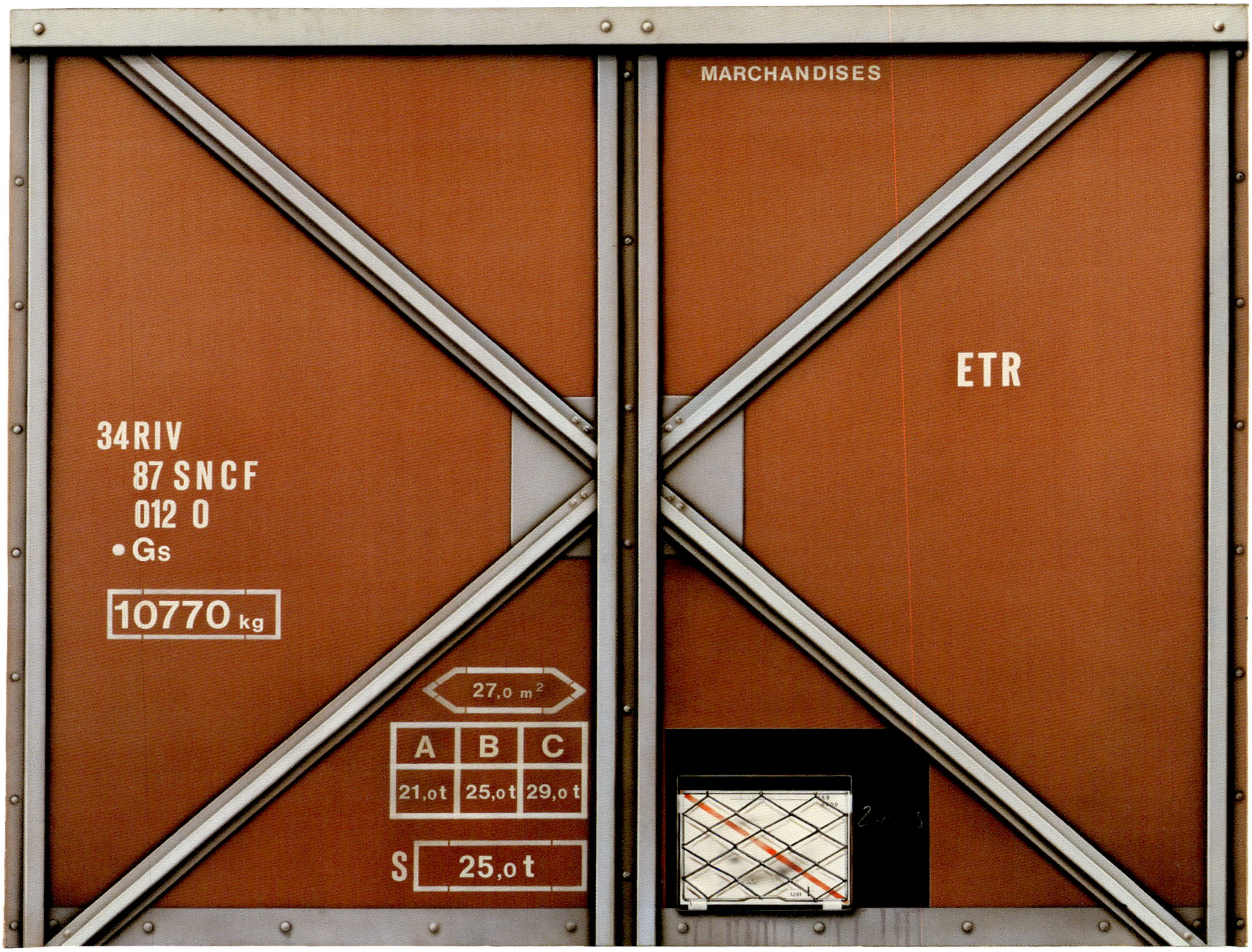

ETR, acrylique sur toile,
114 x 146 cm, 1974, MNAM-Centre Pompidou, Paris

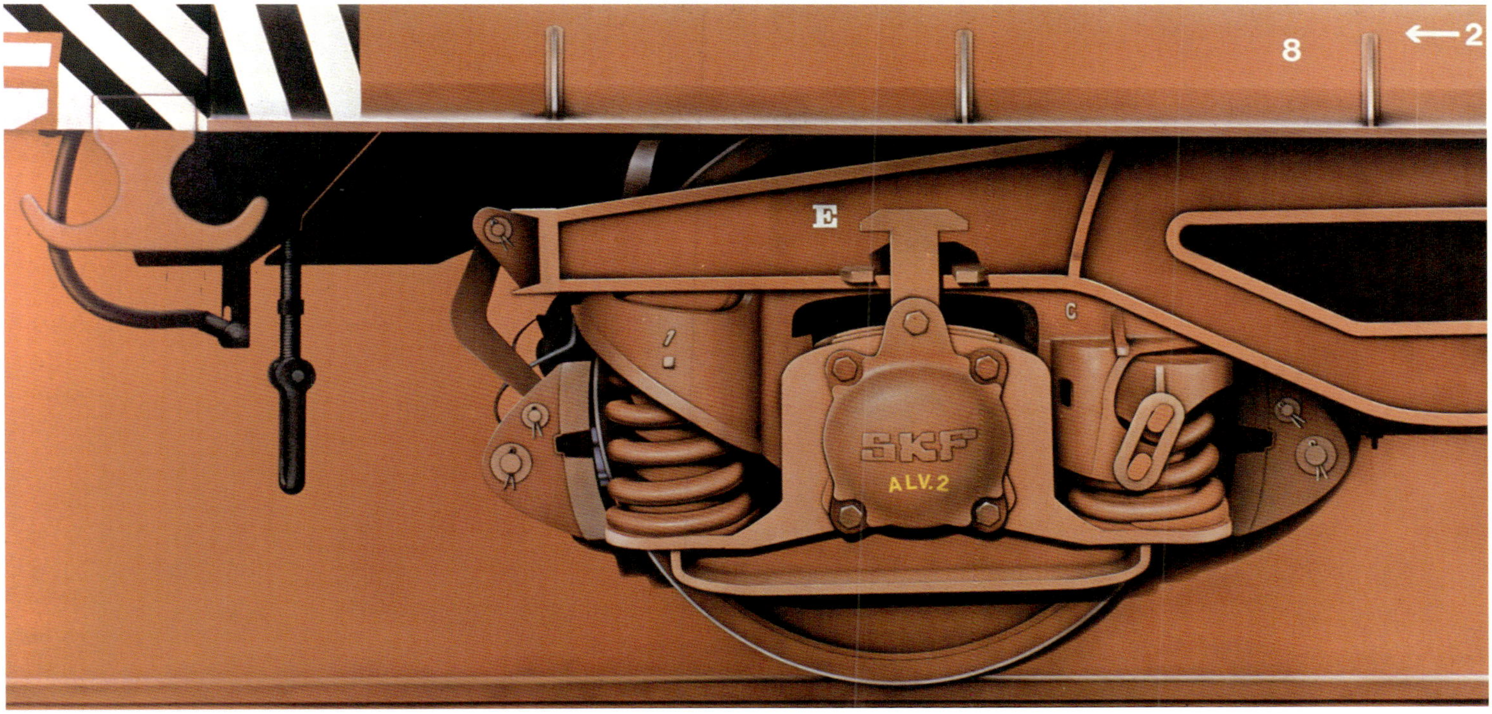

Suspension, acrylique sur toile,
170x370 cm, 1975, collection particulière

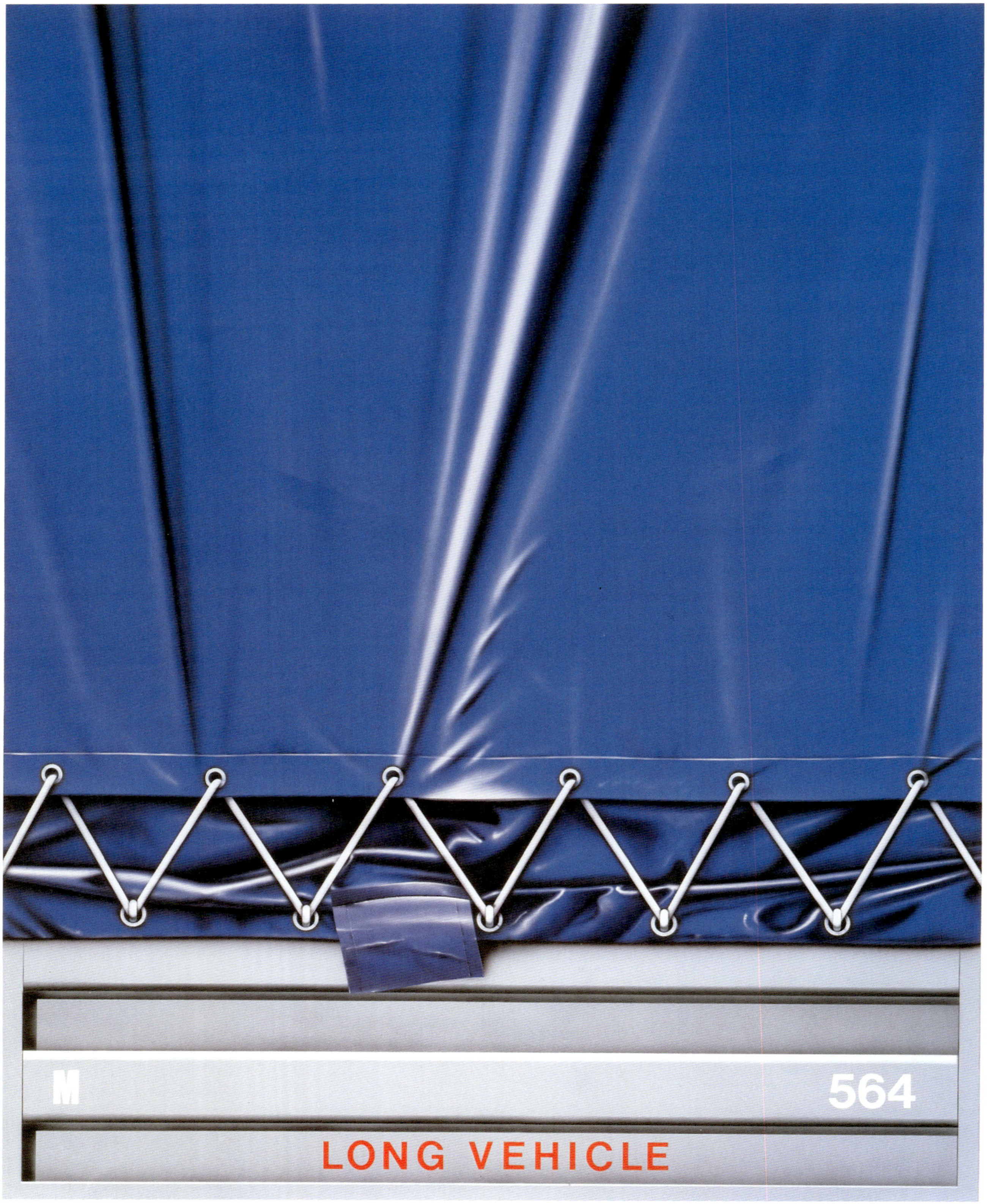

Camion bâché bleu, acrylique sur toile,
146 x 114 cm, 1976, Hara Museum of Contemporary Art, Tokyo

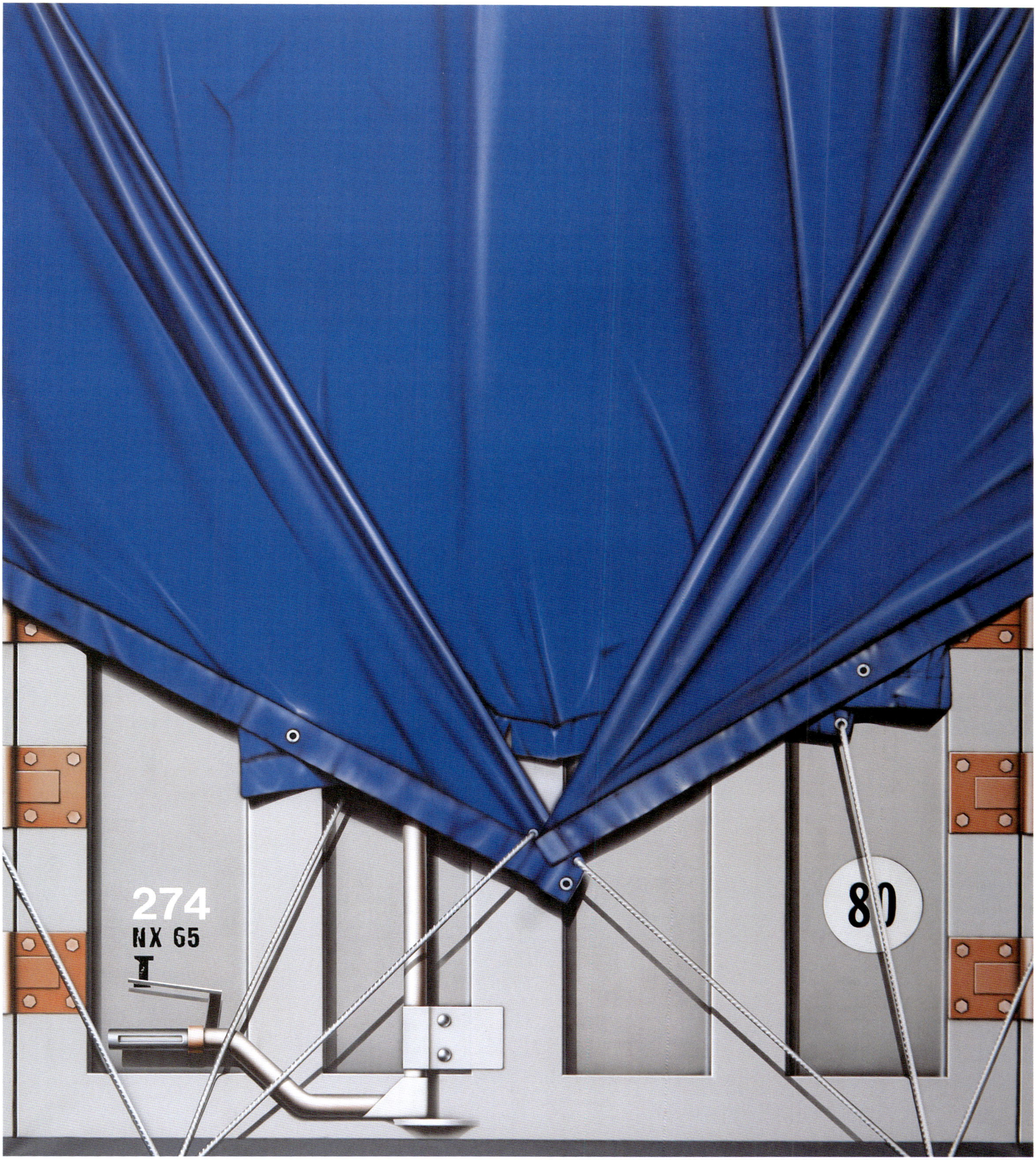

Camion bâché alu/bleu, acrylique sur toile,
195 x 175 cm, 1978, collection Branchet, Nantes

Extincteur, acrylique sur toile,
260 x 180 cm, 1977, collection particulière, Paris

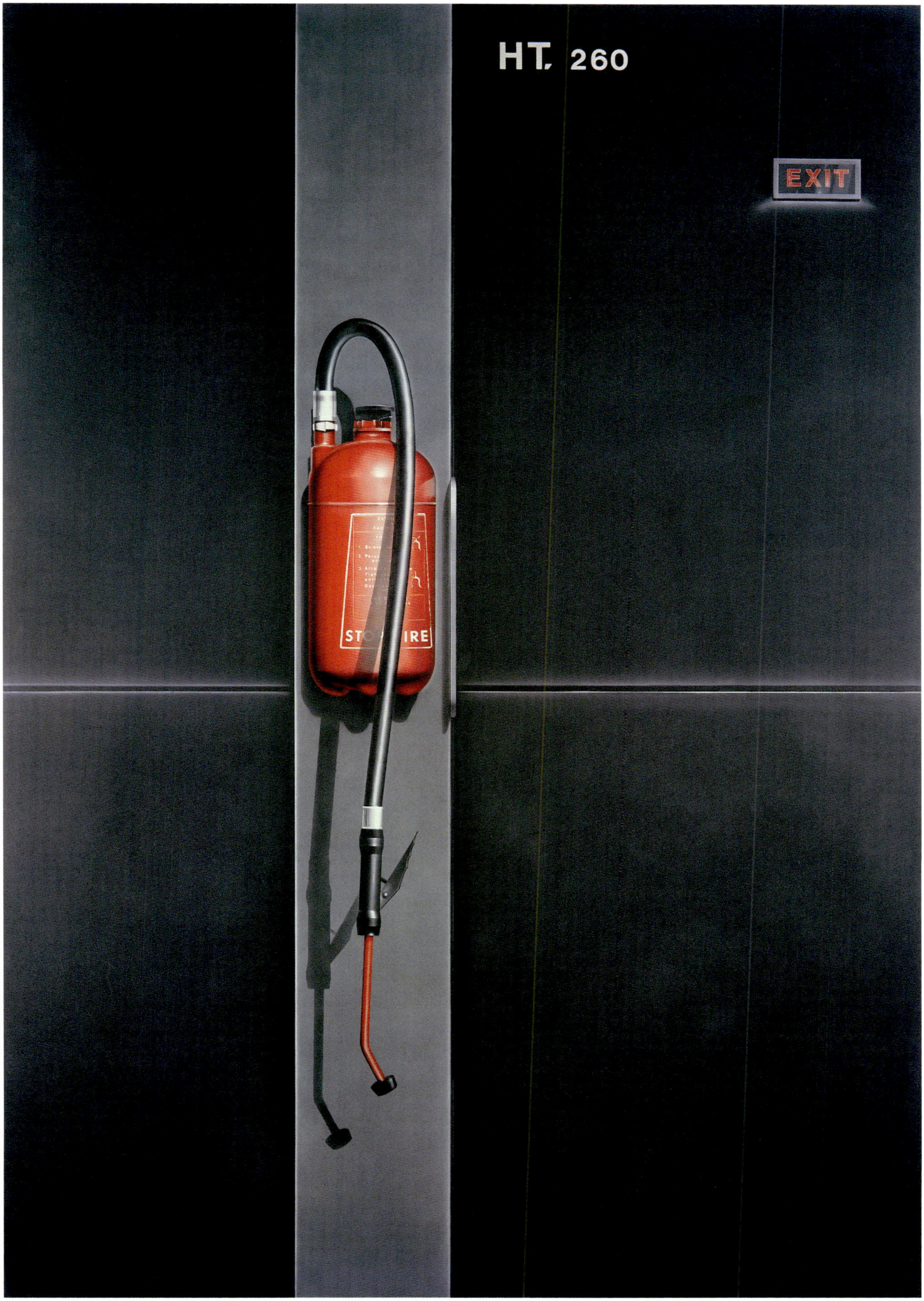
HT. 260
EXIT

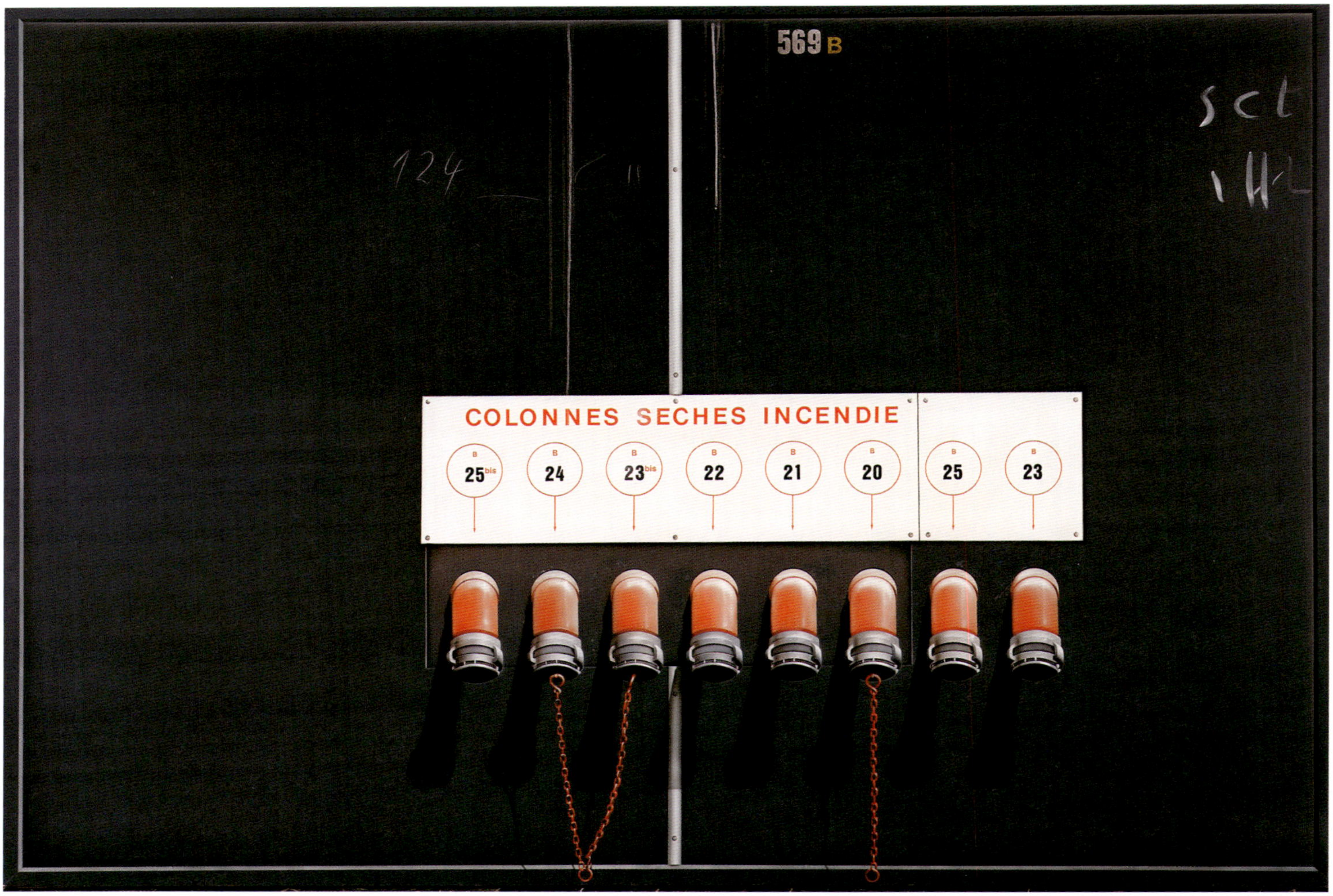

Colonnes sèches incendie, acrylique sur toile,
180x260 cm, 1977, musée Ludwig, Coblence, Allemagne

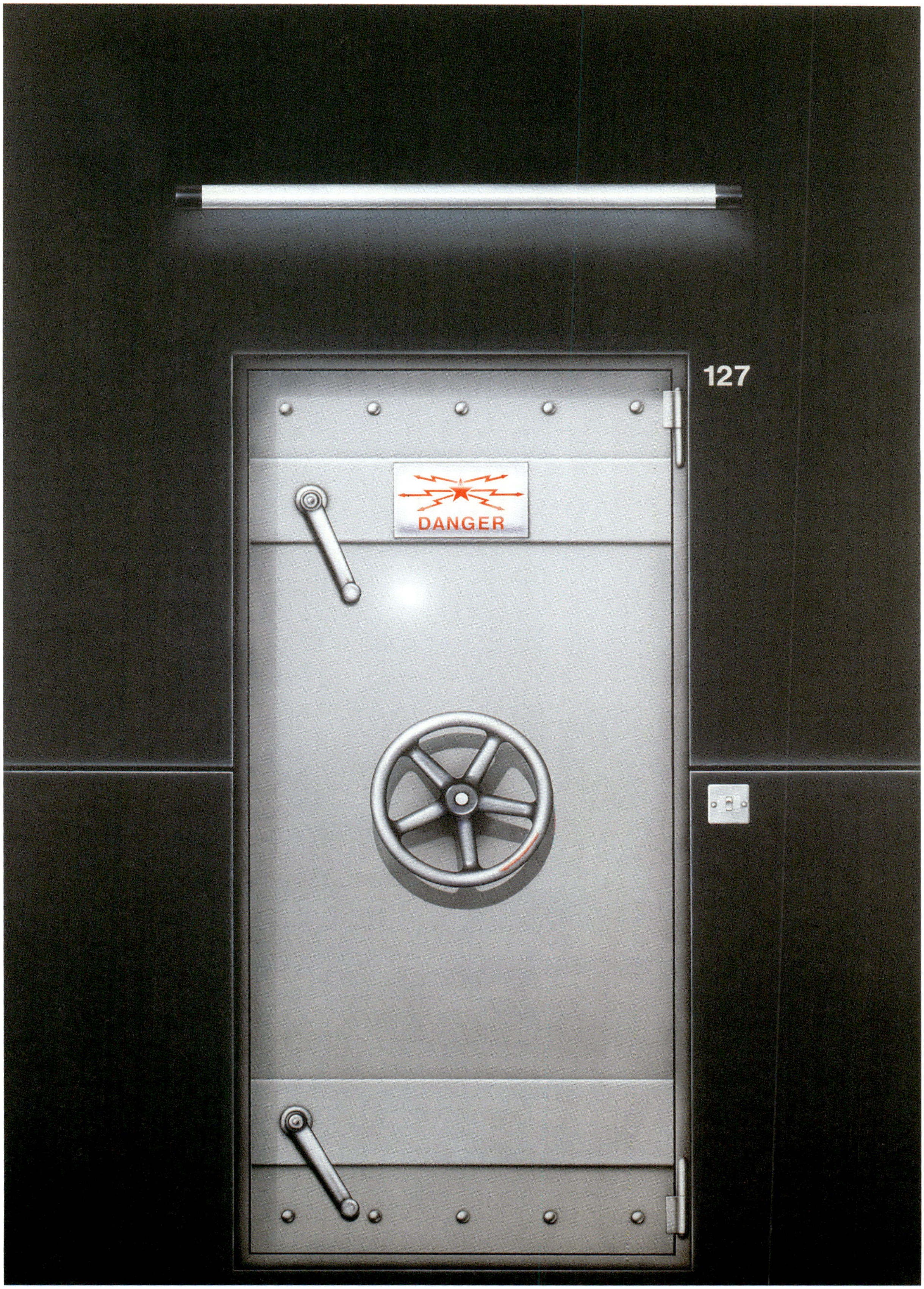

Danger haute tension, acrylique sur toile,
260 x 180 cm, 1977, LAAC, musée de Dunkerque

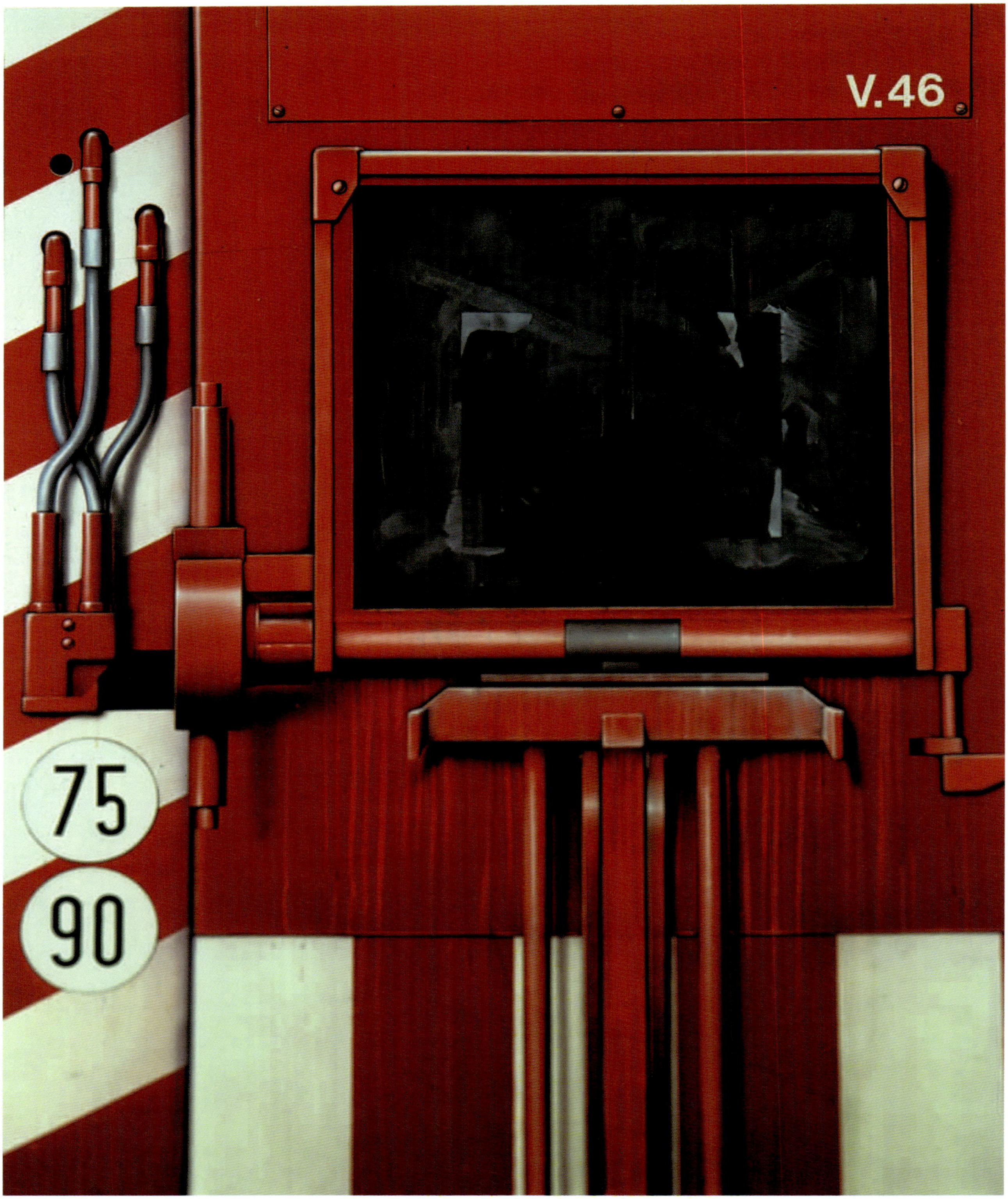

Camion Sita rouge/blanc, acrylique sur toile,
200 x 160 cm, 1983, collection particulière, Paris

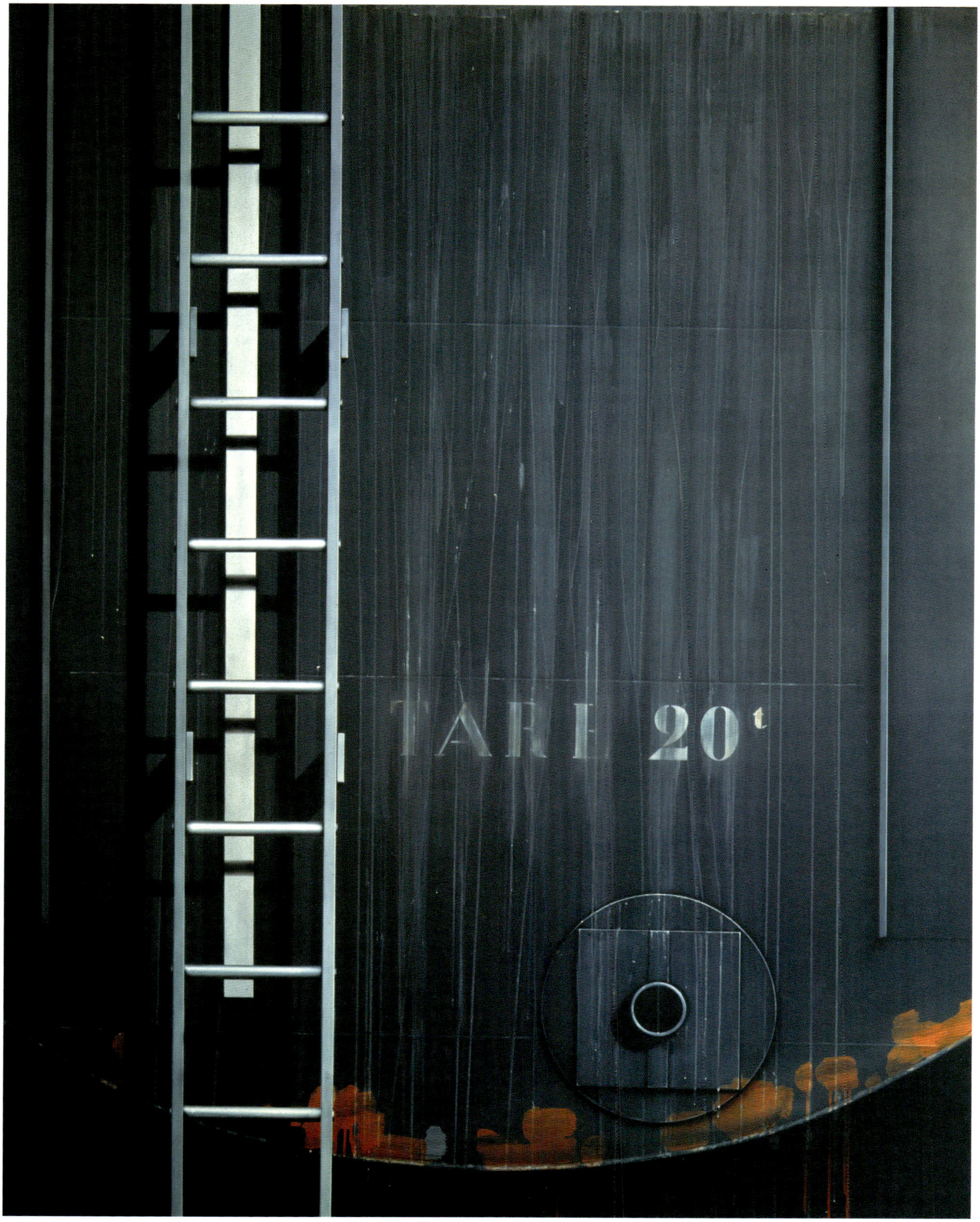

Cuve 20 t, acrylique sur toile,
260 x 200 cm, 1983, collection particulière, Paris

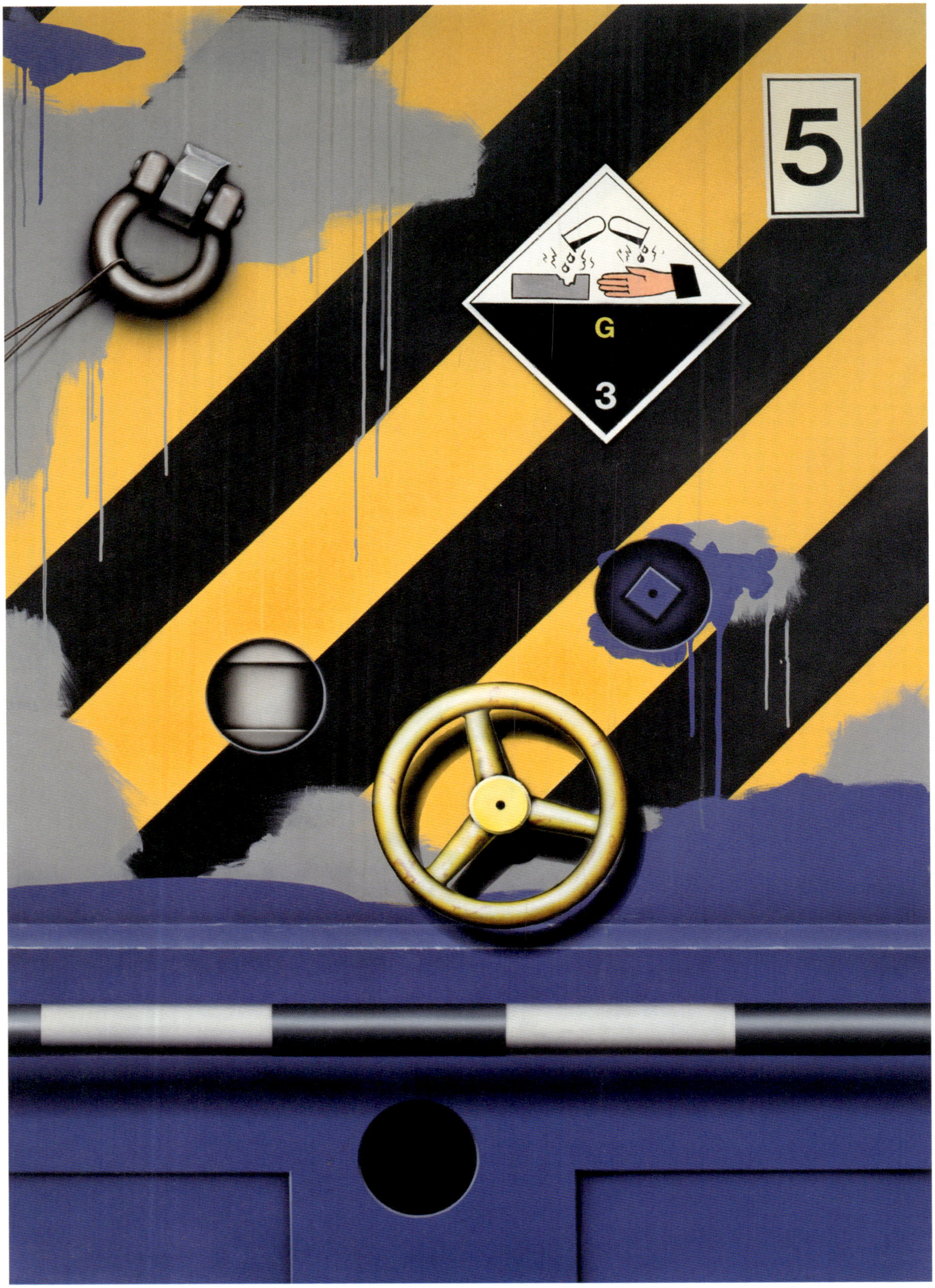

Pilier, crochet n° 5, acrylique sur toile,
162 x 114 cm, collection particulière, Paris

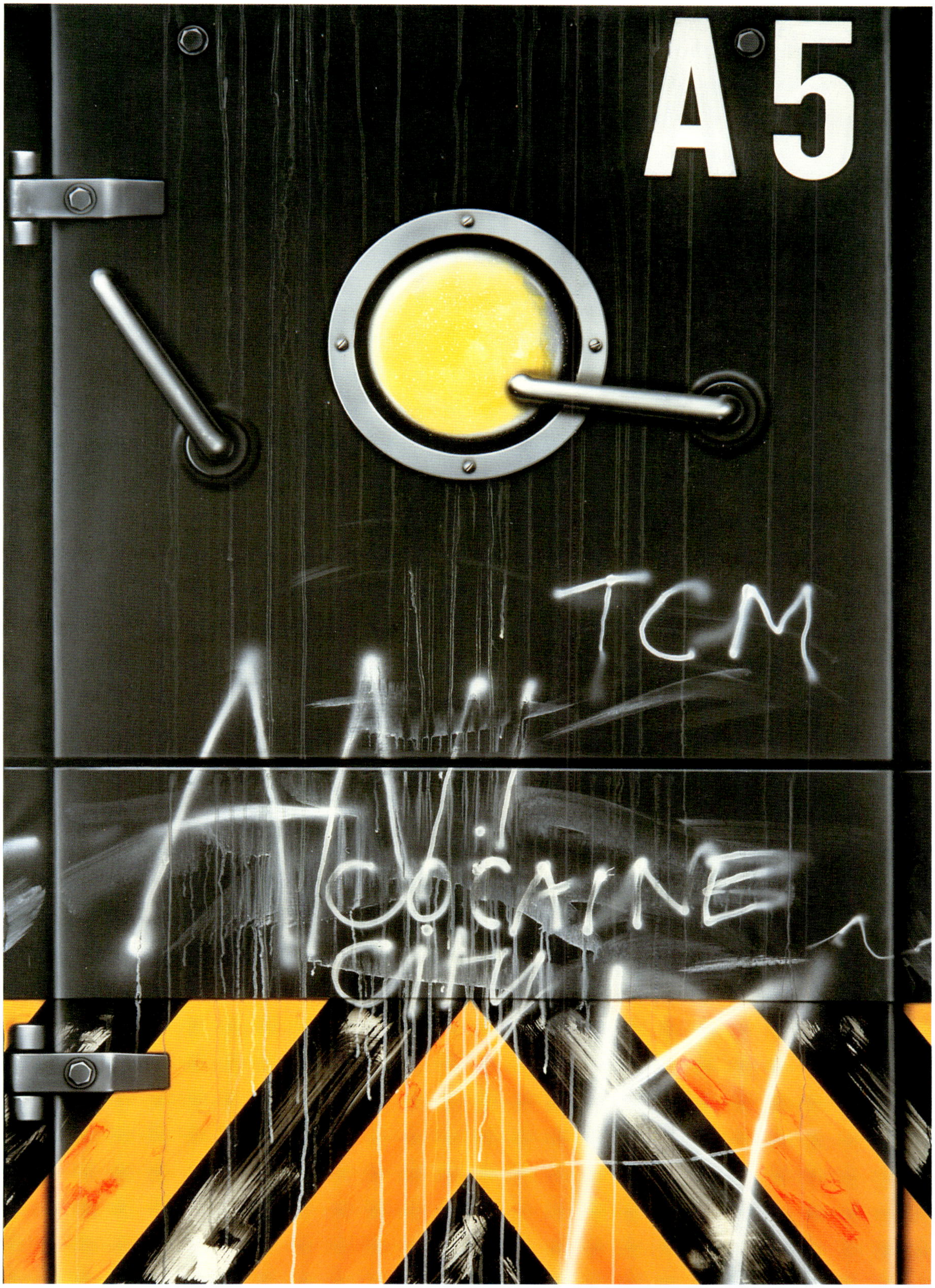

Cocaïne City, acrylique sur toile,
162 x 114 cm, 1984, collection Le Meur, Angers

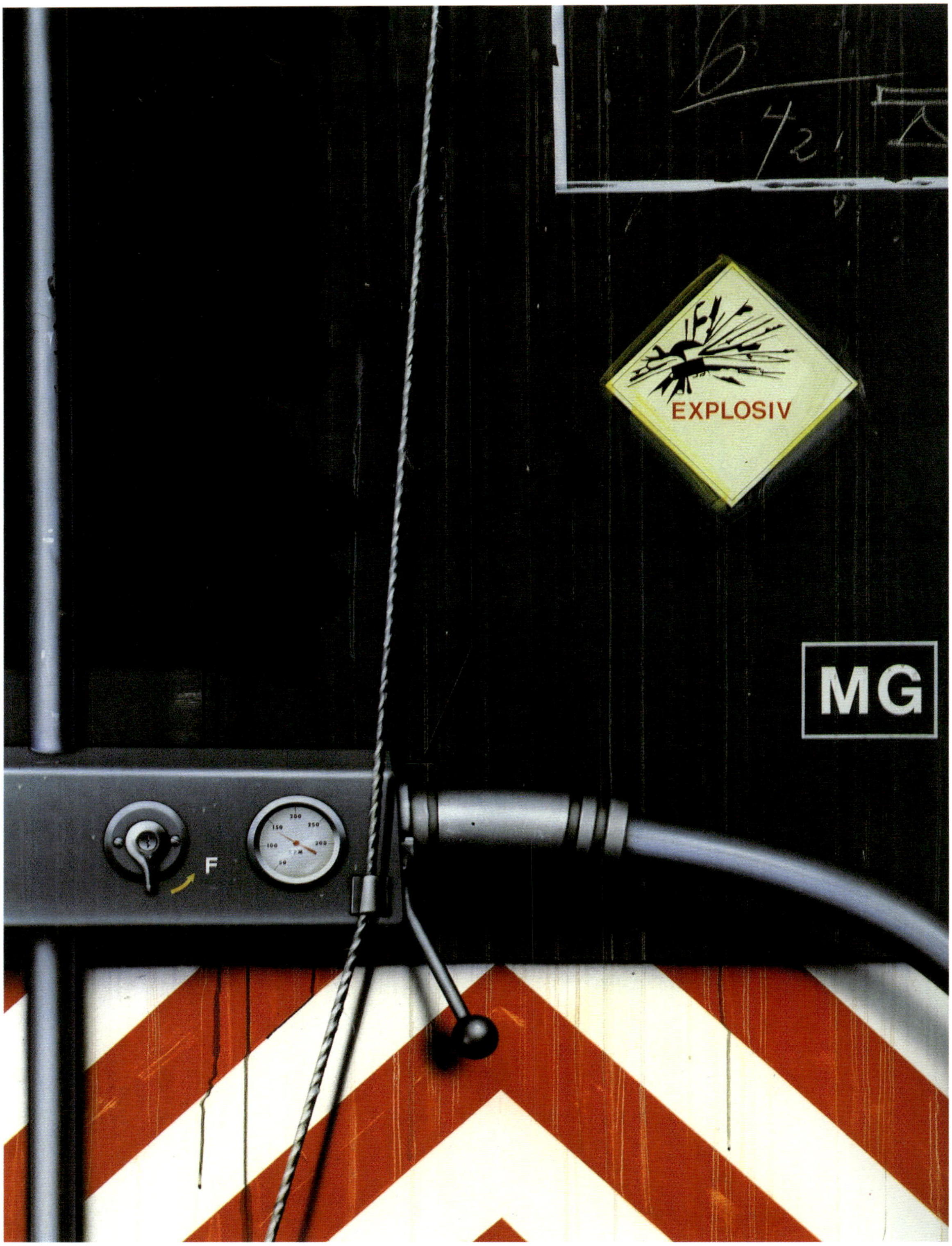

Camion-citerne/Explosiv MG, acrylique sur toile, 146 x 114 cm, 1985, collection particulière, Paris

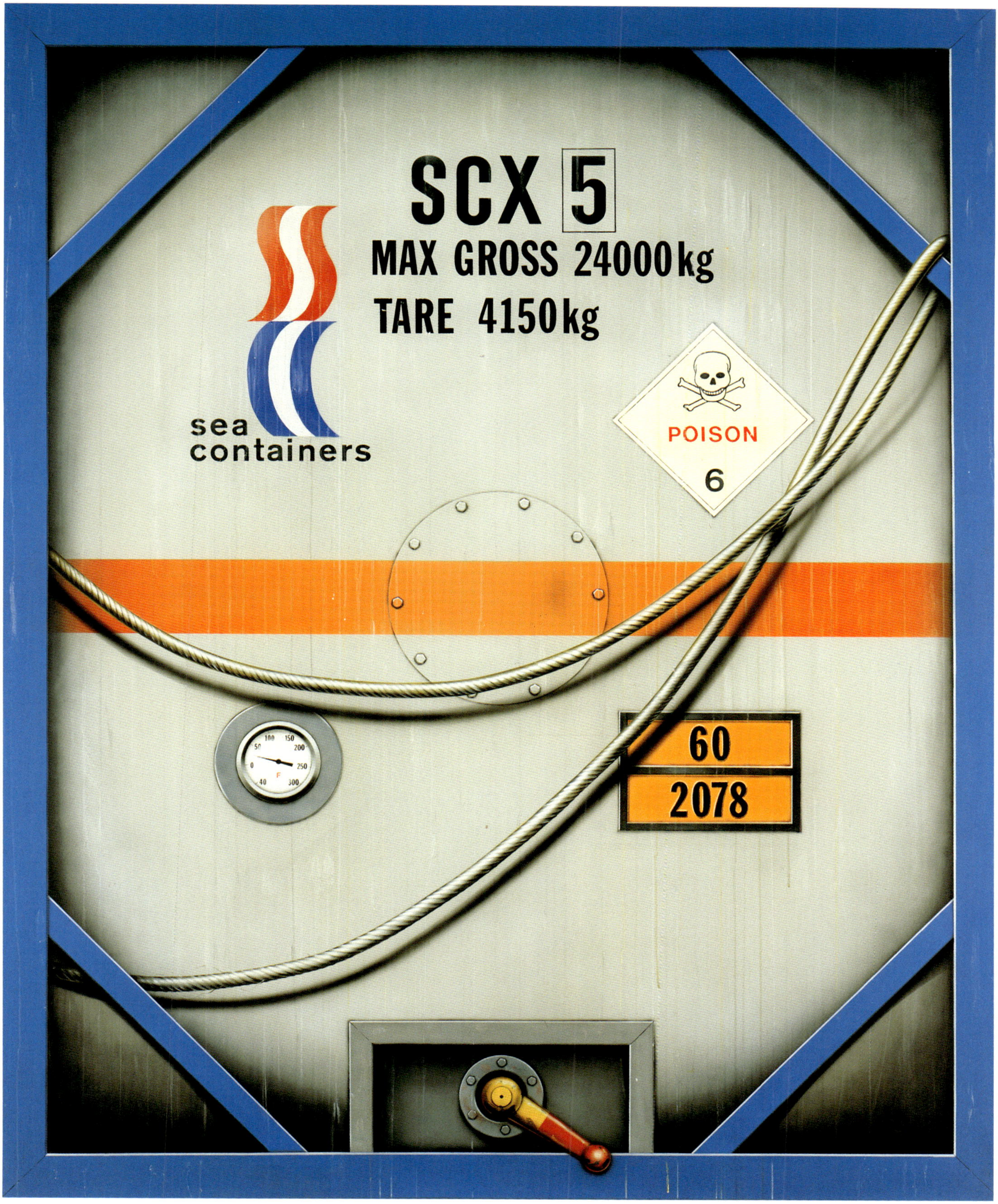

Camion-citerne, sea containers, acrylique sur toile, 260 x 200 cm, 1988, collection particulière, Paris

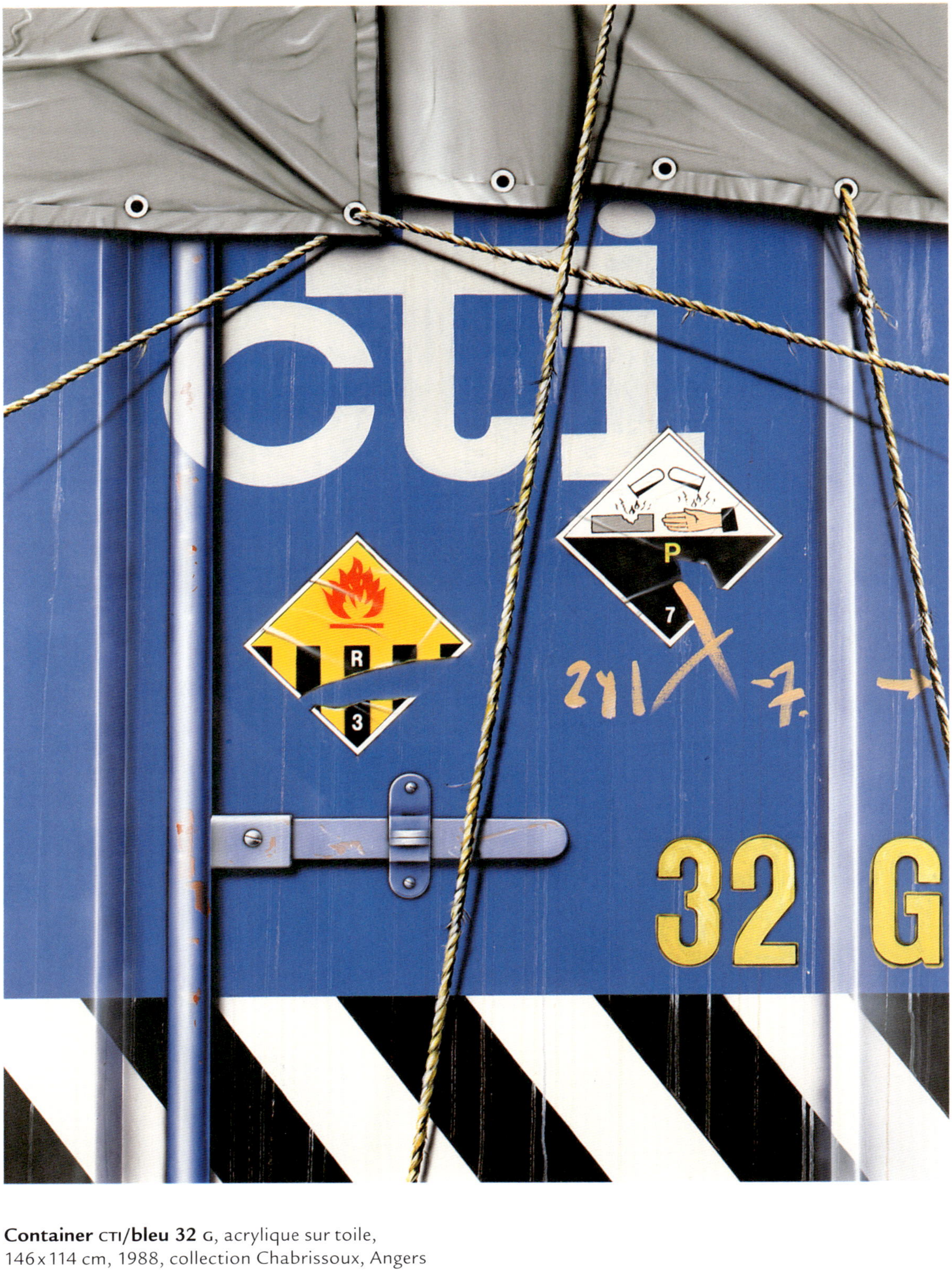

Container cti/bleu 32 g, acrylique sur toile,
146 x 114 cm, 1988, collection Chabrissoux, Angers

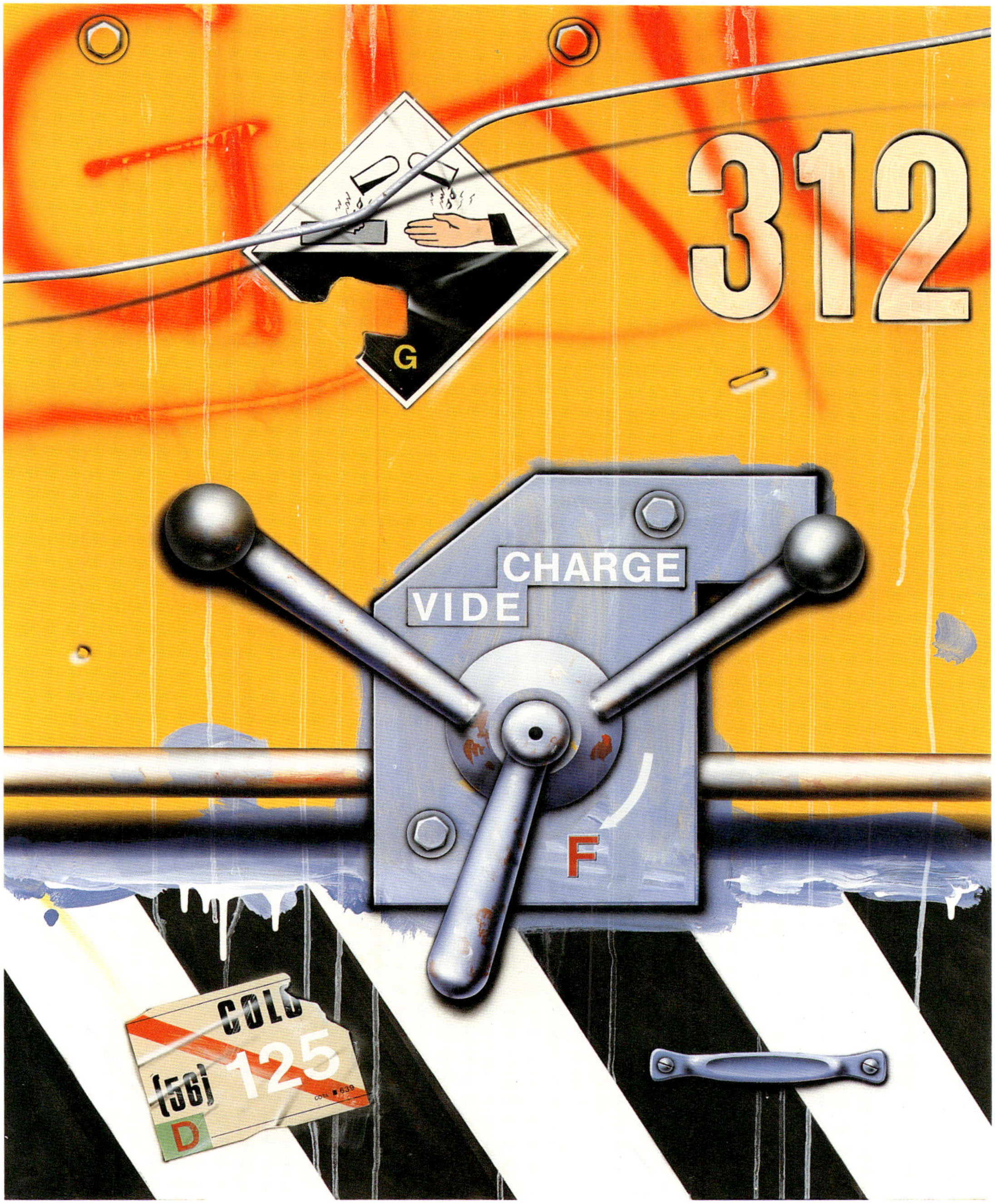

Manette fond jaune, charge-vide, acrylique sur toile,
100x81 cm, 1988, collection Tenoudji, Paris

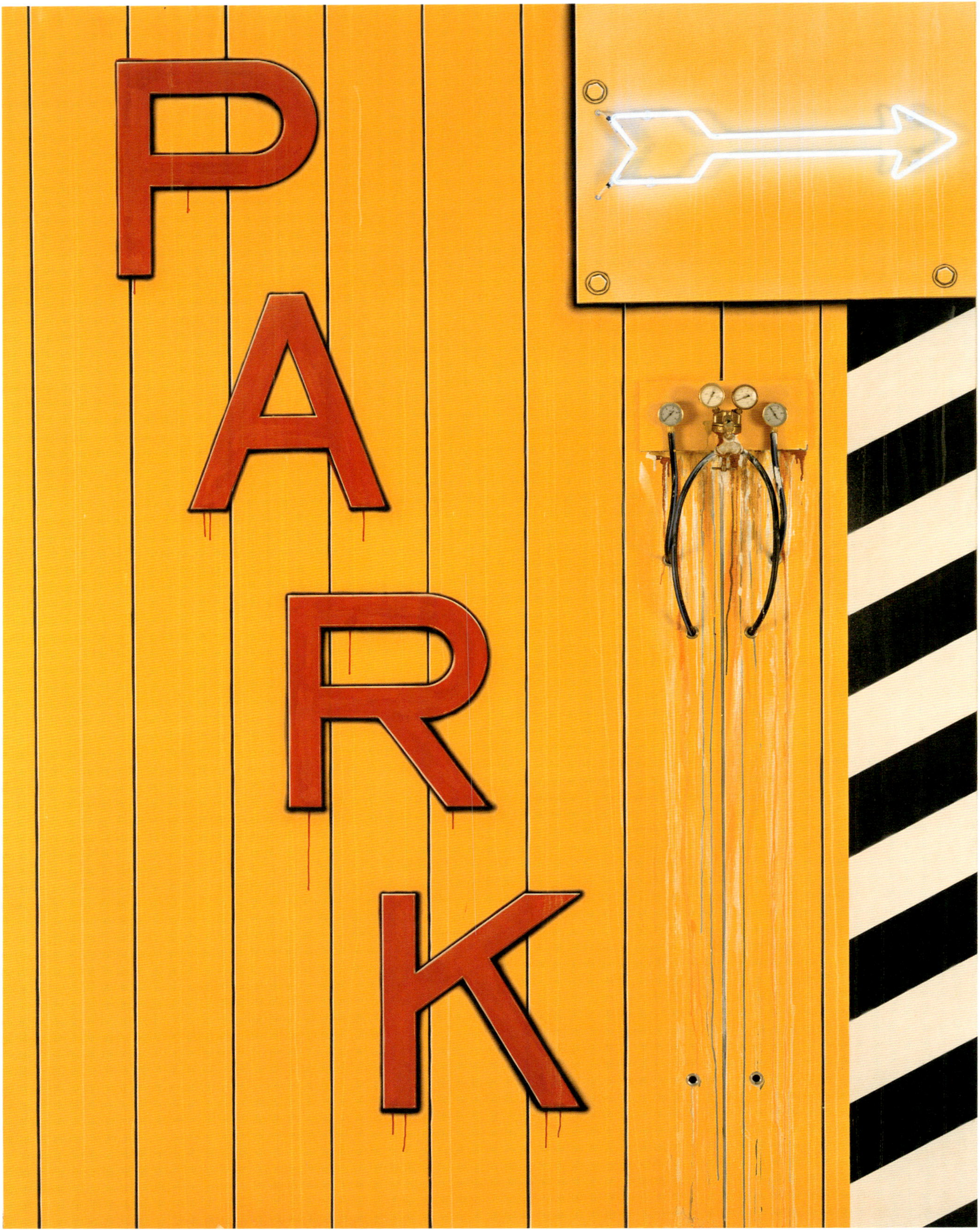

Park, acrylique, objets et néon sur toile,
260 x 210 cm, 1988, collection particulière, Paris

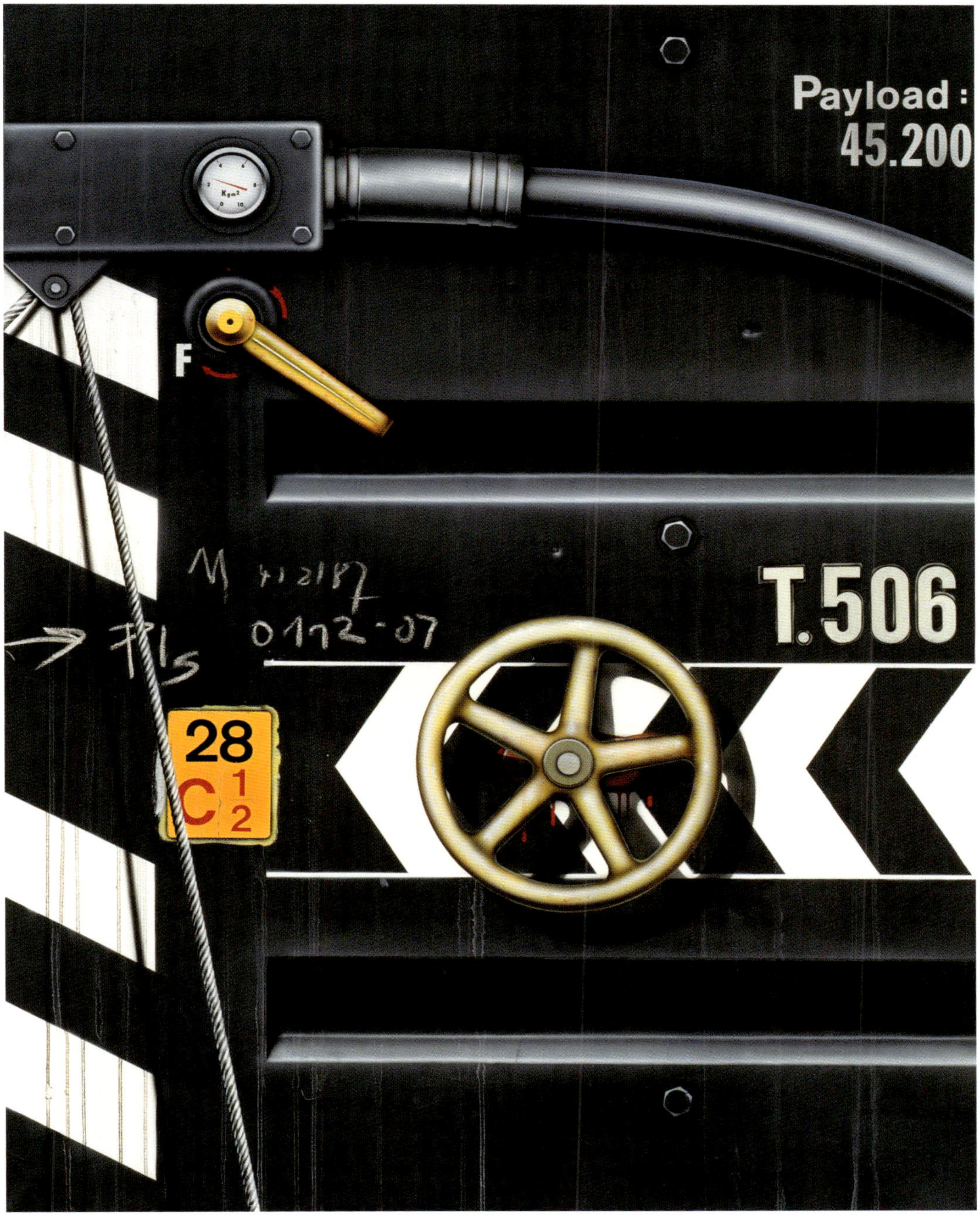

Volant T 506/noir, acrylique sur toile,
146 x 114 cm, 1988, collection particulière, Paris

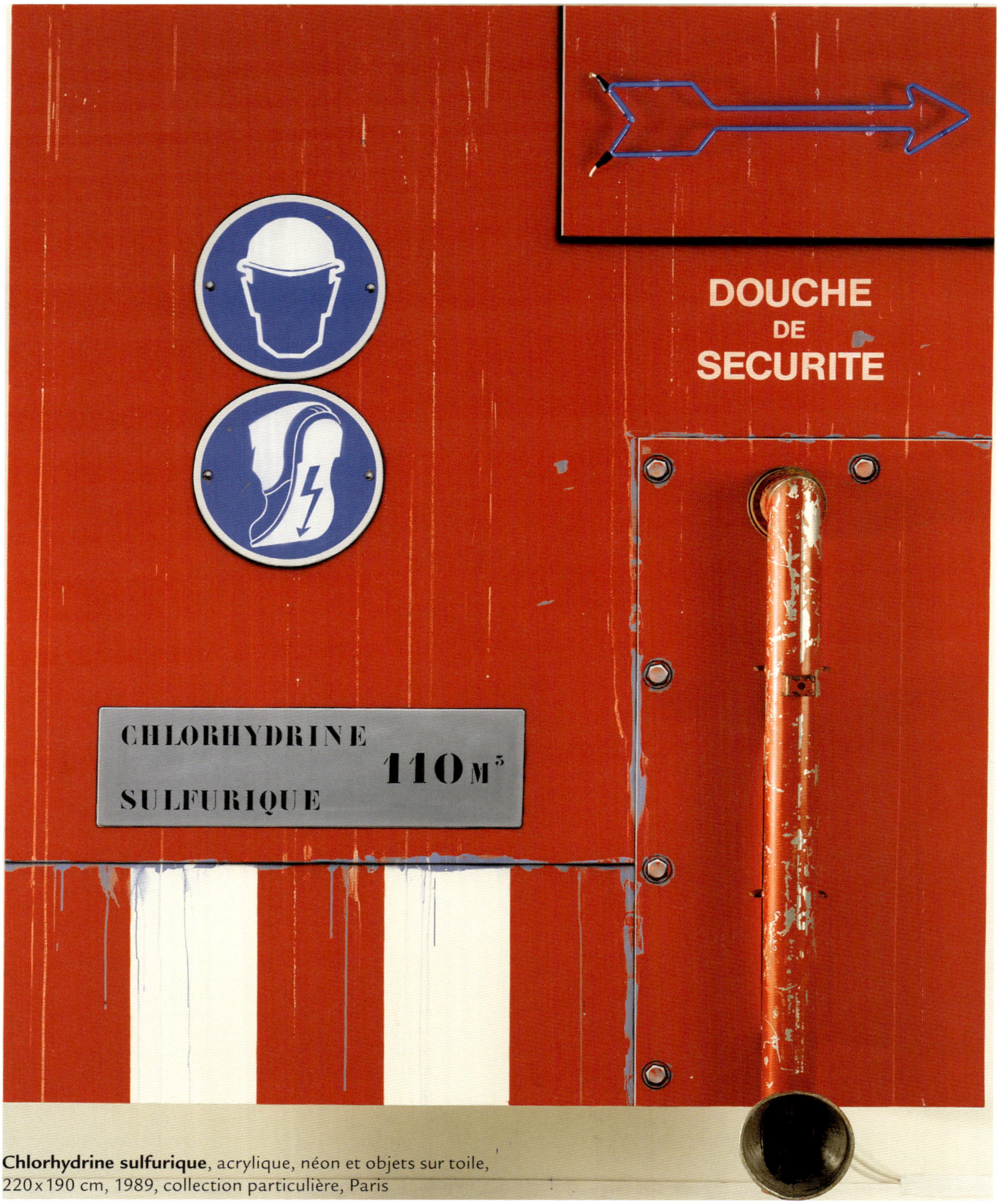

Chlorhydrine sulfurique, acrylique, néon et objets sur toile, 220 x 190 cm, 1989, collection particulière, Paris

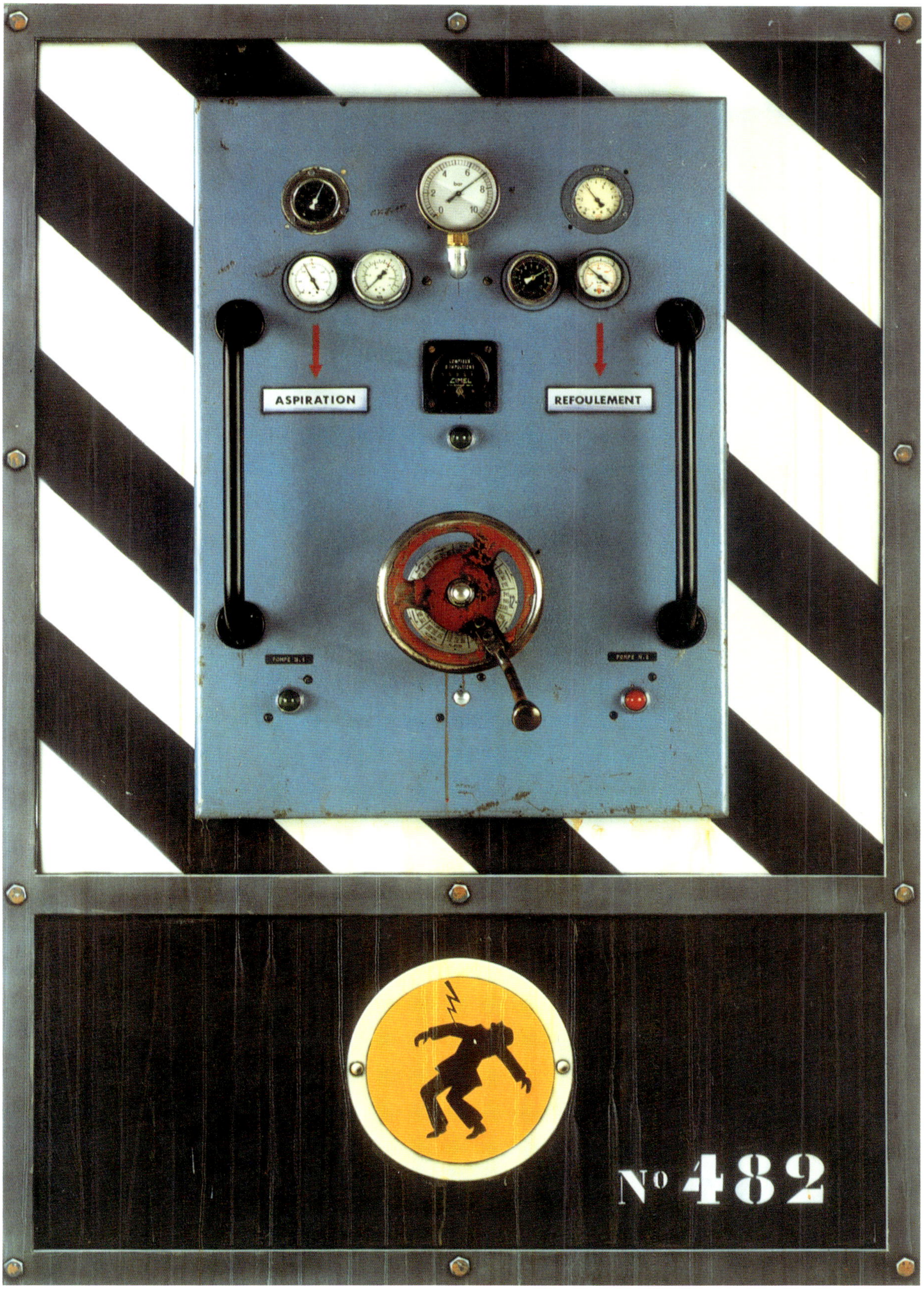

Aspiration/Refoulement, acrylique et objets sur toile,
162 x 114 cm, 1989, collection particulière, Paris

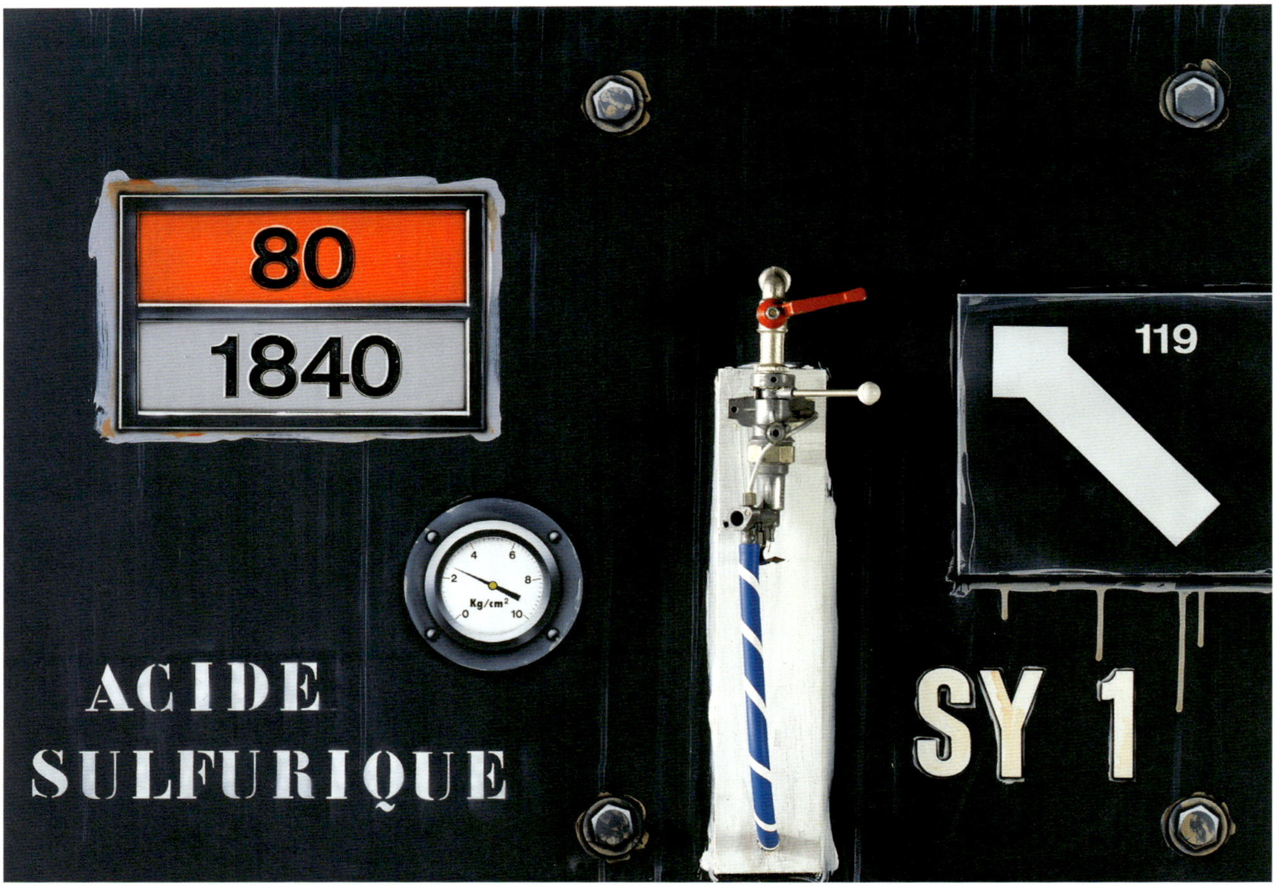

Acide sulfurique SY **1**, acrylique et objets sur carton,
75 x 105 cm, 1989, collection particulière, Paris

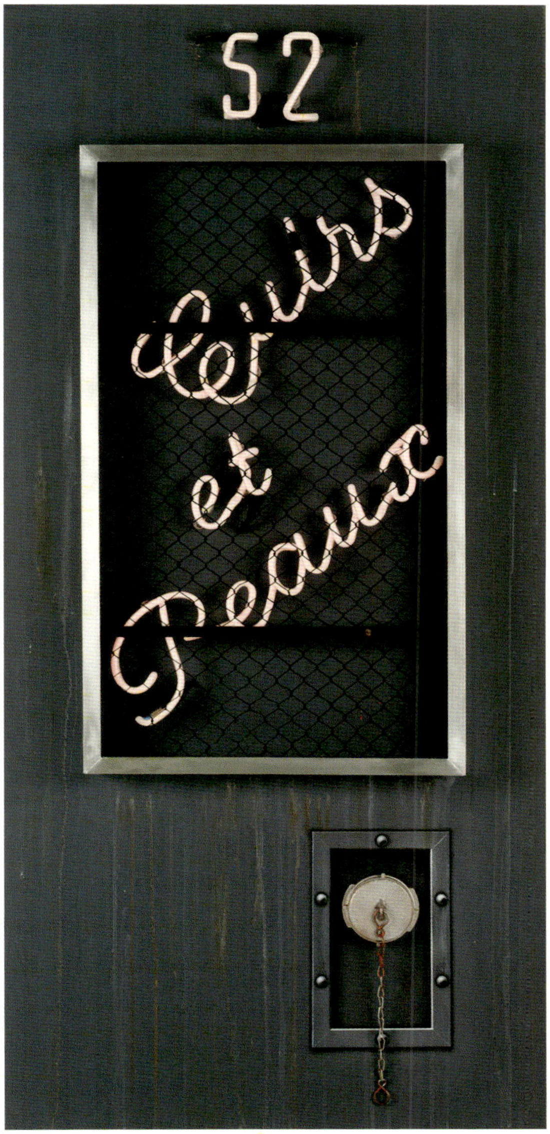

Cuirs et peaux, acrylique, néon et objets sur toile, 170 x 80 cm, 1989, collection Fihman, Paris

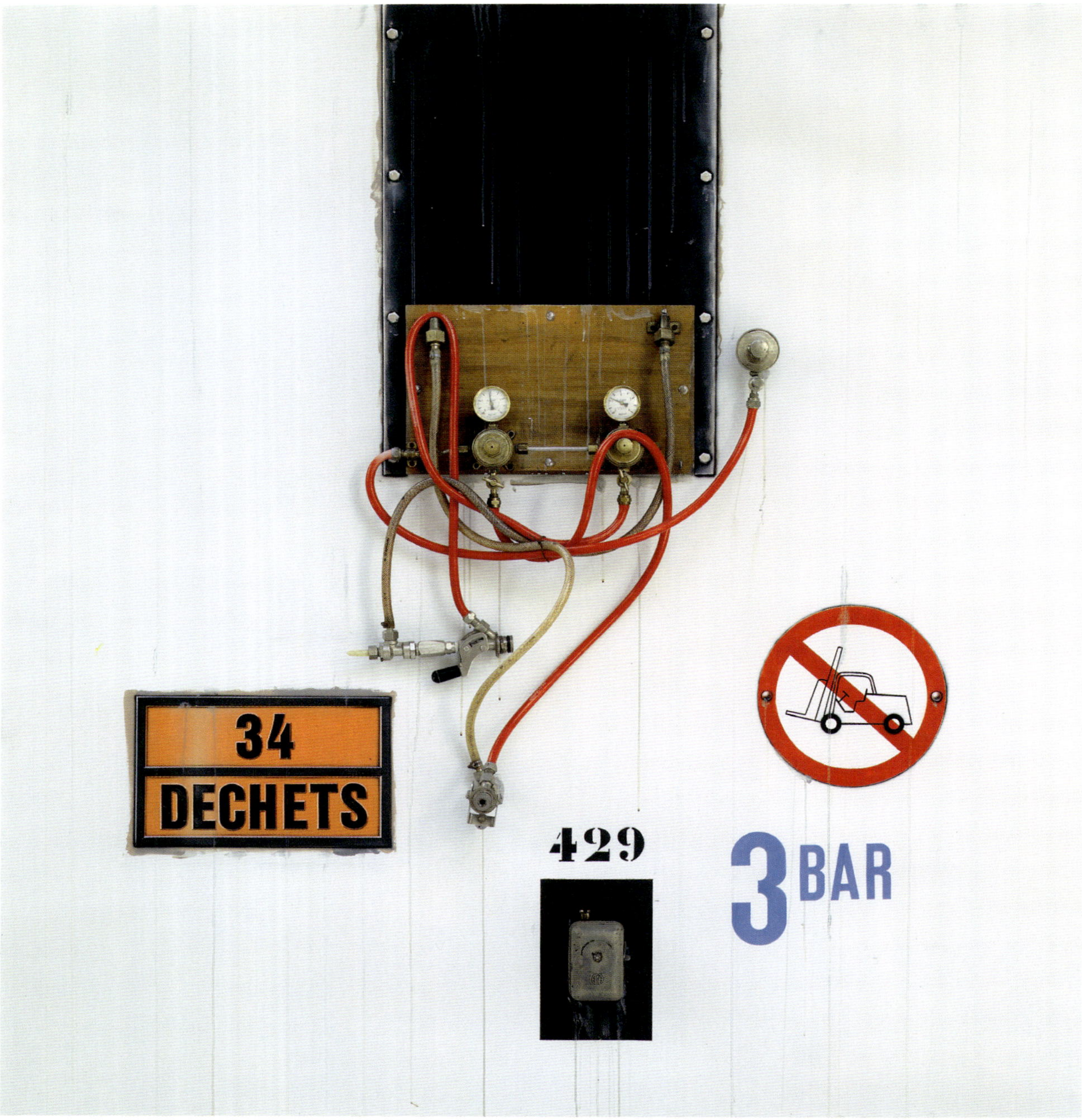

34/Déchets, acrylique et objets sur toile,
200 x 190 cm, 1990, collection particulière, Paris

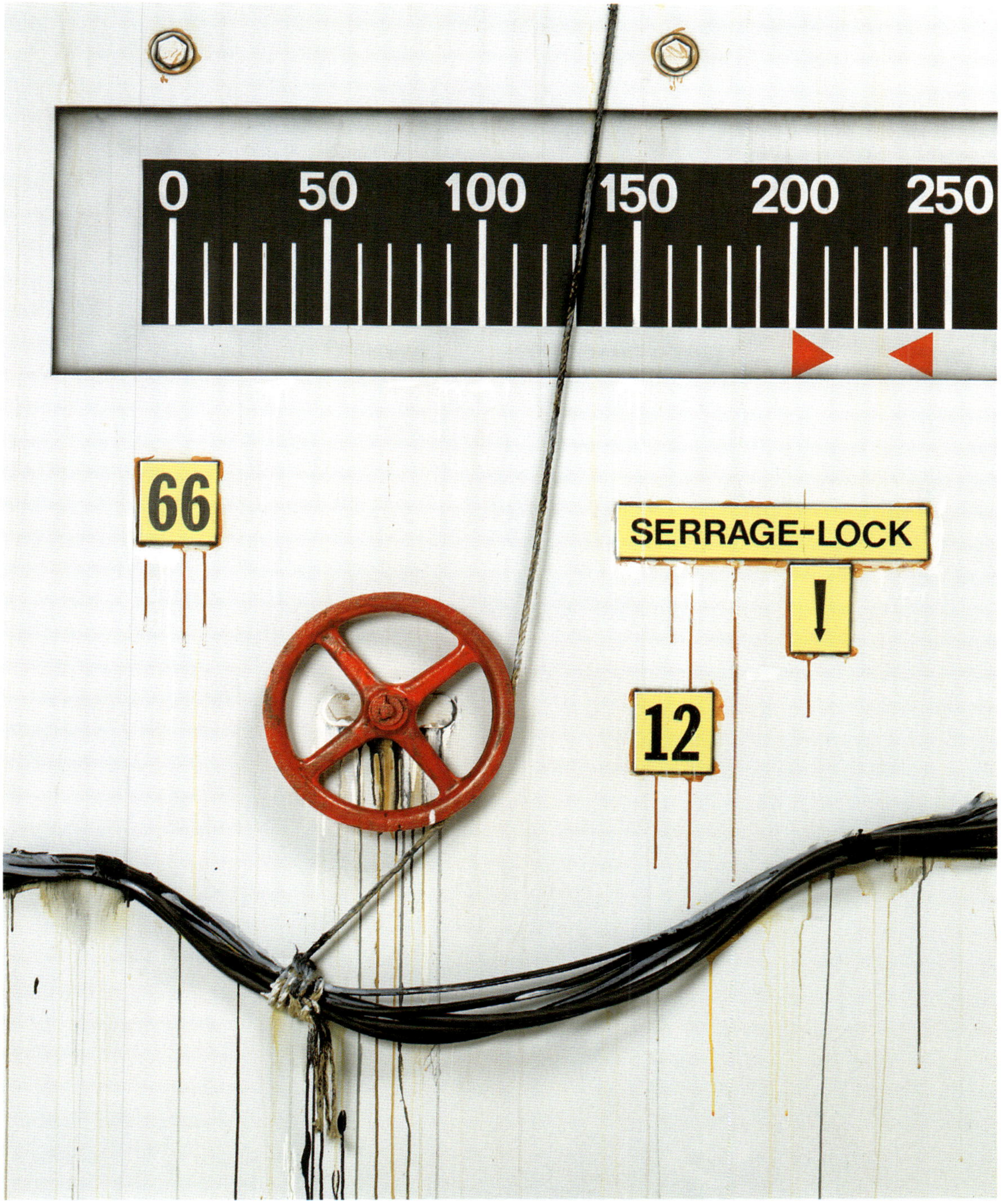

Volant/Serrage-lock, acrylique et objets sur toile,
162 x 130 cm, 1989, collection particulière, Paris

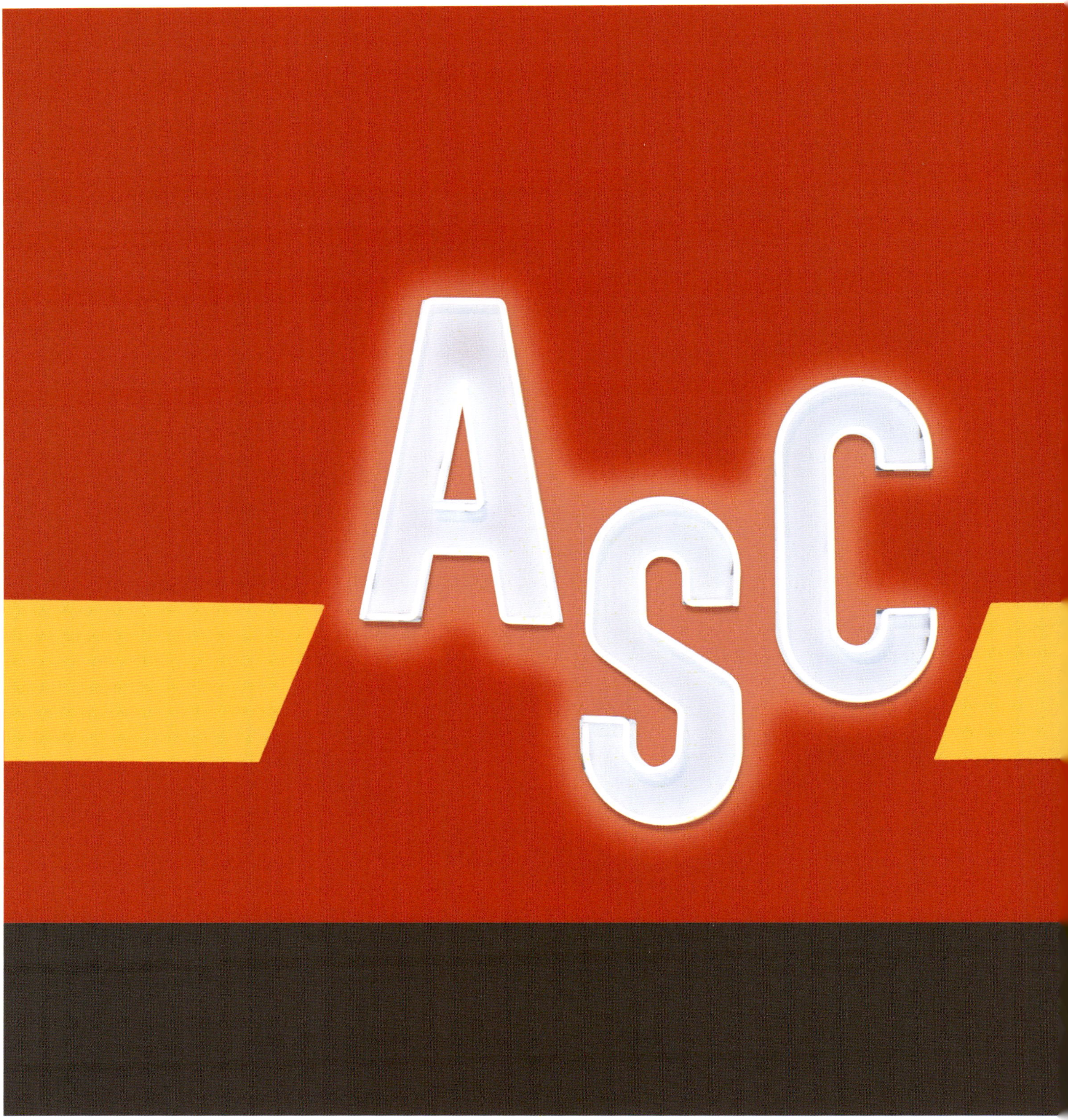

ASC/**rouge**, acrylique, objets et néon sur toile,
280 x 540 cm, 1992, collection particulière, Paris

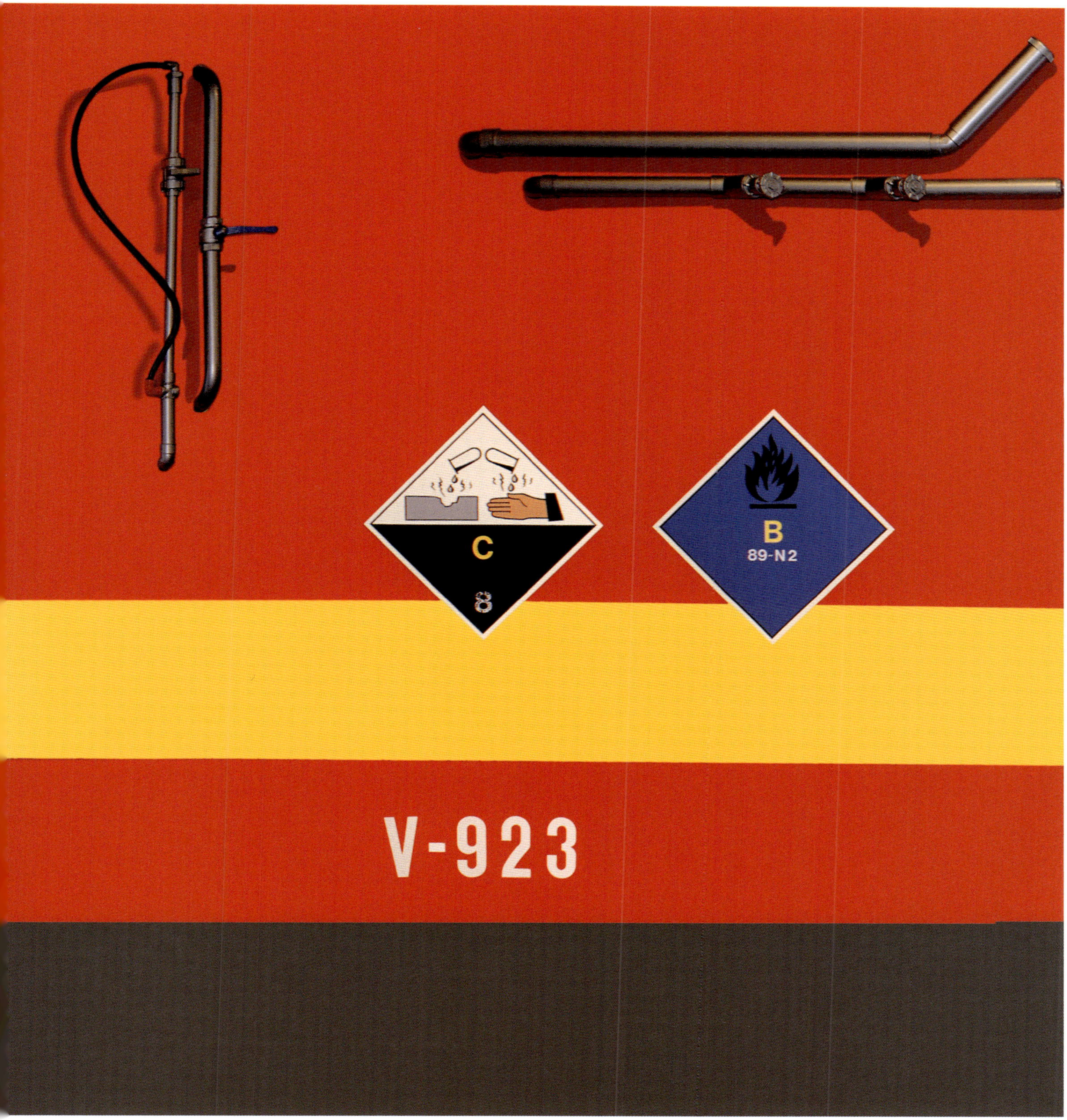
C
8
B
89-N2
V-923

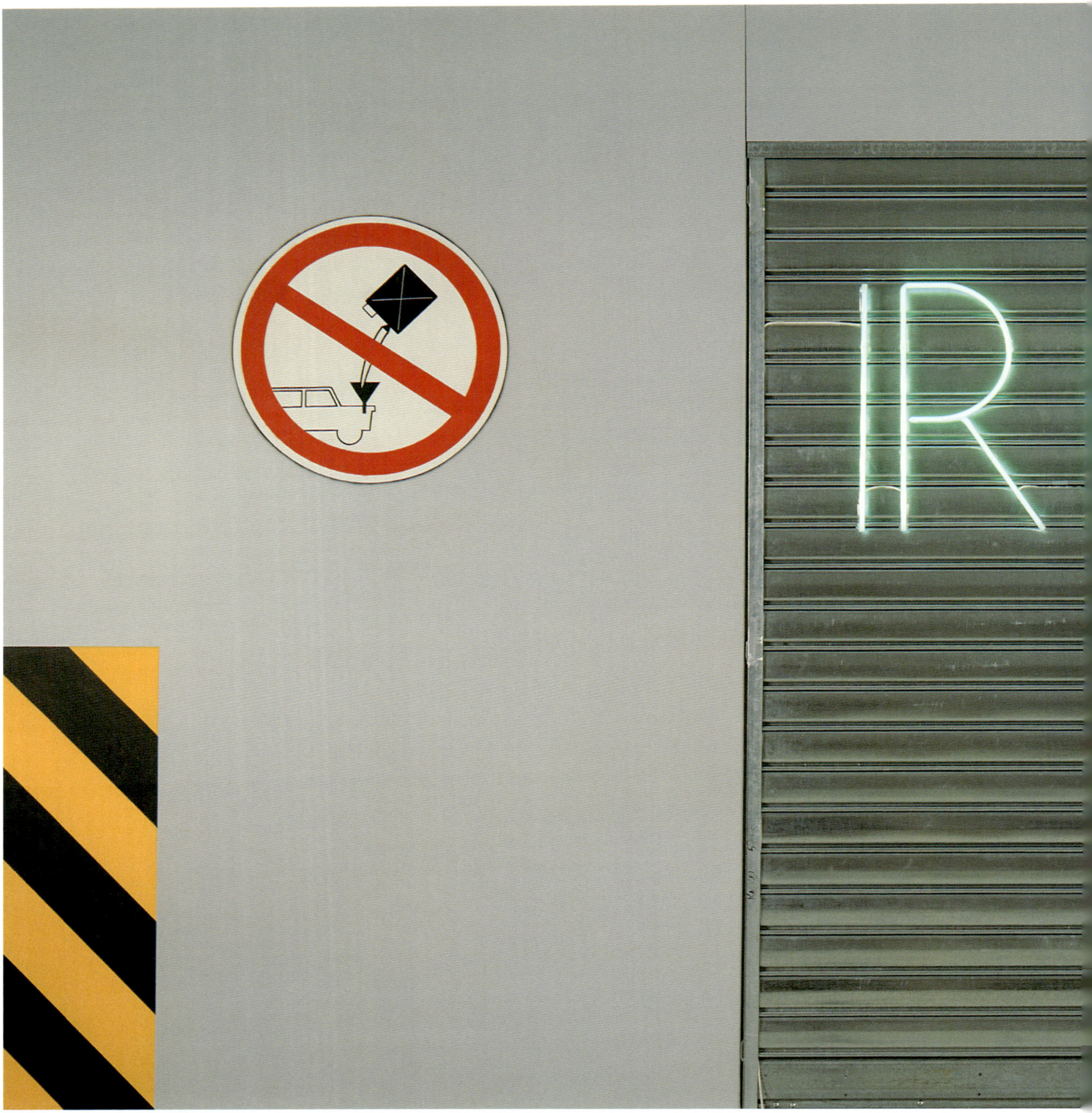

Rideau de fer/Rey, acrylique, objets et néon sur toile,
275 x 540 cm, 1992, collection particulière, Paris

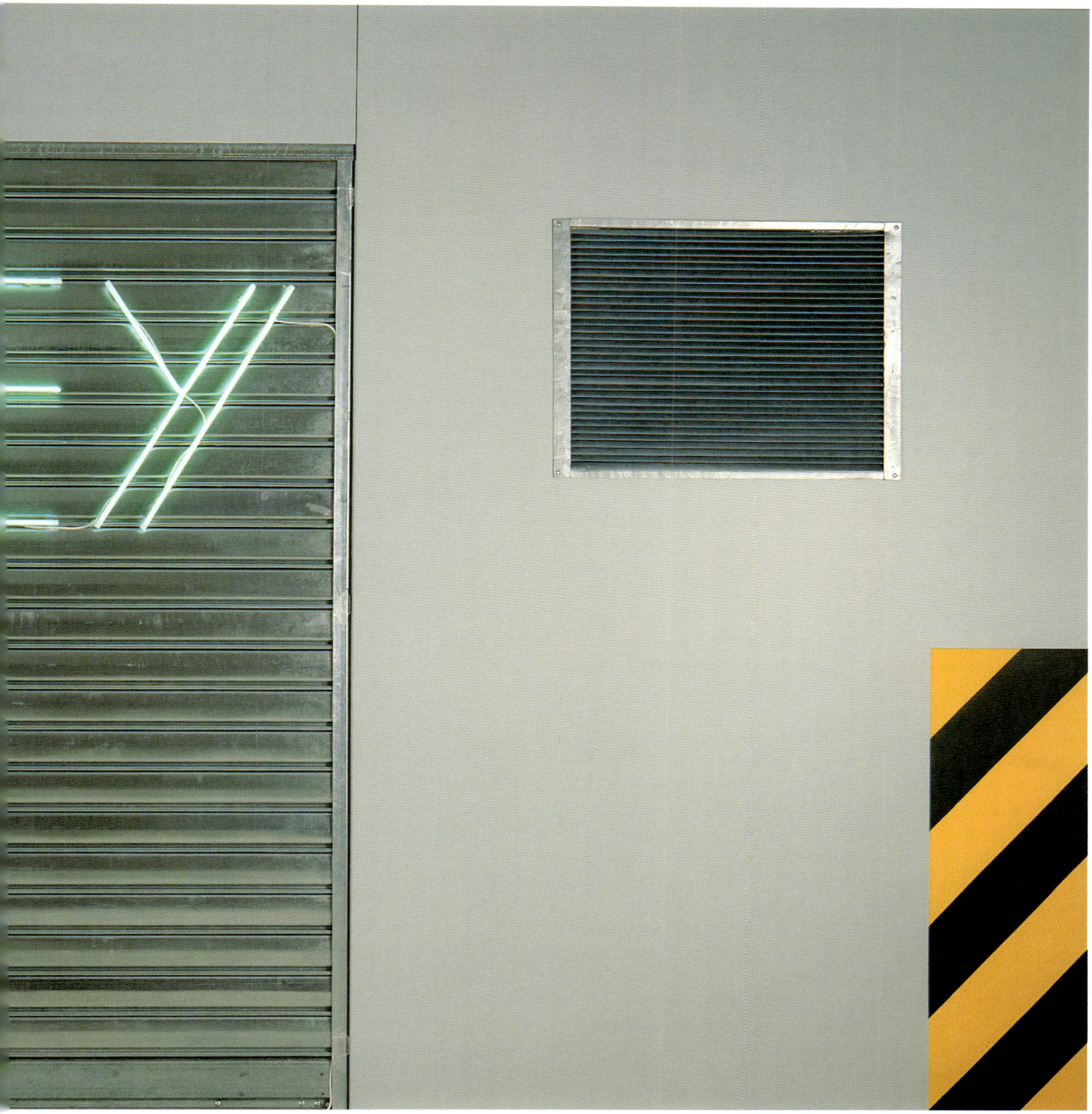

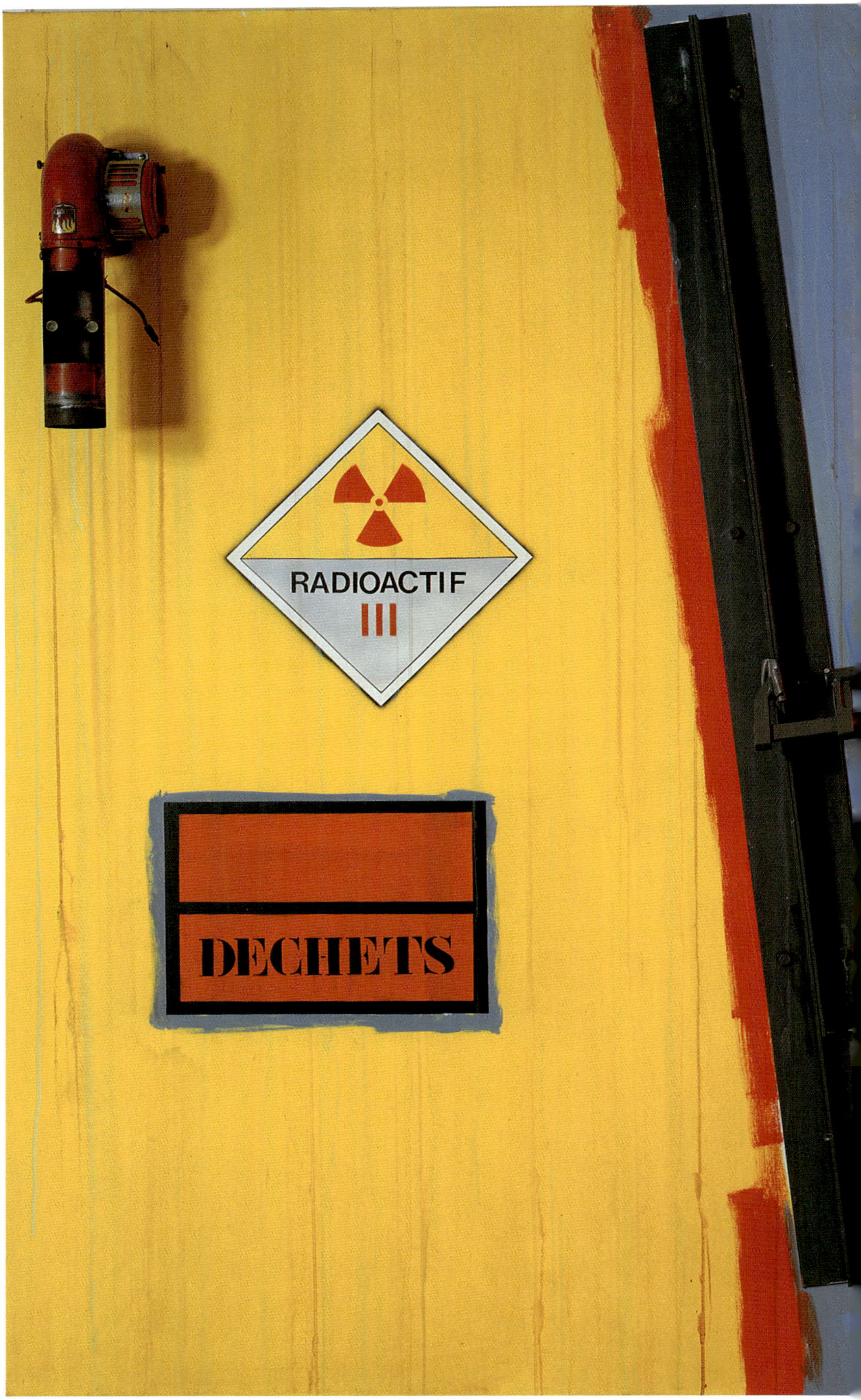

Zone contrôlée/Accès réglementé, acrylique, objets et néon sur toile, 210 x 300 cm, 1996, collection particulière, Paris

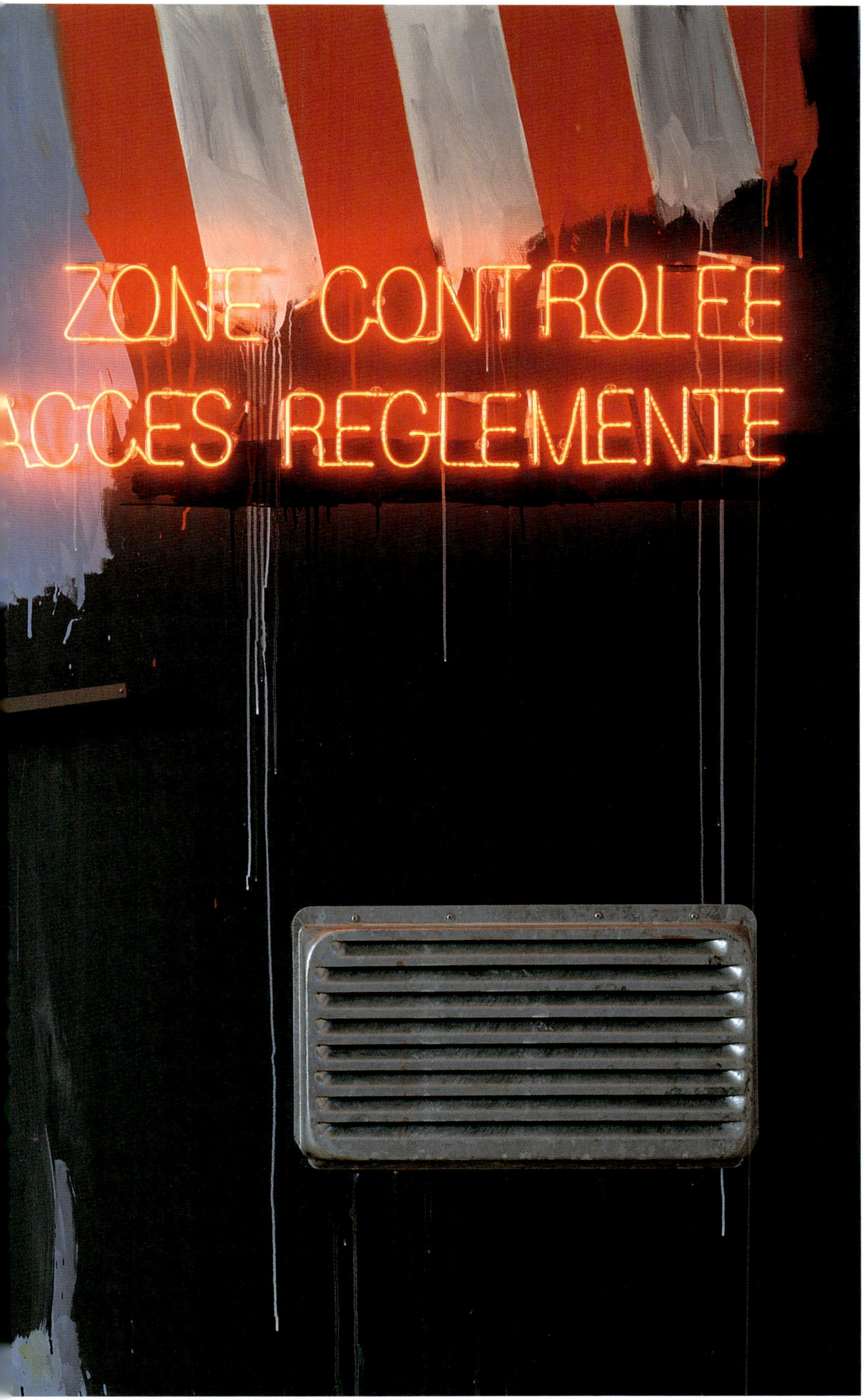
ZONE CONTROLEE
ACCES REGLEMENTE

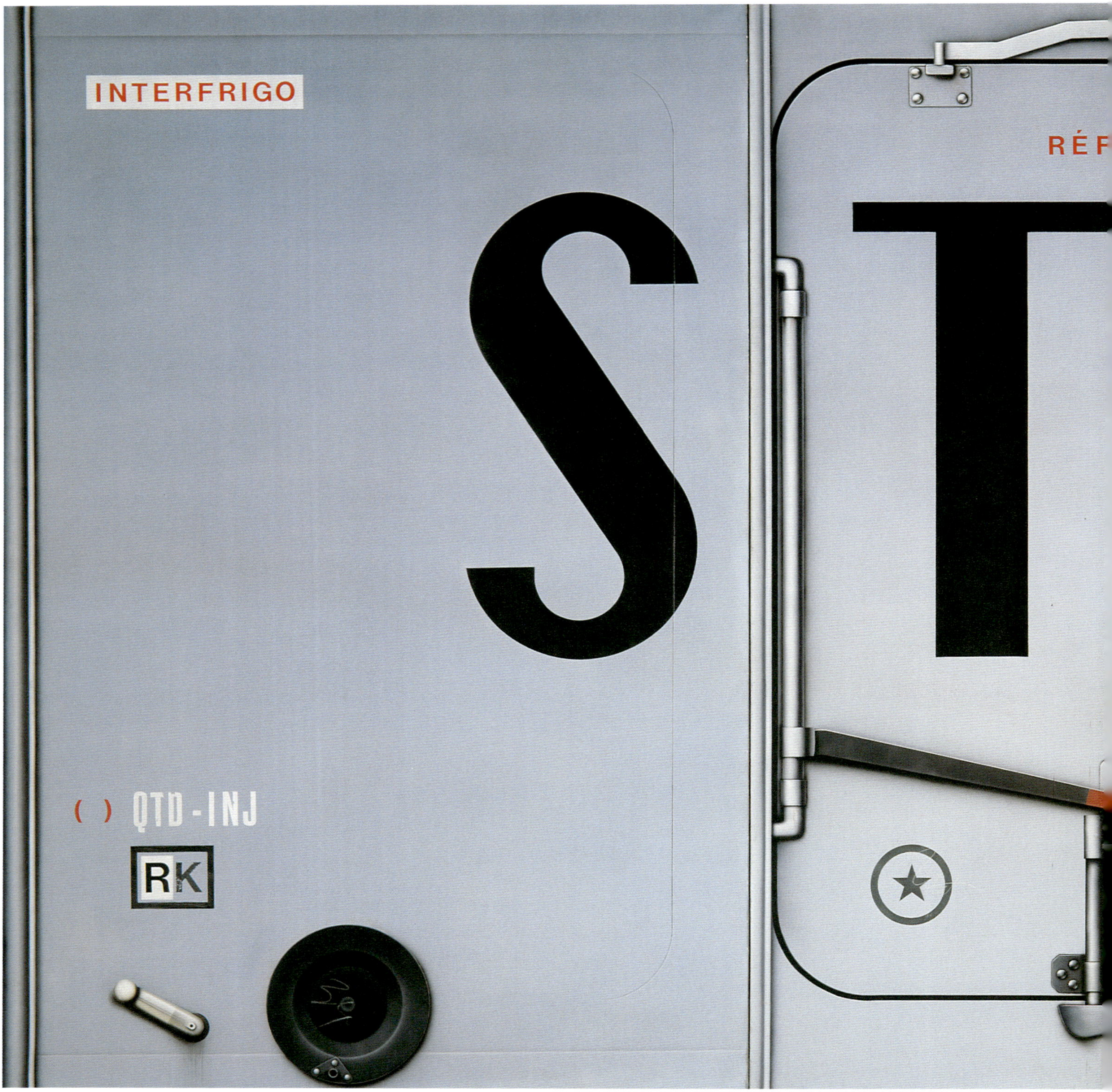

Wagon réfrigérant STEF, acrylique sur toile,
195x430 cm, 1977, collection particulière, Paris

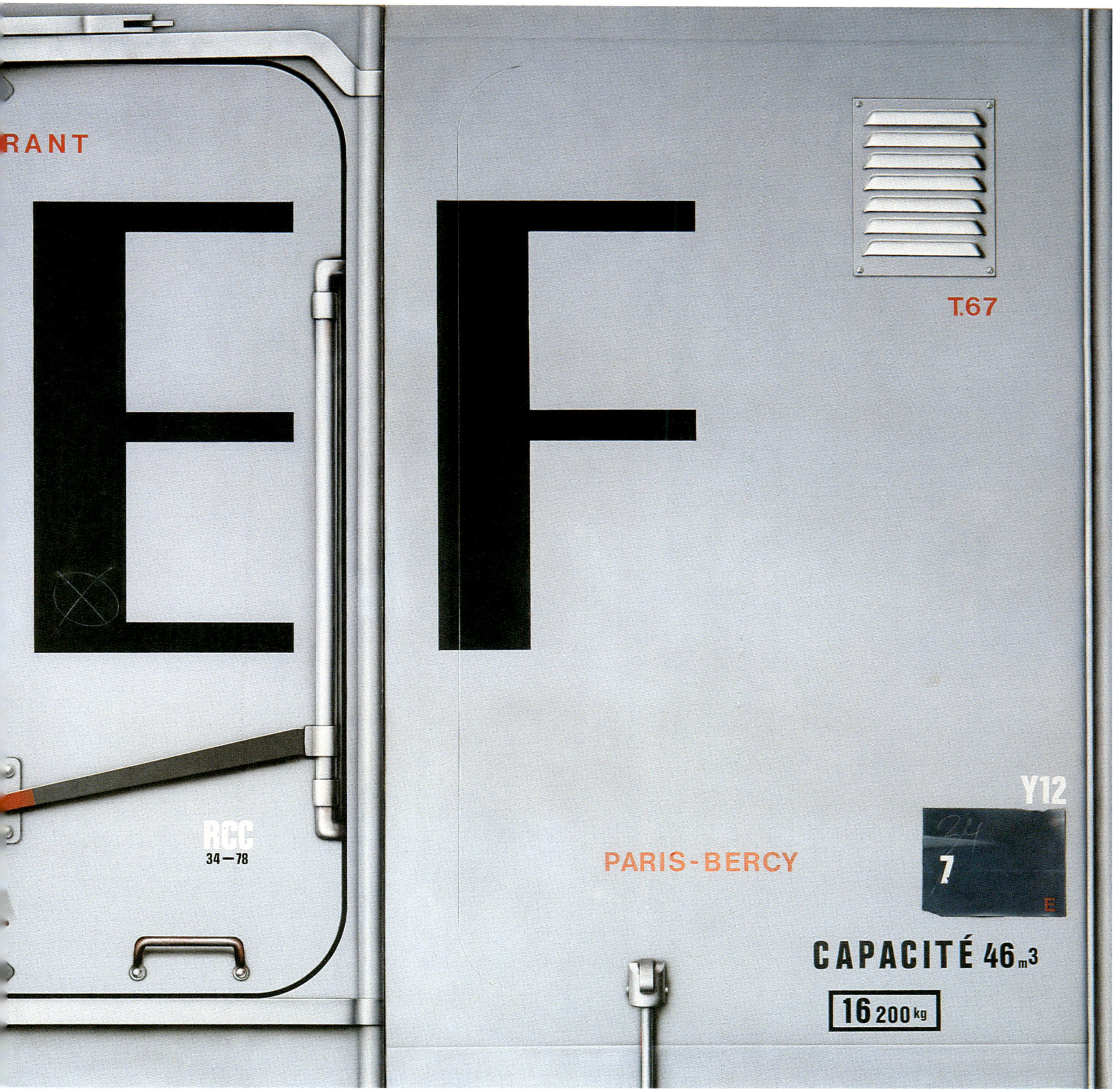
RANT
E
F
T.67
Y12
RCC
34—78
PARIS-BERCY
7
E
CAPACITÉ 46 m3
16 200 kg

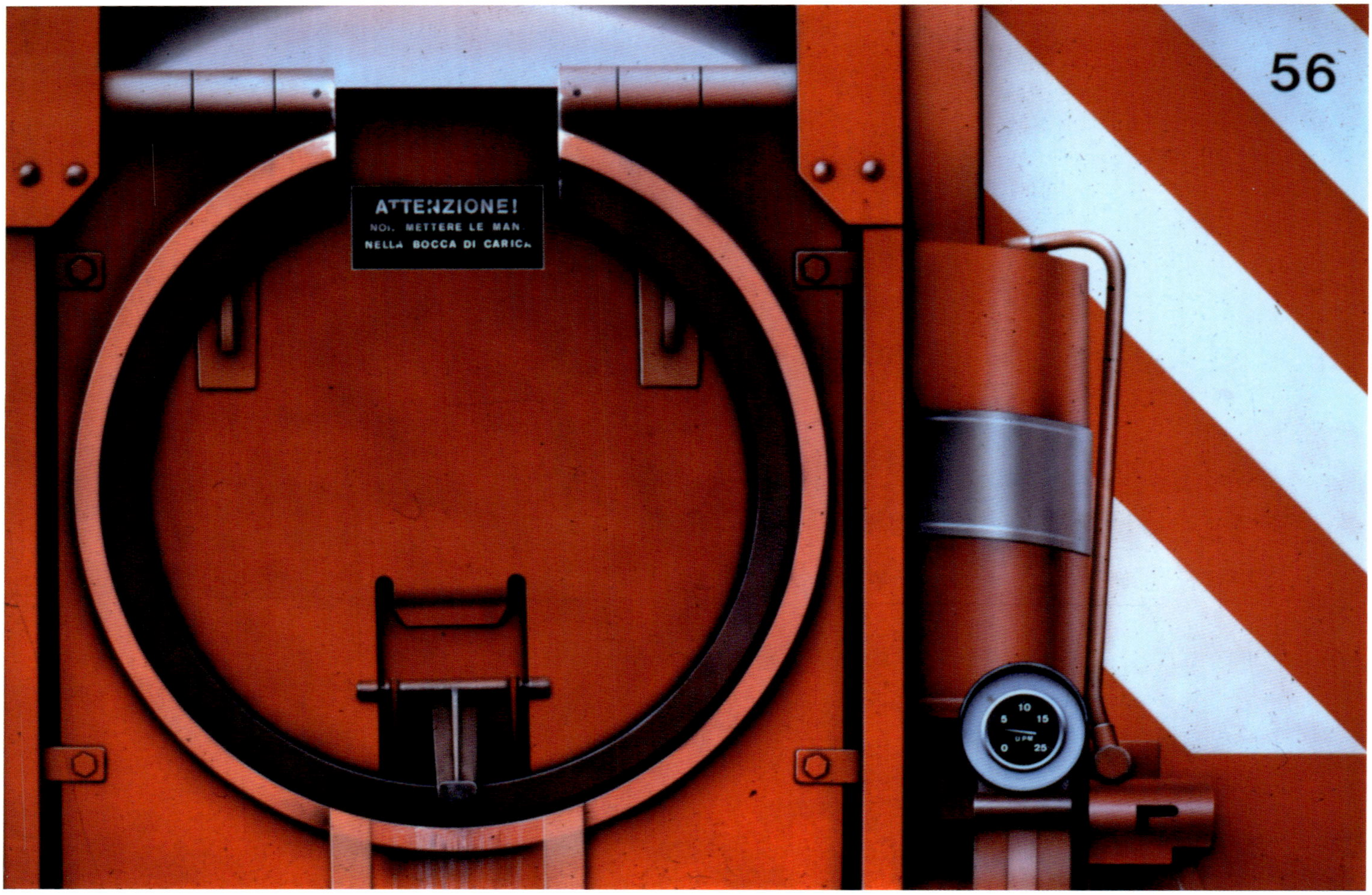

Attenzione, acrylique sur carton,
80 x 120 cm, 1978, collection Joussemet, Montréal, Canada

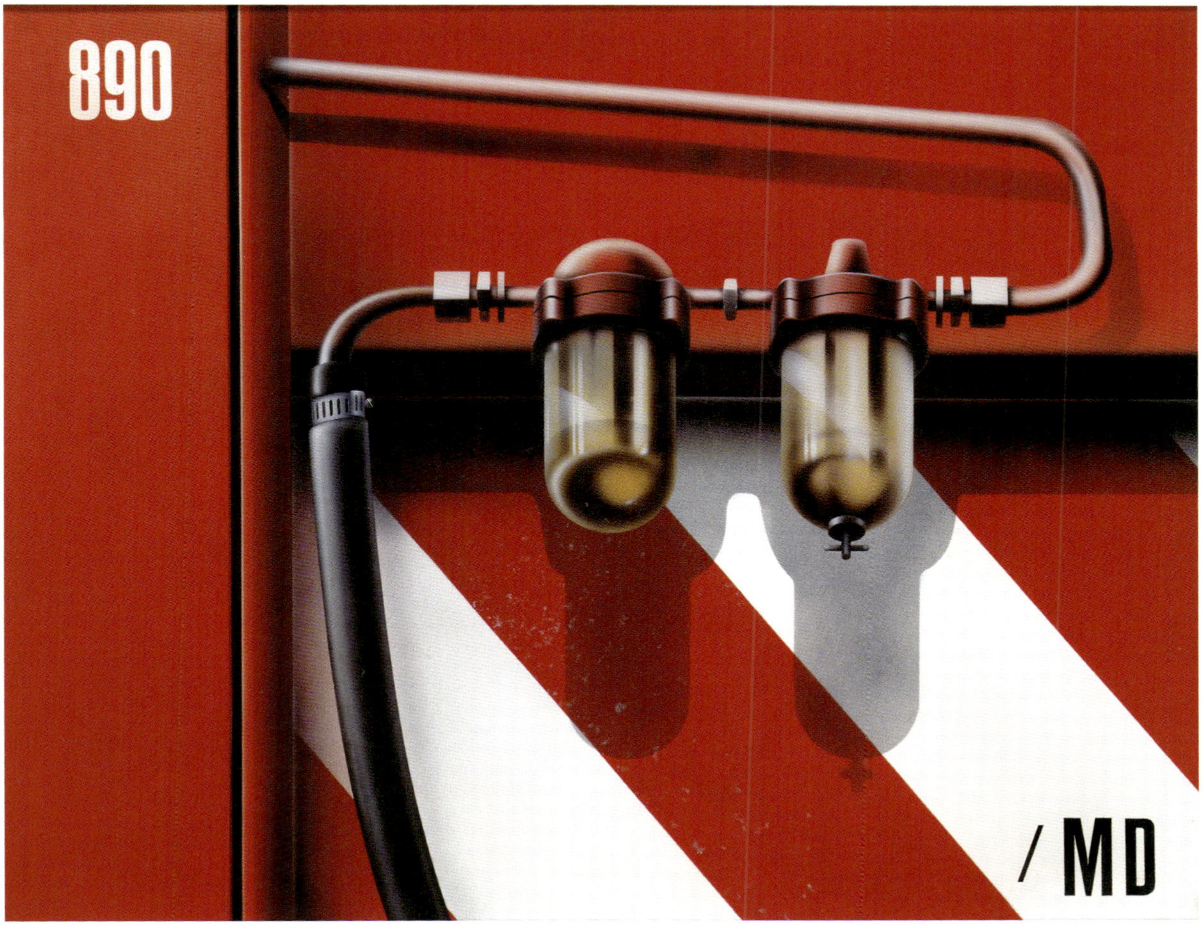

Système hydraulique/Détail rouge, acrylique sur toile,
73x92 cm, 1977, collection particulière, Paris

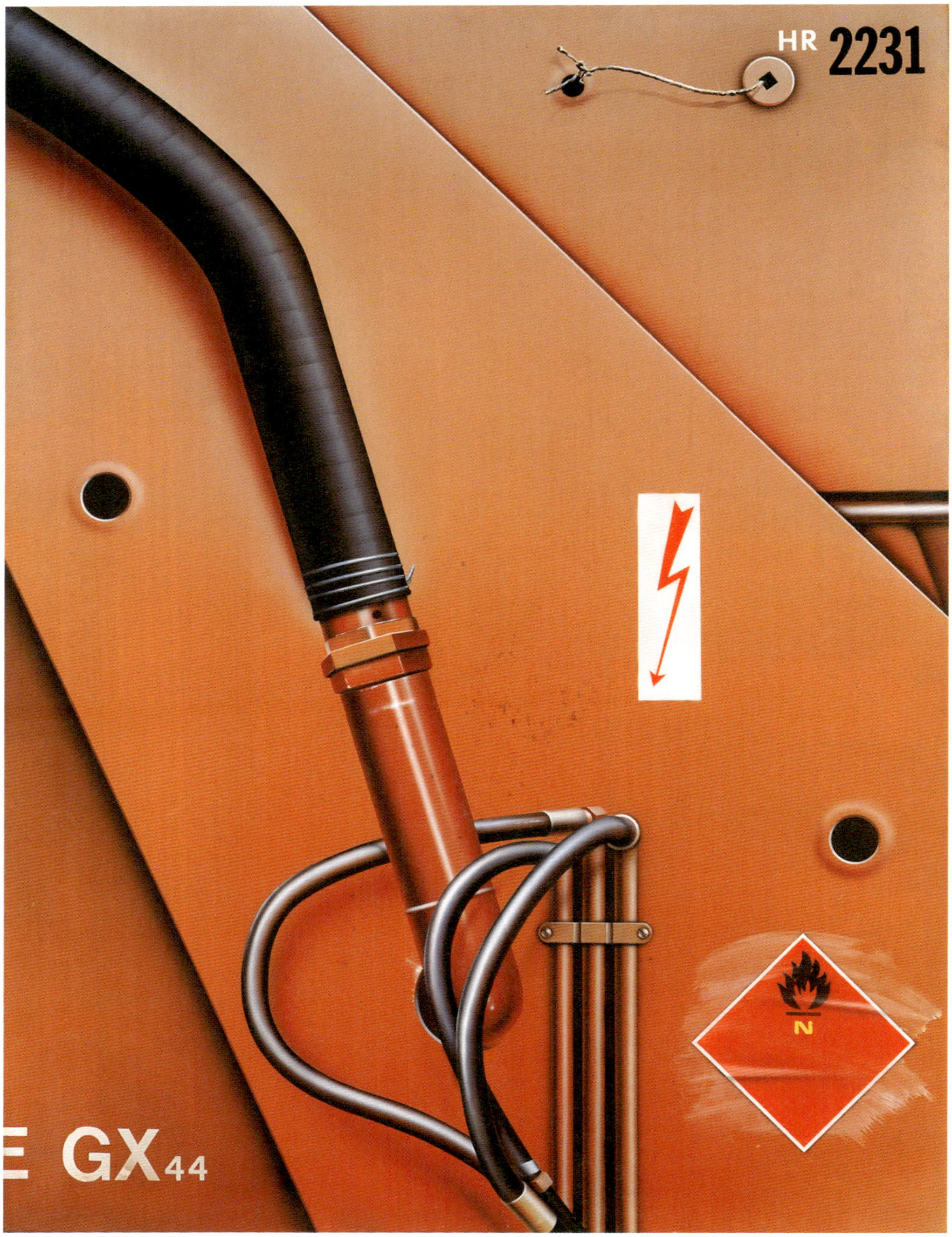

Camion Sita rouge/Détail GX, acrylique sur toile,
130x97 cm, 1978, collection particulière, Paris

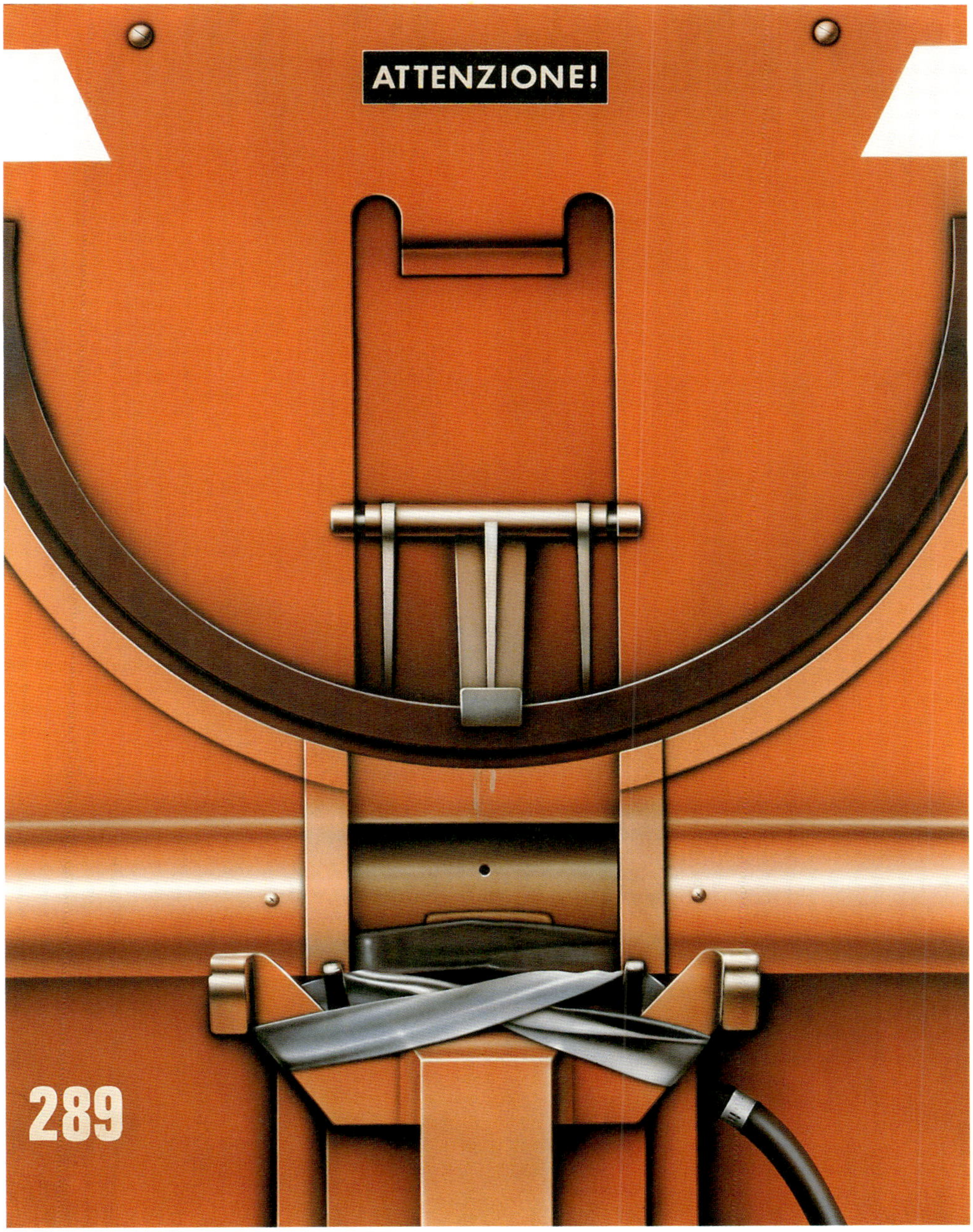

Camion Sita rouge/Détail II, acrylique sur toile, 116x89 cm, 1978, collection Bachet, Paris

Eau non potable, acrylique sur toile,
260 x 180 cm, 1978, collection particulière, Paris

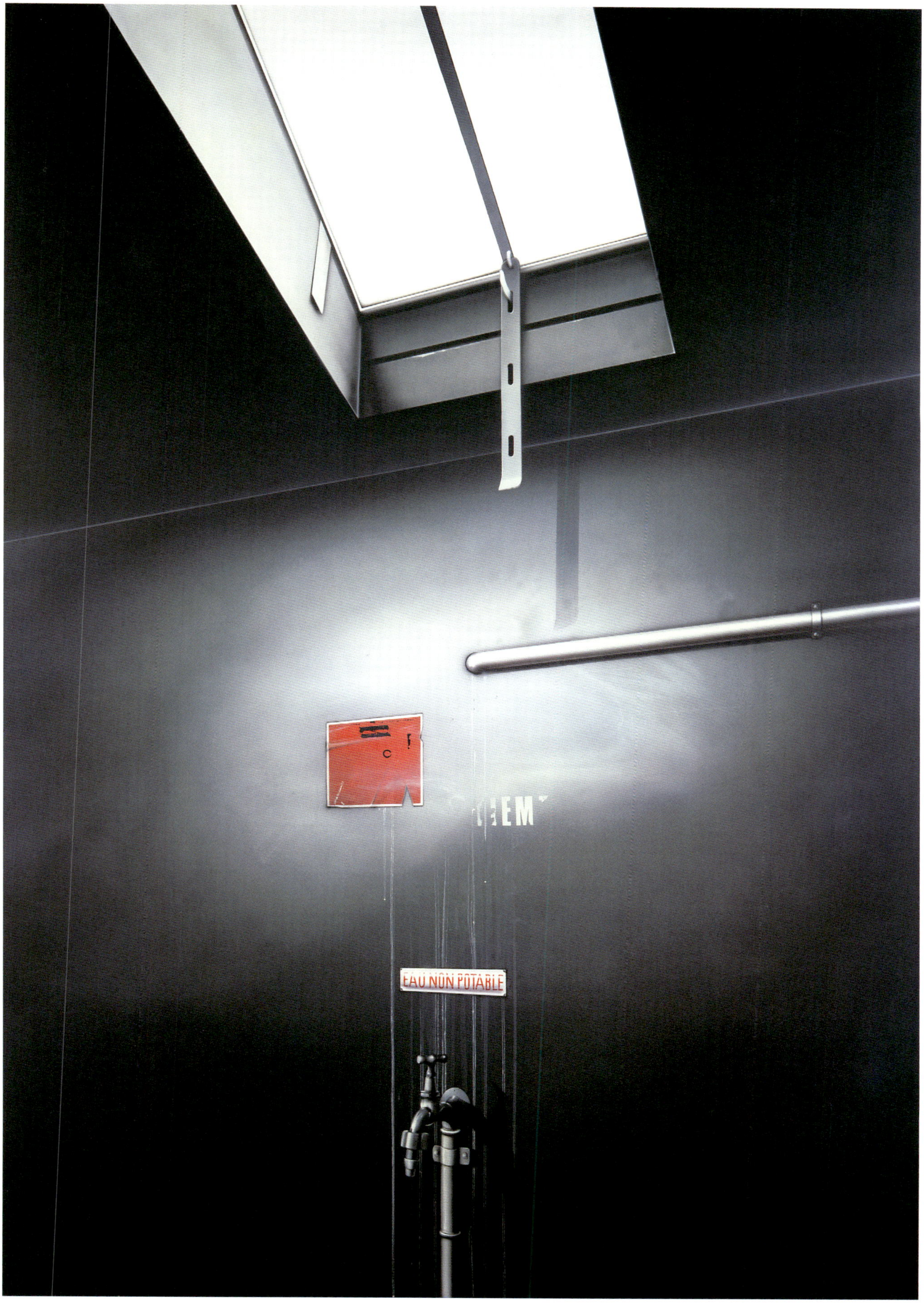
EAU NON POTABLE

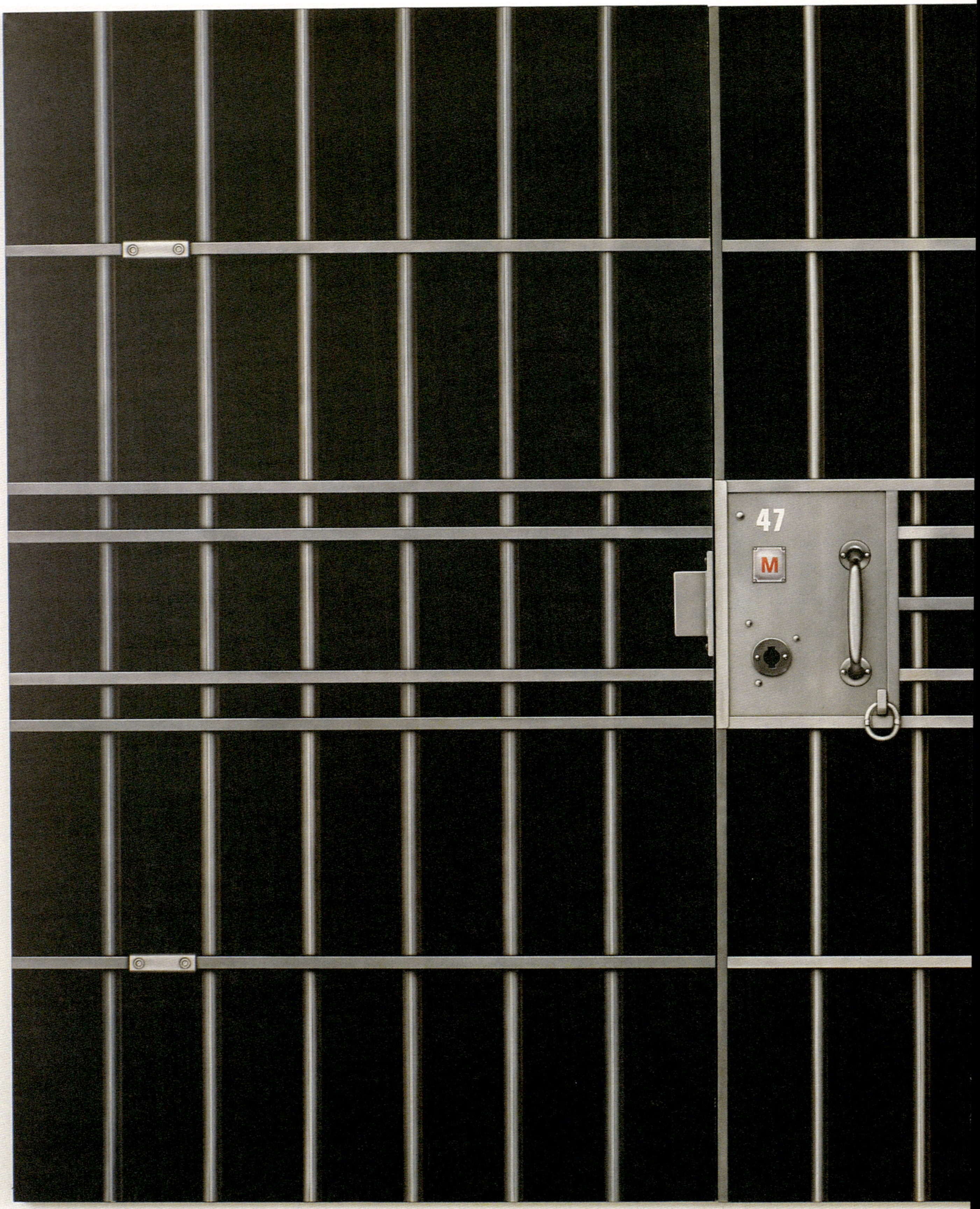

Grande grille, acrylique sur toile,
260x430 cm, 1978, musée des Beaux-Arts, Grenoble

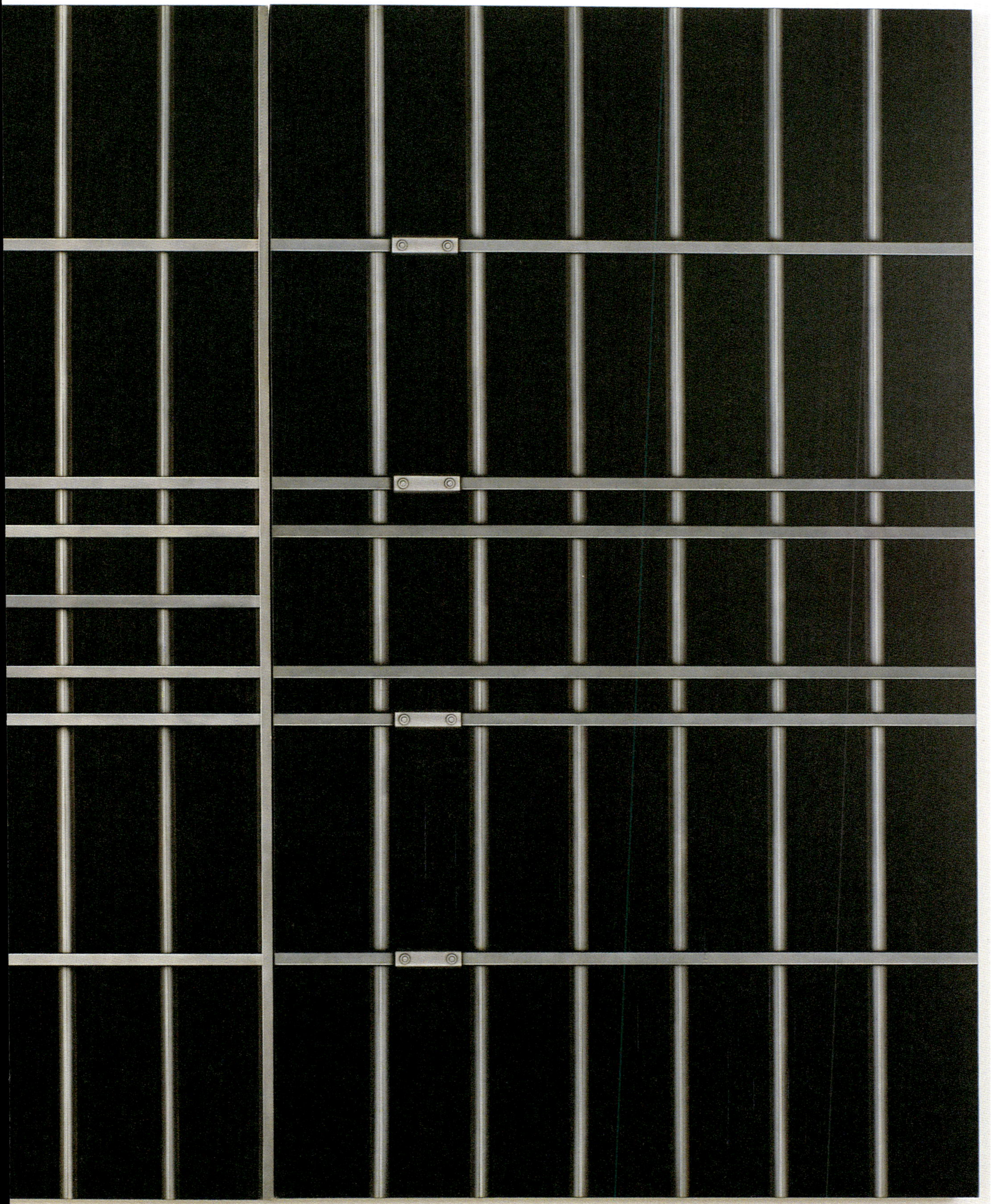

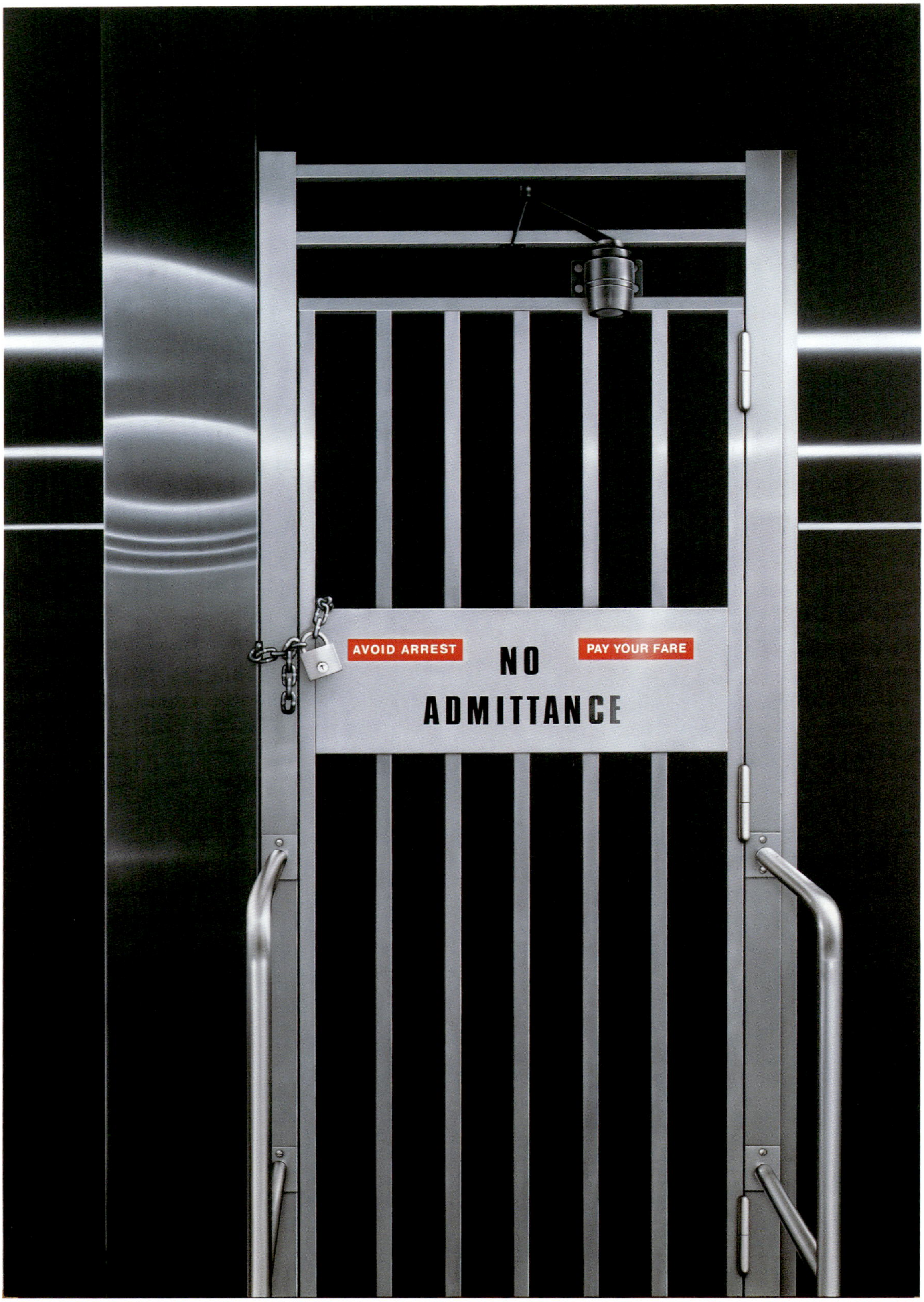

No Admittance, acrylique sur toile,
260 x 180 cm, 1978, collection particulière, Paris

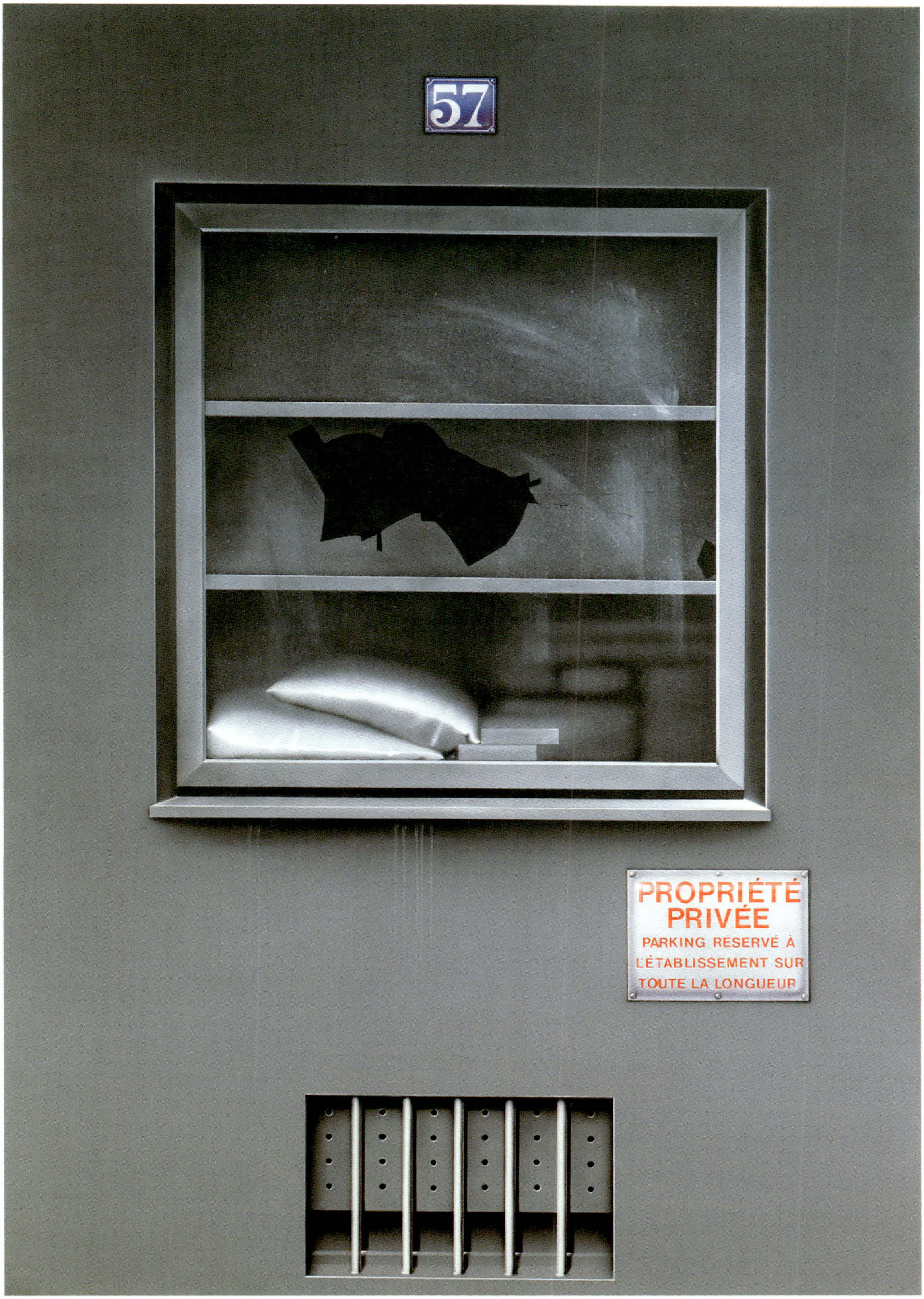

Propriété privée, acrylique sur toile,
260 x 180 cm, 1978, collection particulière, Paris

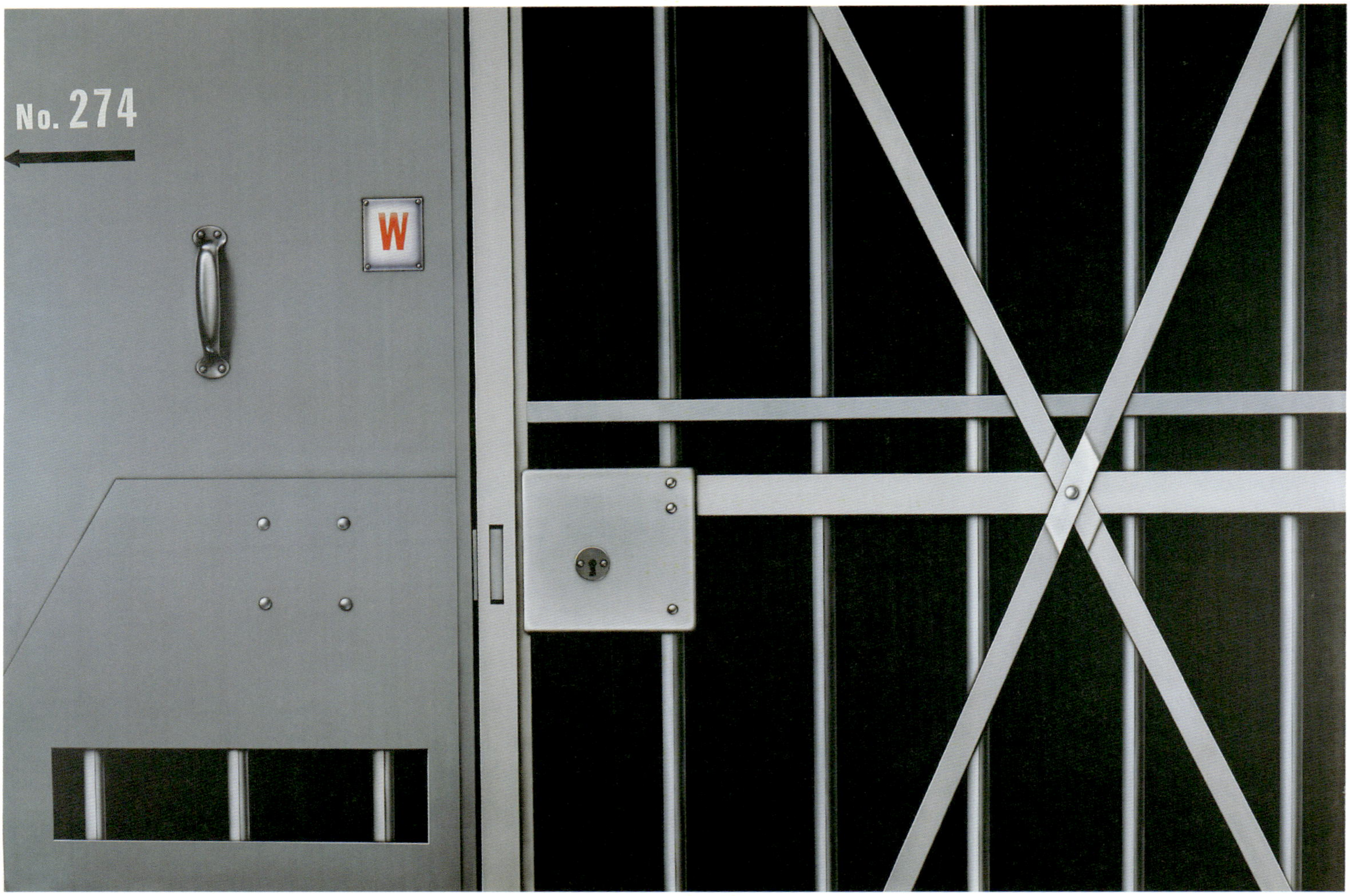

Porte n° 274, acrylique sur toile,
180 x 260 cm, 1979, collection particulière, Paris

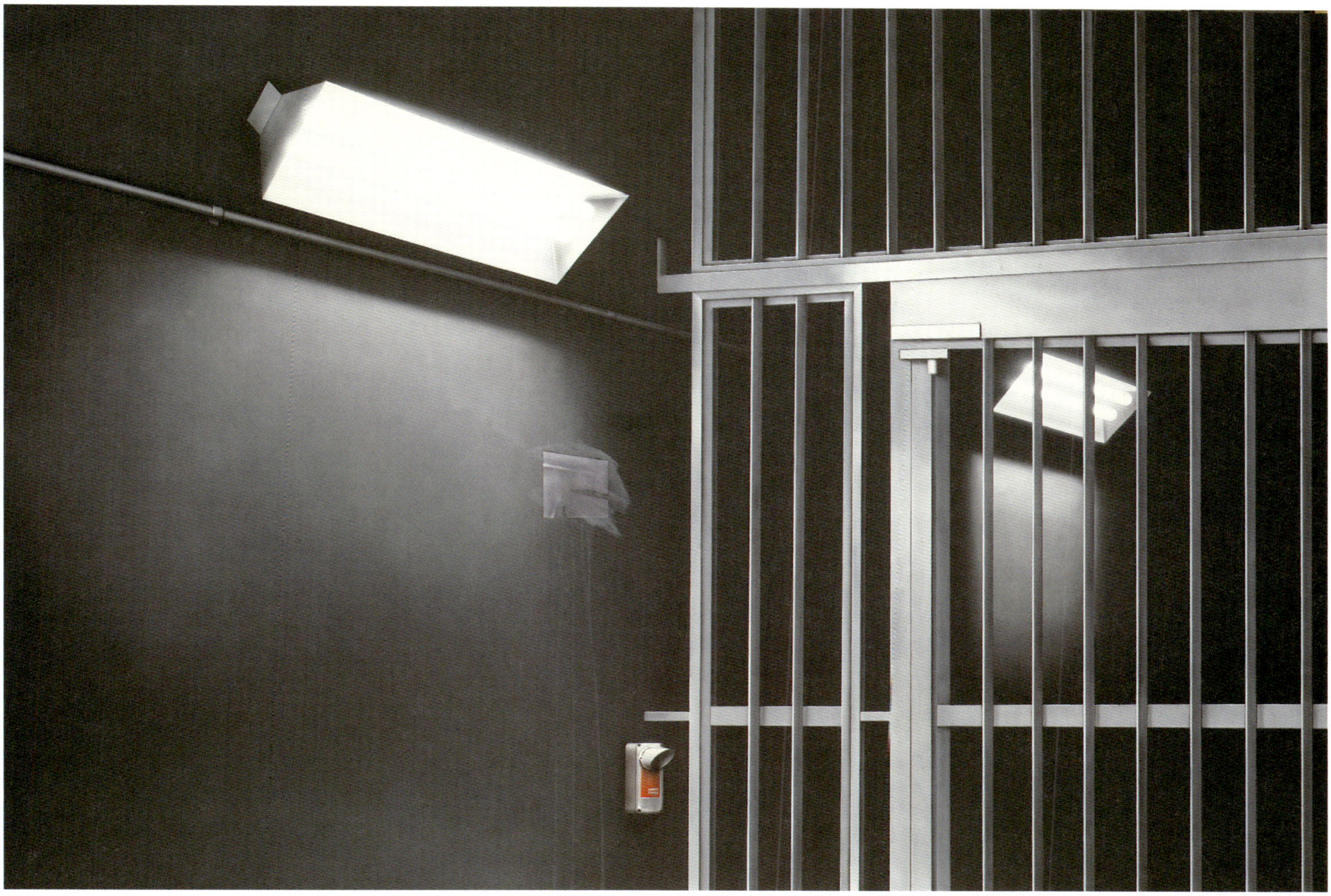

Attention-ralentir, acrylique sur toile,
180 x 260 cm, 1980, musée Cantini, Marseille

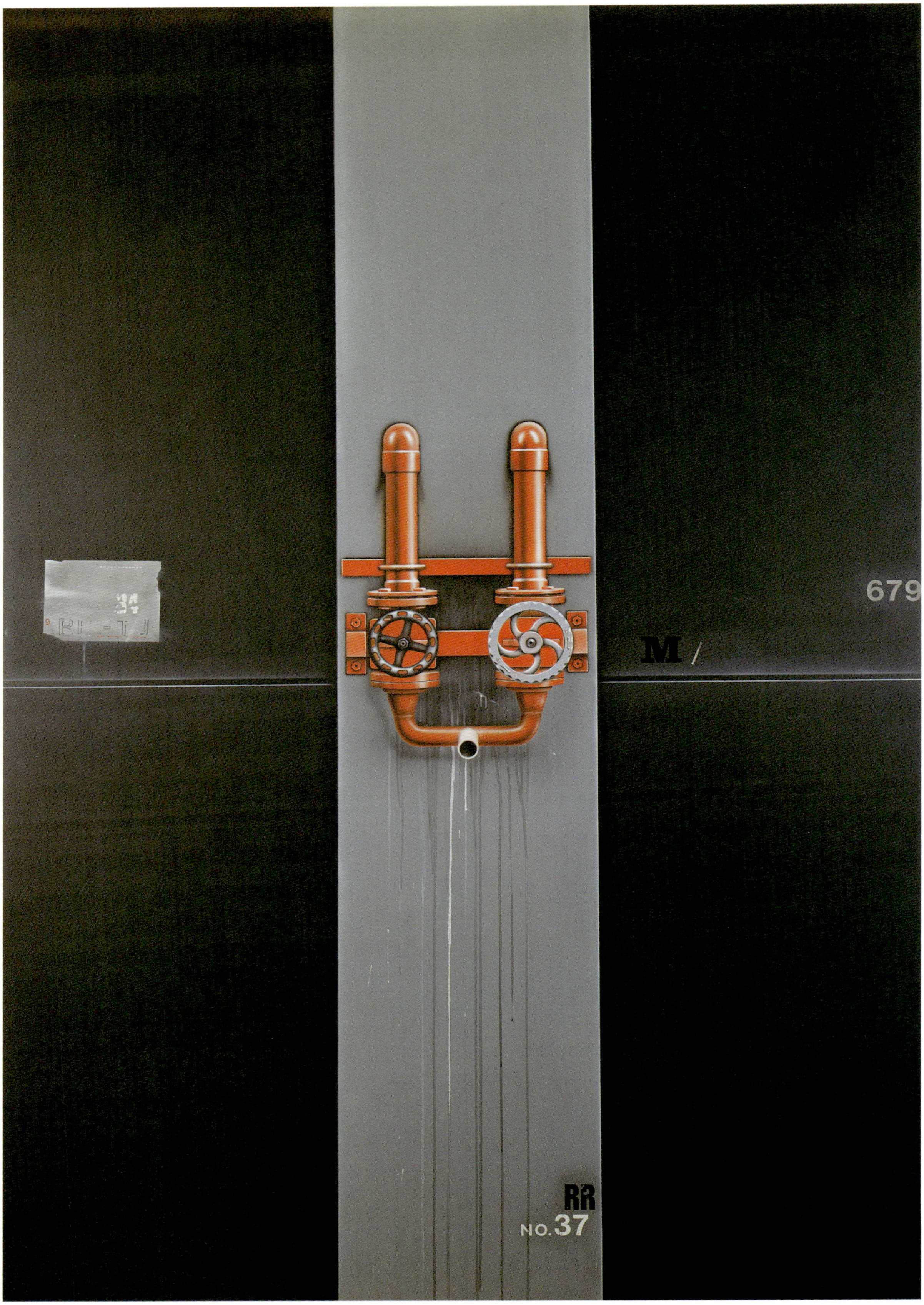

Vannes sur fond noir, acrylique sur toile,
260 x 180 cm, 1978, collection Brunel, Paris

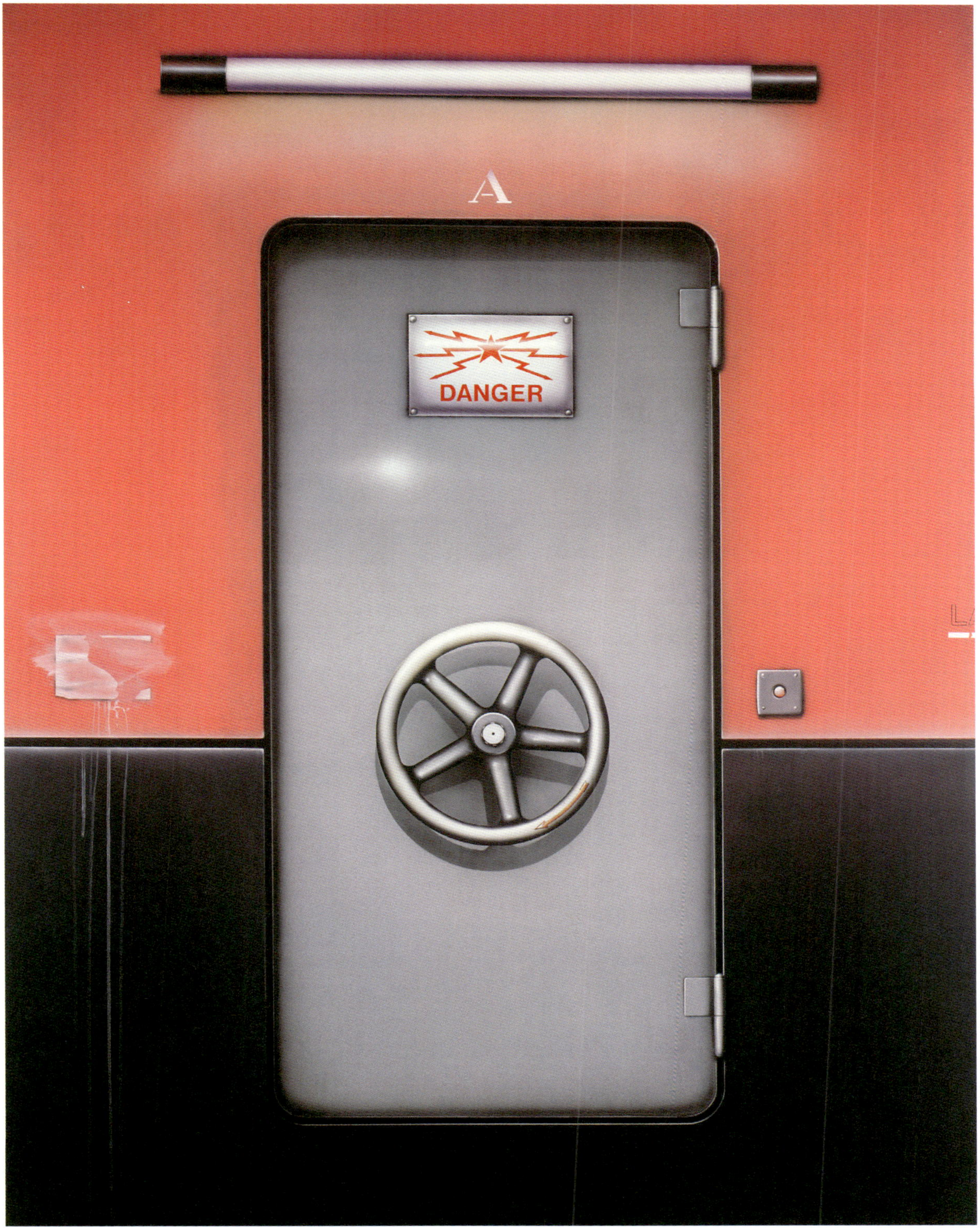

Danger haute tension, acrylique sur toile,
195 x 150 cm, 1978, collection Lintas, Carré d'art, Nîmes

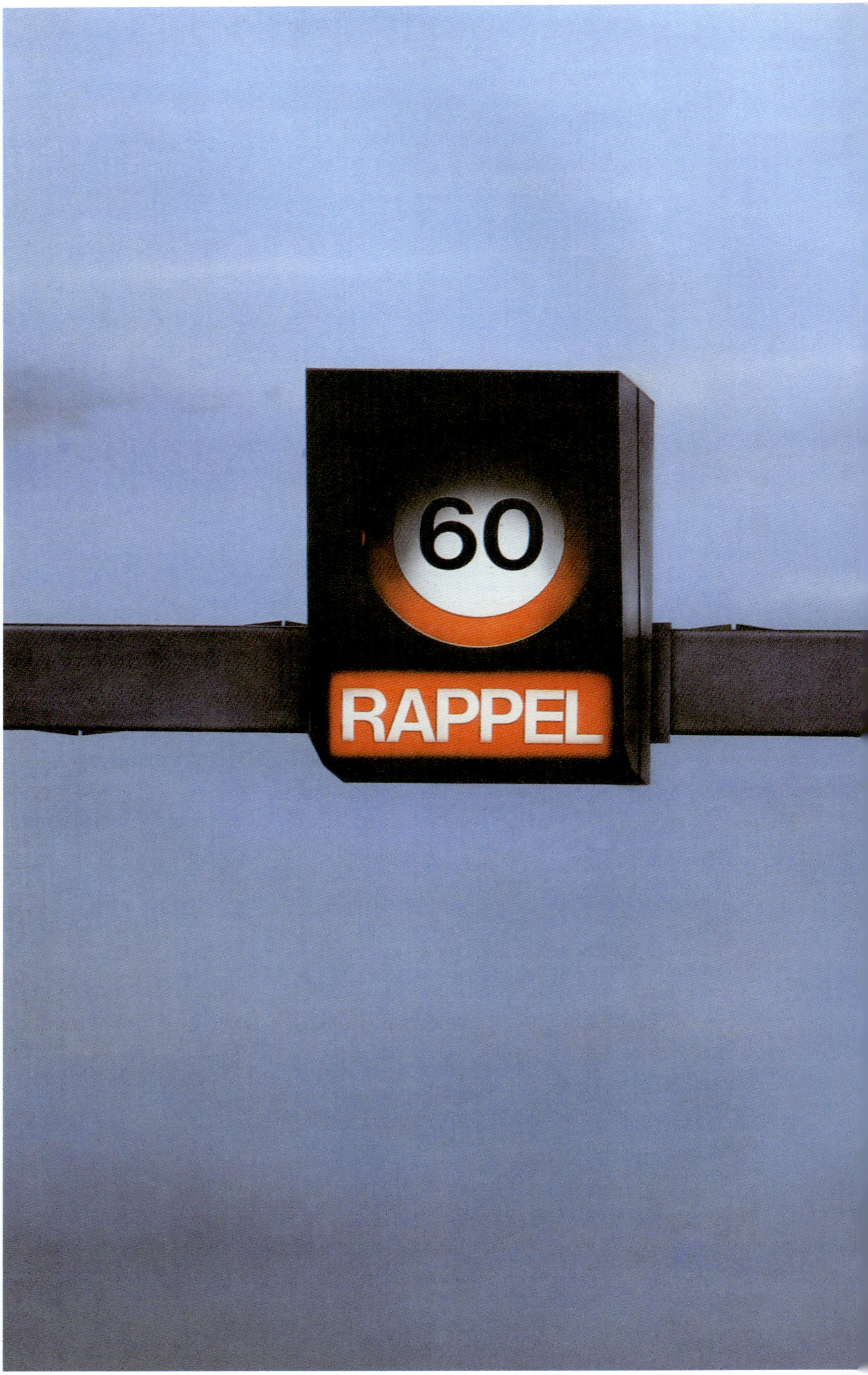

Rappel 60, acrylique sur toile,
200 x 260 cm, 1980, MacVal, Vitry-sur-Seine

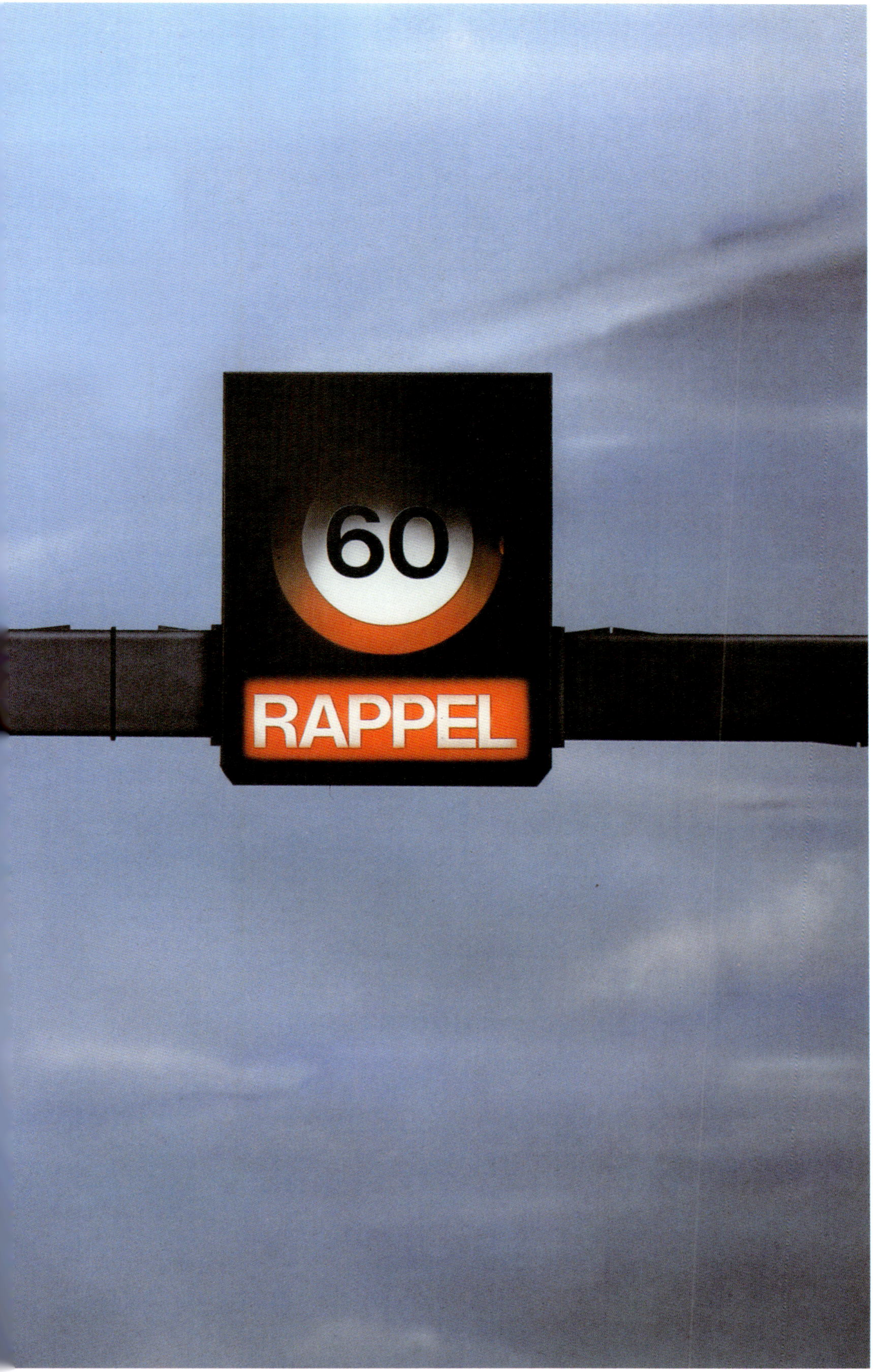
60
RAPPEL

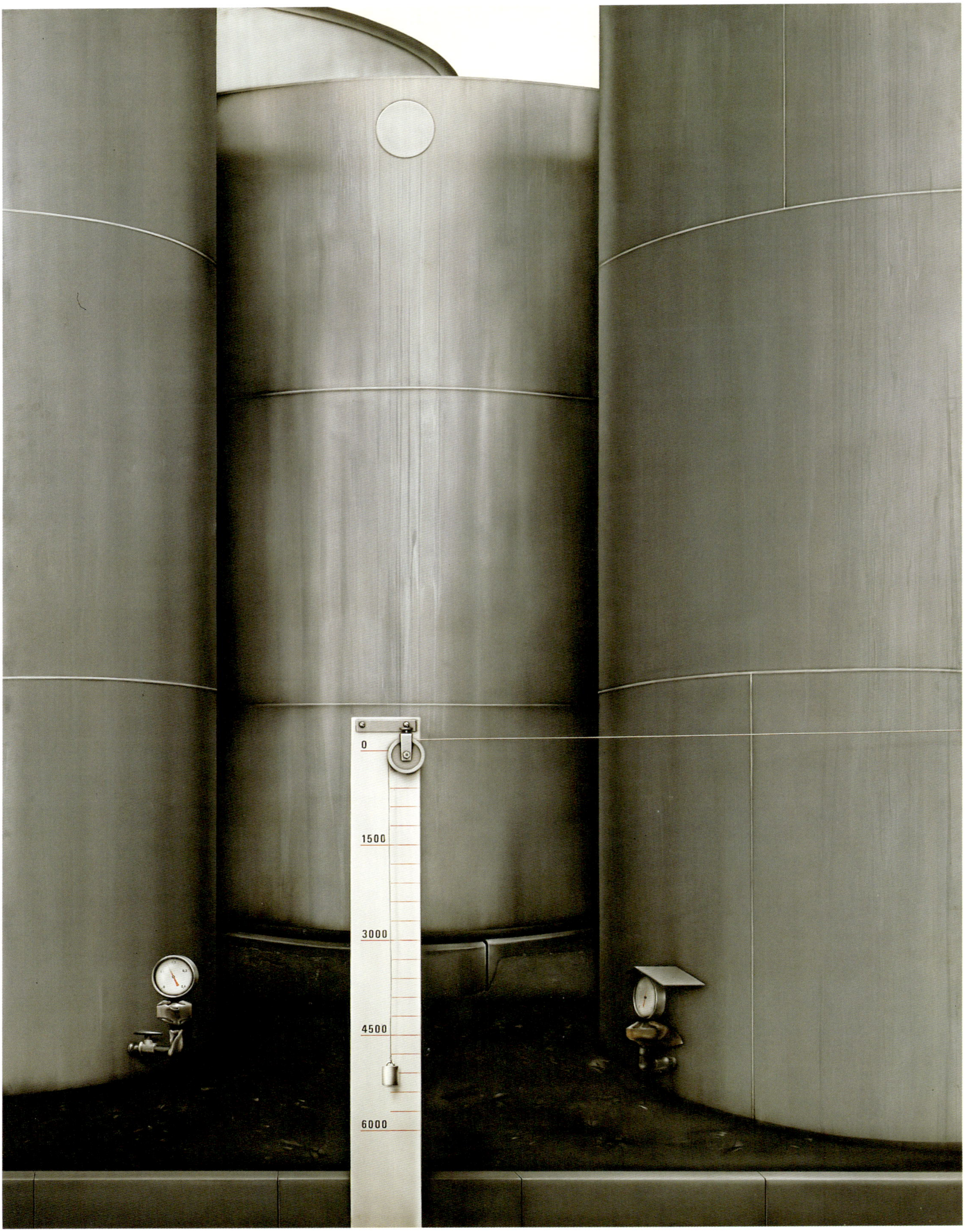
0
1500
3000
4500
6000

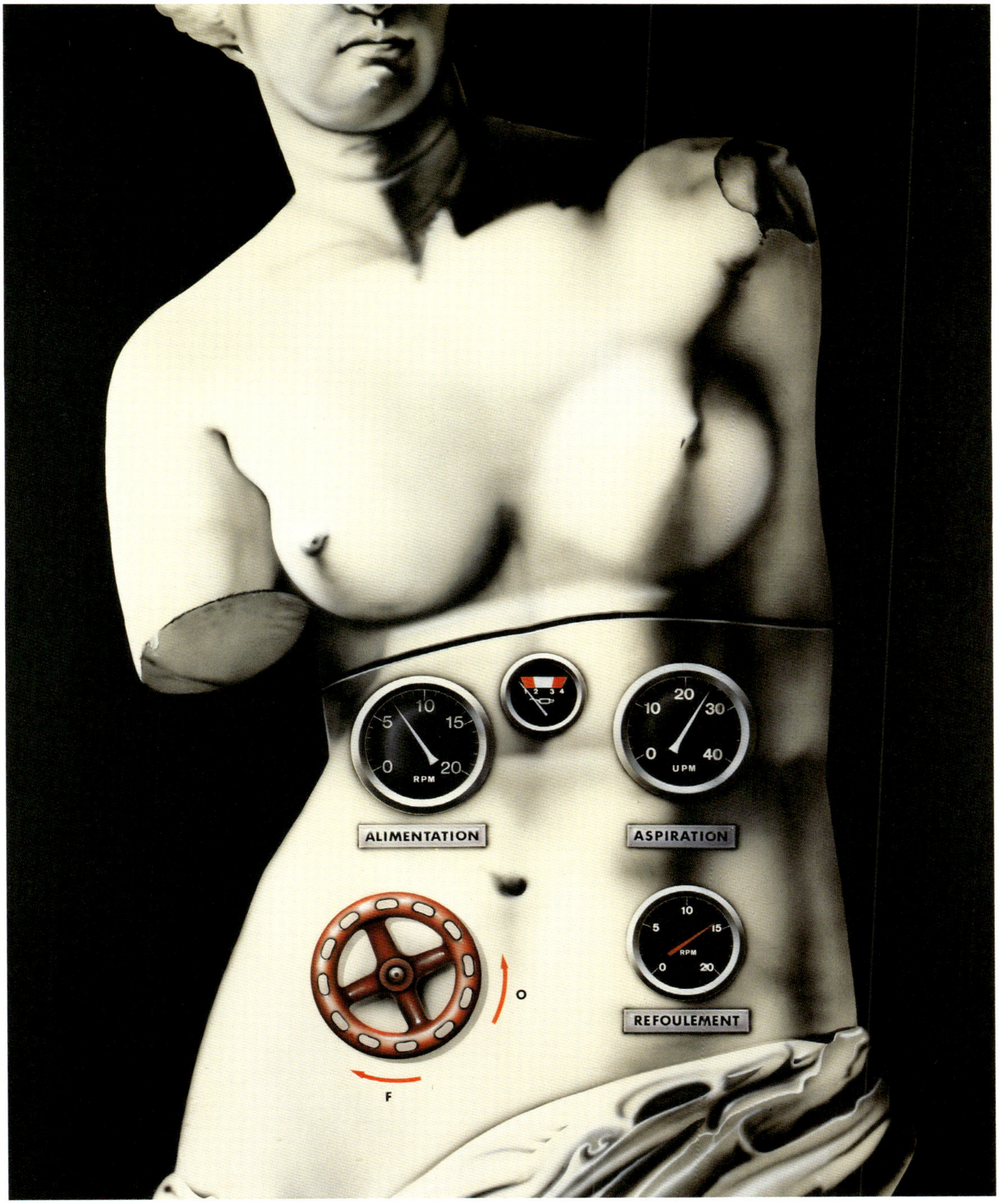

Vénus mécanique, acrylique sur toile,
100x81 cm, 1979, collection Faroux, Lille

Réservoirs, acrylique sur toile,
260x200 cm, 1980, musée d'Art moderne de la ville de Paris

Fragments A. **44**, acrylique sur toile,
200 x 180 cm, 2003, galerie Guy Pieters, Knokke-le-Zoute

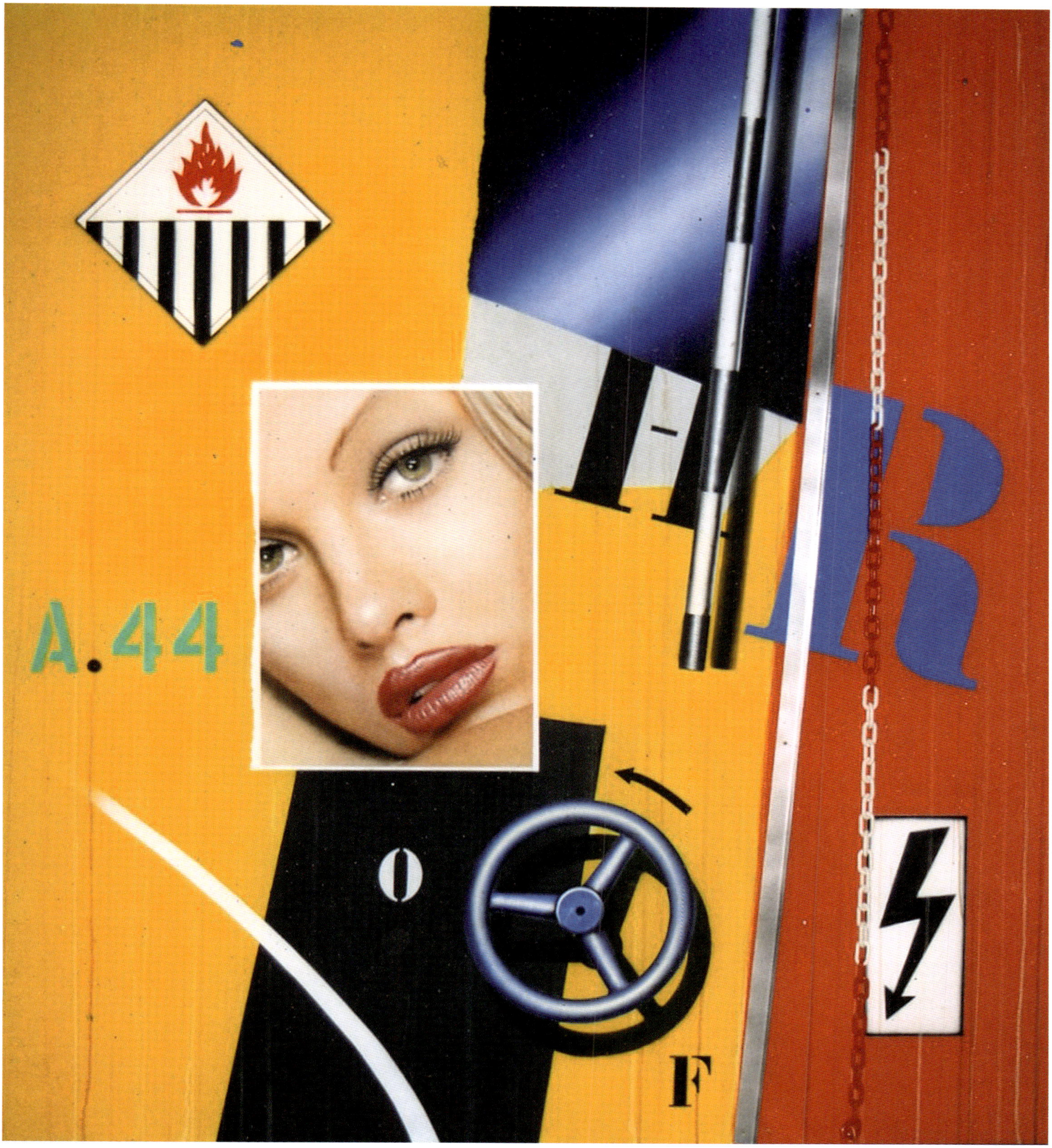
A.44
R
O
F

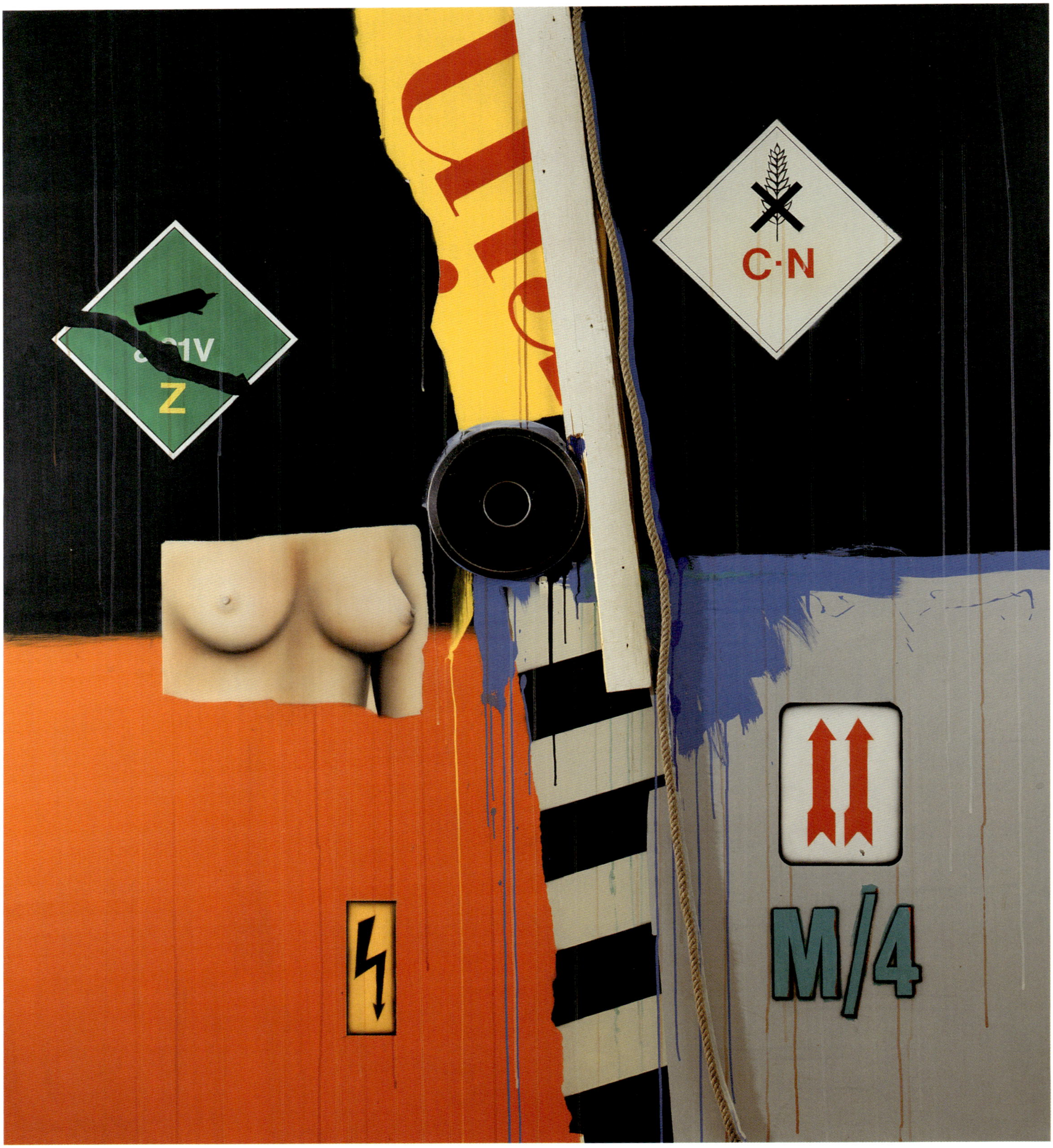

Fragments M/4, acrylique et objets sur toile,
200 x 180 cm, 1997, collection Payan, Paris

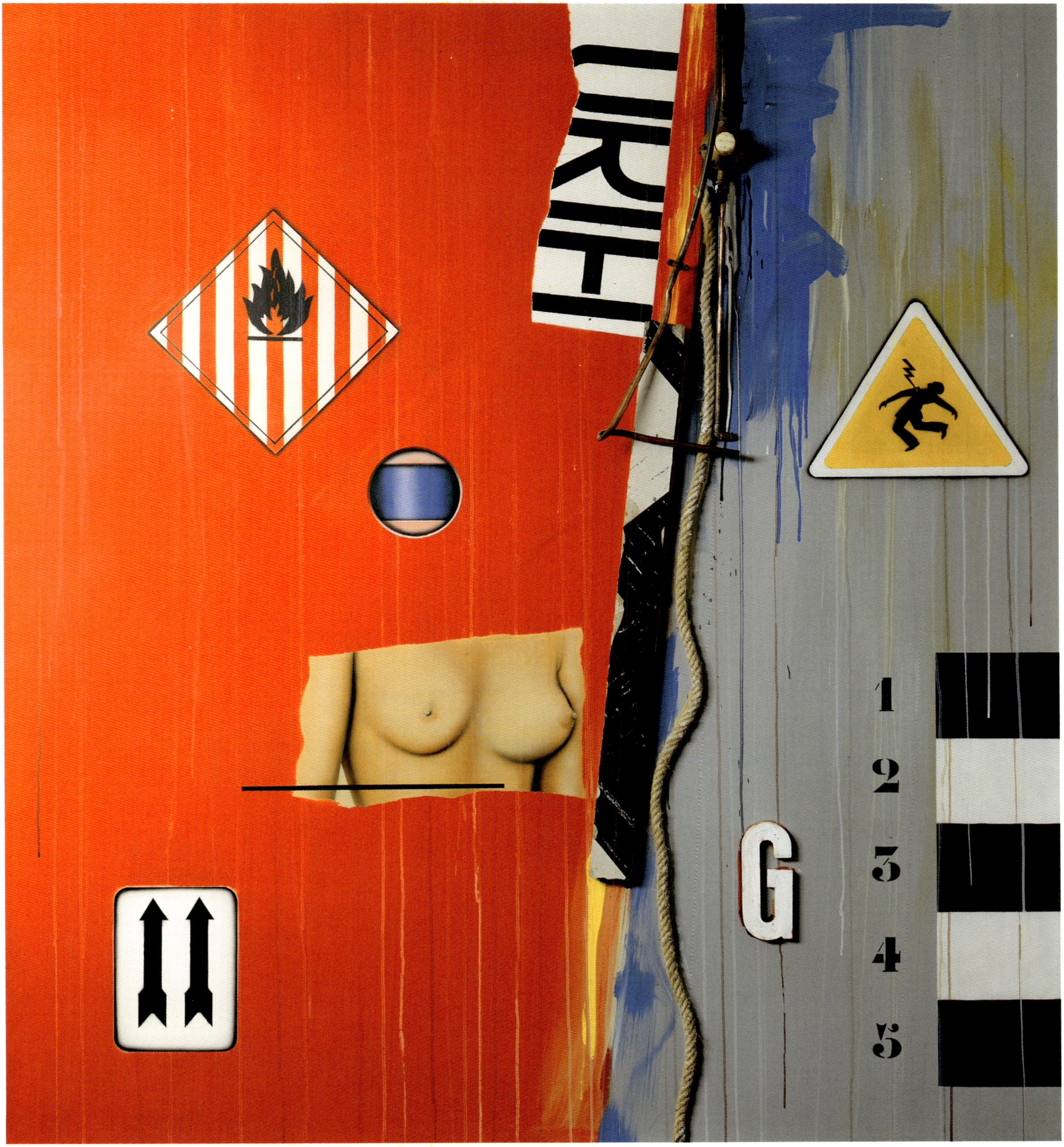

Fragments 1-fond rouge/gris, acrylique et objets sur toile, 200 x 180 cm, 1997, collection Payan, Paris

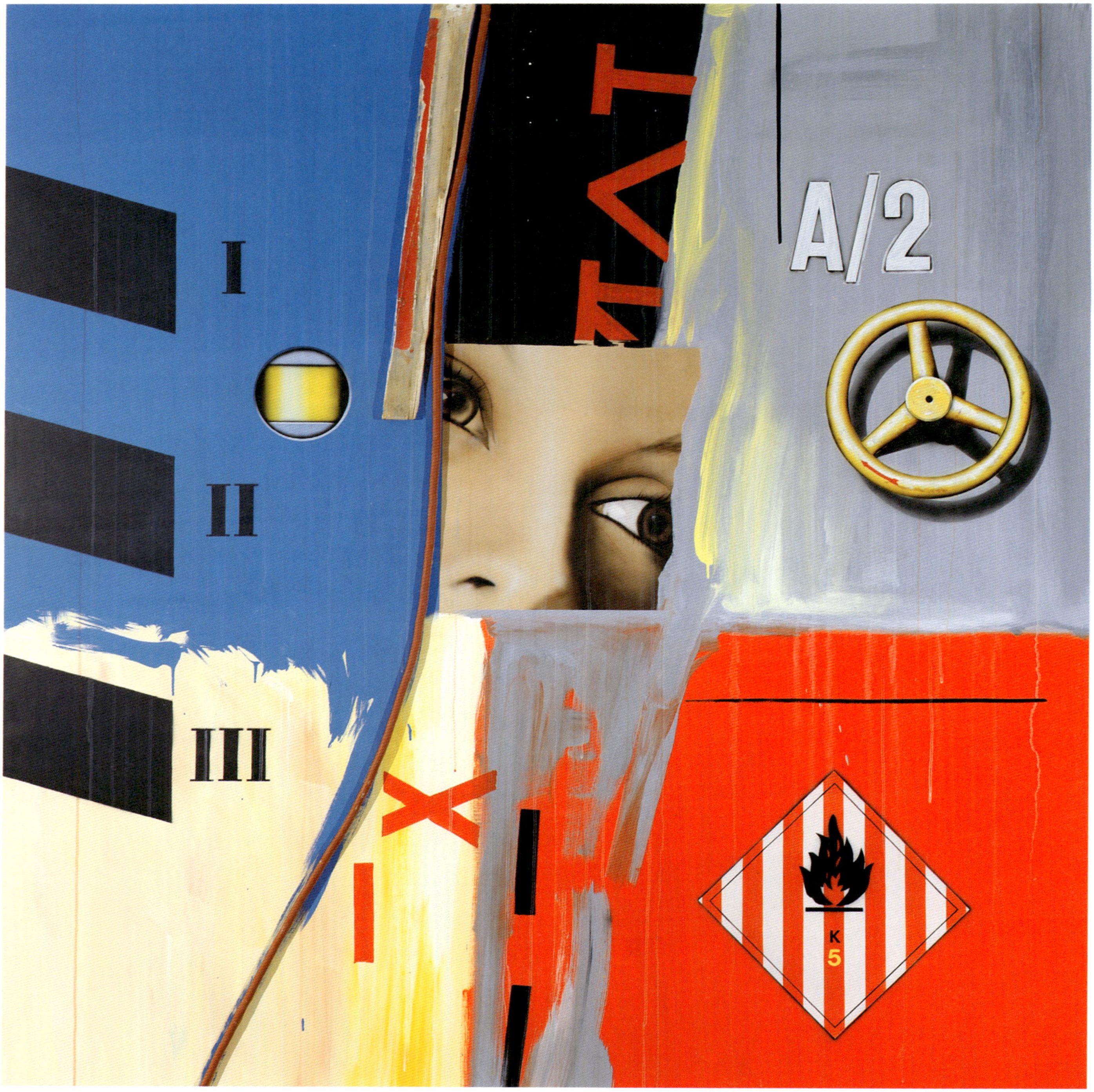

Fragments A/2, acrylique et objets sur toile,
200 x 180 cm, 1997, collection Payan, Paris

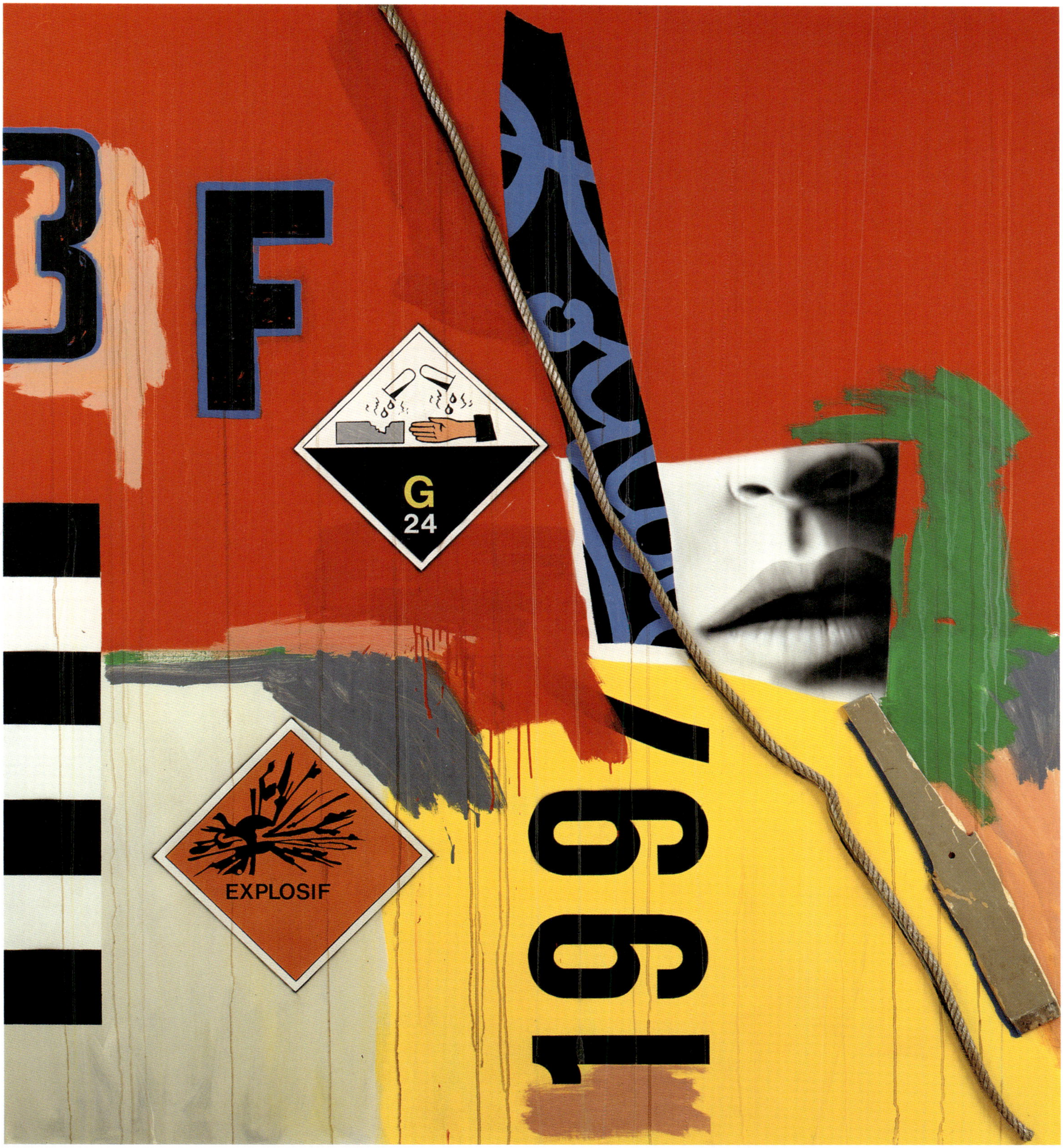

Fragments 3 F, acrylique et objets sur toile,
200 x 180 cm, 1997, collection Payan, Paris

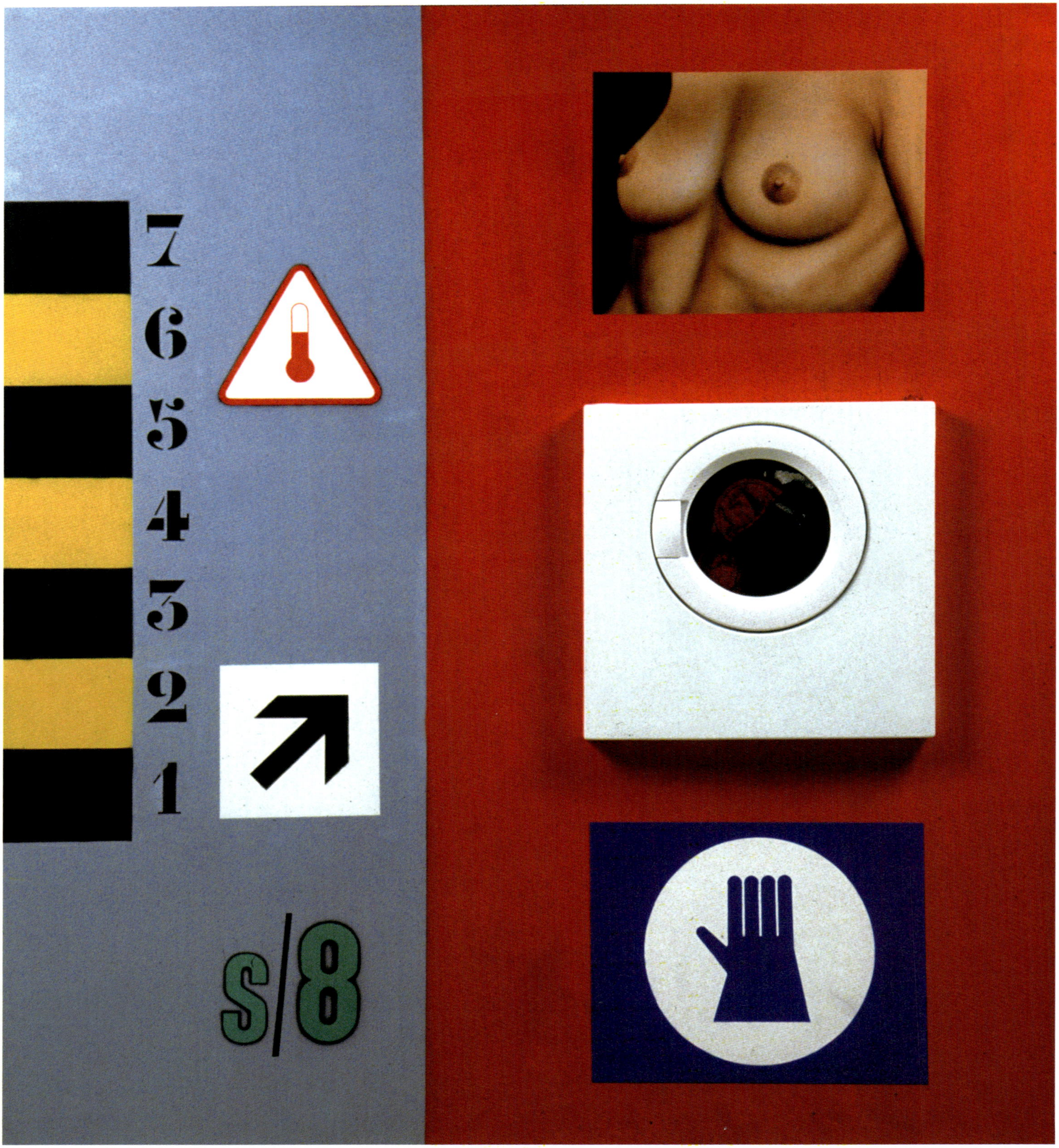

Fragments s/8, acrylique et objets sur toile,
200 x 180 cm, 1997, collection particulière, Paris

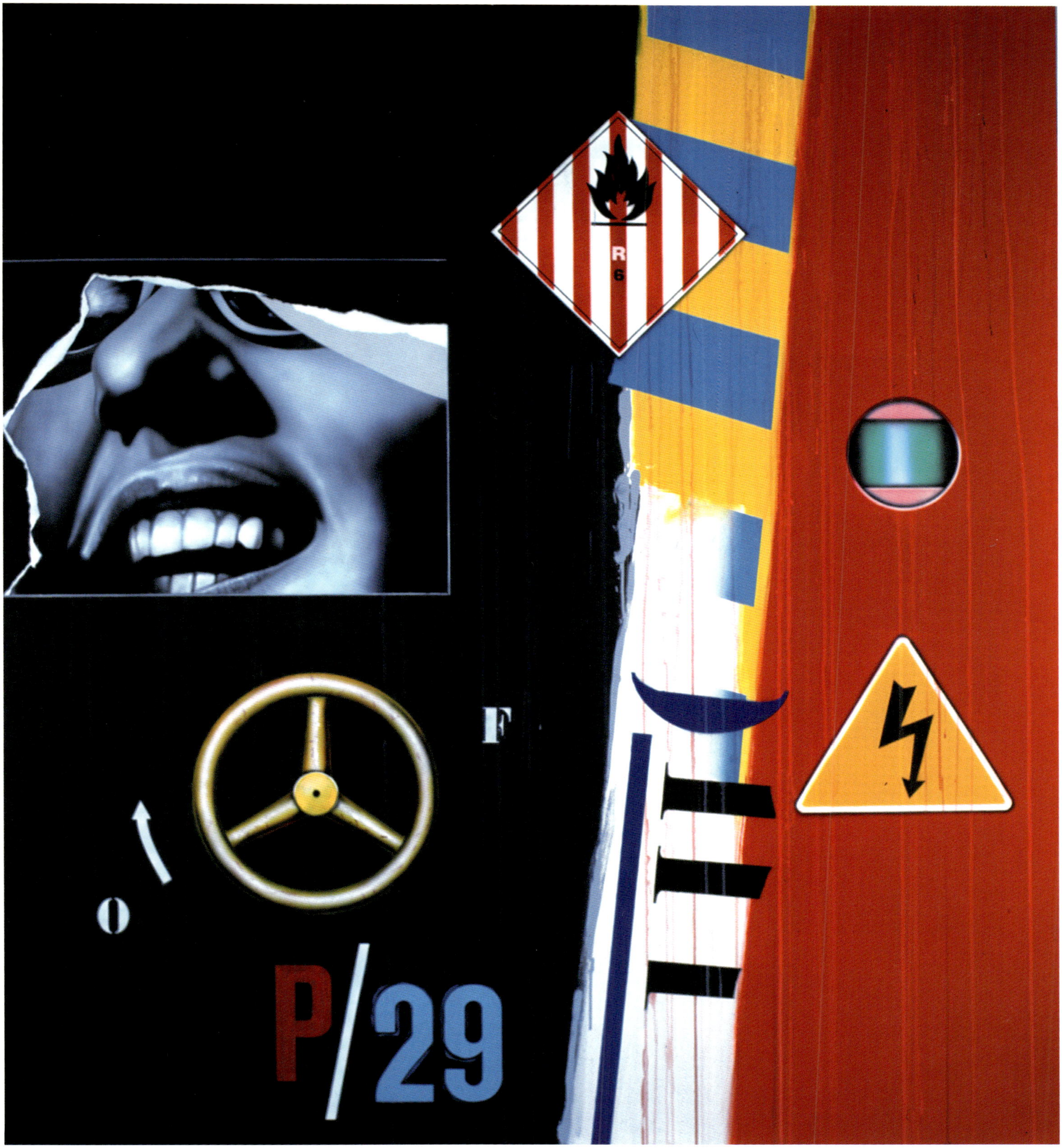

Fragments P/29, Here Comes the Sun, acrylique sur toile, 200 x 180 cm, 1997, galerie Guy Pieters, Knokke-le-Zoute

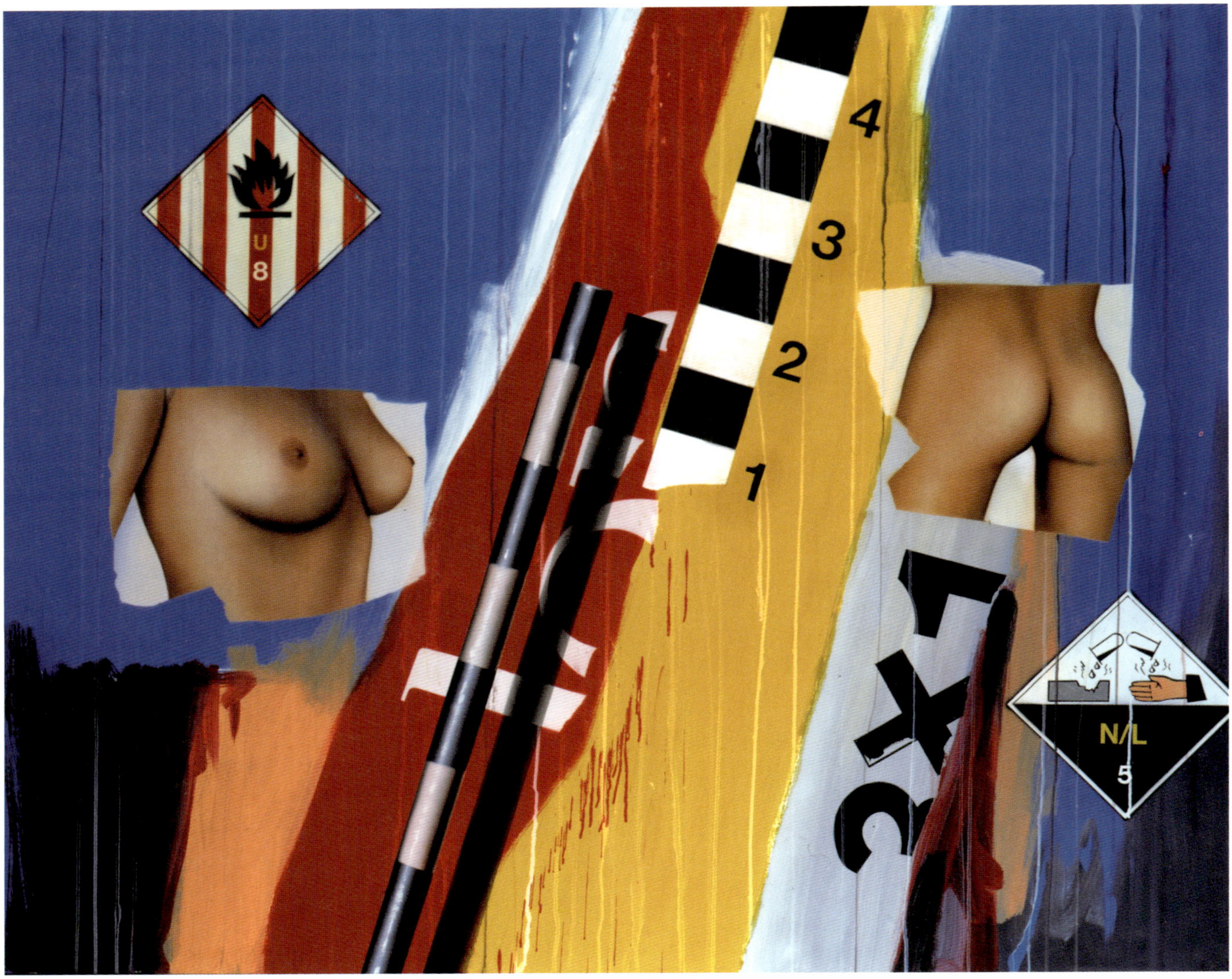

Fragments N/L5, acrylique sur toile,
130 x 162 cm, 2000, collection Payan, Paris

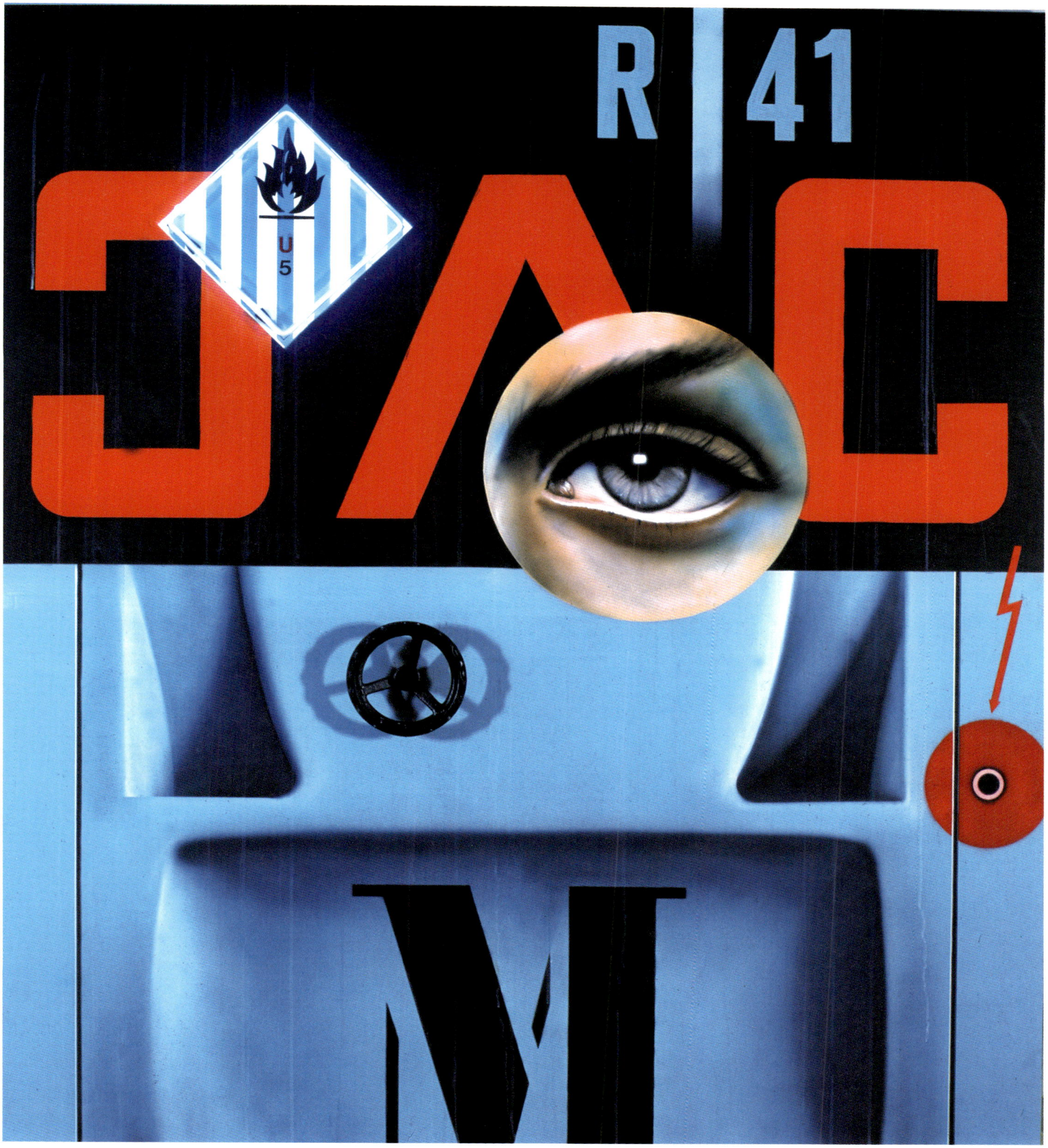

Fragments R/41-regard/volant, acrylique sur toile, objet et néon sur toile, 200 x 180 cm, 2000, galerie Guy Pieters, Knokke-le-Zoute

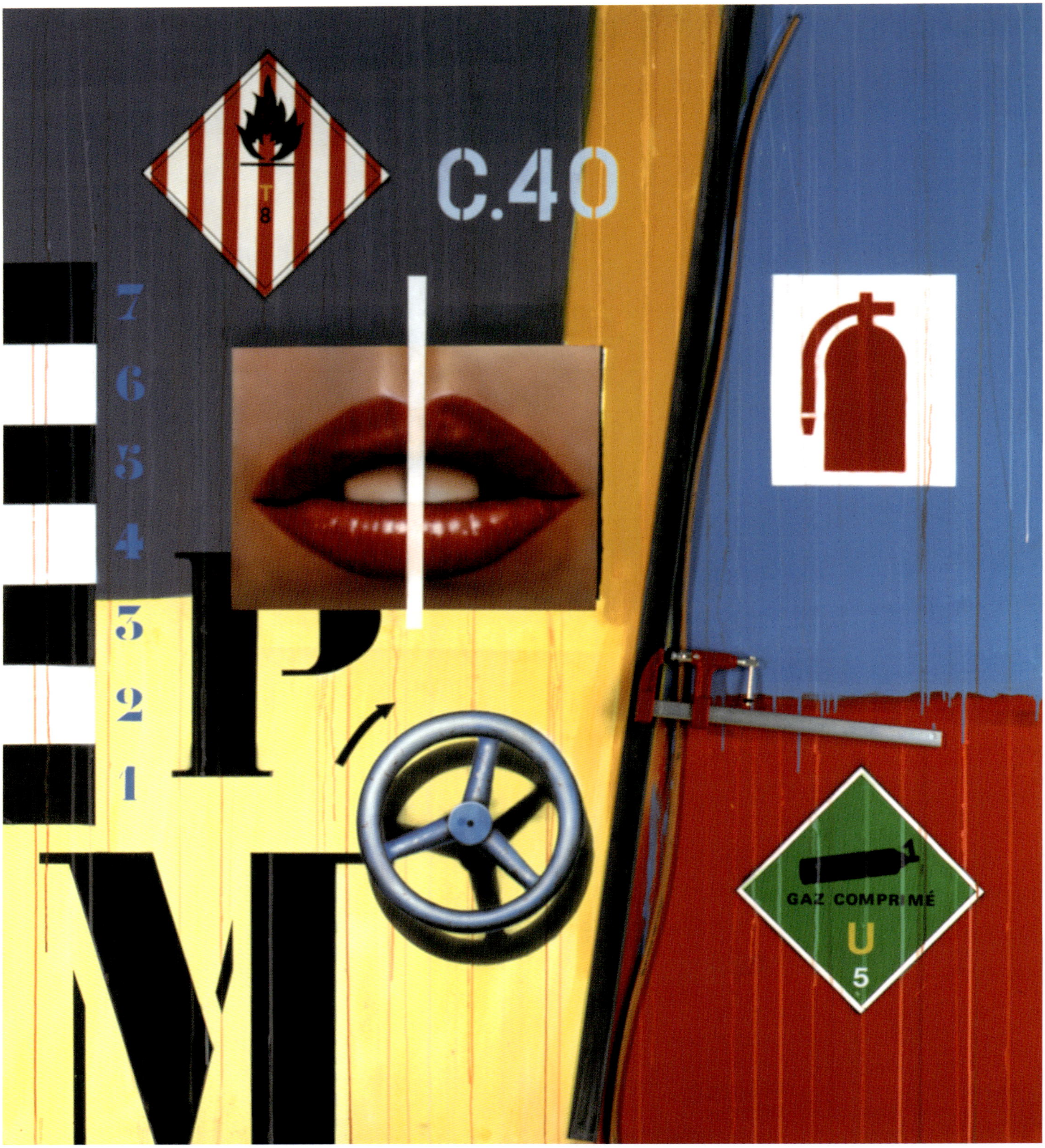

Fragments c.40-gaz comprimé, acrylique et objets sur toile, 200 x 180 cm, 1997, galerie Guy Pieters, Knokke-le-Zoute

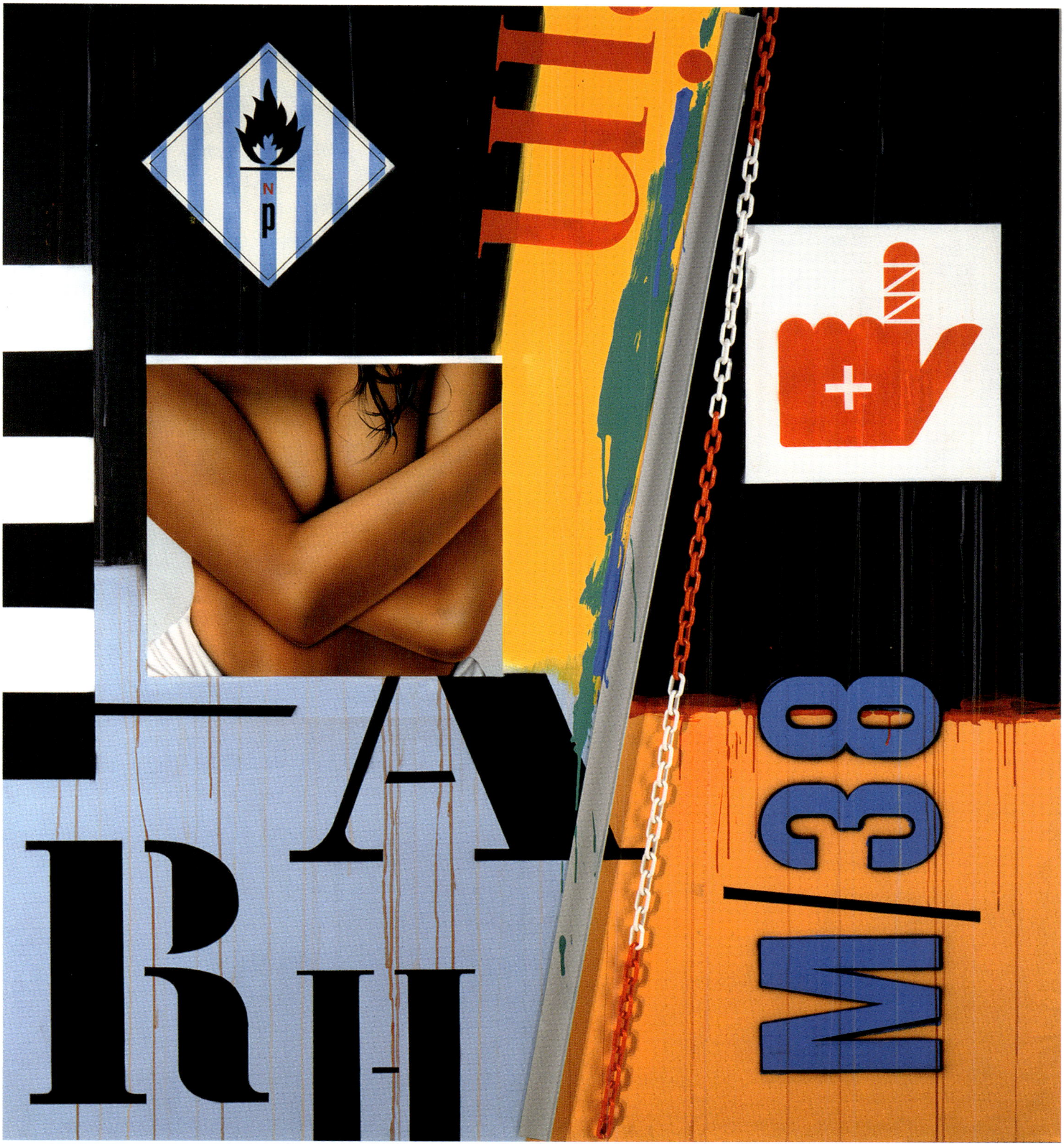

Fragments M/38-bras croisés, acrylique et objets sur toile,
200 x 180 cm, 2003, galerie Guy Pieters, Knokke-le-Zoute

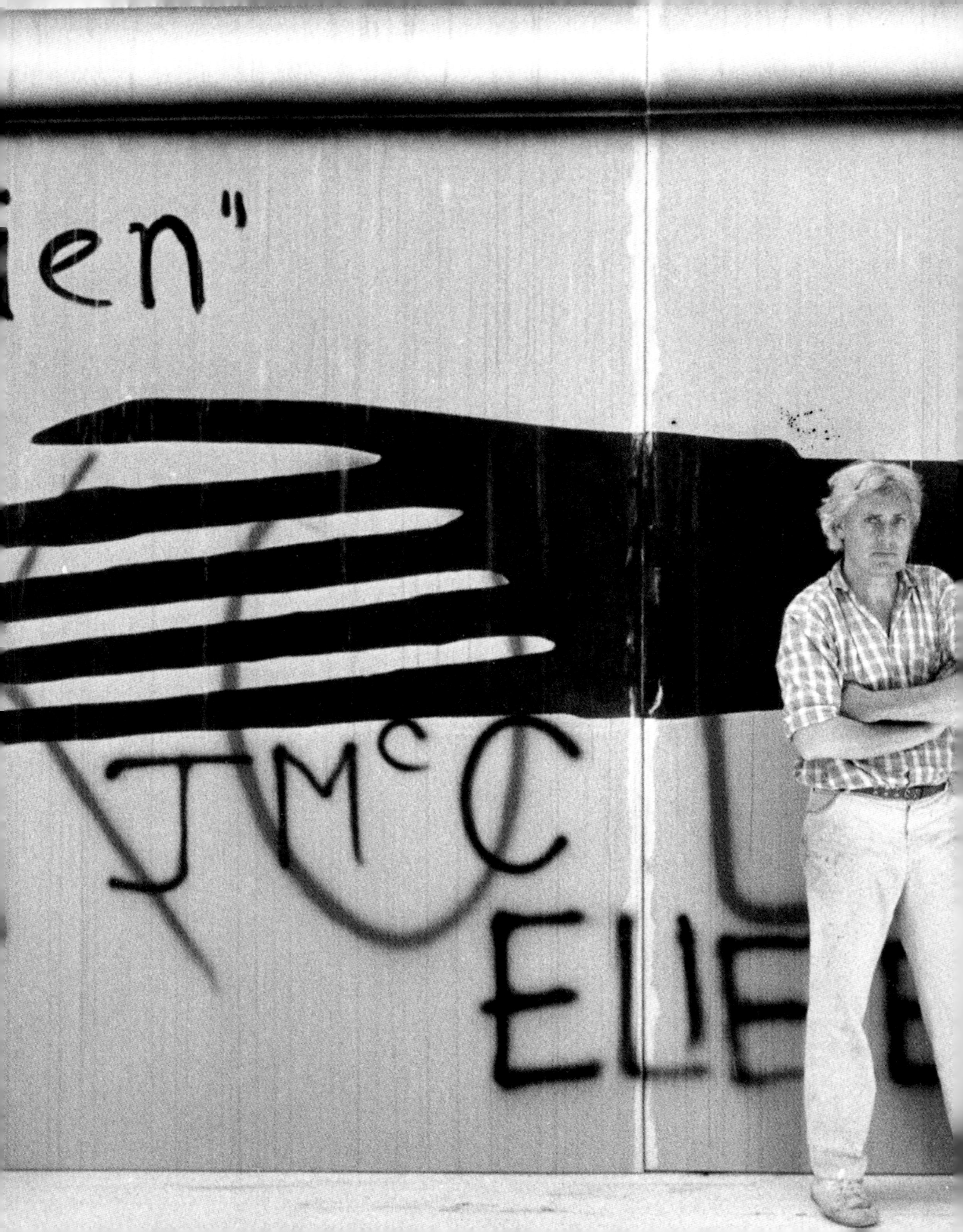
en"
JMcC
ELIE

MUR DE BERLIN / TRACES

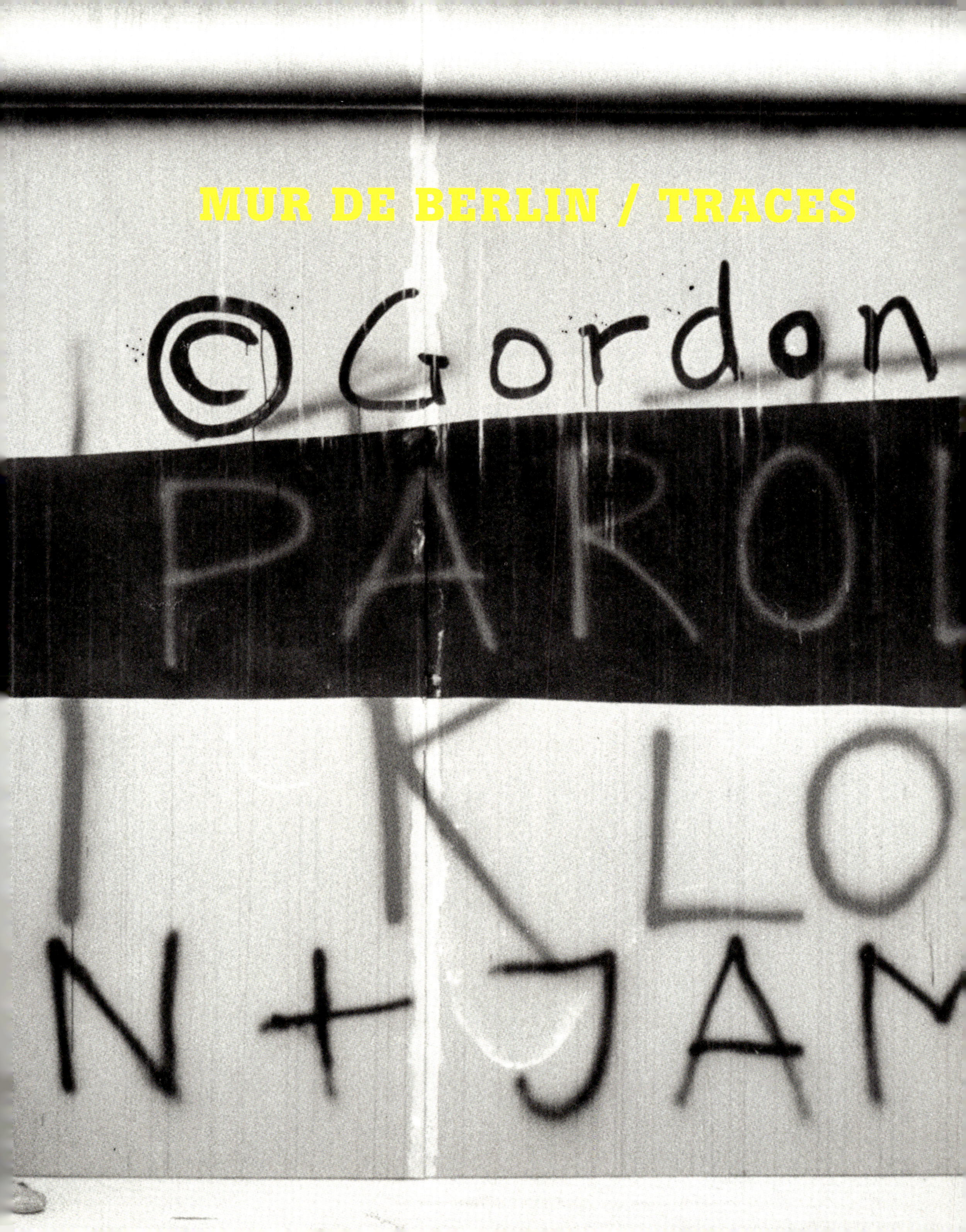

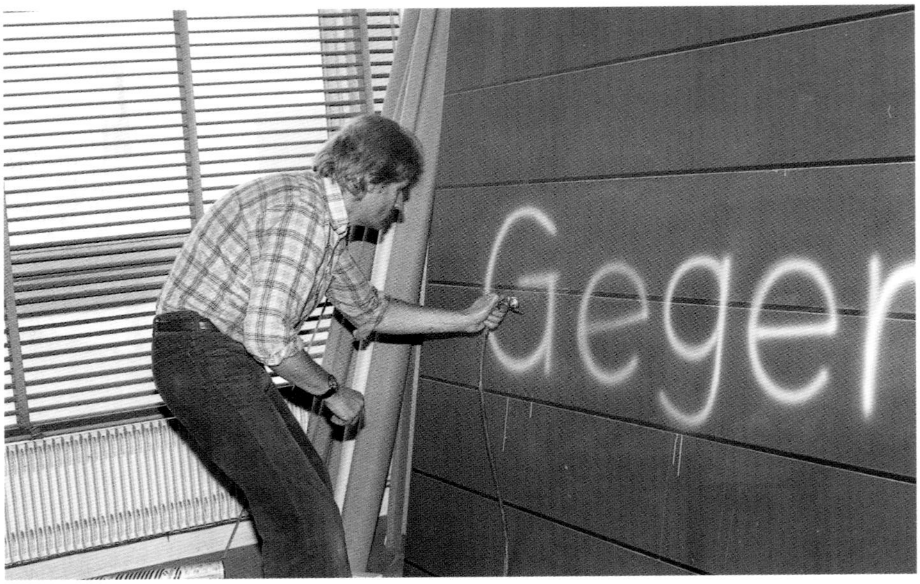

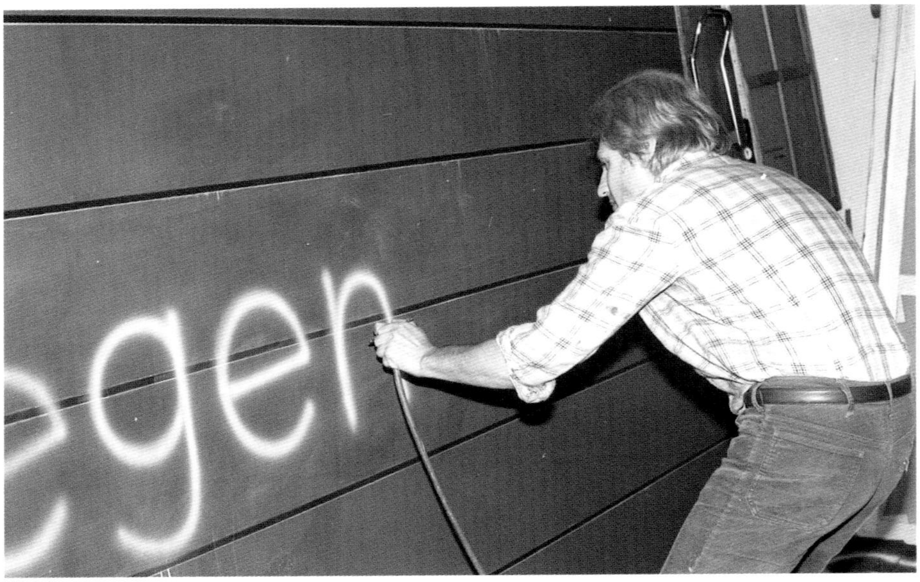

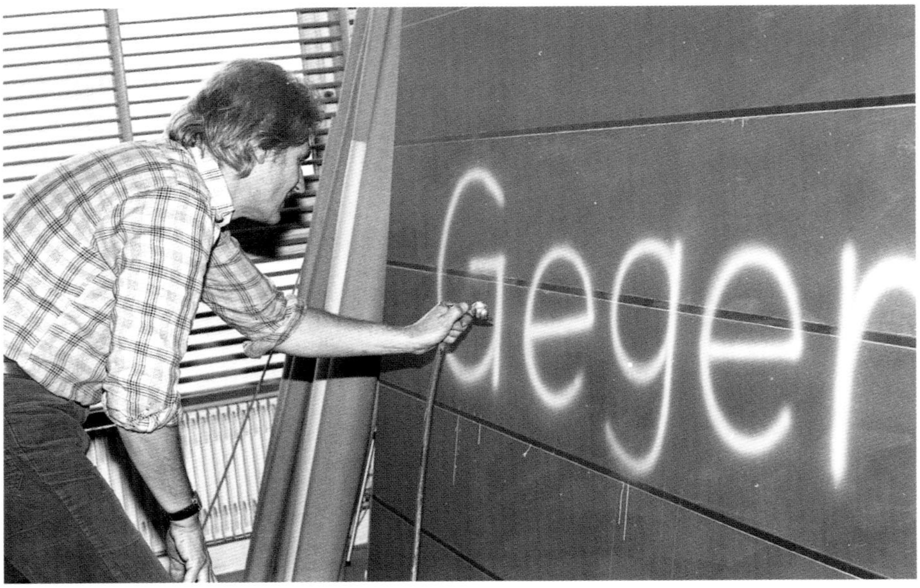

Gegen, atelier, rue de la Procession, Paris, 1982

Le mur de Berlin

Peter Klasen "Berlin, j'y suis allé la première fois quand j'avais 20 ans, pour entrer aux Beaux-Arts. A l'époque, le Mur n'existait pas encore. Il suffisait de prendre le métro, de monter dans un bus pour passer d'un secteur à l'autre, sans vraiment s'en apercevoir. Il y avait simplement des panneaux «YOU ARE LEAVING THE AMERICAN SECTOR», juste avant d'arriver dans le secteur soviétique, c'était tout.

(...) C'est dans le Midi, le 13 août 1961, que j'apprends comme tout le monde cette incroyable nouvelle : on construit un mur à Berlin, on sépare physiquement la ville avec des moyens improvisés. Une frontière fragile apparaît, faite d'abord de fils de fer barbelés, de quelques briques et blocs de béton, que certains renversent pour essayer de passer, que d'autres poussent avec des camions."

Alin Avila "J'ai l'intime conviction que l'œuvre de Klasen, de glissement en glissement, nous conduit à ses origines. A Berlin, le sens est polysémique, éclaté, épars, bâtard, métissé et rebelle.

D'ailleurs, lui n'a rien écrit sur ce mur : «Je ne vois pas ce que j'aurais pu dire là, devant ce mur. Je savais que j'allais le dire ailleurs.» Toujours dans la distance, Klasen. Dans la distanciation. Il y a entre lui et lui-même un fossé ou une épaisseur, quelque chose qui tient du traumatisme, une forme d'interdit autour de laquelle son œuvre développe sa symbolique. Et le mur de Berlin est un des multiples révélateurs qui lui permettent de quitter un registre formel pour se découvrir en un autre...

C'est comme toujours revenir à un point d'origine. Remettre en cause son métier, mesurer les limites de son savoir et, dans la crainte d'une approche nouvelle, se mettre en jeu, pousser plus loin sa leçon d'homme."

Peter Klasen "C'est un lieu qui ramène tous les hommes au point zéro de leur sentiment ou de leur douleur. Ici, tout appelle à la réflexion et à la pensée. Ce mur matérialise l'unité de la pensée des hommes, non pas l'idée d'un peuple ou d'une nation, mais celle qui, au-delà, trouve quelque communauté.

C'est écrit en toutes les langues, ils viennent de partout pour y glisser une prière, pousser un cri. Ce n'est pas un dialogue entre ceux de l'Ouest et ceux de l'Est. Ici se rencontre la difficulté de vivre ensemble. Il n'est pas seulement question de politique ou de rupture entre deux systèmes... A Berlin, singulièrement, les idées d'enfermement et d'errance se relaient sans s'exclure. C'est à la fois une frontière et un fabuleux révélateur, dans la mesure où il permet de cracher brutalement, d'une façon chaotique et non organisée, un «message», sa colère, son désespoir. Pourquoi devant ce mur, tout à coup, a-t-on envie de parler, de crier le nom de ceux qu'on aime ou de lancer un message à l'humanité ? Pourquoi ?

On y laisse sa trace, on délimite un territoire, on bombe le A de l'anarchie, un cœur, «je t'aime», un personnage de bande dessinée, tout en sachant que tout est éphémère, traces, inscriptions, déclarations que personne ne lira jamais et qui seront enfin, et très vite, oblitérées par d'autres graffiti.

Des mots d'injure et d'amour voisinent avec des avis de recherche ou des slogans antinucléaires. Ainsi le Mur devient un formidable catalyseur, le «cadavre exquis» d'une action collective dont les participants s'ignorent. (...)

Ce sont, à chaque fois, d'étonnants raccourcis, des mots percutants ? Sur le Mur, ils ne se voient pas toujours au premier regard. Je les ai retrouvés à la loupe, en scrutant mes photos, accomplissant un véritable travail d'archéologue, en me frayant un chemin à travers ce labyrinthe de paroles et d'images superposées. Oui, ces traces et ces inscriptions sont notre propre histoire : elles prennent de l'âge, les slogans se démodent, sont remplacés par d'autres. Ainsi le Mur devient le miroir de nos craintes et de nos espoirs.

Le travail sur le mur de Berlin a été précédé, depuis 1981, d'un certain nombre d'œuvres qui traitent des inscriptions et des empreintes. Ainsi, j'ai réalisé une toile de très grande dimension avec la seule mention du mot *Gegen*, terme qui signifie «Contre», mais aussi «Refus», refus d'accepter une situation (politique, sociale ou individuelle) telle qu'on nous la propose. Et puis *Flash atomique, Nagasaki 1945*, montrant la silhouette d'un homme, retracée à la craie par un survivant, et, en 1984, *Avis de recherche, Hiroshima*, grande fresque sur toile réalisée dans l'hospice Saint-Louis, en Avignon, à l'occasion de l'exposition *Le Vivant et l'Artificiel*.

(...) En fait, le travail sur le mur de Berlin relève du même concept que mes œuvres antérieures : repérer les lieux significatifs, en extraire l'essence, les réorganiser sur la toile et les ramener à ma propre écriture. Dans ce travail particulier, qui constitue la réflexion sur le Mur, la tâche était plus délicate : il fallait pénétrer l'esprit du signe, analyser ce qui constitue sa force, en comprendre le sens, reconstruire mon image en rassemblant ses différents constituants, tout en gardant une extrême spontanéité."

Klasen, le mur de Berlin, entretien entre **Peter Klasen** et **Alin Avila**, Angers, 1988

Traces

"Certaines histoires de murs (sales, balafrés, parfois ruinés) concernent surtout les peintres. Rusés, les peintres utilisent les traces des murs pour des buts qui ne sont ni ceux des bandits, ni ceux des détectives.

Léonard de Vinci, on le sait, conseille aux peintres de regarder les vieux murs, non pour les peindre tels qu'ils sont mais pour éveiller l'intellect, pour rendre plus aisées les inventions. Les murs deviennent pour lui l'un des instruments de l'art d'inventer. «Si tu regardes (écrit-il) des murs barbouillés de taches, ou faits de pierres d'espèces différentes, et qu'il te faille imaginer quelque scène, tu y verras des paysages variés, des montagnes, fleuves, rochers, arbres, plaines, grandes vallées et divers groupes de collines. Tu y découvriras aussi des combats et figures d'un mouvement rapide, d'étranges airs de visages, et des costumes exotiques, et une infinité de choses que tu pourras ramener à des formes distinctes et bien conçues.»

D'après Vasari, Piero di Cosimo s'intéresse aux marques laissées sur les murs par l'accumulation des crachats de personnes malades et en tire des batailles, des cités fantastiques, et les paysages les plus grandioses.

Au XIe siècle déjà, en Chine, Song Ti aurait donné une recette aux peintres de paysages : «Choisissez un vieux mur en ruine, étendez sur lui un morceau de soie blanche. Alors, soir et matin, regardez-le, jusqu'à ce qu'à la fin vous puissiez voir la ruine à travers la soie, ses bosses, ses niveaux, ses zigzags, ses fentes, les fixant dans votre esprit et dans vos yeux. Faites des proéminences vos montagnes, des parties les plus basses vos eaux, des creux vos ravins, des fentes vos torrents, des parties les plus éclairées vos points les plus proches, des parties les plus sombres vos points les plus éloignés (...).» Lorsque Peter Klasen s'intéresse aux murs, à leurs fentes, éraflures et inscriptions, lorsqu'il regarde sur un panneau ou une citerne les traces de rouille ou les coulées de goudron, il se place (bien sûr) aux antipodes du peintre chinois du XIe siècle. Sur les surfaces qu'il regarde il ne pose nul voile de soie blanche. Il ne les contemple pas pendant plusieurs jours, mais les photographie en un centième de seconde. Il ne veut pas, enfin, découvrir à partir d'elles un ailleurs. Il tient à les percevoir elles-mêmes ; telles qu'elles lui apparaissent, et à nous aider à les voir lorsque nous marchons dans les rues."

Gilbert Lascault, *Traces,* Adrien Maeght, Paris, 1981

Anti-murs

“En réalité, derrière le décor dressé en esprit de la peinture, abstraite ou non, qu’y a-t-il ? Un autre espace, où les murs réels, le plus souvent privés de toute image, sont innombrables, comme innombrables sont les espaces et dans ces espaces les choses et les gens. En s’ornant d’images *planes*, les murs ne deviennent pas des fenêtres réelles. Et les tableaux qui s’ouvrent comme des fenêtres imaginaires sur autre chose que ce que nous vouons tous les jours sont, eux, moins peut-être, comme l’a montré Magritte, de tels pièges qu’elles nous renvoient aujourd’hui à notre incapacité, dans la vie, d’en ouvrir de réelles. La représentation d’une fenêtre par un peintre est différente en ceci d’une vraie fenêtre qu’elle ouvre sur notre pensée.

En peignant ses images, le peintre nous fait prendre conscience des *lieux ordinaires* dans lesquels elles s’inscrivent et de la nécessité, si l’on se veut libre, par rapport à la peinture comme par rapport au monde, de dépasser toute forme de clôture par la pensée. En peignant des murs lisibles, déchiffrables, des murs imaginaires où peuvent se coller des *antimurs,* comme on dit des *antithèses*. Les regardeurs profitent-ils de ces antimurs pour saisir les secrets du monde par la pensée ? réfléchir à la fonction de la vue dans la formation de leur propre pensée ? créer, à partir de la thèse de la chose réelle et l’antithèse de la chose représentée, autre chose et mieux qu’une synthèse ? Cette dialectique de la perception – dont le but final serait la poésie objective rêvée par Rimbaud – est une tout autre histoire. (...) L’antimur de Peter Klasen ne se confond pas avec les murs qui se dressent, s’écroulent et se redressent sans cesse autour de nous. Il en fournit l’éclairage presque total, fragment par fragment, depuis vingt ans. Voir les tableaux de Klasen, c’est en effet saisir le cloisonnement mental, psychologique, économique, technologique de la société, dite «libérale», du monde occidental moderne, en capter directement le visage. (...) Dans la mesure où les journaux sont aussi, comme l’a montré Hélion dans une belle série de tableaux *(Les Journaleries)*, des murs de papier qui isolent leurs lecteurs au lieu de les rapprocher du monde, les antimurs de Klasen sont les miroirs de sa réflexion sur les murs de la division du monde : en deux idéologies, en deux systèmes économiques, tels que le mur de Berlin les a longtemps figurés aux yeux du monde entier. En prélevant des fragments d’images du monde et en les plaçant sous le phare de sa haute précision technique, cette division-opposition, sous-jacente aux tableaux de Klasen, fait de leur regardeur un passeur de frontières physiques et mentales, un observateur distancié et critique du réel et, finalement, de l’expérience de sa vue un exercice de transgression des lacunes, des censures, des interdits du monde actuel.”

Alain Jouffroy, *Klasen*, “Mains et merveilles”, éditions de la Différence, Paris, 1993

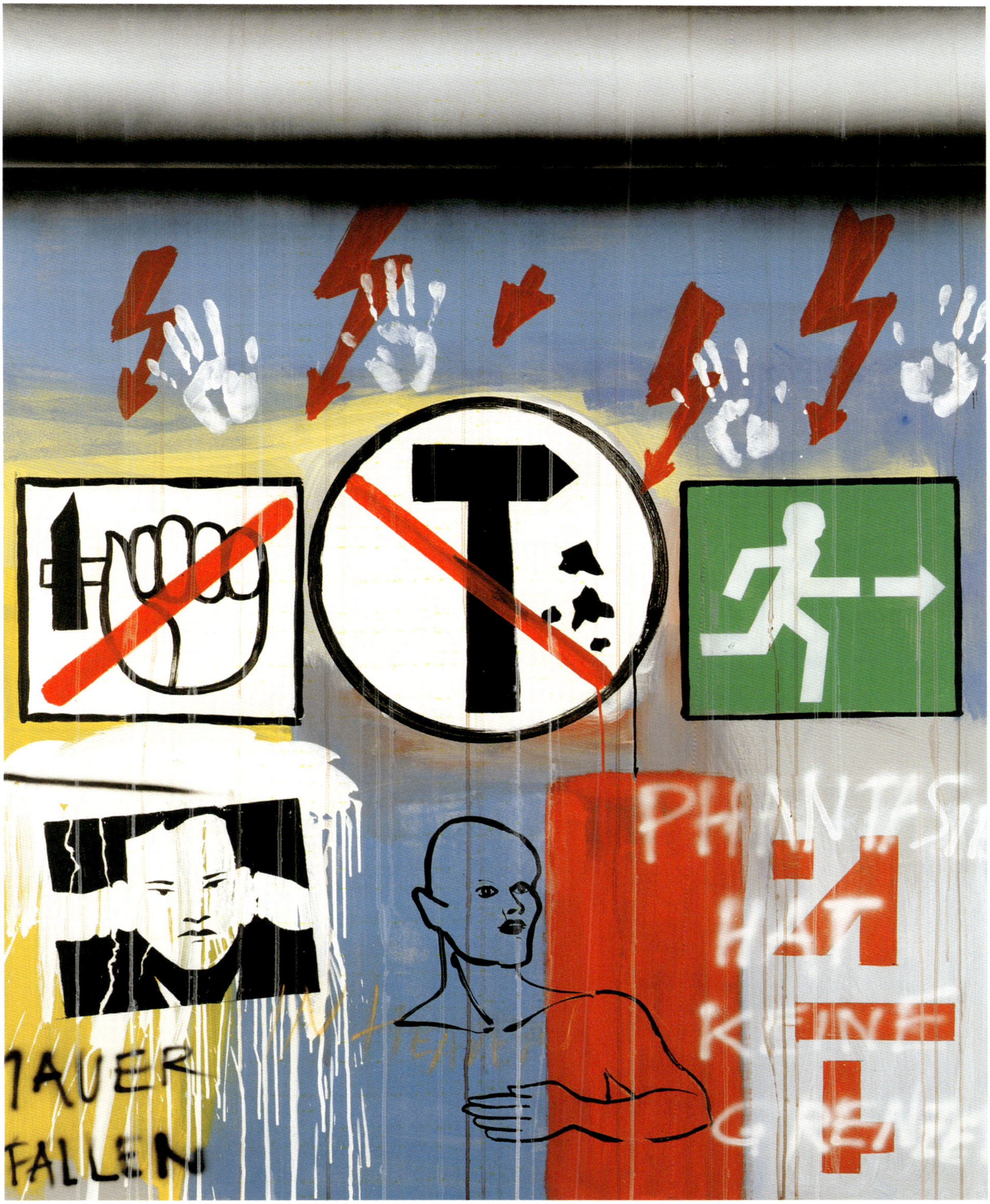

Phantasie hat keine Grenzen/Le Mur de Berlin, acrylique sur toile, 162 x 130 cm, 1988, collection de Dancourt, Paris

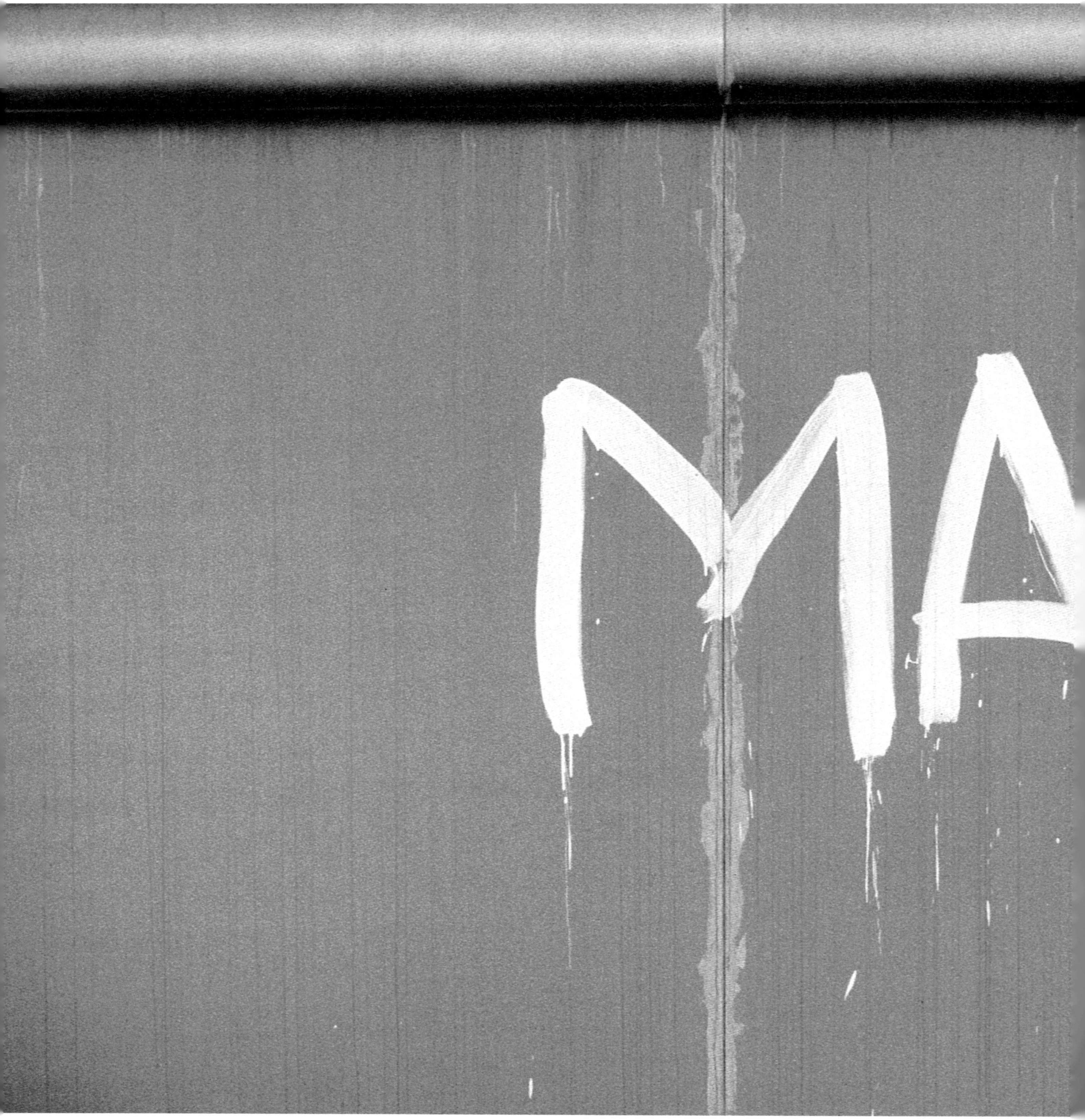

Macht/Le Mur de Berlin, acrylique sur toile,
300 x 600 cm, 1987, collection particulière, Paris

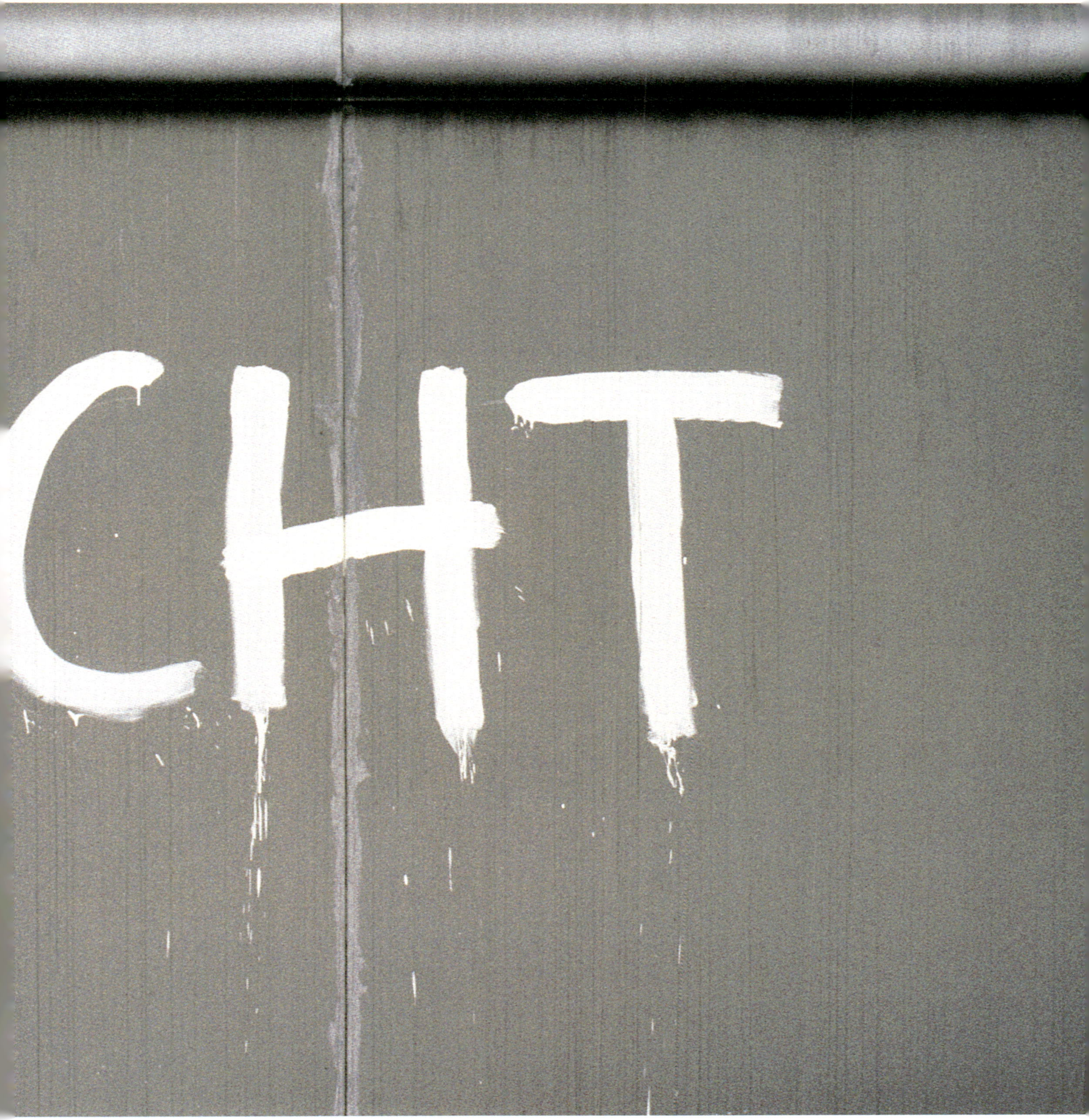
CHT

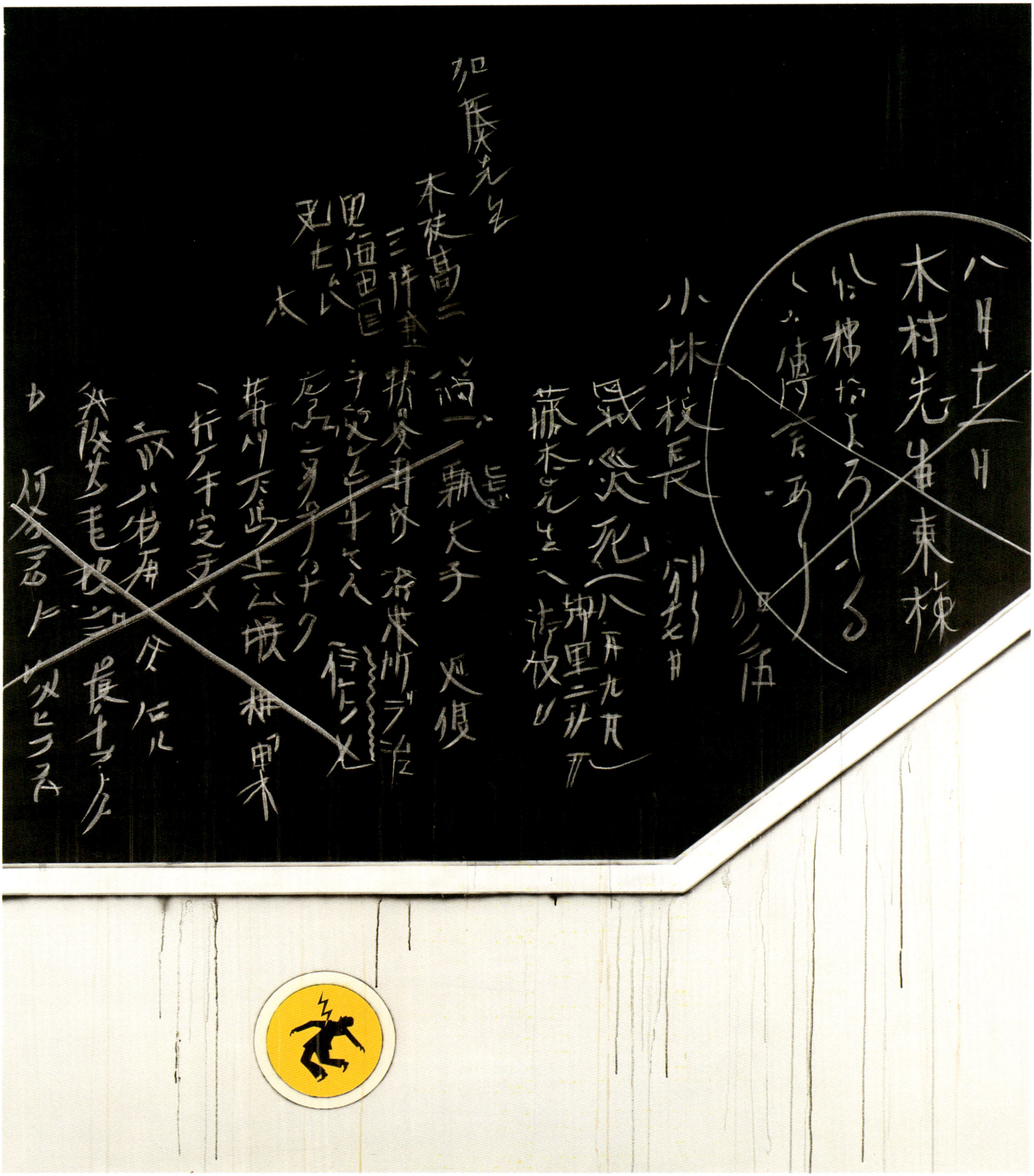

Chalked Messages on the Wall, Hiroshima, 1945, acrylique sur toile,
260 x 220 cm, 1981, collection particulière, Paris

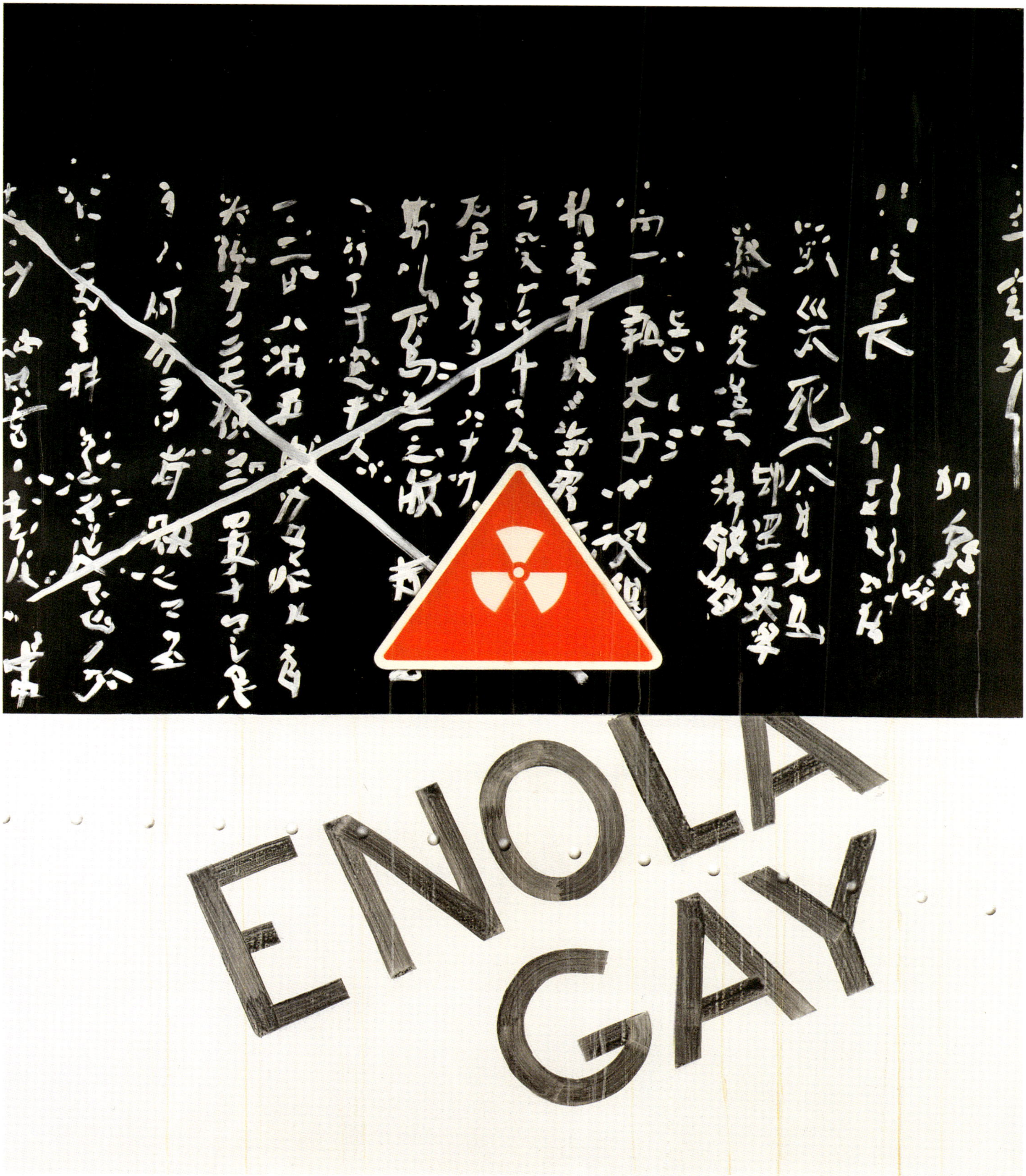

Enola Gay, acrylique sur toile,
260 x 220 cm, 1981, collection particulière, Paris

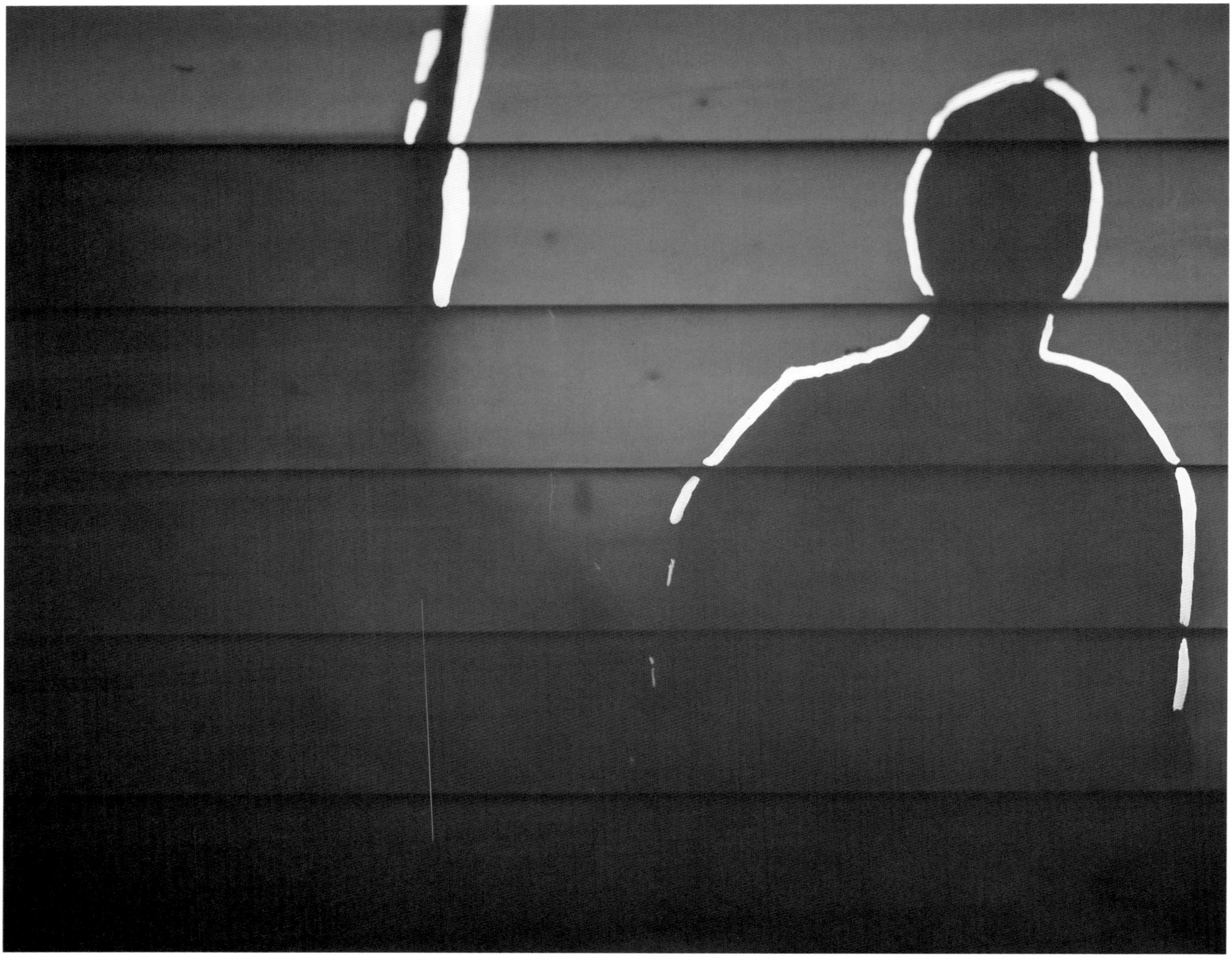

Flash atomique Nagasaki, début septembre 1945, acrylique sur toile, 130 x 162 cm, 1982, collection particulière, Paris

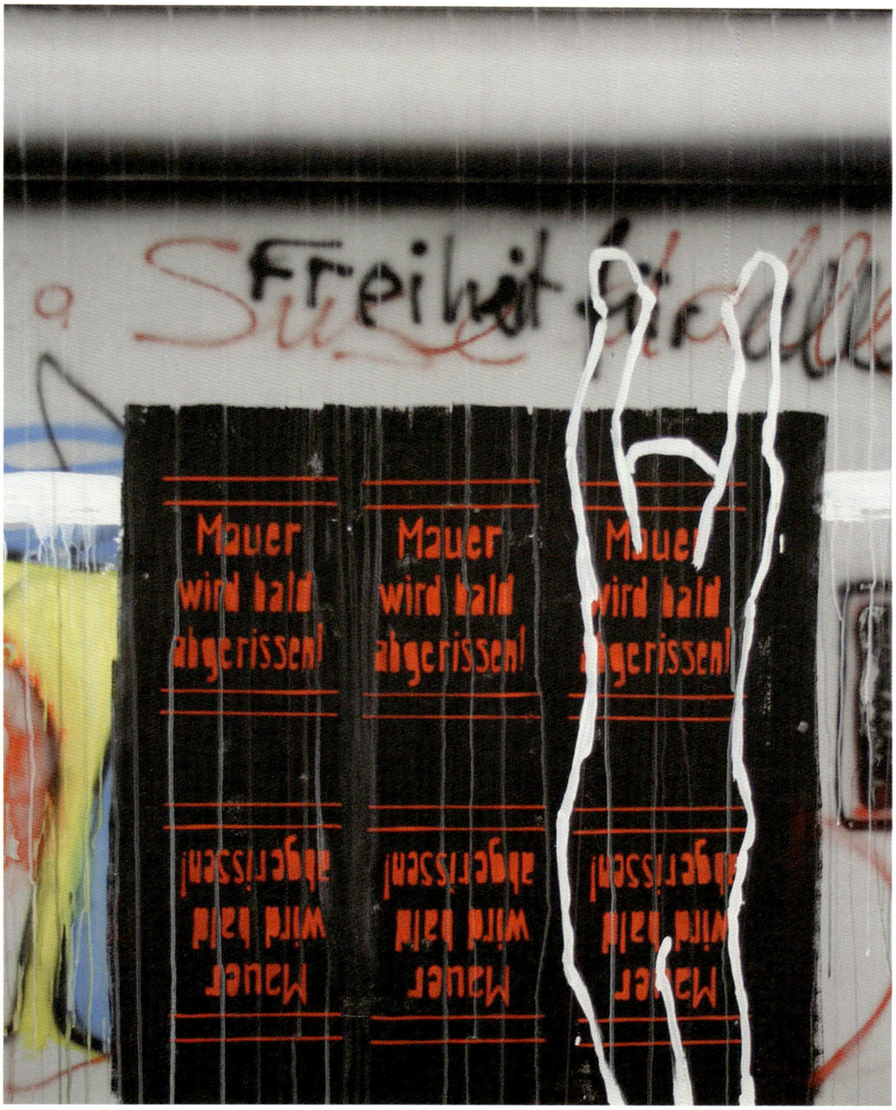

Mauer wird bald abgerissen/Le Mur de Berlin, acrylique sur toile, 162 x 130 cm, 1988, collection particulière, Paris

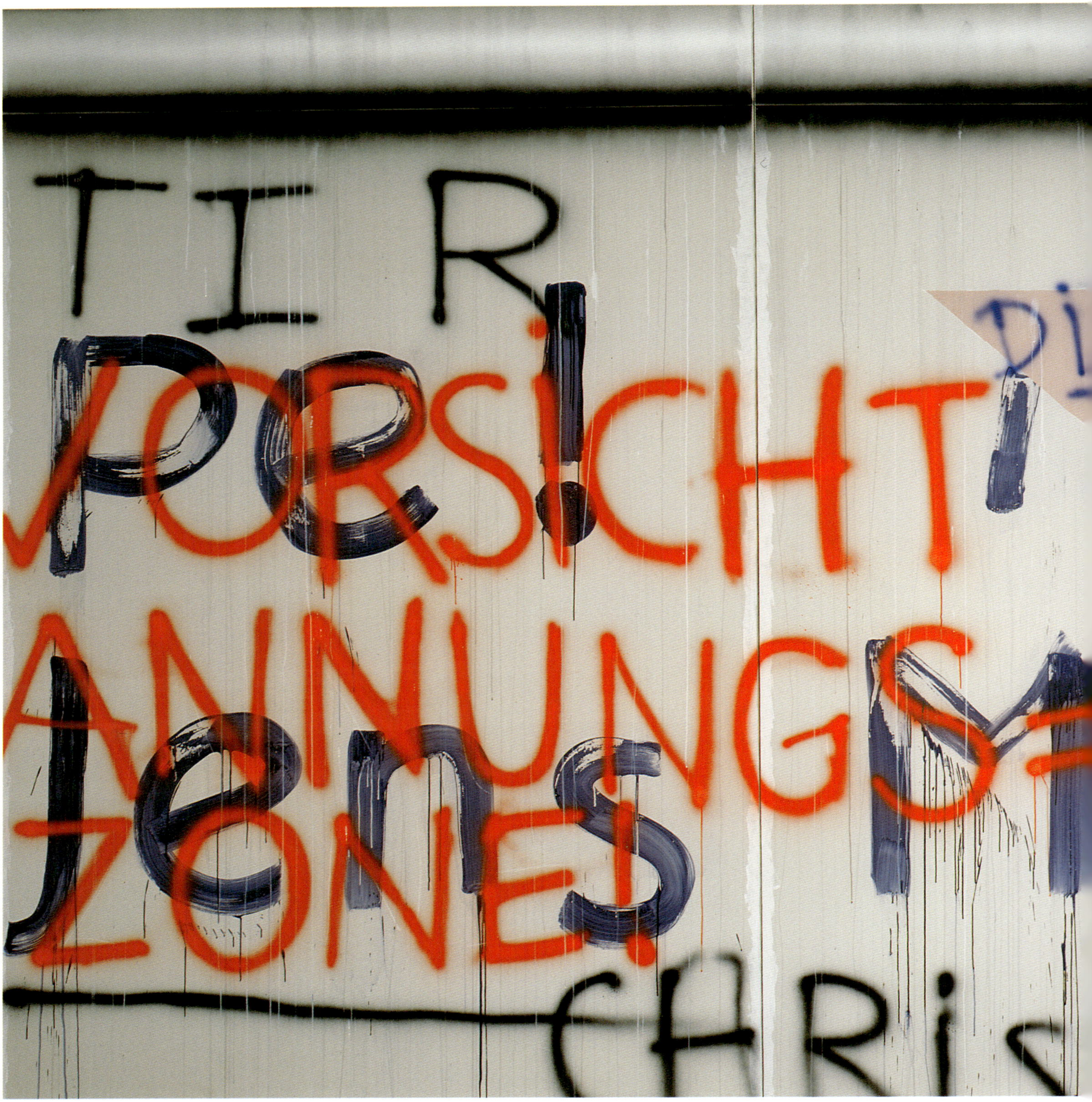

Vorsicht Spannungszone/Le Mur de Berlin, acrylique sur toile,
300 x 600 cm, 1987, collection particulière, Paris

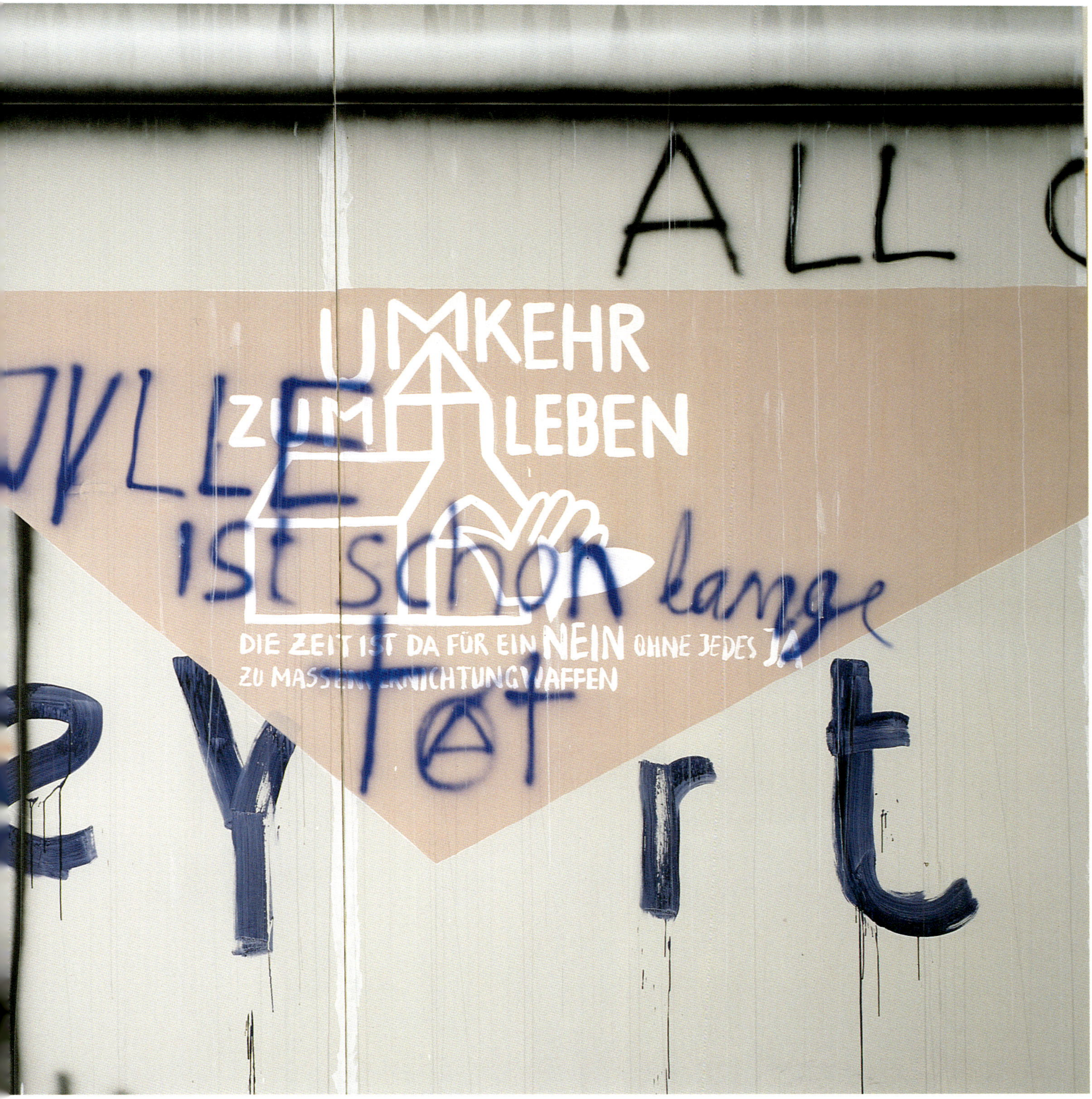
ALL
UMKEHR
ZUM LEBEN
IST SCHON lange
DIE ZEIT IST DA FÜR EIN NEIN OHNE JEDES JA

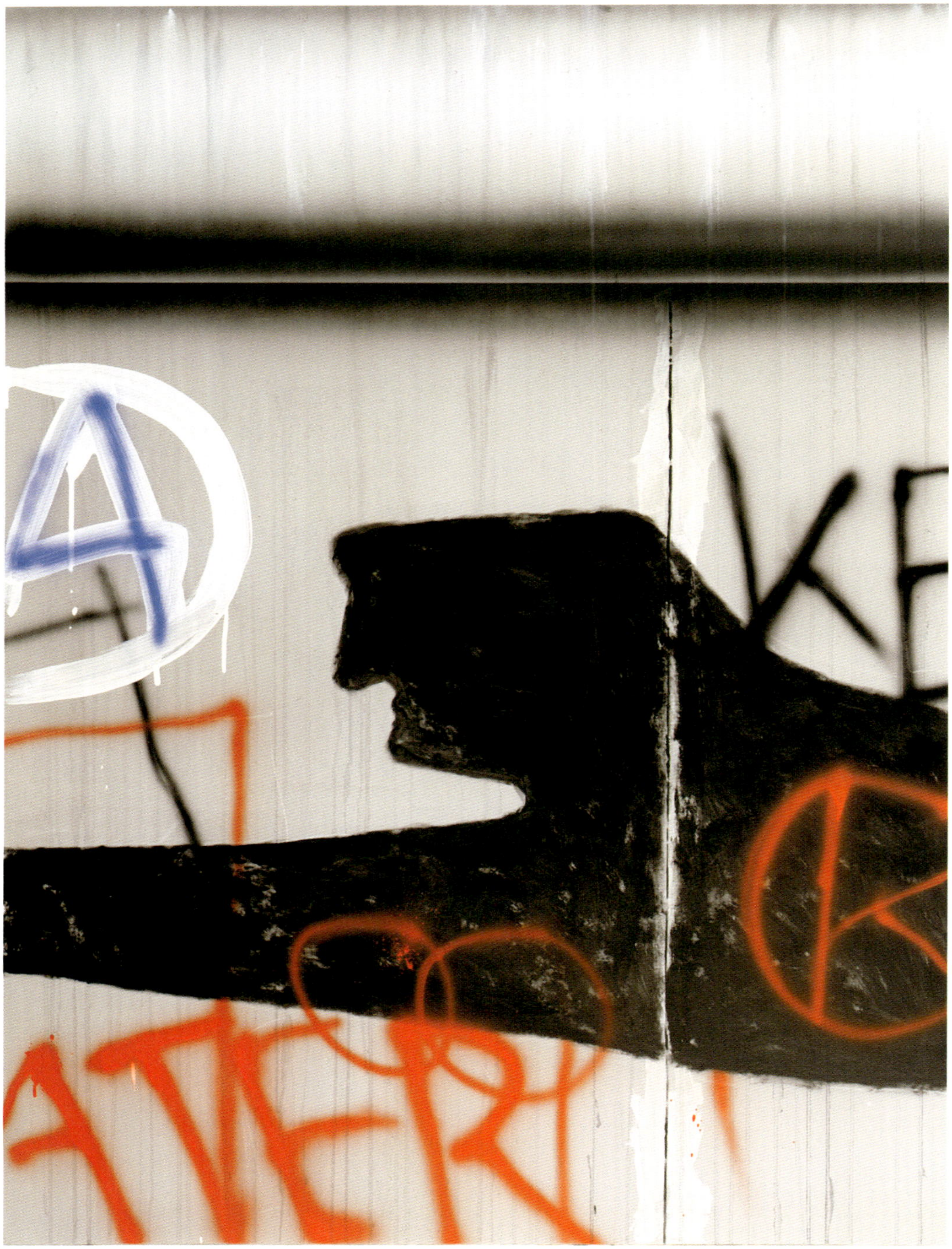

Grand personnage, détail/Le Mur de Berlin, acrylique sur toile, 130x97 cm, 1988, collection Spitzer, Paris

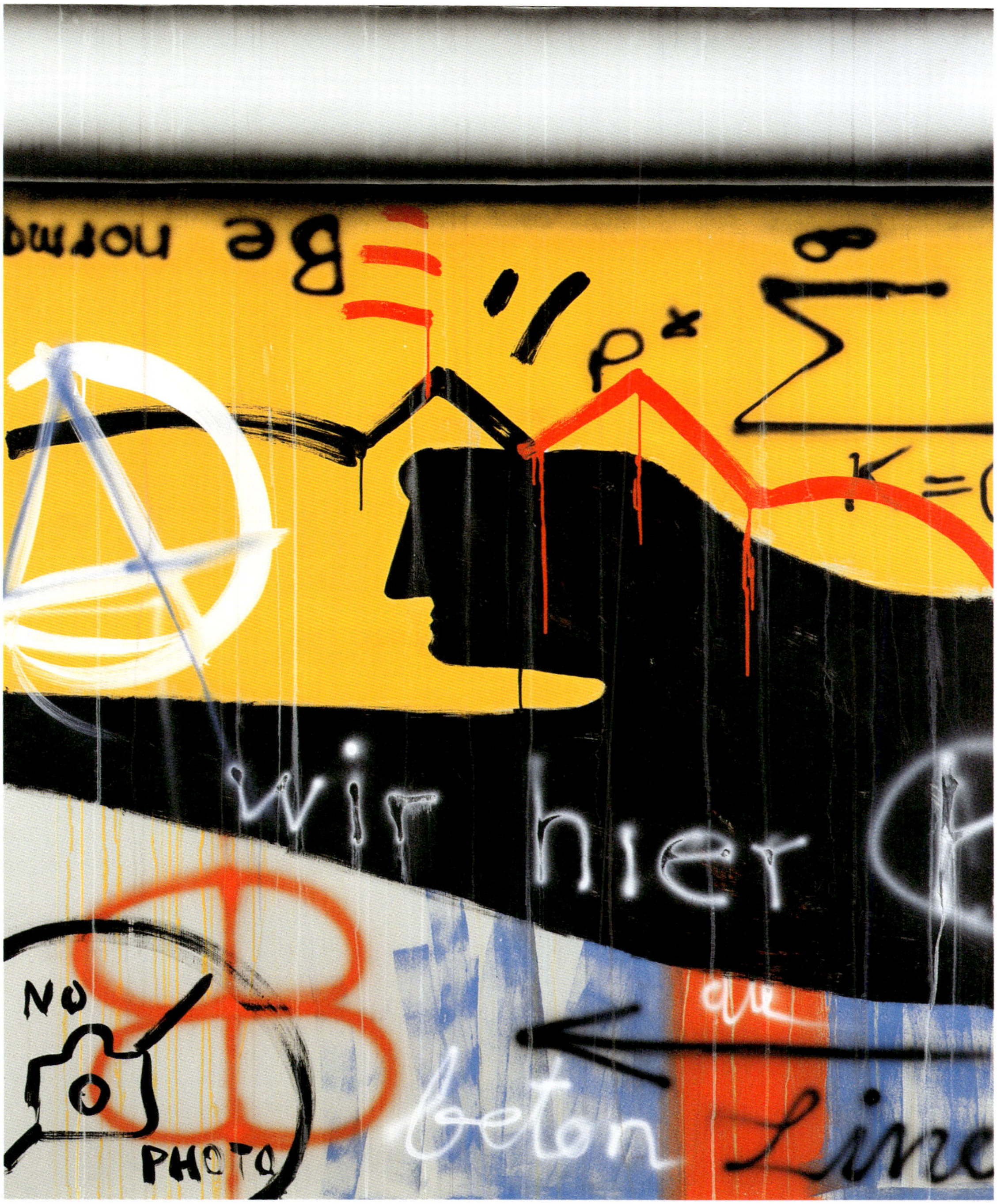

Wir hier/Le Mur de Berlin, acrylique sur toile,
162 x 130 cm, 1987, collection Dujardin, Mouvaux

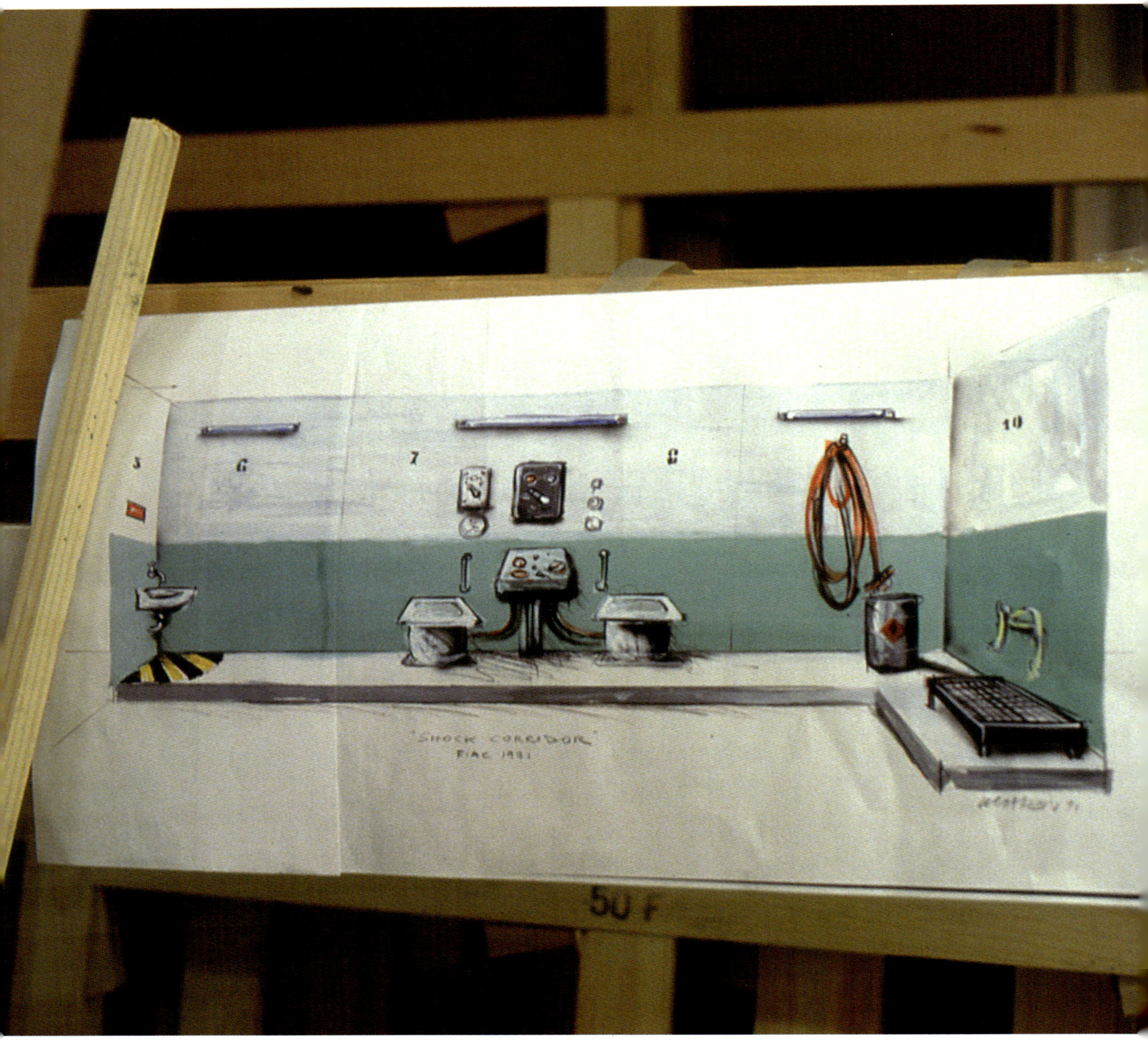
5
6
7
8
10
'SHOCK CORRIDOR'
FIAC 1991
50 F

SHOCK CORRIDOR/dead end

Shock Corridor/dead end, dessin préparatoire, 1991

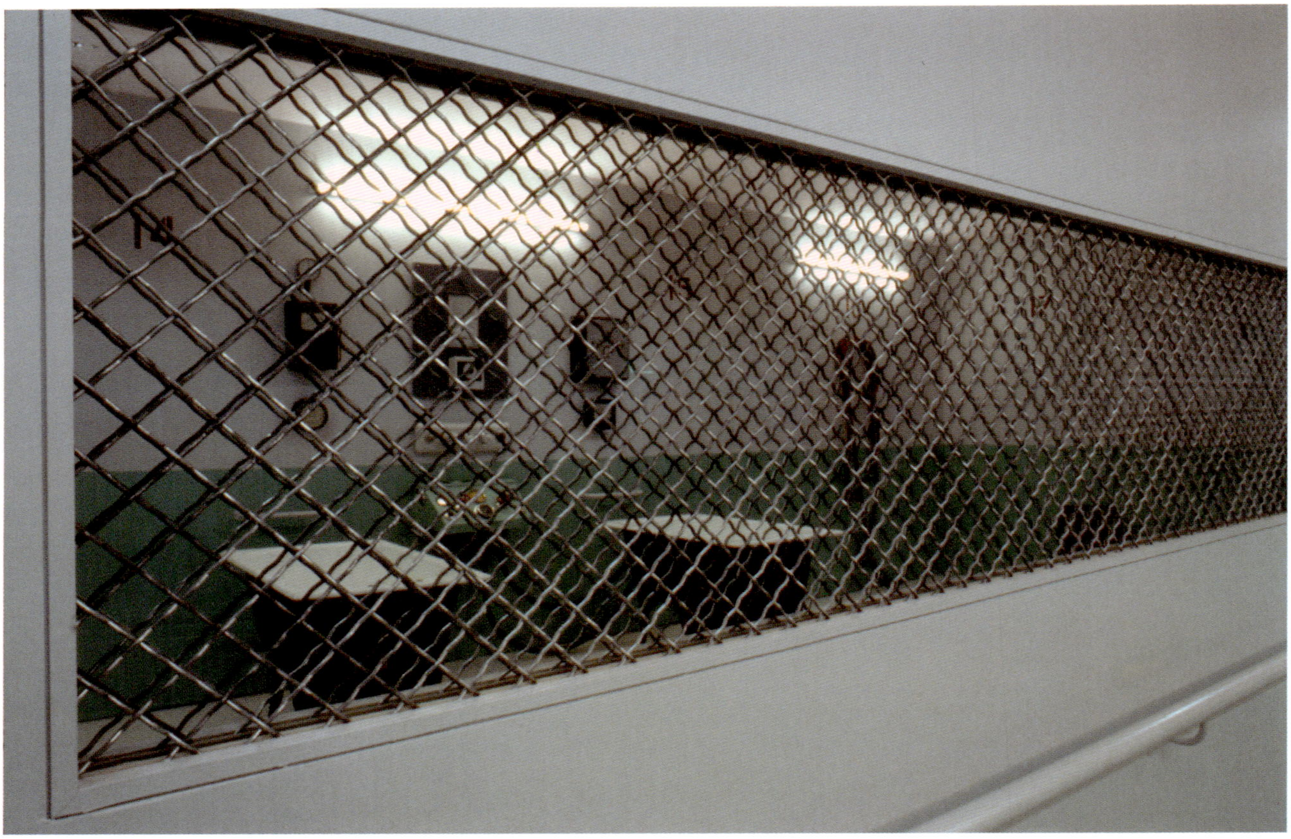

Shock Corridor/dead end

"En 1963, le metteur en scène Samuel Fuller réalise le film *Shock Corridor* qui, sous une intrigue policière, dénonce des pratiques thérapeutiques abusives employées dans certains hôpitaux psychiatriques américains. En citant *Shock Corridor*, j'ai voulu rendre hommage à ce grand cinéaste à travers un environnement de dimension importante. En ajoutant le sous-titre *dead end* (impasse), ma réflexion ne vise pas l'univers psychiatrique des aliénés ou des malades mentaux, mais tente de dénoncer des pratiques qui, réalisées sous le couvert d'une approche scientifique, ont servi ou servent encore, dans un certain nombre de pays, à neutraliser ou éliminer physiquement des adversaires politiques ou des individus appartenant à des minorités ethniques ou religieuses. J'ai voulu évoquer, à travers un parcours imaginaire directement lié à mon univers pictural et objectal, la menace qui pèse sur les libertés individuelles.

Le spectateur, qui est invité à emprunter seul le couloir, pourra être à la fois témoin et victime, piégé par le reflet de sa propre image, projeté par un jeu de miroirs dans cet univers carcéral."

Peter Klasen, 1991

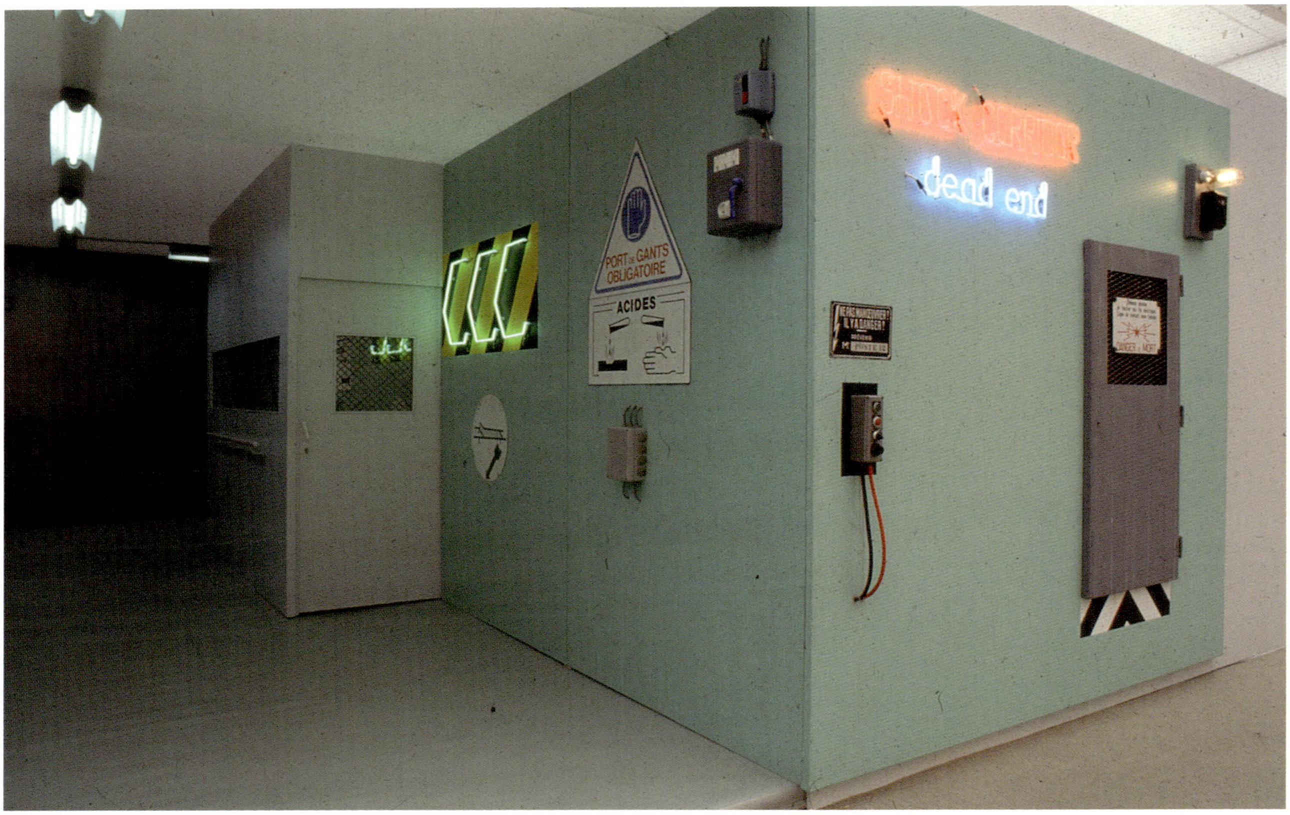

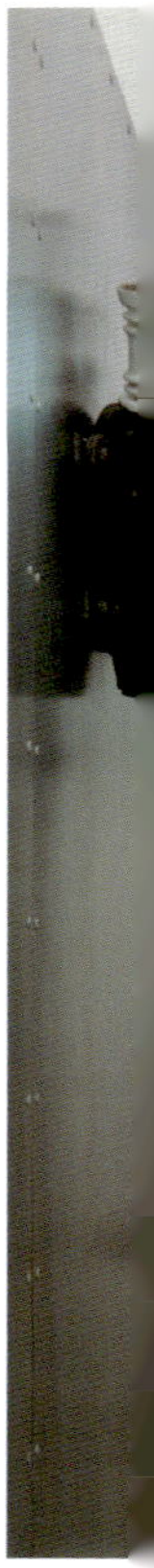

Shock Corridor/dead end, installation (détails),
galerie Louis Carré, FIAC, Paris, 1991

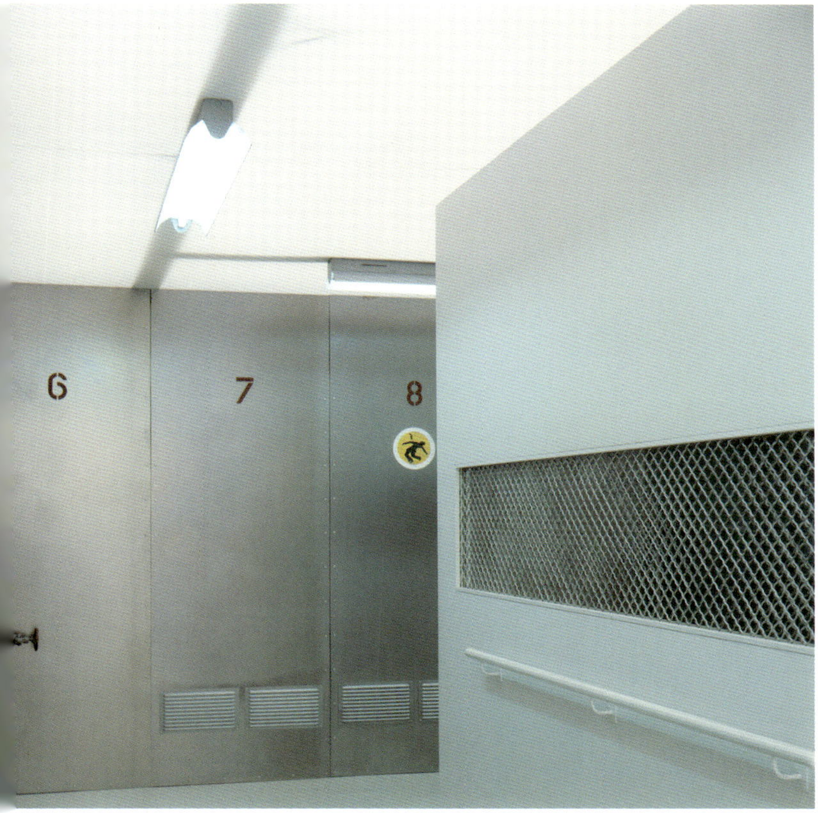
6
7
8

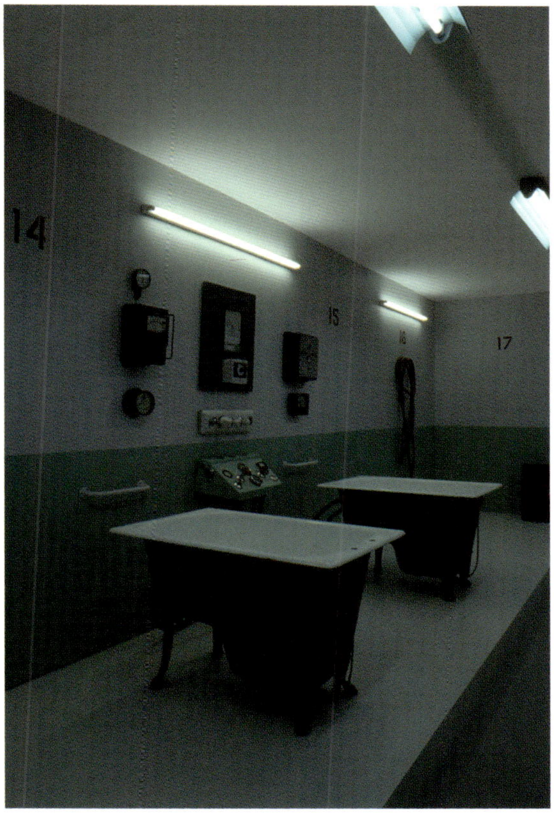
14
15
17

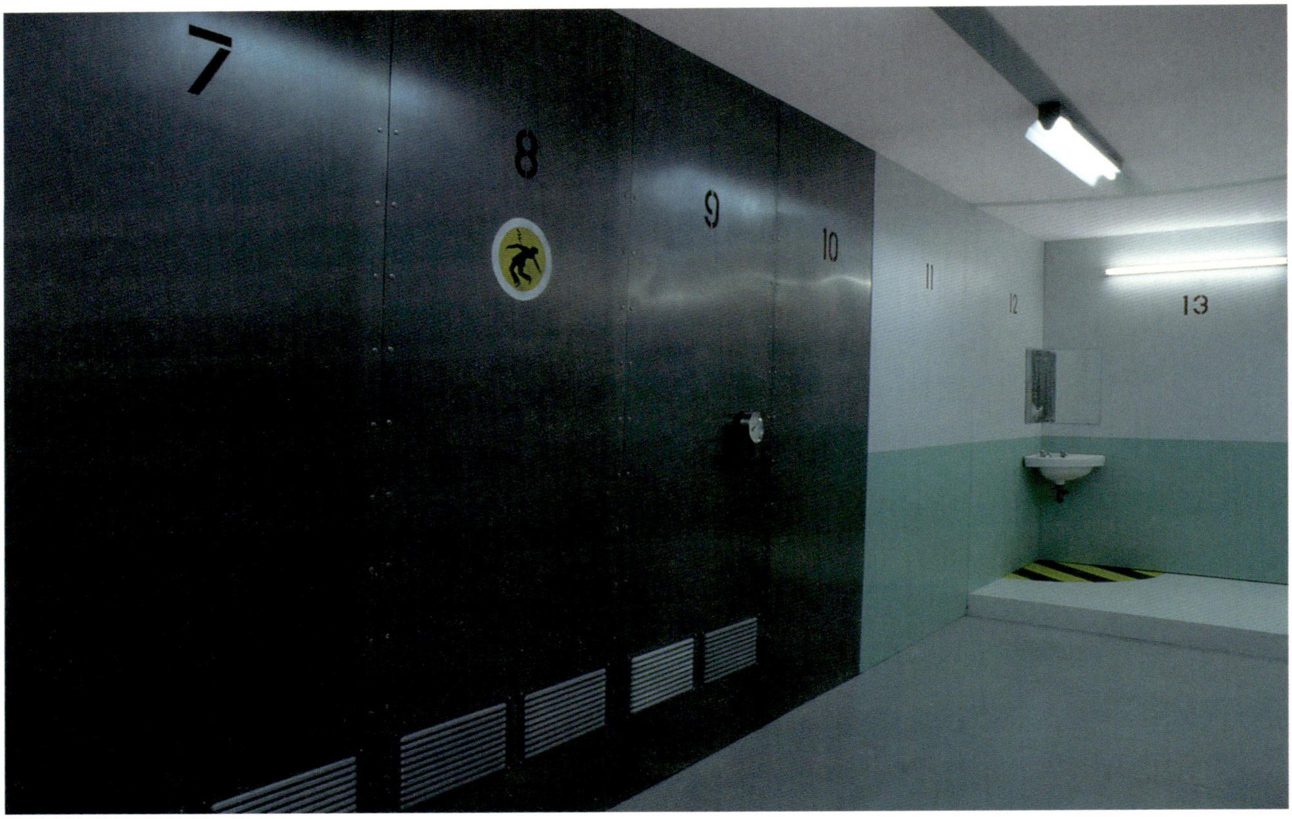
7
8
9
10
11
12
13
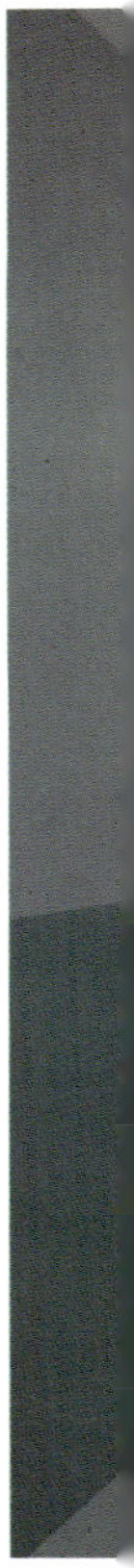

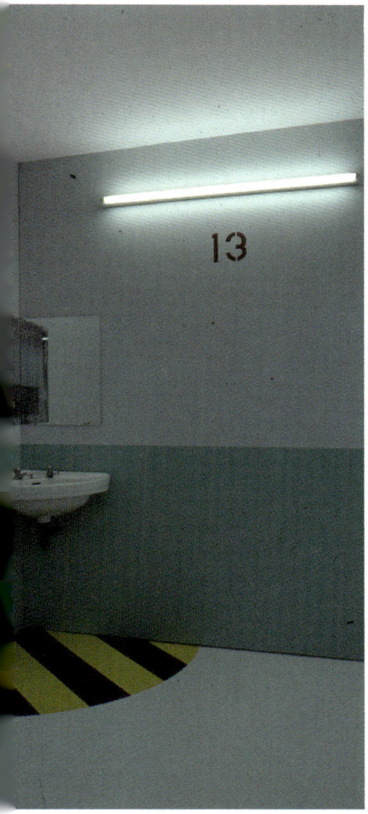
13

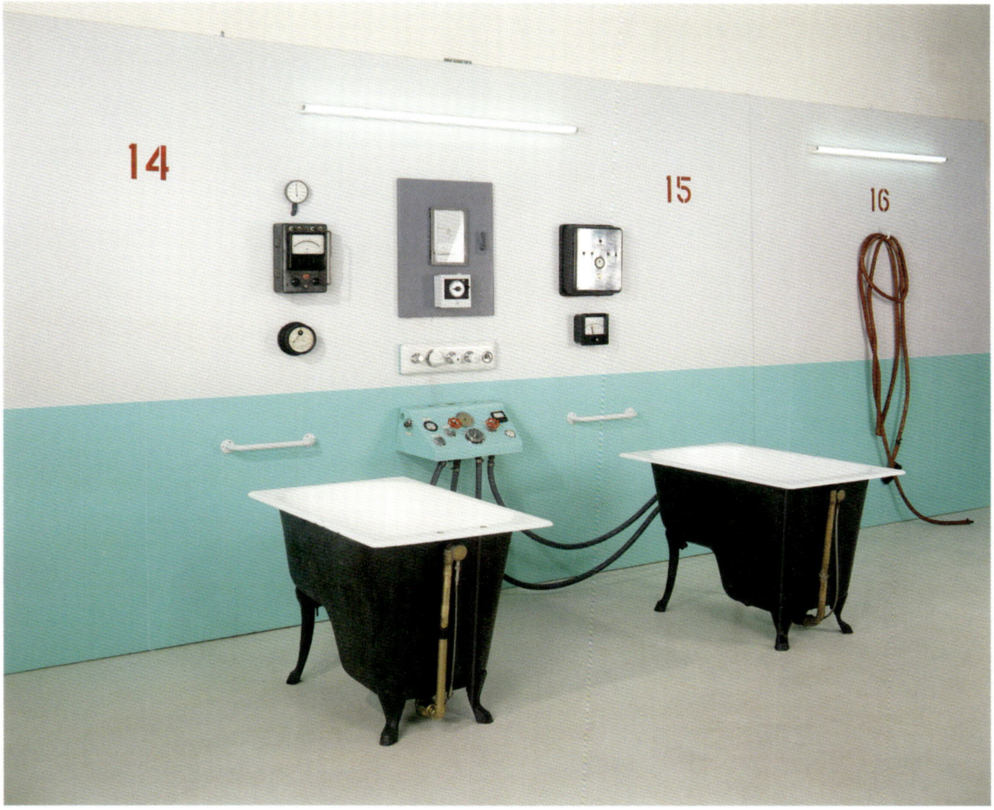
14
15
16

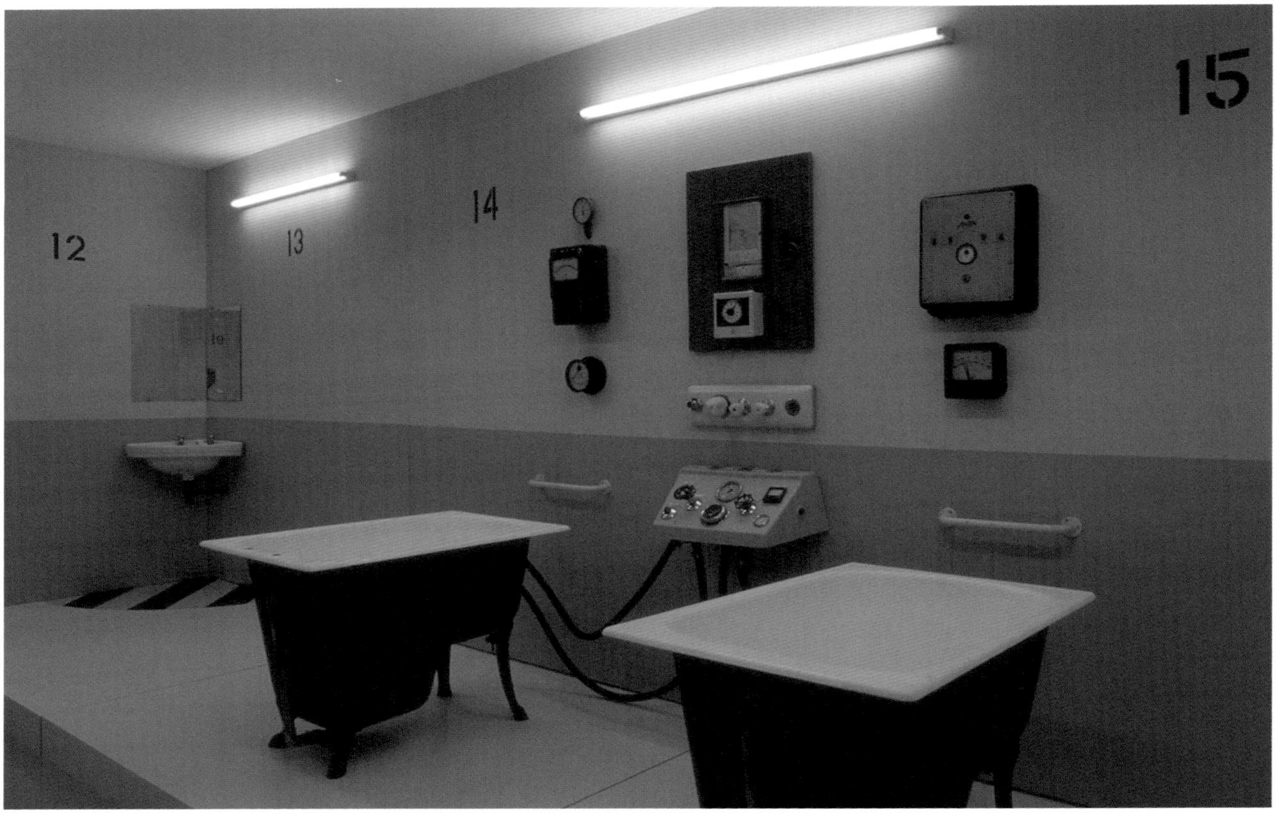
15
14
12
13

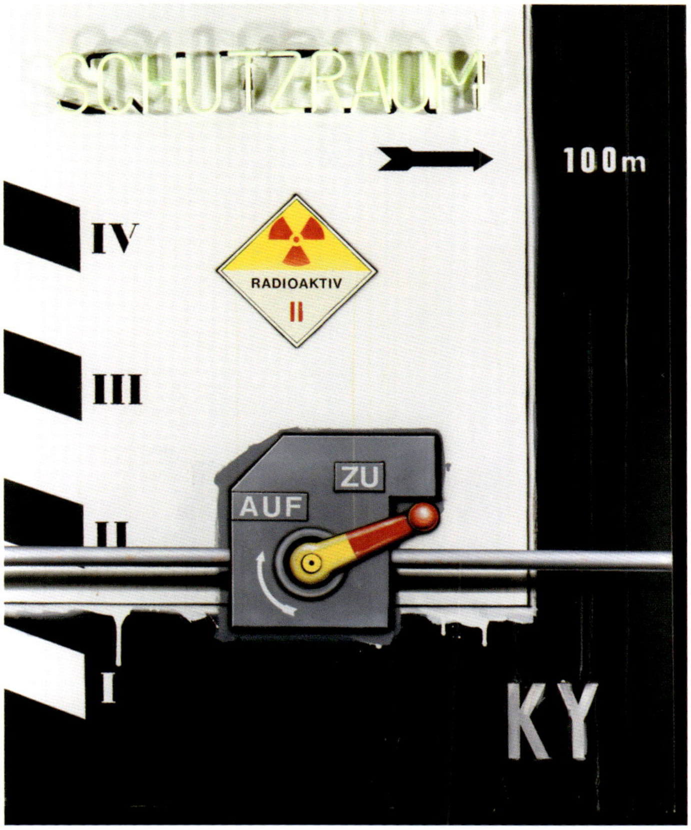

Schutzraum-100m, acrylique, objets et néons sur toile,
162 x 130 cm, 1991, collection particulière, Emsdetten, Allemagne

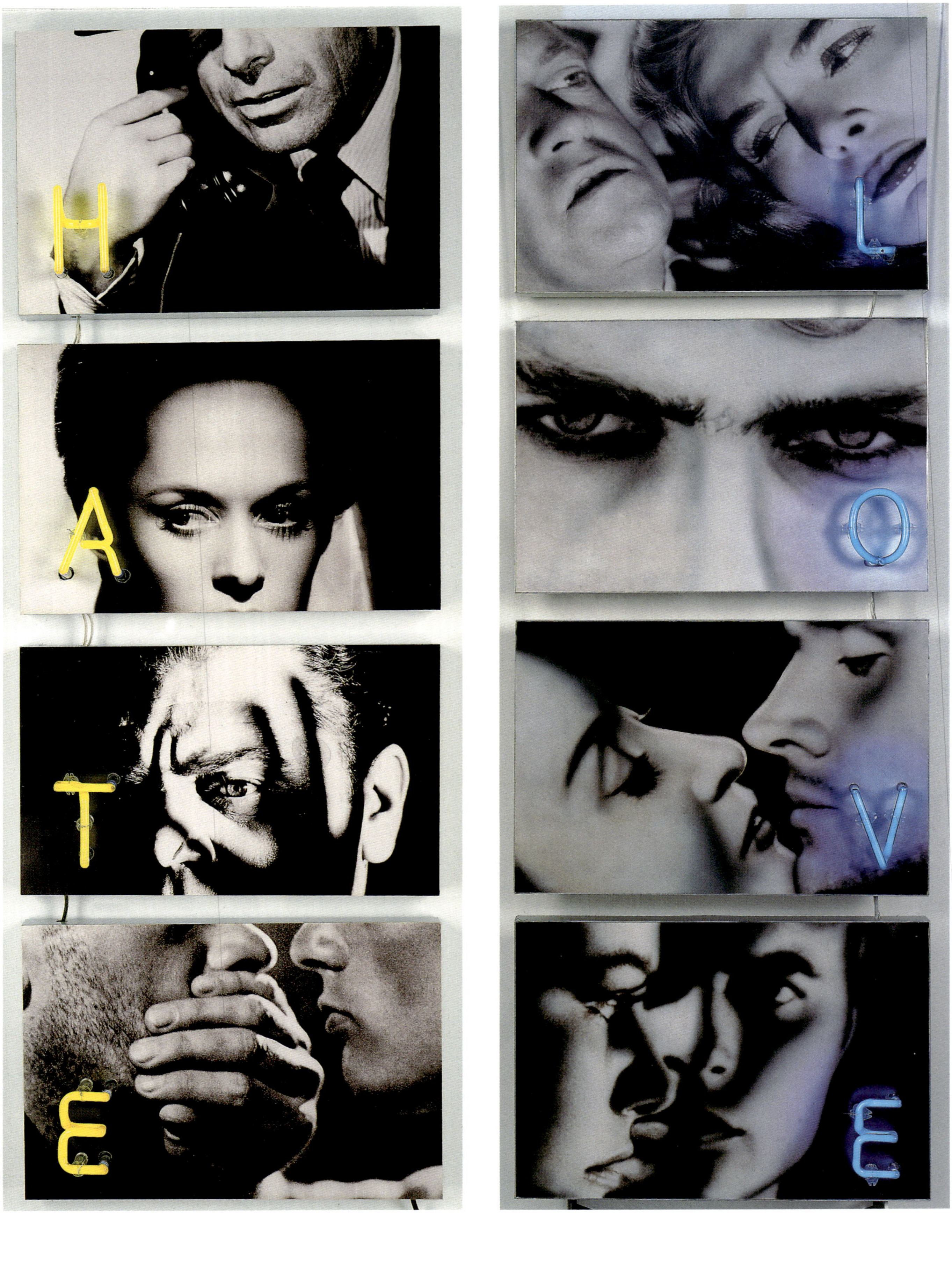
HATE
LOVE

LIFE IS BEAUTIFUL

Hate, photo et néon sur plexiglas,
180x80 cm, 2001, Galleria San Carlo, Milan

Love, photo et néon sur plexiglas,
180x80 cm, 2001, collection Philippe Ageon, Paris

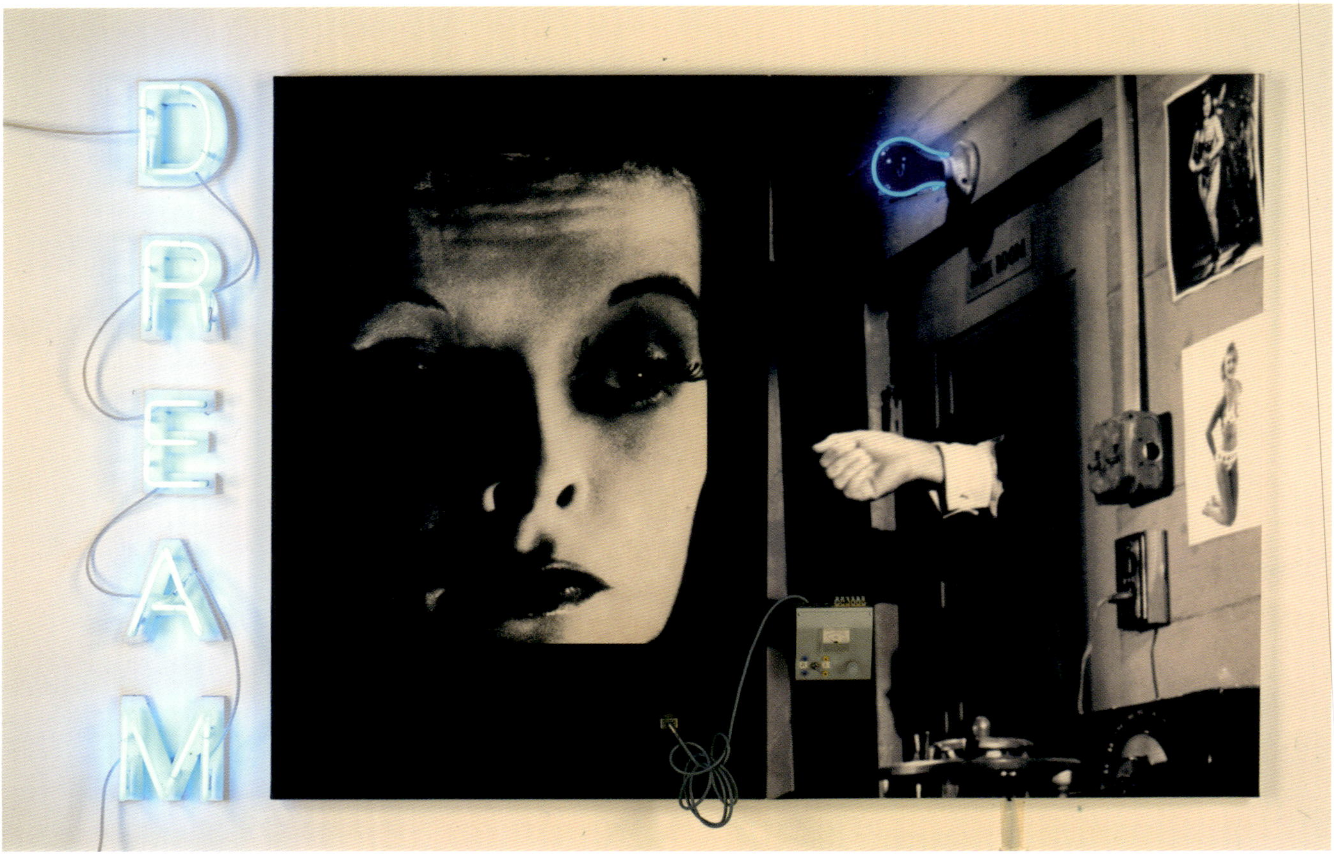

Dream, acrylique et néons sur toile,
146 x 176 cm, 2003, collection particulière, Paris

CINÉMA

"Mon imaginaire se nourrit depuis mon adolescence de l'impact du récit cinématographique, de l'éblouissement du jeu des acteurs et actrices, et d'émotions inoubliables des destins inventés par la magie du cinéma. A 17 ans, je fais partie du ciné-club de ma ville natale de Lübeck où sont projetés les films des plus grands cinéastes de l'histoire du cinéma mondial.

Le souvenir de la projection de *Metropolis* de Fritz Lang, peut-être le film le plus important de l'histoire du cinéma allemand, interdit pendant le Troisième Reich, a laissé des traces indélébiles dans ma mémoire de jeune homme. L'inventivité photographique, le génie visionnaire et prémonitoire de cette œuvre monumentale et inquiétante par certains aspects, à la limite de la monstruosité, m'ont marqué à jamais et firent naître en moi une décision déterminante pour ma future démarche d'artiste plasticien.

Quelques années après, en 1959 à Paris, commence pendant de longs mois le pèlerinage nocturne de mon atelier de la rue Bonaparte vers la Cinémathèque de la rue d'Ulm, créée par le génial Henri Langlois, aux trois séances pour 1 franc chacune, à la découverte de la Nouvelle Vague (une de mes œuvres, *Nausée*, de 1961, comporte d'ailleurs la photo transposée d'Anna Karina, l'égérie de Godard, cinéaste admiré si proche de sa vision de peintre), et l'intense souvenir de la rencontre avec le fulgurant John Cassavetes, marginalisé à Hollywood, qui présenta ses premiers films, parmi lesquels *Shadows* (1960), chef-d'œuvre d'humanisme traitant les problèmes raciaux des années 1950. Ce film établit sa célébrité en Europe parmi les cinéphiles et intellectuels.

L'attirance, la puissance du récit visuel cinématographique, son pouvoir incroyablement efficace comme révélateur de nos pulsions les plus intimes, de nos inavouables désirs, de nos inatteignables rêves, de nos plus profonds abîmes, exercent sur moi l'effet le plus doux, le plus redoutable de mes dépendances.

Les images vues et revues de Vivien Leigh et Brando dans *Streetcar Named Desire*, Grace Kelly et Gary Cooper dans *High Noon*, Eva Marie Saint et Cary Grant dans *North by Northwest*, et enfin Ingrid Bergmann et Bogart dans *Casablanca*, la plus belle histoire d'amour du cinéma, vivent à jamais en moi."

Peter Klasen, août 2008

Son imagerie *cache* plutôt qu'elle ne révèle...

"Si nous voulons éviter des malentendus exégétiques, nous devons immédiatement préciser que l'usage que l'artiste a toujours fait, et continue de faire, de la photographie est, nous pourrions dire, impropre, au sens qu'il la dépossède de sa fonction canonique de médium *per se* afin d'explorer ses potentialités linguistiques et analogiques.

Sa photographie est, par conséquent, un standard qui «décale» et «approfondit», capable entre autres de démasquer les dogmes qui, au cours de l'histoire de l'art, ont établi une discrimination entre arts «mineurs» et «majeurs».

Nous pourrions dire que, par Klasen, la photographie, de manière paradoxale, est utilisée comme un moyen de se transcender.

En d'autres termes, elle intervient comme un prétexte pour «impressionner» «l'intérieur» du projet créatif qu'il élabore, pour le questionner, le pénétrer, l'entretenir, et le mener, si possible, à une conclusion.

Dans une sorte de retour à l'envoyeur, la fonction de mimésis intégrale que la photographie entretient en rapport à la réalité est ici renversée : la peinture à l'aérographe – une technique que Klasen a apprise dans un atelier de lithographie de Lübeck – finit par imiter la photographie qui – à son tour – reproduit la réalité.

De cette chaîne dialectique, de ce cercle vicieux de techniques et de langages à propos desquels tout semble avoir été dit (du pictorialisme du XIXe siècle au pop art et à l'hyperréalisme) émergent de nouvelles ressemblances et ambiguïtés.

Mais aussi, comme nous le verrons dans d'autres cas, Klasen se limite, rejetant ces «indications».

En dernière analyse, ce que Klasen veut, c'est provoquer une crise dans l'évidence de l'image (et comme pour donner une légitimité didactique à cette thèse, à ses débuts en tant qu'artiste, il a même juxtaposé image peinte et image photographique sur la même toile).

Et pas seulement : presque comme par «contagion», Klasen a pris de la photographie son point de vue impersonnel et son aspect spéculaire et aseptique.

En appui à un mécanisme qu'il aime dire «logique et linéaire», sa vision du monde – qui restera toujours obstinément urbaine – provient de l'équivalent inerte et neutre de l'objectif photographique. C'est comme si un transfert physiologique avait été édicté entre la photographie et le langage de la peinture. Si, comme le reconnaissait Pollock, «la peinture ne tombe pas du ciel», c'est de là que l'absence de pathos de cette *imagerie* somptueuse, étalant son éblouissante façade aux limites de l'insolence, en vient au fait de nous faire échapper à travers l'hédonisme détaché de son exécution.

Comme un véritable artiste, Klasen se méfie de l'émotion, ou mieux il la gèle de manière à la transférer à d'autres points de vue de perception. En en faisant une lecture conceptuelle

– qui est réellement la seule possible –, son imagerie *cache* plutôt qu'elle ne révèle. Et cela, juste quand sur la toile tout apparaît fixé et décrit avec l'implacable et tautologique intransigeance du médium photographique ; quand, en d'autres mots, chaque élément apparaît être définitivement fixé et décrit avec l'implacable et tautologique intransigeance du médium photographique ; quand, en d'autres termes, chaque élément apparaît être définitivement réalisé et inclus selon un code visuel qui ne peut renvoyer qu'à lui-même.

L'excès de «vérité» est ainsi transformé en obstacle, en un impénétrable mur. Le *signifiant*, la forme semblent supprimer le *signifié*, le message. La «banalité féroce» que Klasen a établie, selon François Pluchart, devient facteur responsable de cette impasse. Le spectateur est obligé d'accomplir une reconnaissance entière de la surface de cette peinture qui, je le répète, a même l'audace d'être belle ; il voudrait se positionner «à l'extérieur» de l'image, qui pourrait même suffire, comme l'a écrit Nietzsche, les Grecs étaient «superficiels par profondeur» et si «ce qu'il y a de plus profond dans l'homme, c'est la peau», pour citer le fameux aphorisme de Paul Valéry.

Mais ce n'est pas le cas."

Giuliano Serafini, catalogue de l'exposition à la Galleria San Carlo, Milan

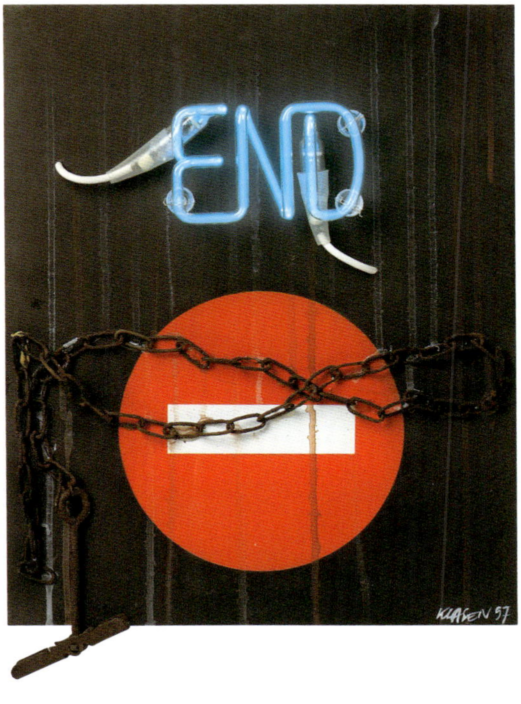

End, acrylique, objets et néon sur métal,
51 x 43 cm, 1997, collection GKM, Malmö

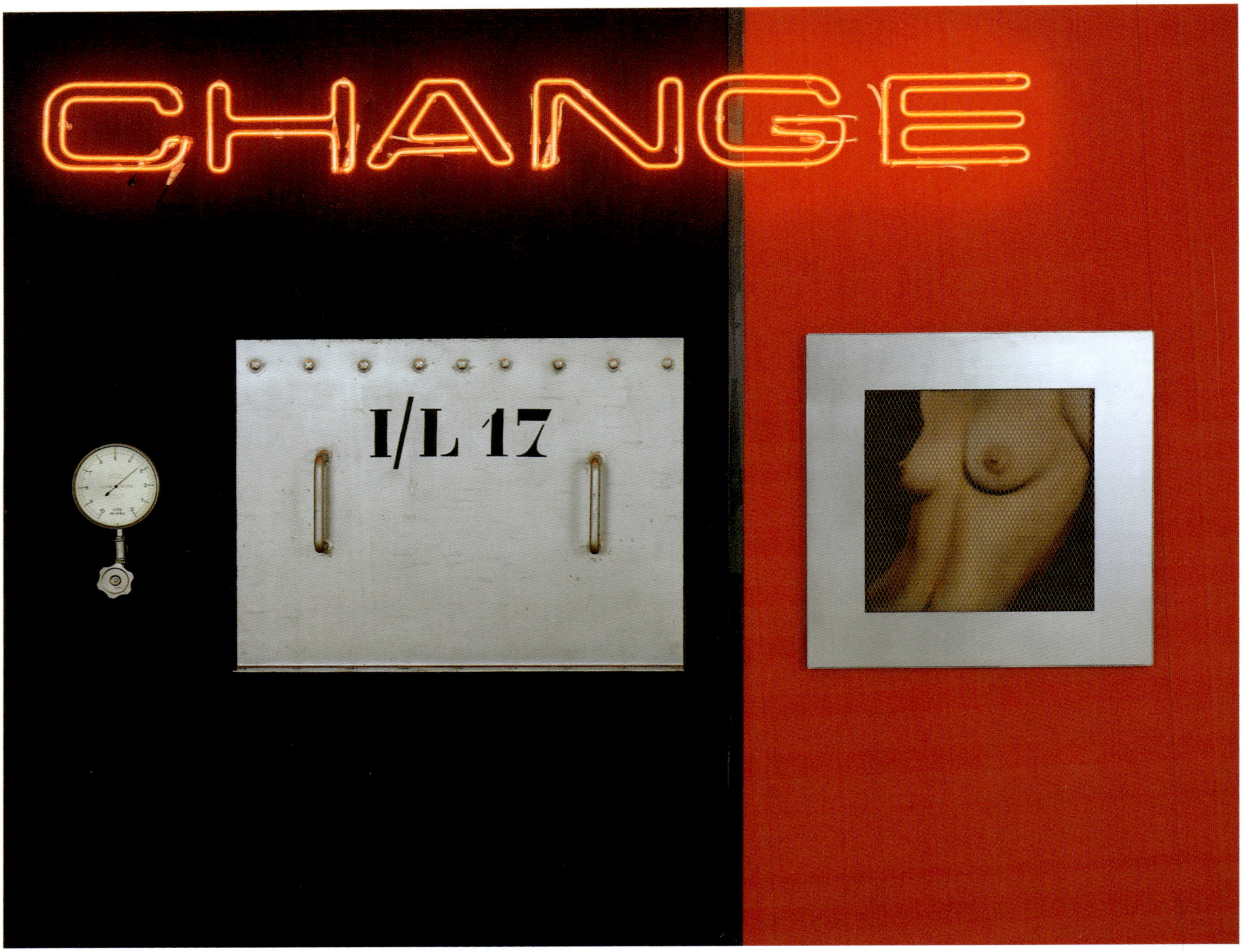

Iron Lady I/L17 Change, acrylique, objets, néon et métal sur toile, 180 x 230 cm, 1998, collection privée, Barcelone

The Myth of Love, acrylique et néons sur toile, 200 x 160 cm, 2004, collection particulière, Paris

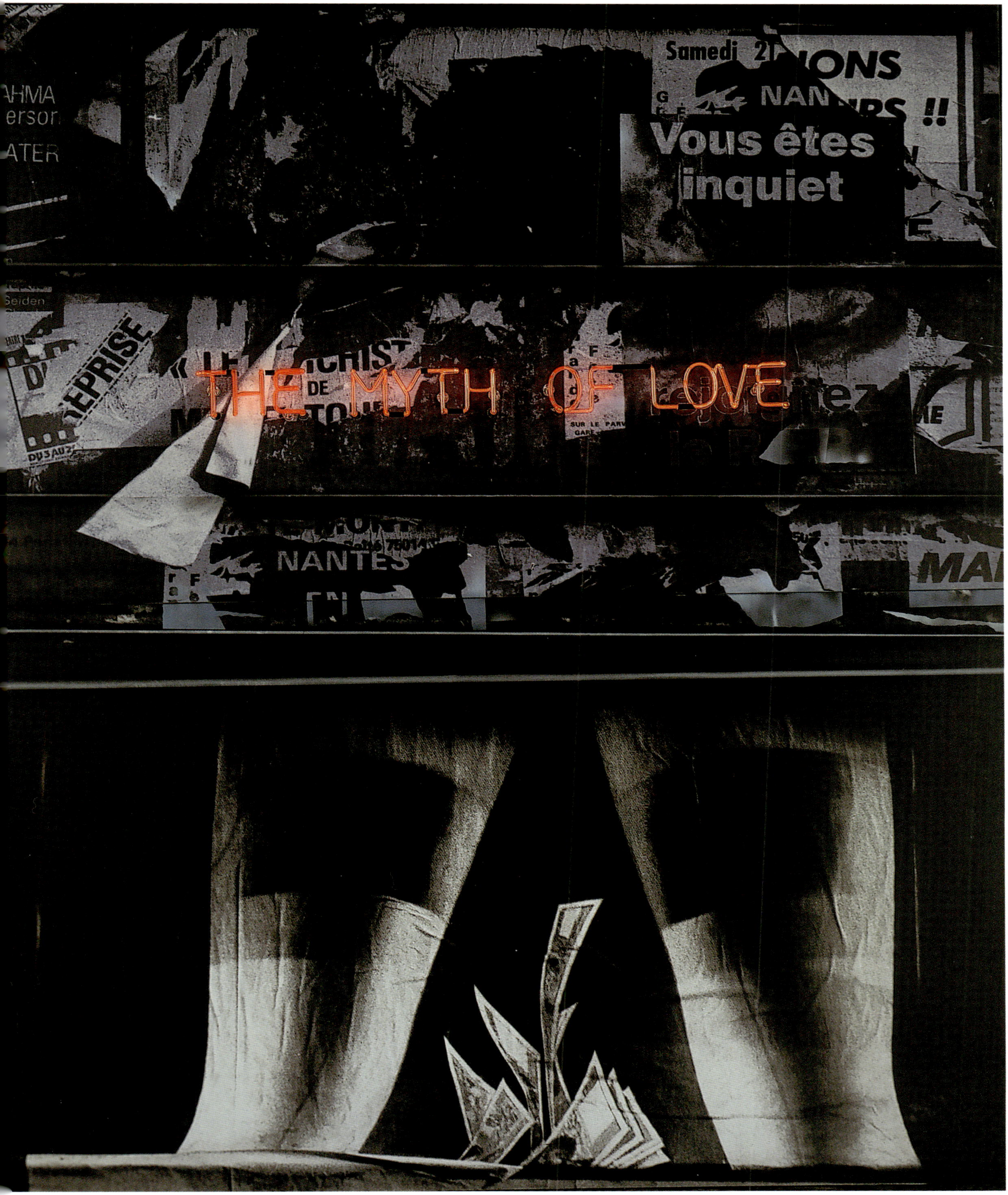
Samedi 21
Vous êtes
inquiet
REPRISE
THE MYTH OF LOVE
NANTES

I Had a Dream, acrylique et néons sur toile,
194 x 130 cm, 2004, collection de Dancourt, Paris

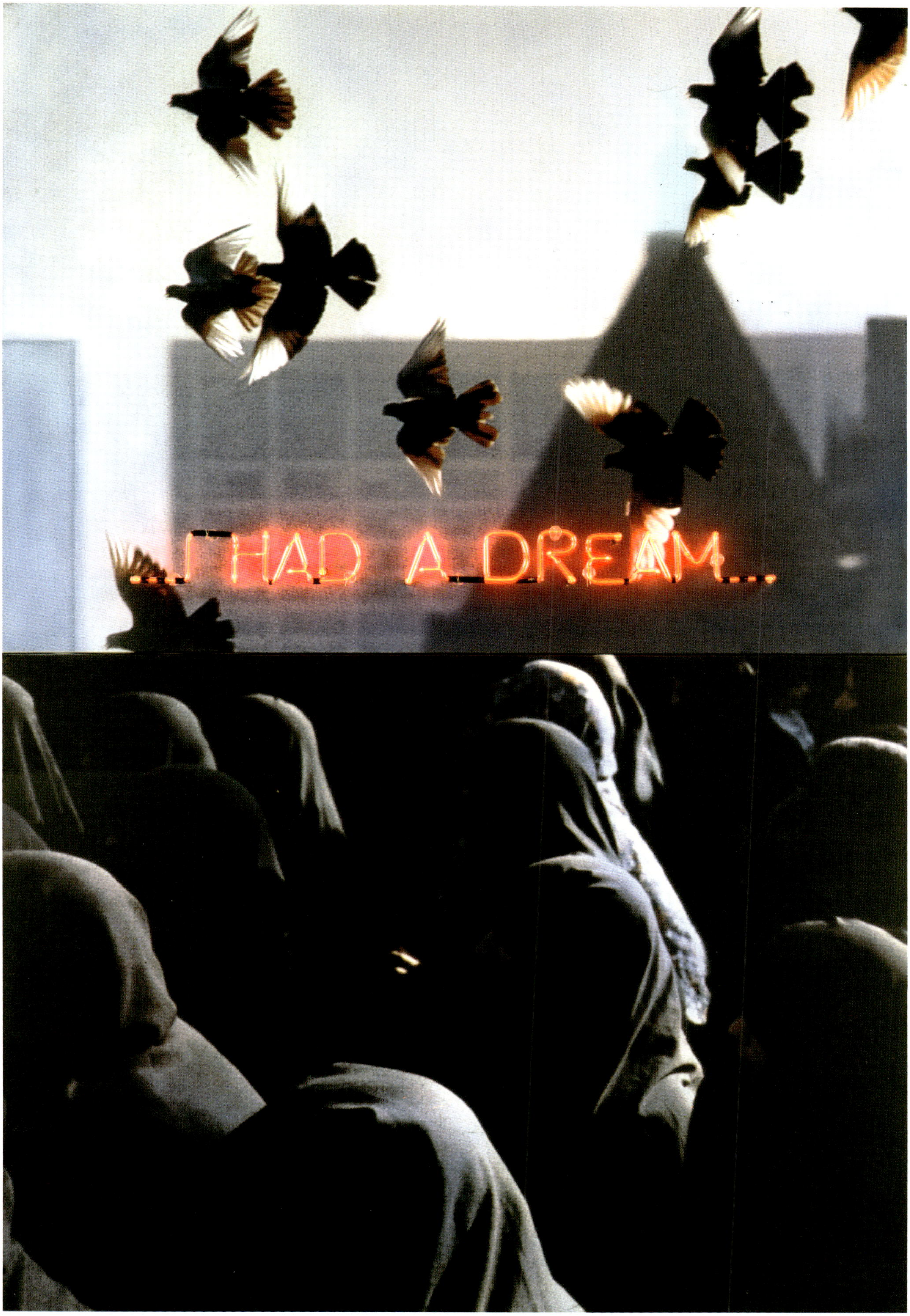
...I HAD A DREAM...

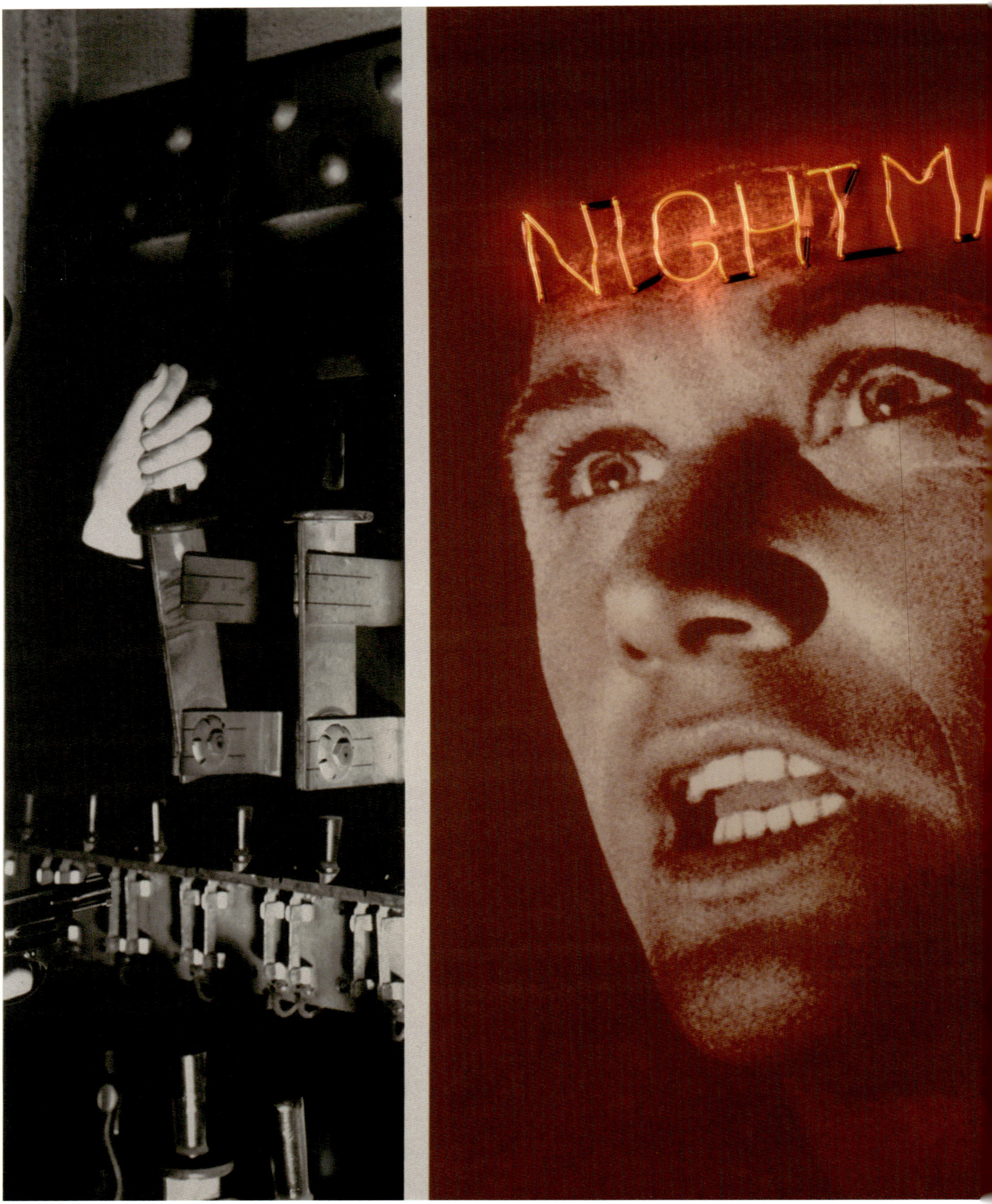

NIGHTMARE, acrylique, objet et néon sur toile,
200 x 330 cm, 2003, collection particulière, Paris

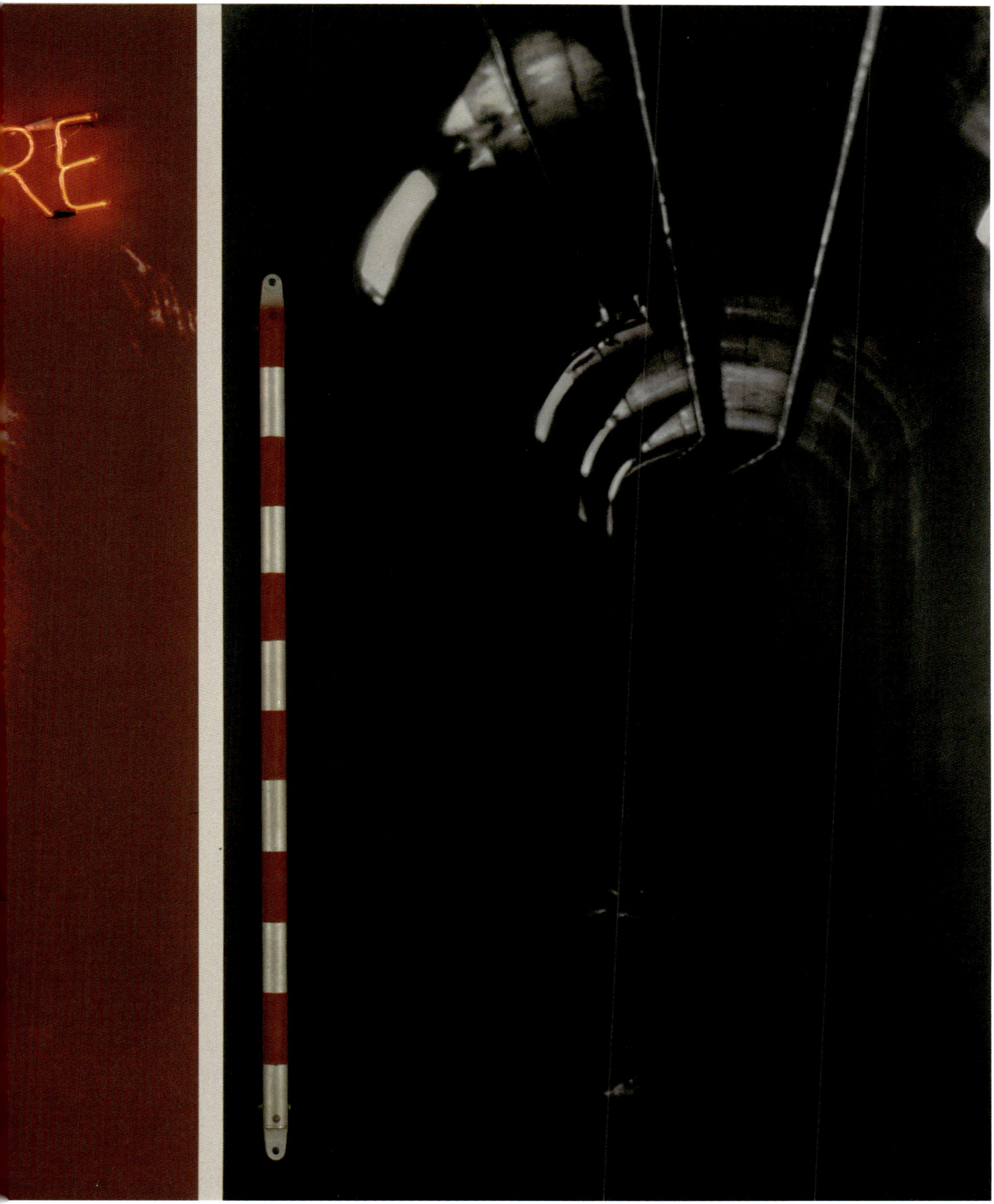

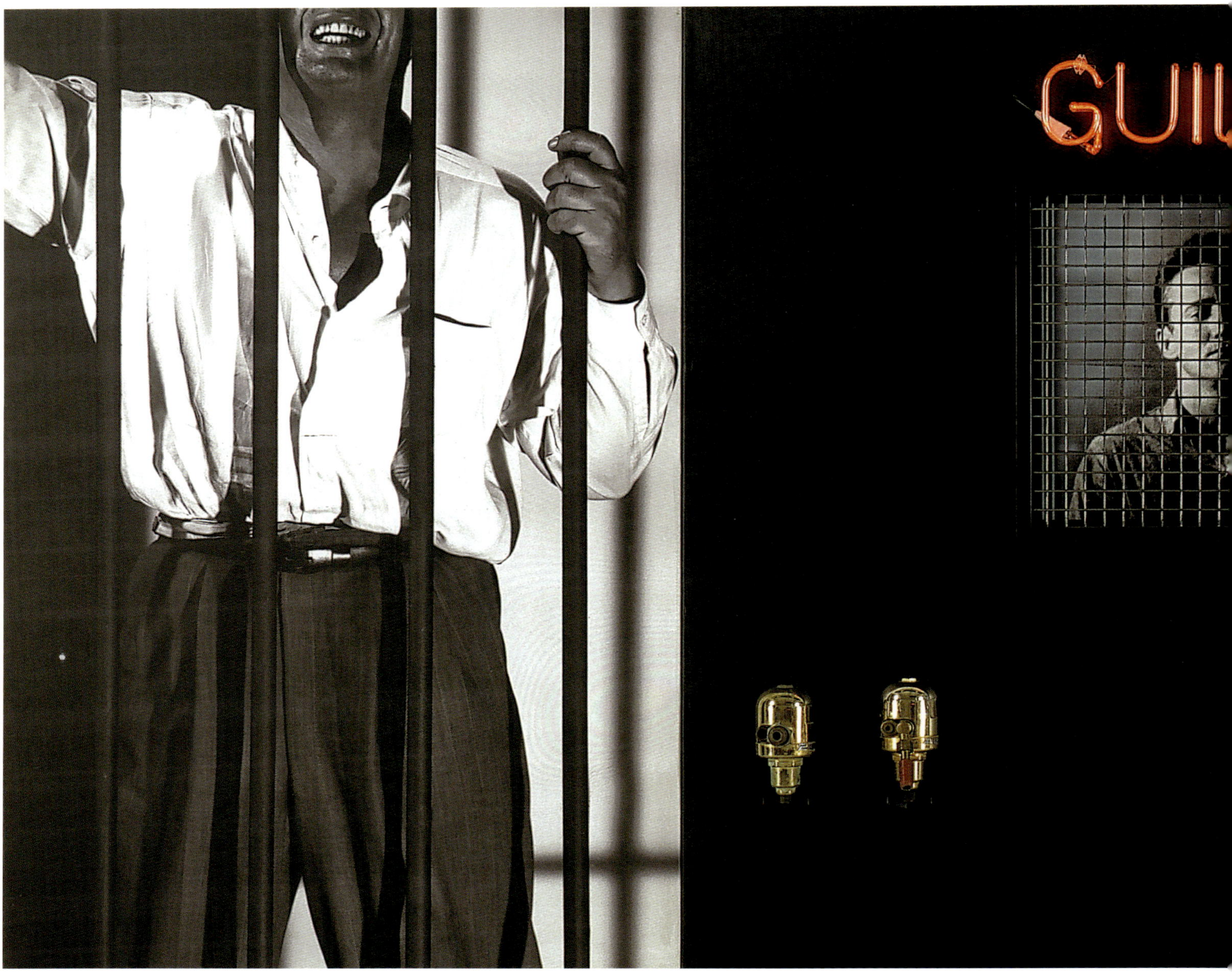

GUILTY, acrylique, objets et néon sur toile,
130 x 320 cm, 2004, collection particulière, Paris

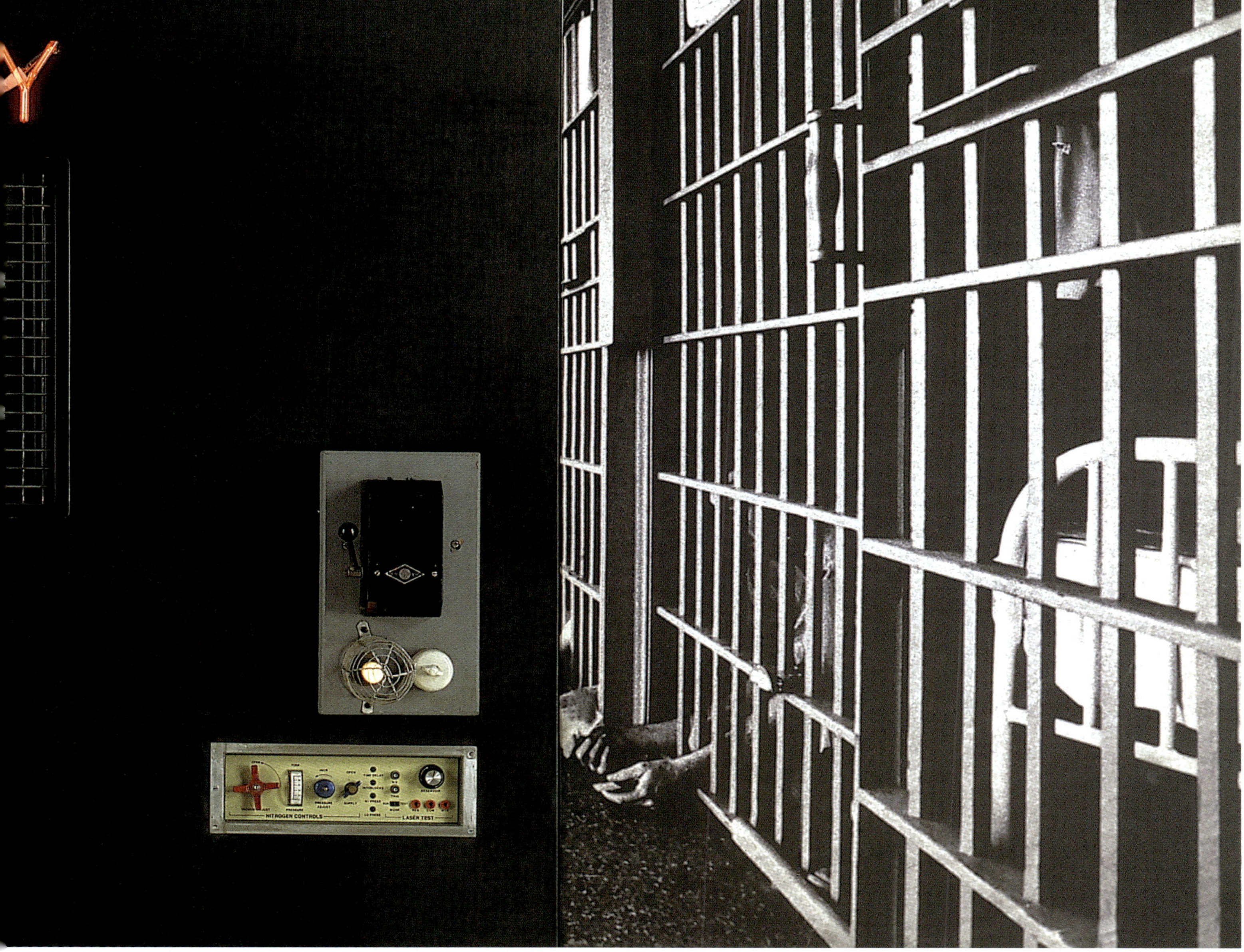
NITROGEN CONTROLS
LASER TEST

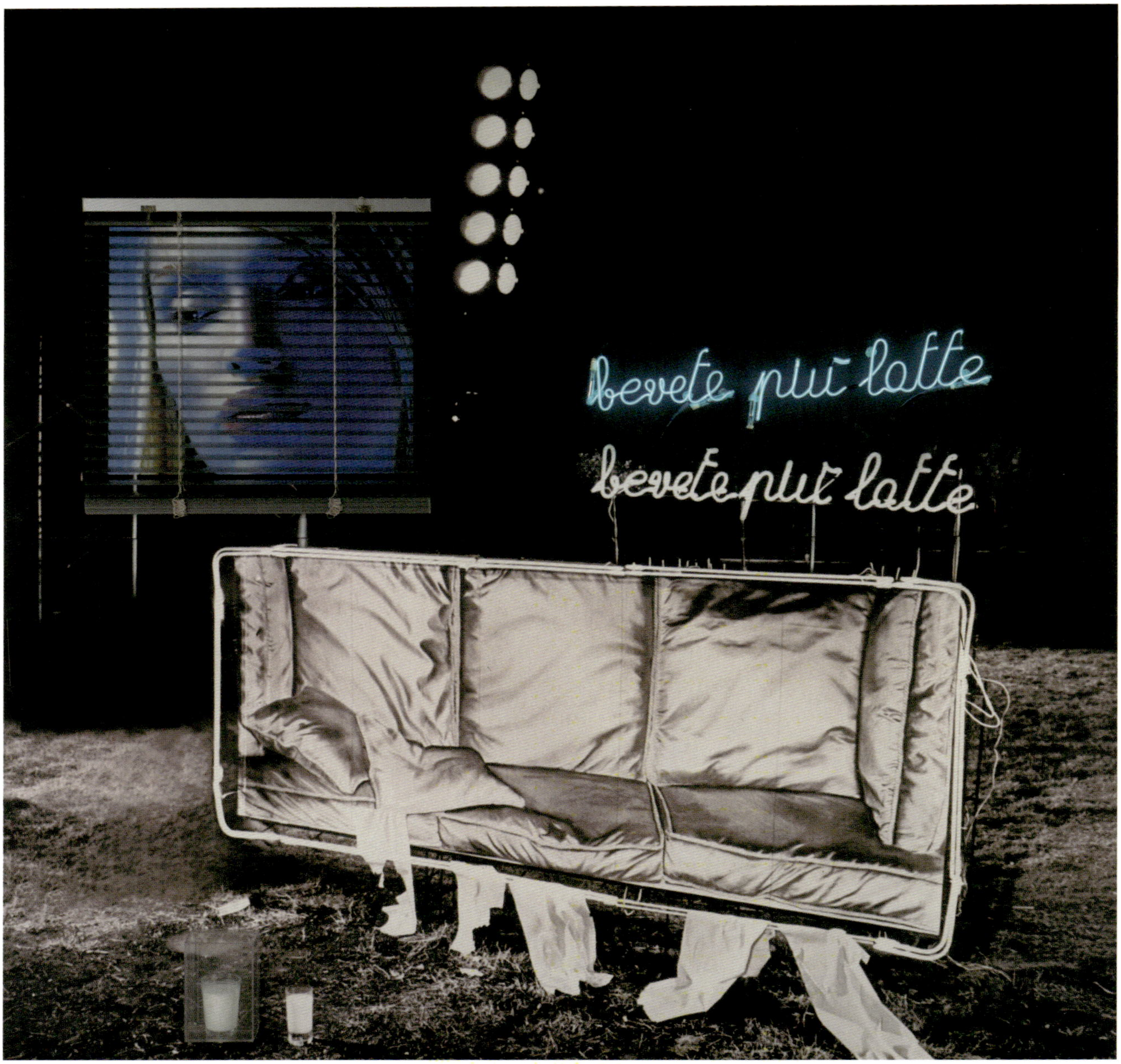

Bevete più latte, acrylique, objets et néons sur toile, 195 x 194 cm, 2003, collection particulière, Paris

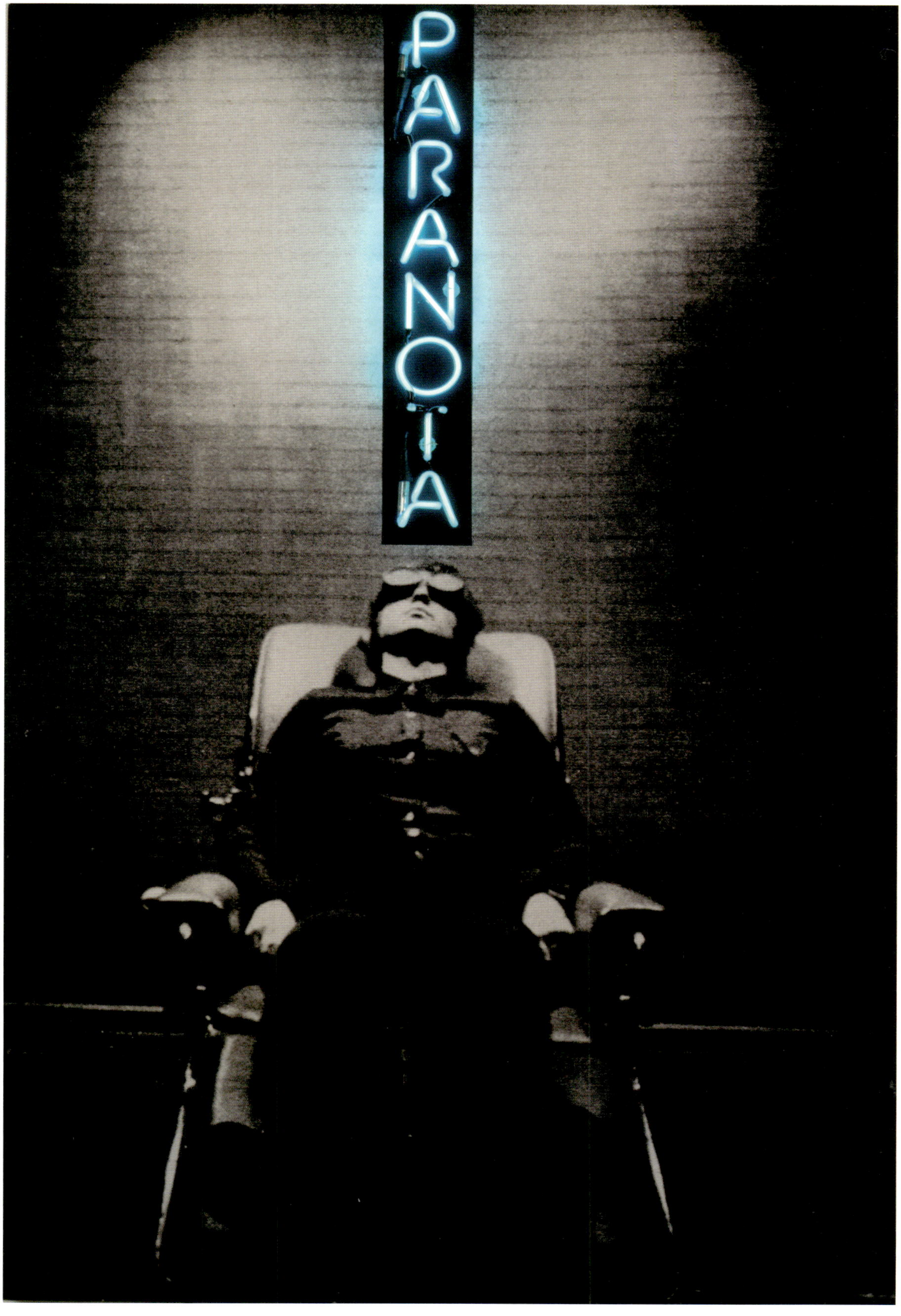

Paranoïa, photo et néons sur aluminium,
195 x 130 cm, 2002, collection particulière, Paris

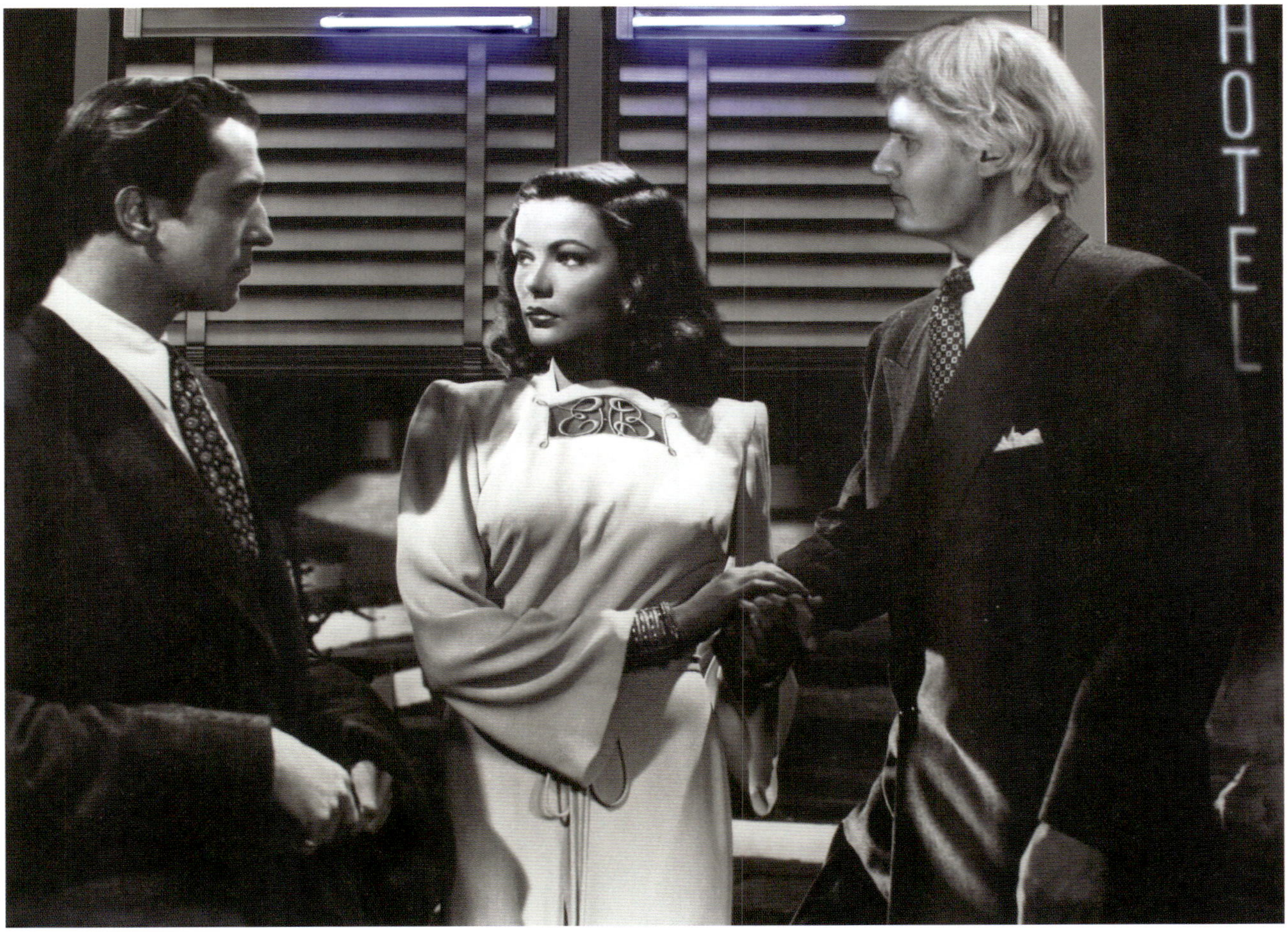

Good Bye Again/Autoportrait, acrylique et néons sur toile, 112 x 150 cm, 2008, collection particulière, Paris

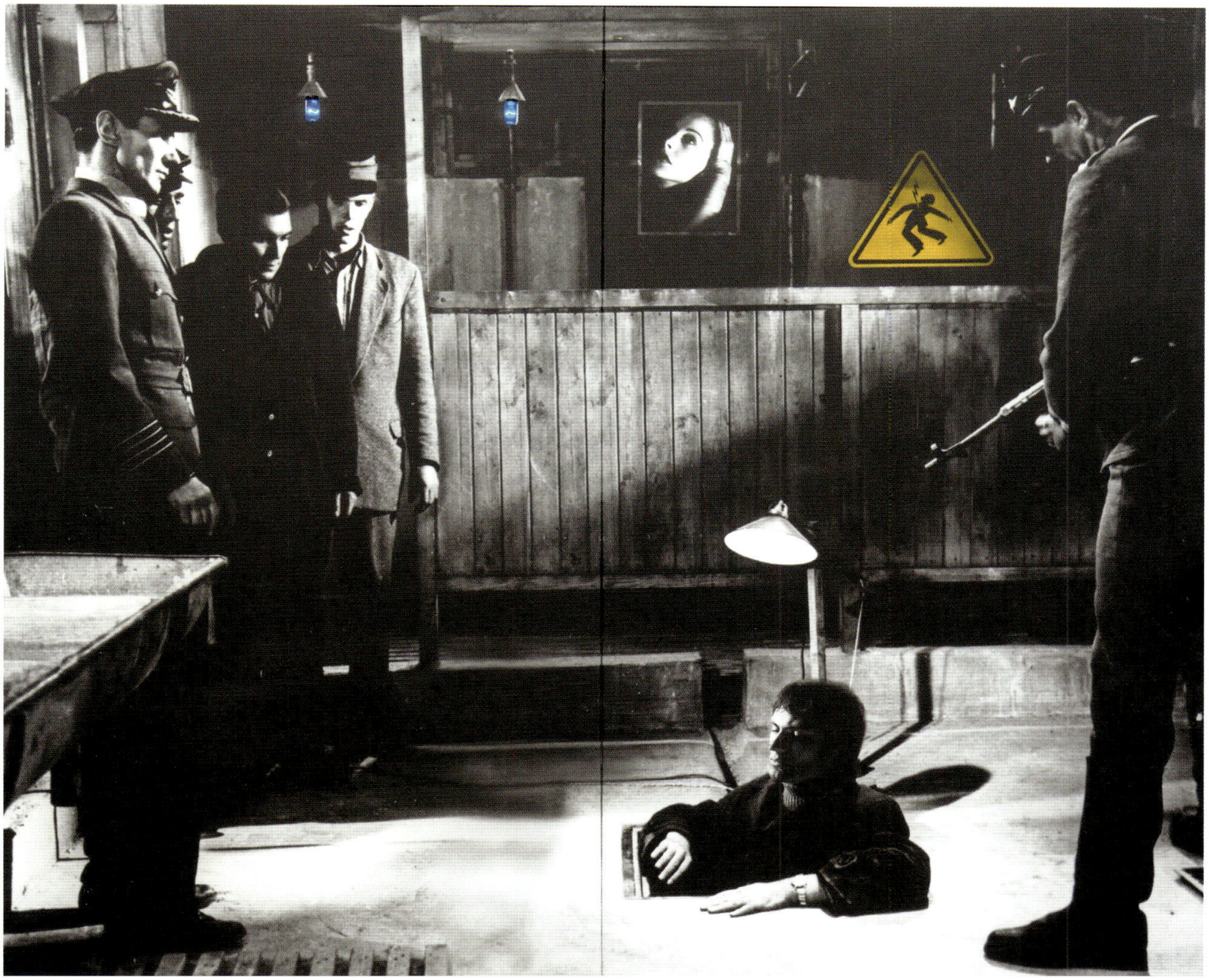

Under Arrest/Autoportrait, acrylique et ampoules bleues sur toile, 165 x 195 cm, 2008, collection particulière, Paris. DR

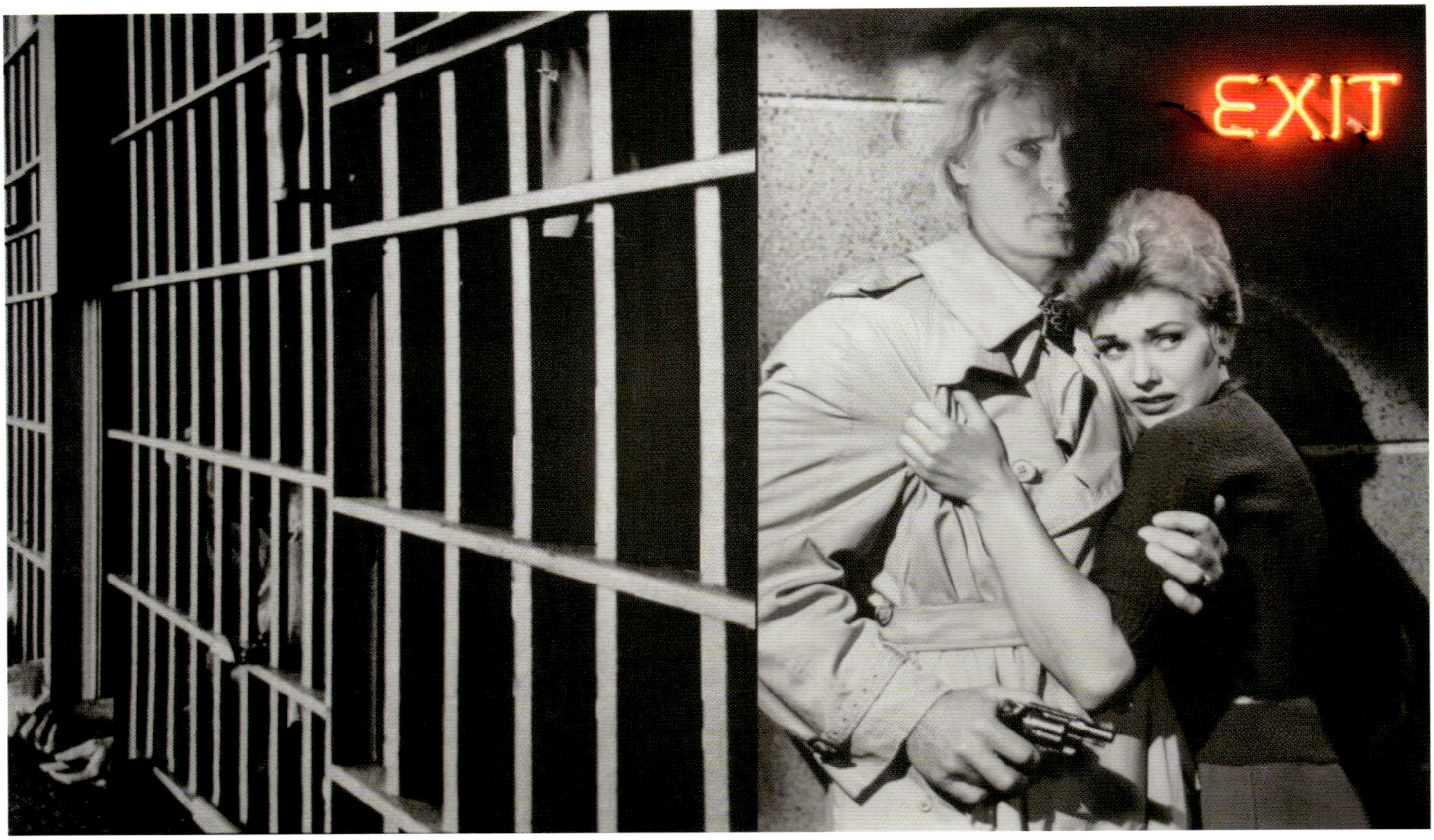

Exit/Autoportrait, acrylique et néons sur toile,
97 x 162 cm, 2008, collection particulière, Paris

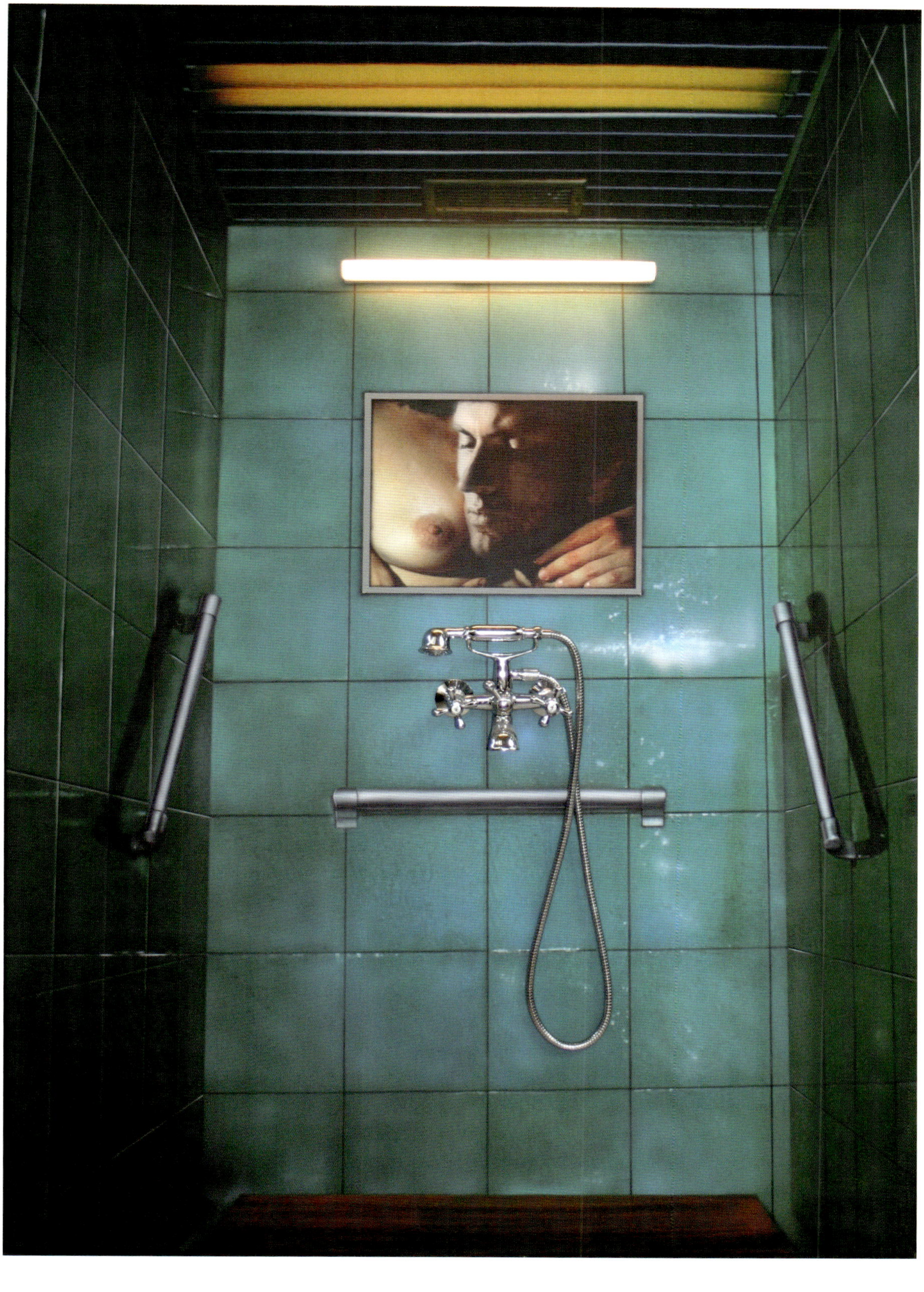

Ladies' Man/Autoportrait, acrylique, objet et tube fluorescent sur toile, 210 x 150 cm, 2008, collection particulière, Paris

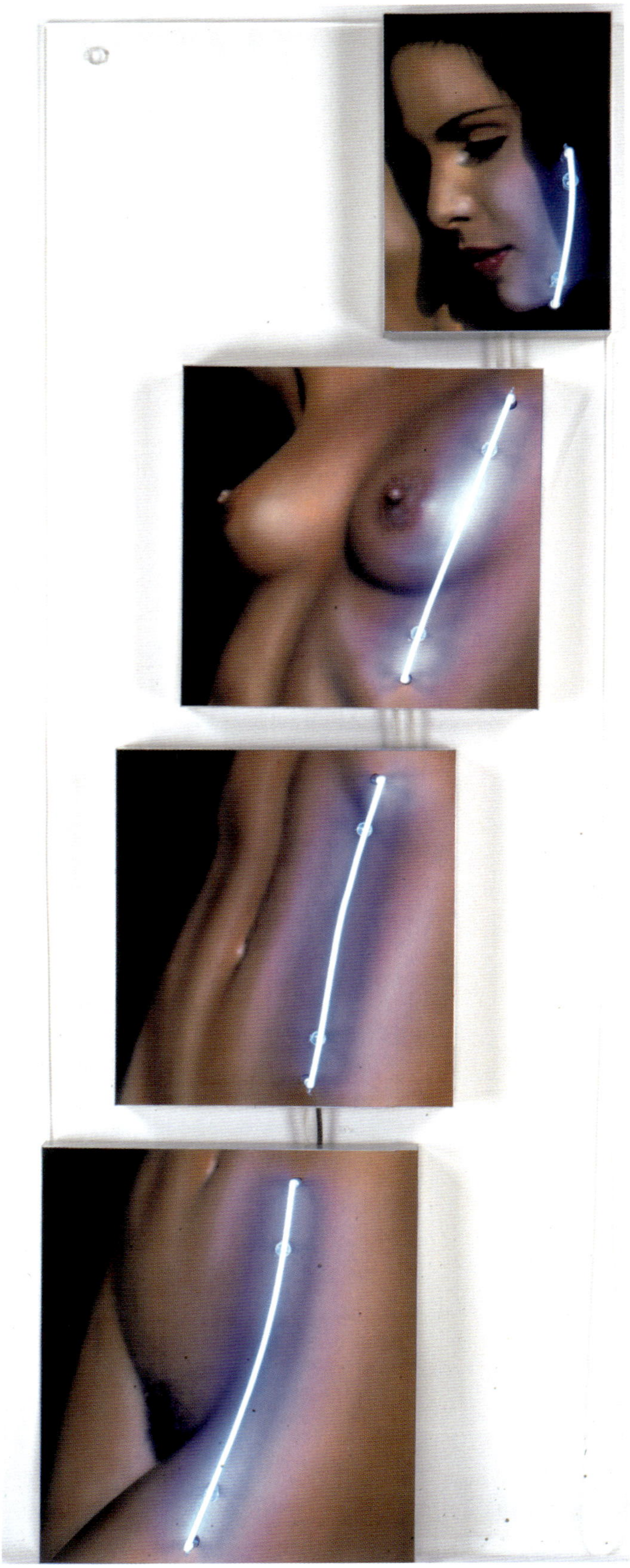

Beauty n° 8, photo et néons sur métal et plexiglas, 180x80 cm, 2003, collection particulière, Paris

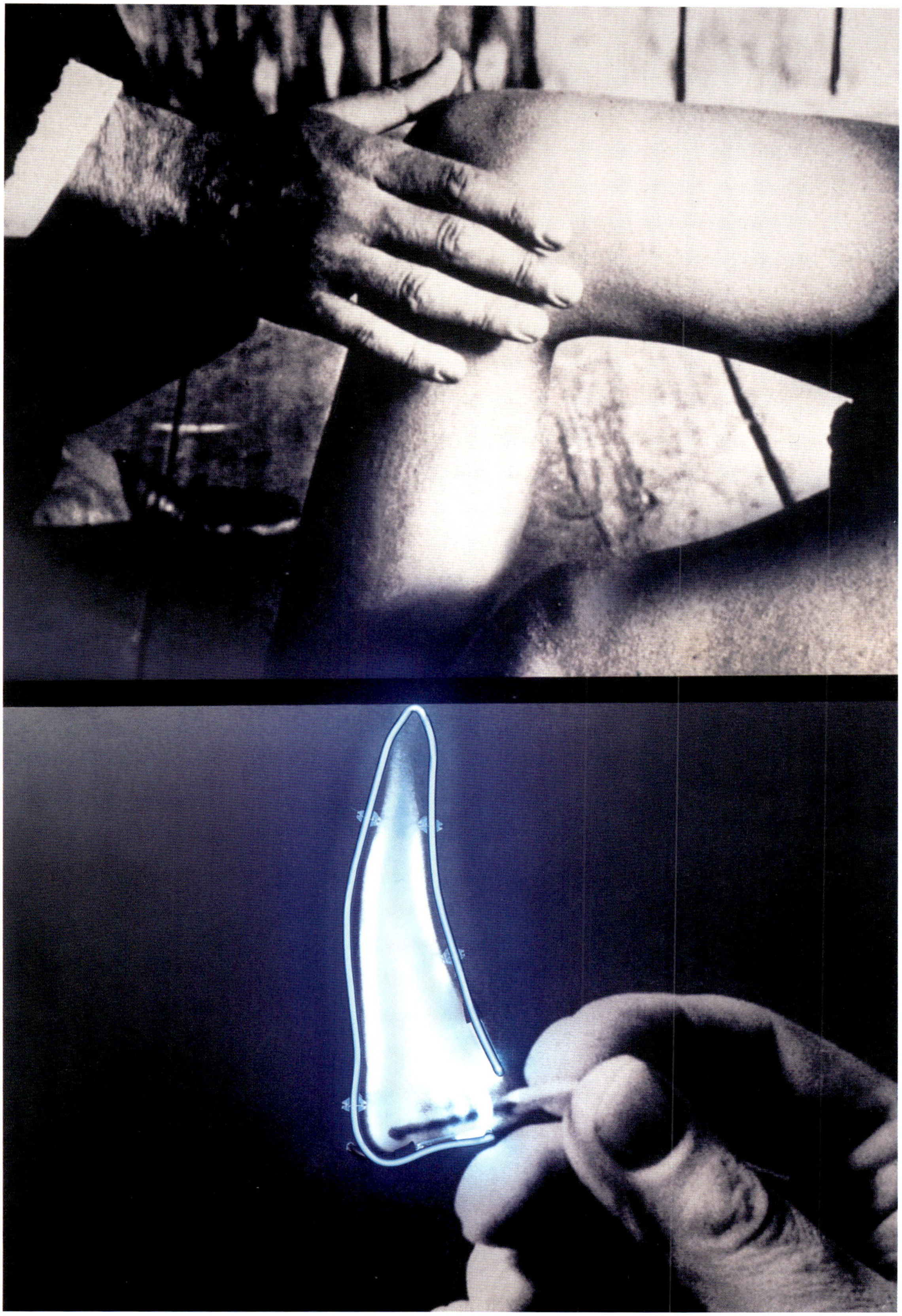

Flame and Flesh, acrylique et néon sur toile,
146x97 cm, 2003, collection particulière, Paris

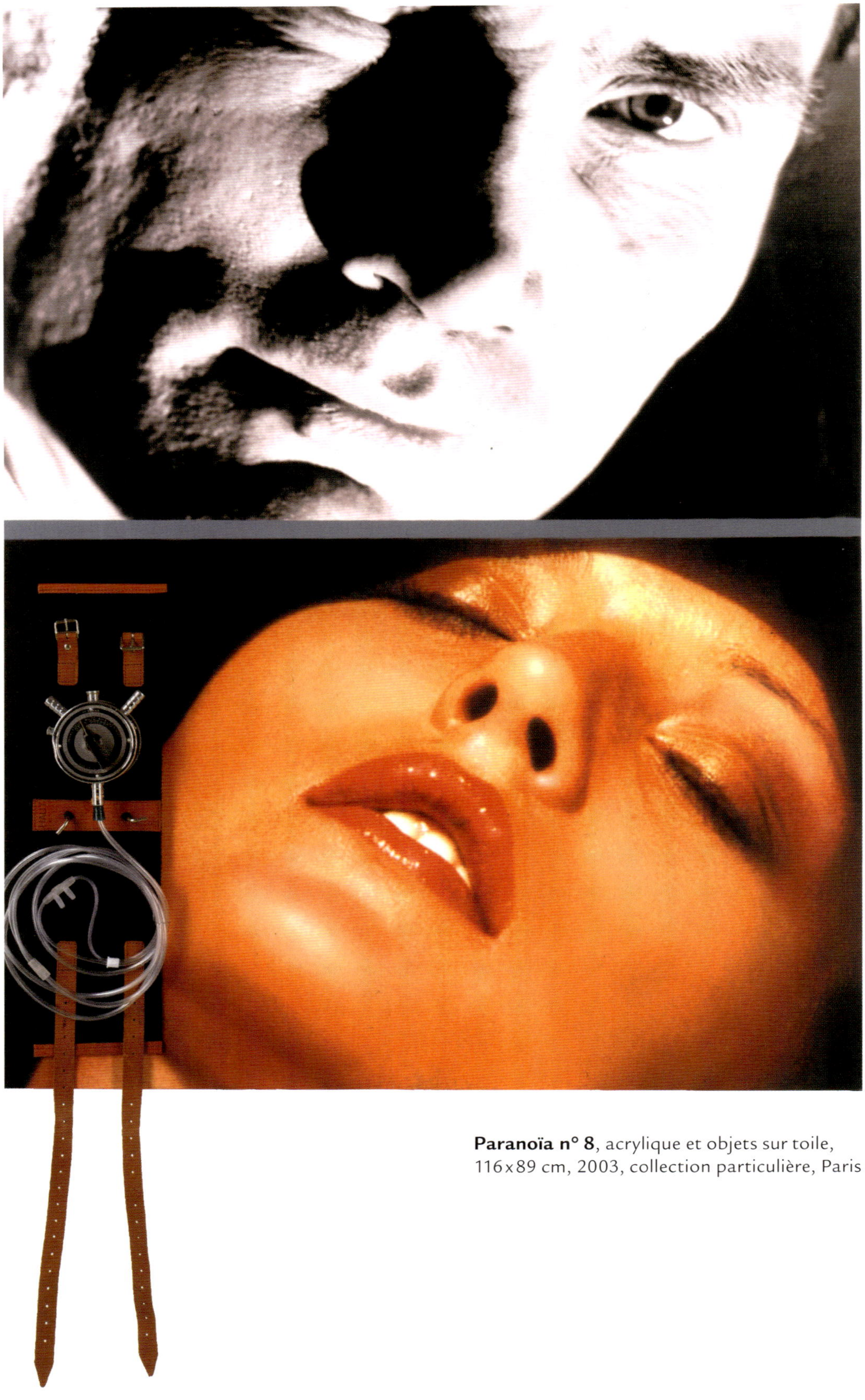

Paranoïa n° 8, acrylique et objets sur toile, 116x89 cm, 2003, collection particulière, Paris

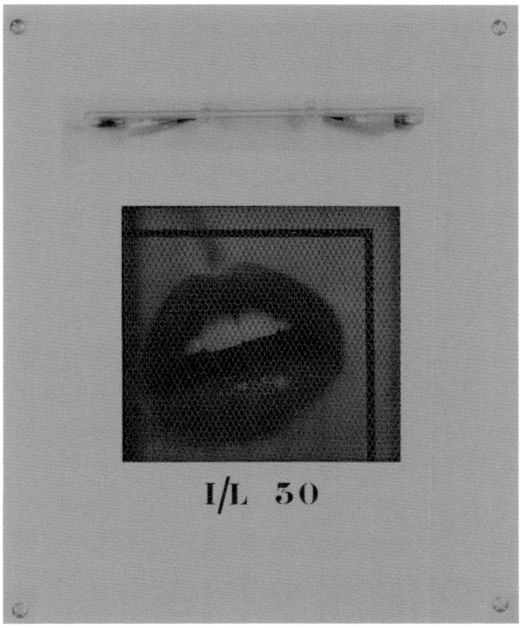

Iron Lady I/L **30**, acrylique et collage sur carton, néon sur métal, 61 x 50 cm, 1998

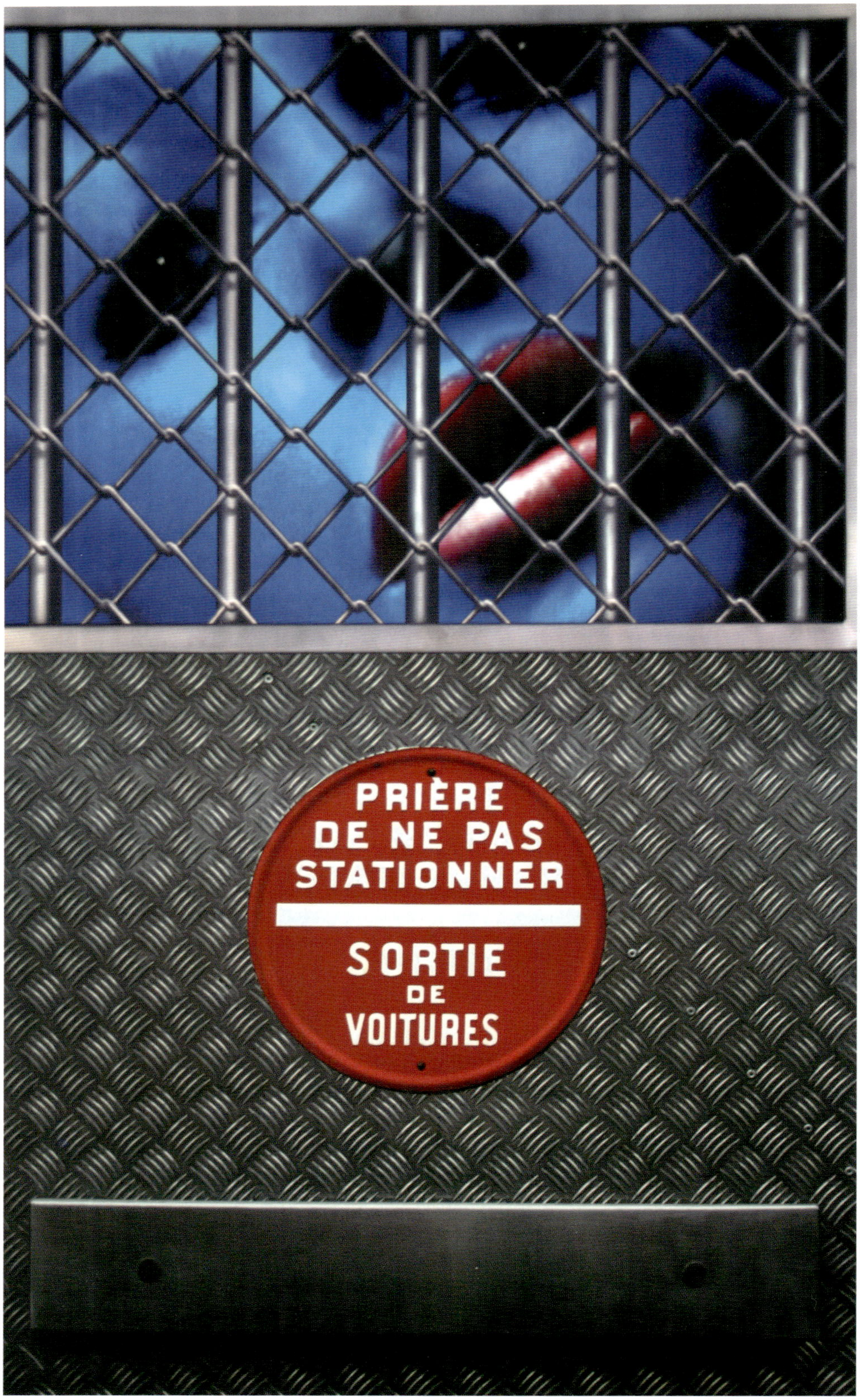

Visage bleu/Grillage-sortie de voitures, acrylique sur toile, 146x89 cm, 2005, collection particulière, Paris

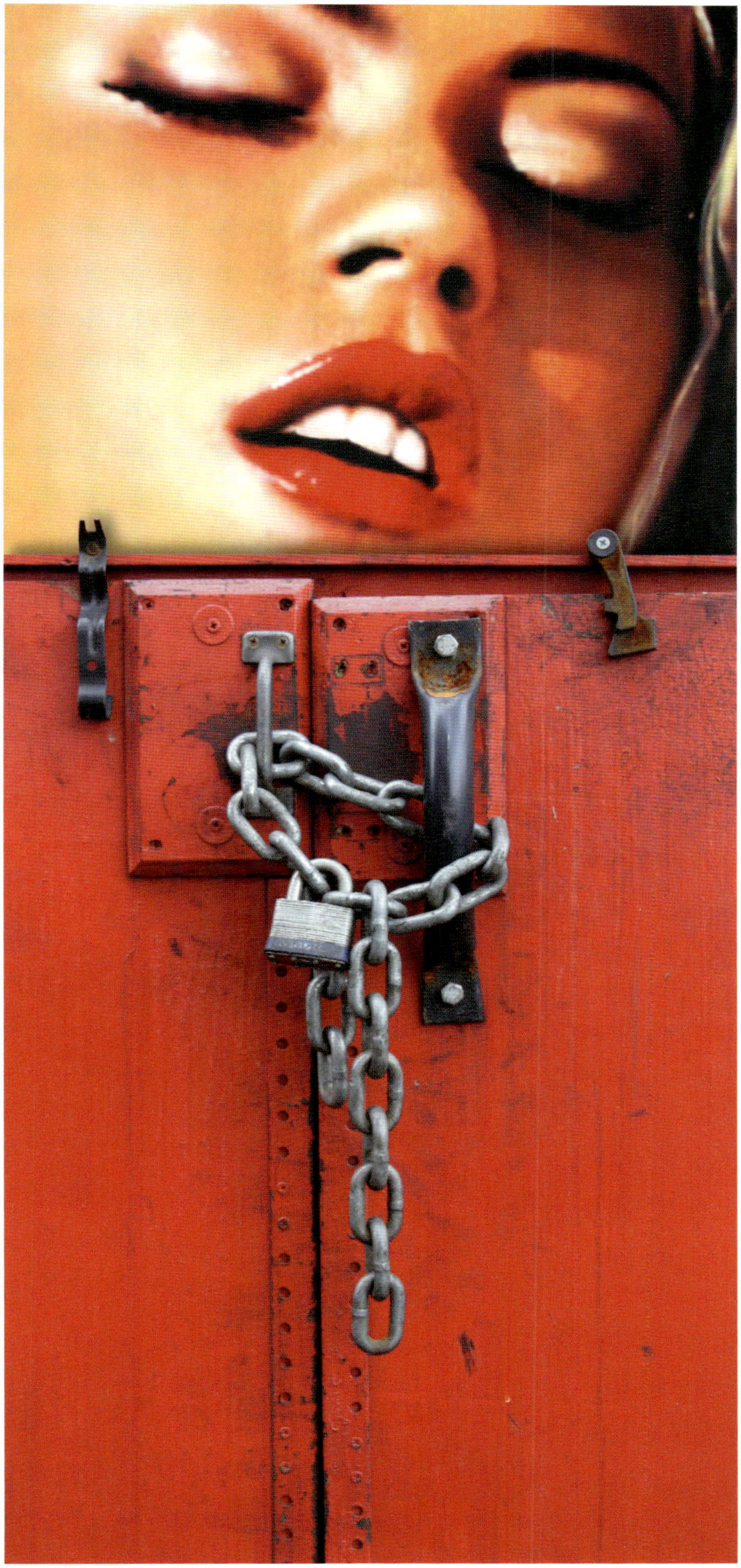

Rêve/Chaîne et cadenas sur armoire rouge, acrylique sur toile, 195 x 97 cm, 2006, collection villa Tamaris, La Seyne-sur-Mer

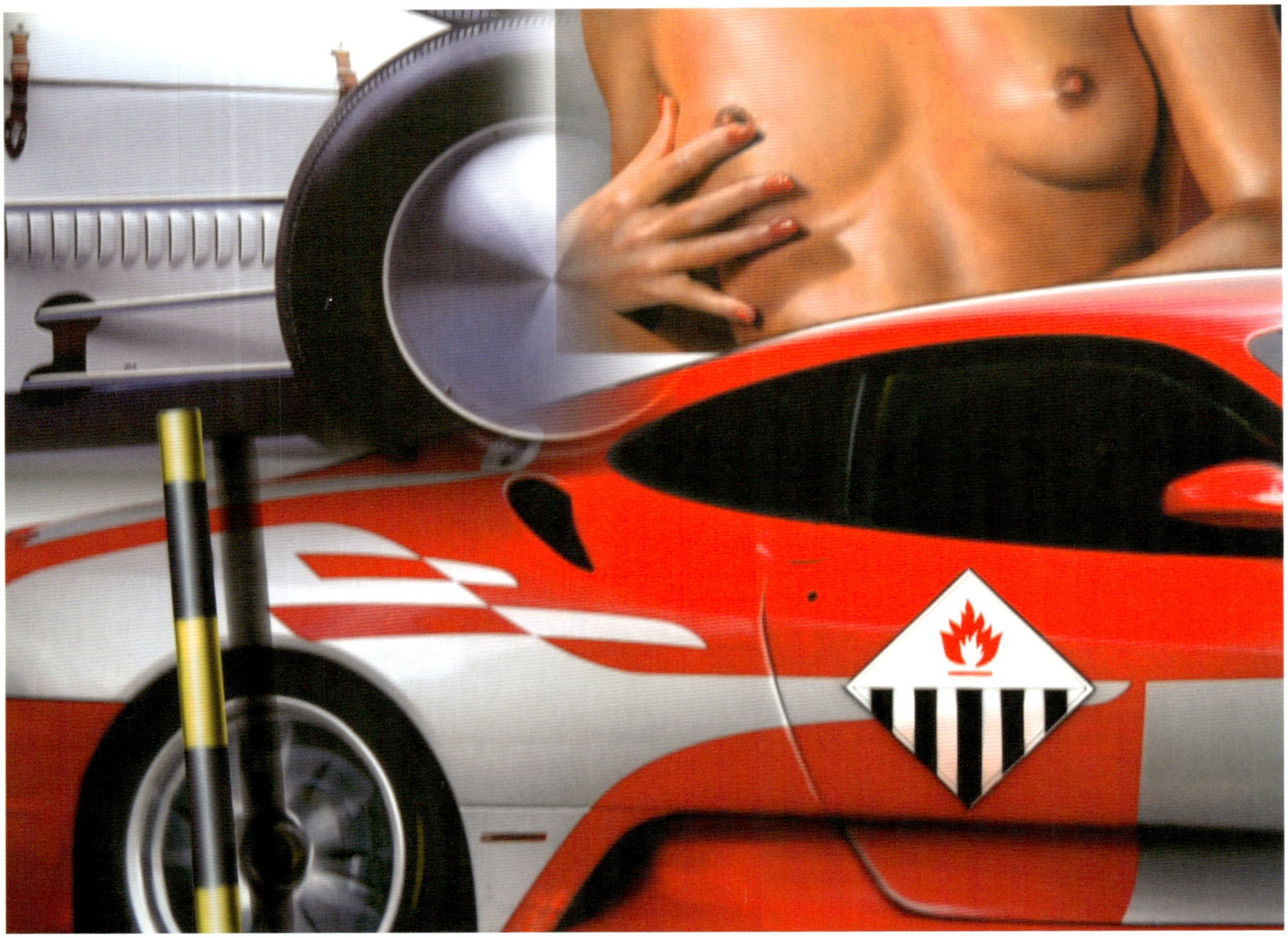

Cars and Girls/Nude with Ferrari, acrylique sur toile, 97 x 130 cm, 2007, collection particulière, Paris

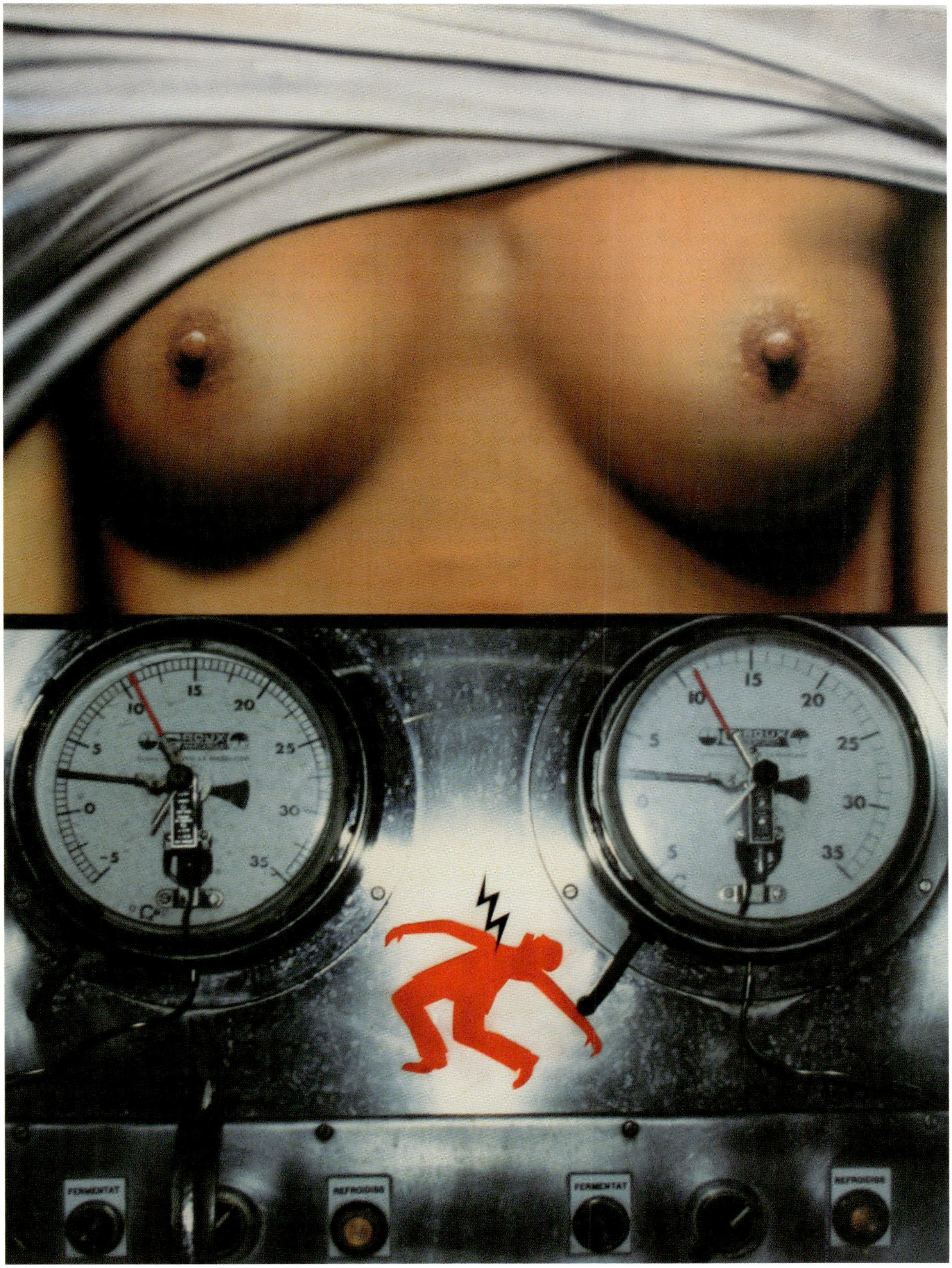

Paranoïa n° 15, acrylique sur toile,
116 x 89 cm, 2004, collection particulière, Paris

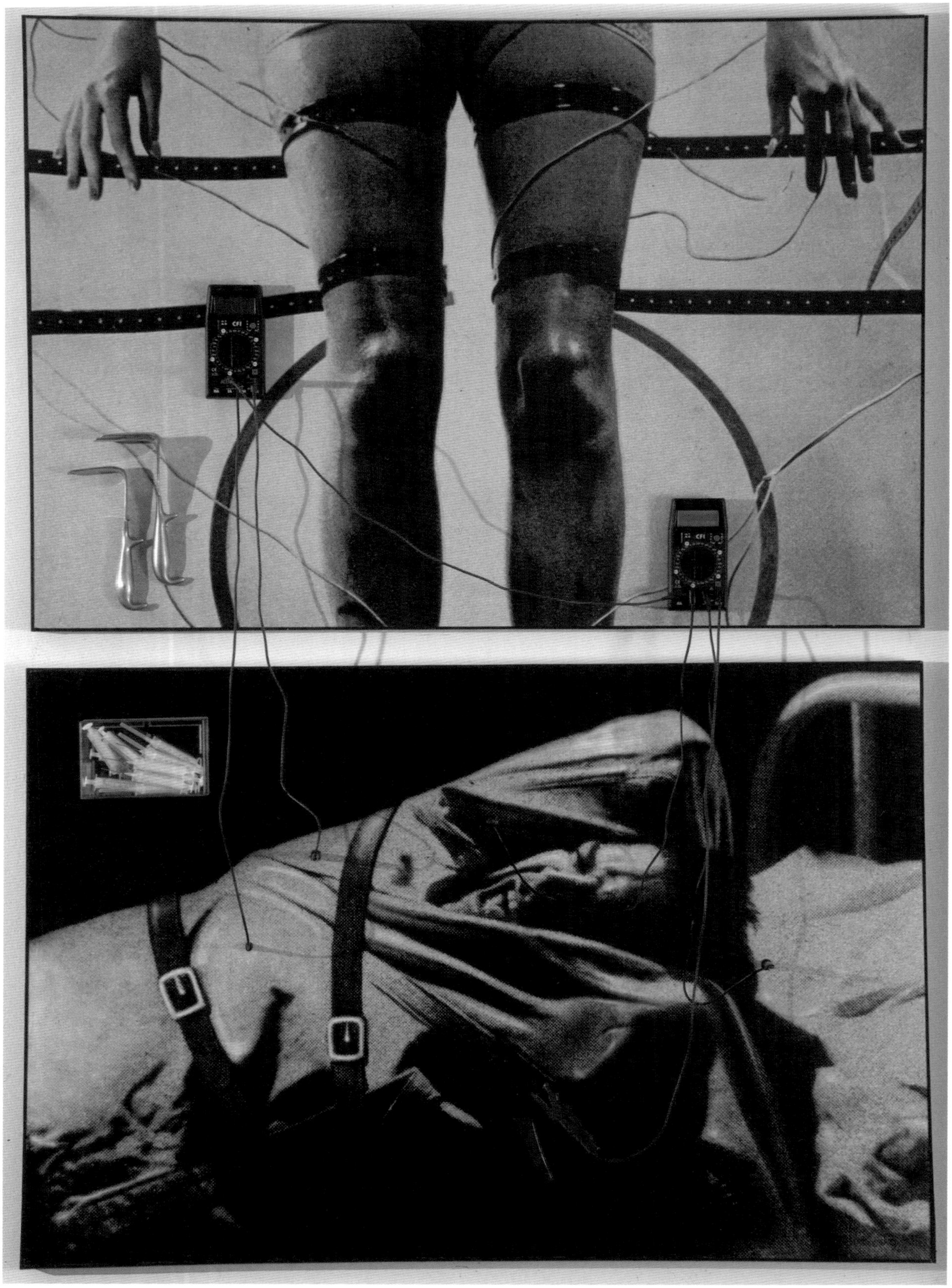

Walking Death n° 2, photo et objets sur plexiglas,
200 x 130 cm, 2002, collection particulière, Paris

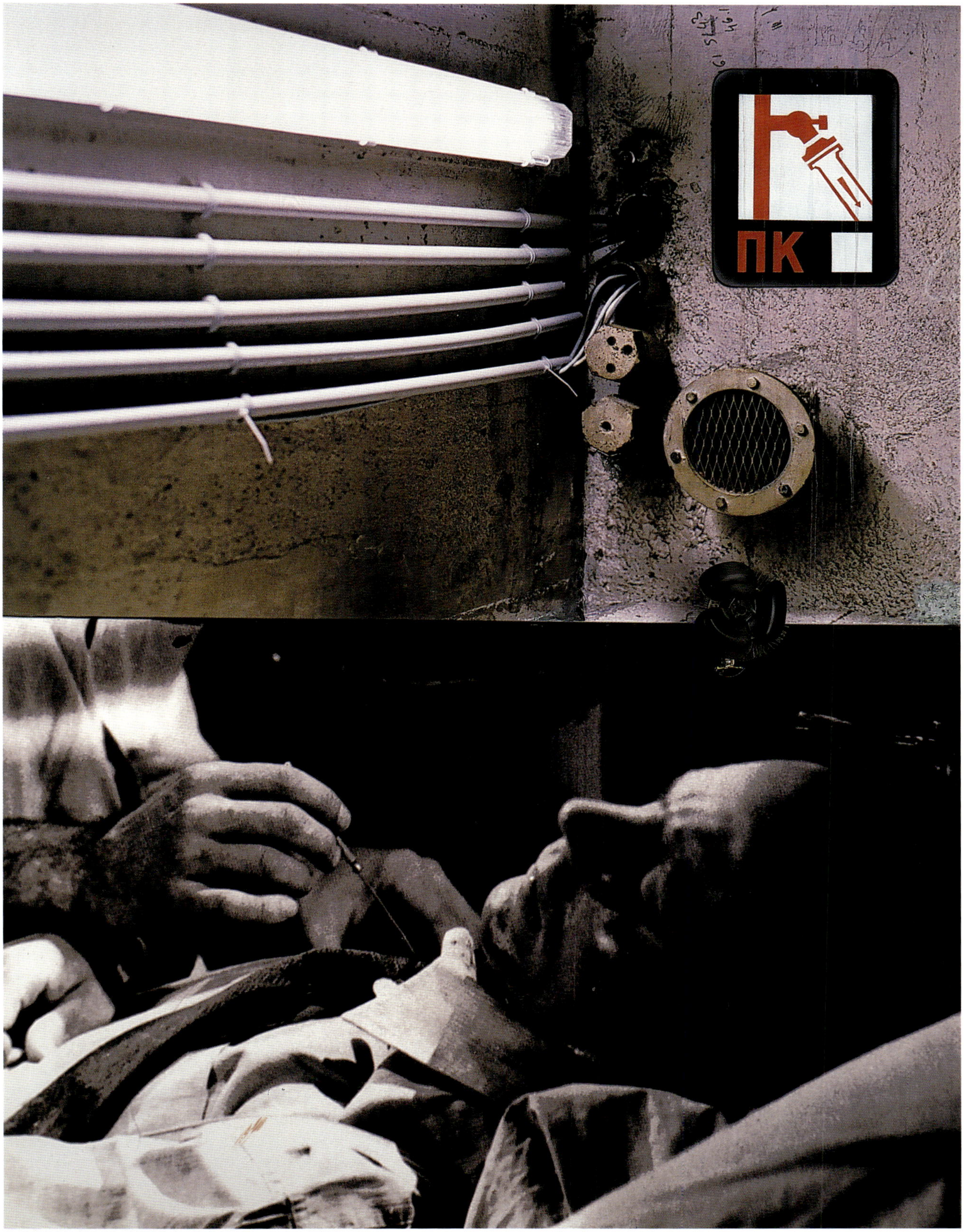

Sous-Sol, acrylique et objet sur toile,
200 x 160 cm, 2004, collection particulière, Paris

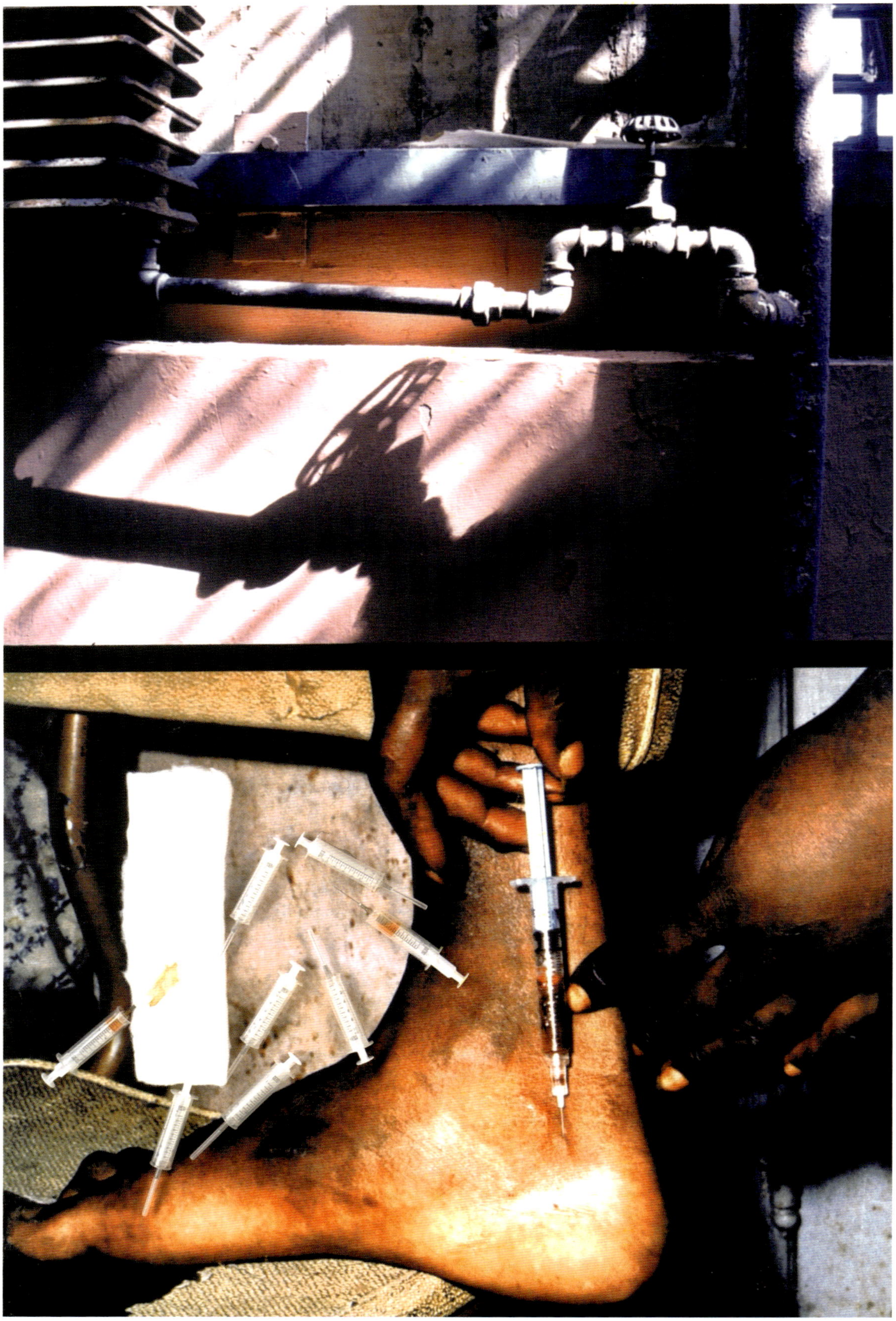

Forbidden Paradise, acrylique et objets sur toile,
146x97 cm, 2002, collection particulière, Paris

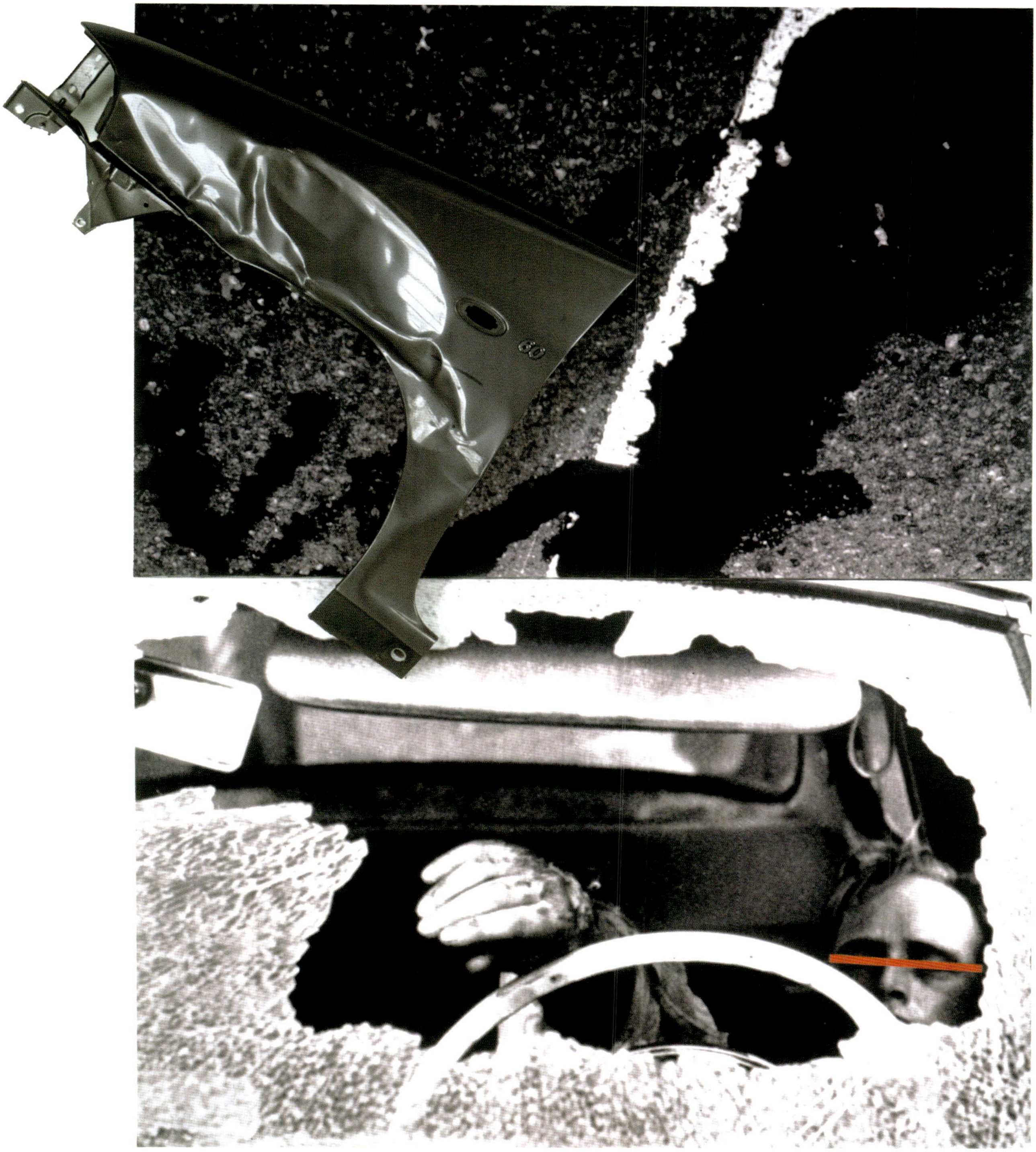

Unfall, acrylique et objet sur toile,
194 x 146 cm, 2003, collection particulière, Paris

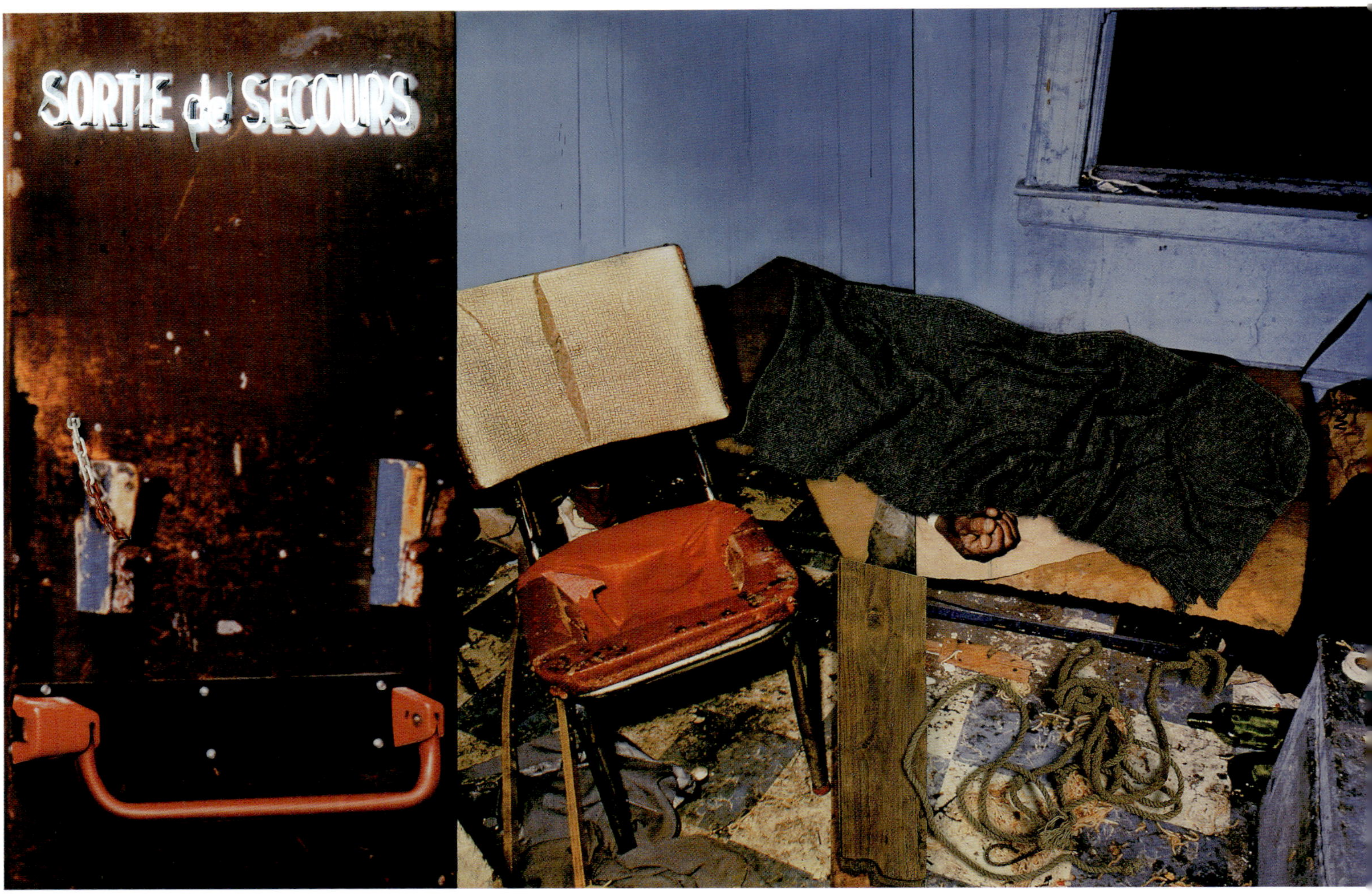

SORTIE de SECOURS, acrylique, objets et néon sur toile, 195 x 290 cm, 2003, collection particulière, Paris

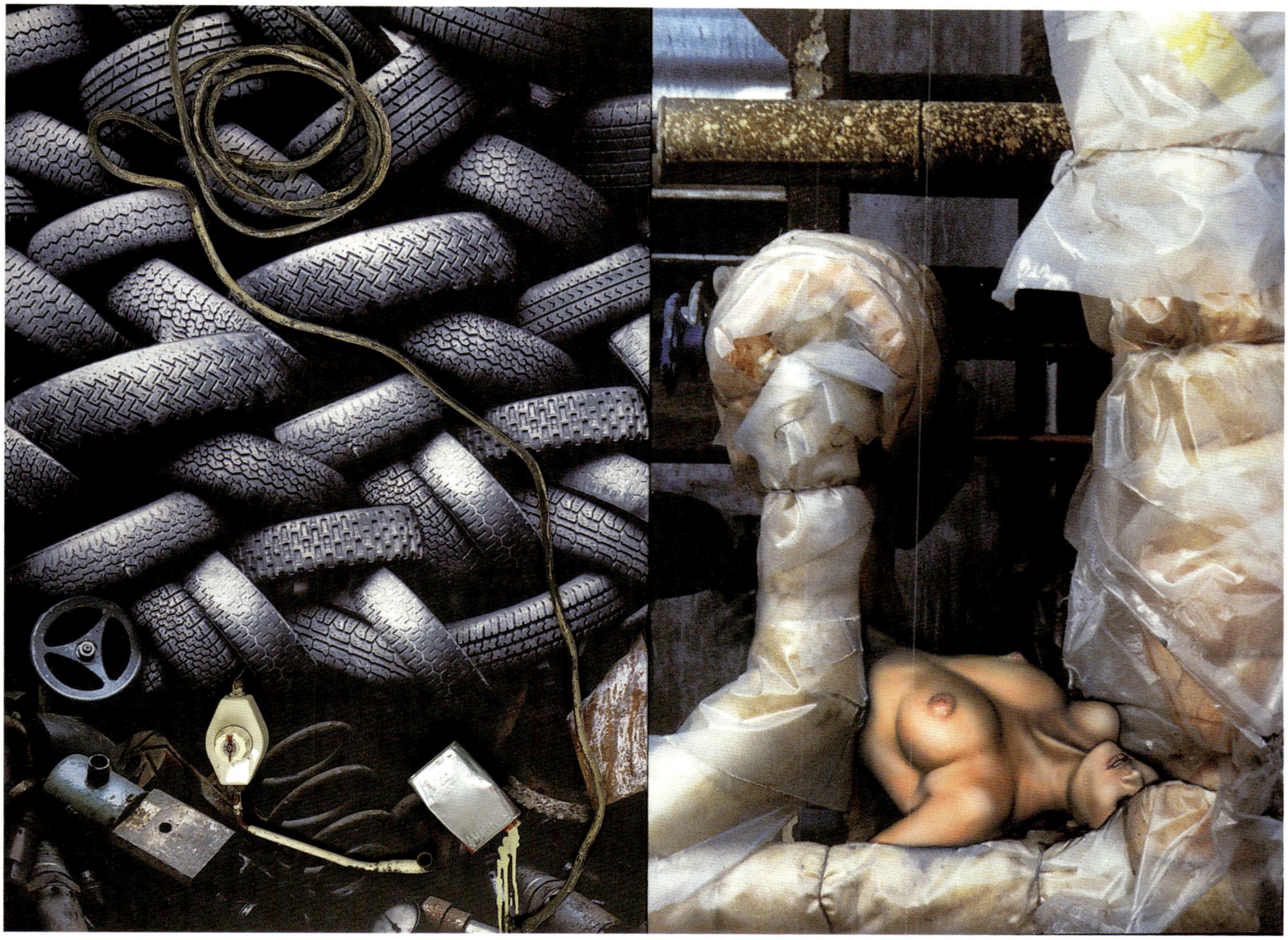

Murder, acrylique et objets sur toile,
146 x 194 cm, 2004, collection particulière, Paris

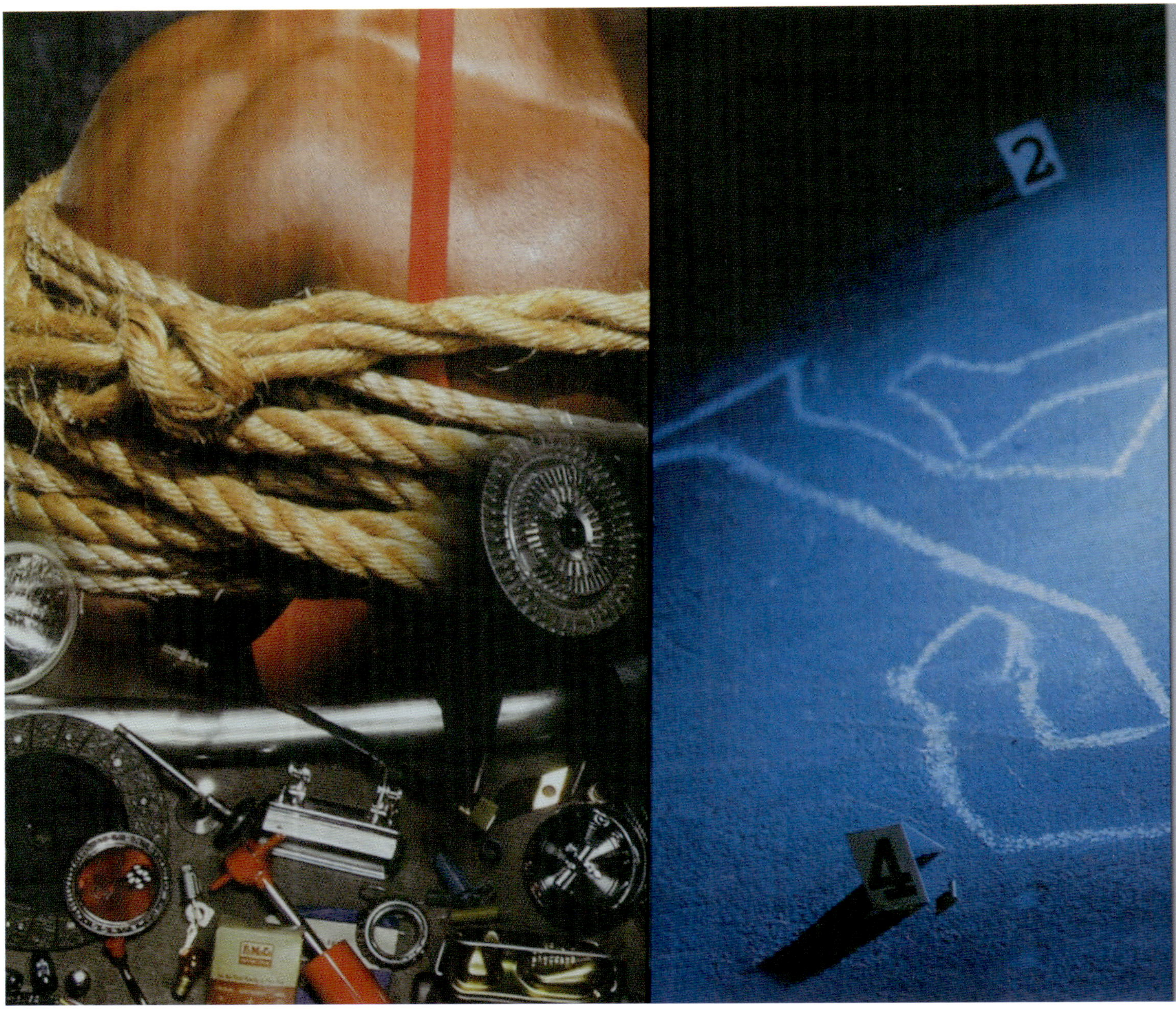

Crime n° 1, acrylique sur toile,
170 x 400 cm, 2007, collection particulière, Paris

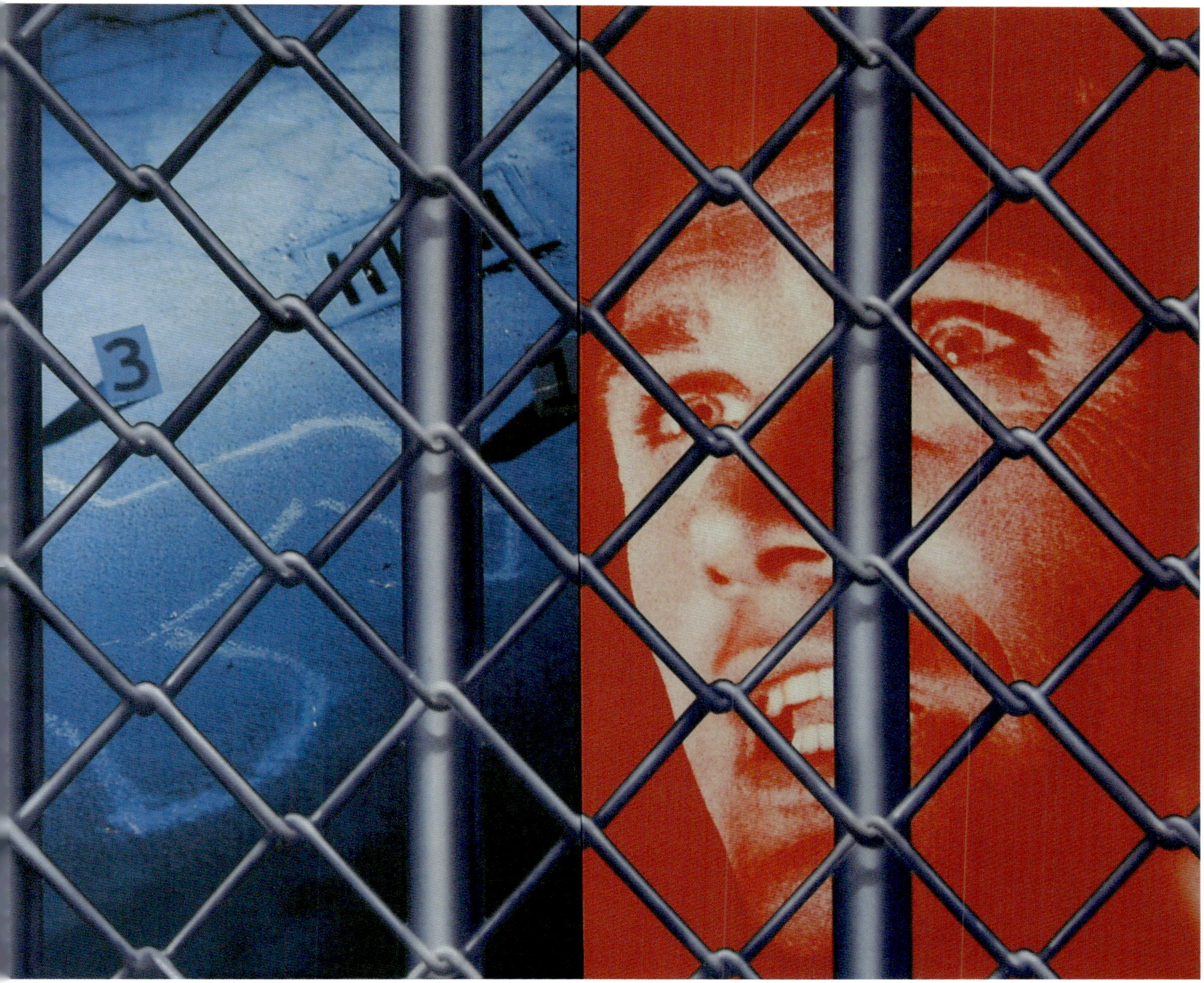
3

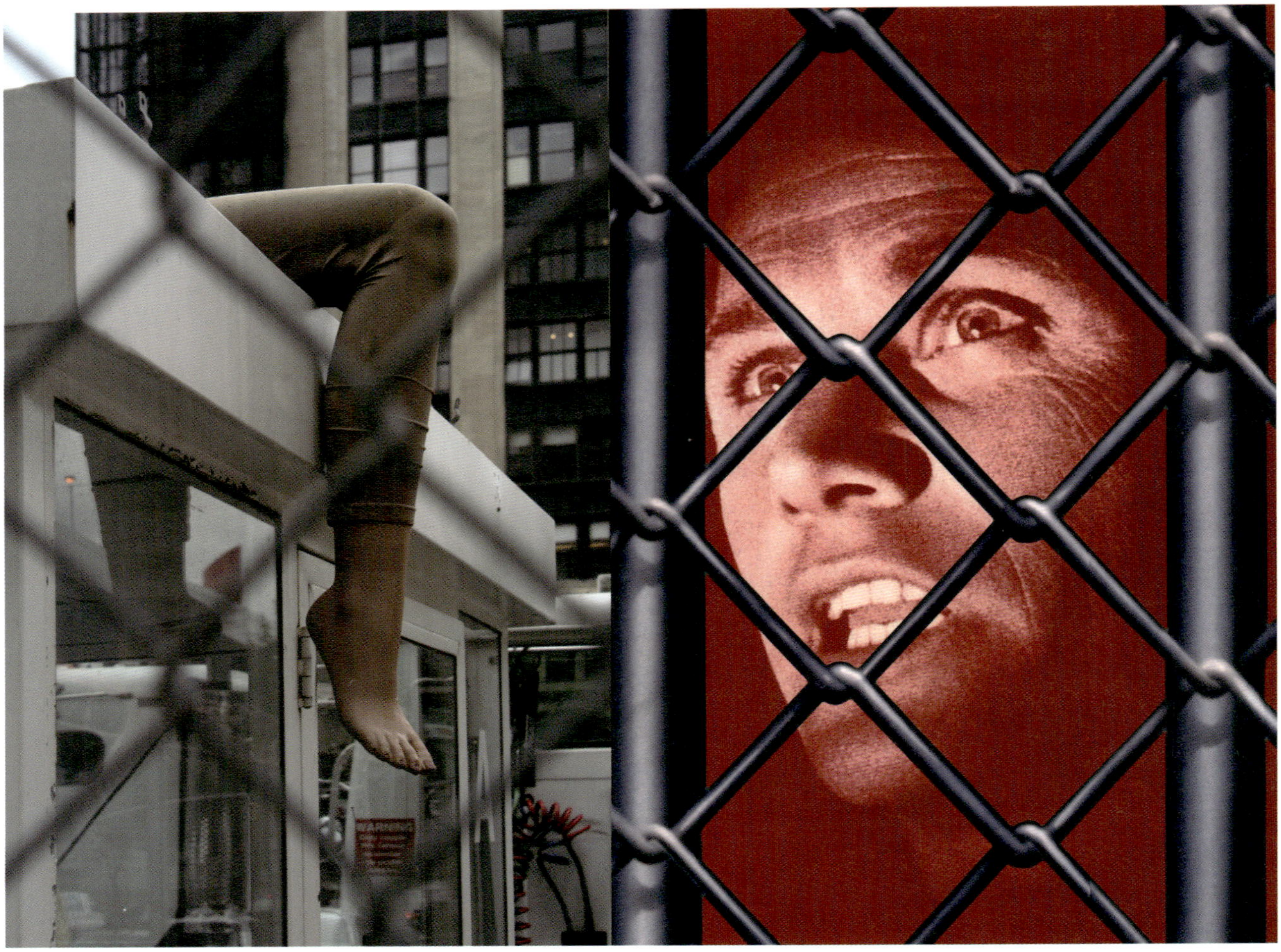

Day Dream n° 1, acrylique sur toile,
180 x 200 cm, 2007, Galleria San Carlo, Milan

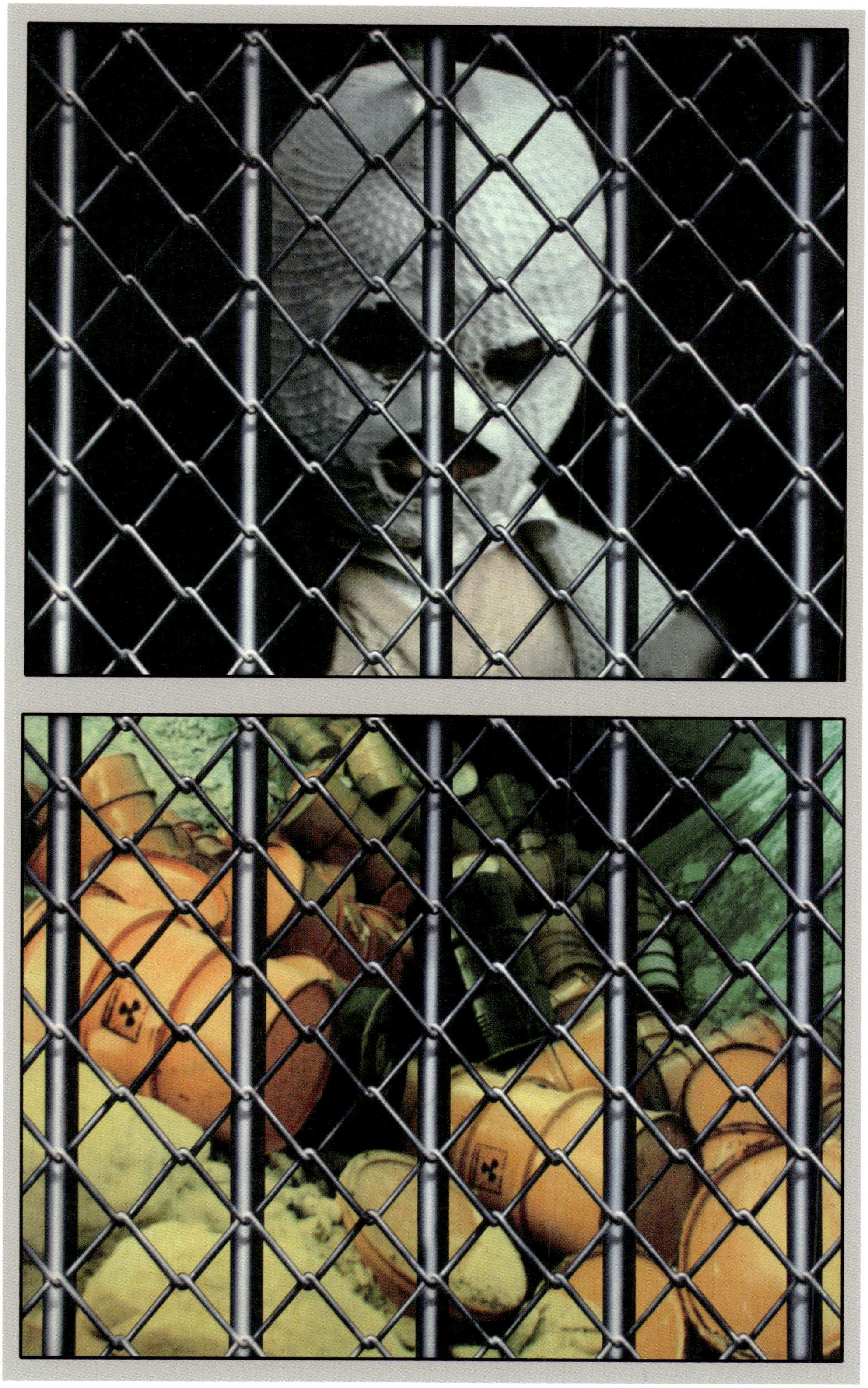

Caution/Radioactive Area, acrylique sur toile,
146 x 114 cm, 2005, collection particulière, Paris

Lieux d'aisances, acrylique, objets et tubes fluorescents sur toile, 195 x 130 cm, 2003, collection particulière, Paris

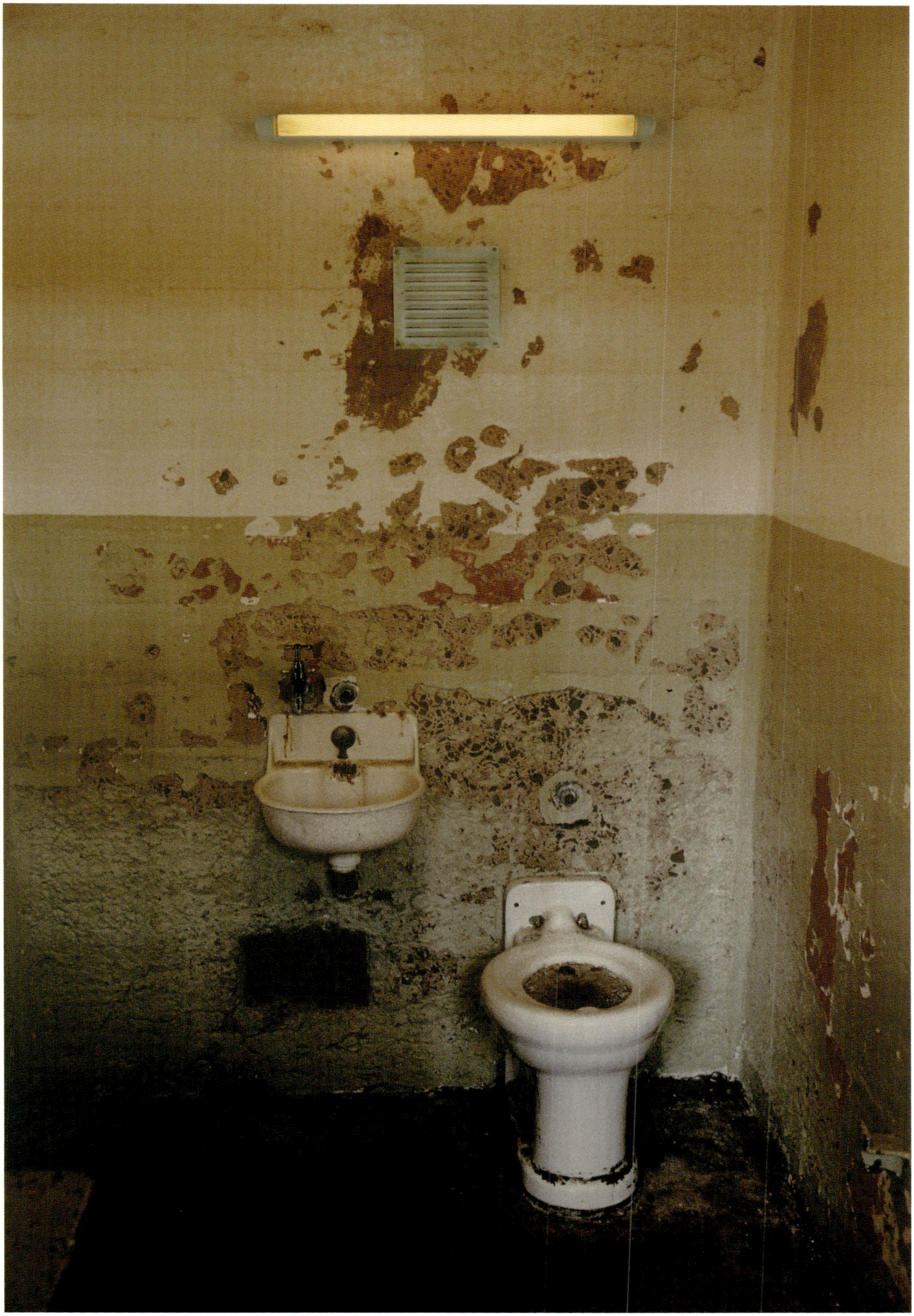

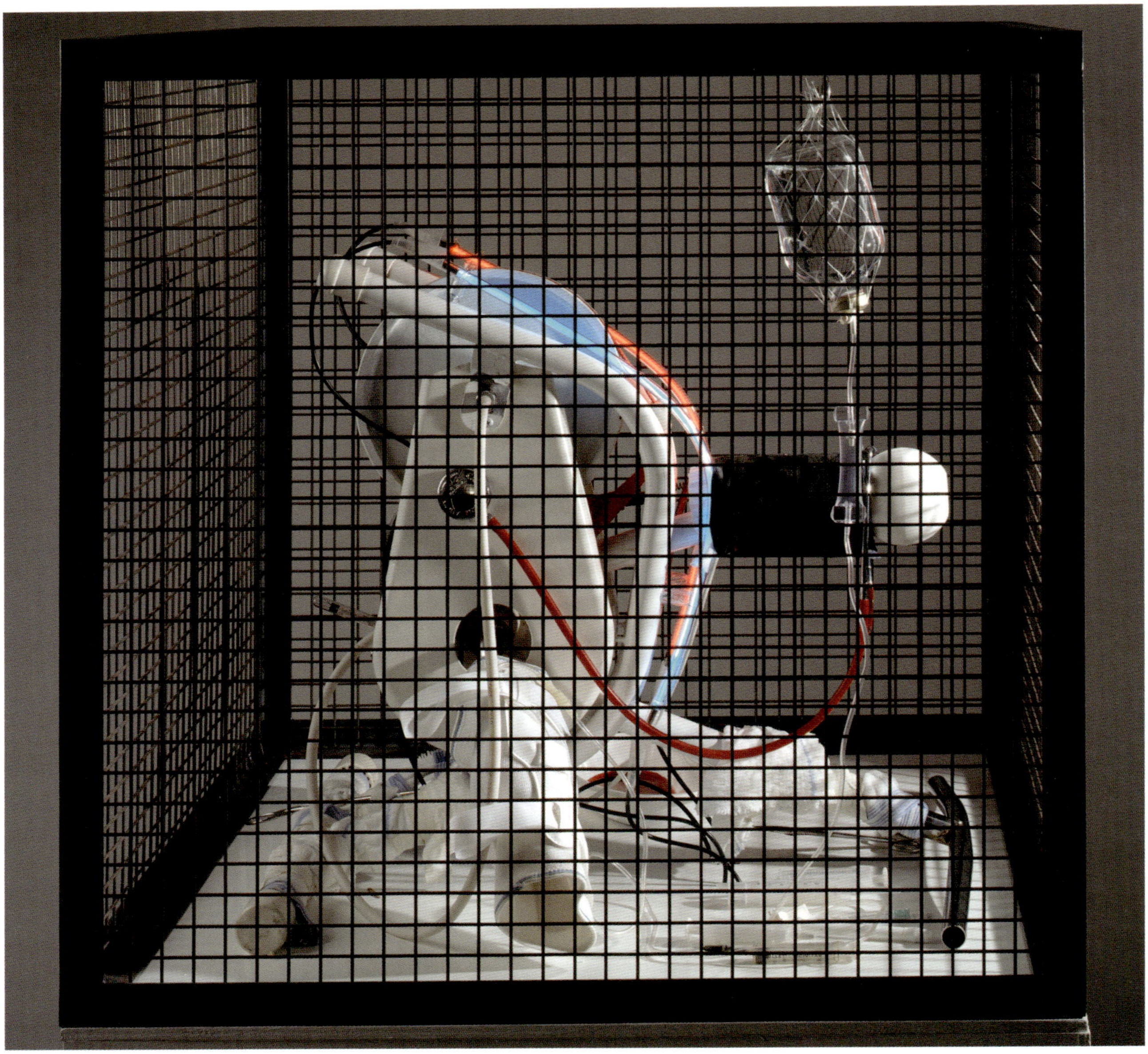

Intensivstation n° 1, installation,
100 x 100 x 200 cm, 2004, collection particulière, Paris

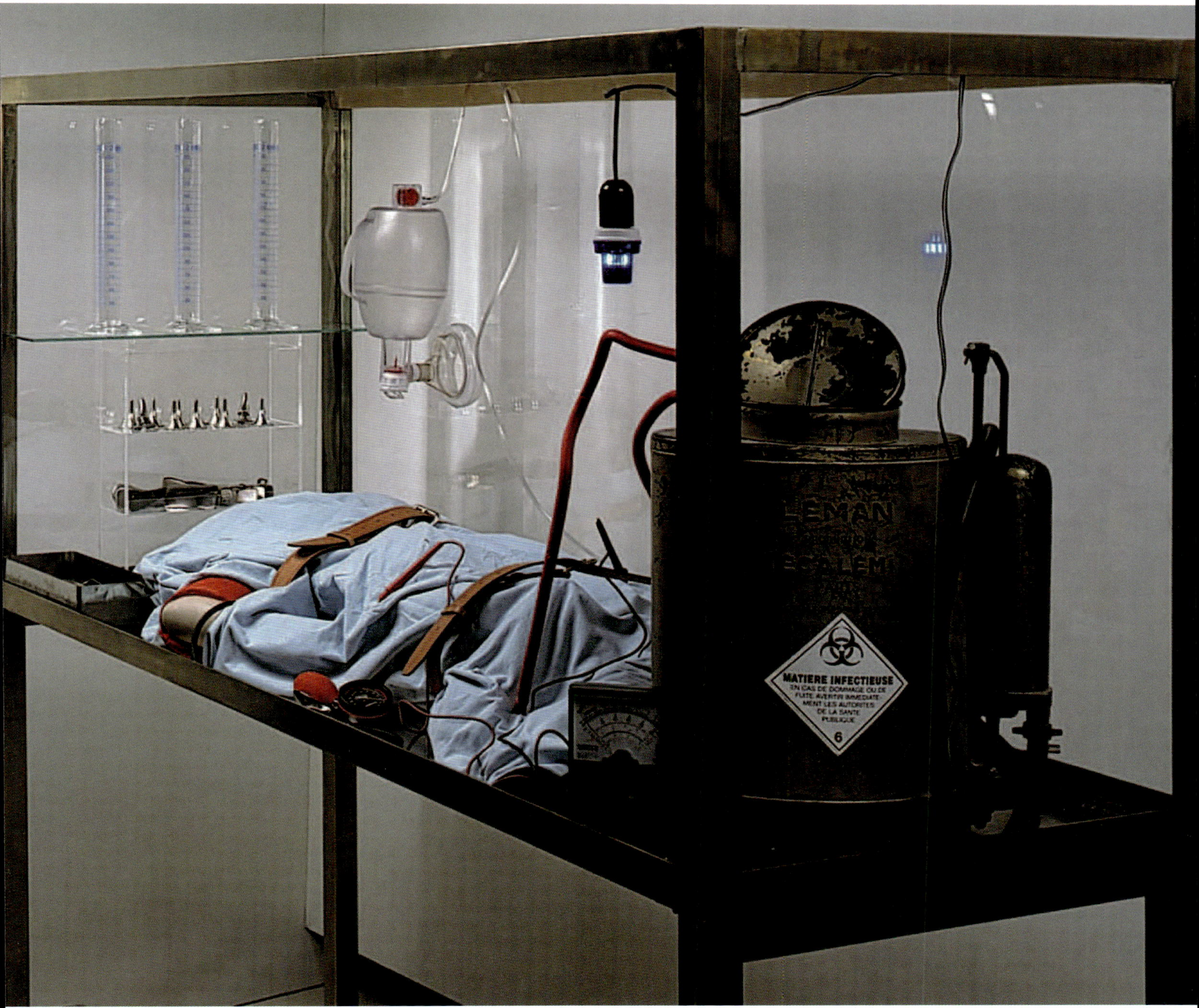

Intensivstation n° 3, installation, 2005,
collection particulière, Paris

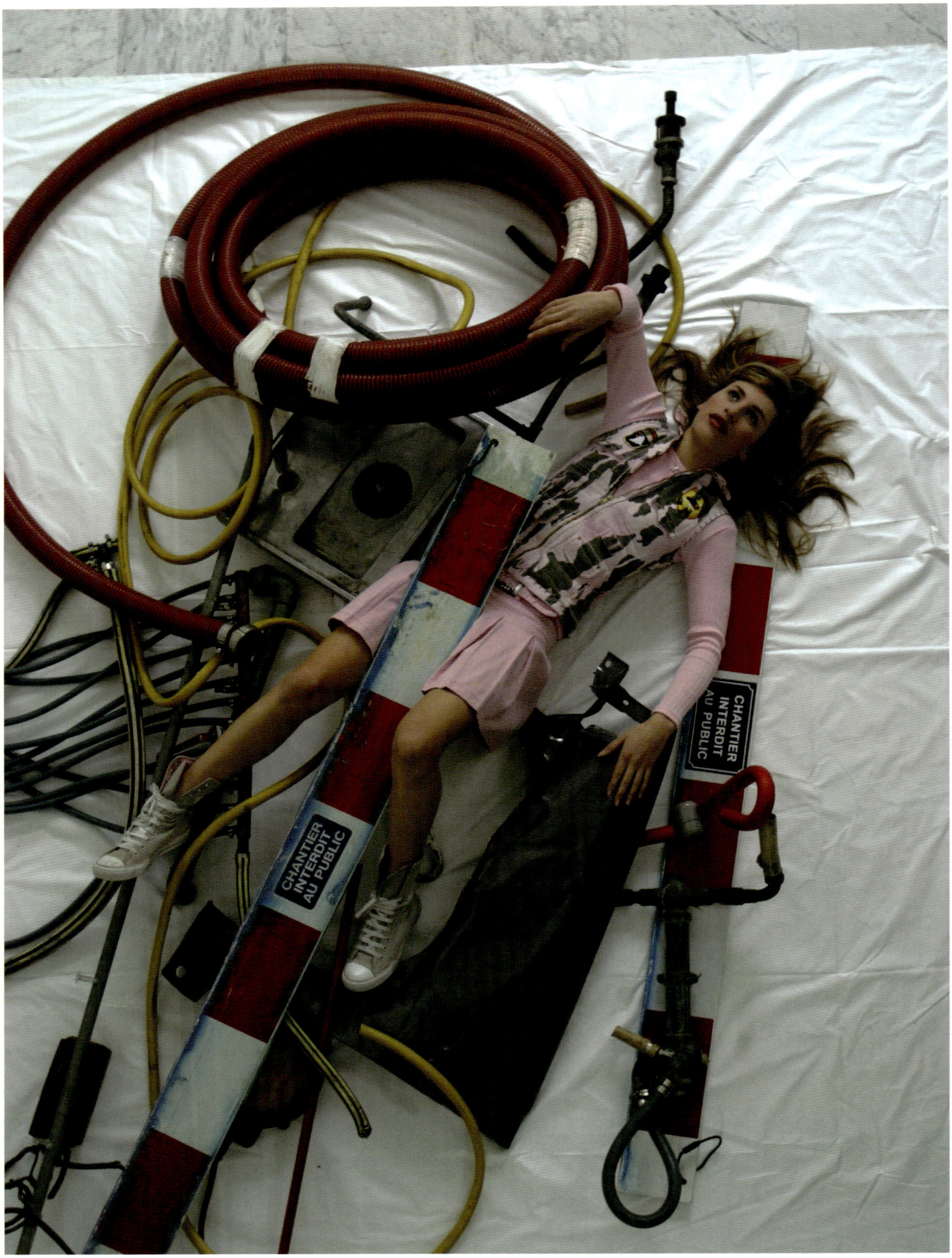

Tsunami n° 1/Sydney, photographie argentique,
195 x 140 cm, 2005, collection particulière, Paris

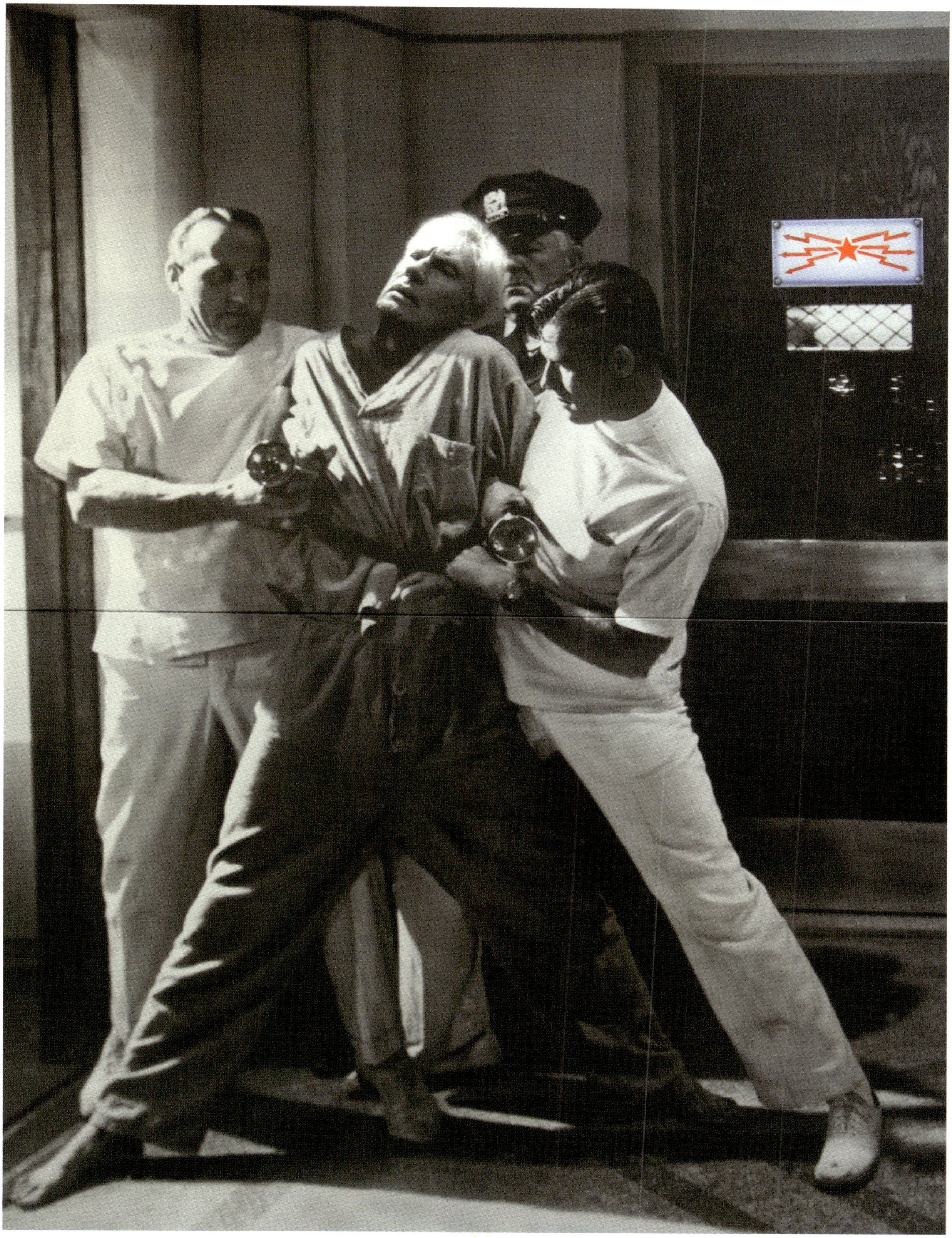

L'Internement du Dr K., acrylique sur toile,
200 x 180 cm, 2007, galerie Sonia Zannettacci, Genève

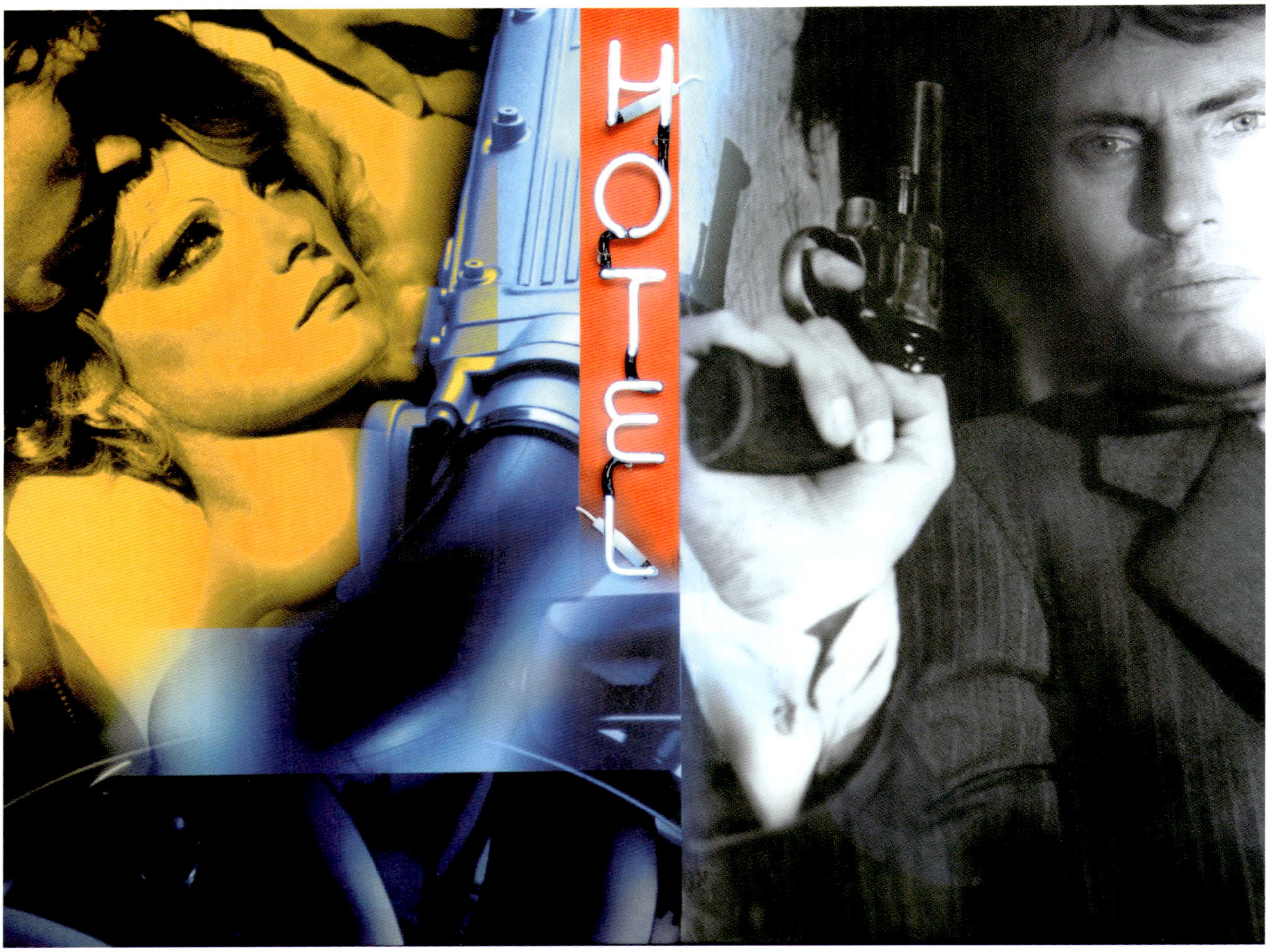

Guet-Apens/Autoportrait, acrylique et néons sur toile, 89 x 116 cm, 2008, collection particulière, Paris. DR

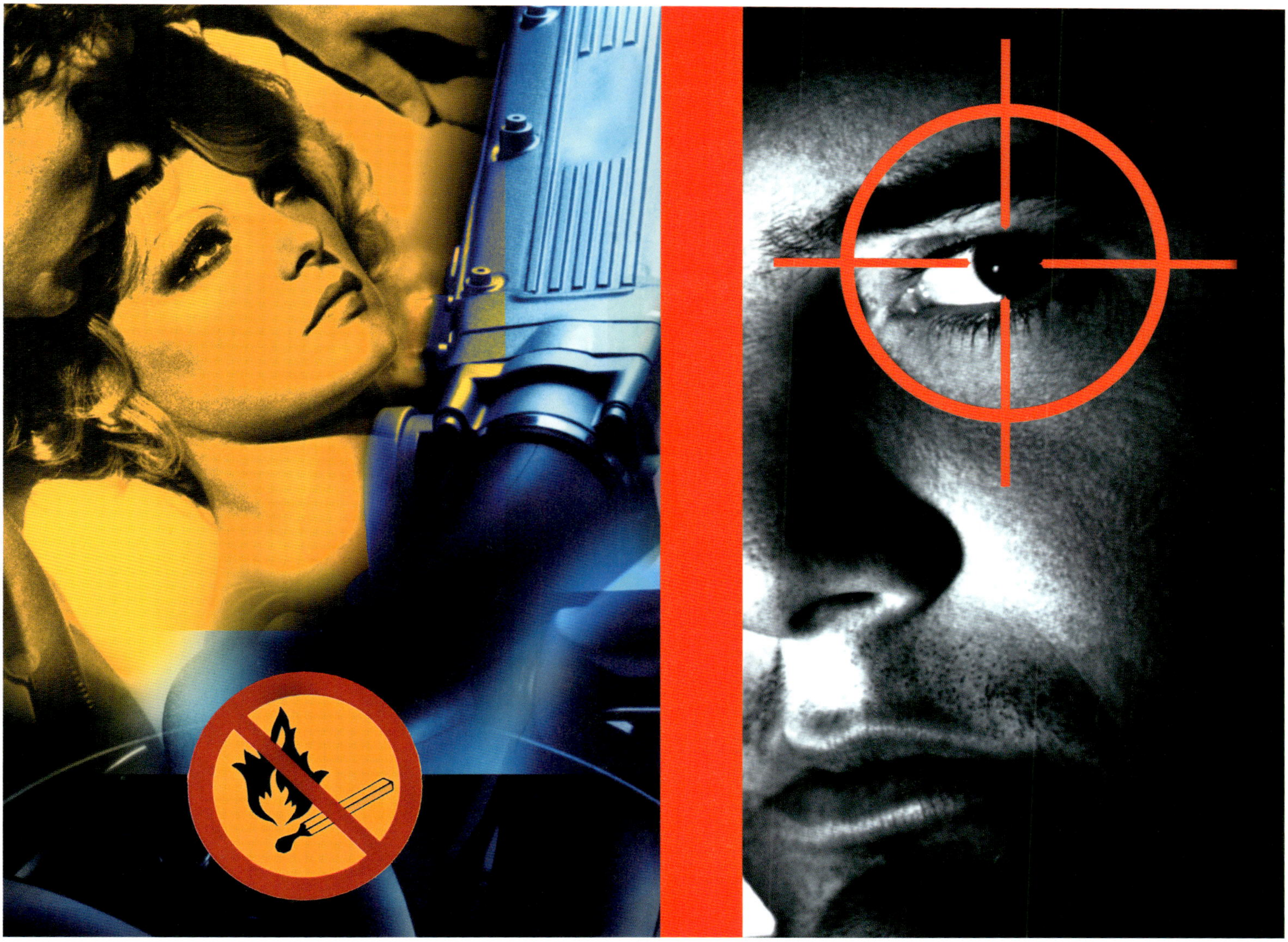

Secret Life, acrylique sur toile,
150 x 200 cm, 2008, collection particulière, Paris. DR

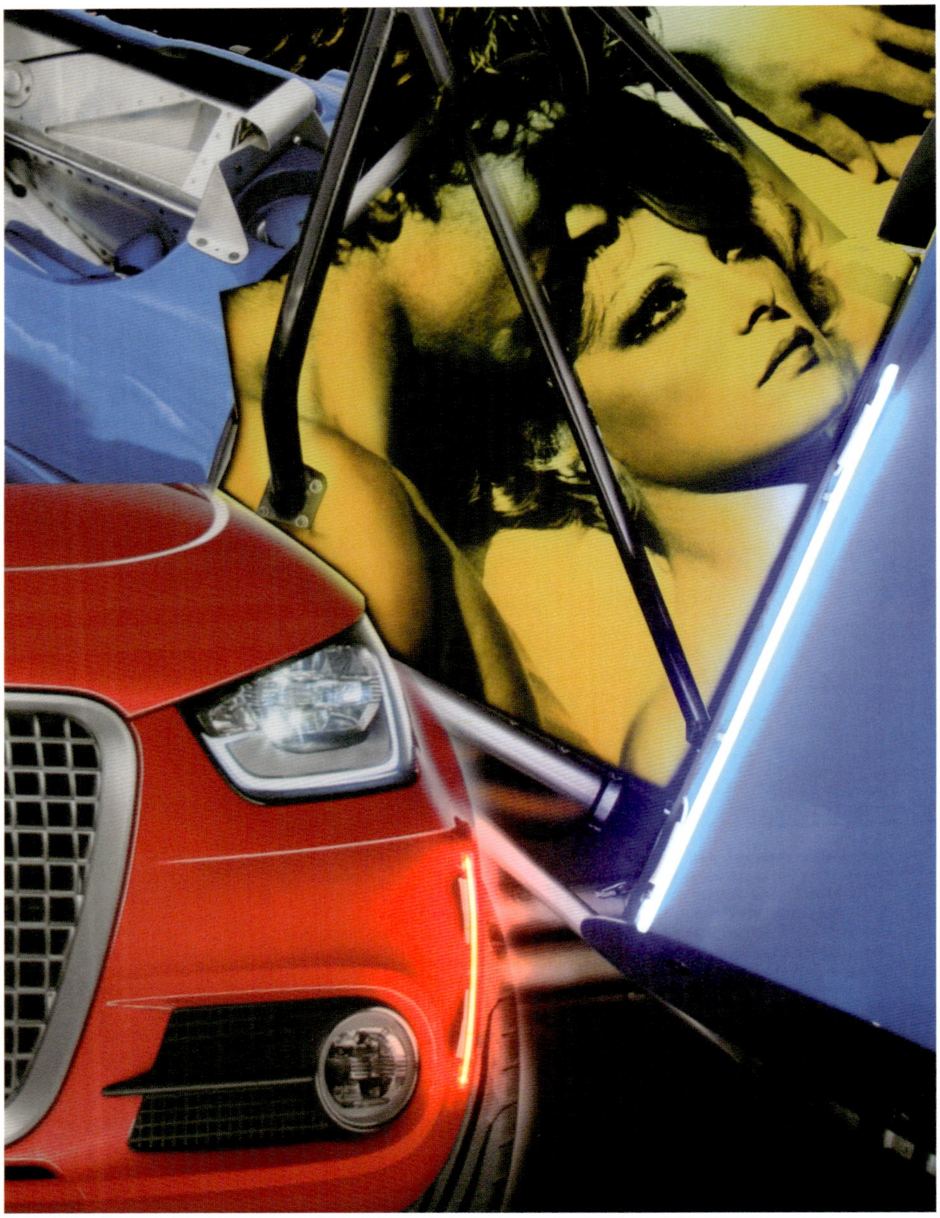

Lovers in the Car n° 1, acrylique, objets et néons sur toile, 130 x 97 cm, 2008, Galleria San Carlo, Milan. DR

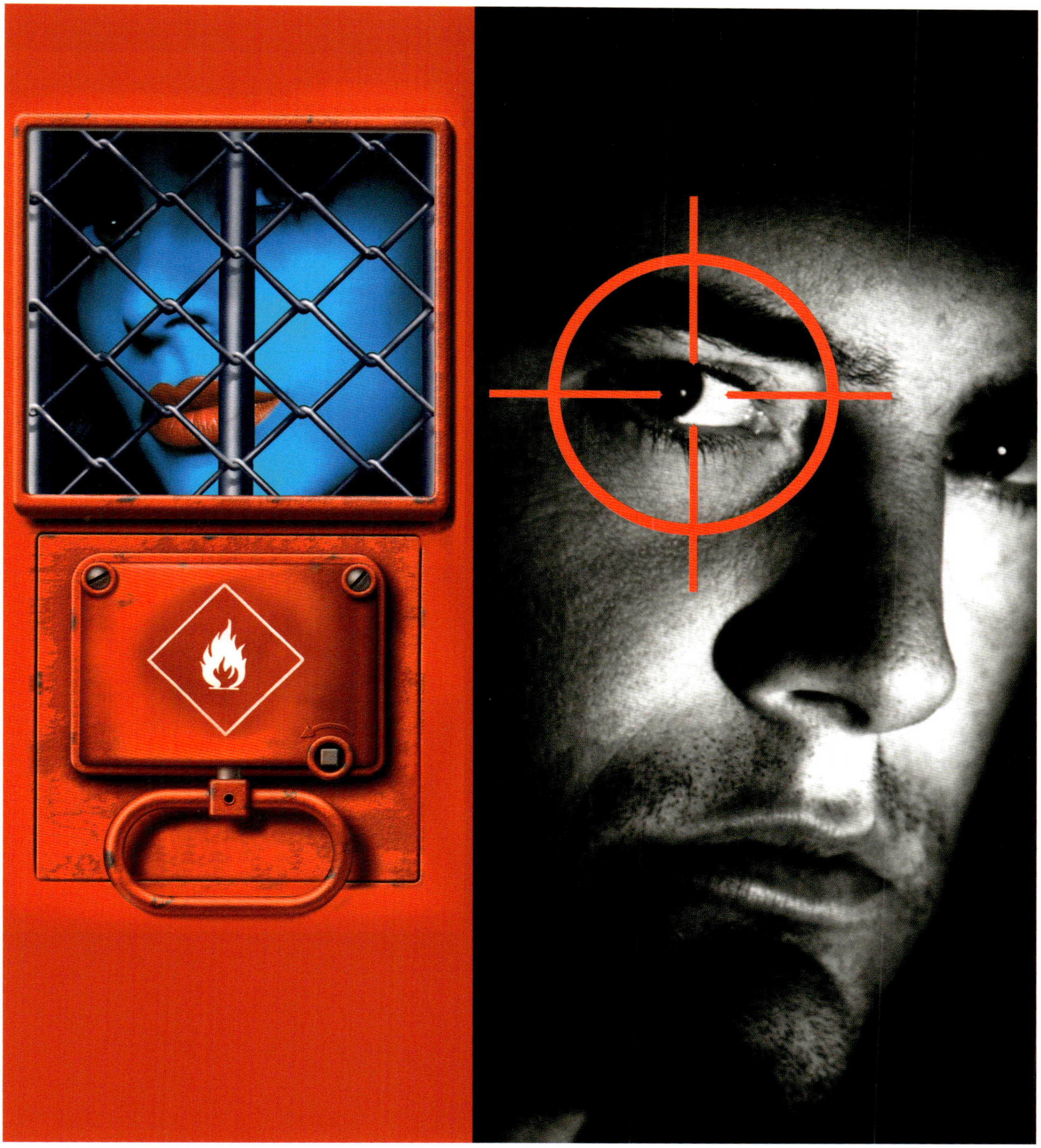

Under Control, acrylique sur toile,
162 x 150 cm, 2009, collection Laurent Strouk, Paris

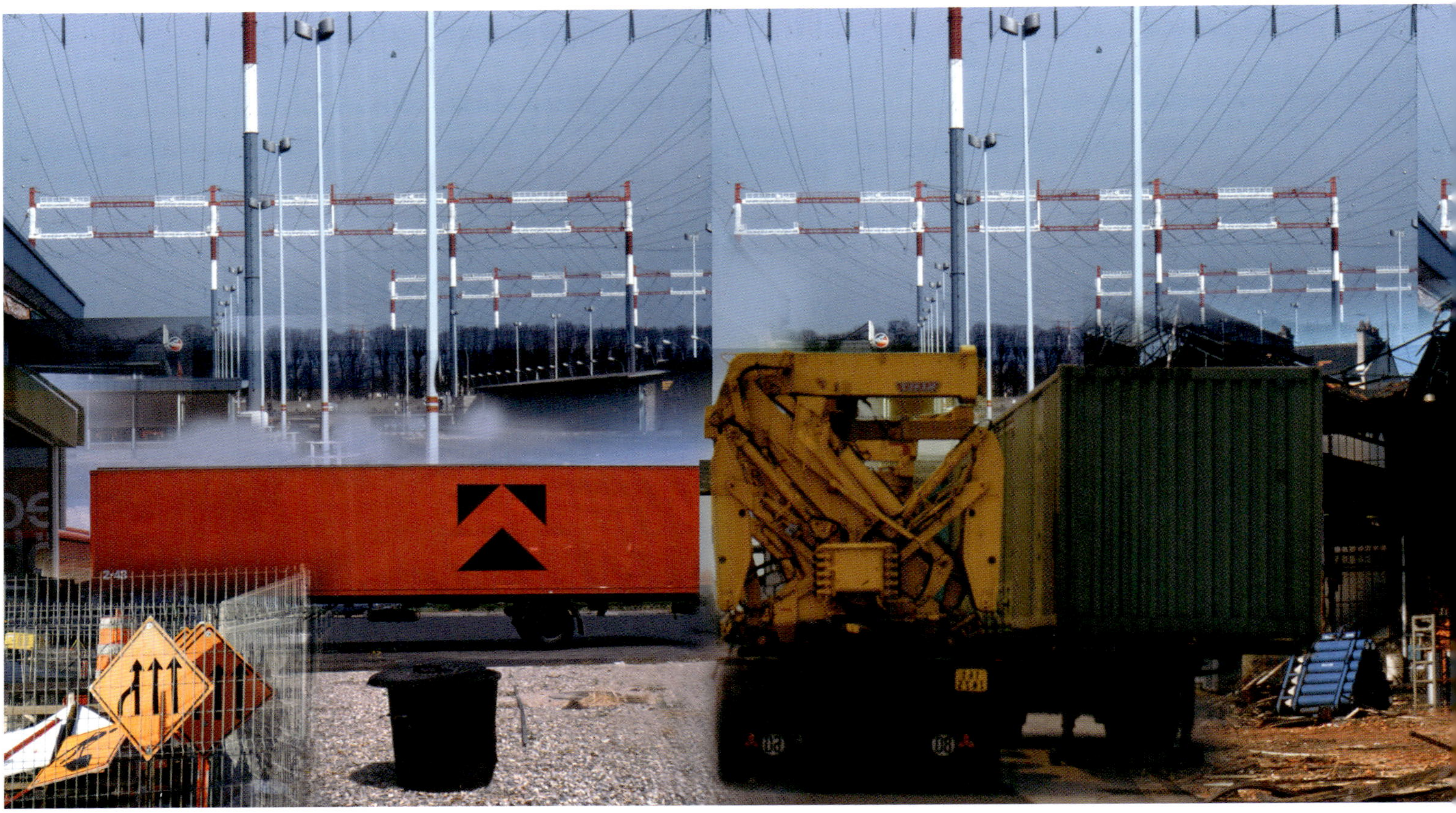

Lost Landscape n° 2/Visage bleu, acrylique sur toile,
105 x 380 cm, 2009, collection particulière, Paris

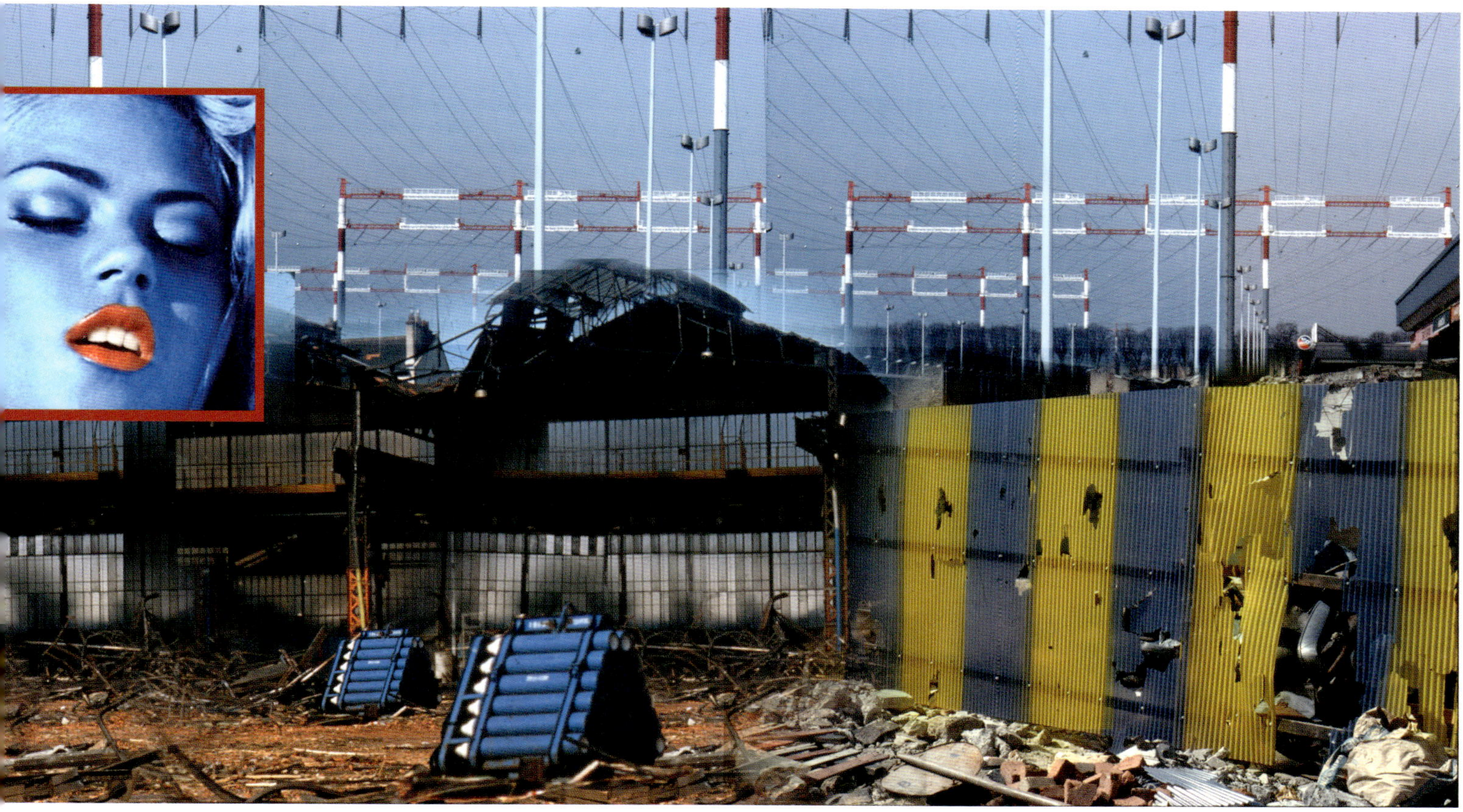

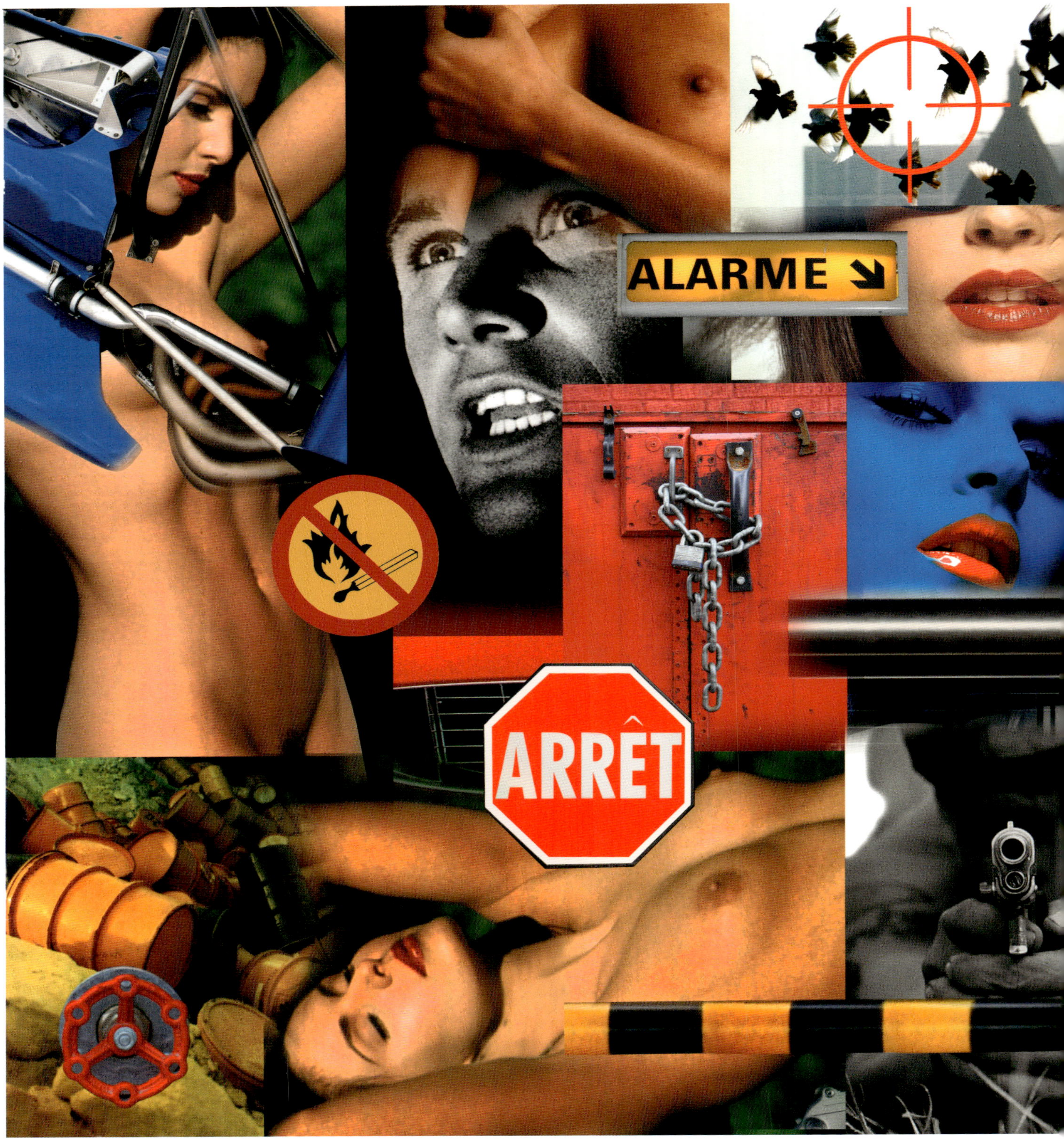

Traum, acrylique et néons sur toile,
200x380 cm, 2009, collection particulière, Paris

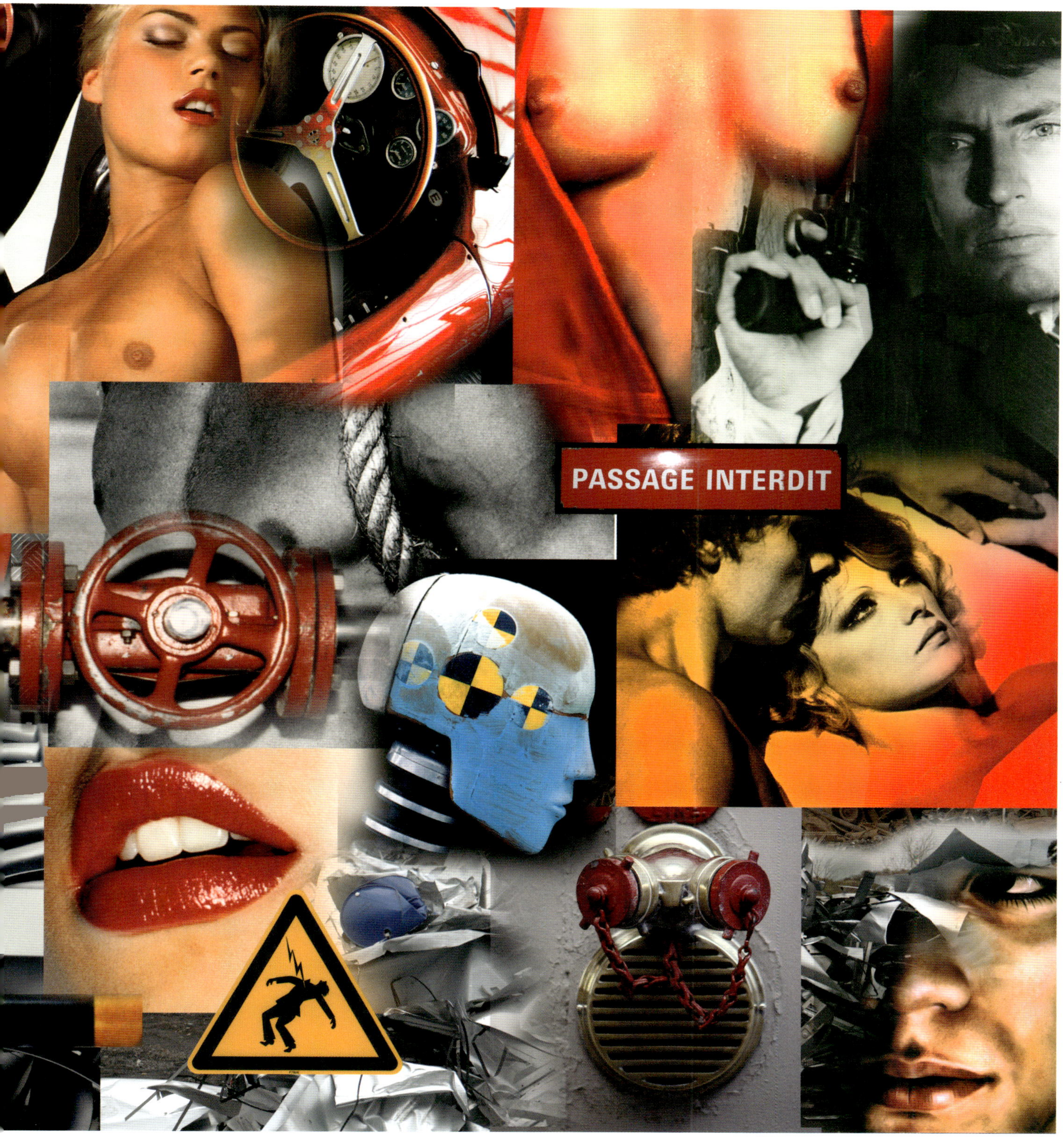
PASSAGE INTERDIT

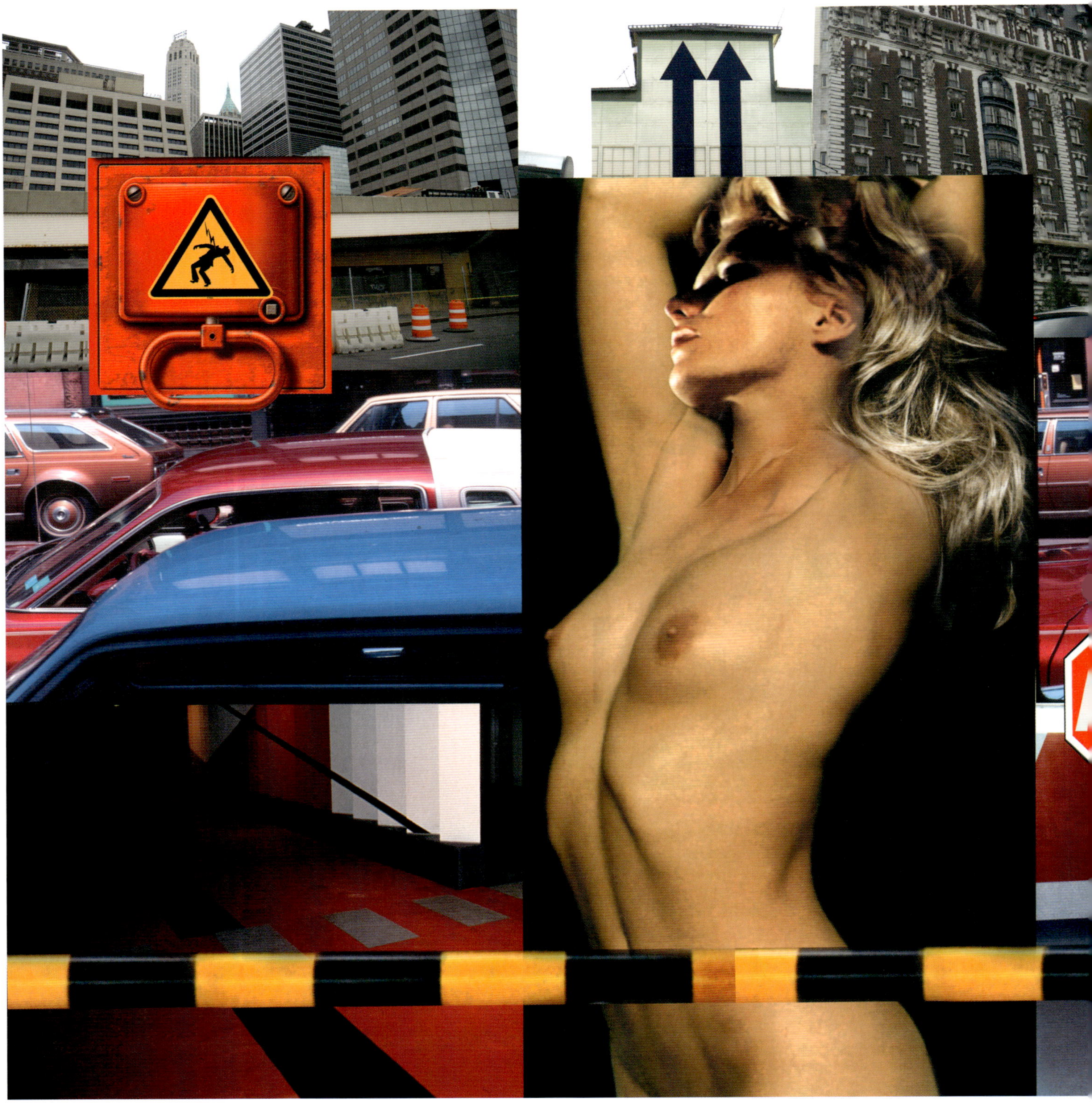

Lost Landscape n° 4 (détail), acrylique sur toile,
200 x 400 cm, 2009, collection particulière, Paris

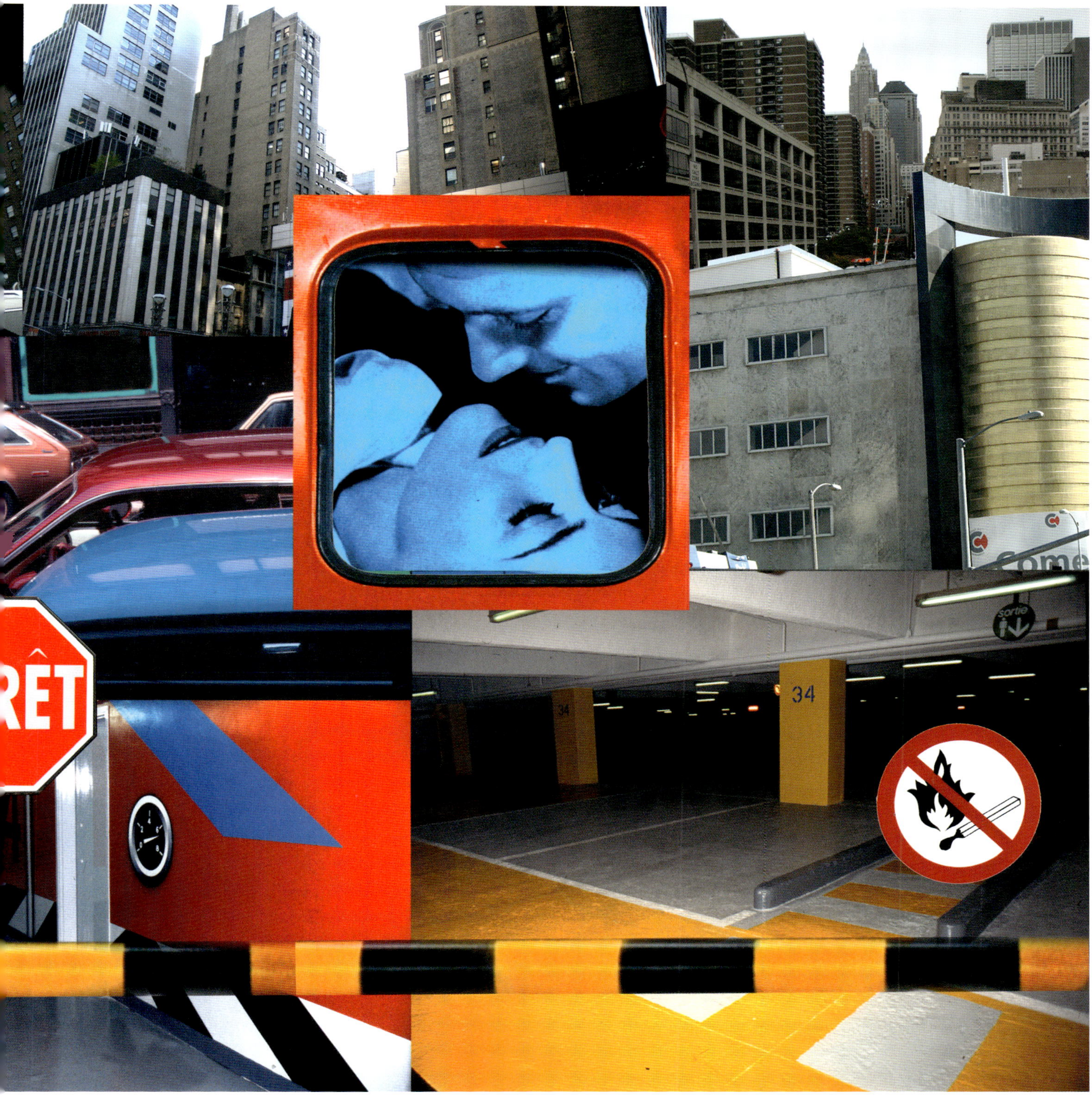
RÊT
34
sortie

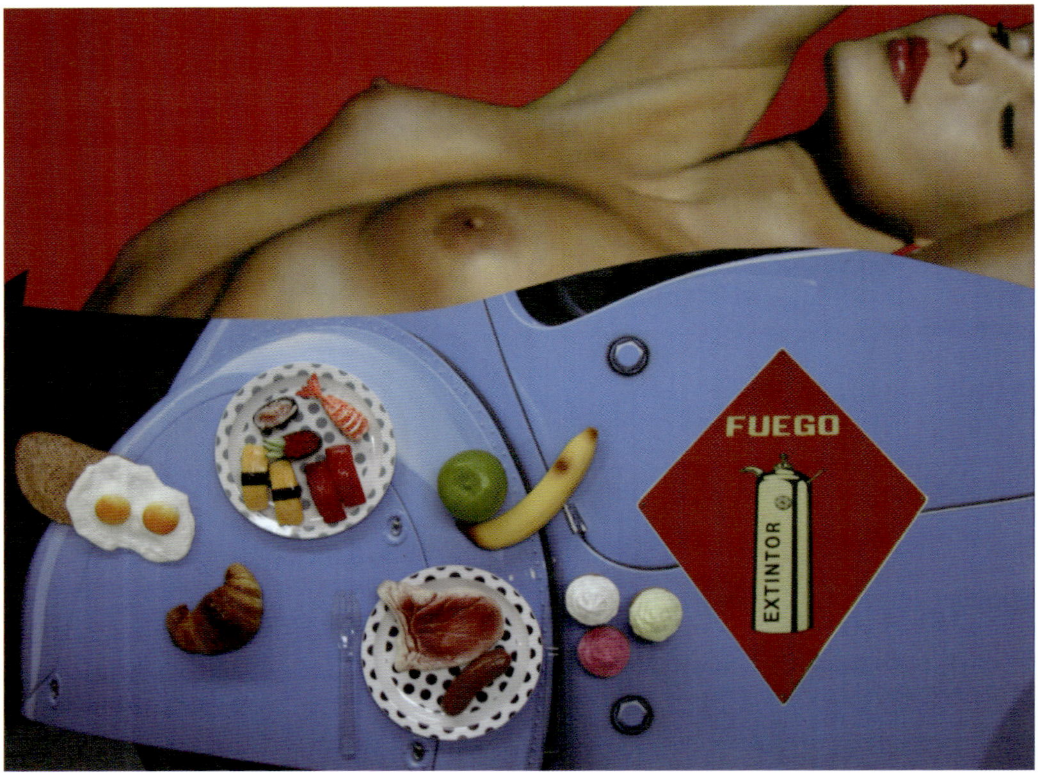

Pic Nic in the Car, acrylique et objets sur toile,
89 x 116 cm, 2009, collection particulière, Paris

Bed and Breakfast, acrylique, objets et néons sur toile,
200 x 100 cm, 2009, collection particulière, Paris

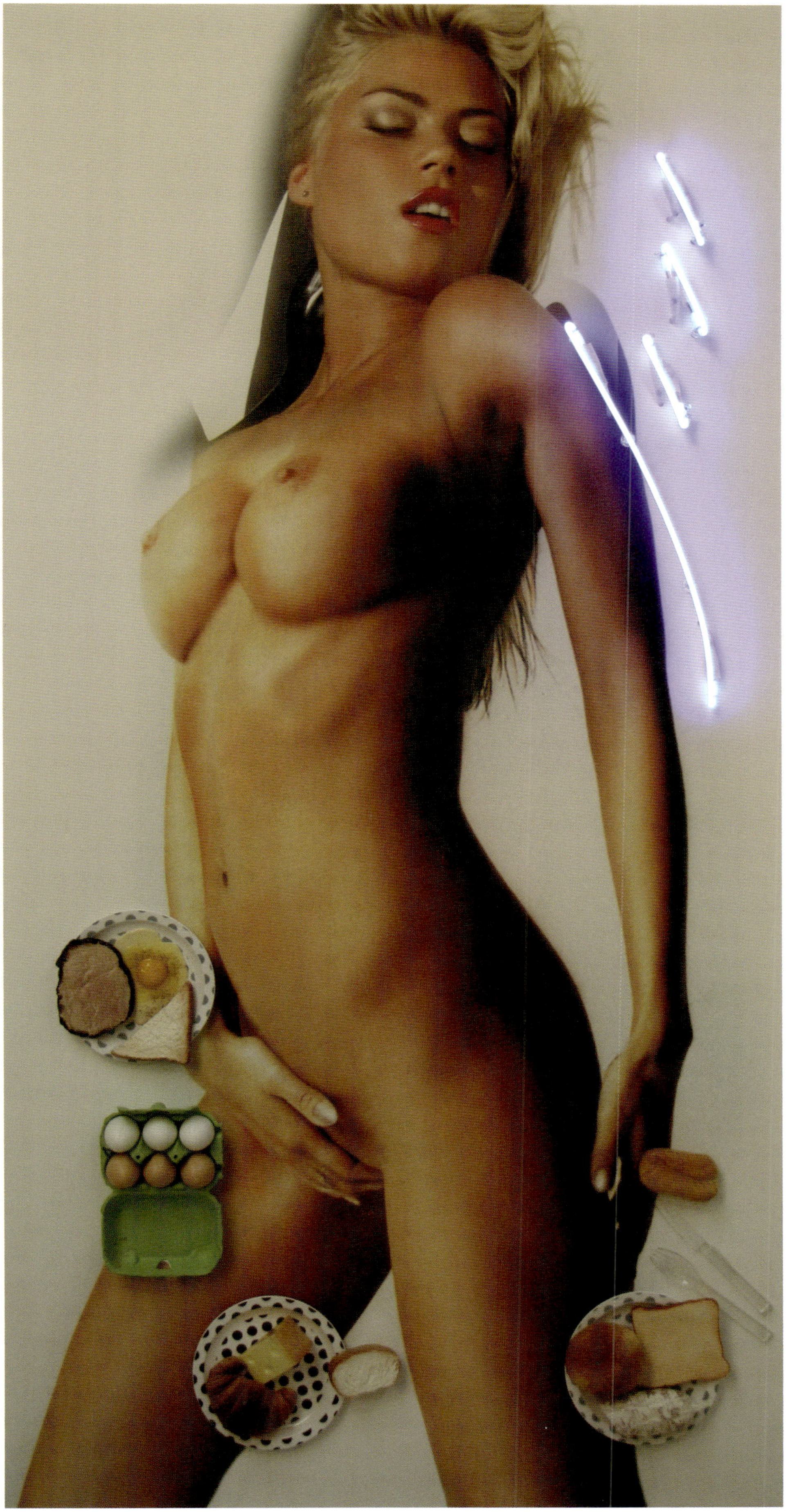

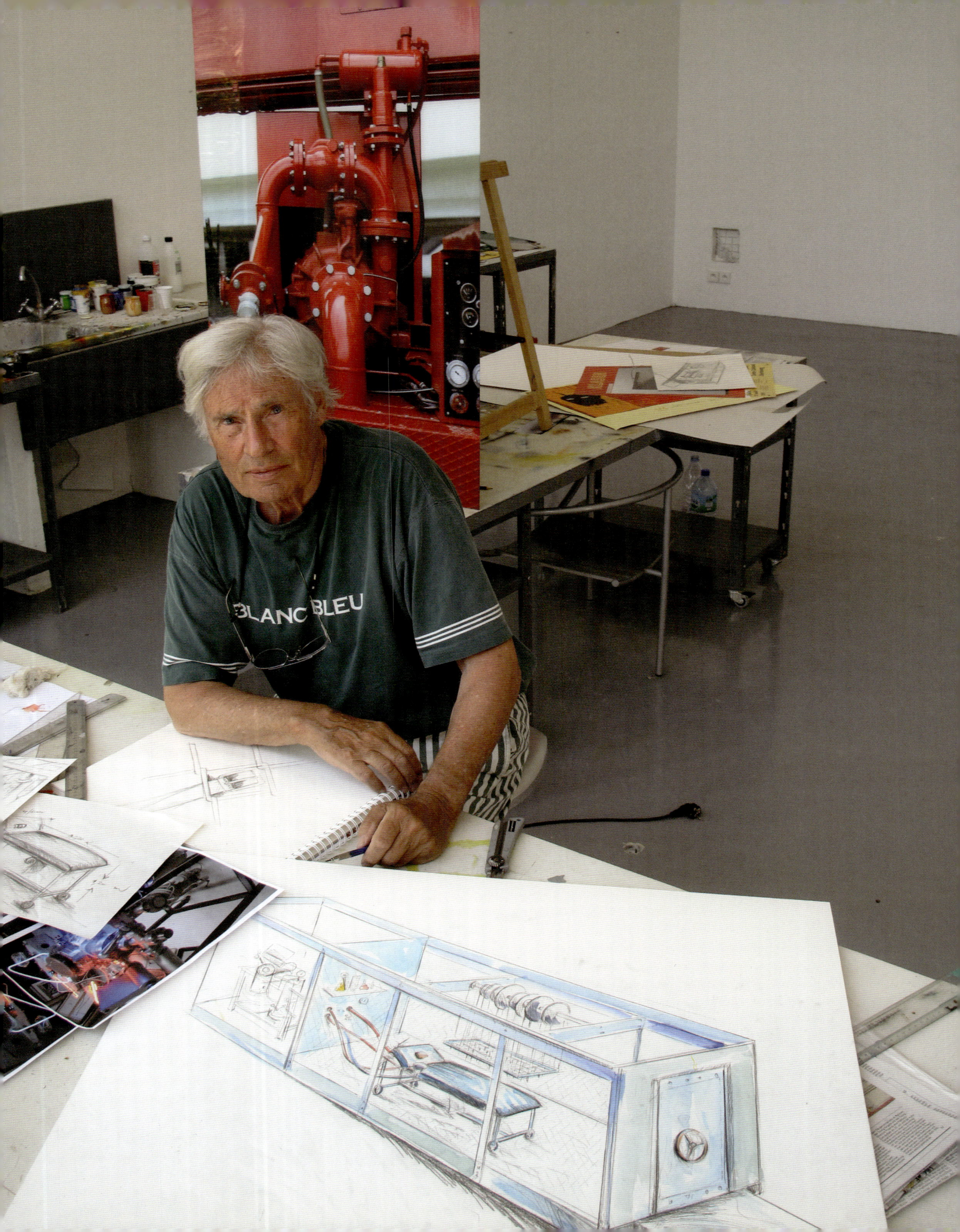
BLANC BLEU

LA COLONIE PÉNITENTIAIRE

Peter Klasen, atelier de Châteauneuf-de-Grasse,
préparation de l'installation **La Colonie pénitentiaire**, 2009.
Photo Sydney Klasen

La Colonie pénitentiaire (extraits)

"«C'est un appareil singulier», dit l'officier au visiteur en voyage d'études, et il considéra d'un regard plutôt admiratif cet appareil que pourtant il connaissait fort bien. Le voyageur paraissait avoir accepté par simple politesse l'invitation du commandant qui lui avait proposé d'assister à l'exécution d'un soldat, condamné pour insubordination et outrage à son supérieur. On n'avait pas l'air de porter grand intérêt à cette exécution dans la colonie pénitentiaire, d'ailleurs."

"Comme vous voyez, il se compose de trois parties. Avec le temps sont apparues pour chacune des appellations populaires, pour ainsi dire. La partie inférieure, c'est le lit, celle du haut, le traceur, et celle du milieu, ici, qui est suspendue, la herse."

"Donc, vous avez là le lit, comme je le disais. Il est recouvert d'une couche d'ouate sur toute sa surface ; vous verrez ensuite à quoi cela sert. On étend le condamné à plat ventre sur cette couche d'ouate, et nu, bien entendu ; vous voyez ici des sangles pour l'attacher par les mains ; là par les pieds et là par le cou. A la tête du lit, là où, comme je l'ai dit, vient tout de suite se poser le visage de l'homme, se trouve ce petit tampon de feutre que l'on peut régler sans difficulté pour qu'il aille se loger précisément dans sa bouche. Il a pour objet de l'empêcher de crier et de se mordre la langue. Et l'homme est contraint de prendre le tampon dans sa bouche, sinon la courroie maintenant son cou lui briserait la nuque."

"– Notre verdict ne paraît pas sévère, à l'entendre. La loi que le condamné a transgressée, la herse la lui inscrit sur le corps. A ce condamné, par exemple – l'officier montra l'homme –, on va inscrire sur le corps : Honore ton supérieur !"

"Quand l'homme est étendu sur le lit et que celui-ci commence à vibrer, la herse s'abaisse sur le corps. Elle vient d'elle-même se placer de façon à effleurer seulement le corps de ses pointes ; une fois qu'elle est en place, le câble métallique se tend, devenant une tige rigide. Alors le jeu commence. Un spectateur peu averti ne se rend pas compte de la différence entre les châtiments. La herse paraît travailler uniformément. En vibrant elle darde ses pointes dans le corps qui vibre lui aussi avec le lit. Or, pour permettre à chacun de vérifier l'exécution du verdict, la herse est en verre. Y fixer les aiguilles n'a pas manqué de poser quelques problèmes techniques, mais après quelques essais on y est parvenus, car nous n'avons pas ménagé nos efforts. Et à présent chacun peut voir à travers le verre l'inscription s'accomplir sur le corps."

"Vous voyez ici, dit l'officier, des aiguilles de deux sortes et disposées différemment. Chaque aiguille longue est flanquée d'une aiguille courte. La plus longue sert en effet à écrire, et la plus courte projette de l'eau pour nettoyer le sang et garder net le texte écrit. L'eau mêlée de sang coule ensuite dans de petites rainures, qui mènent dans cette grande rigole que voici, dont le tuyau d'évacuation aboutit dans la fosse."

"Vous comprenez le fonctionnement ? La herse commence à écrire ; quand elle a terminé la première inscription des caractères sur le dos de l'homme, la couche d'ouate fait lentement pivoter le corps sur le côté pour présenter à la herse une nouvelle surface. Pendant ce temps, les endroits blessés par l'inscription viennent s'appliquer sur l'ouate, spécialement traitée en vue d'arrêter l'hémorragie et les préparer à recevoir une inscription plus en profondeur. Quand le corps sera de nouveau retourné, les dents que voici, au bord de la herse, viendront arracher cette ouate collée sur les meurtrissures et elles la jetteront dans la fosse ; alors, la herse pourra se remettre au travail. Elle écrit ainsi, de plus en plus profondément, douze heures durant. Pendant les six premières heures, le condamné continue à vivre presque comme avant, à part qu'il souffre. Au bout de deux heures, on retire le tampon de feutre, car l'homme n'a plus la force de crier. Ici, à la tête du lit, dans cette écuelle chauffée électriquement, on met une bouillie de riz que l'homme peut manger s'il a envie, en lapant avec sa langue. Aucun ne manque cette occasion. Je l'ai constaté chez tous, et mon expérience est grande. C'est seulement au bout de six heures que disparaît le goût de manger. En général, je m'agenouille alors ici et j'observe le phénomène, l'homme n'avale même pas sa dernière bouchée, il ne fait que la retourner dans sa bouche, puis la recrache dans la fosse. Il faut alors que je me penche, sinon, je la recevrais dans la figure. Et comme l'homme devient alors calme, vers la sixième heure ! Le plus stupide accède à l'intelligence. Cela se voit d'abord autour des yeux. Et, à partir de là, cela irradie. C'est un spectacle à donner envie d'aller s'étendre sous la herse. Ensuite, il ne se passe rien de plus, sinon que l'homme commence à déchiffrer l'inscription, il pointe les lèvres comme s'il tendait l'oreille. Vous avez vu, ce n'est pas facile de déchiffrer des yeux l'inscription ; mais notre homme la déchiffre à travers ses meurtrissures. C'est une tâche ardue, sans aucun doute ; et il lui faudra six heures pour en venir à bout. A ce moment-là, la herse le transperce de part en part et le lance dans la fosse où il dégringole en claquant sur l'ouate et l'eau mêlée de sang. Alors le jugement est rendu, et ensemble, le soldat et moi, nous l'enterrons."

Franz Kafka, 1919

A propos de *La Colonie pénitentiaire*

Peter Klasen "Pour moi, Kafka est réaliste, il voit arriver une époque monstrueuse, les inanités, les exactions. C'est déjà Guantanamo, on est complètement dans la torture."

Daniel Sibony "Kafka : sa première nouvelle, *Le Verdict*, c'est déjà le thème de *La Colonie pénitentiaire*, ce que j'analysais à l'époque comme un coup de force christique. Le fils, désespéré de voir que la loi du père est désuète, se sacrifie pour le sauver, prête son corps à la réinscription de son corps. La machine se détraque..."

Peter Klasen "Non, la machine se détraque avec le condamné. Je ne crois pas qu'il règle ses comptes avec le christianisme."

Charlotte Sibony "Quand as-tu décidé de faire ça ?"

Peter Klasen "Depuis l'âge de 18 ans. J'ai lu Kafka et je me suis dit : Un jour il faut que ça sorte de mon imaginaire et que je le concrétise."

Daniel Sibony "Dans ta version de *La Colonie pénitentiaire*, où est le «bonhomme» ?"

Peter Klasen "Il n'y a pas de «bonhomme», c'est ça la force."

Daniel Sibony "Ta réponse veut dire que l'objet du sacrifice est irreprésentable."

Peter Klasen "Oui, la réponse universelle est l'absence du corps. Le spectateur imaginera."

Daniel Sibony "C'est le principe qu'a choisi Lanzmann pour *Shoah*. Il montre une pelouse."

Peter Klasen "Ne pas montrer le corps permet de solliciter la force de l'imaginaire. Dans le texte, la machine descend en vibrant, elle pousse même des cris. Dans l'installation, on va travailler un environnement sonore."

Daniel Sibony "Si j'étais plasticien, j'aurais montré ta machine et j'aurais mis une grande poupée, un truc en tissu, asexué."

Peter Klasen "Cela aurait été grand-guignolesque."

Daniel Sibony "*La Colonie pénitentiaire,* c'est «grand-guignolesque»."

Propos échangés, **Daniel Sibony**, **Charlotte Sibony** et **Peter Klasen**, Châteauneuf-de-Grasse, été 2009

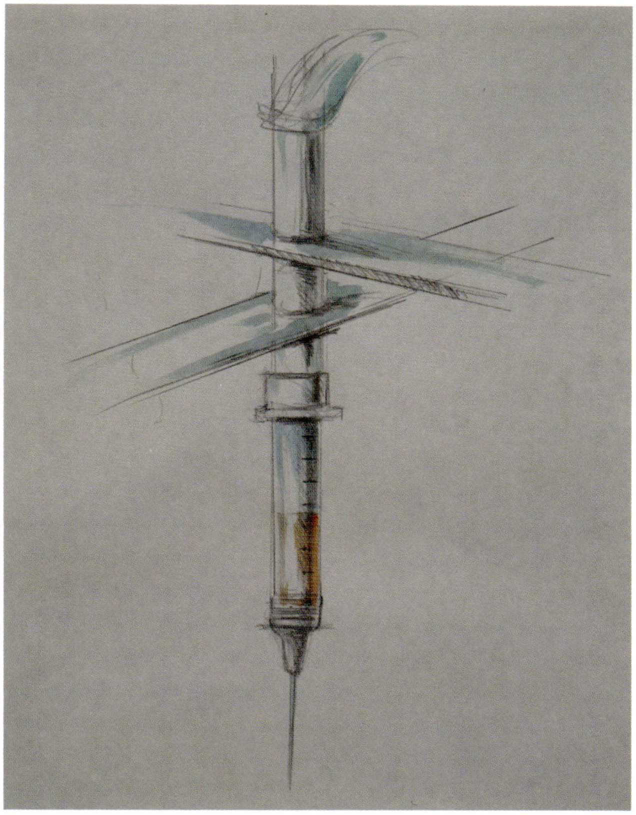

La Colonie pénitentiaire,
dessins préparatoires à l'installation,
2009

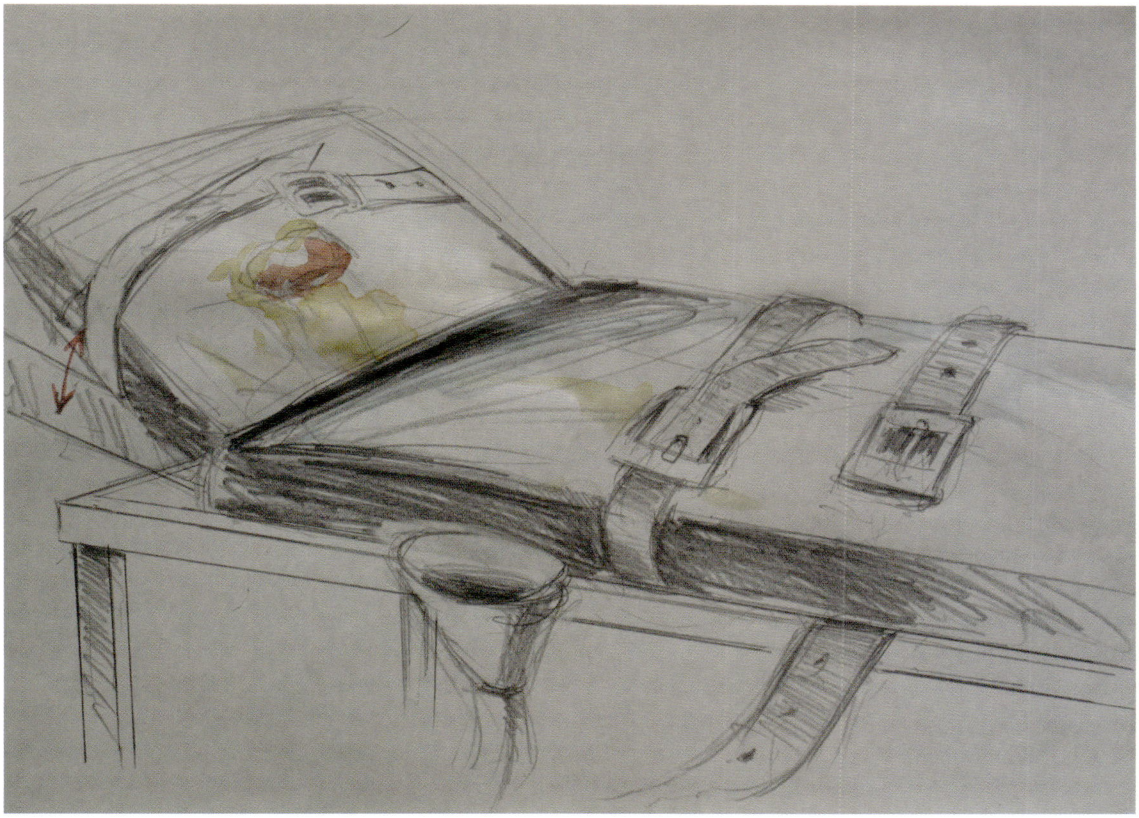

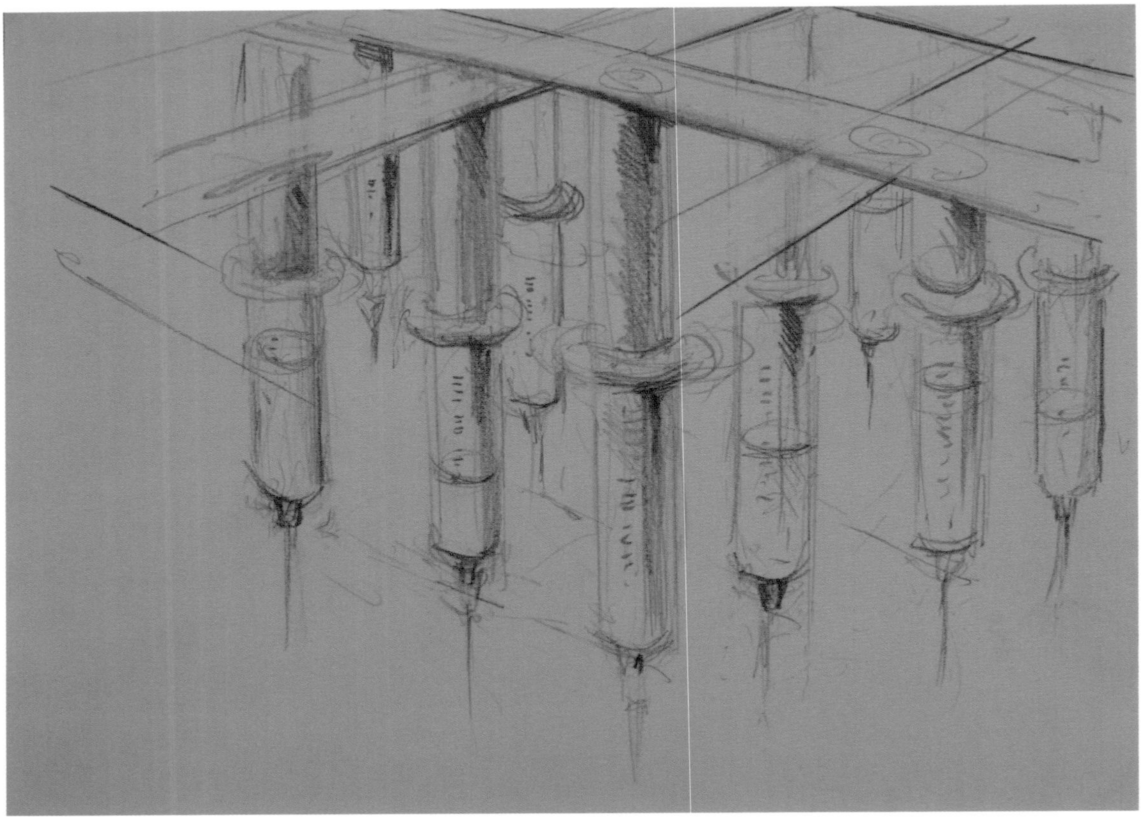

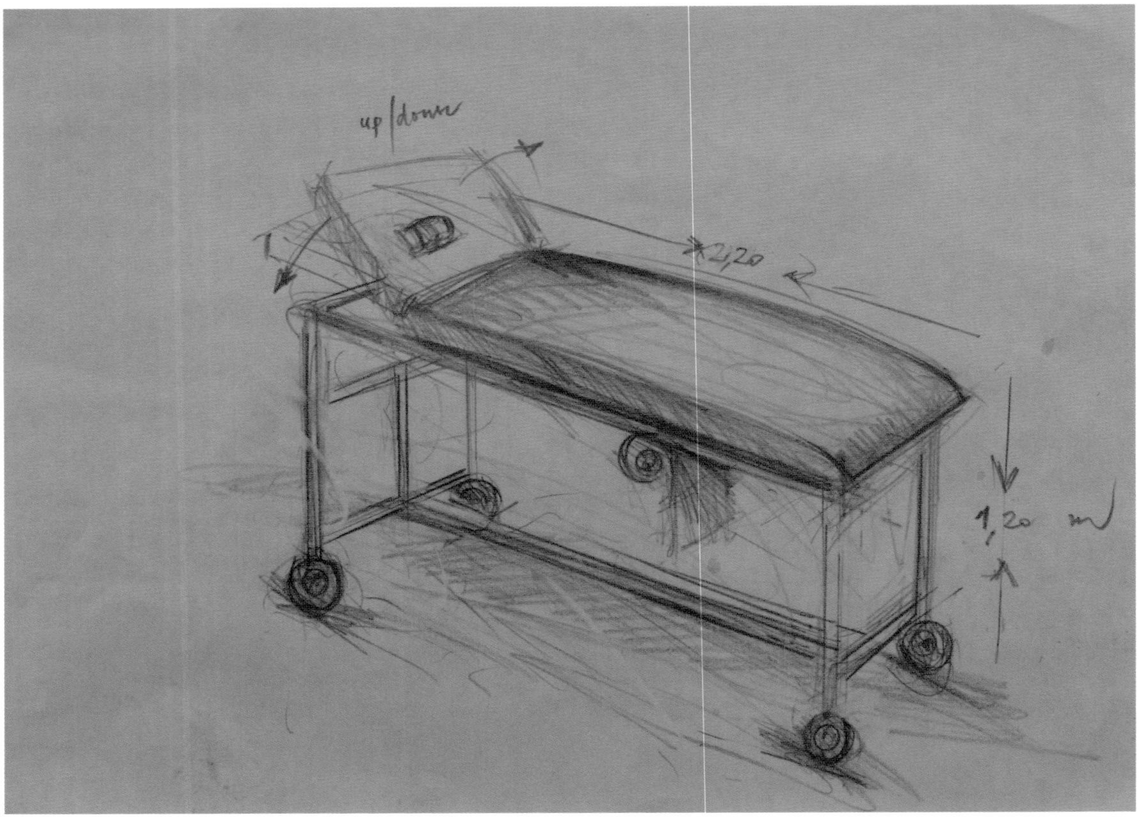

up/down
2,20
1,20 m

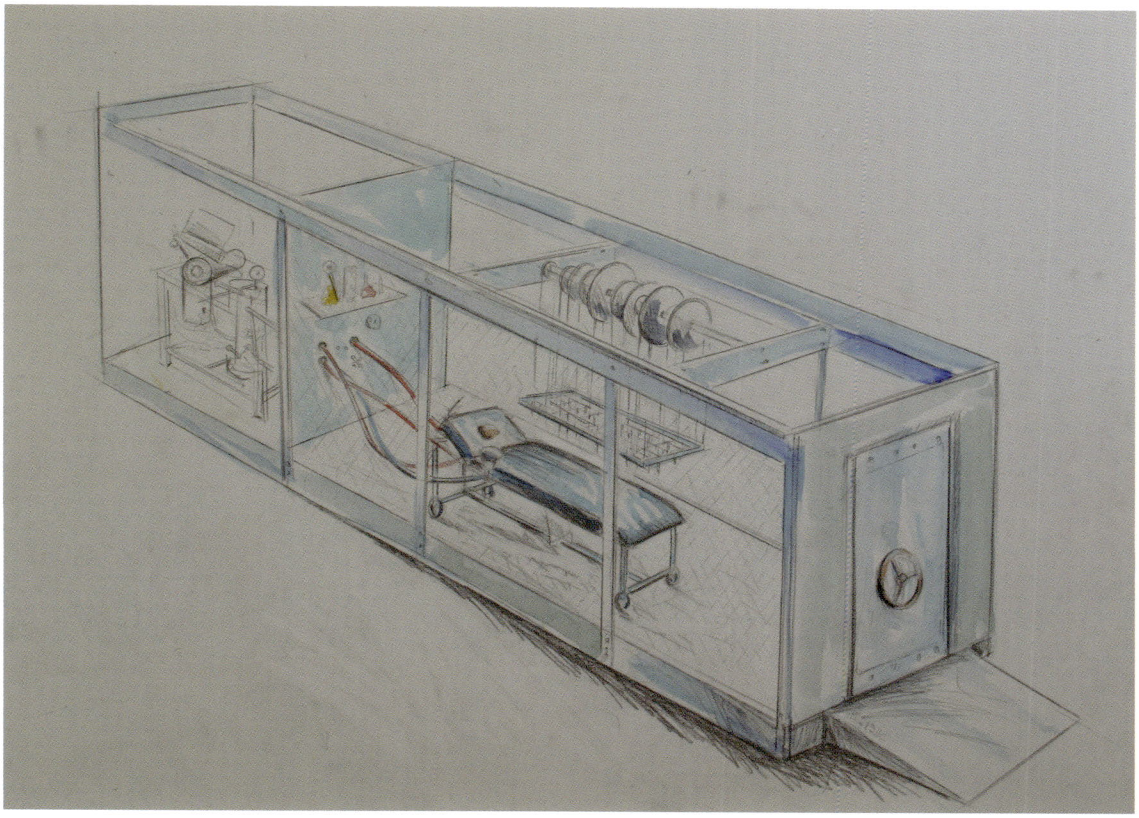

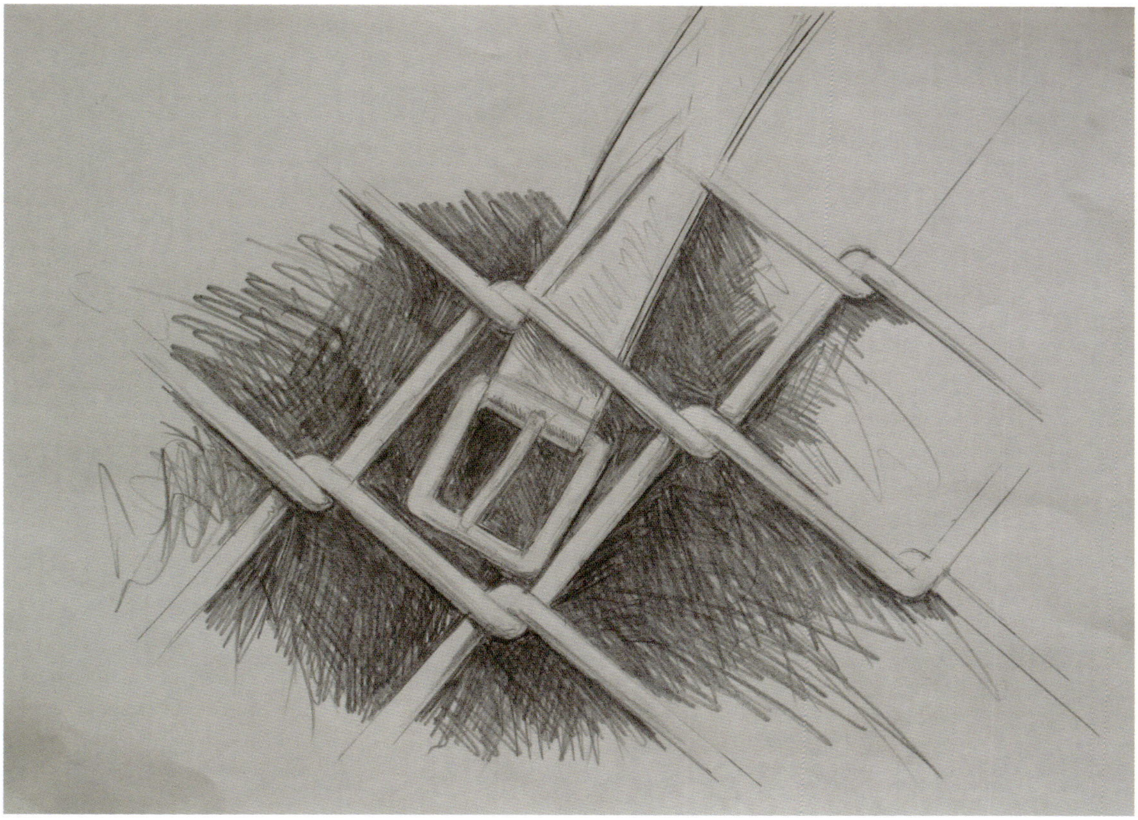

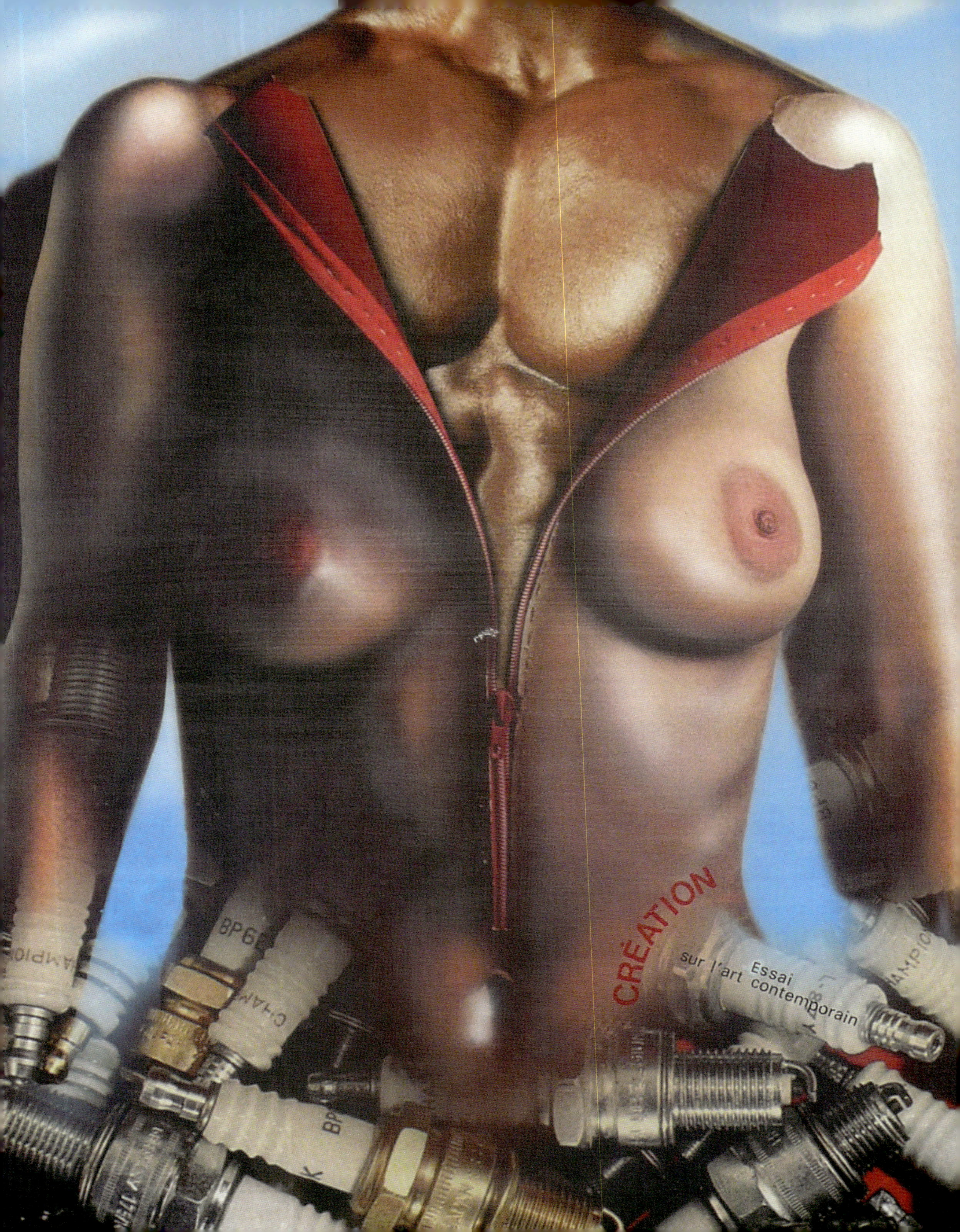
CRÉATION
Essai
sur l'art contemporain

TRANSSEXUALITÉ

Transsexualité n° 6, acrylique sur toile,
81 x 60 cm, 2007, collection Daniel Sibony, Paris

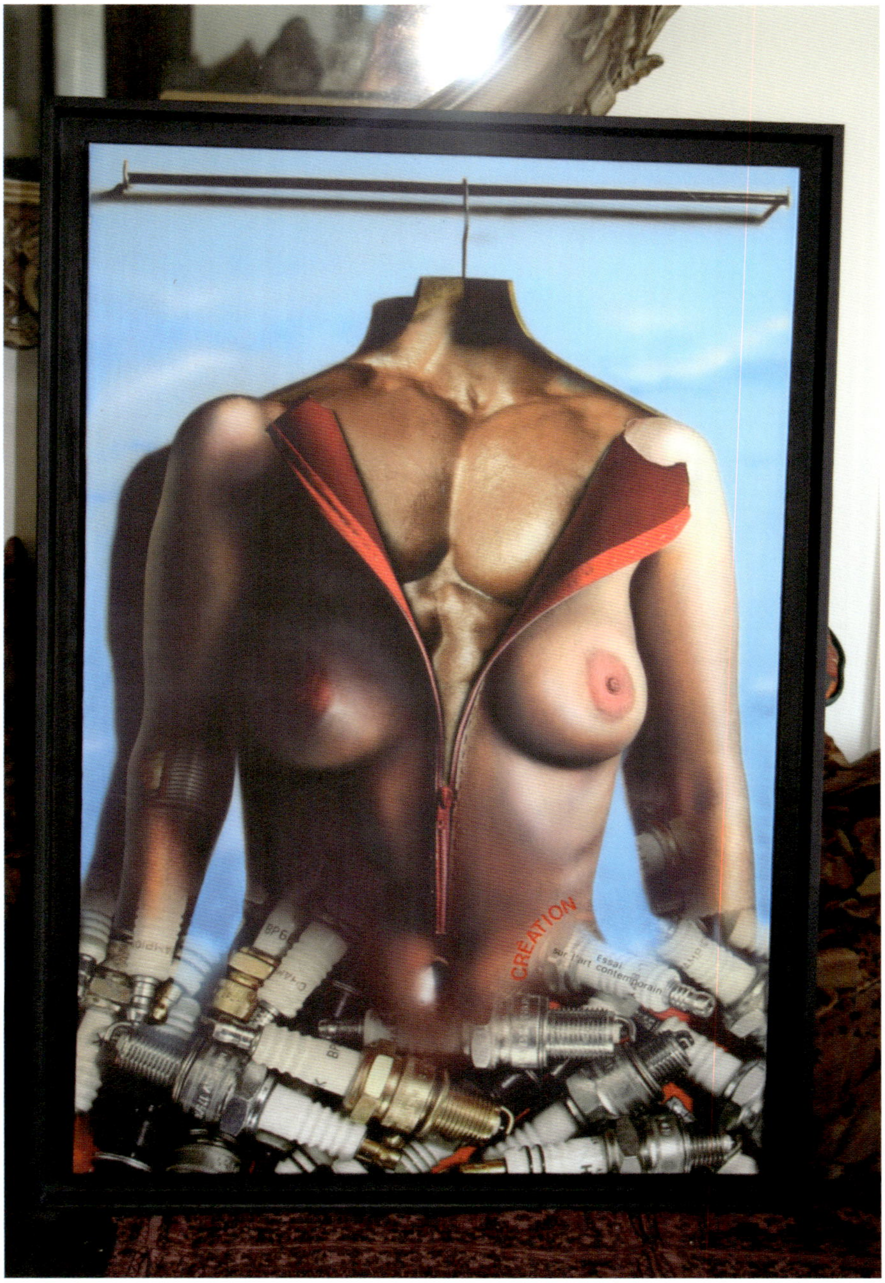

Transsexualité n° 6, acrylique sur toile,
81 x 60 cm, 2007, collection Daniel Sibony, Paris

Rapports transsexuels vus par Klasen

Peter Klasen, depuis longtemps, a senti la faille intrinsèque de l'homme actuel, faille et défaillance, celle de tout temps, celle qu'imposent les chocs, les traumas, les angoisses de notre histoire quand elle balaie trop de repères existentiels. D'ordinaire, il plonge dans cette faille et nous ramène des objets chargés de vie et de détresse ; de déchéance et d'espoir. Objets contradictoires, sur l'arête tranchante, comme ses brancards roulants sont des lieux de mort et de renaissance, d'agonie et d'accouchement ; comme ses cages de "soins intensifs" rattrapent un corps dans l'abîme ou échouent à le ramener ; comme ses colonnes d'extincteurs portent l'espoir d'éteindre le feu mais protègent le feu de la vie, qui est d'ailleurs inextinguible.

Klasen, comme les artistes contemporains les plus lucides, trouve chaque fois l'espace qui fait voir la catastrophe et qui, en même temps, reçoit les secousses de la vie, inconsciemment ; perçoit ses coups qui insistent souterrainement.

Dans cet art de l'*angoisse* et du *sauvetage*, il y a peut-être un sauvetage angoissé de l'art.

Ce qui intéresse cet artiste, ce n'est pas la réalité brute, au premier degré ; c'est celle qu'il construit en la médiatisant, en filtrant des images (y compris par le film et la photo) pour produire des montages vifs, inquiétants et rassurants, sereins et mobilisateurs.

Or, tout récemment, il a fait une toile nouvelle sur le thème du *transsexuel* : un buste de femme nue et magnifique qui s'ouvre, par fermeture éclair, sur un buste viril et musclé. Cette seule vision déploie le drame de l'entre-deux-sexes à travers un beau mélange de ludisme et de rigueur, d'intuition démonstrative. C'est une subtile exploration du rapport entre les sexes, du rapport dit "sexuel".

Dans cette image, le féminin "contient" le masculin, mais en quel sens ? Ce n'est pas seulement qu'il y a du viril dans la femme et du féminin dans l'homme. Du reste, même cette inclusion serait en abyme, rapport circulaire, en miroir, en rivalité aussi, comme l'œuf et la poule. Or la question pointée va plus loin, c'est celle de la contenance, du contenu : chacun, homme ou femme, "contient" l'entre-deux-sexes, le rapport passionné entre les deux, rapport fécond qu'ailleurs j'appelle *feu divin** ou feu de l'être. On cherche et on trouve au-dehors le ou la partenaire pour rallumer ce feu interne qui est le feu même de la vie. Quelle que soit la façade narcissique, sa brisure est contenue à l'intérieur. Les identités communiquent par fermetures éclair, par des éclairs qui ouvrent et ferment.

Un jour j'écoutais un homme parler de ses rapports sexuels, il était viril, nullement machiste ni refoulé, plutôt serein et désirant ; il me parlait de sa découverte avec une femme, de sa révélation : il jouissait de se donner à elle comme *objet*, gisant et nu, sans défense, passif mais plein du désir d'être "pris" par elle, non pas au sens "homosexuel", non : pris comme "objet" viril, rendu actif par elle qui le submergeait de ses caresses jusqu'à le faire se dresser, du fond

* Voir *Lectures bibliques*, Odile Jacob, Paris, 2006.

de sa passivité ; alors il devenait "hyperactif" et c'est elle qui s'abandonnait. Bref, il ne savait plus qui occupait la place de l'homme et qui celle de la femme, mais tous deux tenaient leurs rôles *apparents*, avant l'emboîtement mouvementé où ils mettaient en commun l'actif-passif que chacun détenait, en sens inverse l'un de l'autre, dans un rythme alterné.

J'ai donc pensé à ce tableau de Klasen : il annonçait tout cela mais sur un mode ironique, car le buste "emboîté" féminin-masculin était, telle une blouse, suspendu par un cintre. Oui, tout cela c'est du décor, du théâtre, mais c'est celui de la vie même.

Un jour on avait ri tous les deux en parlant de notre partage : *Toi, tu fais voir la réalité, celle que tu fabriques, et moi je fais entendre celle que le patient ne sait pas qu'il produit ; mais on est sur la même scène où l'humain se fait et se défait.*

Cela nous ramène à ce tableau si profond : des bougies de moteur sont là, dispersées autour du buste, du double corps, autour du bas-ventre. Des bougies qui assurent l'allumage du moteur érotique ; elles sont brillantes, ciselées, bien filetées, de la marque "champion" (tant qu'à faire, si l'on aime, pourquoi ne pas être champion sur ce terrain ?). Le mot "champion" est parfois tronqué, et cela donne "champ" ; parfois il y a BP ; est-ce le champ énergétique de la British Petroleum qui serait en cause, côté Moyen-Orient, par exemple ? Il est compris lui aussi dans cette vaste vision ; l'orientation, loin d'être moyenne, a beaucoup de résonances.

Et même je me réjouis qu'une des bougies, implantée dans la chair comme un phallus latéral, semble émerger du mot **création**, titre d'un de mes livres, le sous-titre étant écrit sur la bougie elle-même : *essai sur l'art contemporain*. Cette bougie en érection est tout un programme : *et c'est* sur l'art contemporain ; c'est là qu'on travaille, puisque cet art n'est travaillé que par cette charge et cette décharge créatrices.

L'allumage, le jaillissement de la lumière qui met tout en mouvement est bien l'acte de la *création*. Même la Genèse le dit *(Fiat lux !)*, et elle ne raconte pas d'histoires, elle ne fait que tenter de *symboliser la vérité du corps* : il est fait pour s'allumer en s'emboîtant avec le corps de l'autre sexe. A ceci près que l'emboîtement est montré par Klasen sous un angle plus profond : c'est corps à corps, dedans-dehors, l'un dans l'autre, à fond dans le décor... Et la fermeture éclair, l'ouverture de l'éclair fait que *l'un donne sur l'autre*, donne dans l'autre, sachant tout de même qu'il y a un ordre : priorité au féminin qui enveloppe le masculin, même si celui-ci lui vient aussi du dehors, pour lui rentrer dedans.

La douceur de la peau et des seins – ô combien vraie : le téton de gauche étant plus maternel, un peu écrasé par la succion ou par le temps, et le droit nettement plus "érogène" –, cette douceur enveloppe le masculin, brillant de muscles et de sueur.

Bref, il suffit d'ouvrir la faille féminine pour en découdre avec l'homme. Ici, l'homme est dans la femme, mais pas au sens phallique pénétrant : au sens de la gestation, de l'inclusion, de la contenance, qui aussi décontenance...

Une barre horizontale de suspension, une ligne d'horizon, elle-même doublée par son ombre, insiste bien : tout cela relève aussi de l'apparence, mais elle fait partie de la vie. Il y a donc un point de vue d'où c'est du semblant essentiel, et pas toujours fétichisé. Du semblant, car au fond le rapport homme-femme est inmontrable, irreprésentable, puisqu'il est à la fois pénétration par l'extérieur et présence intérieure déjà là, en amont. L'homme entre dans la femme comme dans la mère qu'elle n'est plus, mais qu'elle sera pour un autre, si le rapport – pourquoi pas ? – est fécondant.

Le tout est sur fond bleu, sous le regard serein du ciel, vaguement nuageux ; le ciel auquel nous sommes tous accrochés par du fil de fer, des crochets variés.

Les bougies ont des numéros de série : c'est que l'allumage est anonyme, il puise dans le grand fond énergétique de la libido, mais l'étincelle est singulière, la décharge est personnelle, toujours le courant est entre deux êtres nommables ; toujours.

Dans ce tableau si riche, on remarque aussi que certaines bougies sont presque dissoutes dans la chair, enfoncées dans la peau comme des seringues intégrées : l'hypothèse "toxico" n'est donc pas écartée. Après tout, l'espèce humaine se drogue bien, depuis qu'elle est sur terre, à cette substance concrète et mystérieuse, machinique et pensante qu'est l'amour. N'est-ce pas l'amour lui-même, le rapport sexuel qui est la faille intrinsèque et incurable de l'humain ? N'est-ce pas de cette maladie que l'on tente de se soigner, sachant que sans elle on ne peut pas vivre ?

Daniel Sibony, Paris, 2007

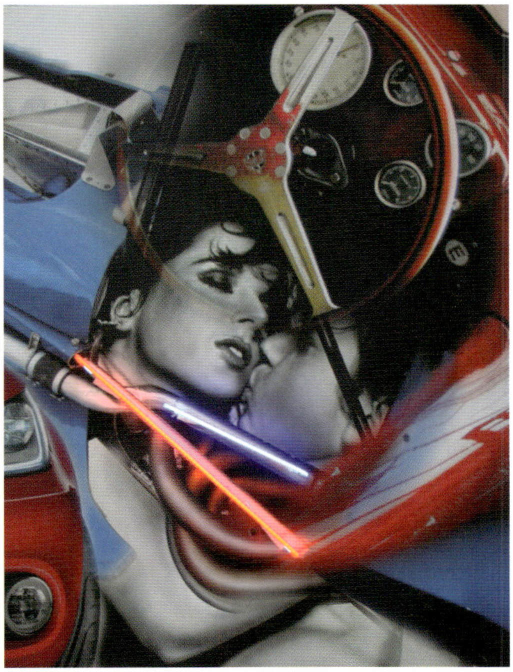

First Love, acrylique et néons sur toile,
130 x 97 cm, 2008, Galleria San Carlo, Milan

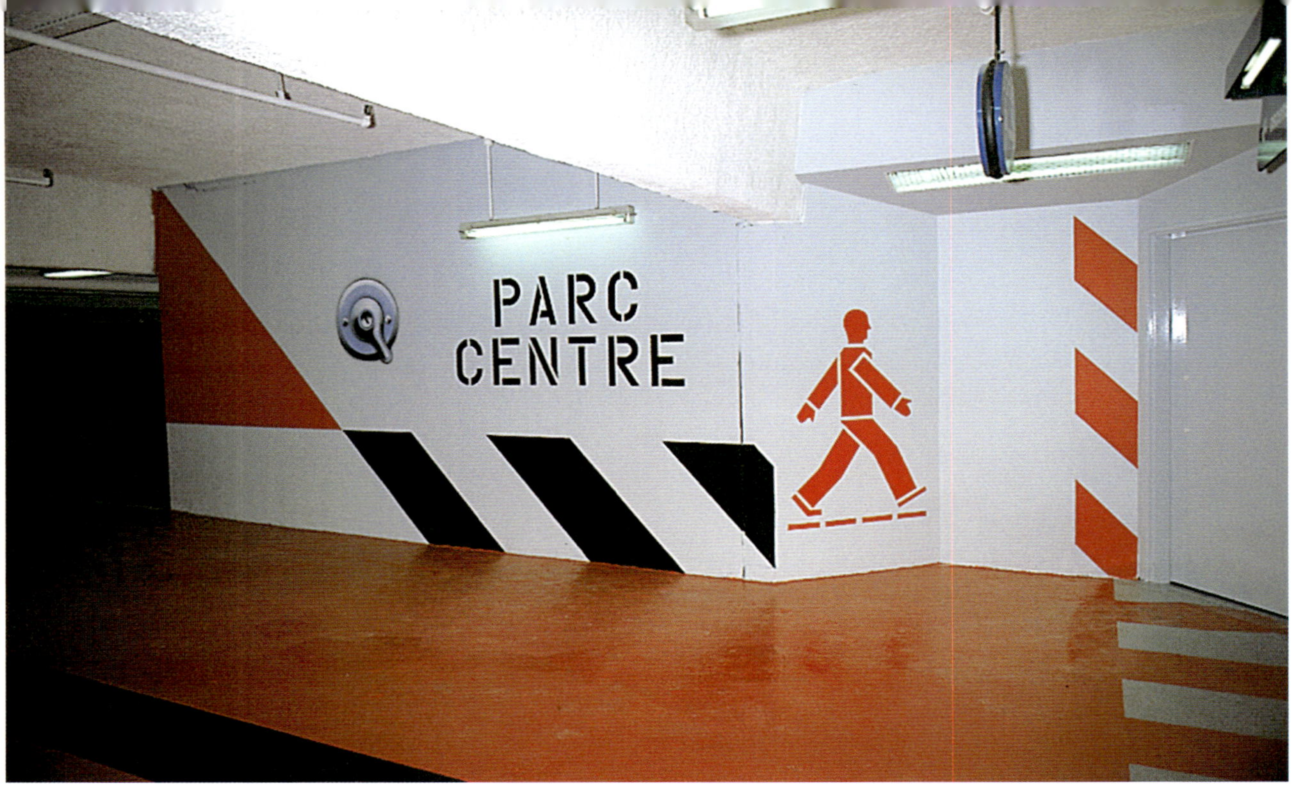
PARC
CENTRE

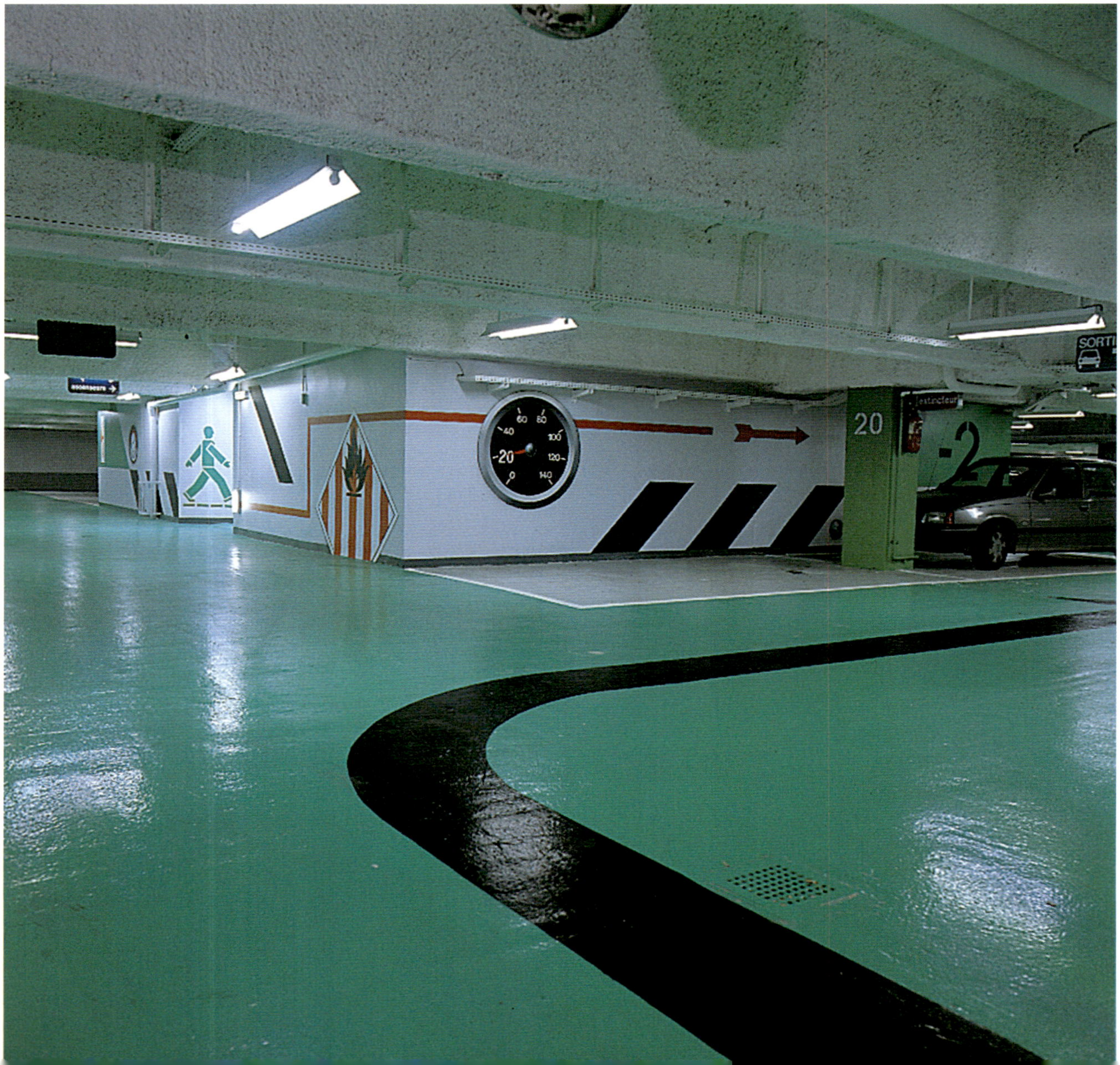
20

PORSCHES ET ŒUVRES MONUMENTALES

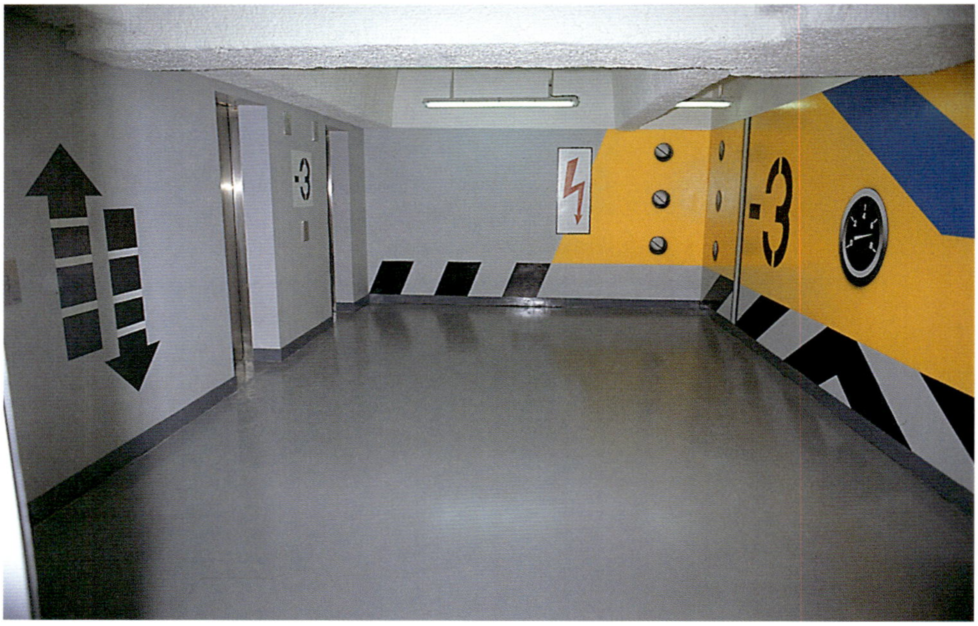

Parc Centre, Paris-la Défense, 1994

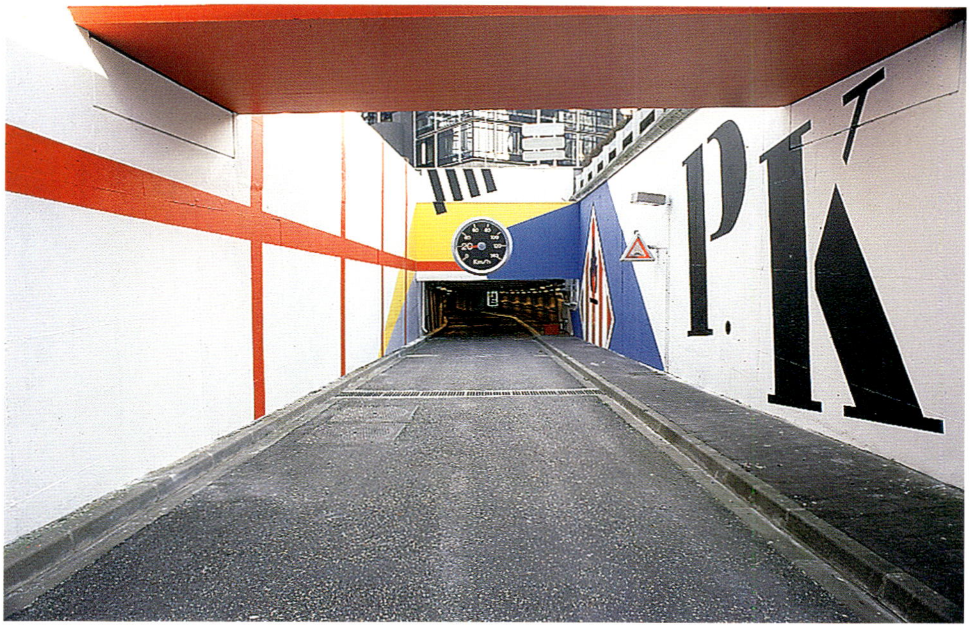

Parc Centre, Paris-la Défense, 1994

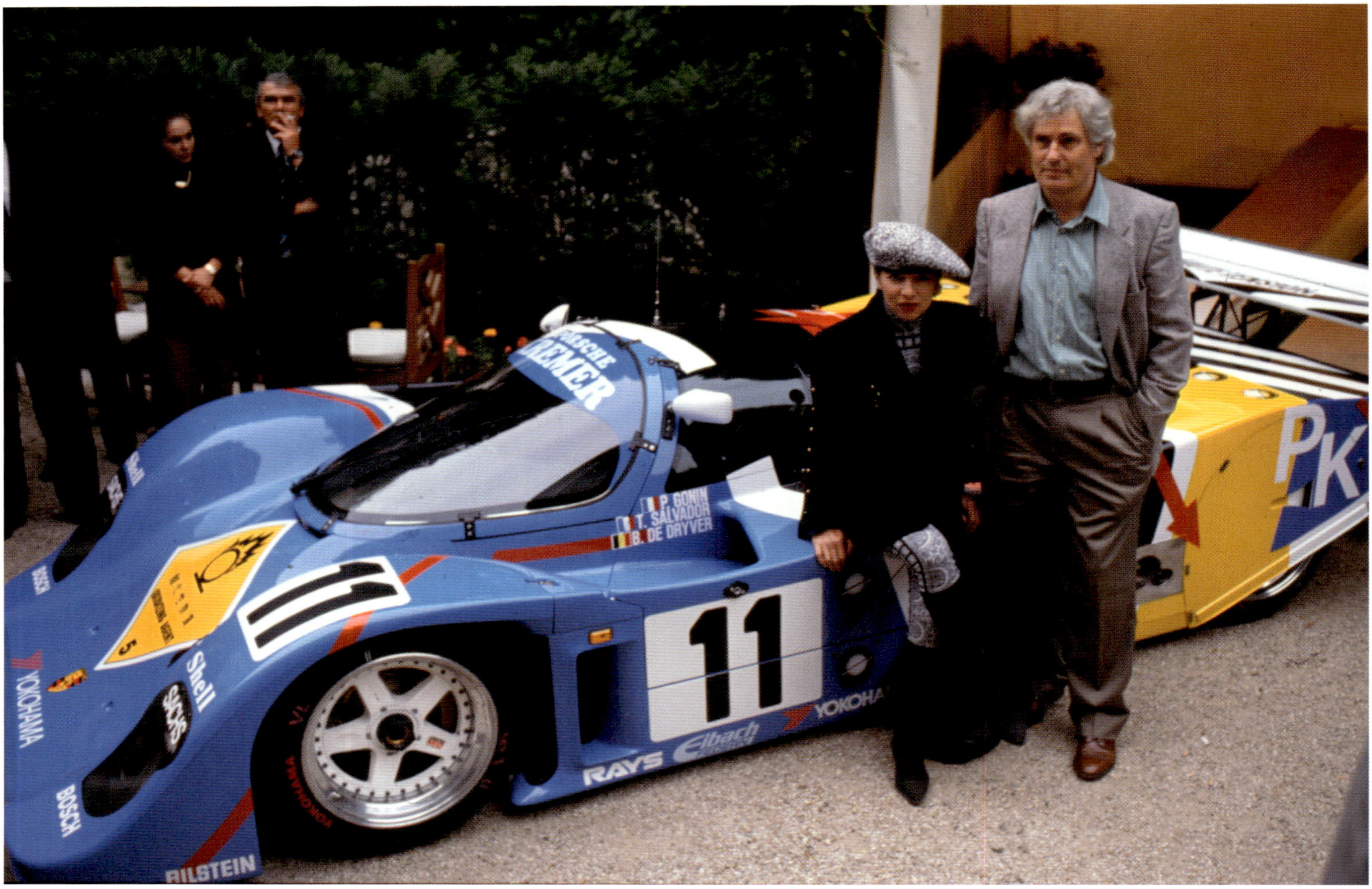

Porsche 962 c, pilote Philippe Alliot,
24 Heures du Mans, (conducteurs P. Gonin, B. de Dryver), 1990,
écurie Kremer, Cologne

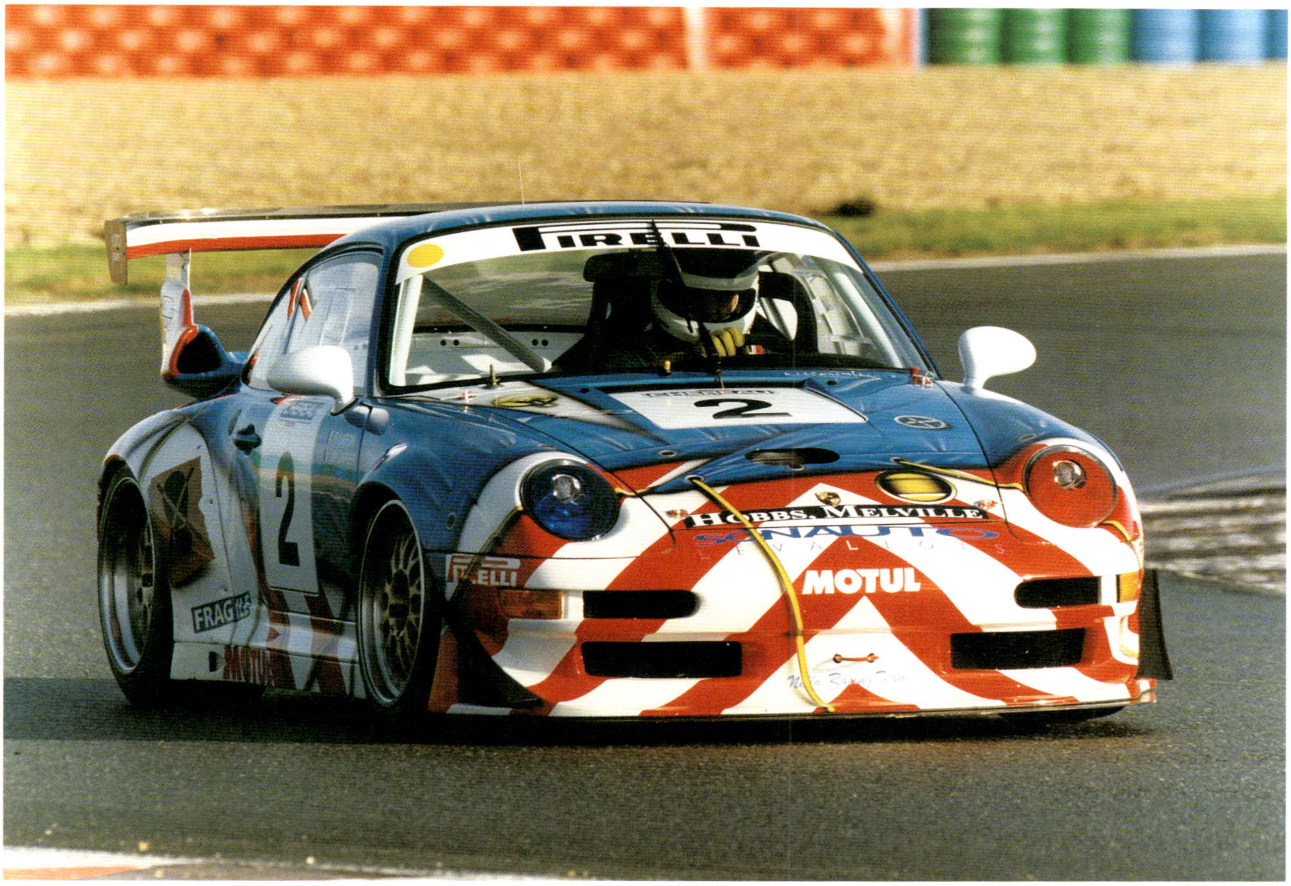

Porsche GT 2 Evolution bâche-Klasen, 1997,
pilotes : François Lafon, Jean-Pierre Jarier,
victoire championnat de France GT, 1998

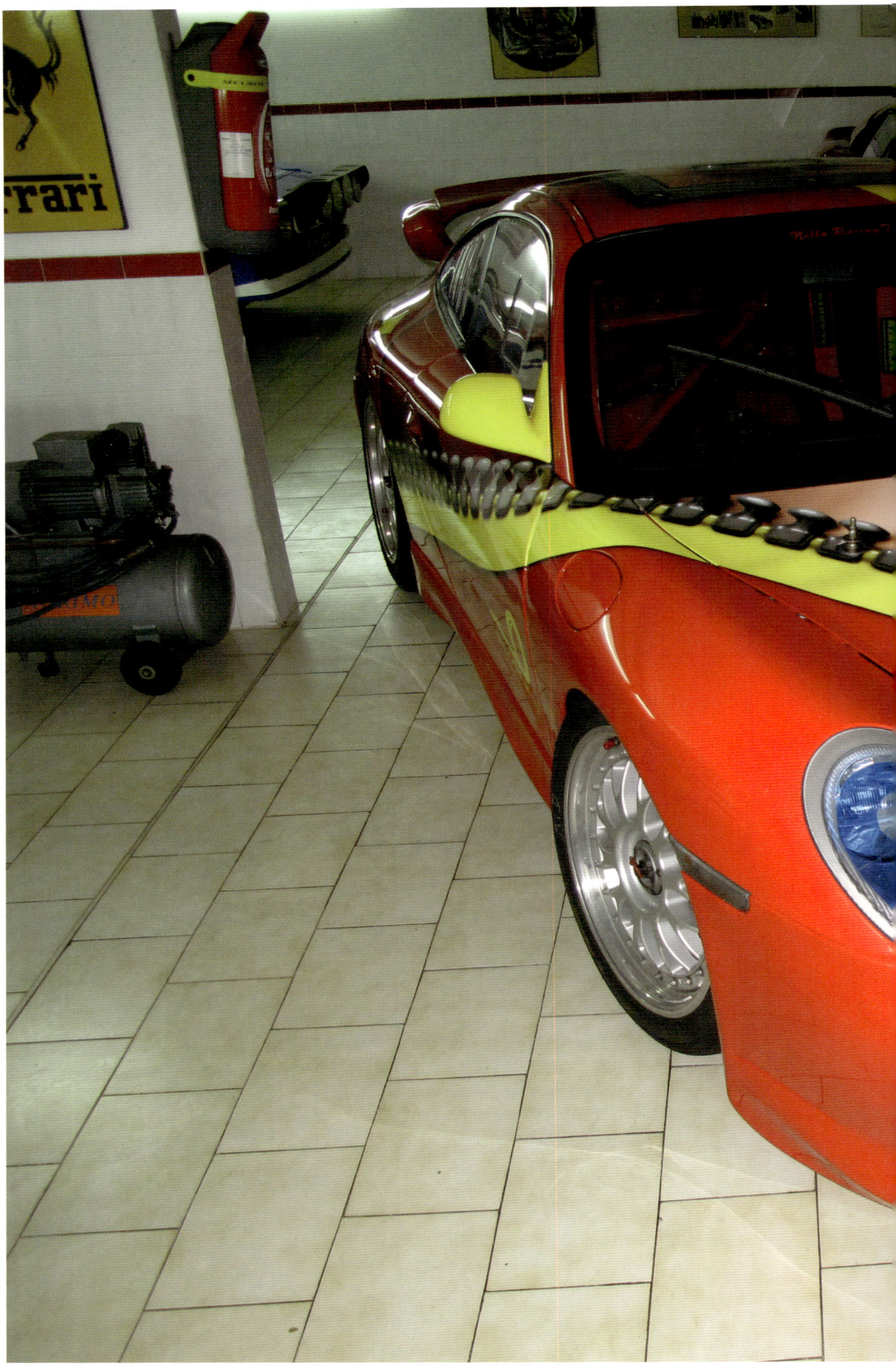

Porsche zip, 1996,
collection particulière, Nice

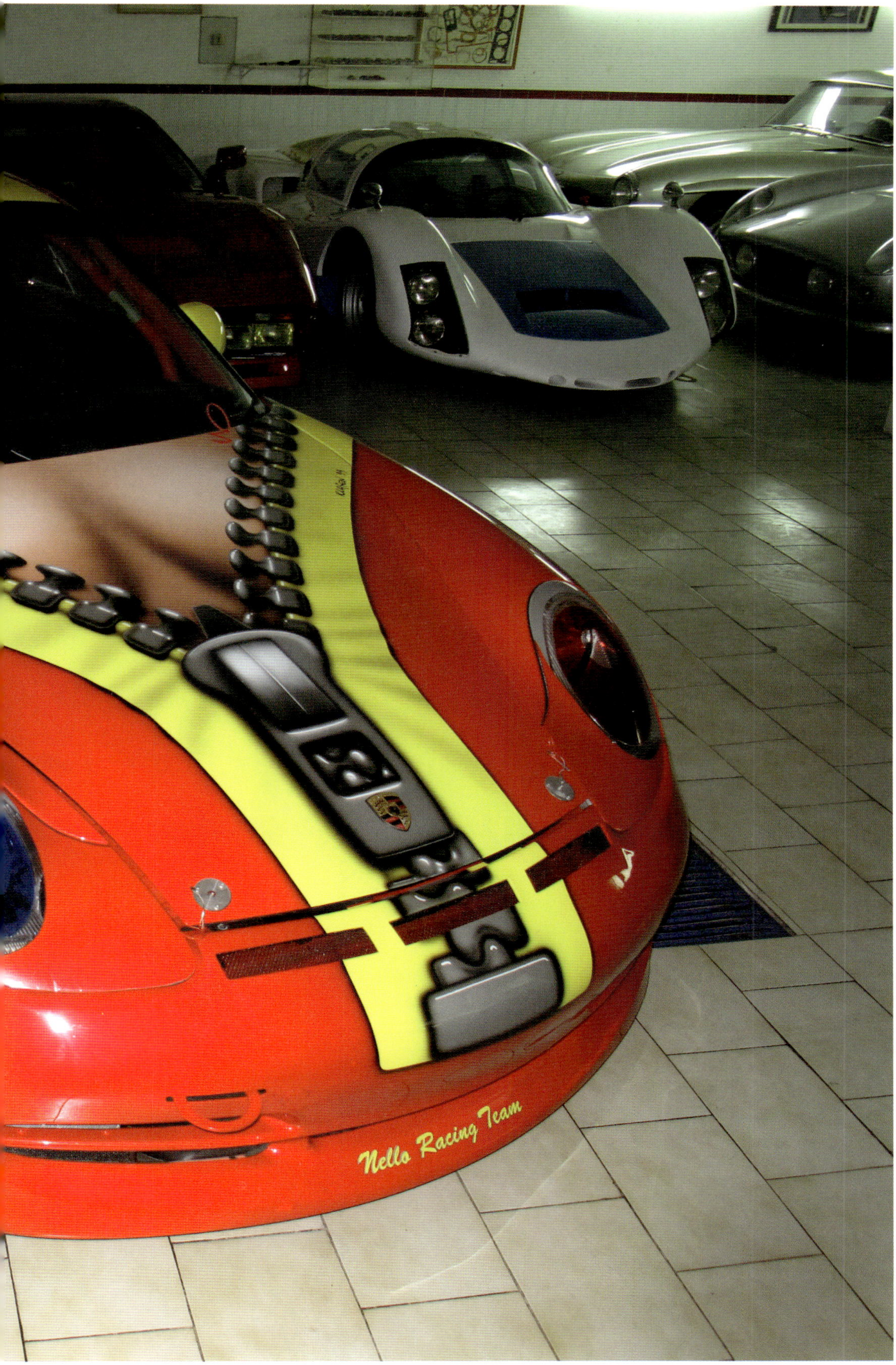
Nello Racing Team

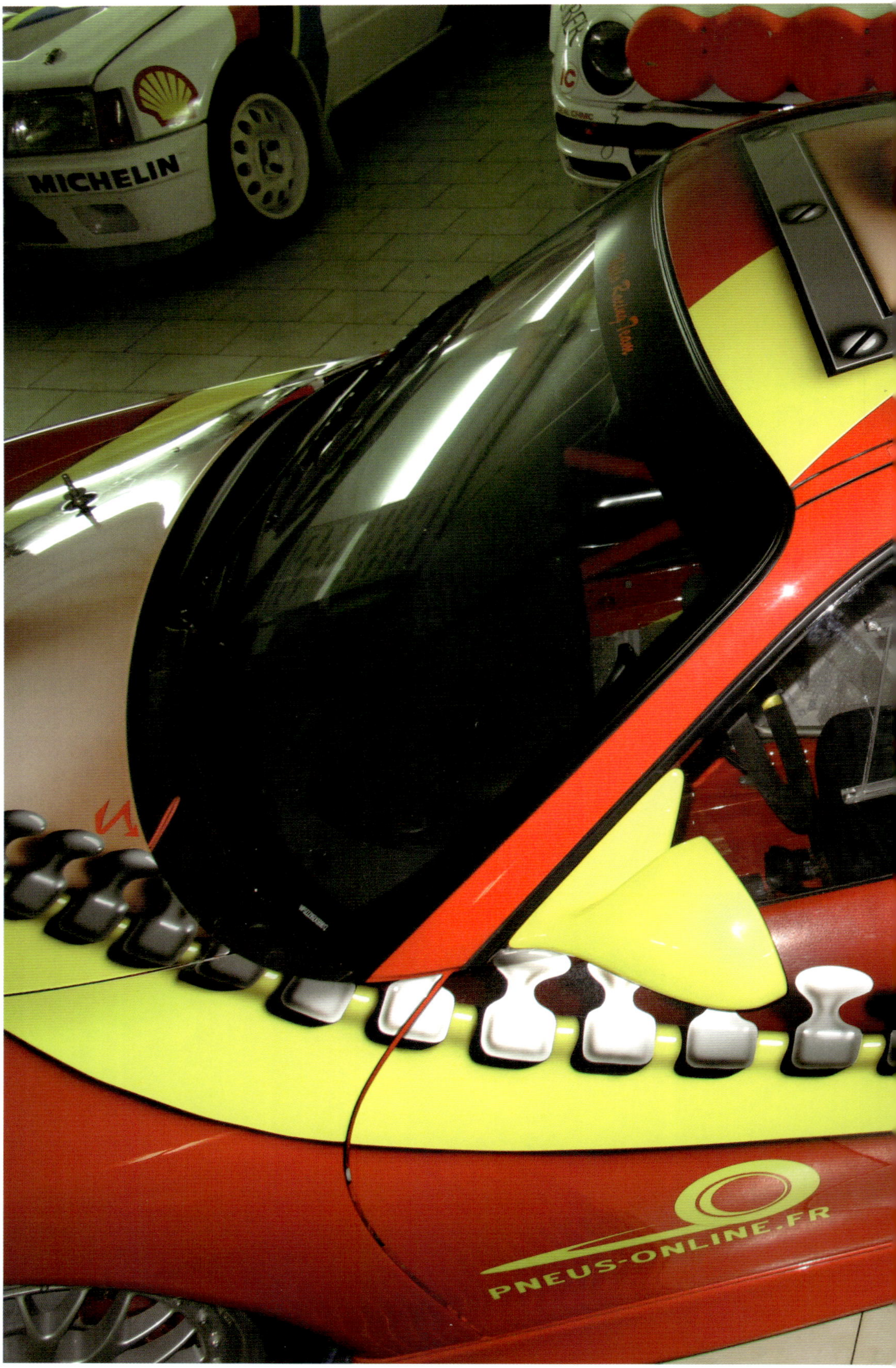

Porsche zip, 1996,
collection particulière, Nice

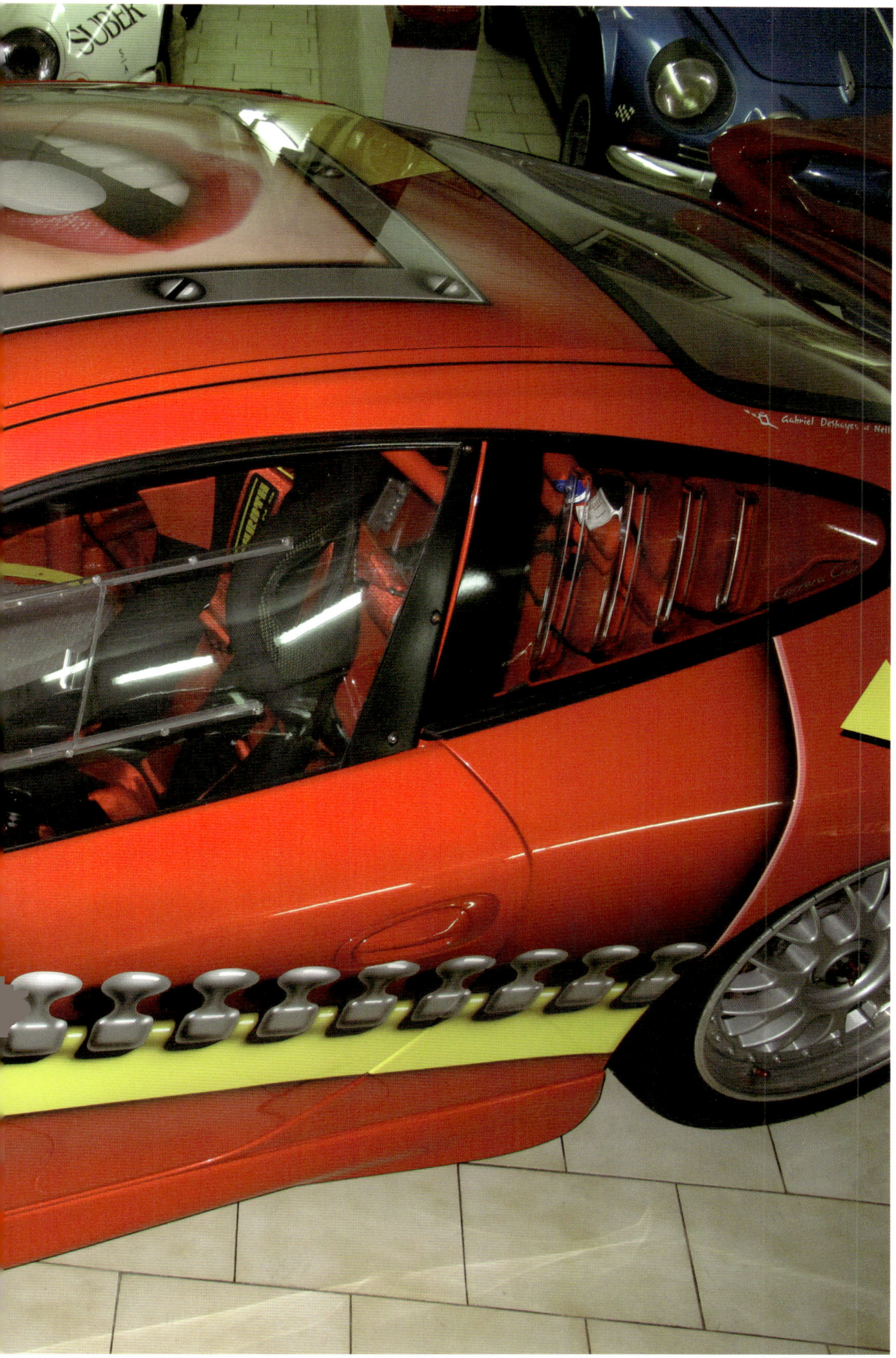
Gabriel Deshayes

Porsche zip, 1996,
collection particulière, Nice

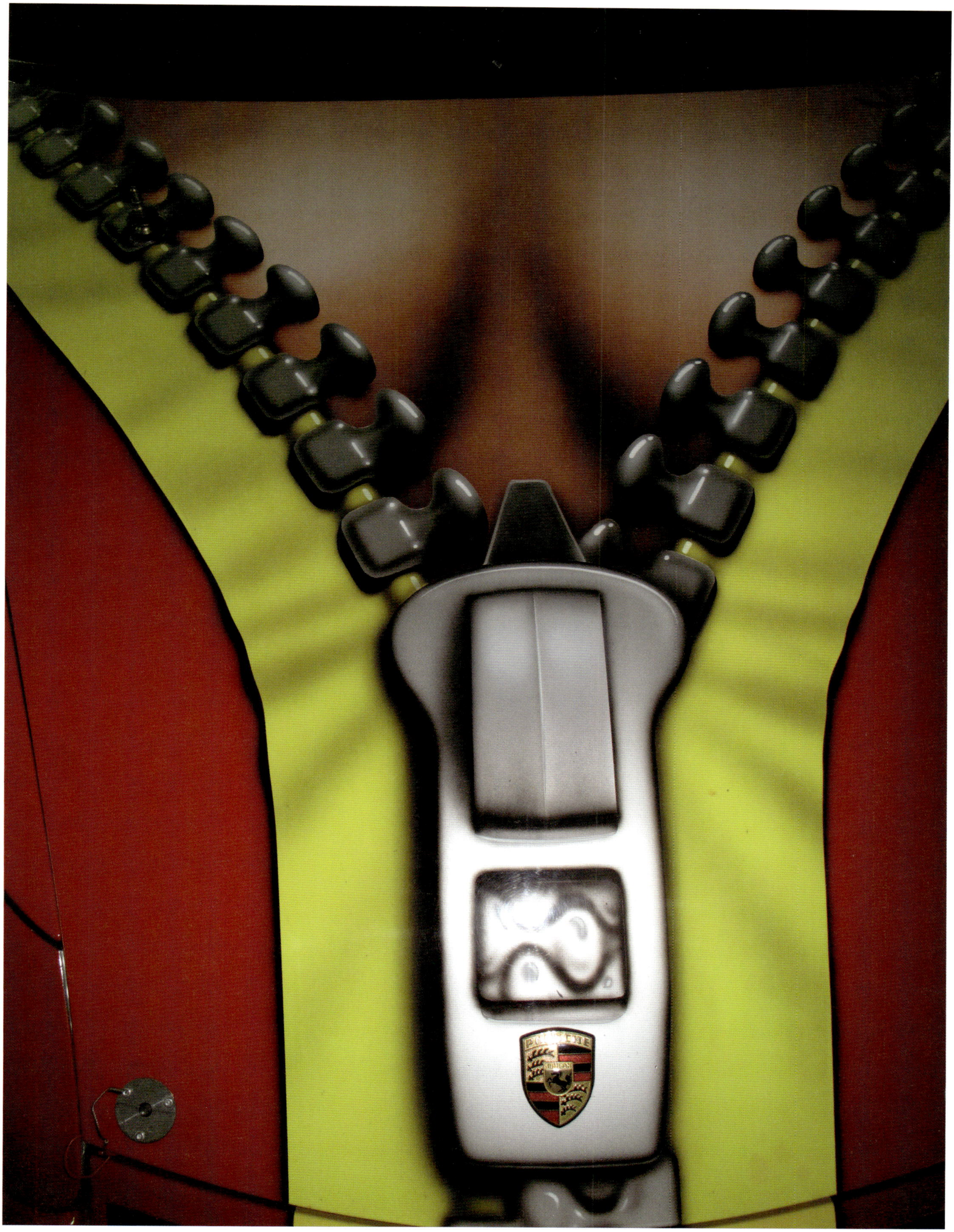

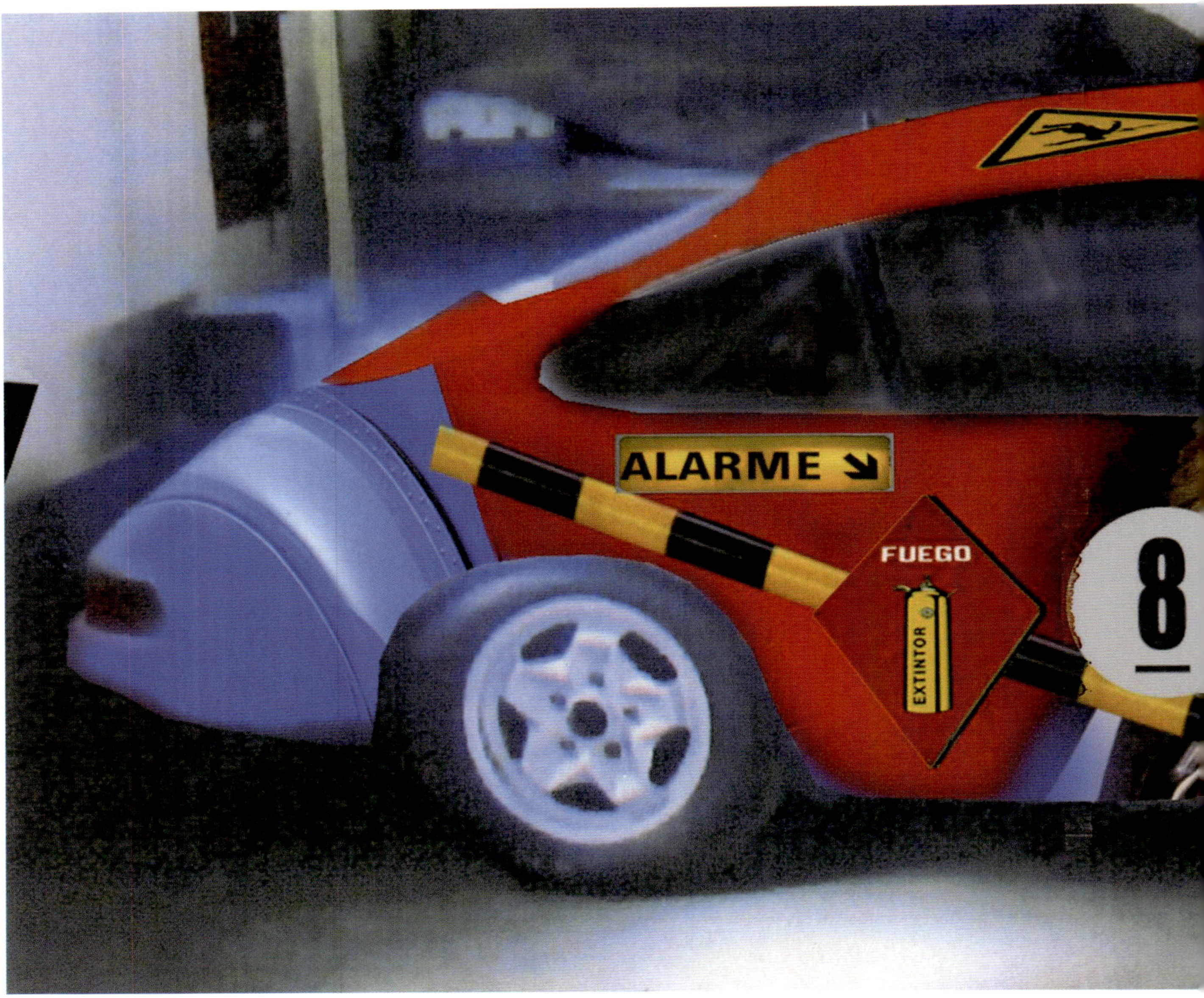

Maquette Porsche 007, 2009,
collection Basile Lefay

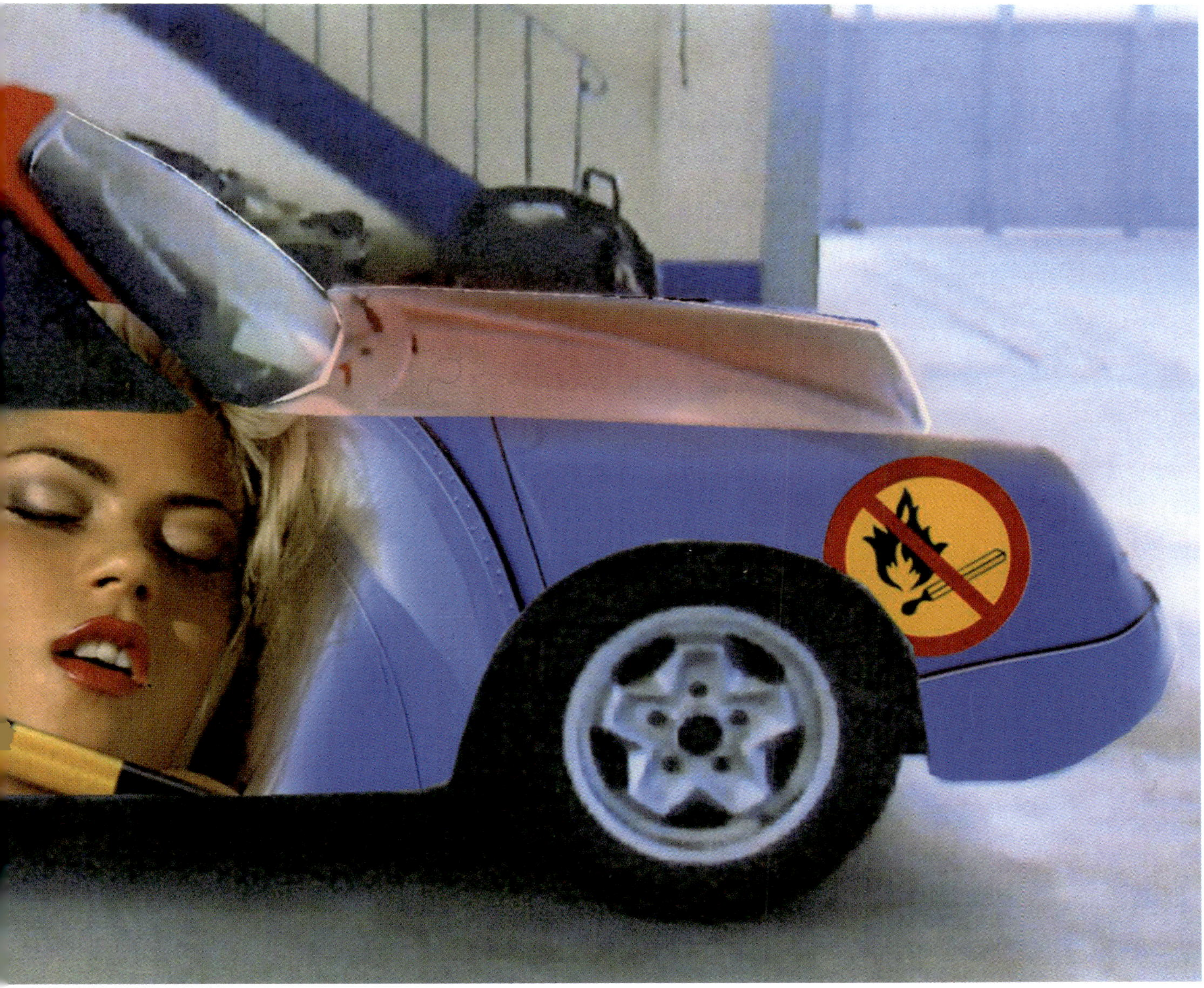

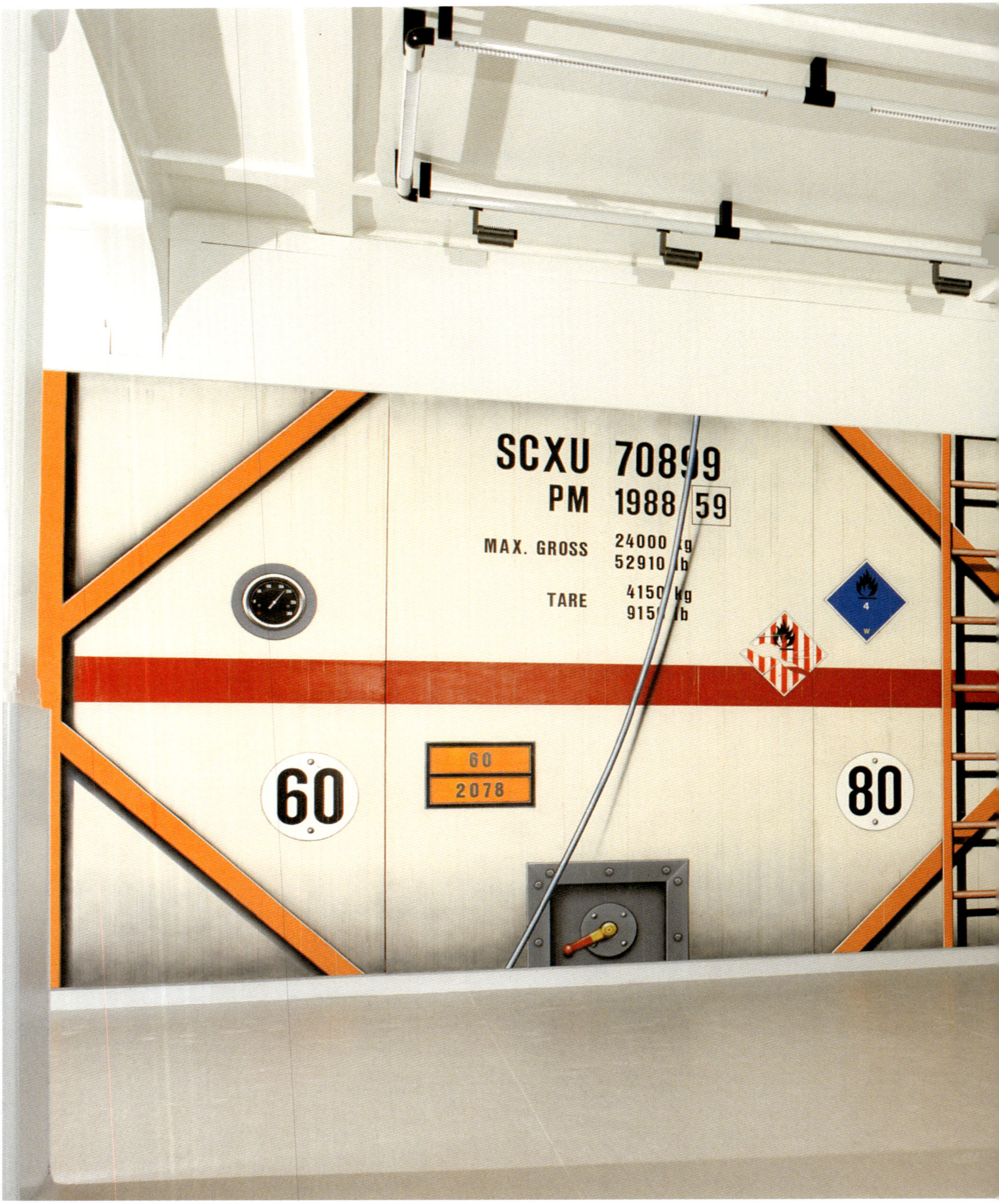

Peinture murale, acrylique sur toile,
mairie de Lille, 1988

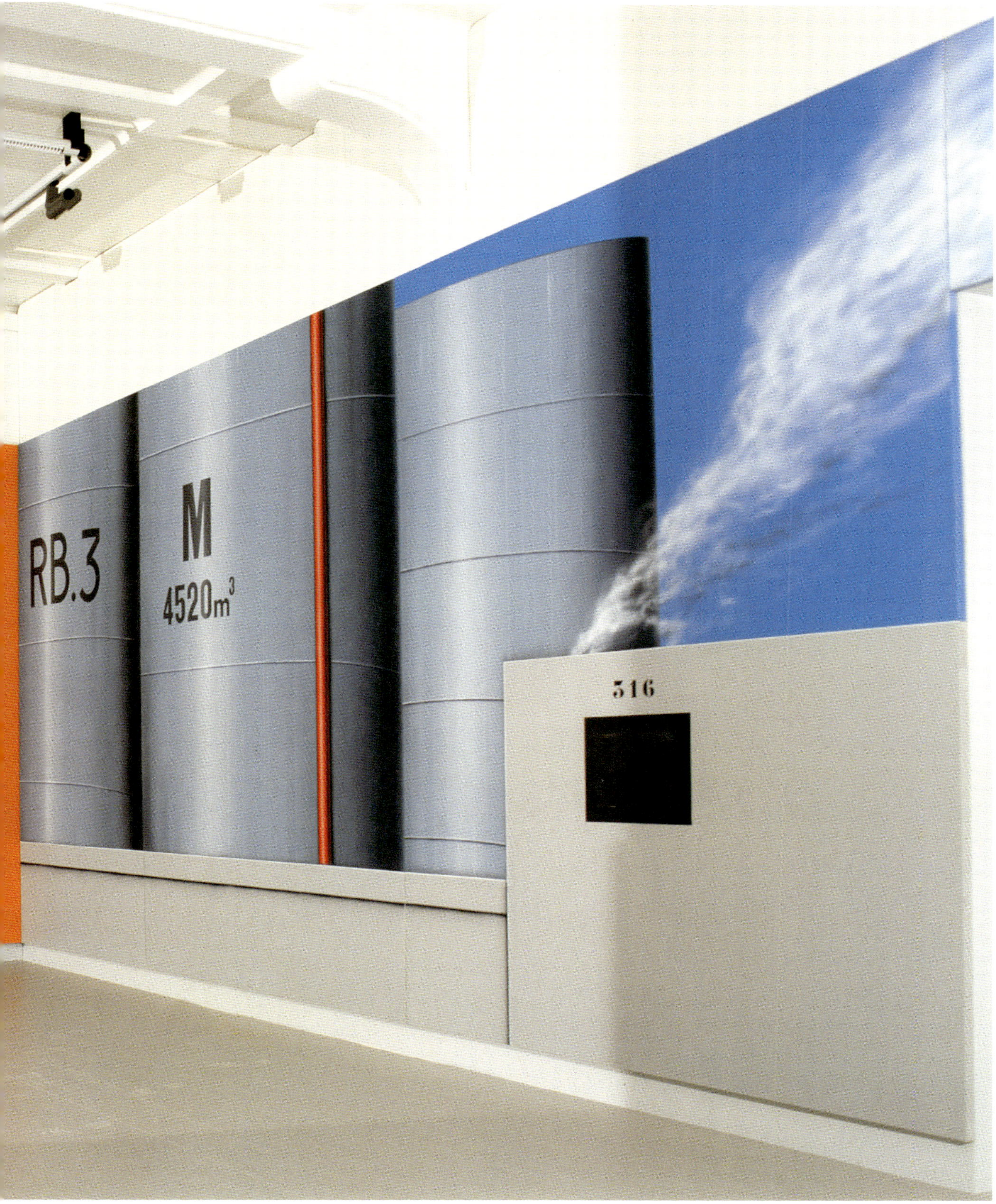
RB.3
M
4520m3
316

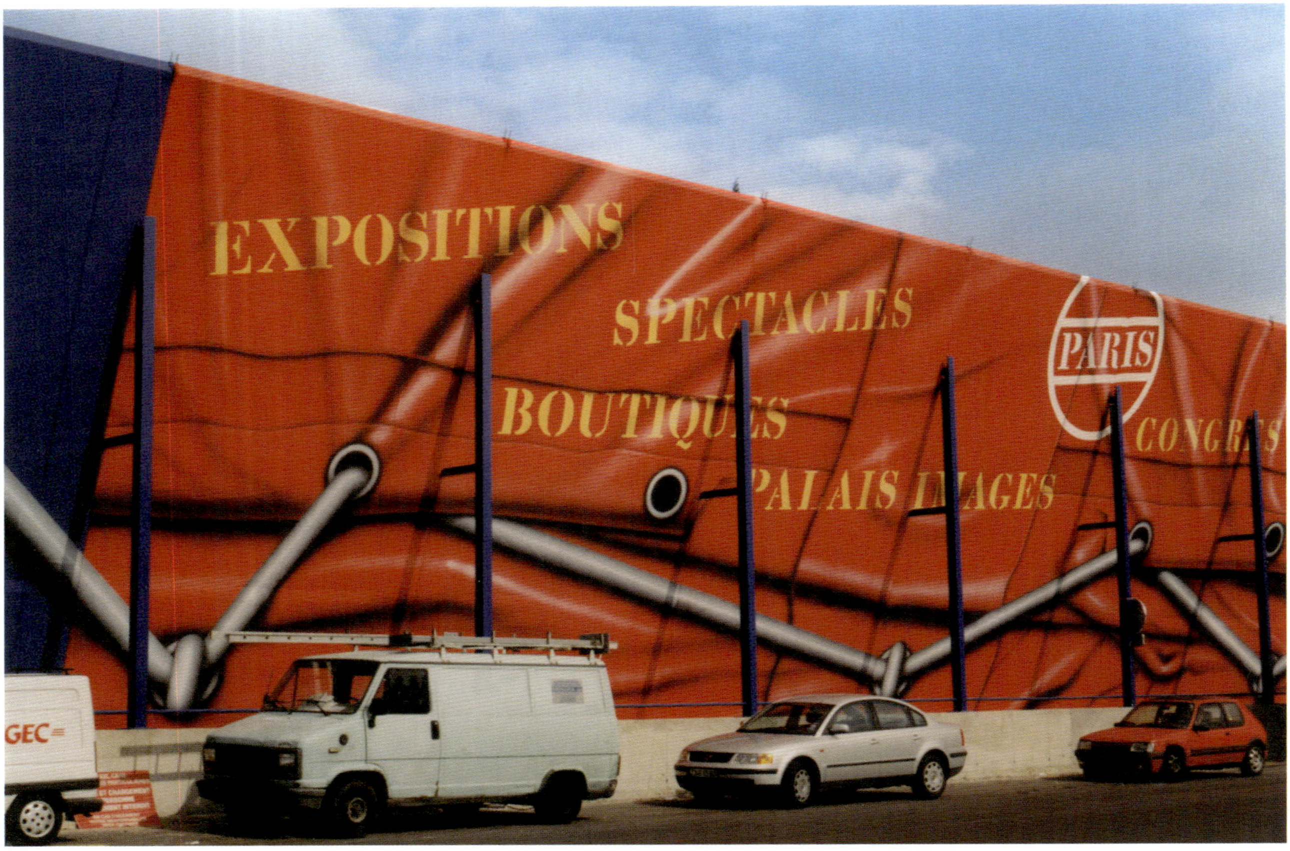

Bâche réalisée lors du chantier de restauration du palais des congrès,
Paris, 1999-2000

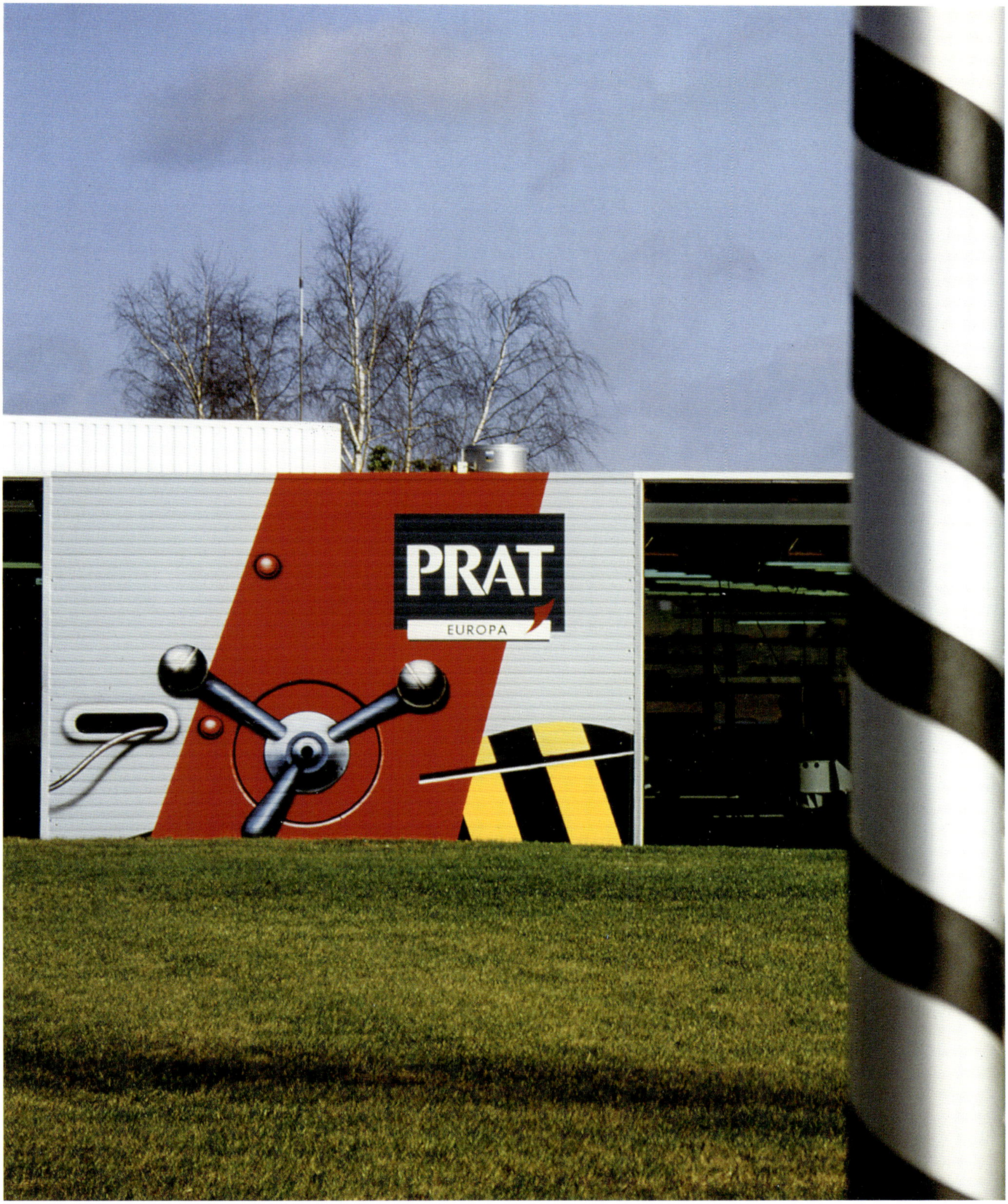

Usine Prat Europa,
fresque murale, Combres

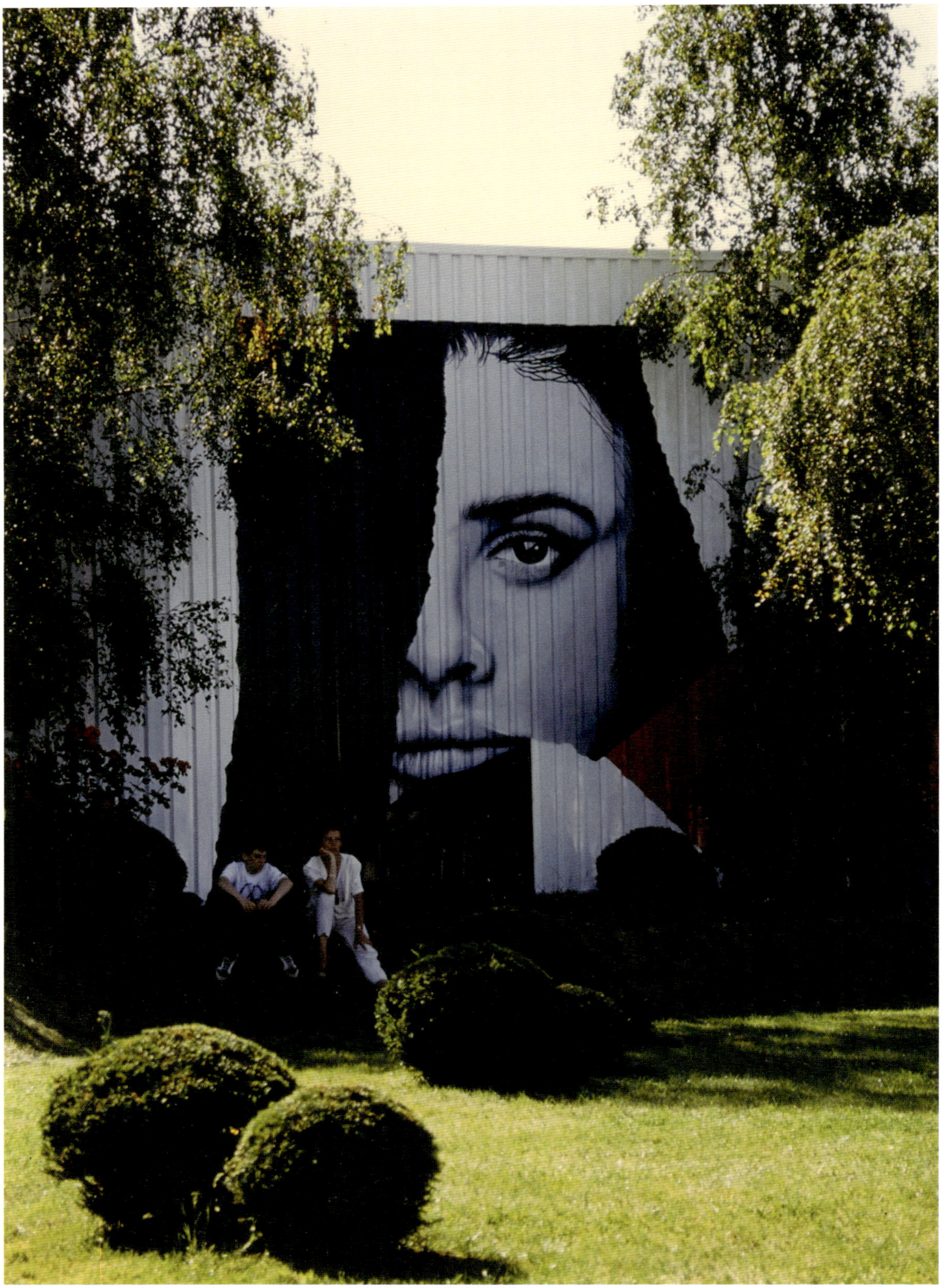

Usine Prat Europa,
fresque murale, Combres

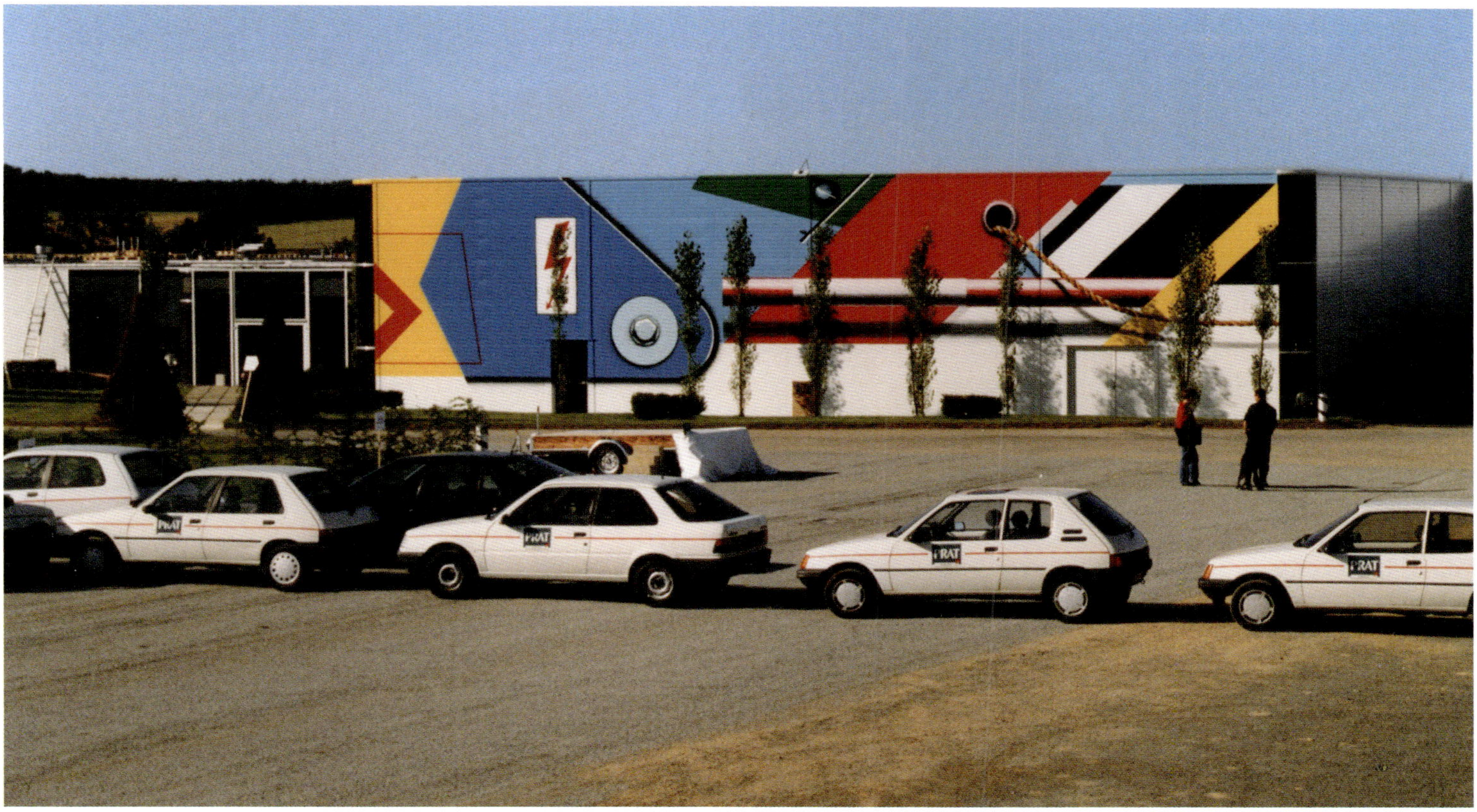

Usine Prat Europa,
fresque murale, Combres

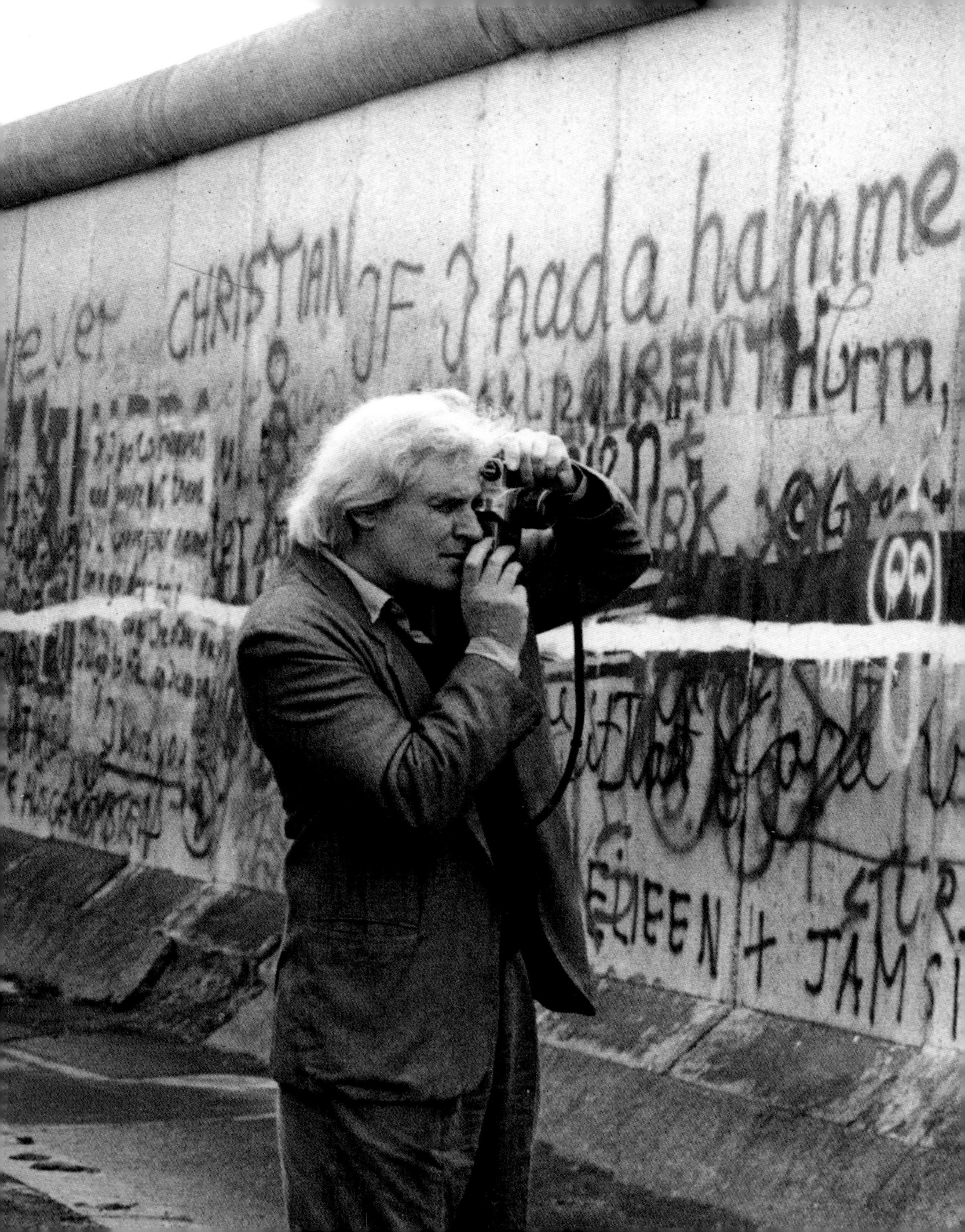
CHRISTIAN
hada hamme
Hurra,
EILEEN + JAM

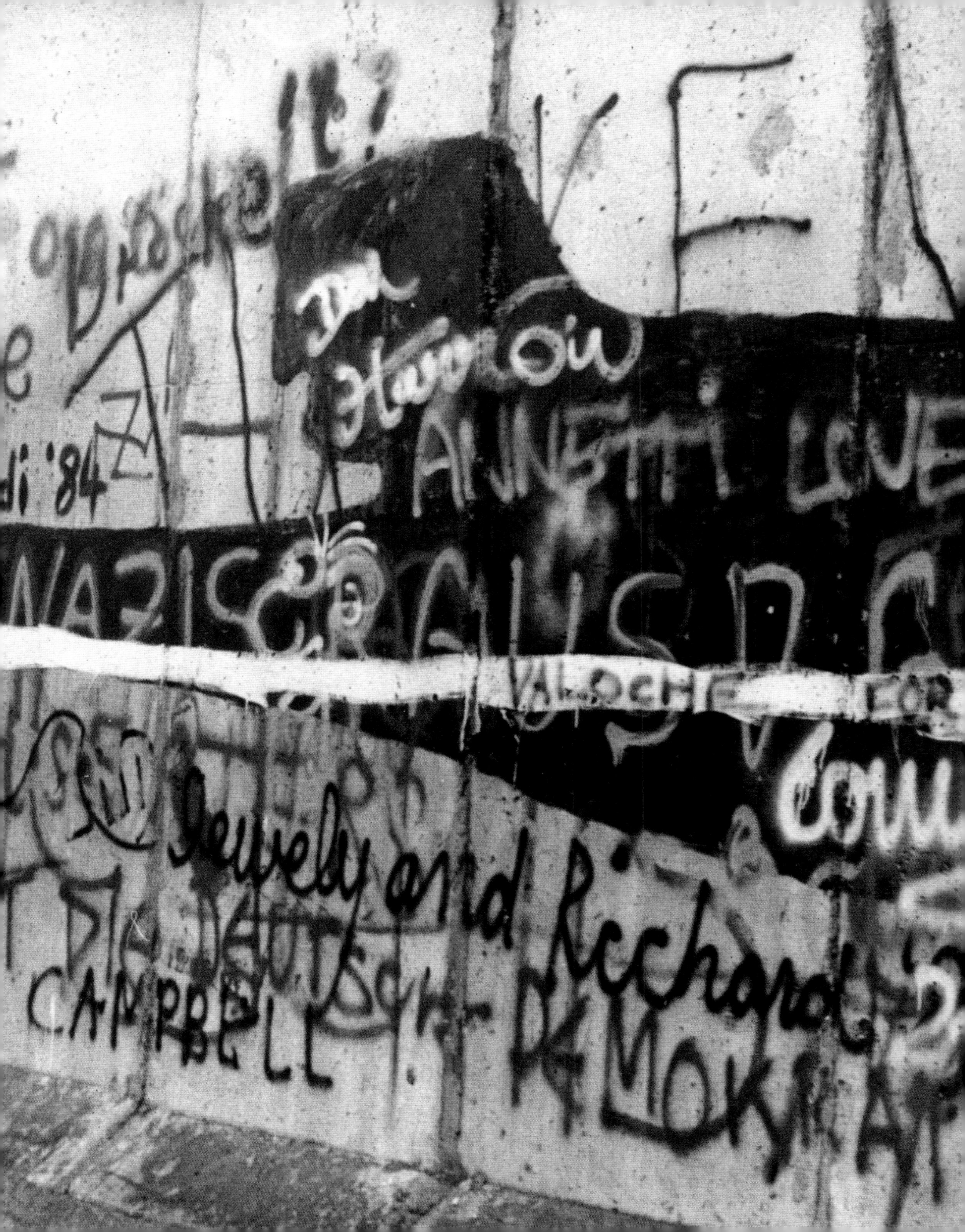
di '84
NAZIS
CAMPBELL

Die Collage als Fiction

Peter Klasen gehört zu jenen provokatorisch auffallenden Malern, welche die jüngsten Erfahrungen der modernen Kunst weniger unter dem euphorischen Aspekt ihrer undefinierbaren Einzelleistungen und Aus-tttnahmen verarbeiten wollen, denen noch die Geniegeschichte huldigt, als vielmehr unter dem aufgeklärten eines überindividuellen, Bildner und Beschauer gleichwertig verbindenden Ausdruckbedürfnisses. Den kollektiv und antiindividualistisch gewordenen Einfällen des gesellschaftlich erzogenen Bewusstseins, der *fonction fabulatrice* (Bergson) seiner kommandierbaren Phantasie auch im Künstler, der mit Vorliebe in den halbmechanischen Medien der optischen Reproduktion und Montage rezeptiv nach Ausdruck sucht, gilt eher beobachtende als subjektiv erfindende Aufmerksamkeit. Einerseits haben sie die ästhetische Relevanz der halbmechanischen Herstellungsverfahren, die Collage und Assemblage oder die fotomechanische Metamorphose, für das moderne subjektlose Bild scharfsinnig erkannt, andererseits weigern sie sich mit Recht, diese in der herkömmlichen, viel strapazierten Form als ein Wiederzusammensetzen von Formfundstücken weiterhin zu verwenden. Peter Klasen hat repräsentativ für diese Einsicht den Leerlauf und ästhetischen Verschleiss der ehemals avantgardistischen Technik des Collagierens durchschaut und versucht die für sie konstitutive rezeptive Einstellung des Findens und Zusammenfügens der optischen Tatsachen in das Illusionistische und Subjektive von Malerei im weitesten Sinne hinüberzuretten. Das verblüffende Resultat sind jene nicht mehr unmissverständlich Collagen zu nennenden Bilder, die an ihrem klassischen Vorbild gemessen noch eine Zusammenstellung von Formfundstücken sind, diese aber nicht mehr unmittelbar selber als ein Ding oder ein fotografisches Zitat aus der Zeitschrift, dem Magazin oder dem Film ins Bild bringen, sondern sie nur mehr auf zweidimensionaler Fläche naturlistisch abbilden. Die artistische bildnerische Pointe ist diese Retransponierung einer dreidimensionalen Assemblage oder einer Collage ins illusionistische Medium des zweidimensionalen Tafelbildes. Der Eindruck ist für den Beschauer ein doppelter : der angestrebte realistische Bezug zur Objektivität der Dingwelt in ihrer aktuellen sozialen und emotionalen Physiognomie bleibt in den zweidimensional nachgeahmten fiktiven Formfundstücken gewahrt. Die Formfundstücke eines wirklichen oder fotografierten Autoreifens, Thermometers, Lippenstiftes u.a.m. werden mit Hilfe einer dafür ausprobierten Schablonier – und Spritztechnik so getreu und sinnlich auf die Leinwand zu einem Bildganzen projiziert, dass der Collagen bzw. Assemblagen zu sehen gewohnte Beschauer verführt ist, nach jenen Formfunden zu greifen, als seien sie unmittelbar präsent und nicht ihre zweidimensionale Darstellung. Zugleich wird in solcher Projektion auf die Fläche der häufig zu Recht kritisierte rohe Abbildcharakter der Materialcollage, die wie im *nouveau réalisme* und in der *Popart* ihrer gesammelten Fundstücke nahezu unbearbeitet lässt, glücklich vermieden. Die seit Schwitters für die klassiche Assemblage charakteristische barbarische Heterogenität ihrer Formfundstücke erfährt in den fiktiven

Collagen Klasens eine überraschende Reintegration in die gebildete Homogenität einer Fläche. In den besten Bildern des Malers glaubt der Beschauer einen Hinweis zu erkennen, wie das von Gesamtkunstwerkideologen abgewertete Tafelbild auf einer historisch neuen Stufe des Ausdrucks sein ästhetisches Recht zurückerlangt. Die bildende Kunst, die sich heute im Besitz der im 19. Jahrhundert verlorenen dreidimensionalen Räumlichkeit weiss, kehrt zur derokativen Fläche zurück, fordert vom Raum, dass er sich ebenso wieder als ideelle Fläche geben darf – als Fläche im Interesse einer neuen, wieder ornamentalen Wirkung des zweidimensionalen Bildes und seiner angegebenen fiktiven Räumlichkeit.

Peter Gorsen, catalogue galerie Mathias Fels, Paris, 1966

Supergegenständlichkeit und Persönliche Betroffenheit

Die Halluzinatorische Kraft Mancher Bilder entsteht durch den Ausschnitt, der Auf Verfremdung und Illusion zielt. Wenn ein Gitter oder die Rückfront eines Lastkraftwagens das Bildformat bis an den Rand Füllen, so wird das Bild selbst zu dem, was es darstellt. Wird ein Schloss, Scharnier oder Türgelenk mit seiner Verschraubung oder Vernietung Stark vergrössert, kann es die Suggestion eines Medusenhauptes gewinnen : es gerinnt in eine Physiognomie und bedroht.

Der Betrachter begegnet diesen Bildinhalten FrontaL : Sie Stehen Ihm Unausweichlich Gegenüber ; weder vor noch in dem Bild ist ausweichen möglich ; die Gegenstände sind fast immer bis in die Bildoberfläche vorgerückt.

Klasen versteckt seine persönliche Betroffenheit hinter ihrer scheinbaren Objektivität. Andererseits verliert er beim Malen das ursprüngliche Verhältnis zur vorlage ; so sehr sind Wir heute von industriellen Geräten, Türen und Verschlüssen umgeben, dass Wir Ihre Ausdruckswerte zu abstrahieren vermögen.

So kann Klasen seine vorlagen Beliebig auswechseln (im rahmen seiner Auswahl), er wird in seinen Bildern immer ausdruckschiffren für Bedrohung, für Repression erfinden : nicht das sinngebende Motiv Ist abgebildet, sondern der Bildsinn ist – aus dem Wunsch Nach verständigung – an ein alltägliches Motiv geknüpft. Die Bilder wirken deshalb in höchstem Masse "konstruiert" ; die Ratio, die jene Technologie entwickelte, die sich in ihnen zeigt, ist jener verwandt, die an der Entstehung der Bilder beteiligt War.

Wolfgang Becker, 1979

Die Realität des Entrücktens

Die Magie der Werke von Peter Klasen beruht auf dem Grad ihrer Beunruhigung, den sie permanent in sich tragen. Es ist nicht – wie man vermuten könnte – ihre glatte Oberfläche, ihre perfide Leuchtkraft, nicht ihre ganz eigene Animation, näherzutreten und sich einzulassen auf den anfänglich so schönen Schein der Dingwelt, derer der Betrachter augenblicklich gewahr wird und in die er sich nur allzu bereitwillig verstricken lässt.

Es ist vielmehr die nachhaltige Irritation, das Suchen, nach dem Sinn, dem Warum und dem Kontext, den die Sujets in ihrer sachlich und voller Kalkül vorgetragenen Ausschnitthaftigkeit vermissen lassen. Vordringlich bleibt diese unterschwellige Unruhe, das subkutane Wissen um ein gefahrenvolles Moment des Entdeckens, des Unausweichlichen, der Bedrohung, das aber nicht anders als durch Ahnungen erlebt und empfunden werden kann. Die Malerei von Peter Klasen geht unmittelbar unter die Haut und anders als bei anderen Vertreter des (Foto)-Realismus oder Hyperrealismus gibt es bei ihm fast keine Distanzen, taucht keine Metaebene auf, die ein Enttrücken und Entweichen aus der Situation selbst möglich werden liesse.

Als einer der ersten öffentlichen Auftritt des Fotorealismus in Europa kann die documenta 5 1972 in Kassel gesehen werden. Die Bilder und Plastiken des "Amerikanischen Fotorealismus" brachen langjährige Tabus, die vor allem in Deutschland gegenüber einem abbildenden Realismus existierten und in Abgrenzung gegen die Kunst im Dritten Reich und gegen den Sozialistischen Realismus entstanden waren. Die Irritationen entstanden nicht zuletzt aus der Verkennung der künstlerischen Intention des Fotorealismus, dessen Künstler weniger an bestimmten Ausschnitten der Realität interessiert waren als vielmehr an der möglichst exakten Umsetzung der Darstellungsweise von Fotografie in Malerei und den sich daraus ergebenden Wirkungen und Möglichkeiten. Die als Reproduktion von Reproduktionen aufgefassten und gemalten Bilder erscheinen, wenn sie nur abgebildet werden, in erneuter Reproduktion und somit reduziert auf das, wovon sie ausgingen, als Foto. Kennzeichnend ist der bis zur Augentäuschung gehende Detailnaturalismus, den einige ihrer Verfechter bis zur Ununterscheidbarkeit verfochten haben. Solch fatale Realitätsverwechslung und Bildunsicherheit verfestigten den Vorwurf, diese Kunst sei bloße Kopistenvirtuosität, schierer Foto- und damit reiner Wirklichkeitsabklatsch. Was indes in der Abbildung wie ein Foto wirkt, lässt im Original die entscheidenden Züge einer dennoch höchst subjektiven Wirklichkeitsinterpretation, einer eigenen Bildrealität erkennen. Um diesen Kreislauf der Täuschungen zunächst effektiv zu gestalten wurden von den Fotorealisten gerne fotografische Vorlagen gewählt, die aus unterschiedlichen Bereichen des öffentlichen Lebens stammten wie z. B. Zeitungsausschnitte, Werbeanzeigen, Stilikonen der Zeit wie z. B. Präsident Kennedy, Jacky Onassis, Filmstars etc., die sie gerne auch per Diapositiv entsprechend vergrößerten und mit den unterschiedlichsten Elementen im Collageverfahren miteinander kombinierten. Ihr Verhältnis gegenüber dem Inhalt ihrer Bilder sollte neutral und möglichst objektiv sein.

Von den deutschen Künstlern waren es wenige, die sich bereits in den 60er Jahren, als sich der Kunsttrend weitgehend noch in der gegenstandslosen Malerei, im Tachisme und im Informell bewegte – nicht zuletzt als Gegenreaktion auf den Realismus der Nationalsozialisten –, der figurativen Malerei wieder zuwandten.

Man wird wohl kaum die unterschiedlichen Ansätze, die die amerikanischen Künstler im Vergleich bis hin zum Gegensatz zu den europäischen Künstlern verfolgten, mit nur wenigen Worten zusammenfassen können, aber dennoch gibt es gravierende Unterschiede, die sich zumindest grob in die übertrieben fröhlich apostrophierte Welt des Glamours, der Werbung und des Konsums versus der Welt der negativen Schlagzeilen, der Vergitterung, des Abgeschottetseins und der technisierten, entmenschlichten Szenerie festmachen lässt. Maschinen und Technik lenken zum Teil in überdimensionierter Form gänzlich den Blick auf eine andere, ebenso absurde wie surreal-dadaistische Welt, die hinüberreicht in den Bereich des Martialischen und des ent-humanisierten Daseins.

Tiere, Mobiliar, Maschinen und technische Instrumente werden zu vermenschlichten Objekten uminterpretiert. Ihnen allen ist dabei ein gewisses Maß an Psychologisierung eigen, eine Deutung der hervorstechendsten Eigenschaften hin zu einer visuell evozierten Symbiose von Mensch und Objekt. Der subtile Grad an "Vermenschlichung" schafft eine Balance zwischen dem vermeintlich "humanisierten" Objekt und dem zum Objekt "degradierten" Menschen. Die Individuation, die jedes menschliche Wesen für sich verbuchen kann, wird subsumiert unter dem sinnfälligen Deckmantel der "Vermenschlichung" des Objektes. Nur so kann die augenfällige Identifikation zwischen abgebildetem Objekt und der auf Subjektivität gepolten Wahrnehmungshaltung des Bildbetrachters generell und ohne Infragestellung jederzeit gelingen.

Damals schon, wie auch heute noch, spielt neben gängigen Utensilien und Requisiten aus Werbung und Alltag der nackte weibliche Körper eine wichtige, signalhafte Wirkung. Dies betrifft sowohl die ästhetisch-sinnliche Ebene wie auch die der reinen Erotik, der Begierde, der mit allen Mitteln des weiblichen Raffinements inszenierte Körper, der zwischen Sinnlichkeit und zugleich Verletzbarkeit changiert. Dominante Lust trifft auf unterliegende ungewollte Zur-Schau-Stellung, auf Verletzung des Intimbereichs ? Die Grenzen scheinen nicht immer deutlich, treiben wechselseitig ihr Spiel.

Vor allem ab dem Ende der 90er Jahren und in den neueren Arbeiten tauchen diese Aspekte wieder auf, werden zugleich aber auch in eine neue Richtung gelenkt. Der Grad der Verstrickungen, der angedeuteten potentiellen Gewalt, das Inszenieren von Krankenhaus und Intensivstation, die dann jedoch in den neuesten Arbeiten in ein chaotisch-geregeltes Szenarium von Absurditäten einmünden, all dies wird im Grund in den frühen Arbeiten bereits angelegt und in den Folgejahre – mit großen Zäsuren – immer wieder exploriert.

Bereits 1965 vermerkte Gérald Gassiot-Talabot, grundlegender Theoretiker der Figuration narrative / Figuration libre, zu den damaligen Werken : *"Klasen est un peintre chargé d'une électricité négative, qui provoque ses monstres intimes et, en même temps, les tient à distance du bout de son fouet ; il leur tourne le dos, comme le dompteur dans la cage aux lions, peut-être surtout pour montrer au public qu'il n'est pas leur prisonnier."*

In den 70er Jahren lenkt Peter Klasen den Blick auf eine scheinbar ganz andere Welt, fokussiert nun Objekte in großer Nahsicht, die aus dem Bezirk der Maschinen, der Elektrizität und der (Strassen-)Signets. Auch hier deutet fast alles auf Gefahr, oder doch zumindest auf Objekte, die ihrerseits auf Gefährdungen hinweisen (wie z. B. Hochspannung), auf Schläuche und Verkabelungen, auf Lastwagen, deren Transportgut leicht entflammbar, höchst explosiv scheint (vor allem ab 1981). Die Signets werden zu Alarmzeichen, die Welt, die dort in den Fokus gerückt wird, erklärt sich nicht selbst, sie überrollt und überrascht den Betrachter ganz unvermittelt mit ihrer Botschaft, die ohne Kontext oft nur Alarmstufe Rot signalisiert. (siehe Abb. : *MN 75*, 1985)

Gelegentlich tauchen in diesen düsteren Szenarien von Hochspannungen und verriegelten, verschnürten Planen oder Schalttafeln auch Münder auf, die im Begriff sind, eine Tablette einzunehmen : Ein Fieberthermometer daneben verweist seinerseits auf Krankheit, Erhitzung, Überhitzung... Tod ? Die Konnotation Gefahr bleibt, wiewohl der Mund (hier ganz in schwarz-weiß gehalten) zugleich auch schon diese lüsterne, sich zum Liebesakt bereit erklärende Offenheit betont. (siehe Abb. *Disjoncteur rouge, thermomètre*, 1972) Das gefühlsmäßige Schwanken zwischen Gefährdung und Verlockung wird vollendet ausgespielt und lässt etwas zu Tage treten, was es in dieser krassen Gegenüberstellung am ehesten noch bei Jacques Monory und dessen traumatischen Inszenierungen von Überfall, Mord und verführerischen Verlockungen durch die weiblichen Protagonisten zu beobachten gibt. Monory, der seinerseits vornehmlich der Farbstellung Blau-Schwarz treu bleibt, taucht damit per se seine Bildgeschichten in einen geradezu höchst artifiziellen Lesekontext und suggeriert – im Gegensatz zu Klasen – gar nicht erst die scheinbare Wirklichkeit, sondern macht von Anfang an deutlich, dass seine Bildrealitäten ganz und gar gemachte, gänzlich aus dem Bereich normaler Alltagserfahrungen entrückte fantastische Bilderzählungen nachstellen. Bestenfalls knüpfen sie an, an die Traumdeutungen im Sinne Sigmund Freuds, lassen von Anfang an das Gezeigte in die Welt des (Alb-)Traumes entgleiten und intendieren keinerlei Grenzüberschreitungen. Indem sie ohnehin auf filmische Mittel und Sequenzen unmittelbar verweisen sowie die Lichtregie in die Nachtzeiten verlegen wird die gezeigte Bildrealität als bereits artifiziell inszenierte Handlungssequenz vorgeführt. Das schafft für den Beobachter eine weitere Graduation der emotionalen Entrückung.

Bei Peter Klasen hingegen sind die Bildinszenierungen, rein optisch betrachtet, unmittelbar mit der Realität des Sehens kongruent. Ihre Entfremdung aus dem normalen Alltag ergibt sich für den Betrachtenden häufig zunächst nur mittels der Überdimensionierung, die durch das optische Heranholen der Sujets provoziert wird. Die Nähe ist ein Plus, das mit nichts aufgewogen werden kann, zugleich aber auch die Diskrepanz zwischen dem zu Sehenden und dem quasi ausgeblendeten "Kontext-stabilisierenden" Part (des Nicht-zu-Sehenden) evident werden lässt. Das unmittelbare Heranholen lässt den Bildbetrachter direkt zum Voyeur werden, zu einem diskreten, aber dennoch ungebremst neugierigen Beobachter der Szene – wobei schon in den Ansätzen undeutlich bleibt, wer wen betrachtet und wie die Mechanismen ausgereizt werden, um immer wieder neue Momente der Lust und der Qual im wechselseitig sich potenzierenden Balanceakt zu ereignen. Denn gerade in jenen Arbeiten, in denen (quasi in Umkehrung der voyeuristischen Gegebenheiten wiederum ein einzelnes, streng beobachtendes Auge oder der schon erwähnte, leicht geöffnete Mund sich geradezu erotisierend anbieten, verschwimmen die Grenzen zwischen dem wirklichen *Voyeur des Bildsujets* sowie den scheinbar fest auf den Bildbetrachter fixierten Blicke. Provokation folgt Gegenprovokation und der (unfreiwillige) *Voyeur* wird zum Täter, so wie die vermeintlichen "Opfer" selbst nicht hilflos, sondern gleichermaßen fordernd und die Situation auskostend gezeigt werden. So erscheint im Umkehrschluss der vermeintliche Voyeur, der gegen jede Regel gesellschaftlicher Konventionen den Bannkreis der individuellen Intimität durchbricht, als gleichermaßen gefangen in der Situation und letztlich als ein Ausgelieferter, der sich den Regeln seines voyeuristischen Gegenparts unterwerfen muss. Das Umkippen der Situation ist das Machtspiel, das sich zwischen Masochist und Sadist wiederfindet, indem keiner vom Anderen lassen kann und sie sich gegenseitig in ihrem Treiben befruchten.

Interessanterweise spiegelt sich dies jedoch einzig und allein im Kopf des Betrachters ab, der Künstler liefert weiterhin nur einzelne, manchmal eher unzusammenhängend erscheinende Versatzstücke aus zum Teil sehr entlegenen Lebenskontexten. Denn im Vergleich mit den anderen, schon benannten Künstlern sind es bei Klasen weder vermenschlichte Objekte noch sind sie in einen aktiven Bewegungsstrang eingebunden : Bei Klasen verbleibt alles starr. Ihr Beharrungsvermögen entrückt sie aus jeglichem noch so zart angedachten Kontext von Agitation, von subjektiver Interpretation oder von psychologisierender Umwidmung (z. B. im Sinne Freuds). Zweifelsohne entsteht, obwohl die Objekte an sich weitestgehend unmanipuliert erscheinen und sich der allzu großen Besitzergreifung durch den Künstler entziehen, durch die Dinge und deren Kontext, in dem sie sich letzten Endes bewegen, ein anderes sinnhaftes Gefüge als wenn ein Fotograf die Sujets aus Klasens Bildwelten hätte so fotografieren können wie er sie in seinen Werken wiedergibt. Das ist genau der entscheidende "Knackpunkt", in dem jegliche inszenatorische Idee bei Klasen kulminiert : Er selbst arbeitet damals wie heute gerne mit der Kamera und "übersetzt" seine Fotos, allerdings gänzlich unter dem Diktum der entfremdenden, neu zusammengestellten Collage, so dass durch diese im wesentlichen der Umschwung innerhalb der Wahrnehmung vollzogen werden kann. In einem kurzen Manifest von Peter Klasen aus dem Jahr 1970 beschreibt dieser, der sich selber daneben mit Selbstauslöser im Foto festhält, *"1. Jouer sur la dialectique d'une reproduction photographique et sa transposition picturale. Jouer sur le pouvoir magique et poétique d'un objet déplacé."* Damit manifestiert Klasen schon in seinen Anfangsjahren, dass er vom Objekt kommt, dieses zum Teil schon durch die Kamera gefiltert und damit in seiner Ausschnitthaftigkeit in den Blick genommen hat, um das fokussierte Objekt in Malerei zu übersetzen. Die Kamera wird bei ihm zum direkten Auge, zum Protagonisten seines Schaffens. Aber dennoch ist es die

Malerei und mit ihr ihre manipulativen Obsessionen, denen er sich in immer wieder neuen waghalsigen Bildern hingibt.

Er betont ausdrücklich den Unterschied zur normalen Realität, indem er die Transposition in ein malerisches Sujet vollzieht, um die ganze Magie und Poesie hervorzurufen und schließlich Magie und Poesie zu verschmelzen. Das Diktum, das es zu realisieren gilt, ist das *"objet déplacé"*, das "falsch" implementierte Objekt in einem Kontext, der außerhalb der Realität des Bildes ein anderer – ein ganz und gar irritierender ist – als innerhalb des Bildgefüges. Dieses lässt sich dann im Sinne des Surrealismus, letztlich aber auch im Zusammenhang der Nouveaux Réalistes und ihrer Objektverliebtheit (siehe insbesondere Arman und Spoerri, oder die absurden Maschinengebilde von Tinguely) sowie – eher sehr weitläufig – mit der *Figuration libre* in Frankreich assoziieren.

Für Peter Klasen folgt neben den Gefahrenzonen der Maschinen und Elektrizität eine ebenso große Sequenz an Werken, in denen es um abgeriegelte Räume, um vergitterte Fenster, um Gefängnisse des Sehens und des Seins im wahrsten Sinne geht : Endstationen der Humanität. Es sind entleerte Räume, deren einziger Sinn nur noch darin besteht, das Leben auszuschließen und nicht mehr zuzulassen. (siehe Abb. *No Admittance*, 1978, Coll. Hafner, New York). Klasen stellt sie in den 70er und 80er Jahren in einen großen geschlossenen Werkzyklus, der seinerseits auf die *Camions* und letztlich auch die entpersonifizierten Waschräume, Bidet, Kloschüsseln (nicht zuletzt auch als *Hommage à Duchamp*), die Bahren, Arztstühle etc. hinweist, die ihrerseits eine Welt der Geschlossenheit, des "clean" – Seins, der Sterilität widerspiegeln. Die Oberflächen scheinen zu glatt, um Menschen überhaupt zuzulassen.

Maschine versus Menschen

Wenn Peter Klasen in seiner Bildwelt die Maschinen und technische Requisiten integriert und diese ihrerseits zu den Hauptprotagonisten seines Geschehens werden lässt und diesen auch keine menschlichen Attribute "angedeihen" lässt, dann formuliert er hier ein radikales Menschen – oder besser noch Gesellschaftsbild, das sich weit jenseits jeglicher humaner Aspekte und Grenzen der Individualität bewegt. Man kann, wenn man über die Übermacht der Maschinen – vor allem seit dem Zeitalter der Computer –, zurückdenken an die ersten Schriften, die sich damit theoretisch auseinandergesetzt haben und Maschine versus Mensch interpretiert haben. Erst Marx ging schließlich in der Mitte des 19. Jahrhunderts dazu über, Mensch und Maschine in einen gemeinsamen Arbeitskontext zu stellen und letztlich der Maschine einen "Intellekt" zuzusprechen, den sich die Gesellschaft erst nutzbringend erschließen müsse. In seinem *Fragment über Maschinen* schreibt er inwieweit sich die Maschine schon des menschlichen Handelns und Denkens "als fremde Macht" bemächtigt:

"Die Tätigkeit des Arbeiters, auf eine bloße Abstraktion der Tätigkeit beschränkt [nämlich die Maschine vor Störungen zu bewahren], ist nach allen Seiten hin bestimmt und geregelt durch die Bewegung der Maschinerie, nicht umgekehrt. Die Wissenschaft, die die unbelebten

Glieder der Maschinerie zwingt durch ihre Konstruktion zweckgemäß als Automat zu wirken, existiert nicht im Bewusstsein des Arbeiters, sondern wirkt durch die Maschine als fremde Macht auf ihn, als Macht der Maschine selbst."

Wenig später präzisiert er noch einmal die Wechselwirkung von Maschine ("general intellect") und ihr Einwirken auf das "allgemeine gesellschaftliche Wissen" :

In der Maschine zeigt sich damit schließlich auch die Kollektivität des menschlichen Intellekts. Maschinen sind "von der menschlichen Hand geschaffne Organe des menschlichen Hirns ; vergegenständlichte Wissenskraft. Die Entwicklung des capital fixe zeigt an, bis zu welchem Grade das allgemeine gesellschaftliche Wissen, knowledge, zur unmittelbaren Produktivkraft geworden ist, und daher die Bedingungen des gesellschaftlichen Lebensprozesses selbst unter die Kontrolle des general intellect gekommen, und ihm gemäß umgeschaffen sind. Bis zu welchem Grade die gesellschaftlichen Produktivkräfte produziert sind, nicht nur in der Form des Wissens, sondern als unmittelbare Organe der gesellschaftlichen Praxis ; des realen Lebensprozesses."

Interessanterweise vermerkt Klasen 1970 in dem bereits oben benannten "Manifest", dass es für ihn einen unmittelbaren Zusammenhang zwischen den von ihm gemalten Bildern und Szenarien und der Gesellschaft gibt, die er als aggressiv (und damit jegliche Menschenwürde negierend) erlebt : *"2. Répondre à l'agression de la société par une autre agression."* Es macht einmal mehr den provokanten wie aggressiven Stimmungsgehalt seiner inszenierten Bildwelten deutlich, der sich hinter der ersten Wahrnehmung von Glätte und distanzierter Schönheit auftut : Seine auf subtile Weise weitgehend enthumanisierte Welt der Objekte, in der auch der Mensch nichts anderes als Objekt sein kann : Der Begierde, der Unterwerfung, der Verbannung etc. Die Dominanz der Objekte überlagert die Gefühle und Emotionen, die ethischen und kulturellen Normen, die Variationsvielfalt der Individuen, die bei Klasen allesamt zu einem uniformen Typus des blonden, lockenden Weibes herabgestuft sind und letztlich nicht anderes "funktionieren" als Maschinen. Das Objekt hat mit dem ehedem geltenden Menschenrecht offenbar gleichgezogen. Die "Würde" obliegt nun dem Objekt.

Beate Reifenscheid, 2007

Erkundung der Endzeit

"Wir leben in einer Welt, der eine unbegrenzte zerstörerische Kraft innewohnt", erklärte Jonathan Mann, der Leiter des Anti- Aids Programms bei der Weltgesundheitsorganisation, kurz bevor er beim Absturz der Swissair Maschine Flug 111 ums Leben kam.

Es dürfte wohl in der Tat unmöglich sein, sich mit der Kunst und Kultur des 20. Jahrhunderts auseinandersetzen zu wollen, ohne die Bedrohung zu ermessen, deren Ausdruck sie sind, einer zwar unterschwelligen, aber dennoch sichtbaren, ja sogar blind machenden Bedrohung.

In unserem Jahrhundert der permanenten Alarmbereitschaft besteht das Ziel der Ästhetik nicht mehr in erster Linie in der Verführung, sondern es besteht vielmehr darin, Abscheu, Zurückweichen und Schrecken zu erzeugen. Die normalerweise vom Tod ausgehende Bedrohung ist durch diejenige der Auflösung, des vollständigen Zerfalls der Wirklichkeit ersetzt worden.

Auf die Anziehung des Fernen ist diejenige des Abstands zum Unmittelbaren und Greifbaren gefolgt.

An die Stelle der als aggressiv und bedrohlich empfundenen Gegenwart des Anderen ist diejenige des Reizes jener Abwesenheit getreten, die nicht mehr den Horizont der Erscheinungen verstellt. Wie kann man sich von den Fesseln dessen befreien, was da ist? Wie kann man nicht bloß die unmittelbare Nähe aufgeben, sondern auch die nähere Umwelt, das heißt jene Ausdehnung, die uns zwangsläufig umgibt und die unser schnelles Fortkommen behindert?

Wie läßt sich dem atmosphärischen Druck jener unbegrenzten Kraft widerstehen, die der Welt heute innewohnt ? Wie sich der Wirklichkeit entziehen ?...

Mögen diese Fragen auch einstweilen unbeantwortet bleiben, so zeugen sie nichtsdestoweniger von der Macht der Hoffnungslosigkeit, die heute das Weltbild beherrscht.

Warum sollten wir weiterhin darüber hinwegsehen, daß die Angst vor der ökologischen Katastrophe nicht nur von der Politik, sondern auch von der Ästhetik, der Kunst im Zeitalter der Abschreckung Besitz ergriffen hat ?

"Die zeitgenössische Kunst ist in der Krise" hört man allerorten. Allerdings scheint man nicht verstanden zu haben, daß besagte Krise von einem Schrecken ausgeht, der gegenwärtig jede Form von Darstellung bedroht. Ohne den Schrecken der heutigen Zeit wären die Werke dieses Jahrhunderts undenkbar, ja sogar unsichtbar.

Ohne die im Laufe des 20. Jahrhunderts immer größer gewordenen Gefahren ist das Drama der Erscheinungen in unserer Zeit schlichtweg unverständlich und, wie nicht wenige meinen, verurteilenswert.

Die Betrachtung alter Bilder der Meister der "grafischen" Darstellung sind Schritt für Schritt ersetzt worden durch den Überraschungseffekt angesichts der Beständigkeit jeder konkreten Darstellung, was zunächst die Illusion der – geometrischen oder jeder anderen – Abstraktion und dann der Fotorealismus veranschaulichte, so daß es den Anschein hat, als würde die ihrer Langsamkeit überdrüssige Malerei so schnell wie möglich in einen Wett-streit mit dem Standpunkt der "fotokinematografischen" Optik treten wollen.

Eine Geburtszangenkunst, deren Ziel nicht darin besteht, irgendein Bild hervorzubringen, sondern das zu entstellen, was hier und jetzt ist. Eine "Kunst des Motors" für die Suche nach einer sich verflüchtigenden Wirklichkeit, die, so glaubt man, dazu imstande ist, mit der Wirklichkeit der Telekommunikation in einen Wettstreit zu treten.

Der einzige Grund dafür, daß der Schilderwald seit einem halben Jahrhundert in den Städten und an den Verkehrswegen immer stärker wuchert, dürfte doch wohl darin bestehen, daß die Gefahr, sich darin zu verlieren, stetig zunimmt.

Im Augenblick ist nicht nur der Eisenbahn-, Straßen- oder Luftverkehr dieser Gefahr ausgesetzt, sondern die gesamte Umwelt, der Horizont der geographischen Erscheinungen. Da Desorientierung und Entterritorialisierung Hand in Hand gehen, werden sowohl die Unruhe als auch der Schwindel ständig größer, sie weiten sich aus und bedingen die allgemeine Notwendigkeit, eine aus pathologischen Zeichen bestehende Sprache zu erlernen, die nur sehr wenig mit den uns umgebenden Wörtern und Dingen verbindet.

Die Wucherung der Hinweisschilder, die sich den landschaftlichen Konturen, den Profilen der Steine und der Pflanzenwelt aufdrängen, bzw. sie sogar verdrängen, findet ihre Entsprechung in den Bildschirmen, die an die Stelle der Reklameschilder und Wandbilder der Werbeplakate früherer Jahre getreten sind.

Als würde es sich dabei um eine neue Form der zivilen Tarnung handeln, bemächtigt sich das Reich der Katastrophenzeichen nicht mehr nur der Häusergiebel, sondern der städtischen Fassaden, deren Giebel – und Balkonverzierungen durch Flüssigkristalle und Video ersetzt werden. Die als Mauervorhänge, als Filter einer panischen Information dienenden zwei Dimensionen der architektonischen Gebäudegrundrisse werden nunmehr weniger von Fenstern durchbrochen, den großen Öffnungen, durch die das Sonnenlicht eindringt, als vielmehr von den eher zwingenden, denn aufschlußreichen, meist in englischer Sprache formulierten Hinweisen auf einen unbedingt zu befolgenden Weg bzw. einen unverzüglich auszuführenden Befehl : Last exit to Brooklyn.

Die öffentliche Ordnung findet sich demzufolge nicht mehr ausschließlich in der geometrischen Aufteilung des städtischen Raums in Zentrum und Peripherie, sondern in dem fast undurchdringlichen Schilderwald, dem Hinweis auf eine Befehlsgewalt, die sich inmitten einer ohrenbetäubenden Ruhe nicht mehr ausschließlich an die Augen richtet.

Eine Ästhetik des plötzlichen Verschwindens des freien Willens, bei der die Auflösung jedweder Form von freier Entscheidung offensichtlich ist. Hier gibt es nichts, was lange erklärt oder beschrieben werden müßte, denn man erteilt einen strikten Befehl, indem jede freie Bewegung, jeder Spaziergang, jedes Flanieren entwertet wird.

Ich glaube, daß es genau diese Furcht vor dem Verlust und dem Fehlen von Orientierungspunkten ist, die den Ausgangspunkt von Peter Klasens Werk bildet.

Genauso wie der Dramatiker Heiner Müller, wie Joseph Beuys und einige andere mehr ist Peter Klasen ein Opfer des Krieges der Zeit. Ein Opfer dieses Jahrhunderts, das die Zerstörung der Städte genauso erlebt hat wie die Stunde Null Deutschlands und die Eroberung des Weltraums...

Peter Klasen ist also, ganz im Gegensatz zu dem, was oft behauptet wird, keineswegs grausam, sondern er ist bedrohlich, weil er bedroht ist. Genauso wie die Malerei dieses ausgehenden Jahrhunderts ist der Maler des Analogon vom Verschwinden bedroht, dies jedoch nicht hinter dem Illusionismus der – lyrischen oder wie auch immer gearteten – Abstraktion, sondern hinter dem Instrument der Zahl, der verschlüsselten Illusion des digitalen Codes der Computer, der den Mitmenschen mittels der Digitalisierung der Signale zu vernichten trachtet.

Nachdem die Optik heute zur reinen Denunziation geworden ist, ruft das, was darstellt, zwangsläufig Angst hervor. Infolgedessen ist es das Sehen, das beunruhigt, und nicht mehr dasjenige, was sich hier oder da verbirgt. Die fortwährend zur Schau gestellten entferntesten Erscheinungen trüben die Nahaufnahme der unmittelbar greifbaren Umgebung ein und verursachen auf diese Weise einen feinen Nebel, der so lange andauert, bis dann eines Tages wenn schon nicht die Nacht, so doch der "große Abend" der alltäglichen Realität anbricht.

Eine wegen Mordes verurteilte Jugendliche notierte in ihrem Tagebuch : "Das Leben enttäuscht mich fortwährend, sterben oder töten, ich möchte dieses Ding zerstören, das die Wirklichkeit ist." Wie sollte man auch nicht enttäuscht sein, wenn die im Discountmarkt der Nebensächlichkeiten erblickte Wirklichkeit zu einem "Ding" unter vielen anderen wird ?

Erinnert uns die Aussage dieser jugendlichen Straftäterin nicht auch an diejenige der Künstler der "lyrischen Abstraktion" Mitte des Jahrhunderts, die um jeden Preis den Vorhang des Tempels zerreißen wollten, um schließlich das "Allerheiligste", das Bild Gottes zu enthüllen.

Das Reale jeder analogistischen Verklärung entkleiden, die Wirksamkeit des Scheins zerstören, um schließlich, so hofft man zumindest, das göttliche Licht zu erblicken. Ein Krieg gegen das Sichtbare und Sagbare, in dem die zeitgenössische Kunst den Versuch macht, dem Analogon zu entkommen, um ein Bild zu erfinden, ohne etwas zu sehen, so daß dieses Bild letzten Endes nicht mehr dasjenige des Betrachters bzw. Künstlers ist, sondern dasjenige der Sensoren einer "Sehmaschine".

Somit bricht die einst in der Vergangenheit oder Zukunft verborgene dumpfe Bedrohung in die Gegenwart, die vermittelte Wirklichkeit ein. Von diesem Zeitpunkt an sagt die Gefahr: "Ich bin überall". Aus diesem Sachverhalt erklärt sich auch die Hinweissästhetik, bei der das größtmögliche Risiko an jeder Straßenecke, an jeder Kreuzung zu sehen ist und unsere Umwelt sich so in "Armaturenbretter" für eine Risikofahrt verwandelt, auf denen der Druckmesser oder das Tachometer die anderen Kontrolleuchten ergänzen, um uns auf diese Weise zu zwingen, beständig den größten anzunehmenden Unfall, die Katastrophe vor Augen zu haben.

Das Werk Peter Klasens ist von Anfang an aufs engste mit jenem Notzustand der Erscheinungen, jenen Wundmalen verwoben, die im Laufe dieses Jahrhunderts den Horizont des Sichtbaren immer stärker besetzt haben.

Die unbescheidene Aufgabe desjenigen, der in seiner Jugend am Himmel über der Ostsee die Vernichtung in Form des "Regenbogens der Erdanziehung" der Stratosphärenraketen kommen sah, an deren Entwicklung in Peenemünde im Verborgenen gearbeitet wurde, besteht darin, die Schnittstelle zwischen Betrachter und Kontrolleuchte überzubelichten, anstatt bemalte oder modellierte Oberflächen zur Schau zu stellen. Seine Aufmerksamkeit gilt weniger dem Beweis als vielmehr der Anklage.

Apokalyptische Zeichen am Himmel über Coventry, Lübeck oder Hiroshima. Signale des elektromagnetischen Nebels im Raum einer Welt, die nichts mehr mit derjenigen der Schlachtgemälde vergangener Zeiten zu tun hat, da sich der Krieg jetzt auf die gegenwärtige, immer stärker beschleunigte Realität ausdehnt, die ihre visuelle Identität genauso einbüßt wie selbst noch die kleinsten Details ihrer Stabilitätsattribute, ihre Objekte und ihr Design.

In jedem Maßstab des Stillebens der Welt zeigt Peter Klasen die von der Technik und der Wissenschaft betriebene charakteristische Ausblendung zeitgenössischer Ereignisse.

Für ihn blinken alle Kontrolleuchten schon seit langem rot, aber der Alarm ist lautlos... In der Art eines Frieses beschreiben die Werke Peter Klasens die verschiedenen Alarmsignale, den stillstehenden Film der Angst unseres Jahrhunderts.

Seine Kunst ist weniger eine Mauer als vielmehr das "Armaturenbrett" einer Reise ohne Wiederkehr, einer zugleich eiligen und beflissenen Bewegung auf der Stelle, deren Gefahren sich gegenseitig ankündigen und brandmarken: angefangen bei der Hochspannung und beim Elektrischen Stuhl bis hin zur Korrosion, zu nicht spürbaren Strahlungen, Vergiftungen und der Gefahr der nuklearen Zerstörung.

Endzeit- und Sperrzonengemälde. Die Arbeiten Peter Klasens sind wie eine mit vielen Schlössern versperrte Panzertür, denen die Undurchsichtigkeit von Gittern zu eigen ist. Sie sind vergleichbar mit Auslagen ohne Scheiben, wo nur der instinktive Widerwille das schützt, was gezeigt wird.

Wenn zu jeder Tages- und Nachtzeit die Grenze der Welt erreicht ist, bleibt nichts anderes mehr übrig als die doppelte Einfriedung, die Vollendung, das Ende des Horizonts der Möglichkeiten.

Im vorübergehenden Stillstand der superschnellen Fortbewegungsmöglichkeiten, hinter der Befestigung einer Windschutzscheibe ist alles ruhig, bewegt sich nichts, mit Ausnahme von Bildschirmen. Diese Bildschirme jedoch zeigen weniger etwas von den durchquerten Räumen, sondern sie liefern vielmehr Angaben über den Zustand des Motors der Maschine, der so schnell wie möglich auch das hinter sich läßt, was gerne länger verweilen würde.

Wie Fliegen an der Scheibe begnügen wir uns demnach damit zu zittern, uns vergeblich damit abzumühen, weiterzukommen.

No admittance, keep out wiederholen Peter Klasens Zeichen unaufhörlich.

Mittels der chemischen bzw. elektronischen Stimulation einer Computergrafik wird die ganze Welt mit einem Mal zu einem Hometrainer. Wir sind nirgendwo mehr, da wir überall sind, *wir fliehen auf der Stelle*.

Aus diesem Umstand erklärt sich auch der Verlust des Begriffs jedweder "Avantgarde", deren Anspruch einstmals darin bestand, die Zukunft vorwegzunehmen, der Zeit voraus zu sein, die Entwicklung der Erscheinungen vorwegzunehmen.

Da, wo das Ende des alten Kultes vom technischen Fortschritt eingeleitet ist, im Zeitalter von Hiroshima und Tschernobyl, im erbarmungslosen Zeitalter von Auschwitz und vom Gulag, sind zugleich auch der Mythos und die Hoffnung auf den triumphalen Fortschritt der Kunst untergegangen.

So erklären sich auch die Schreckensszenarien der Wiener Aktionisten, die Inszenierung des gepeinigten Körpers.

Die zeitgenössische Krise der Kunst steht demnach im Zusammenhang mit dem Vergessen der Zukunft, so wie einst mit demjenigen der Vergangenheit, ihrer akademischen Antiquitäten im Zeitalter der beginnenden Moderne. "Verweigerungshaltung" einer anderen, das heißt weniger einer politischen, denn einer rein ästhetischen Art.

Hinter diesem absoluten Vorrang der Gegenwart, jener "Echtzeit" der alltäglichen Aktualität, läßt sich jenseits der künstlich erzeugten Gedächtnislosigkeit und Unkultur eine echte Industrialisierung diagnostizieren, und zwar diejenige des Vergessens.

Mitgerissen von der durch die Massenmedien hervorgerufenen Panik, entzieht sich alles pausenlos. Vielleicht ist dieser Sachverhalt ja auch die Ursache für die unumschränkte Herrschaft des Sichtbaren, für jenen panoptischen Imperialismus, der alle Sprachen und Erzählungen in Zeichen, in Signale umwandelt.

Es ist wichtiger geworden, ein Zeichen von sich zu geben, als etwas zu erklären oder ausführlich darzulegen. Den Blick aller urplötzlich auf sich zu lenken, wird zu einer unumgänglichen Notwendigkeit, will man den allgemeinen Irrtum, das kollektive Umherirren vermeiden.

In Wahrheit ist unser Jahrhundert niemals dasjenige des Bildes gewesen, wie fälschlicherweise behauptet wird, sondern vielmehr dasjenige der Optik und seiner überdimensionierten Vergrößerungseffekte bedeutungsloser Ereignisse und unnützer Erscheinungen genauso wie umgekehrt seiner Verkleinungseffekte ganz entscheidender historischer Geschehnisse.

Es ist schlichtweg unvorstellbar, daß diese "panoptische Tendenz" der Massenkommunikationsmittel nicht auch die Malerei voll erfaßt hat. Hiervon zeugt die foto-kinematorgrafische Entwicklung der Wahrnehmung der Welt, deren Ziel seit den Anfängen der Felsmalerei bis hin zu Cézanne oder Bacon in der Interpretation des vom Auge wahrgenommenen Bildes bestand.

Seit dem 19. Jahrhundert steht die Kunst der Malerei – und nicht mehr diejenige der Schilderung – im Krieg des Sehens, in dem die Schlacht um das Sehen wütet, in vorderster Front und sieht sich dem Angriff der Sehmaschinen, der Motorisierung der Computergrafik ausgesetzt.

Das Ziel des gegenwärtigen Konfliktes, des Kampfes sowohl um das Sagbare als auch Sichtbare – oder, wenn man so will, um die Audiovision – ist die Herrschaft über die Wahrnehmung, die digitale Kontrolle über die Erscheinungen der Lebensrealität.

Wenn das Schlachtfeld in erster Linie die strategische Organisation eines Wahrnehmungsfeldes ist, dann vermögen nur diejenigen, die Opfer totalitärer Unterdrückung gewesen sind, die Vielzahl der Verschleierungen und Täuschungen jeder Art zu ermessen, deren unschuldige Opfer wir heute geworden sind.

Peter Klasen ist einer von ihnen: Seine Kunst ist ein unentgeltliches Alarmsignal, eine Warnung vor allem, was den Gesichtskreis, die optische Dichte der Erscheinungen bedroht.

Mit dem angekündigten Ende der Arbeit, dem geplanten Untergang des auch für die Kunst und das Handwerk äußerst symbolträchtigen Arbeitsbegriffs zugunsten des postindustriellen Automatismus, tendiert die Kultur dazu, ihren Sinn auf den Kopf zu stellen: Nach dem Zeitalter der Verführung bricht dasjenige der systematischen Abstoßung an.

Noch vor weniger als zehn Jahren verhandelten die Gewerkschaften in Europa ausschließlich die Größenordnung des Lohnanstiegs. Jetzt dagegen ringen sie mit den Arbeitgebern um die Größenordnung des "Weniger". Als Kunst des Negativen, für die der Verlust bedeutsamer war als die Errungenschaften, stellte die Minimal Art genauso wie die so treffend benannte Arte Povere eine Vorwegnahme der strukturellen Arbeitslosigkeit dar.

Seither beherrscht der "Expressionismus der Katastrophe" sowohl die Moderne als auch die sogenannte Postmoderne.

Unter diesen extremen Bedingungen wird auch das wieder erwachte Interesse an der Fotografie verständlich. Nachdem der Pinselstrich im Impressionismus das Feingefühl und den Kontakt eingebüßt hat, steht der Herrschaft der Pixel und der systematischen Digitalisierung jeder Form von Bild mit Hilfe der Computergrafik nichts mehr im Wege.

Die von der Rechengeschwindigkeit der Grafikprogramme der Computer abhängige Bildverarbeitung erfährt demnach dasselbe Schicksal wie die Textverarbeitung. Mit der binären Sprache setzt die Codierung der digitalen Zeichen die von der literarischen Übersetzung zu verantwortenden Schäden fort. Zwischen dem bildlichen Aeroland eines Peter Klasen und dem Infoland der Computergrafiker liegt der ganze naturgemäße Unterschied zwischen dem Analogen und dem Digitalen. An die Stelle der Unglaubhaftigkeit der Ähnlichkeiten der Bildästhetik tritt der statistische Annäherungswert eines geklonten Bildes.

"Figurativ" oder "abstrakt" ? Zum Glück beherrscht diese Frage die gegenwärtige Kunst schon seit langem nicht mehr. Die alles beherrschende Frage jedoch, die ihr nachfolgte, lautet folgendermaßen : "analog" oder "digital" ? Und bedauerlicherweise ist sie bereits entschieden: Das Instrument der Zahl und ihr Zauber werden das Analogon beherrschen.

Angesichts dieser plötzlichen Technisierung des Sehens drohen sämtliche Erscheinungen zu verschwinden. In diesem Zusammenhang sollte man unbedingt daran erinnern, daß die Rechengeschwindigkeit bzw. Übertragungsge schwindigkeit keine Erscheinungen sind, sondern das Verhältnis zwischen den Erscheinungen, anders ausgedrückt, die Relativität selbst. Demnach wird neben der Raumzeit der Physik auch diejenige der Ästhetik sowie der phänomenologischen Interpretation der wahrnehmbaren Erscheinungen relativiert.

In der Tat sind es nicht mehr die "Betrachter", die das Bild erst hervorbringen, sondern die "Sensoren" des Computers und seines Programms, die als Filter zwischen dem Auge des Urhebers und demjenigen des Betrachters, des Kunstliebhabers fungieren.

Was wird in Zukunft von den Spiegeln bleiben, wenn die Bildschirme sie erst einmal ersetzt haben? Was wird von unseren Augen bleiben, von unseren Sinnen, wenn die computergrafische Bilderwelt sie erst einmal entwertet haben wird ? An die Stelle der einstigen Auseinandersetzung um Ikonen und Idole ist mittlerweile diejenige um Klone, um die Veränderungen in der Wahrnehmungsrealität getreten.

Das Ziel der digitalen Codierung der Wahrnehmung besteht darin, so bald wie möglich die Phänomenologie des Geistes zu ersetzen ; der alte Aberglaube einer Wissenschaft der Zahlen sowie der Statistik ist bestrebt, sich des Gesichtsfeldes zu bemächtigen.

Infolgedessen büßt das Unternehmen der qualitativen Erscheinungen seine Vormachtstellung gegenüber dem *quantitativen* Wahrscheinlichkeitskalkulator, der Industrie einer computergestützten Wahrnehmung ein.

Nach der Erfindung der Perspektive im Quattrocento, des Galilei-Fernrohrs und vor allem der allgemeinen Fernüberwachung im Novecento, entzieht sich die wahrnehmbare Welt und wird objektiv, um so die Einsamkeit des Betrachters, des Subjekts im modernen Zeitalter zu verursachen. Zwischen das Auge und die Welt der Erscheinungen tritt nunmehr eine Lupe, ein mathematischer Filter[1] und bald auch schon eine echte "Sehmaschine", ein Computer, der zu sehen, vorherzusehen vermag, und zwar anstelle unserer Augen. Es wird ein blindes Sehen der Wellen-optik sein, bei dem das Sehen mit Hilfe der Augen aufgrund der unvergleichlichen Schnelligkeit des digitalen Bildes entwertet sein wird.

Nach den heimtückischen Verheerungen, die durch die Verbreitung von Gerüchten angerichtet wurden, der dumpfen Bedrohung der Verleumdung oder der Telefonüberwachung bricht nun das Zeitalter der optischen Denunziation an. Anders ausgedrückt, es besteht die große Gefahr einer plötzlichen Überbelichtung alles Sichtbaren durch die panoptische Kontrolle der entsprechenden Spürgeräte, d. h. durch jene Lichtsensoren, die in nicht allzu ferner Zukunft mit Hilfe der Rechenleistungen des Computers zur Sichtverarbeitung, mit Hilfe jener Wellen also, die künftig die Dichte des Sichtbaren vollkommen zu durchdringen vermögen, der analytischen Vivisektion der visuellen Realität dienen sollen.

"Indirekte" Durchsichtigkeit, die weit größer ist als diejenige der Luft, des Wassers oder des Glases, mit anderen Worten, größer als die "direkte" Durchsichtigkeit der einstigen geometrischen Optik der Materialien, d. h. derjenigen Optik, die den Ausgangspunkt der Entdeckung der Perspektivisten der italienischen Renaissance, mithin also unserer Moderne darstellte.

Genau hierin gründet das Fabrikationsgeheimnis der "aerografischen" Technik Peter Klasens. Warum bedient sich jemand nach dem Wasser der römischen Freskenmalerei, dem Öl und der durchsichtigen Firnis der Holländer der Luft und des Luftdrucks ?

Welchen anderen Grund sollte es für den Rückgriff auf das Aerosol, auf die Verdampfung von Substanzen geben als das Bestreben, eine andere Dimension zu erreichen, und zwar nicht mehr diejenige, die mittels der Berührung, des Pinselkontakt erreichbar ist, sondern mittels des Atems, der Hochdruckbelüftung der Farbpigmente, wobei die Verdichtung der Luft die Glätte der Oberfläche bedingt, die unversehens zu einem Interface ohne jede Dichte wird. Hiervon ausgenommen ist lediglich ihre nachdrückliche Präsenz dem bloßen Auge gegenüber.

Im Zeitalter der Radioskopie, Endoskopie oder Videoskopie praktiziert Peter Klasen die *Aeroskopie* und verzichtet gerade in einer Epoche nicht auf die optische *Durchsichtigkeit*, in der die elektrooptische Hindurchsichtbarkeit der *Infoskopie* alles auf eine letztlich völlig konventionelle Art und Weise zu beherrschen trachtet. In Klasens Werk weicht die im Realraum der Bilder verortete Aerostatik der Pigmente in keinster Weise gegenüber der digitalen Bildproduktion des Motors zurück, das heißt gegenüber dem Navigieren der Pixel im virtuellen Raum eines Bildschirms, wobei die computergrafische Überbelichtung gleichbedeutend ist mit der endgültigen Aufgabe jeder ikonografischen Stabilität.

Das virtuelle Bild, das nicht mit der alten sequentiellen Motorisierung der Kinematografie gleichzuzetzen, sondern durch die digitale Computergrafik für jede (visuelle oder auditive) Darstellung konstitutiv ist, verändert unaufhörlich seine Morphologie, um den Anforderungen eines Softwareprogramms zu entsprechen, das nichts mit der poetischen Interpretation der Erscheinungen gemein hat. Diese Tendenz geht so weit, daß die Morphing-Methode, die eine dauernde Metamorphose der Figuren bedingt, das Wesen dieses (elektrooptischen) Transformismus zu sein scheint, bei dem die Bilderfolge der Abzüge ihre Vorrangstellung im Bewegungssektor gegenüber den sich ständig verändernden Schimären einbüßt, so daß fürderhin nicht mehr zwischen dem Realen und der Katastrophe seiner plötzlichen Virtualisierung zu unterscheiden ist.

Das zum Opfer der Sehmaschine gewordene *Sichtbare ist nicht mehr glaubwürdig*. Da nunmehr niemand mehr Betrachter zu sein vermag, wird der Einspruch aus Gewissensgründen für das Sehen zu einer Pflicht.

Auf die unterschwelligen Bedrohungen vergangener Zeiten folgt also die Gefahr des Visuellen, des Audiovisuellen. Der Alarmzustand für die Wahrnehmung ist eingetreten. *Wir leben in einer Welt der Erscheinungen, der deshalb eine unbegrenzte zerstörerische Kraft innewohnt*, weil ihr noch nicht einmal mehr der Widerstand der Bilder der Materie entgegensteht, jenes substantiellen Stoffs, das dem Realen sein Antlitz verlieh.

Da die plötzliche Umwandlung der konkreten Realität jeden Glauben beeinträchtigt, bedingt der alte perspektivische Glaube eine neue Form von Atheismus, von dem nicht mehr ausschließlich die Religionen betroffen sind, sondern die Beziehung.

Durch den Aufschwung der virtuellen Realität besteht keine Verbindung mehr zwischen dem Realen und den unmittelbaren Wahrnehmungen, sondern es hat sich von unserer Auffassung der Tatsachen losgelöst, ist nicht mehr eins mit ihnen. Aktuelle (unmittelbare) und virtuelle (mittelbare) Realität bilden mithin kein Duo mehr, sondern tragen vielmehr ein Duell miteinander aus: dasjenige der bedenklichen Verdoppelung des Realen.

Da das beschriebene “ästhetische Klonen” sowohl des Sichtbaren als auch des Sagbaren die empfindliche Einheit der Stimme einerseits und des Blicks andererseits zerstört hat, wird man in Zukunft stereoskopische Brillen benötigen, um die Umrisse der Fakten, das Volumen der Ereignisse, die in der kybernetischen Welt der Telekommunikation immer schneller aufeinander folgen, überhaupt noch ermessen zu können.

“Ein Foto, das älter ist als 24 Stunden, wird nicht an die Presseagenturen übermittelt, da innerhalb dieser Zeitspanne zwei weitere Fotozyklen abgelaufen sind: der Zyklus der Morgenausgaben und derjenige der Abendausgaben”, erklärt Associated Press, so als würde es sich hierbei um eine verderbliche Ware handeln.

“Vor zwanzig Jahren teilten sich noch die telegrafischen Agenturen, die schwarz auf weiß druckten, und die Magazinagenturen, die Farbiges übermittelten, den Markt. Die Weiterentwicklung der Übertragungstechniken hat dieses Gleichgewicht zerstört, weil wir heute Farbe in «Echtzeit» übermitteln können”, führt dieselbe Nachrichtenagentur weiter aus[2].

Da, wo der Unterschied zwischen dem Standbild der unmittelbaren Aufnahme und der Sequenz der Direktübertragung der Fernsehberichterstattung verschwimmt, verblaßt auch der naturgemäße Unterschied zwischen “unbewegtem” und “bewegtem” Bild sowie derjenige zwischen Malerei und Fotokunst.

“In Zukunft lassen sich die Qualität der kleinen Presseagenturen und das Können ihrer Fotografen an Hand von ethnologischen oder soziologischen Themen ablesen, Arbeiten also, die noch Zeit und Talent erfordern", hebt der Leitartikler der Agentur France Presse hervor : "Im Gegensatz hierzu hat einer unserer Fotografen im Juni 1998 beim Erdbeben im Norden Afghanistans gerade einmal eineinhalb Stunden gebraucht, um uns die Fotos zu übermitteln[3]." Im Zeitalter der hard news ist die Fotografie demnach nichts anderes mehr als ein "Stilleben", so wie die Bilddateien ein Bilderreservoir unter anderen, so daß der Realismus der bildlichen Darstellung vom Stereorealismus einer Kunst verdrängt wird, die nunmehr in Starres und Bewegtes, Aktuelles und Virtuelles sowohl des geistigen Bildes als auch der instrumentalisierten Bilderfabrikation unterteilt ist.

An dieser Stelle offenbart sich auch die viele Jahre zurückliegende Erfahrung Peter Klasens als Fotograf. Aus ihr erklärt sich auch die Bedeutung der Grisaille in seinem Werk, vor allem aber die Bedeutung der aerografischen Technik, die das Ende der physischen Berührung mit der Leinwand bedeutet, wobei das Feingefühl eines Pinsels seine Vorherrschaft an das Auftreffen des Strahls eines Kompressors abtritt.

Die Analogie mit dem Entwickler ist offensichtlich. Die seidige Textur des Klasen'schen Bildes nimmt die Nuancen, die charakteristischen Azureelinien eines Schwarzweißfotos wieder auf, das aus dem Negativ entwickelt wurde, dessen unsichtbares Licht erst im Entwicklerbad zum Vorschein kommt, während der Kontrast der Figuren des Malers aus der Ventilation, jenem Luftzug der Farbpigmente resultiert, die sich auf der Leinwand deponieren.

An die Stelle des chemischen Filters der Fotoemulsion tritt demnach der Aerosol-Filter, durch den der Schimmer eines Lichtschwalls dringt, der Klasens Bildern, ganz wie bei einer Fotografie, weniger eine bildliche als vielmehr eine buchstäbliche Ähnlichkeit zuteil werden läßt.

Aeropittura, die nichts dem Futurismus verdankt, dafür aber alles, absolut alles jener von Niepce erfundenen Heliogravüre, deren Zauber nicht durch die Farbe zustande kam, sondern durch den Wert und das, was ihm zugrundeliegt, die Schockwelle des Lichts ; jene Strömung, die die Photonen transportiert und die dauerhaft die "lichtempfindlichen" Erscheinungen durchdringt, um ihnen Form und Volumen zu verleihen.

Ein weiteres Element der Analogie zwischen der "lichtempfindlichen" und der "luftempfindlichen" Oberfläche von Klasens Bildern ist die Montage.

Die Kunst des Zerschneidens und der Montage. Klasens Bilderwelt ist mit der Bilderwelt jener Kunst vergleichbar, die eine Zergliederung der Aufnahme des vom Objektiv ins Visier genommenen Sujets vornimmt, noch bevor es durch seine Abbildung festgehalten wird. In Wahrheit unterschlägt man in bezug auf die Fotografie nur allzu oft, daß sie, im Gegensatz zur kinematografischen Sequenz, ihres räumlichen (dreidimensionalen) Milieus entrissen wurde, um in einen zeitlichen (zweidimensionalen) Sektor integriert zu werden, eine Art Zeitplan, bei dem die Momentaufnahme nichts anderes ist als die Spur einer Art Vivisektion der Darstellung.

Da das Negativ auf diese Weise durchaus mit der genetischen Identität vergleichbar wird, läßt sich auch leichter nachvollziehen, warum nach der Nutzung von Paßfotos und Fingerabdrücken heute der genetische Fingerabdruck mit seinen Daten die Polizeikarteien bereichert.

Peter Klasen hat schon seit langem geahnt, was diese anatomische Behandlung der vielfältigen Ausdrucksformen des Augenblicks beinhaltete, jene "ikonische" Peinigung der wahrnehmbaren Oberflächen, die insgeheim diejenige des menschlichen Körpers fortsetzte, die der deutsche Expressionismus beispielsweise mit Otto Dix und seiner Darstellung des großen Blutbades im Ersten Weltkrieg, mit Robert Wiene und seinem Film über Doktor Caligari genauso wie mit Heartfield und seinen antifaschistischen Fotomontagen (fast bis zum Überdruß) thematisiert hat. Hierbei handelt es sich um Vorwegnahmen des totalen Krieges, in dem die Behandlung der Körper und ihrer Bilder durch die "Propagandastaffel" dasselbe Maß an Grausamkeit erreichen sollte, wobei die ethische Monstrosität sich die Kunstgriffe der Ästhetik dienstbar machte.

Das Fotofinish eines Dramas, bei dem das Leben und der Blick unzertrennlich miteinander verwoben worden sind, bis dann im Zeitalter der atomaren Abschreckung der Aufschwung der Massenmedien an ihre Stelle getreten ist.

Schließlich ist Peter Klasens Kunst nicht getrennt zu betrachten von der Filmproduktion des 20. Jahrhunderts, der werbetechnischen Aufbereitung des Krieges. In diesem Krieg der zusammengeschnittenen, aktuellen Bilder wird die Kunst eines Fritz Lang, eines Dziga Vertov oder eines Eisenstein fortgesetzt; sie ist eine Art Flugblatt, dessen Parolen in den meisten Fällen von der Darstellung der Zerstörungswaffen und ihrer zahllosen Opfer begleitet wird, so wie beim Bomber mit dem Frauennamen Enola Gay, der die Atombombe über Hiroshima abgeworfen hat, und bei der "lebensgroßen" Aufnahme eines japanischen Soldaten, dessen fossiler Abdruck auf der Mauer seines Hauses zurückgeblieben war. Zeichen der Zeit, das Denkmal der Felsmalerei, dessen Erinnerung Peter Klasen, genau wie ich auch, bewahrt.

"Jede Oberfläche ist eine Schnittstelle bzw. Interface zwischen zwei Umgebungen, an der eine dauerhafte Aktivität in Form des Austauschs zwischen den beiden Substanzen herrscht, zwischen denen eine Verbindung hergestellt wird."

Diese neue wissenschaftliche Definition der Oberfläche veranschaulicht auch die Erneuerung des Antlitzes sowie der Züge jeder "Physiognomie".

Da das Bild des *Daseins* immer nur wie das Janusgesicht über zwei Seiten verfügt, beinhaltet die Kunst des Malens von Gesichtern oder Stilleben die Notwendigkeit einer stereoskopischen Inszenierung der "Schnittstelle", was Francis Bacon schon sehr früh geahnt hatte.

Obwohl es von übergroßen Gegenständen bestimmt ist, wirkt keines der Werke Peter Klasens wie eine Detaildarstellung, sondern vielmehr wie ein "Übereindruck" oder besser gesagt, ein Über-Ausdruck.

Bei ihm ähnelt der Rand des Rahmens der prallen Frucht, der ovalen Form eines Gesichts. Diese "überdeutliche" volumetrische Einheit resultiert allem Anschein nach nicht, wie so häufig bei Stilleben, aus einer geschickten Anordnung von Objekten, sondern aus einem wechselseitigen Erkennen des Betrachters und des Betrachteten.

Insofern weiß Klasen nichts, oder fast nichts, sondern er erkennt in den stummen Bildern der industriellen Umwelt das, was wir noch nicht zu erkennen vermögen. So wie ein Gilbert Simondon die Existenzweise technischer Objekte beschreibt, zeigt Peter Klasen das Antlitz des Daseins der Technik. Dem Tode nahe, sieht man den Tod nicht mehr und blickt stur nach vorn, vielleicht mit animalischem Blick, schrieb Rainer Maria Rilke. Ist man dem Ende nahe, gibt es jedoch auch keine "Perspektive" mehr, und der Horizont ist damit gezwungen, dem Bildschirm seine letzte Tiefe zu übertragen.

In diesem Sinne, aber auch wirklich nur in diesem Sinne, sind Peter Klasens Arbeiten eine Grabkunst. So wie bei den "Porträts von Fayoum" stülpt seine Kunst die Maske des Erkennens und der Identifikation über die Gestalt des kalten Objekts. Hier geht es nicht mehr um eine bildliche Realität oder eine objektive Abstraktion, sondern einzig und allein um das doppelte Profil des Ereignisses ; eines Profils, das dasjenige der Masse, des besonderen Volumens des dargestellten Objekts verdoppelt.

In Klasens Figuren agiert, d. h. interagiert das Double deshalb, weil seine Malerei durch und durch stereotypisch, oder genauer gesagt, stereotopisch ist und einem Einschlag, einem Zusammenprall zwischen der Oberfläche der Dinge und dem Interface ihrer Darstellung entspringt.

Aus diesem Umstand erklärt sich die unterschwellige Gewalt, die Grausamkeit beim Aufschlag der Figuren auf dem blinden Spiegel der Leinwand.

Der Unfall des schweifenden Blickes, der zwischen der (objektiven) Realität und der plötzlichen (subjektiven) Stereorealität des hinge-schleuderten, oder genauer gesagt, in der Art eines venezianischen Glases geblasenen Bildes hin- und her irrt, dessen Eigenschaft, eine Flüssigkeit in sich aufzunehmen, lediglich das sichtbare Ergebnis des Atems eines venezianischen Glasbläsers aus Murano ist.

Für die Betrachter, die gleichzeitig zu Akteuren auf dem Schauplatz der Erscheinungen werden, ist Peter Klasen derjenige, der die Industriekulissen miteinander vermischt und den Kasten des Souffleurs bis zur Größe der Bühne ausdehnt, auf der sich deren Realität abspielt.

In Umkehrung zum gängigen Ausspruch scheint Peter Klasens Bilderwelt sagen zu wollen : "Sie werden erleben, was Sie sehen."

Während die stereoskopischen Brillen im 3 D-Kino für die virtuelle Illusion unabdingbar sind, bedarf Klasens stereotopische Optik keinerlei Hilfsmittel, keiner Tricks, die "Realität" vortäuschen. Für den Maler ist die Analogie als Identitätsmerkmal eines Dings unter anderen in keinem Fall nur ein Bild, *sondern das Antlitz dessen, was keine Gestalt besitzt.*

Klasens Bildwelt vergegenwärtigt Abwesendes, sie ist das Gegenteil von Objektivität und besitzt die Starre dessen, was nur hic et nunc ist. Das Kunstwerk, das Ähnlichkeit und Glaubwürdigkeit aufs engste miteinander verknüpft, harrt hier keinerlei Bewegung, ausgenommen der Bewegung der Körper derjenigen, die es betrachten.

Besitzt die mit einer Plane abgedeckte Ladefläche eines Lastwagens eine andere Funktion, als aufzufallen und die Aufmerksamkeit der Autofahrer auf sich zu ziehen ? Und welche Funktion besitzt das verschlossene Gitter einer Kühlhalle ?

Außer dem Verbot des Zutritts deutet die Stahltür einer Umspannstation auf nichts anderes hin als auf den glänzenden Stahl.

Antlitz, Oberfläche, Interface. Die Wand dekliniert ihre Identität, und mit Hilfe der Erkennungszeichen spricht das Bild eine ganz eigene Objektsprache. Ohne irgendwelche vollständigen Sätze und einzig mittels seiner Aufschriften konfrontiert uns die Oberfläche eines technischen Gerätes mit einem poetischen Horizont von solch großer Komplexität, die, so glaubte man, den alten Stilleben zu eigen war.

Objekt, Subjekt, Ablauf. Klasens Bilderwelt trägt die Züge der vollendeten Tatsache, ihr wohnt die Autorität einer Offensichtlichkeit inne, die keinen Zweifel duldet. Da, wo es bei

Cézanne noch zu einem wortlosen Dialog zwischen dem Apfel und der Obstschale oder bei Chardin zwischen der Teekanne und der Porzellantasse kam, bleibt die beschriftete Oberfläche von Peter Klasen stumm, genauer gesagt taub, nur versehen mit den Indikatoren ihres augenblicklichen Zustandes.

Peter Klasens Werk, das im Gegensatz zu den meisten anderen weniger den zeitgenössischen Bildkonventionen verhaftet ist als vielmehr der Überraschung, dem Erstaunen der Augenblicklichkeit einer Beschlagnahme, verbindet sich mit dem kollektiven Unterbewußtsein der Kunst des 20. Jahrhunderts, das die Fotografie darstellt, d. h. mit dem Fotofinish der Realität des zu Ende gehenden Jahrtausends, das zusammenfällt mit dem programmierten Ende der Tiefenschärfe des Realraums des Quattrocento und der fahlen Morgendämmerung einer Zeittiefe der Telekommunikation der unmittelbaren, augenblicklichen und allgegenwärtigen "Echtzeit".

"Die Kunst steckt nicht etwa nur in einer Krise. Vielmehr ist die Kunst ein Wert, den es, zumindest im Augenblick, schlichtweg nicht mehr gibt", äußerte Giulio Carlo Argan kurz vor seinem Tod.

Natürlich liegt die Betonung in seiner Aussage auf der zeitlichen Einschränkung, daß sich die Situation im Augenblick so darstellt. Argan, eine Kapazität auf dem Gebiet der antiken römischen Kunst, kündigt selbstverständlich nicht pauschal das "Ende der Kunst" an.

"Ich denke", fährt er fort, "daß die Kunst die Metapher für den Tod ist, durch den die Existenz überhaupt erst ihren Reiz, ihren Charakter und ihren Wert erhält. In unseren Gedankengebäuden stellt der Tod etwas Hypothetisches dar, und ich meine, daß sich aus diesem Umstand die Idee vom "Tod der Kunst" als eine für das Denken notwendige Metapher erklärt[4]."

Die Fotografie scheint mir das offensichtlichste Symptom für diese Zäsur in der Kunst zu sein, denn das Foto war nie Trugbild oder Simulation, sondern vielmehr eine Art Ersatz für sämtliche zeitgenössischen Darstellungsformen[5].

Dennoch gilt es die Frage zu klären, ob die Fotografie nun das Krankheitssymptom für das "Ende der Kunst" ist oder aber der Beginn einer Kunst des Endes der Kunst.

"Kunst des Endes" oder, genauer gesagt, Standbild einer urplötzlichen Motorisierung jeder Repräsentation ? Ein und derselbe Begriff bezeichnet also die neuartige Bedeutung der "Zeit" im "Raum" der Repräsentationen.

Es versteht sich fast von selbst, daß der Begriff der Repräsentation hier weder im herkömmlichen Sinne als geistige Vorstellung eines abwesenden Objekts noch als einfache Metapher zu verstehen ist. Die Repräsentation ist das, was etwas vergegenwärtigt.

Hieraus erklärt sich auch die heute zu beobachtende ambivalente Haltung sowohl gegenüber den jüngsten Technologien für die audiovisuelle Repräsentation als auch gegenüber dem Begriff der "Repräsentation" an sich. In Wahrheit ist die Fotografie nicht die Darstellung eines abwesenden Objekts, sondern vielmehr diejenige eines kurzzeitig vor dem Objektiv der Kamera gegenwärtigen Objekts, d. h. der Bildbeweis von dessen zeitweiligem Vorhandensein: Die Bildsequenz bezeugt dessen konkrete Präsenz hier und jetzt vor dem Betrachter.

Die "fotostatische" Objektivität der Aufnahme ist demnach nichts anderes als der "foto-dynamische" Ausdruck von deren Bewegungskontinuität, d. h. der Ausdruck ihrer Abhängigkeit von der Lichtempfindlichkeit, ohne die es sie nicht gibt. Dieses kinematische Wesen wird nur allzu oft deshalb in den Hintergrund gedrängt, weil *Subjekt* (Subjektivität) und *Objekt* (Objektivität) einen höheren philosophischen Stellenwert besitzen als die Raumzeit des *Ablaufs*. Akzeptiert man diese Prämissen, dann gewinnt die Zeittiefe des Bewegungskontinuums eine größere Bedeutung als die Raumtiefe des klassischen Bildes. Dies ist im übrigen das weitestgehend unbemerkt gebliebene Ereignis der Überwindung der Perspektive des Quattrocento durch die fotografische und bald auch kinematografische Aufnahme.

Demnach ist jedes Foto ein *Fotofinish*, d. h. die Registrierung des "Anfangs vom Ende" eines Bewegungskontinuums, von dem die Betrachter meistens nichts ahnen.

Insofern markiert die Fotografie nicht nur den Beginn der "siebten Kunst" – derjenigen Kunst, die alle anderen Künste mit einschließt –, sondern sie ist der Anfang vom Ende der Kunst, d. h. einer Kunst, die noch vor kurzem der Raumzeit aller anderen Künste angehörte.

Auch hier offenbart sich die Originalität von Peter Klasens Werk, seine Einzigartigkeit, die es der Grabkunst schlechthin, d. h. der Kunst des Stillebens annähert.

Jenseits der ästhetischen Konventionen dieses Genres, das, daran sei hier nochmals erinnert, im Gegensatz zu demjenigen des Porträts oder der Landschaft, keine tiefgreifende Veränderung durch den Impressionismus bzw. Kubismus erfuhr, vermochte erst Peter Klasen das typologische Schloß dieser Darstellungsform aufzubrechen und eine Vorstellung davon zu geben, daß sich hinter dem Akademismus der Nature morte nicht nur die bürgerliche Tafel oder die Früchte und das Gemüse der Pomona verbergen, sondern der Tod der Maske des Bildes, die unwiderrufliche Verdoppelung einer am Ende demaskierten Kunst der Ähnlichkeit sowie die Entstehung einer denaturierten Kunst, bei der die Analogie in absehbarer Zeit zugunsten der bedenklichen *Präsentation* der digitalen Bilderwelt, dieser Frucht der Rechenne leistung und des Computercodes, von der Bühne der Repräsentation abtritt.

Der *Hyperrealismus* war für die Fotografie in der Tat dasselbe ist wie einst der Piktoralismus für die Malerei, d. h. das Symptom für den Anfang vom Ende nicht nur der grafischen (oder bildenden) Kunst, sondern auch des konventionellen "Foto-Grafismus".

Damit verbirgt sich hinter der *Stereorealität* der vom Computer – jenem namenlosen Gerät zur Erzeugung künstlicher Bilder – produzierten Bilderwelt nicht nur das von Giulio Carlo Argan angekündigte momentane Ende der modernen Kunst, sondern dasjenige der *aktuellen Kunst* zugunsten einer *virtuellen Kunst*, deren Wert noch niemand abzuschätzen weiß.

Der kodierten Bilderwelt der computergrafischen Palette, dem Punkt für Punkt – *Pixel* für *Pixel* – berechneten Bild setzt Peter Klasen die "überdeutliche" Effizienz eines *stereotypischen* Plakats entgegen. Seine Werke sind *überdeutliche Masken*, die es sich ersparen, die bis zum Überdruß wiederholte Frage nach der bildlichen Ähnlichkeit zu stellen.

Genauso wie die altägyptische Grabkunst messen Klasens Stereotypen der Ähnlichkeit keinerlei Bedeutung bei. Als Schreckensvisionen der technizistischen Idolatrie unseres ausgehenden Jahrtausends streben seine Kompositionen nicht nach akademischer Anerkennung oder poetischer Intuition, sondern lediglich nach Anteilnahme, der pathologischen Teilhabe an den Dramen, die sie verurteilen.

Klasens Werk ist ein optisches Theater, in dem die unerbittliche Maske des Apparates unversehens zwischen der Nadel des Manometers und dem Druckanzeiger eines elektrischen Kompressors zutage tritt, und das ausschließlich von dem Schrecken, von der Angst handelt, die man beim Betrachten der Maschinen spürt: "Wenn man stillstehende Maschinen an einem arbeitsfreien Tag in einer Fabrik betrachtet, haftet ihnen etwas Verschwörerisches an ; in dem gespenstisch leeren Raum strecken die Ungetüme aus Stahl ihre grauen Arme in die Luft, so als würden sie das Signal zum Angriff auf den Menschen geben wollen[6]."

Machine für Machine die einzigen Werkzeuge, die der Maßlosigkeit der Technik entsprechen, sind Fotoapparat und Kinematograf. Die Aufnahmegeräte, die jede objektive Realität verdoppeln, um eine letzte "Tiefenwirkung" zu erzeugen, und zwar diejenige des stereoskopischen Klonens des Objekts. Da die Tiefen und Höhen der traditionellen Stereophonie ganz offensichtlich nicht mehr den Anforderungen der "high fidelity" audiovisueller Darstellungen genügen, ist nun die Schaffung eines echten Echogerätes notwendig, um das Double sowohl der Zeit als auch des Raums im globalen Maßstab sichtbar zu machen, und eben nicht mehr nur dasjenige des "Bildes" und des "Tons" im lokalen Maßstab.

Dank der allgemeinen kybernetischen Feedback- Verfahren betrifft die Standardisierung heute nicht mehr nur die serienmäßige Fertigung von Industrieprodukten, sondern die Kette des "Realitätseffekts" aller Dinge, die kinematische Verdoppelung einer zugleich beschleunigten und erweiterten Realität, die dem Takt eines weltweiten Ökosystems angepaßt wird.

Die einzigen Filme, die es verdienen, im Garten der Qualen des 20. Jahrhunderts erhalten zu bleiben, sind "Moderne Zeiten" und "Der große Diktator" von Charlie Chaplin sowie Fritz Langs "Metropolis". Diese Werke sind das Triptychon einer angekündigten Katastrophe, die sich des Mittels der Verdoppelung nicht nur des Sehens – die kinematischen Störungen der Wahrnehmungen, die mit der Erfindung der Gebrüder Lumière einhergingen –, sondern der Verdoppelung des Lebens bedienen, jener natürlichen Lebendigkeit des Menschen im Vergleich zu den Robotern: Maschinenautomaten in Amerika oder lebende Automaten mittels Abrichtung der Körper, die schließlich vom europäischen Faschismus schlichtweg vernichtet wurden. "Lebende Leichen", die ihrem Schlagschatten so sehr ähneln, daß sie auf keinem Porträt mehr voneinander zu unterscheiden sind.

Die emblematische Ästhetik Peter Klasens, die derjenigen eines Chaplin oder Lang ebenbürtig ist, sowie das bewußt stereotypische Wesen seiner Gegenstände scheinen Teil derselben panischen Bewegung zu sein wie unser zu Ende gehendes terroristisches Jahrhundert.

In Fortführung des *Shock Corridor* (1991) und der Wiener Aktionskünstler weist Klasens Kunst auf die Bedrohung einer Industrialisierung des Lebendigen, die der Eugenik innewohnende Gefahr hin, deren letzte Widerwärtigkeit heute die Bodyart darstellt.

Zerlegung, Vivisektion, Autotomie eines verstümmelten Körpers. Das Atelier des zeitgenössischen Malers oder Bildhauers weicht mehr und mehr dem Laboratorium einer experimentellen Kunst, zu deren willfährigem Versuchskaninchen der Künstler sich gemacht hat.

Als Opfer einer Selbsttäuschung bereitet der Künstler nach dem "Tod Gottes" den Tod des Schöpfers, des Urhebers und mit den Snuff- Movies der Videokunst, jener verbrecherische

Vollendung der Pornographie, sogar den direkt übertragenen Tod der Kreatur vor.

Die Fähigkeit des menschlichen Auges zur Unterscheidung wird sich in Zukunft nicht mehr vom Vorgang der Vivisektion des Überauges der elektronischen Kamera abheben, jenes optischen Sensors, der sich nicht mehr mit der Aufnahme einer analogen Ansicht zufrieden geben wird, sondern das Bild genauso behandelt wie der Syntheziser den Ton.

"In der von der Unmittelbarkeit beherrschten Welt kann alles wahrgenommen werden, ohne daß es die Wissenschaft seziert oder die Kunst verarbeitet hätte. Aus diesem Grund scheint mir die Kamera, im Anschluß an und parallel zum ohnmächtigen und orientierungslosen Bewußtseinszustand, das zentrale Gerät unserer Zeit zu sein", schrieb James Agee, der 1940 zum Zeugen des Untergangs der europäischen Kultur wurde[7].

Vor der technischen Entwicklung der computergestützten Optik setzte das Auge des Augenzeugen noch die Offensichtlichkeit seiner Macht durch, d. h. die Unterscheidungsfähigkeit des bloßen Blicks.

Mit dieser unsichtbaren und stillen Geste führte der Betrachter noch eine untrennbar mit jeder Schöpfung verbundene Handlung aus. "Die Betrachter erschaffen das Bild", behauptete Marcel Duchamp. Jetzt schiebt sich ein synthetisches Bild zwischen das Auge und die Welt der Erscheinungen : das Artefakt der digitalen Bildbearbeitung läßt sehen.

Indem sie die passive Optik der Brille erweitert, beschränkt sich die aktive Optik nicht mehr auf die Lupeneffekt der Glaslinsen, sondern mittels der augenblicklichen Berechnungen der Computerkomponenten sowohl des Bildes als auch des Tons erzeugt sie darüber hinaus einen Realitätseffekt. Man spricht von Realitätserweiterung.

Tatsächlich ergibt sich ein Bruch zwischen dem Sichtbaren und dem Gesehenen. Die Einheit von Wahrnehmung und persönlichem Augenschein zerbricht.

Das, was gestern noch voll und ganz in der Welt war, ist es jetzt nur noch virtuell, und damit ist es abwesend. Hinter dem Filter eines kybernetischen Verfahrens verschwindet die wahrnehmbare Welt und löst sich stillschweigend auf.

Von nun an besteht die Abstraktion nicht mehr wie einst bei Mondrian oder Kandinsky in der Ablehnung jeder objektiven Darstellung, sondern in dem Bestreben, die analoge Visualisierung durch digital bearbeitete Bilder zu ersetzen, wobei der Bedeutungsverlust der Erscheinungen einen Vorgeschmack auf die Absage an jede Ähnlichkeit, ja sogar an jede phänomenologische Glaubwürdigkeit gibt !

Während mit Hilfe des "automatischen Schreibens" der Surrealisten jedes literarische Projekt zugunsten der Unmittelbarkeit eines improvisierten Schweifens getilgt werden sollte, bedingt das gleichfalls automatische Wesen der digitalen Bildbearbeitung eine tatsächliche Verdoppelung der Realität: Diejenige der Erscheinungen sowie der analogen Durchsichtigkeit einerseits und diejenige der digitalen Hindurch- Sichtbarkeit von Bild und Ton andererseits[8].

An die Stelle des Surrealismus, dessen Einfluß vor allem in den Vereinigten Staaten sehr groß war, was das Action Painting belegt, tritt später der Stereorealismus der virtuellen Kunst, d. h. der Stereorealismus jener mit Hilfe eines Softwareprogramms erstellten Computergrafiken, der das Schweifen des Blicks beim Betrachter registriert, um vor seinen Augen deren Komposition oder Farbgebung zu verändern. Metamorphose ohne "Metapher", abstrakte Anamorphose, bei der die intelligenten Figuren des digitalen Bildes – wider allem

Anschein – weniger auf das Auge des Betrachters reagieren als vielmehr auf den optischen Sensor, der die Bewegung seiner Augen kontrolliert.

Ich bin der Ansicht, daß die stereotypische oder, genauer gesagt, stereotopische Ästhetik der Bilderwelt Peter Klasens in diesem interaktiven Kontext analysiert werden sollte. Es ist ganz sicher kein Zufall, wenn zahlreiche Arbeiten des Künstlers "Armaturenbrettern" ähneln, jenen Kontrolleuchten, mit denen die Instrumententafeln von Maschinen und Fahrzeugen bestückt sind.

Peter Klasen kennt die mit dem Fahren und Steuern verbundenen Probleme zu gut, um nicht auch um den Stellenwert der Leistungskontrolle von motorbetriebenen oder anderen Maschinen zu wissen. Da, wo die Windschutzscheibe die Landschaftsbilder beim Rennen, bei der Auto-Rally registriert, zeichnet die Instrumententafel eines Atomkraftwerkes die Gefahr einer Funktionsstörung im Reaktor auf. Linearer Transfer einerseits, Transfer von (radioaktiver) Energie andererseits. Im einen wie im anderen Fall gilt es, um jeden Preis den Runaway zu vermeiden, d. h. es muß verhindert werden, daß der Motor bzw. der Reaktor außer Kontrolle gerät.

Klasens Ästhetik ist demnach durchaus als eine Ästhetik der "Kunst des Motors" zu bezeichnen, allerdings eines metaphorischen Motors[9], der vor den Augen des Betrachters durchzudrehen oder zu explodieren droht.

Eine Kunst des Unfalls, in deren Darstellungen die Bedrohung allgegenwärtig ist. Anders als viele andere zeitgenössische Künstler ist Peter Klasen nicht so sehr an der Mitwirkung am Jahrhundert der technischen Kultur interessiert, so daß er sein ganzes Werk in den Dienst des entschiedenen Widerstandes gegen den Wahn der Beschleunigung stellt.

"Alle Kräfte, für die sich die Phantasie begeistert, tragen zur Zerstörung bei", schrieb ein Dichter Ende der unseligen dreißiger Jahre[10]. Diese Begeisterung trägt nunmehr einen neuen Namen, und zwar denjenigen der plötzlichen Massenmediatisierung, die sowohl den verrücktesten Bildern als auch den ausgefallensten Vorstellungen die Macht verleiht, in die Raumzeit unserer Darstellungen, in den Himmel der kollektiven Phantasie einzufallen.

Angefangen bei der Blitzlichtfotografie bis hin zum Laserstrahl wird alles vom Blitz beherrscht[11], und jetzt ist es die Geschwindigkeit der Wellen, ihr absolutes Licht, das die imaginäre Begeisterung entfacht.

So erklärt sich auch das bisher kaum beachtete Risiko eines Sehunfalls, das sich neben dem Risiko des tödlichen Unfalls für diejenigen Bevölkerungsgruppen ergibt, die vollständig der elektromagnetischen Strahlung ausgesetzt sind. Für die mit der permanenten Ausstrahlung von Elektronen und Photonen konfrontierte Kunst der plastischen Darstellung besteht nunmehr kein anderer Ausweg, als mit allen Mittel zu versuchen, der Blindheit zu entkommen, von der sie seit dem folgenschweren Aufkommen der Video-Computergrafik bedroht ist.

Wenn schon die Kunst des kinematografischen Motors nach Ansicht ihrer Apologeten weniger die siebte Kunst als vielmehr eine Kunst war, die "ausnahmslos alle anderen Künste mit einschloß", wie soll man dann erst die virtuelle Kunst, d. h. die Computersignale bewerten, die jede Analogie zu tilgen beabsichtigen und das Analogon im Bereich von Bild und Ton mittels des "Instruments der Zahl", der Zahlenkombination eines binären Codes ersetzen wollen ?

Nach dem elektrischen Motor des Kinos und dem elektronischen des Videos ist nun die fristlose Zeit des "Motors der logischen Schlußfolgerungen" des Computers der digitalen Kamera gekommen, die angeblich dazu in der Lage ist, jede Darstellung, jede visuelle, akustische, taktile und Geruchswahrnehmung gleichermaßen zu berechnen. Unser ohnehin schon aus allernächster Nähe von der Elektronenkanone der Kathodenröhre des Fernsehers bedrohter Blick ist einer noch größeren Bedrohung durch den Monitor der computergrafischen Palette ausgesetzt; so erklären sich auch die "Strahlenschutzfilter" vor den Bildschirmen, die dazu dienen, das Auge des Betrachters vor dieser Art der Belichtung oder, besser gesagt, der elektrooptischen Überbelichtung zu schützen.

Es erscheint mir durchaus angebracht, an dieser Stelle darauf hinzuweisen, daß sich zahlreiche Bilder Peter Klasens hinter dem feinen Netz, dem silberglänzenden Drahtgeflecht eines eingezäunten Raums zu befinden scheinen. Einer scheibenlosen Auslage gleich verweigert sich Klasens Werk der Berührung, so als würde die Hand dem Auge ihre Vormachtstellung überlassen; es unternimmt einen Abschreckungsversuch, der schließlich das genaue Gegenteil der Zurschaustellung ist.

"Durch ein Kellerloch hindurch erkennt man die Hölle besser als am hellichten Tag", schrieb Barbey d'Aurevilly.

Die beunruhigende Wirkung, die durch die Darstellung der "großen Gitter", die die Kerkerwelt versinnbildlichen, des durchlöcherten Blechs und der beschädigten Drahtgeflechte zustande kommt, betrifft nicht nur die Annäherungsversuche des Körpers, sondern auch diejenigen des Sehens. Damit bedient sich Peter Klasen eines ikonoklastischen Verfahrens, das dem Blickverbot des Islam verwandt ist.

Aber es geht eigentlich gar nicht mehr so sehr um das Seh- oder Berührungsverbot als vielmehr darum, sich vor dem Anschlag des Sichtbaren zu schützen, dem Unfall des Sehens vorzubeugen, der mit der Schwemme schwarzer Brillen, die für den "Sehhelm" dasselbe sind wie der Tschador für die Pornographie, allen unseren Blicken angst und bange macht.

Peter Klasens Werk erinnert in mancherlei Hinsicht an Unfallsimulationen in den technischen Entwicklungsabteilungen der großen Automarken, die Crashtests[12] durchführen, mit denen das Ziel verfolgt wird, die Sicherheit der Fahrzeuge zu erhöhen und im Falle eines schweren Zusammenstoßes das Leben der Autofahrer zu schützen. *Shock Corridor* eines überlicherweise kreuzförmig angelegten Schuppens, wo man, von zahlreichen kameras überwacht, in Zeitlupe die verheerenden Auswirkungen der Beschleunigung, die Deformierung der Karosserie und die Verletzungen der Insassen durch den Aufprall aufzeichnet.

Um die Schärfe der Hinweise noch zu vergrößern, die die Filme des Versuches liefern, bringt man an der Oberfläche der Autos und Dummys – die heute an die Stelle der frischen Leichname früherer Tage getreten sind – optische Markierungen an : rot-weiß gestreifte Folien an der Karosserie, Aufkleber an Kopf und Oberkörper der Dummys sowie geheimnisvolle Zahlen, die die lebenswichtigen Bereiche der menschlichen Morphologie bezeichnen, deren Beschädigung zum Tod der Insassen führen würde. Somit stellt der Sehunfall des Testvideos das Vorspiel für den Lebensunfall, den Tod der Autofahrer dar.

Diese Inszenierung einer im geschlossenen Kreislauf des Labors vorausgeplanten stereotypischen Katastrophe versinnbildlicht Peter Klasens ganzes Werk.

Angefangen bei den Ruinen von Lübeck, der Zerstörung Berlins oder Hiroshimas bis hin zu den industriellen Verheerungen unseres ausgehenden Jahrhunderts, Peter Klasens Bilder sind beherrscht von der bevorstehenden Bedrohung einer Schockwelle, einer alles verheerenden Explosion; der unterschwelligen Möglichkeit einer fortlaufenden Zerstörung der Stabilität des Sehens, der Blindheit einer Welt, die künftig nicht mehr über die Fähigkeit verfügt, sich angesichts der Fülle der Erscheinungen zu orientieren, sowie der baldigen Entstehung einer Ästhetik der optischen Denunziation, von der nach der Bestückung der Stadtviertel mit sozialen Brennpunkten mit Fernüberwachungskameras auch die Bildende Kunst betroffen sein wird.

Diese Gefahr resultiert aus dem Umstand, daß an die Stelle von Galerien und Museen in Kürze ein Überangebot an Videokassetten und CD-Roms treten wird. Hierbei handelt es sich um ungenaue digitale Reproduktionen von deren Werken ; Originalwerke, die sich schon bald nicht mehr in erster Linie den Blicken aller im Realraum der Wände, an denen sie angebracht sind, darbieten, sondern für den geschlossenen Kreislauf einer Begutachtung aus der Ferne, für den virtuellen Raum eines kybernetischen Netzes konvertiert werden.

Peter Klasens Bilder sind Apologien des Vergänglichen, des unverzüglich Verschwundenen, die nicht müde werden, in der absoluten Stille ihrer Starre zu wiederholen : Augen zu – aufgepaßt !

Bevor die unmittelbare Gefahr die Körper, die physiologische Vitalität der Betrachter des Kunstobjekts voll erfaßt, ergreift sie von der Psychologie der persönlichen Anschauung Besitz. Sie bedroht das Weltbild genauso wie eine aktuelle Kunst, die sich mit der digitalen Emanzipation einer den Geboten eines kodierten Systems unterstehenden virtuellen Kunst konfrontiert sieht, die für sich den Anspruch erhebt, an ihre Stelle zu treten, da sie dank der Technologien der zeitlichen Komprimierung den Bestand sowohl der alten als auch der zeitgenössischen Werke zu speichern vermag.

Das alles jedoch wäre völlig belanglos ohne die viel zu wenig beachtete Erfindung eines blinden Sehens der Sehmaschine, eines Computers, der dazu in der Lage ist, Formen zu erkennen und damit das leblose Objekt nach der Sinneswahrnehmung der Berührung und der Bewegung mit derjenigen des Sehens versieht. Hierdurch ist die optische Denunziation nicht mehr bloß eine Fortsetzung von Gerüchten, Flüsterpropaganda oder Telefonüberwachung, sondern sie ist gleichbedeutend mit der überraschenden Entdeckung der gegenwärtigen Erscheinungen durch Maschinen, Apparate, die trotz der Bewegungs, – Geräusch – oder Wärmesensoren bis heute blind waren.

Die im Rahmen der digitalen Revolution erfolgende Ausstattung des Objekts mit den Sinnesfunktionen des Subjekts bedeutet, daß man die Büchse der Pandora einer endlosen Perspektive öffnet. Dieser Gewaltstreich geht weit über die Bedrohungen hinaus, die der Kybernetik eines Norbert Wiener zu eigen waren, denn sie entfesselt die Obszönität einer für die anorganische Herrschaft des Metalls der Apparate programmierten Optik, deren integrierte

Schaltkreise den Wahrnehmungsunterschieden der organischen Herrschaft, der geheimnisvollen Wahrnehmungsvielfalt bei den lebenden Gattungen zur Seite tritt. Es dürfte kaum vorstellbar sein, daß ein solches "ästhetische" Ereignis nicht schon bald die Kunst und ihre Techniken, die Geschichte ihrer Bemühungen, den Sinn des Sehens zu deuten, in Frage stellt.

Genauso wenig wie die astronomische Beobachtung die Erfindung von Galileis Fernrohr unversehrt überstanden hat, werden die Bildenden Künste überleben, ohne ihre Eigenschaften eine nach der anderen einzubüßen. Die zahllosen "Meßfühler" und "Detektoren", die mit ihren Automatismen heute den Markt der Robotik förmlich überfluten, werden schönfärberisch als Sensoren bezeichnet. In Wahrheit erfolgt mit ihrer Hilfe eine Gefangennahme ! Gewaltstreich gegen die Seele, das Lebendige, Selbstvertümmelungsreflex der Sinne, von dem auch die Bildende Kunst nicht mehr lange verschont bleibt.

Die Faszination, die von Peter Klasens Bildern ausgeht, basiert zum Teil auch auf ihrer Beziehung zu eben diesem schicksalhaften Horizont. Nach Art der Darstellungen von Totenmasken weisen sie uns auf einen denaturierten Blick, ein totes Sehen hin.

Wenn wir seine Gemälde betrachten, blicken wir schon in den neuen Spiegel : Es sind jedoch nicht mehr das Wasser oder Glas, die das Spiegelbild erzeugen, sondern das Interface jener Automaten, die uns durch den Schleier ihrer Gleichgültigkeit hindurch mustern.

Es stimmt tatsächlich, daß von nun an Sehen angst macht, denn dieser Maschinenblick kann nur Angst hervorrufen, eine Angst allerdings, die allein Stevenson kennengelernt hat, als der amorphe Staub gestikulierte, daß das, was leblos war und keine Form hatte, sich Lebensfunktionen anzueignen vermochte[13], so daß Dr. Jekyll schließlich begriff, daß sein Double nicht seinem Tod, sondern seinem Leben entsprang. Die Kunst des Porträts ist der erste Stereotyp, der allererste Klon des Gesichts, dessen Nachfolge dann später das Paßfoto antrat.

Das Interface der bemalten Leinwand hat in Zukunft allen Grund, sich vor der Ikone des Klons zu fürchten, vor jenem instrumentellen Bild des toten Speichers der Maschine, das ihr als Ersatz für das geistige Bild und die Phantasie dient.

Beim Tier äußert sich das "Wiedererkennen" mittels einer Vielzahl von Zeichen der Vertrautheit – man braucht nur an den Hund des Odysseus zu denken, der als einziger den Held bei seiner Rückkehr nach Troja wiedererkennt –, beim optischen Sensor der jüngsten Generation von Sehmaschinen hingegen steht die Gleichgültigkeit des Softwareprogramms fest : zwischen dem Auge des Herrn und der Frequenz des instrumentellen Bildes der technischen Prothese wird sich keine lebendige Anteilnahme, keine Interferenz herstellen[14].

Wie sollte man unter diesen zugleich interaktiven und neutralen Bedingungen noch darauf hoffen können, daß die traditionelle Rolle der grafischen und bildlichen Darstellungen überlebt ?

Die reizvolle Versuchung der unmittelbaren Interaktivität mit dem Gegenüber wird, ob im Bereich der Bildenden Kunst oder anderswo, im Theater oder beim Tanz, zwangsläufig die beständige Aktivität des Dialogs zwischen dem Schöpfer und seinen Betrachtern infizieren.

An dieser Stelle möchte ich nochmals den warnenden Satz Paul Klees in Erinnerung rufen : "Jetzt sind es die Objekte, die mich gewahren." Wie soll man sich weiterhin der Malerei widmen, während einen die instrumentelle Bilderwelt des Computers in Augenschein nimmt und unbemerkt mit einem interagiert ? Das Bild bedurfte immer des Dialogs mit anderen Bildern, des Kontakts mit anderen Vorstellungen, anderen Darstellungsformen. Und dieser konjunktive Aufbau ist dem disjunktiven Aufbau des Kinematografen immer verwandt gewesen.

Indem die Museen die bewußten Verknüpfungen zwischen den Panathenäischen Preisamphoren, den Fresken des Quattrocento oder den berühmten Bildteppichen von Bayeux auflösten, hat sich für den Gelegenheitsbesucher ein Kontinuitätsbruch ergeben, wofür die Anordnung der Werke in den Galerien beredtes Zeugnis ablegt. Welchen Stellenwert jedoch besitzt heute (und erste recht in Zukunft) die Unterbrechung des Interfaces Mensch-Maschine ?

Auge für Auge, geistiges Bild gegen intrumentelle Bilderwelt, der “Sehunfall” tritt die Nachfolge der Risiken eines schöpferischen Konflikts zwischen Künstler und Betrachter an.

Die kritische Bewertung der ausgestellten Werke ist nicht mehr die ausschließliche Angelegenheit des bloßen Auges eines Betrachters, sondern diejenige des blinden Sehens, das unmittelbar unser nach seinem Geschmack zu langsames Betrachten einschätzt und beurteilt.

Peter Klasens Vertrautheit mit dem experimentellen Kino, seine einzigartige Kenntnis der fotografischen Bilderwelt sowie der Werbung stellen die Voraussetzung dar für seinen Umgang mit der Ikonographie der Alarmsignale einer Kunst im Zeitalter der Revolution der Massenkommunikationsmittel.

In einer Zeit der Globalisierung der Information dürften sich die ungeheuren Auswirkungen der Massenmedien nicht nur für die “Wirtschaft” und die “Politik”, sondern natürlich auch für die Ästhetik kaum übersehen lassen.

Mochte die Plakatkunst des 19. und auch noch des beginnenden 20. Jahrhunderts von der Staffeleimalerei beeinflußt worden sein, so war es seit dem Surrealismus die Kinofilmproduktion, die die Werke inspirierte. In der Zwischenzeit prägt das Fernsehen den Blick, der immer häufiger mit Verblüffungseffekten konfrontiert wird, um, nach dem Vorbild der Sensationspresse mit ihren Paparazzi-Fotos, mit Hilfe von Reality- Shows im Wettstreit um die Zuschauergunst zu bestehen.

Erst mit der jüngsten Verbreitung einer Pornographie jedoch, bei der der Schrecken der Snuff-Movies – in denen der Tod direkt gezeigt wird – eine Verbindung mit dem Hardcore-Voyeurismus eingeht, erreichen wir die ethischen Grenzen der Repräsentation, so daß die Gefahr einer Faschisierung des Sehens besteht, die das Vorspiel zu derjenigen des Lebens darstellen könnte.

Mit der Klarheit seines Blickes hat Peter Klasen, dieses Kind des totalen Krieges, das die Blutbäder der strategischen Bombardements überlebte, nicht die Katastrophe vergessen, die eine mörderische Ideologie einerseits und eine im Dienste der Vernichtung stehende Technologie andererseits verursacht haben. Er hat nichts von jener Vitalität eingebüßt, durch die sich die Kunst auszeichnet, deren gegenwärtiger Konformismus jedoch diesen Wert zu vergessen scheint und die jede konkrete Realität zugunsten der Spielereien des Virtuellen sowie eines Spiels in Verruf bringt, bei dem die digitalen Bilder des Computers in absehbarer Zeit den Horizont der wahrnehmbaren Erscheinungen beherrschen werden.

Im Gegensatz zu vielen anderen veranschaulicht Peter Klasen die Dringlichkeit des Mitßtrauens gegenüber der Hölle der industriellen Bilder.

Angesichts der vielfältigen Gefahren, denen das Sehen heute ausgesetzt ist, und einer Welt, die sich einer unbegrenzten Zerstörungskraft ausgeliefert sieht, offenbaren Peter Klasens emblematischen Bilder das Antlitz des Gegners, das Roboterporträt des Fürsten, der hinter den verschlossenen Türen der Labors wirkt, in den dunklen Sälen der digitalen Magie, wo der Primitive nicht mehr wie einst der nackte Mensch ist, der Wilde, der mittels geheimnisvoller Maschinen, mit denen Porträtaufnahmen gemacht werden, zu erschrecken ist, sondern das bloße Auge, das es jetzt so lange Punkt für Punkt, Pixel für Pixel zu liquidieren und dann zu kolonisieren gilt, bis man seine Klarheit, die unendliche Tiefe seiner Schönheit verbannt hat.

Paul Virilio, *Klasen/Virilio, études d'impact*, 30 November 1998
Aus dem Französischen von Bernd Wilczek, Februar, März 1999

1. Seit dem 18. Jahrhundert präsentierten wahrhafte Mathematiker in Jahrmarktsbuden lustige "physikalische" Schauspiele. Sie wurden Mathemagier genannt.
2. "Les agences photo à l'heure du marketing". Artikel von Paule Gonzales in : *Le Figaro*, 6 September 1998.
3. Ebenda.
4. Interview von Giulio Carlo Argan mil Alain Jaubert und Marc Pereleman aus dem Jahr 1991, in : *Urbanisme*, Juli/August 1997.
5. So erklärt es sich auch, daß die Reproduktion für die Kunst dasselbe ist, wie die Ansichtskarte für die Reise.
6. Max Picard, *L'Homme du néant*. Ed. La Baconnière, 1945.
7. James Agee, *Louons maintenant les grands hommes*, Paris, 1940.
8. Ich möchte in diesem Zusammenhang daran erinnern, daß die Digitalisierung gegenwärtig vor allem Auswirkungen auf den Sinn des Hörens, Sehens, Fühlens und Riechens hat.
9. Im Neugriechischen lautet der Name für Reisebus metaphoros.
10. Pierre Mac Orlan, *Masques sur mesure*, Paris, 1937.
11. Heraklit.
12. Renault führt jedes Jahr 400 Crashtests durch, um die Sicherheit seiner Autos zu verbessern.
13. Vgl. Robert Louis Stevenson, *Dr. Jekyll und Mr. Hyde*.
14. In diesem Zusammenhang möchle ich kurz auf die "soziale" Rolle der Smileys hinweisen, jene kleinen Figuren, die im Internet die Lust respektive die Unlust zum Ausdruck bringen sollen.

Quai de Jemmapes le 10 sept 21h.

cher toi,

J'ai laissé un parapluie rouge, genre déglingué, ne le jette surtout pas. Pour Dimanche c'est O.K. Mais que Claudine ne prépare rien (sauf si elle fait des nems dans la semaine, qu'elle en prévoit plus, on les réchauffera). Avec les soucis de la maison ; il ne faut pas qu'elle oublie son travail – mais tu y veilles –.

La maison. La maison qu'elle épate. Une saignée dans le ciel a pris la place d'un vieux garage. La rouille a viré pour de verts bambous. Viendront le thym, les épices, le luxe des sept sauges et les odeurs de verveine (je vous ramènerai des plants).

J'ai pas bien compris, l'alarme déjà installée, quand portes et fenêtres sont absentes : tu donnes raison à ceux là, qui ~~fesse~~ filent l'angoisse sur ton dos.

J'ai souri à ce seul trône, sitôt au centre de ce qui deviendra ton atelier ; ce lavabo, déjà dans bien de tes tableaux. La clarté le laisse seul et dérisoire, nul chant n'en atténue l'émail, seule la pluie bruit, lente sur les verrières... même émotion pour qui tente l'éloge de son ombre (J'ai fini le bouquin : on y comprend que les mots forts de l'Asie sont depuis Han Shan, ceux du passage : Je vais te le rendre sans l'avoir corné !).

A propos de ton texte, dois-je rajouter quelques lignes aux Kilomètres qui existent déjà ? et tu sais "me duelle palabra" !

L'élégance est une clef plus sûre, de ton passage ici, que les considérations météorologiques.

Ta fidélité, un défi plus sûr au temps, au temps qui ruse, que la longue liste – inachevée – de tes expositions.

Ta peinture n'a jamais proposé de masque, voilà pourquoi j'y vois une oeuvre.

Avant d'être peintre tu es un homme, et tu es peintre de n'être que ça

Limites et Puissances / bises à Claudine
salut et à dimanche

alin
avila

Principales expositions personnelles

1964 Munich, galerie Friedrich.

1966 Paris, galerie Mathias Fels. **Catalogue.**
Anvers, galerie Ad libitum.

1967 Milan, Studio Bellini.

1968 Paris, galerie Mathias Fels.

1969 Bruxelles, New Smith Gallery.

1970 Milan, Studio Marconi.
Cologne, galerie Klang.

1971 Paris, ARC, musée d'Art moderne de la ville de Paris, *Peter Klasen, ensembles et accessoires, rétrospective*. **Catalogue.**

1972 Paris, galerie Mathias Fels.
Munich, galerie Kerlikowsky und Kneiding.
Bruxelles, palais des Beaux-Arts, Peter Klasen, *rétrospective*.

1973 Milan, Studio Santandrea. **Catalogue.**

1974 Liège, galerie Vega.
Duisburg, Wilhelm Lehmbruck-Musem *Peter Klasen : Ausschnitte aus der Wirklichkeit, rétrospective*. **Catalogue.**

1975 Paris, galerie Karl Flinker.
Bruxelles, Jacques Damase Gallery. **Catalogue.**

1976 Brescia, Galleria San Michele.
Milan, Studio Santandrea.

1977 Toulouse, galerie Protée.
Saint-Paul-de-Vence, galerie Alexandre de La Salle.
Lille, galerie Jacqueline Storme. **Catalogue.**

1978 Nantes, galerie Convergence.
Grenoble, musée de Peinture et de Sculpture. **Catalogue.**

1979 Lübeck, Overbeck-Gesellschaft. Utrecht, Hedendaagse Kunst.
Aix-la-Chapelle, Neue Galerie-Sammlung Ludwig.
Berlin, galerie Poll, *Peter Klasen, Keep out, Rétrospective*. **Catalogue.**
Paris, galerie de Larcos. **Catalogue.**

1980 Lille, galerie Jacqueline Storme, *Peter Klasen, gouaches, dessins récents*.
Brescia, Galleria San Michele.
Paris, galerie Adrien Maeght, *Espaces clos*. **Catalogue.**

1981 Grenoble, galerie Cupillard.
Nantes, galerie Convergence.

1982 Paris, galerie Adrien Maeght, *Traces*. **Catalogue.**
Tarbes, centre culturel Le Parvis, *Klasen, peintures récentes*.

1983 Barcelone, galerie Maeght. *Peter Klasen, peinture 1977-82*. **Catalogue.**
Montbéliard, maison des arts.
Paris, FIAC, galerie Adrien Maeght, *Gestes et effacements*.
Berlin, galerie Poll, *Peter Klasen, Neue Bilder*.

1984 Châteauroux, Espace des cordeliers, *K.L.A.S.E.N., rétrospective*.
Orléans, maison de la culture.
Marseille, ARCA.
Annecy, centre d'action culturelle.
Brême, galerie Birgit Waller.
Dunkerque, musée d'Art contemporain, *rétrospective*.
Lille, galerie Jacqueline Storme.
Tours, galerie d'Art contemporain.

1985 Saint-Paul-de-Vence, galerie Alexandre de La Salle, *Peter Klasen, œuvres 1980-85*.
Nantes, galerie Convergence.
Bruxelles, galerie Le Miroir d'encre.
Angoulême, Centre d'arts plastiques, *Klasen, œuvres 1965-1985*. **Catalogue.**
Trêves, galerie Palais Walderdorff.

1986 Anvers, galerie BBL.
Lyon, galerie de Bellecour.
Paris, galerie Loft.
Saint-Paul-de-Vence, galerie Alexandre de La Salle.
Paris, FIAC, galerie Mathias Fels, *Klasen, œuvres sur carton et collages*.
Malmö, galerie GKM.
Berlin, Kunstamt Wedding, *Peter Klasen, Arbeiten aus 25 Jahren*.

1987 Cholet, hôtel de ville, Angers, Nouveau Théâtre, PACA.
Peter Klasen, œuvres de 1961 à 1987.
Aix-en-Provence, cloître Saint-Louis, Présence contemporaine (éd.), *Peter Klasen, rétrospective de l'œuvre peint 1960 à 1987*. **Catalogue.**
Carcassonne, musée des Beaux-Arts, *rétrospective*.

1988 Clermont-Ferrand, galerie Gastaud, *œuvres récentes*. **Catalogue.**
Chamalières, galerie d'Art contemporain, *rétrospective*.
Lille, galerie Jacqueline Storme.
Angers, PACA, *Le Mur de Berlin, Sortie d'usine*. **Catalogue.**
Paris, FIAC, galerie GKM, Malmö.
New York, Maximilian Gallery.

1989 Paris, galerie Louis Carré, *Peter Klasen, Histoire de lieux ordinaires, peintures*. **Catalogue.**
Paris, galerie Fanny Guillon-Laffaille, *Peter Klasen, Histoire de lieux ordinaires*, œuvres sur papier. **Catalogue.**

1990 Los Angeles, Mayer-Schwarz Gallery, *The Berlin Wall Cycle and Recent Paintings*. **Catalogue.**
Lyon, galerie de Bellecour, *Les Années 60*. **Catalogue.**
Bruxelles, galerie Le Miroir d'encre, *City Lights*.

1991 Tokyo, Art Point Gallery. **Catalogue**.
Malmö, galerie GKM, *Klasen devant le miroir de notre monde*.
Saint-Paul-de-Vence, galerie Alexandre de La Salle.
Paris, FIAC 91, galerie Louis Carré & Cie, *Shock Corridor/dead end*.

1992 Knokke-le-Zoute, Guy Pieters Gallery, *Exteriors 1991-1992*. **Catalogue**.

1993 Istres, centre d'Art contemporain, *Peter Klasen, œuvres 1961-1993*. **Catalogue**.
Saint-Etienne-du-Rouray, Union des arts plastiques.

1994 Lille, galerie Jacqueline Storme.
Oslo, Centre culturel français.
Oslo, galerie Faberborg Kirke, *Le Mur de Berlin*.
Gordes, galerie Pascal Lainé.
Paris, hall palais des congrès.
Clermont-Ferrand, galerie Gastaud.
Saint-Pierre, île de la Réunion, galerie Vincent.
Toulon, Espace PEREISC.

1995 Genève, galerie Guy Bärtschi. **Catalogue**.
La Seyne-sur-Mer, villa Tamaris, *Le Temps et la Ville*. **Catalogue**.

1996 Paris, galerie MC, *Zone contrôlée/Accès réglementé*.

1997 Arras, centre culturel Noroît. *Peter Klasen, Œuvres 1961-1997*. **Catalogue**.
Malmö, galerie GKM.
Stocklholm, Selart Konsthandel.
Cologny, Suisse, Le Manoir, *Peintures et sculptures, œuvres récentes*.
Beauvais, conseil général de l'Oise.
Sigean, galerie du château, *Lectures*.
Marseille, Cargo, *Travaux publics*. **Catalogue**.

1998 Luxembourg, galerie Schweitzer, *Parcours*.
Paris, galerie Laurent Strouk, *Femmes de lettres/Iron Ladies*.
Cologne, Art Cologne, galerie Boisserée, *One-man-show*.

1999 Cherbourg, centre culturel et Artothèque, *rétrospective*.
Lisbonne, galerie Antonio Prates.
Arcueil, Friche industrielle, *Pièces d'identité, œuvres 1959-1999*.

2000 Genève, galerie Charlotte Moser.
Paris, galerie Laurent Strouk, *Fragments of Life*.
Saumur, centre d'Art contemporain Bouvet-Ladubay
Charleville-Mézières, musée Rimbaud et musée de l'Ardenne.
Sérignan, espace Gustave-Fayet, *Le Public et l'Intime*.
Toulouse, Espace Ecureuil, *rétrospective 1959-1999*.
Emsdetten, Allemagne. Emsdettener Kunstverein.

2001 Bourges, maison de la culture.

2002 Sète, musée Paul-Valéry, *Figures d'un monde ordinaire*. **Catalogue**.
Aix-en-Provence, Fondation Vasarely, *ImPaKt*. **Catalogue**.

2003 Lille, galerie Frédéric Storme, *Electric Bodies*.
Saint-Paul, galerie Guy Pieters, *Fragments*.
Paris, galerie Hilger, *Life Is Beautiful !*
Francfort-sur-le-Main, galerie Raphaël, *Elements of Disaster*.
Wien, galerie Hilger, *Life Is Beautiful !*
Knokke-le-Zoute, Guy Pieters Gallery, *Fragments*.
Luxembourg, galerie Lucien Schweitzer, *Corps à corps*.
Toulouse, Le Garage, *Underground*.

2004 Kiev, musée national des Beaux-Arts d'Ukraine, *Erró, Klasen, Monory, Boulgakov ou l'Esprit de liberté*.
Paris, galerie Laurent Strouk, *Private Dreams*.
Munich, galerie Terminus, *Schnittstellen*.
Montpellier, galerie Franch Font, *Paranoïa*.
San Tierso, Portugal, *Sculpture monumentale*.
Hambourg, galerie Thomas Levy.
Monaco, *Portrait de la princesse Stéphanie*, présidente de l'association "Femmes face au sida".

2005 Milan, galerie San Carlo, *I Have a Dream*.
Francfort-sur-le-Main, galerie Raphaël 12, *Intensiv Station*.
Malmö, galerie GKM, *Rétrospective 1975-2005*.
Barcelone, Galeria DART, Espace Cultural Ample, *Une figuration critique*.
Lovere, Italie, Atelier del Tadini, *I Have a Dream*.
Paris, Maison européenne de la photographie (MEP), *Nowhere Anywhere. Photographies 1970-2005*. **Catalogue**.
Lisbonne, Galeria Antonio Prates, *Séquences 05*.

2006 Rio de Janeiro, Fondation France-Brésil, *Nowhere Anywhere*.
Curitiba, Brésil, Musée Oscar Niemeyer, *Nowhere Anywhere*.
Paris, galerie Laurent Strouk, *Small Paintings*.
Los Angeles, M+B Fine Art Gallery L.A., *Nowhere Anywhere*.
Meymac, centre d'Art contemporain, abbaye Saint-André, *Une rétrospective 1961-2006*.
Eysines, domaine de Lescombes, *La beauté la machine la fragilité*
Saint-Arnoult-en-Yvelynes, fondation Elsa Triolet-Aragon, *L'Envers du temps*.
Genève, galerie Sonia Zannettacci, *La Photographie et son double*.

2007 La Seyne-sur-Mer, centre d'art Tamaris.
Toulon, Provence Méditerranée, *Nowhere Anywhere 1970-2007 et Œuvres majeures 1995-2007*.
Marseille, Fondation Ecureuil.
Francfort-sur-le-Main, galerie Raphaël 12, *Werke 1966-2006*.
Ponte de Sor, Portugal, Fondation Prates, *Sculpture acier-néon*.
La Havane, musée national des Beaux-Arts, *Obras 1965-2007, Havana gesture 2006*.

2008 Paris, Art Paris, galerie San Carlo, *My Private Movie*.
Athènes, galerie Kapapopoulos.
Milan, galerie San Carlo, *Flash Back*.

2009 Houston, Sonja Roesch Gallery, *Frozen Light*.
Paris, Art Paris, galerie San Carlo, galerie Sonia Zannetacci.
Paris, galerie Laurent Strouk, *People in the City*. **Catalogue**.

Bibliographie

Alain Jouffroy, *Essai sur Peter Klasen*, éditions Jacques Damase, Bruxelles, 1975

Pierre Tilman, *Les Machines divorcées de Peter Klasen*, éditions Art forum, Paris, 1975

Pierre Tilman, *Peter Klasen*, éditions Galilée, Paris, 1979

Franck Venaille, Jean-Luc Chalumeau, Jean Dypréau, Gilbert Lascault, Alain Jouffroy, Gérald Gassiot-Talabot, Peter Gorsen, R.-C. Kennedy, Wouter Kotte, Pierre Tilman, François Pluchart, Olivier Kaeppelin, Wolfgang Becker, Marie-Luise Syring, *Peter Klasen*, éditions Arte industria, Pollenza, 1982

Bernard Noël, Gérald Gassiot-Talabot, Gilbert Lascault, *Peter Klasen*, "Autrement l'Art", éditions Autrement, Paris, 1983

Alin A. Avila, *PK 86*, Area, Paris, 1986

Michel Butor, Gilbert Lascault, Carole Naggar, *Klasen, rétrospective de l'œuvre peint de 1960 à 1987*, éditions Présence contemporaine, Aix-en-Provence, 1987

Gilbert Lascault, Alin A. Avila, Bernard Noël, Franck Venaille, Michel Butor, Gérald Gassiot-Talabot, *Peter Klasen*, Area, Paris, 1988

Jean-Jacques Lévêque, Alin A. Avila, *Klasen, le mur de Berlin*, Présence de l'art contemporain en Anjou, Angers, 1988

Franck Venaille, Gérald Gassiot-Talabot, Alain Jouffroy, Gilles Lipovetsky, Bernard Noël , Gilbert Lascault, Alin A. Avila, Henry Le Chênier, Marc Fonquernie, Jean-Luc Chalumeau, Luc Vézin, Jean-Louis Ferrier, *K.L.A.S.E.N., opéra en trois actes et quinze scènes*, Marval, Paris, 1989

Gilles Plazy, *Klasen devant le miroir de notre monde*, éditions GKM, Malmö, 1991

Alin A. Avila, *Klasen, œuvres 1961-1993*, éditions centre d'Art contemporain, Istres, 1993

Alain Jouffroy, *Klasen, explosifs*, éditions de la Différence, Paris, 1993

Alain Macaire, *PK, Parc Centre/La Défense*, éditions Point rouge, La Garenne-Colombes, 1994

Peter Klasen, œuvres 1961-1997, éditions Noroît, Arras, 1997

Peter Klasen. L'image, la ville, éditions Janninck, Paris, 1999

Paul Virilio, *Klasen-Virilio, études d'impact*, éditions Expressions contemporaines, Angers, 1999

Pascale Le Thorel, *Klasen. Figures d'un monde ordinaire, œuvres 1960-2002*, musée Paul-Valéry, Sète, 2002

Peter Klasen High Tension, éditions Arkadin, Paris, 2002

Peter Klasen. ImPaKt. Œuvres 1972-2002, fondation Vasarely, Aix-en-Provence, 2002

Gilbert Lascault, *Peter Klasen*, éditions Ides et Calendes, Neufchâtel, 2005

Bernard Vasseur, *Klasen, sublimer l'hostilité extérieure*, éditions Cercle d'art, Paris, 2005

Daniel Sibony, *Klasen Nowhere Anywhere, Photographies 1970-2005*, Cercle d'art, Paris, 2005

Jean-Paul Blanchet, *Peter Klasen, une rétrospective 1961-2006*, centre d'Art contemporain, Meymac, 2006

Renaud Faroux, *K.L.A.S.E.N., la beauté, la machine, la fragilité*, Domaine de Lescombes, Eyzines, 2006

Robert Bonaccorsi, Bernard Vasseur, *Peter Klasen, Nowhere Anywhere et œuvres majeures*, centre d'art Tamaris, La Seyne-sur-Mer, 2006

Xavier d'Arthuys, Dominique Colombani, Bernard Vasseur, *Havana Gesture, Peter Klasen*, Art in Progress, Paris, 2007

Pascale Le Thorel, *Peter Klasen, Œuvres 1959-2009*, Actes Sud, Arles, 2009

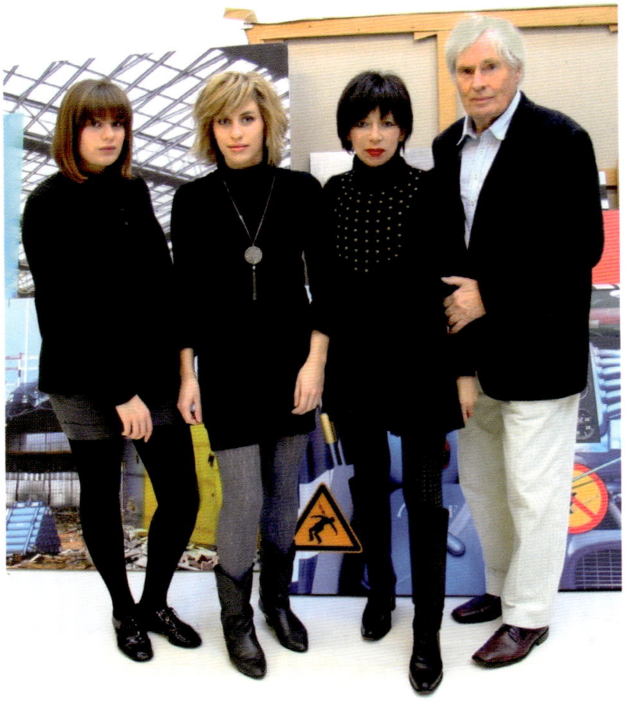

Joy, Sydney, Claudine et Peter Klasen, 2008

Filmographie

Jean Antoine, *Pop art*, 16 mm, 10 mn, RTB, 1964

Dietrich Mahlow, *Prinzip Collage*, 16 mm, 10 mn, TV Tedesca, 1967

Michel Lancelot, Georges Paumier, *Peintre de notre temps, Peter Klasen*, 16 mm, 25 mn, Antenne 2, 1978

Thibault Camdessus, *I Was Here, Definitely*, avec la participation d'Olivier Kaeppelin et de Peter Klasen, vidéo, 13 mn, 1983

Claudine d'Hellemmes, *Le Mur de Berlin*, VHS, 40 mn, 1988

Cesar Sunfeld, *Klasen/Urban Codes*, vidéo, 11 mn, Objectif lune, 1993

Peter Klasen, *MEP Underground*, vidéo, 2005

Musées et collections publiques

. Behnhaus Museum, Lübeck.
. Berardo Collection of Contemporary Art, Museo Arte Moderne, Sintra, Portugal.
. Bibliothèque nationale, Paris.
. Caisse des dépôts et consignations, Paris.
. Centre d'art contemporain Gustave Fayet, Sérignan.
. Centre d'art international, Carros.
. Centre Georges Pompidou, Paris.
. Collection Marzotto, Vincenza
. Deutsche Bundessammlung, Bonn.
. Donation Lintas, Nîmes.
. FDAC, Créteil, Val-de-Marne.
. Fondation Antonio Prates, Ponte de Sôr, Portugal.
. Fondation Arc-en-Ciel, Tokyo.
. Fondation de la Croix-Rouge monégasque, Monaco.
. Fondation Itoham, Tokyo.
. Fondation Maeght, Saint-Paul-de-Vence.
. Fondation Paribas, Paris.
. Fondation Van Gogh, Paris.
. Fonds national d'art contemporain, Paris.
. FRAC Alsace, Sélestat.
. FRAC Auvergne, Chamalières.
. FRAC Champagne-Ardennes, Reims.
. FRAC Lorraine, Metz.
. FRAC Poitou-Charentes, Angoulême.
. FRAC Provence-Côte d'Azur, Marseille.
. FRAC Rhône-Alpes, Lyon.
. Hara Museum of Contemporary Art, Tokyo.
. Kunsthalle, Kiel.
. Kunsthalle, Nuremberg.
. Kunsthalle, Recklinghausen.
. Kupferstichkabinett, Berlin.
. Maison européenne de la photographie, Paris
. Musée Bertrand, Châteauroux.
. Musée Cantini, Marseille.
. Musée CCC, Cuanthenoc, Mexique.
. Musée d'Art contemporain, Dunkerque.
. Musée d'Art contemporain, Séoul.
. Musée d'Art et d'Histoire, Luxembourg.
. Musée d'Art moderne, Strasbourg.
. Musée d'Art moderne de la ville de Paris, Paris.
. Musée d'Art moderne du Nord, Villeneuve-d'Ascq.
. Musée de Grenoble.
. Musée de la Croix-Rouge, Genève.
. Musée de Lodz, Pologne.
. Musée de Toulon.
. Musée des Arts, Cholet.
. Musée des Beaux-Arts, Carcassonne.
. Musée des Beaux-Arts, Liège.
. Musée des Beaux-Arts, Nantes.
. Musée des Beaux-Arts, Tourcoing.
. Musée des Transpors urbains, AMTUIR, Colombes.
. Musée du Comité olympique international, Lausanne.
. Musée municipal, Lissone, Italie.
. Musée national d'Art moderne, Centre Georges Pompidou, Paris.
. Musée Rimbaud. Charleville-Mézières.
. Museo nacional de Bellas Artes, La Havane, Cuba.
. Museum Boymans van Beuningen, Rotterdam.
. Museum Ludwig, Koblenz.
. Museum moderner Kunst, Vienne.
. Museum of Modern Art, New York.
. Museum van Hedendaadse Kunst, Utrecht.
. Palais des Beaux-Arts, Bruxelles.
. Provincial Museum voor Moderne Kunst, Ostende, Belgique.
. Sammlung Ströher, Darmstadt.
. Schleswig-Holsteinisches Landesmuseum, Schleswig.
. Schlumberger Research Center, Ridgefield, Connecticut.
. Städtisches Galerie, Schloss Oberhausen, Allemagne.
. Städtisches Museum, Schloss Morsbroich, Leverkusen, Allemagne.
. Tel Aviv Museum of Art, Tel-Aviv
. Victoria and Albert Museum, Londres.
. Ville de Saint-Priest.
. Wilhelm Lehmbruck Museum, Duisburg, Allemagne.

Remerciements de l'exposition Rétrospective PETER KLASEN - œuvres 1959-2009

La Ville de Lille tient à remercier tous ceux qui ont rendu possible la *Rétrospective 1959-2009* de Peter Klasen, accueillie au Tri Postal du 2 octobre au 29 novembre 2009 ;

et, en particulier,
Peter Klasen,
Claudine Klasen,
Pascale Le Thorel, commissaire de l'exposition,
Philippe Ricchiero, scénographe,
Marc Jeanclos, pour son travail sur les installations *Shock Corridor* et *La Colonie pénitentiaire*,
et, pour la réalisation de *La Colonie pénitentiaire*, Henri Uretra, société TPU industrie, Chelles ;

l'ensemble des institutions, galeries et particuliers qui ont prêté des œuvres :

Aude Cordonnier, conservatrice en chef des musées de la Ville de Dunkerque et l'équipe du LAAC de Dunkerque, pour l'exposition *PETER KLASEN, la mémoire du regard, l'œuvre photographique*, proposée à Dunkerque du 3 octobre 2009 au 13 février 2010, et leur collaboration engagée ;
Vincent Ledoux, maire de Roncq, et les services de la Ville de Roncq, pour l'exposition *PETER KLASEN, œuvres graphiques 1969-2009,* proposée aux Anciennes Ecuries du 16 octobre au 28 novembre 2009, et leur collaboration enthousiaste.

Notre gratitude va également aux partenaires de l'exposition qui ont facilité le projet et ses déclinaisons :

la chambre de commerce et d'industrie Grand Lille,
Rabot-Dutilleul,
la Caisse des dépôts et consignations ;

la direction régionale des Affaires culturelles Nord-Pas-de-Calais et le Studio P. Gozet,
pour leur soutien aux "relectures", et les artistes des "relectures Peter Klasen" : Erik Chevalier, Lady Shove, Jean-Jacques Tachdjian, Charlotte Lanselle et Alessio Orru ;

Le Printemps, Doublet, Le Furet du Nord, Transpole ;

Actes Sud, et en particulier Jean-Paul Capitani, pour l'intérêt qu'il a montré pour cette exposition et son soutien à la publication qui l'accompagne.

Ce catalogue accompagne l'exposition présentée par les musées de Sens au palais synodal du 4 juillet au 26 septembre 2010.
L'exposition, placée sous le patronage de la Ville de Sens, a été soutenue par le conseil général de l'Yonne et la rirection régionale des Affaires culturelles de Bourgogne.

ACTES SUD Ville de Lille LE TRI POSTAL LUDWIGMUSEUM im Deutschherrenhaus Koblenz SENS

J'adresse tous mes remerciements à

Philippe Ageon, Jean-Jacques Bailly, Jean-Louis Brochen, Daniel Chabrissoux, Gabriel Deshaye, Alexia Fabre, galerie Laurent Strouk, galerie Raphaël 12, Francfort, Gilbert Haas, Marc Jeanclos, François Lafon, Basile Lefay, Jean-Charles Le Meur, Le Printemps, Lieu d'art contemporain, île de la Réunion, Pablo Mengin, Vincent Mengin, M. et Mme Benjamin de Rothschild, Valérie Salva de Villanueva, Giuliano Serafini, Daniel Sibony, Société Art et Numérique, Henri Uretra / Société TPU

ainsi qu'à toute l'équipe du Tri Postal et des services culturels de la Ville de Lille, et en particulier à Mme Catherine Cullen.

J'exprime toute ma gratitude et mes profonds remerciements à Mme Martine Aubry, qui est à l'initiative de l'exposition *PETER KLASEN - œuvres 1959-2009.*

Mes sincères remerciements s'adressent en particulier à Pascale Le Thorel, commissaire de cette rétrospective qui a conçu avec énergie et compétence cette monographie, ainsi qu'à Jean-Paul Capitani, directeur des éditions Actes Sud, éditeur de cet ouvrage.

Ils vont également à Claudine d'Hellemmes, qui a accompagné l'ensemble de ce projet et assuré l'iconographie de cet ouvrage.

Je remercie également Mme la directrice Dr Beate Reifenscheid du Ludwig – Museum de Coblence, Mme Lydwine Saulnier-Pernuit, conservatrice du musée de Sens, et Dr Thorsten Rodiek, directeur de la Kunsthalle de Lübeck qui se sont associés à cette exposition rétrospective.

Ma reconnaissance s'adresse encore à Emmanuelle Viguié, qui a réalisé la conception graphique de cette publication ainsi qu'à Amande In pour son aide précieuse.

Mes vifs remerciements s'adressent également aux collectionneurs, amis et collaborateurs qui ont soutenu avec enthousiasme ce projet et en particulier aux prêteurs : Philippe Ageon, Jean Branchet, Arnaud Brunel, Daniel Chabrissoux, Jean Coulon, Christian de Dancourt, Mme Wiener Maurice-Dujardin, Blanche Faroux, André Fihman, René Gilbert, Jean-Paul Kahn, Claudine Klasen, Bertrand Caucheton, Jean-Charles Le Meur, Hervé Lourdel, Didier Marty, Jean-Claude Meinioux, Pierre Moos, Jacques Nebot, Daniel Payan, Me Hervé Poulain, Daniel Schell, Thierry Spitzer, Laurent Strouk, M. et Mme Roger Szerzantowicz, Sonia Zannetacci.

Peter Klasen

Mes remerciements vont à Claudine et Peter Klasen, à Sydney et Joy Klasen, ainsi qu'à tous les auteurs, critiques et historiens d'art cités dans cet ouvrage qui ont accompagné Klasen : Alin Avila, Thibaut Camdessus, Jean-Luc Chalumeau, Gérald Gassiot-Talabot, Alain Jouffroy, Olivier Kaeppelin, Gilbert Lascault, Jean-Jacques Lévêque, Gilles Lipovetsky, Catherine Millet, François Pluchart, Giuliano Serafini, Daniel Sibony, Pierre Tilman, Bernard Vasseur, Franck Venaille et Paul Virilio.

Ils vont à Anne-Sylvie Bameule et Marie-Marie Andrasch ainsi qu'à Erwan Le Bihan des éditions Actes Sud.

Ils s'adressent à Philippe Ricchiero pour la scénographie de l'exposition ainsi qu'à Marie Fernandez, Laurent Poutrel et Laurent Tricart du Tri Postal.

Que Nathalie Ergino, Fabrice Hergott, Nadia Chalbi et Olivier Kaeppelin trouvent ici l'expression de ma gratitude pour leur aide au montage de cette exposition.

J'exprime enfin ma reconnaissance à Amande In, Fabienne Belbéoc'h, Bérénice Bonnot, et comme toujours à Marc Desgrandchamps et Louis Vaudeville.

Pascale Le Thorel

Ouvrage réalisé sous la direction de
Pascale Le Thorel
Coordination éditoriale
Anne-Sylvie Bameule
Conception graphique et mise en pages
Emmanuelle Viguié
Correction
Aïté Bresson et Lauranne Valette
Fabrication
Géraldine Lay
Photogravure
Terre neuve Arles

Crédits photographiques
Françoise Besson, Claudine d'Hellemmes, Daniel Delien, Jacques Dubuffy, Claude Gaspari, Yves Géant, Michel Ginies, Philippe Guérin, Benjamin Katz, Sydney Klasen, Bernd Lauber, Daniel Minassian, André Morain, Angelika Platen, Pascal Poucet, Anne Selders, Sypko Stheeman, André Villers

Reproduit et achevé d'imprimer en
novembre 2009
Par l'imprimerie Artegrafica à Vérone
pour le compte des éditions Actes Sud,
Le Méjan, place Nina-Berberova, 13200 Arles

Dépôt légal 1re édition : octobre 2009

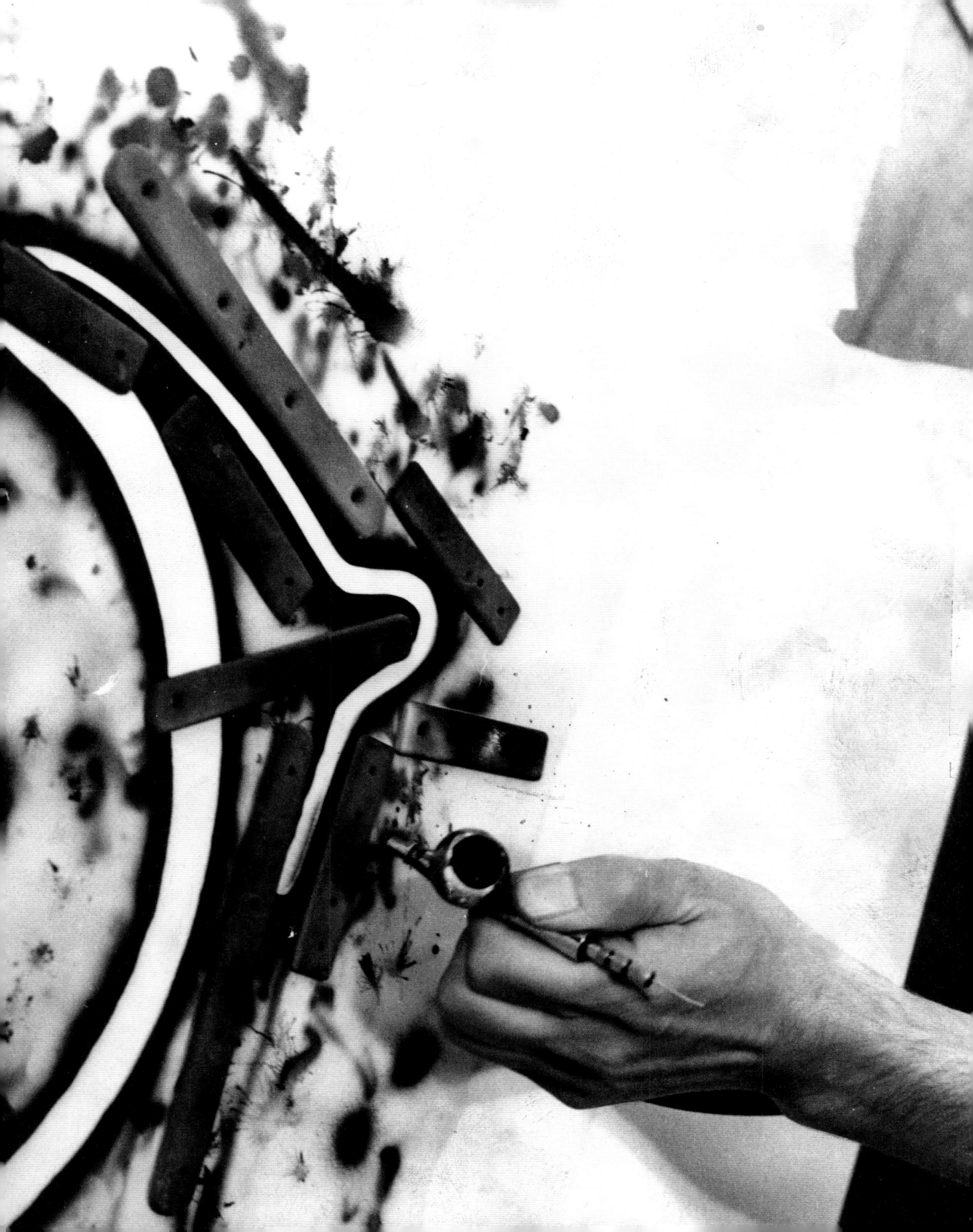

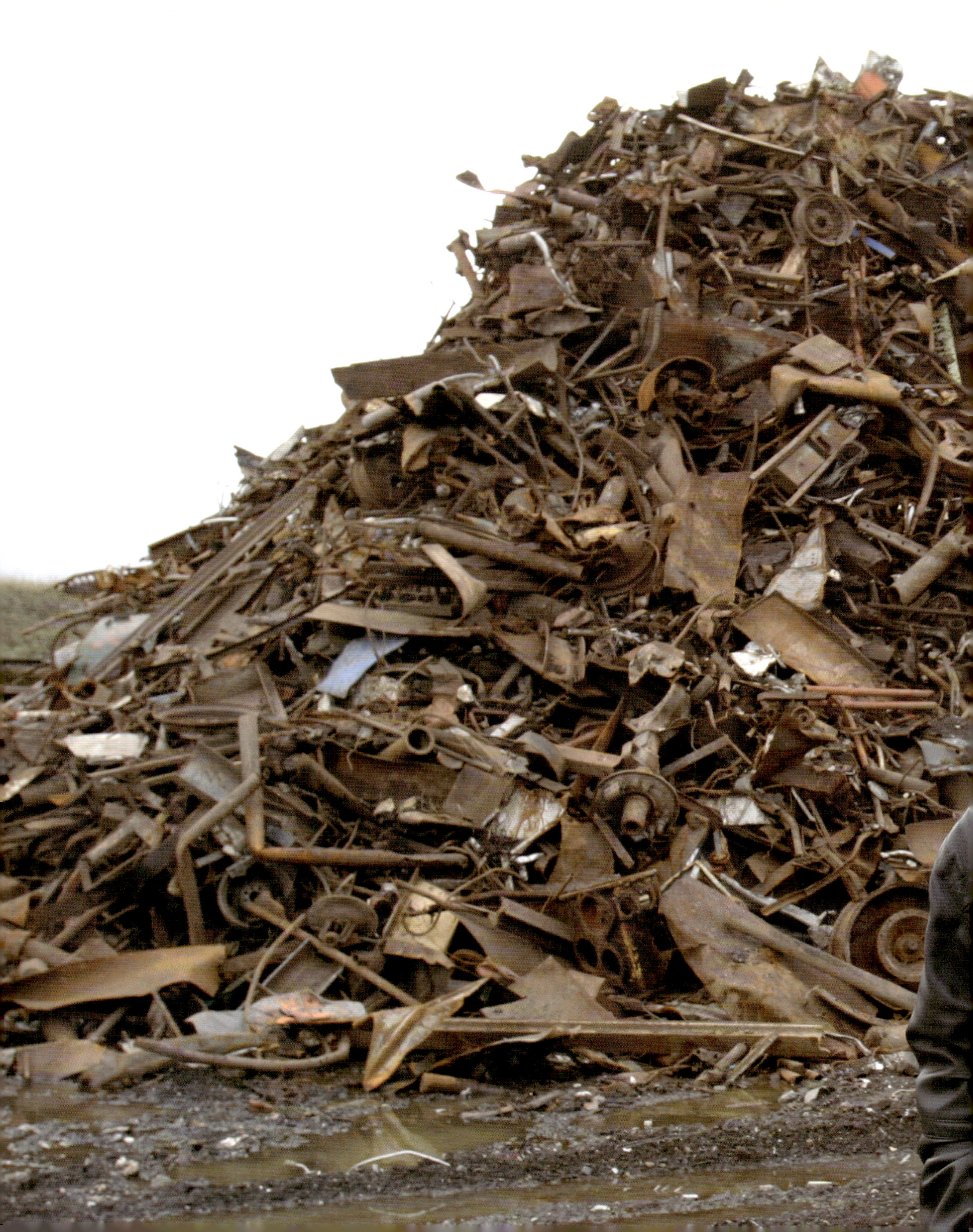

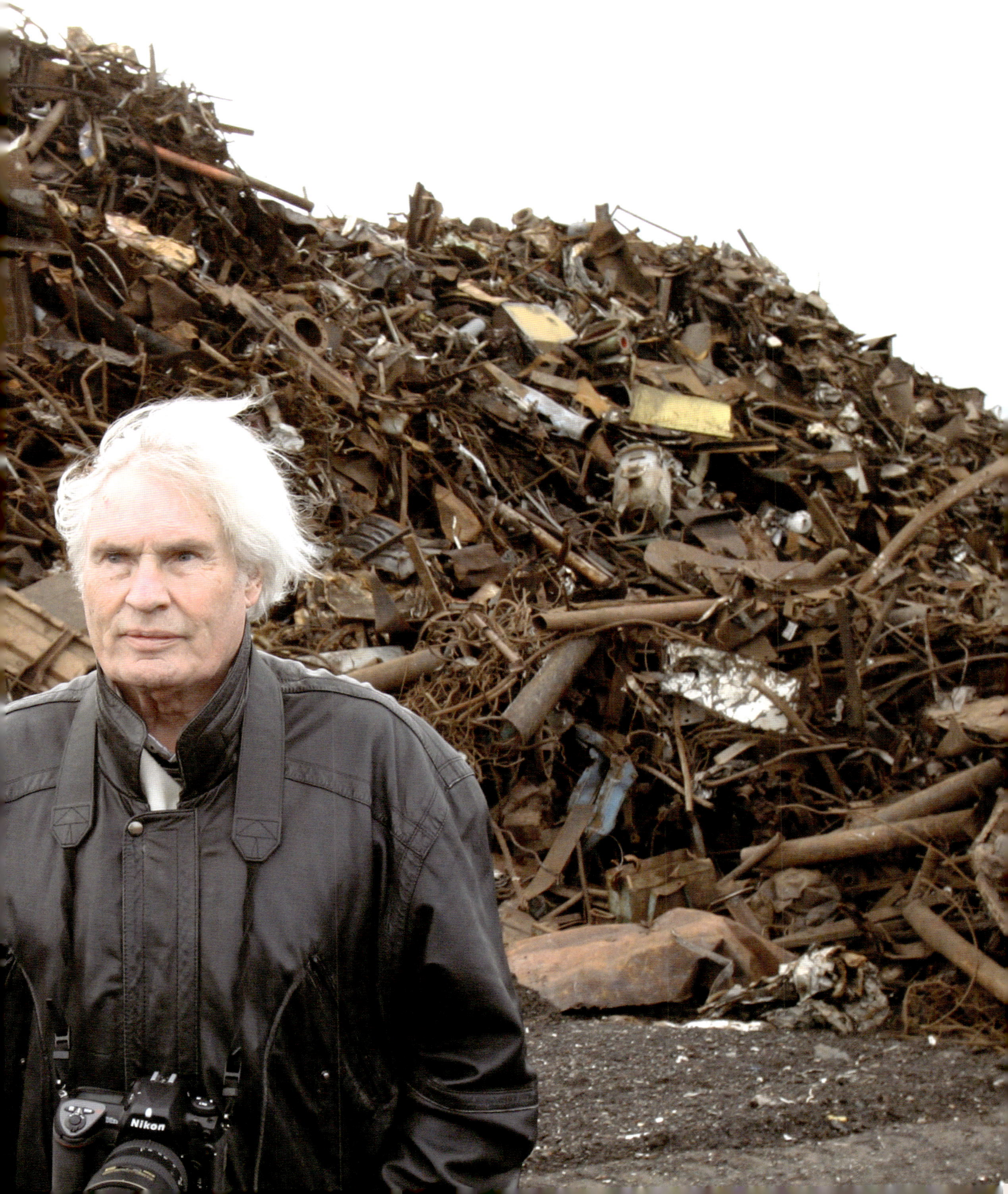
Nikon